NEW AGE

W0172127

Buch:

Obwohl die Kelten, wie die anderen Indo-Europäer auch, in einem patriarchalischen Gesellschaftssystem lebten, stößt man bei einer tiefergehenden Analyse der keltischen Mythen auf archaische Relikte mit deutlich matriarchalischen Tendenzen – und dazu auf eine ideale, idealisierende Auffassung von der Frau.

Jean Markale geht es darum, anhand der irischen und walisischen Literatur, der mündlich weitergegebenen bretonischen Volksdichtung sowie der gewaltigen Artus-Epik das wahre Gesicht der keltischen Frau in allen ihren – zum Teil atemberaubend modernen – Aspekten zu rekonstruieren.

Und da diese mythologische und soziale Studie nicht zuletzt auch für all jene geschrieben ist, die sich um neue, lebbare Gleichgewichte innerhalb der Paarbeziehung bemühen, münden Markales Untersuchungen in überraschende Einsichten und Theorien, die den Mythos für die Realität der aktuellen gesellschaftlichen Probleme dienstbar machen.

Autor:

Jean Markale wurde 1925 geboren. Nach dem Studium der Altphilologie war er viele Jahre als Studienrat an französischen Gymnasien tätig. Seit den fünfziger Jahren wurde er zum anerkannten Spezialisten auf dem Gebiet keltischer Gedichte, Mythologie und Kultur. Er schuf mehr als zwanzig Studien zur Spurensicherung des Erbes der Kelten – der europäischen Urzivilisation.

Jean Markale

DIE KELTISCHE FRAU

Mythos, Geschichte soziale Stellung

GOLDMANN VERLAG

Aus dem Französischen übertragen von
Wieland Grommes
Titel der Originalausgabe: La femme celte
Originalverlag: Editions Payot, Paris

Made in Germany · 8/86 · 1. Auflage
Genehmigte Taschenbuchausgabe
© der Originalausgabe 1972 by Editions Payot, Paris
© der deutschen Ausgabe 1984 by
Dianus Trikont Buchverlag GmbH, München
Umschlaggestaltung: Design Team München
Umschlagillustration: Design Team München
Druck: Elsnerdruck, Berlin
Verlagsnummer: 14023
CG/PW · Herstellung: Gisela Ernst
ISBN 3-442-14023-4

Inhalt

Vorwort zur deutschen Ausgabe

In allen Revolutionen der Kultur werden traditionelle, althergebrachte Elemente in Frage gestellt, deren Ausdrucksformen so allgemein gültig und so zur Gewohnheit geworden sind, daß sie als selbstverständlich angesehen werden. Sobald man beginnt, den Wert solchen 'Allgemeingutes' anzuzweifeln, stürzen diese traditionellen Elemente in sich zusammen und man entdeckt auf einmal, daß sie, wenn nicht vollkommen auf Sand gebaut und aus der Luft gegriffen, so doch zumindest kritiklos übernommene Gewohnheiten waren, die zur Norm erhoben wurden, ohne daß man recht weiß, wie es eigentlich dazu kommen konnte. Die verschiedenen soziokulturellen Umwälzungen, die der Explosion des Jahres 1968 in Frankreich wie in ganz Europa vorausgingen, sie begleiteten und fortsetzten, folgten ebenfalls diesem Gesetz und zogen die Gültigkeit von Wahrheiten in Zweifel, die in so weit zurückreichenden Zeiten entdeckt worden waren, daß sie bereits zu Mythen geworden sind. Dies gilt ganz besonders im Zusammenhang mit der Frau: für ihre Stellung in der Gesellschaft, für die Rolle, die sie im Laufe der Geschichte spielte, für die Funktion, die ihr in der Gesellschaft der Zukunft zukommen wird – mit einem Wort: dies gilt für die Welt des Weiblichen ganz allgemein.

Man muß zugeben, das Problem war damals nicht neu. Aber aufgrund des Pendeleffekts, der in der Abfolge der verschiedenen historischen Epochen zu beobachten ist, war die auf den II. Weltkrieg folgende Epoche der Öffnung des Bewußtseins für die Probleme der Frau besonders günstig. Tatsächlich führte nach 1945 die bevölkerungsstatistische Lage (mehr Frauen als Männer) sowie die zunehmende Geschlechtermischung in Ausbildung, Wirtschaft, Kultur, ja sogar in Politik (in Frankreich erhielten die Frauen erst im Jahre 1945 das Wahlrecht) zu einem Bruch in der Entwicklung der traditionell patriarchalischen Gesellschaft.

Die Folge davon waren eine Flut von Forderungen der Frauen nach ihren Rechten und verschiedene Ansätze, der Frau wieder zu vollen Entfaltung ihrer

Persönlichkeit zu verhelfen, die – wie man nun feststellte – okkultiert oder sogar richtiggehend zerstört worden war. Die Frauenbewegung, die sich in den verschiedensten feministischen Aktionen äußerte, lenkte die Aufmerksamkeit auf die meisten der von Ungleichheit geprägten Gebiete wie Arbeitswelt, politische Rechte, Familie, Mutterschaft und wohlgemerkt auch auf das Gebiet der Sexualität. Besonders hier gingen die Forderungen am weitesten und führten zu einer gewissen Liberalisierung der Moral: Empfängnisverhütung und Abtreibung verloren *de jure* ihren Charakter der Illegalität, obwohl sie in der Wirklichkeit freilich noch immer kulpabilisiert werden in unserer Gesellschaft, die – ob man will oder nicht – von der christlichen Moral nach wie vor stark geprägt ist. Auf die Bewegung der Revolte folgte aus merkantilen sowie aus politisch-soziologischen Gründen die Gegenbewegung der Vereinnahmung: denn wenn der Eindruck entsteht, daß der Gesellschaft eine Explosion droht, ist es ratsam, einige Sicherheitsventile einzubauen bzw. zu öffnen.

Vor diesem Hintergrund habe ich mich der Frage zugewandt, wie das Idealbild der Frau in den alten Gesellschaften gelebt und erträumt wurde, die der Kultur der Kelten angehörten oder von ihrem Erbe geprägt waren. Es ging mir darum, einmal zu untersuchen, welche Rolle die Frau – sei es wirklich, sei es in der Phantasie – in einem *barbarischen,* d.h. sowohl nicht-christlichen, als auch nicht-mediterranen Rahmen gespielt haben muß. Mit anderen Worten: ich unternahm den Versuch, ein verschüttetes Bild der Frau freizulegen und zu rekonstruieren für all diejenigen, die sich ernsthaft um ein neues Gleichgewicht zwischen Frau und Mann bzw. Weiblichkeit und Männlichkeit in den modernen Gesellschaften bemühen. Die Rolle, die die Frau in den Epen, Sagen und Legenden keltischer Herkunft spielt, ist so erstaunlich und interessant, daß sie zu dem Versuch 'verführt', ihrem Wesen auf den Grund zu gehen und sie in vollem Licht auferstehen zu lassen. Die Figur der Yseult-Isolde z.B., diese weibliche Lichtgestalt und Sonnengöttin, die jahrhundertelang im Dunkel der Nacht verbannt war, sollte dabei wieder auftauchen, neu 'er-scheinen' und die Welt erleuchten.

Im Laufe der 12 Jahre, die seit dem Entstehen dieses Buches vergangen sind, wurde – so muß der Verfasser feststellen – trotz all den vielen Debatten, Diskussionen und sogar Wirklichkeit gewordenen Veränderungen im Bereich der Moral dem Grundproblem jedoch aus dem Weg gegangen. In diesen Jahren konnte man zwar Veränderungen beobachten, sie betrafen jedoch nur die *Formen* oder einzelne Strukturen. Abgesehen davon hat man den Eindruck, als sei die Frau heute mehr als je zuvor ein 'unbekanntes Wesen', denn sie konnte sich stets nur in sekundären Ausdrucksformen verwirklichen.

Oder sollte das wahre Gesicht der Frau immer noch Furcht einflößen? Sollten wir uns immer noch wie Ödipus verhalten und es vorziehen, uns umzubringen, um nicht über das von der Sphinx gestellte Rätsel eingehender nachdenken zu müssen? Denn die Sphinx war in Wirklichkeit eine *σφιγγή* (*sphinge* = 'Einschnürende', 'Würgerin'), mit anderen Worten, das in das innere Auge des Ödipus projizierte phantastische Schreckensbild einer unbekannten Jokaste. Und wenn sich Ödipus später die Augen aussticht, dann deshalb, damit er nicht mehr *sieht,* wie das gräßliche Phantom Jokaste ihn auf seiner hoffnungslosen Irrfahrt verfolgt.

Es geht nicht darum, nur die Frau zu 'befreien'. Die Frau wird nämlich erst dann wirklich frei sein, wenn der Mann sich selbst von jenen stereotypen Mustern befreit hat, in die die Gesellschaft ihn hineingepreßt hat und zu deren Zerstörung er sich nicht entschließen kann, solange er Angst hat, dadurch etwas ganz Neues zu entdecken. Es geht vielmehr darum, das Rätsel der Sphinx endlich wirklich zu lösen, denn dies ist Ödipus offensichtlich nicht gelungen. Seine Antwort betraf nur den äußeren Schein, aber nicht die Wirklichkeit selbst. Die Sphinx sitzt immer noch in der Höhle, in die sie die falsche Antwort des Ödipus eingeschlossen hat.

Daher muß man den Blick in die Vergangenheit richten, um herauszufinden, wo der Bruch, wo der Fehler entstand. Alle mythischen und epischen Überlieferungen raunen uns zu, daß es vor langer Zeit einmal eine Sonnengöttin gegeben hat, und daß diese irgendwann von einem Mondgott entthront worden ist. Seit dieser Zeit dauert die Herrschaft dieses Usurpators, des angeblich *'sonnigen'* Helden, der wie Tristan oder Siegfried sterben mußte, weil er von der angeblichen *Mond*frau verlassen oder verraten wurde. Aber der 'Mond' ist so gut wie nicht existent, wenn er nicht von den Strahlen der 'Sonne' beschienen wird. Auch die 'Sonne' erhält erst dann ihre Bedeutung, wenn der 'Mond' ihre Strahlen empfängt und in den Nächten, wenn die Kälte klamm und starr macht und die geheimnisvollen Kräfte des Lebens zu vernichten droht, auf die Erde sendet.

Animus und *Anima* sind keineswegs unvereinbar. Sie sind zwei Gesichter ein und desselben Wesens. Die keltische Frau – sei es die wirkliche oder die der keltischen Vorstellung – kann uns durch die Bilder, die sie wachruft, dazu verhelfen, jenen Grenzbereich wiederzufinden, wo die Gegensätze nur noch Licht- und Schattenspiele in der ewigen Nacht sind.

Jean Markale
1984

Teil Eins:

Die Frau in den keltischen Gesellschaften

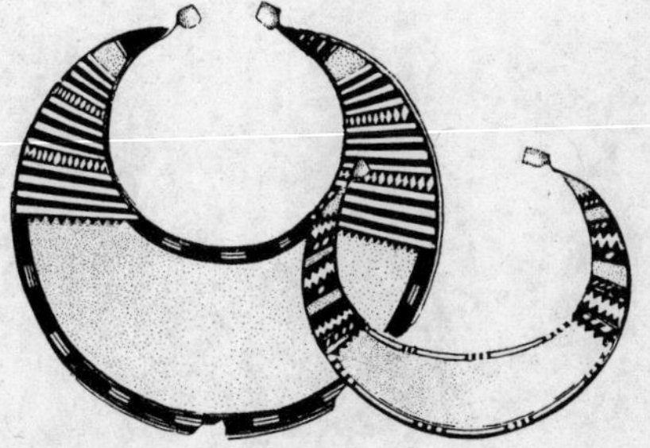

Dounoc'h eo kaloun ar merc'hed
'vid ar mor douna euz ar bed.

(Noch tiefer ist der Frauen Herz
als das tiefste Meer der Welt)

bretonisches Sprichwort
aus der Ile de Batz

I.
Der historische Kontext

Will man das Verhalten, die Bedeutung und tatsächliche Rolle der Frau in den verschiedenen keltischen Gesellschaften näher untersuchen, so müssen diese zunächst einmal definiert und ihr Verhältnis zu anderen gleichzeitig existierenden Gesellschaften charakterisiert werden. Dabei sind aber auch zeitlich weiter von ihnen entfernte Gesellschaften zu berücksichtigen, die in bestimmten Fällen erkennbar keltische Einflüsse bewahrt haben könnten.

Als eindeutig keltisch bezeichnet man diejenigen Länder, in denen das Keltische die Landes- oder zumindest eine Regionalsprache ist. Irland, Wales, die Bretagne und – in geringerem Ausmaß – die Isle of Man sowie Schottland sind heute noch keltophone Länder. Das Forschungsgebiet auf diese Länder zu beschränken hieße aber, einen bedeutenden Teil der uns zur Verfügung stehenden Quellen bewußt außer acht zu lassen. Während der Eisenzeit war nahezu ganz Westeuropa von den Kelten bewohnt und daher zwangsläufig von ihrer Kultur in vielen Bereichen geprägt – sei es im Bereich der Ortsnamen oder folkloristischen Traditionen oder sogar in manchen Bräuchen, die, in das Gewohnheitsrecht eingegangen, noch bis in die heutigen Rechtskodices einwirken konnten.

So betrachtet, eröffnet sich uns ein ausgedehntes Untersuchungsfeld, das – abgesehen von gelegentlich überraschend weiten Ausläufern bis nach Mittel- und Osteuropa – zwischen Rhein und Atlantik liegt: dazu gehört zunächst das Territorium des alten Gallien mit Frankreich, Belgien, dem Rheinland, der Schweiz und der Poebene; dann Nordwest-Spanien, wo die Zivilisation der Keltiberer inmitten verschiedener, noch recht rätselhafter Einflüsse deutlich keltische Strukturen aufweist; schließlich die britischen Inseln. Auch die Alpenregionen und daran angrenzenden Gebiete müssen hierzu gerechnet werden, selbst wenn sie zum Teil nur punktuell von Kelten bewohnt waren.

Wie wir wissen, kamen die Kelten – wie alle Indoeuropäer – ursprünglich aus den großen Ebenen Zentralasiens. Einige Völker dieser indoeuropäischen Urrasse wanderten bereits in sehr früher Zeit in das Indus- und Ganges-Tal oder auf die

Hochebenen des Irans aus. Im Neolithikum strömte dann eine indoeuropäische Völkermasse nach Westen; sie folgte der großen nordeuropäischen Lößebene, die die Fortsetzung des asiatischen Tieflandes bildet und als Zuglinie besonders charakteristisch zu sein scheint, da sich an ihr entlang eine Bevölkerung niederlassen konnte, die mehr und mehr von Ackerbau und Viehzucht zu leben begann. Diese Völkerwanderung vollzog sich in mehrfach wiederholten Schüben, je nachdem wie sich die Lebensbedingungen verbesserten und die Bevölkerung zunahm. So setzte sich eine erste Welle von Hellenen, nachdem sie ihr wahrscheinliches Stammland im Umkreis der Karpaten verlassen hatten, an den Küsten der Ägäis fest: es waren die berühmten Achäer, die in den homerischen Epen rühmend besungen werden. Zur gleichen Zeit wanderte eine andere Gruppe nach Westen und Süden und passierte dabei eine Zwischenstation, die man im heutigen Harz vermutet. Im Westen befanden sich die Goidelen oder Gälen, die wir sehr früh bereits in Irland wiederfinden, ohne genau zu wissen, wo sie sich abgesehen davon noch niedergelassen haben könnten. Im Süden waren es die Italioten, darunter die Osker, Umbrer und Latiner, die sich mit einer bereits vor ihnen auf der italienischen Halbinsel ansässigen etruskischen Bevölkerung mehr oder weniger stark zu vermischen begannen.

Diese Wanderungsphasen lassen sich auf die mittlere und ausgehende Bronzezeit datieren, das heißt etwa zwischen 1500 und 900 v. Chr. Archäologisch betrachtet entspricht diese Epoche der „Urnenfelder-Kultur", benannt nach dem für sie charakteristischen Brauch der Totenverbrennung und Aschebeisetzung in Urnen. Unter diesen schier unüberschaubar weit zerstreut siedelnden indoeuropäischen Völkern stoßen wir auf keltische Spuren bei den Gälen, jenem rätselhaften, im äußersten Westen Europas beheimateten Volk. Nun stellt sich aber die Frage, ob sich diese erste Welle der Kelten nicht auch woanders niedergelassen hat. Rein logische Erwägungen lassen diese Annahme durchaus zu, nach dem derzeitigen Stand der Forschung gibt es dafür aber noch keine gesicherten Beweise. Als einzig ergiebiges Forschungsgebiet bleibt daher die Untersuchung der Sprachen. Sie liefern uns einige wenige Hinweise, die allerdings erstaunlich genug sind und dazu führen könnten, daß die etablierte Ansicht über die Frühgeschichte Europas revidiert werden müßte.

So läßt sich bei einem Vergleich bestimmter alter, aus einer gemeinsamen indoeuropäischen Wurzel stammender Wörter, die den Laut *-qu-* enthalten, tatsächlich feststellen, daß dieser von einigen Völkern beibehalten wurde, bei einigen anderen dagen zu *-p-* geworden ist. Aus dieser Erkenntnis hat man eine Sprachgrenze zwischen sogenannten gälischen Kelten (die das *qu* bewahrten) und sogenannten brit(ton)ischen Kelten (bei denen *qu* zu *p* wurde) ableiten können. Dabei ist man zu folgendem Schluß gekommen: diejenigen Völker, die den *qu*-Laut beibehielten, müssen sich schon sehr früh – das heißt in der Bronzezeit – von der Masse der Indoeuropäer getrennt haben; diejenigen, die das *qu* zu *p* mutierten, müssen diesen Lautwandel zu einem Zeitpunkt vollzogen haben, als sie noch mit der indoeuropäischen Großmasse verschmolzen waren, und dürften sich erst später – das heißt in der Eisenzeit – von ihr gelöst haben. Folglich gehörten die Achäer-Hellenen, an deren archaische Sprache noch das Ionische erinnert, zur Zivilisation der Bronzezeit; sie wurden jedoch bald von einer neuen Welle hellenischer Einwanderer aufgerieben, nämlich von den Doriern, die bereits das Eisen kannten und deren Sprache den Wandel von *qu* zu *p* schon vollzogen hatte. Demzufolge sind die Latiner und die Gälen, die eine archaisierende Sprache mit *qu*-Laut sprachen, Auswanderer der ersten Stunde. Dagegen kamen bestimmte italiotische Völker (darunter die Sabiner) sowie der weitaus größte Teil der Kelten (Gallier, Belgier, Brit(ton)en/Bretonen) – Völker, die den Gebrauch des Eisens kannten und den Lautwandel *qu - p* realisiert hatten – mit der zweiten Einwanderungswelle.

Das bezeichnendste Beispiel dieses Sprachphänomens ist die Zahl „fünf": sie heißt griechisch *πέντε* (pente), lateinisch *quinque,* gallisch *pimp,* bretonisch *pemp,* gallisch *pymp* und gälisch *coic.*

Bei eingehender Untersuchung des gallischen Wortschatzes – zumindest der wenigen davon noch erhaltenen Reste – stößt man auf eine Reihe von Archaismen, die dem Gälischen ebenso nahe verwandt sind wie dem Lateinischen.[1] Dennoch sind wir sicher, daß die Gallier eine brit(ton)ische Sprache sprachen: der beste Beweis dafür ist, daß Gallier und Brit(ton)en sich ohne Dolmetscher miteinander unterhalten konnten, wie es der Fall des Atrebaten Commius, eines von Cäsar zu den Brit(ton)en geschickten Gesandten, zeigt.[2] Die gallische Sprache ist unbestritten eine keltische *p*-Sprache und kann nur während der eisenzeitlichen Völkerwanderungen nach Gallien eingeführt worden sein, das heißt entweder in der Hallstatt-Zeit (vor 500 v. Chr.) oder während der Latène-Zeit (nach 500 v. Chr.). Wie lassen sich aber die Archaismen des Gallischen und seine offensichtliche Verwandtschaft mit dem Gälischen erklären?

Die Antwort auf diese Frage kann allerdings nur eine Hypothese sein; sie hat jedoch das Verdienst, die berühmte Lücke im Schicksal der Gälen zwischen dem Zeitpunkt ihrer Absonderung von den Ur-Indoeuropäern und demjenigen ihrer Ansiedelung in Irland zu schließen. Es ist durchaus wahrscheinlich, daß sie bereits Gebiete in Gallien bewohnten und sich mit der neuankommenden Woge von *p*-Kelten, den Brit(ton)en/Bretonen, vermischten. In diesem Falle hätten sie ohne Schwierigkeit die Sprache der Ankömmlinge in einem archaisierenden Sinn beeinflussen können. Ein Argument, das für diese Hypothese spricht, ist in der Sprache der Keltiberer, einem Volk im Nordwesten Spaniens, zu finden, welches von der zweiten Welle brit(ton)ischer Zuzügler kaum berührt worden sein wird. Aufgrund der wenigen uns bekannten schriftlichen Quellen „deutet vieles daraufhin, daß die Sprache der Keltiberer zum keltischen *qu*-Typus gehört hat, denn die Konjunktion 'und' (lat. *-que*), die ein indoeuropäisches **kwe* vermuten läßt, ist im Keltischen durch *ce* und *cue* repräsentiert."[3] Diese Aussage steht mit den alten irischen Legenden in Einklang, in denen es heißt, die Söhne des Mil (das heißt, die Gälen) hätten sich zunächst in Spanien und anschließend in Irland niedergelassen.[4] Man ist daher zu der Annahme berechtigt, daß das gesamte gallische Territorium gälische Einwanderer aufgenommen hatte – sei es in der jüngeren Bronzezeit oder in der Eisenzeit (Hallstatt) oder auch während beider Epochen.

Dieses Sprachproblem dürfte deutlich machen, wie komplex die Bevölkerungsstruktur im keltischen Gallien war. Und da jedes Problem andere nach sich zieht, stellen sich sogleich zwei weitere, eng miteinander verknüpfte Fragen von großer Wichtigkeit: Wie ist die Verwandtschaft zwischen dem Gallischen und Lateinischen zu interpretieren? Und weshalb ist das Gallische – *mit Ausnahme der britischen Insel, auf der sich* bis zur Ankunft der Sachsen *die keltische Sprache halten konnte* – in allen römisch besetzten Territorien des Festlandes zugunsten des Lateinischen verschwunden?

Zeitweise wurde die These einer angeblichen italo-keltischen Gemeinschaft stark diskutiert. Danach hätten sich die Kelten und Latiner gemeinsam aus der indoeuropäischen Masse gelöst, wodurch sich freilich die Analogien zwischen beiden Sprachen erklären ließen. In Deklination und Konjugation weisen beide tatsächlich deutlich verwandte Züge auf: Latein und Keltisch haben in der O-Stamm-Deklination die Genitiv-Endung -i (lat.: *equi;* irisch **epi*), bilden fast identische Superlative (lat.: *maxima;* gall. *uxisama*), das Futur durch das Tempuszeichen *-b-* sowie die Deponensformen durch *-r-*. Diese Besonderheiten sind im indoeuropäischen Sprachraum fast überall anzutreffen, kommen aber gerade *nicht* vollständig in den anderen italischen Sprachen wie Oskisch und Umbrisch vor, das heißt in Sprachen, die auf der Halbinsel wohlgemerkt *weit verbreitet* waren, bevor sich das Supremat des Lateinischen herausbildete. „Die italo-keltische Hypothese kann allem Anschein nach nicht aufrechterhalten werden, zumindest nicht mit jenem Nachdruck, den man ihr in der Vergangenheit verlieh... Anstatt für eine zeitlich nach der indoeuropäischen Einheit eintretenden Gemeinschaft beider Völker zu argumentieren, dürfte es sinnvoller sein, regelmäßige Kontakte zwischen diesen beiden Sprachgruppen schon zu einem sehr frühen Zeitpunkt anzunehmen."[5]

Die Ähnlichkeiten zwischen dem Keltischen und dem Lateinischen lassen sich auf alle Fälle hinreichend erklären durch ihren gemeinsamen indoeuropäischen Ursprung sowie durch die ständigen Kontakte, die diese Völker – sei es durch Handel oder in Kriegen – miteinander hatten. Keltische Wörter haben dabei ebenso in die lateinische, wie lateinische in die gallische Sprache einsickern können.[6] Diese Interferenzphänomene (wie etwa der keltische Einfluß auf die germanischen Sprachen, besonders im Vokabular von Technik und Militär; ferner der griechische Einfluß auf die lateinische Sprache und umgekehrt, oder schließlich der franko-normannische Einfluß auf das Englische und der Einfluß des Englischen auf das Französische) ist nicht nur in den alten Zeiten zu beobachten, sondern aufgrund der immer dichter und intensiver werdenden Kontakte zwischen den Ländern und Völkern in erst recht zunehmendem Maße auch im XX. Jahrhundert. (Ein typisches Beispiel dafür ist das 'Franglais' in Frankreich). Von hier aus wenden wir uns nun der zweiten Frage zu, nämlich wie es dazu kommen konnte, daß das Gallische gegenüber der lateinischen Sprache relativ leicht verschwinden konnte.

Man ist tatsächlich überrascht – vor allem, wenn man die *Realität,* den Alltag der gallischen Zivilisation kennt –, in welch hohem Maß das Lateinische sich überall aufdrängen konnte und daß sich in der römischen Umgangssprache (das heißt dem 'Vulgärlatein'; Anm. d. Hrsg.), aus der sich später das Französische entwickelte, allem Anschein nach so gut wie nichts von der gallischen Sprache erhalten hat. So ist man sich bis heute nicht im klaren darüber, zu welchem Zeitpunkt etwa das Gallische untergegangen ist.

„Die römische Besatzung verdrängte es immer mehr, bis es nur noch die Sprache der Bauern und niedersten Stände war, während das Latein zur Sprache der

Administration, des Handels und der Gebildeten avancierte. Das Verbot des Druidentums durch die Imperatoren sollte wesentlich zum Niedergang der Landessprache beitragen... Sidonius *Apollinaris* zufolge hatte der arvernische Adel etwa im V. Jahrhundert seine keltische Mundart aufgegeben... Somit kann man davon ausgehen, daß – abgesehen vielleicht von einigen abgelegenen Tälern der Schweiz – im VI. Jahrhundert das Gallische überall verschwunden war, jedoch nicht ohne in der Phonologie des Romanischen in Gallien sowie im französischen oder okzitanischen Wortschatz seine Spuren zu hinterlassen. Überlebt hat es bis heute in einer bedeutenden Zahl von Ortsnamen, allerdings in rein romanischer Umgebung: das Französische ist eben keine keltische, sondern eine aus dem Spätlatein gewachsene Neu-Sprache (langue néolatine) mit einem gewiß ziemlich beachtlichen keltischen Substrat".[7]

Diese Meinung eines unparteiischen und umsichtigen Keltologen dürfte jede weitere Diskussion über den Ursprung der französischen Sprache überflüssig machen. Das bedeutet aber nicht, daß das keltische Substrat in ihr negiert werden darf, – im Gegenteil: es scheint wirklich von größerem Umfang zu sein als bisher allgemein angenommen wurde. Sprechen wir erst gar nicht von der Bedeutung für die Phonologie: das Romanische in Gallien stammt, so viel steht fest, eindeutig aus einem von den Galliern gesprochenen Vulgärlatein ab und hat seine phonetische Entwicklung nach keltischen Regeln vollzogen, denn sonst gäbe es kaum jene bedeutenden Unterschiede zwischen dem Französischen und Italienischen. Wenden wir uns besser gleich dem lexikalischen Bestand zu.

Wir kennen etwa 1200 wahrscheinlich keltische Wörter, die uns größtenteils durch die Toponymie erhalten sind. Kaum 200 davon gibt es in der französischen Sprache: zum Beispiel *bief* (Flußabschnitt), *if* (Eibe, Taxus), *bille* (Holzklotz), *soc* (Pflugschar, Sech), *ruche* (Bienenkorb, -stock), *claie* (Sieb, Hürde), *barque* (Barke, Nachen), *chemin* (Weg, Pfad), *lieue* (Meile, ca. 4 km), *lande* (Heide), *grève* (Sand-, Kiesstrand), *roche* (Felsen), *char* (Karren, Wagen), *bec* (Schnabel, Mund), *jarret* (Kniekehle, Fußwurzel, Sprunggelenk), *briser* (brechen, branden), *changer* (ändern), *border* (einfassen, säumen), *petit* (klein), *dru* (dicht gedrängt) etc. Die Herkunft dieser Wörter ist gesichert, da sie keine lateinische Entsprechung haben. Wie sind aber diejenigen zu bewerten, für die es lateinische Entsprechungen gab? Läßt sich wirklich die These vertreten, die Gallier hätten erst auf die Römer warten müssen, um die wichtigsten Elemente des täglichen Lebens benennen zu können? Über die Einzelheiten der gallischen Sprache wissen wir wenig. Das Alt-Keltische, das man mit Hilfe des Irischen, Walisischen, Kornischen und Bretonischen zu erschließen versucht, ist eine rein hypothetische Konstruktion. Vor allem unserer Unkenntnis des Gallischen ist es zuzuschreiben, wenn wir annehmen, das französische Vokabular stamme in der Hauptsache aus dem Lateinischen. Man mag einwenden, die durchgeführten Untersuchungen zögen *alle romanischen Dialekte* lateinischer Abstammung mit in Betracht, und eine solche Schußfolgerung beruhe auf dem Vergleich der einzelnen romanischen Sprachen. Dies soll nicht bestritten werden; dennoch bleibt aber dieser Schluß – daß der französische Wortschatz (nur um diesen geht es uns hier) zu zwei Dritteln lateinischen Ursprungs ist – ebenfalls eine reine Hypothese, die zwar alle Anzeichen der Wahrheit für sich beansprucht, aber deshalb immer noch Hypothese bleibt! Um dies noch einmal klarzustellen: wir wollen hier keineswegs – wie es gewisse

Autoren tun, deren Werke jedoch nichts weiter als Hirngespinste sind – die Behauptung aufstellen, daß das Französische vom Gallischen abstamme; es muß aber ebenso erlaubt sein, hypothetisch anzunehmen, daß das Französische eine beachtliche Zahl an Wörtern enthält, die ursprünglich eine der lateinischen analoge gallische Form besaßen. Das nämlich würde erklären, weshalb das Latein die gallische Sprache so mühelos hat eliminieren können: die Bewohner Galliens werden den Unterschied im Alltagswortschatz kaum bemerkt und sich damit zufrieden gegeben haben, ihre Begriffe der Mode des Lateinischen anzupassen.[8]

Diese Hypothese wurde bereits von Georges *Dottin*, einem der bedeutendsten Keltologen Anfang dieses Jahrhunderts, in seinem Buch *La Langue Gauloise* entwickelt. Dort heißt es (S. 131):

„Möglicherweise verleitet uns die Verwandtschaft der beiden Wortschätze dazu, hinter den Wörtern, die zugleich im Lateinischen und Gallischen vorkommen, einen lateinischen Ursprung zu vermuten (gall.: *gantos* = Sohn; *gnata* = Tochter; vgl. lat.: *natus* = geboren). Es darf aber nicht vergessen werden, daß das Latein seinerseits Wörter aus dem Gallischen entlehnt hatte..., die einen seit dem IV. vorchristlichen Jahrhundert aus 'Gallia cisalpina' (dem Gallien südlich der Alpen; Anm. d. Hrsg.), die anderen nach Eroberung der 'Gallia transalpina' (nördlich der Alpen; Anm. d. Hrsg.)." Und an anderer Stelle (S. 121): „Wenn nun der gallische Wortschatz tatsächlich dem lateinischen nahestand, dann wird er sich schneller mit diesem verschmolzen haben, als wenn er sich wesentlich von diesem unterschieden hätte. Andererseits könnte die scheinbare Unerklärbarkeit der phonetischen Entwicklung mancher französischen Etymologien ihren Grund darin haben, daß ihr Prototyp kein lateinisches Wort, sondern ein dem lateinischen nur verwandtes, gallisches Wort ist."

So verschwand das Gallische mit der Zeit aus dem Sprachatlas; zunächst aufgrund der größeren Attraktivität der Prestigesprache Latein, dann aber auch – und dies kann nie genug betont werden – durch die Einwirkung der römischen Kirche, in deren Augen das Gallische die Sprache des Heidentums war und die im Rahmen der Christianisierung der Städte und des Hinterlandes nichts unterlassen hat, um sie auszurotten. Obwohl die Gallier von Cäsar unterworfen wurden, obwohl die ihm nachfolgenden Kaiser Gallien mit einem Netz römischer Rechtsprechung und Verwaltung überzogen und durch die Zerschlagung des Druidentums die rein keltische Kultur zerstörten, darf man nicht vergessen, daß es das *Christentum* war, das einem zum Bastard und Heimatlosen gewordenen Gallien den endgültigen Gnadenstoß versetzte, indem es sein Volk zum Erben des bürokratischen Imperiums der Römer machte.

Die gallische Sprache verstummte jedoch keineswegs auf einen Schlag, denn noch im V. Jahrhundert wurde zum Beispiel in der Auvergne und in den Bergregionen Keltisch gesprochen. Im V. Jahrhundert erfolgten die großen Einwanderungen der Bretonen in die armorikanische Bretagne. Weshalb sollte man nicht annehmen dürfen, daß die gallische Sprache in der Armorika ebenfalls bis dahin nie ausgestorben war und die Bretonen bei ihrer Ankunft somit eine Bevölkerung antrafen, die kaum romanisiert war und daher noch – zumindest in einzelnen Gebieten, etwa bei den Venetern – gallisch sprach.[9]

In einem Bereich haben die Gallier auf jeden Fall untilgbare Spuren ihres Durchzuges oder ständigen Wohnsitzes hinterlassen, nämlich in der Toponymie, das heißt im Bereich der Ortsbenennung. War sie auch nicht immer rein keltisch – denn man hat dabei mit prä-indoeuropäischen Wörtern ebenso zu rechnen, wie mit späteren germanischen Einflüssen –, so wurde doch die Toponymie außerhalb der Gebiete in der Nähe des Mittelmeeres nur wenig von der Romanisierung betroffen.

Lateinische Ortsnamen tragen im allgemeinen die Eigennamen von Landgutbesitzern (die außerdem romanisierte Gallier waren); häufig kommt es auch zu Verknüpfungen von lateinischen und gallischen Wörtern, wie das vielzitierte Beispiel *Autun* (aus *Augusti* und *dunum*; = 'Augustus-Festung') zeigt. Die Namen der wichtigsten französischen Städte sind Namen gallischer Stämme, die in der betreffenden Umgebung zur Zeit der Eroberung lebten: die *Parisii* um Paris, die *Namnetes* um Nantes, die *Remi* um Reims, die *Redones* um Rennes, die *Veneti* um Vannes, die *Lemovices* um Limoges, die *Atrebates* um Arras, die *Senones* um Sens und so weiter. Andere Städte tragen weiterhin ihren alten Namen aus der Zeit vor der Eroberung: Rouen (Rotomagos), Lyon und Laon (Lug*dunum*), Vienne (Vindobona), Toulouse (Tolosa), Bordeaux (Burdigala), Boulogne (Bolonia). Straßburg/Strasbourg dagegen ist eine germanische Übersetzung des gallischen *Argentorate* (= 'silberne Festung'); Châteaudun ein Plenonasmus, denn *dun* hat die gleiche Bedeutung wie *château* (= 'Festung', 'Burg', 'Schloß'). Und wie unendlich groß ist daneben die Zahl all der kleinen Städtchen, Weiler und Flurnamen, die ebenfalls noch Spuren des Gallischen aufweisen! Auch die Benennungen der Flüsse und Berge stammen aus sehr alter Zeit: sie sind meist keltischer Herkunft oder gehen sogar noch bis weit vor die keltische Epoche zurück.

Die Untersuchung der Toponymie gestattet uns Aufschlüsse über das Verbreitungsgebiet der Gallier und zeigt, daß es sich über ganz Westeuropa, das heißt weit über die heutigen Grenzen Frankreichs hinaus erstreckte. Schließlich ist es ja

„nicht das einzige Ziel der Toponymie, nur die ursprüngliche Form der Ortsnamen zu rekonstruieren und lediglich ihre Etymologie und ursprüngliche Bedeutung zu erforschen. Da sie Bedeutendes für die Bevölkerungs-Geographie leistet, ist sie auch für die Rekonstruktion der Besiedelungsgeschichte und unterschiedlichen Bewertung des Bodens zu verschiedenen Zeiten von großem Nutzen; angesichts von fehlenden oder nur geringen historischen Fakten stellen die Ortsnamen, sofern man es versteht, sie zum Reden zu bringen, authentische und unbestreitbare Aussagen dar, mit deren Hilfe man die Zeit der Gründung menschlicher Ansiedelungen zwar nicht fest datieren, aber doch wenigstens zeitlich grob umreißen kann. Zusätzlich liefern sie häufig Aufschlüsse über das Aussehen der Orte zum Zeitpunkt ihrer Gründung."[10]

Auf diesem Wege gelangt man zu dem Beweis dafür, daß Gallien damals ein rein landwirtschaftlich orientiertes Territorium war, während Irland und die britische Insel sich zu dieser Zeit eher für die Viehzucht eigneten. Dieser Unterschied, der sich größtenteils auf die Erkenntnisse aus der Toponymie stützt, ist von größter Wichtigkeit nicht nur für die Erforschung der keltischen Zivilisation im allgemeinen, sondern auch für das Problem der Frau im besonderen, wie wir im folgenden noch sehen werden.

All diese linguistischen und toponymischen Untersuchungen sind somit keineswegs nutzlos. Denn zunächst einmal hat man das Feld, in dem sich die Kelten bewegten, wo sich also der keltische Geist entwickelte, genau abzustecken: die

Untersuchung eines Mythos keltischen Ursprungs wird nämlich erst dann möglich, wenn man sich dabei auf einen klar definierten Kontext bezieht, andernfalls würde man Gefahr laufen, die ihm wirklich zugrundeliegende Bedeutung falsch zu interpretieren.

Und genau diese Betrachtungen im Bereich der Linguistik und Toponymie lassen die Tatsache zutage treten, daß die Kelten, obwohl während der Eisenzeit in ganz Westeuropa beheimatet, *nicht die einzige dort lebende Bevölkerung waren.* Es waren nicht nur die Brit(ton)en mit schon vor ihnen dort ansässigen gälischen Völkerschichten vermischt, sondern die beiden Einwandererschübe trafen auch auf Völker, die bereits seit der Vorzeit diese Gegenden bewohnten und keineswegs alle vertrieben oder ausgerottet wurden. Besonders zahlreich waren die einwandernden Keltenscharen nämlich nicht: es handelte sich um kaum mehr als um die Elite einer kriegerischen Oberschicht im Besitz von Technologien, die es ihr möglich machten, die in den betreffenden Ländern bereits ansässigen nichtkeltischen Völker zu unterwerfen, ihnen eine neue Lebensart aufzuzwingen und sie zu assimilieren. Dieser Assimilationsprozeß wirkte dabei nicht nur in einer Richtung. Ganz so wie die von den Römern und der römischen Disziplin unterworfenen Griechen zu einem radikalen Wandel der ursprünglichen *römischen* Gesellschaftsstruktur beitrugen, haben auch die alten Völker von Gallien, Irland und Britannien *die keltische Urgesellschaft bis in die Grundstrukturen beeinflußt:* hält man sich diese unbestreitbare und logisch schlüssige Tatsache vor Augen, so findet man die Erklärung für die gewaltigen Unterschiede zwischen den indoeuropäisch-mediterranen beziehungsweise -germanischen und den keltischen Gesellschaften, die im Bereich der Religion, der politischen und juristischen Ordnung sowie in der Familienstruktur und in der recht ungewöhnlichen Rolle der Frau besonders auffallen.

Rekapitulieren wir einmal die wichtigsten Stationen der keltischen Geschichte: Bereits im IV. vorchristlichen Jahrhundert sind die Brit(ton)en der Latène-Kultur fest verwurzelt in Gallien, auf den britischen Inseln, sowie in Nordwest-Spanien. Sogar in südlicher Richtung stoßen sie vor, bilden das 'Gallia cisalpina' der Poebene und Adriaküste, bedrohen in gefährlicher Weise die Latiner und nehmen nach dem Sieg von Allia durch den Senonenführer Brennus über die in Auflösung begriffenen römischen Truppen im Jahre 387 Rom ein.[11] Allmählich holen die Römer zum Gegenschlag aus, und es gelingt ihnen zunächst, den Vorstoß der Gallier zum Stehen zu bringen, und später, sie ganz aus Norditalien zu vertreiben. In dieser Zeit brechen andere Galliergruppen – nach Zeugnissen antiker Autoren wegen einer Überbevölkerung Galliens – zum herkynischen Wald und nach dem Balkan auf. Im Zusammenhang mit dieser Balkanexpedition zu Beginn des III. Jahrhunderts begegnet uns ein anderer Brennus, der durch Griechenland zog und etwa um das Jahr 290 sogar das Heiligtum Delphi geplündert haben soll.[12] Reste des Heeres dieses Brennus sollen sogar bis nach Asien vorgestoßen sein und das berühmte Königreich der Galater gegründet haben, wo noch zur Zeit des *Hl. Hieronymos* (v. Stridon 331-420) keltisch gesprochen wurde.

Das III. vorchristliche Jahrhundert bedeutet für die Kelten die Epoche ihrer weitesten Verbreitung. Fast überall in den verschiedensten Gebieten außerhalb der westlichen Heimatregionen stößt man auf ihre Spur: am rechten Rheinufer, wo sie besonders starken Einfluß auf die Germanen ausüben, ein ursprünglich wahrscheinlich nicht-arisches aber indogermanisiertes Volk; entlang der Donau und den Karpaten, an die die Bojer später ihren Namen (Böhmen) anknüpfen werden; in Illyrien, das heißt im heutigen Jugoslawien; in Kleinasien, wo sie nach Diensten bei den diversen orientalischen Königen die Gesellschaft von Galatien bestimmen werden – und schließlich höchstwahrscheinlich um die Schwarzmeer-Küste herum bis auf die Krim, wo sie mit den Slawen aus dem Norden und mit den sagenhaften Skythen der Steppen in Berührung kommen werden: das hat Anlaß gegeben zu recht vagen Theorien über eine keltisch-skythische Gemeinschaft, womit aber zumindest gewisse verwandte Züge zwischen der Kunst der Kelten und derjenigen der Steppenvölker erklärt werden könnten.[13]

Vom II. vorchristlichen Jahrhundert an ist dann ein allmähliches Schrumpfen des keltischen Reiches zu beobachten – oder zumindest dessen, was man im allgemeinen als ihr Reich zu bezeichnen pflegt; denn in Wirklichkeit gab es lediglich eine Gemeinsamkeit in der Sprache und Religion, aber keinerlei politische Einheit innerhalb dieses unermeßlich weit ausgedehnten Siedlungsraumes. Die Germanen, die aus der Lektion, die ihnen die Gallier erteilten, gelernt hatten und durch die baltischen oder slawischen Völker aus ihren Stammgebieten vertrieben worden waren, beginnen nun, immer stärker vorzudrängen, besetzen das gesamte rechtsrheinische Ufer und siedeln sogar in Nord-Belgien.[14]

Im Zusammenhang mit den großen Völkerinvasionen dieser Zeit fällt besonders auf, daß sich alle in ost-westlicher Stoßrichtung bewegt haben und daß schließlich Westeuropa zum Interferenzgebiet für all die einander verdrängenden Völker wurde, was wieder einmal beweist, daß es absolut abwegig ist, selbst in den heute noch keltophonen Ländern nach einer rein keltischen Rasse suchen zu wollen.

Noch aber bedeuten die Germanen keine ernste Gefahr für die Gallier. Denn noch haben die Römer nicht die Schmach vergessen, die ihnen besagter Senone Brennus angetan hatte: als 387 über den Abzug der Gallier aus Rom verhandelt und eine Summe von 100 Pfund Gold als Lösegeld vereinbart worden war, hatten die Gallier mit falschen Gewichten gewogen, und als die Römer voller Empörung weitere Zahlungen verweigerten, warf Brennus unter dem bekannen Ausruf „vae victis!" ('Wehe den Besiegten!') auch noch sein Schwert in die Waagschale. Seit dieser Zeit war den Römern jedes Mittel recht, um Rache zu nehmen und die Gefahr abzuwenden, die die lärmenden Gallierhorden darstellten, deren alleiniges Auftauchen vor einer latinischen Stadt bereits den berühmten *tumultus gallicus* entfesselte, jene totale Massen-Mobilmachung, von der man nur im Falle des am allergefährlichsten eingeschätzten Feindes Gebrauch machte. Auf diese Weise konnten die Römer von 241 bis 202 das gesamte 'Gallia cisalpina' ihrer Herrschaft unterwerfen.

Allmählich kam den Galliern zu Bewußtsein, daß ein zu mächtiges Rom ihnen selbst Unannehmlichkeiten bereiten könnte. So wird verständlich, weshalb sie sich während der punischen Kriege auf die Seite der Karthager schlugen. Sie erleichterten nicht nur den Marsch Hannibals und seines Heeres durch das Rhône-Tal und über die Alpen, sondern entsandten auch zahlreiche gallische Kontingente, die zum siegreichen Einmarsch der Karthager in Norditalien und zum Sieg bei Cannae beitrugen. Nach Hannibals fatalem Zögern vor Capua war jedoch die Zukunft Westeuropas und des Mittelmeer-Raumes entschieden, denn nun konnte nichts mehr die militärische Expansion der Römer, jener „gewaltigen Völkerunterwerfungsmaschine" stoppen: 197 fallen die Keltiberer unter römische Zwangsherrschaft, und obwohl sie 153 noch einmal einen Aufstand wagen, wird ihre Hauptstadt Valencia 133 durch Scipio Aemilianus endgültig eingenommen. 121 bricht in der Keltika ein gallisch-römischer Krieg aus, der mit der Niederlage des Averner-Führers Bituitos endet.

Bald sollte ein Ereignis für Ablenkung von den mehr als kühlen Beziehungen zwischen Galliern und Römern sorgen, eine Ablenkung durch eine gemeinsame Gefahr: die Cimbern und Teutonen. Diese Völker werden im allgemeinen zu den Germanen gerechnet, sie sind aber wahrscheinlich Prä-Indoeuropäer mit übrigens stark keltischem Einschlag, wie die Namen ihrer Geschlechter und bedeutendsten Fürsten zeigen. Von Jütland kommend fallen sie über Gallien, Norditalien, Pannonien und über die iberische Halbinsel her und lassen auf ihrem Durchzug keinen Stein über dem anderen. Erst 102 und 101 gelingt es den römischen Truppen unter dem Kommando des Marius, sie bei Fos-sur-Mer und Pourrières (in der Nähe von Aix-en-Provence) endgültig zu besiegen. Aus diesem Anlaß wurde ein Berg in der Nähe des Schlachtfeldes nach einer christianisierten Kriegsgöttin auf den Namen *sancta victoria* (= heute: Sainte Victoire) umgetauft.[15] Gleichzeitig wurde der gesamte Südteil Galliens von den Römern besetzt und erhielt die Bezeichnung *povincia romana,* genannt *gallia narbonensis* beziehungsweise *gallia togata,* das heißt der Teil Galliens, der in den Vorteil des römischen Bürgerrechts kam.

Während des ersten vorchristlichen Jahrhunderts gelangt die keltische Zivilisation zu besonderer Blüte: allerorts sprießen Städte aus dem Boden, denn der Boden hat durch eine neue Veredelungstechnik an Wert gewonnen, die nach den Worten von *Plinius d. Ä.* darin bestand, „die Erde durch Erde zu düngen; diese wird *marne* genannt." Man verwendet den Radpflug, der dem gleichzeitig bei den Römern üblichen *aratrum* weit überlegen und mit einer beweglichen Pflugschar versehen ist (für die man im Deutschen in der Fachsprache zum Teil noch heute die Bezeichnung *Sech* verwendet, ein Wort, das möglicherweise nicht von der lat. Wurzel *sec*(-are) = 'schneid(-en)', sondern von der keltischen Urform von frz. *soc* (s.o.S.15) abstammen könnte; Anm. d. Hrsg.). Man kennt ferner bereits die Egge und vor allem eine Getreide-Mähmaschine, von der wir Darstellungen auf Basreliefs aus Belgien besitzen; sie wurde von *Plinius* beschrieben als „ein großer, an den Rändern mit Zähnen armierter Kasten auf zwei Rädern, der von Ochsen über das Weizenfeld geschoben wird; dadurch werden die Ähren von den Zähnen ausgerissen und fallen in den Kasten". Durch diese Neuerungen kommt es zu einem Überschuß an gallischem Weizen, der von den römischen Händlern gekauft wird, aber auch Neid erregt auf dieses Land mit einer derart ertragreichen Landwirtschaft. Auf handwerklichem Sektor entwickelt sich besonders die Metallurgie in den Bereichen der Verarbeitung von Eisen und Bronze, Zinn und Silber; man entdeckt neue Verfahren zur Glasgewinnung, erfindet die Kunst des Emaillierens, perfektioniert die Faßbinderei und die Konstruktion von Fluß- und Seeschiffen. Dabei bleibt auch der künstlerische Fortschritt nicht zurück: reichverzierte Töpferwaren, Plastiken aus Stein und besonders aus Holz, Goldschmiedearbeiten, schmuckvoll gravierte Kessel und kunstvoll bearbeitete Gebrauchsgegenstände sind beredte Zeugnisse davon. Geschicklichkeit und Experimentierlust gehen sogar soweit, daß selbst die Münzen zu wahren Kunstwerken werden.

Um diese Zeit nehmen zwei Gefahren immer bedrohlichere Ausmaße an: die Germanen und die Römer. Die Belgier werden von einer Germanenwelle aus ihrer Heimat vertrieben und lassen sich an der Südküste der britischen Insel nieder. Die Helvetier fliehen vor dem Ansturm des Ariovist und seiner Sueven und geraten dadurch mit den Haeduern in Konflikt. Angesichts dieser Unruhen kommen die Rivalitäten zwischen den einzelnen Galliervölkern nun offen zum Ausbruch. Caesar, der auf nichts anderes als auf die günstigste Gelegenheit gewartet hatte, sieht nun den Augenblick gekommen, um zu handeln und sich selbst unter Einsatz seiner politischen und militärischen Karriere wieder ein Vermögen aufzubauen: er macht sich die Germanengefahr und gleichzeitig die innergallischen Rivalitäten zunutze und greift nun als Vermittler und Beschützer in die Ereignisse ein. Nachdem er die gallischen Streitereien schlichten konnte, läßt er aber seine Truppen als 'Schutzmacht' vor Ort zurück, was ihm um so leichter fällt, als die Gallier sich zwischen zwei Gefahren für die geringere – oder zumindest für die ihnen als geringer erscheinende –, nämlich die römische, entschieden haben. Die wahren Ambitionen des Prokonsuls durchschauen sie erst reichlich spät. So unternehmen die Bretonen – durch die Aktionen der Veneter ermutigt – erst im Jahre 56 einen allgemeinen Aufstand, der mit der Vernichtung der Veneter-Flotte am Eingang des Golfs von Morbihan endet. Zweimal versucht Caesar danach, seinen Eroberungszug bis auf die Briten-Insel auszudehnen (55 und 54; Anm. d. Hrsg.). Im Jahre 52 kommt es zu einem gesamtgallischen Aufstand gegen die römische Besatzungsmacht, ein Unternehmen, dessen Führer nach langem Hin und Her der Avernerfürst Vercingetorix geworden war. Mit ihm verbündet sich trotz zahlreicher Bedenken schließlich doch die Mehrheit der Gallierfürsten, – darunter sogar auch diejenigen, die wie der Atrebate Commius zunächst noch an die Möglichkeit einer Kollaboration mit den Römern gedacht hatten. Das Ende ist bekannt: hauptsächlich infolge eines taktischen Fehlers seitens Vercingetorix und trotz des verbissenen Einsatzes von Commius, der als letzter gallischer Widerstandskämpfer anschließend zum Exil in Britannien gezwungen wird, kommt es zur Niederlage von Alesia.[16]

Das bedeutet das Ende der gallischen Unabhängigkeit. Für die Gallier beginnt nun durch den Verlust der Eigenständigkeit ihrer Lebensformen, durch das bald folgende Verbot ihrer Religion und ihrer an Wert verlierenden Sprache ein anderes Leben. Ihr in Provinzen zerteiltes Territorium wird zur Beute der Bürokraten des Imperiums, die noch dazu in der Mehrzahl selbst Gallier sind, es aber glänzend verstehen, trotzdem auf ihre Kosten zu kommen. Die Anbetung kaiserlicher Götter, der Stadt Rom und des Kaisers selbst ersetzt – zumindest offiziell – die Verehrung der metaphysischen Glaubenslehren der Druiden. Bald wird das sich erfolgreich durchsetzende Christentum den kaiserlichen Strukturen aufgepflanzt. Somit blieb an Keltischem nichts mehr übrig als die mündliche Überlieferung des Volkstums, das weiterlebte in Form von Märchen, Legenden und Erzählungen, aber auch in hartnäckig sich haltendem Aberglauben, welchen die christliche Religion – da sie ihn schon nicht völlig ausrotten konnte – aus taktischen Gründen mehr oder weniger stark in den Gottesdienst einbezog, indem sie zum Beispiel Quellen verchristlichte, manche mehr als suspekte Figur als Heiligen anerkannte und zahlreiche sonderbare Devotionalien tolerierte, die zum Teil noch im XX. Jahrhundert verehrt werden.

Auch die Insel Britannien, die vorläufig noch der Romanisierung entgangen war, fällt trotz des heldenhaften Widerstandes einzelner Brit(ton)en – darunter besonders des berühmten Carmatos – im Jahre 51 n. Chr. schließlich in die Hände der Römer. Zehn Jahre später erhebt sich nach einem gräßlichen Massaker an den Druiden der Insel Môn (Anglesey) ganz Britannien unter der Führung von Bodicea, der Königin der Iceni, zu einem Aufstand, der jedoch in einem totalen Fiasko endet. 83 n. Chr. waren die Römer bis zu den Ufern des Firth of Clyde und Firth of Forth vorgestoßen, wo Kaiser Antonin jenen Limes errichten ließ, der noch seinen Namen trägt, um die neue *provincia* gegen die Picten aus dem Nordosten Schottlands und gegen die letzten noch unabhängigen Insel-Brit(ton)en der Nordwest-Küste zu sichern.

Trotzdem wurden die brit(ton)ischen Gebiete im Gegensatz zu Gallien im Grunde nie richtiggehend romanisiert. Die Insel-Briten behielten ihre Sprache und Kultur bei, die heute noch in Wales lebendig ist *und dort nie aufgehört hat zu existieren.*

Selbst wenn es den Briten relativ gut gelang, sich der noch dazu recht sporadisch auftretenden römischen Besatzung zu entziehen, so erging es ihnen unter den germanischen Invasionen der Angeln, Jüten und Sachsen ganz und gar anders. Unter dem Ansturm der Angeln und Sachsen im III. und IV. Jahrhundert mußten sie bis in den äußersten Westteil der Insel zurückweichen – und dies trotz einzelner Momente erfolgreichen Widerstandes, wie etwa jener Aventüren, die die Legende dem König Artus zuschreibt –, denn sie waren unfähig, ihre inneren Querelen wenigstens in dieser Zeit zum Schweigen zu bringen. Britannien wurde zu drei Vierteln sächsisch und die Brit(ton)en, die aus Raumnot nicht alle in Wales und Cornwall bleiben konnten, mußten den Kanal überqueren und sich in der gallischen Armorika niederlassen, wobei diese Region zu ihrem Namen Bretagne kam. Cornwall geriet besonders schnell in den sächsischen Einflußbereich. Nur Wales konnte seine politische und ethnische Integrität wahren. Erst gegen Ende des XIII. Jahrhunderts verlor es seine Unabhängigkeit, als nämlich 1282 Eduard I., der englische König, für seinen Sohn und Nachfolger den Titel 'Prince of Wales' beanspruchte und schützen ließ.[17]

Irland dagegen konnte sich ganz abseits und frei von jeder römischen Beeinflussung entwickeln, aber auch dort kam eine politische Einigung ebenso wenig zustande wie in Britannien oder Gallien. Zu Beginn der christlichen Ära ist dort ein recht erstaunliches Völkergemisch zu beobachten: prähistorische Megalithkultur-Völker (die Fomoré und Tuatha Dé Danann der Mythen); Gälen, die noch ihren alten Stammnamen *Scoten* führen: gallische, brit(ton)ische und belgische Stämme (die Fîr Gallianin, Fîr Domainn und Fîr Bolg), die dort seit Mitte des I. vorchristlichen Jahrhunderts beheimatet sind. All diese Völkergruppen lassen sich – wenn auch nicht immer deutlich von einander abgrenzbar – in fünf Provinzen zusammenfassen: Ulster, Connaught, Nord-Leinster, Süd-Leinster und Munster. Diese Provinzkönigreiche leben in ständigem Kriegszustand miteinander, darunter besonders Ulster versus Connaught, die beide um die Hegemonie auf der Insel ringen. In der Mitte des II. Jahrhunderts gründet Conn (mit dem Beinamen „Held der hundert Schlachten"), der König von Connaught, auf den Trümmern von Nord-Leinster ein neues Königreich, das Reich von *Mide* oder *Meath* (= 'Mitte') und macht Tara, ein uraltes Heiligtum, dessen Entstehung bis in das Dunkel der Vorzeit zurückgeht, zum Sitz eines Großkönigtums mit der höchsten Macht über alle übrigen Könige von Irland. Er selbst läßt sich zum *Ard-Ri,* dem Großkönig, küren. Diese Institution sollte sich bis zum Verlust der irischen Unabhängigkeit halten, wobei jedoch betont werden muß, daß es sich die meiste Zeit über um eine rein theoretische Macht handelte.

Inzwischen überflutete – von der britischen Insel kommend und vom Hl. Patrick (gest. 461) besonders inbrünstig propagiert – das Christentum allmählich auch Irland und setzte dem Druidenkult ein Ende. Aber im Unterschied zu seiner Wirkung in Gallien konnte das Christentum hier weder die gälische Sprache noch die keltischen Traditionen zerstören. Man kann sogar so weit gehen und behaupten, daß *gerade durch die Kirche Irlands* alles, was an Keltischem noch lebendig war, tatsächlich herübergerettet und erhalten wurde: denn die irischen Mönche waren es, die uns in ihren wertvollen Handschriften die Literatur in gälischer Sprache und im typisch heidnischen Geist der Kelten aufgezeichnet haben. Besonders unter dem Hl. Columcill erhielt das irische Christentum eine ganz eigenwillige Tönung, in der sich noch deutlich druidische Einflüsse erkennen lassen. Und gerade diese Tönung sollte, als sie sich unter den insularen und armorikanischen Bretonen ausbreitete, eine keltische Kirche aus der Taufe heben, die eine ans Wunderbare grenzende Inbrünstigheit und Aktivität entwickelte und so wesentlich zur Christianisierung des Kontinents beitrug, daß sie der römischen Orthodoxie bald mehr als suspekt werden mußte.[18]

All seinen internen Schwierigkeiten und den skandinavischen Invasionen zum Trotz entwickelte sich Irland rasch zu einem Zentrum keltischen Geistes und sogar – ähnlich wie Wales – zu einem wahren Hort keltischer Sprache, Literatur und Kunst. Infolge von obskuren Machenschaften, bei denen die Päpste allem Anschein nach eine nicht gerade rühmliche Rolle spielten, wurde im XII. Jahrhundert der Titel des Großkönigs von Irland auf Henry II. Plantagenet übertragen, unter dessen Verwaltung damals – nach dem Tode seines Sohnes Geoffrey I. und während der Minderjährigkeit seines Enkels Artus – auch die armorikanische Bretagne stand. Irland verblieb unter der Herrschaft der anglo-normannischen Dynastie und mußte dabei mehrere Jahrhunderte hindurch die schlimmsten Enteignungen und übelsten Unterdrückungen seitens der Engländer und Schotten über sich ergehen lassen. Erst 1921 erlangte Irland durch die Gründung des *Saorstat Eireann* (= 'Republik Irland') zumindest partiell wieder seine Freiheit: wenigstens war damit die Basis gerettet; – ungelöst blieb dagegen das Schicksal der gälischen Sprache, die höchstens noch von der intellektuellen Oberschicht gesprochen wurde, und dies trotz der Tatsache, daß sie die offizielle Landessprache war. Was sollte aus ihr werden?[19]

Die armorikanische Bretagne blieb somit bis in das XV. Jahrhundert der einzige noch unabhängige keltische Staat. Nach der Übersiedelung der Brit(ton)en (und nunmehr Bretonen) und der Gründung zahlreicher *plous* und *comtés* anstelle der gallo-römischen *pagi* versuchte die Armorika, soweit es eben möglich war, sowohl ihre Einheit als auch ihre territoriale Integrität gegenüber zwei neidvollen Nachbarn, den Franken und Sachsen, zu bewahren. Und tatsächlich entwickelt sich die Geschichte der armorikanischen Bretagne während der folgenden zehn Jahrhunderte zu einem ständigen Jonglieren um Gleichgewicht zwischen englischem und französischem Einfluß. 845 brachte der bretonische König Nominoë durch seinen Sieg über die Truppen Karls des Kahlen bei Ballon die karolingischen Ambitionen zum Erliegen. 867 ließ sich Karls Nachfolger Salaun von diesem nicht nur den Königstitel, sondern auch die Annexion des Cotentin und der anglo-normannischen Inseln bestätigen. Fatale Folgen hatten dagegen die Normanneneinfälle für die Bretagne, deren Boden immer ertragloser wurde und deren Elite zusehens aus dem Land abwanderte. Allmählich gewann der französische Einfluß durch die neuen herrschenden Klassen immer dominantere Züge, was soweit ging, daß die bretonische Sprache bald nur noch das bäuerliche Idiom der am weitesten westlich gelegenen Gegenden war. Im XII. Jahrhundert verwaltete die (frankophone) anglo-angevinische Dynastie der Plantagenets die mittlerweile schlicht zum Herzogtum degradierte Bretagne. Anschließend kam – im XIII. Jahrhundert – eine Kapetinger-Dynastie an die Macht, und zwar das Haus Dreux, das allerdings ziemlich anti-französisch eingestellt war. Zu Beginn des Hundertjährigen Krieges kämpften dann gleich zwei Parteien um die Nachfolge des ohne direkten Erben gestorbenen Jean II.: die Partei des Charles de Blois, den der französische König unterstützte, gegen die Partei des Jean de Montfort, hinter dem der englische König stand. Sieger in diesem Machtkampf wurde schließlich Jean IV. de Montfort in der Schlacht von Auray 1364, wo der Bandenchef Du Guesclin, ein von den Blois bezahlter Söldner, die spektakulärste Niederlage seiner Abenteurer-Karriere einsteckte.[20]

Das Ende ist bekannt: hundertvierundzwanzig Jahre später, nämlich am 28. Juli 1488, wurde die bretonische Armee des François II. bei Saint-Aubin-du-Cormier besiegt, was den Interessen der französischen Monarchie nun Tür und Tor öffnete. Anne de Bretagne, die einzige und letzte Erbin des Herzogtums, wurde zur Hochzeit mit Charles VII. und anschließend mit Louis XII. gezwungen. Danach ging die Herzogskrone an ihre Tochter Claude über, die Franz I. heiratete, und darauf an den Dauphin Henri. *Dabei handelte es sich jedoch um einen ausschließlich an die Person gebundenen Titel!* So erklärt sich nämlich, daß nach einer Abstimmung des in Vannes einberufenen Parlaments der Bretagne, das allen möglichen Pressionen unterworfen wurde, der König von Frankreich am 13. August 1532 einen Vertrag unterzeichnete, der den Zusammenschluß zwischen Frankreich und der Bretagne festlegte, wobei *letzterer einige genau definierte Sonderstatuten zuerkannt* und beide als zwei souveräne Staaten betrachtet wurden.[21] Damit waren aber die keltischen Nationen aus der politischen Landkarte getilgt. Jedoch trotz aller Anstrengungen, die Existenz jeder keltischen Tradition systematisch totzuschweigen, lebte diese weiter. Wertvolle Handschriften aus Irland oder Wales haben sie uns überliefert. Daneben wirkte auch eine umfangreiche mündliche Überlieferung nicht nur in Irland und Wales, sondern auch in dem durch die Gälen keltisierten Schottland, das sich noch bis heute seine gälische Sprache erhalten hat,[22] sodann auf der Isle of Man, wo sich das Gälische allmählich wieder einbürgert, in der armorikanischen Bretagne, dem wohl bedeutendsten heute noch keltophonen Land, das zwar leider keine besonders alte schriftliche Literatur besitzt, dafür aber einen unglaublich reichen Schatz an Märchen, Dichtungen und Bräuchen. Wieviele Reminiszenzen erinnern schließlich darüber hinaus in ganz Westeuropa und besonders in Frankreich, im wallonischen Belgien sowie in England an Phänomene, die bis auf die Zeit der Kelten zurückgehen!

Denn ihre Tradition ist keineswegs völlig ausgestorben. Sie hat sich vielmehr mit dominanten Elementen vermischt und damit zu einer oft fruchtbaren Synthese gefunden. Den Beweis dafür liefert uns das keltische Christentum, daneben zahlreiche französische, vom Geist der Bretagne so durchdrungene Schriftsteller wie Chateaubriand oder auch all die anglo-irischen Autoren wie Yeats, Synge und viele andere, die die keltische Tradition in einer für ein breiteres Publikum verständlichen Sprache wieder aufleben ließen.

„In der Geschichte Irlands haben die verschiedenen Invasionen tatsächlich jedes Entstehen einer integralen Zivilisation eines ganz und gar keltischen Irlands verhindert. Andererseits hatten diese Invasionen niemals die Wirkung einer vollständigen Vernichtung... Daher haben wir heute in Irland zwei Traditionen, zwei Sprachen, zweierlei Gesetzgebung. Und die Aufgabe unserer Politik ist es, diese beiden Traditionen der Vergangenheit wieder zu vereinigen."[23]

Was für Irland zutrifft, gilt in gleicher Weise auch für Wales, die Synthese aus brit(ton)ischer und angel-sächsischer Kultur, sowie für die Bretagne, den Schmelztiegel der keltisch-bretonischen und lateinisch-französischen Kultur, ein zweisprachiges Land, in dem keine der beiden Traditionen der anderen schaden kann, sondern im Gegenteil gerade eine spirituell höhere Entwicklung ermöglicht.[24] Dies könnte – wenn auch in geringerem Maß – sogar auch für diejenigen Länder zutreffen, die noch von Spuren des Keltischen geprägt sind, denn nichts ist zählebiger als die Tradition, nichts wurzelt tiefer als alter Volksglaube und alte Denkschemata, sobald sie sich unter der Schale einer äußerlich erneuerten Form verbergen und somit konservieren können. Denn der Mythos stirbt nie aus. Er bleibt stets lebendig in immer neuen Formen, sodaß man gelegentlich mehr als überrascht ist, ihn dort zu entdecken, wo man ihn am wenigsten erwartet hätte.

Damit ist der Bereich, in dem wir unsere Untersuchungen durchzuführen haben, genannt. Auch nicht das scheinbar nebensächlichste Detail darf außer acht gelassen werden bei dem Versuch, die Rolle zu analysieren, die die Frau seit der Morgendämmerung der Geschichte, ja sogar seit der Nacht der Prähistorie in der Welt des Okzidents spielte. Deshalb wurde an dieser Stelle der Bereich, den wir als *keltisch* bezeichnen, zuerst einmal ausführlicher umrissen. Er ist noch weitgehend unerforscht, und so darf man auf größere Überraschungen gefaßt sein.

ANMERKUNGEN ZU KAPITEL I

1 Man beachte das Schwanken in der Wahl zwischen älterem *s* und jüngerem *h* in den Wörtern *senta* (= Weg) vs. mittelbreton. und walis. *hent; *senos* (= alt) (lat.: *senex*) wird mittelbreton. und walis. zu *hen; *suexos* (= sechs; lat.: *sex;* frz. *six*) wird zu breton. *c'hwec'h* (zu *hueh* im Vannetais, Süd-Bretagne) und walis. zu *chwech*. Neben dem Verschwinden des Lautes *-qu-* fällt in den brit(ton)ischen Sprachen u.a. auch die Tendenz zur Abschwächung des *s* am Wortanfang auf. Andererseits lassen die noch vorhandenen Grundzüge der gallischen Grammatik diesem Phänomen der Abschwächung eine enge Verwandtschaft sowohl zum Gälischen als auch zum Lateinischen erkennen. In Übereinstimmung mit der 2. lateinischen Deklination (domin-us, -e, -um, -i, -o) finden wir die gleichen Endungen im Gälischen und Gallischen (-os, -e, -on, -i, -o); mit der 1. lateinischen Deklination (ros-a, -a, -am, -ae, alte Formen: -as, -ae) korrespondieren die gall. Endungen *-a, -a, -an (?), -ai* und die gäl. Endungen *-a, -a, -ien, -ias* (bzw. -ies), -i; mit der 3. lateinischen Deklination, der zugleich ältesten (civ-is, -is, -em, gelegentl. -im, -is, -i) die gall. Endungen -is, -i, -in, (Gen. sing. unbekannt; aber Gen. plur. -iom identisch mit parasyllabischem lat. -ium), -e und die gälischen Endungen -is, -i, -in, -os, -ei (Gen. plur. -ion); mit der 4. lateinischen Deklination (man-us, -us, -um, -us, -ui) die gall. Nominativ-Endung -us und Dativ-Endung -ou (vgl. gäl.: -us, -u, -un, -ous, -u; Gen. plur. -ion). Die gall. und lat. Verb-Endungen sind zudem mit den alt-irischen eng verwandt.

2 Man könnte als Gegenargument anführen, daß Commius Belgier und nicht Gallier aus der Keltika war und daß im Laufe des ersten vorchristlichen Jh. eine starke Invasion von Belgiern die britische Insel heimsuchte. Aber wir kennen noch andere Beispiele, und darüber hinaus scheinen die Belgier keine von den Galliern der Keltika verschiedene Sprache gesprochen zu haben. Einen Beweis für die Universalität der gallischen Sprache finden wir auch beim Hl. Hieronymus v. Stridon (33 - 420), der in seinem *Kommentar zum Galaterbrief* schreibt, daß die Treverer (= Belgier an den Ufern des Rheins) die gleiche Sprache sprachen wie die Galater in Kleinasien (= Abkömmlinge von Galliern aus der Keltika, die die Expedition unter Brennus nach Delphi überlebten). Es ist bemerkenswert, festzustellen, daß in allen gallischen Sprachgebieten der indogermanische Velar-Laut -qu- Abwandlungen erfährt: das *c* wird im Französischen manchmal zu *-ss-* oder zum Zischlaut *sch* (außer in der Nachbarschaft des Germanischen), besonders in Gebieten mit nahezu rein keltischer Bevölkerung (z.B. Auvergne). Über die frühe Umformung von *-qu-* zu *p* (equus → *epos;* quum/quom → *pe;* quattuor → *pedwar*) hinaus erweist sich im Bretonischen wie im Walisischen der modernere Konsonant *k* als instabil und wird häufig zu *g* und zu *c'h* (bzw. zu *h* im Vannetais; in diesem Dialekt wird übrigens das *k* häufig gezischt: *ne... ket* (= nicht) wird als *ne... tschett* ausgesprochen.

3 Goulven *Pennaod: Langues et Littératures celtiques.* Nouvelle Ecole Nr. 15, S. 22.

4 Jean *Markale* (im folgenden abgek. als J.M.): *Les Celtes.* Payot, Paris 1979[6]. S. 162.

5 Goulven *Pennaod,* a.a.O., S. 21.

6 Es ist betrüblich, daß selbst sachkundige Historiker noch im XX. Jahrhundert darauf beharren, den keltischen Einfluß zu leugnen und zu beweisen versuchen, daß die Gallier ohne den Einfluß der Römer lediglich abscheuliche Barbaren gewesen wären. Das sind dann jene hartnäckigen Nachwehen eines Herrn *Gobineau,* der für die Idee einer höheren Rasse verantwortlich zeichnete, die schließlich mit dem bekannten Feingefühl von einem gewissen Hitler wieder aufgegriffen wurde. Für diese Leute bin ich freilich nur ein schwafelnder Keltomane (jene wären dagegen aber schlicht Anhänger einer zwanghaften *Romanolatrie*); an keiner Stelle habe ich je behauptet, die Kelten wären ein auserwähltes Volk, noch irgendeine höhere Rasse, noch überhaupt eine Menschen-„Rasse". Es hat nur immer wieder Völker gegeben, die in der Unterwerfung anderer Erfolg hatten, und zwar mit Hilfe von wirkungsvollen Technologien, wirtschaftlichen Maßnahmen und durch Einsatz von Gewalt. Man nennt dergleichen 'Besetzung' oder 'Kolonisation'. Bevor die Kelten von den Römern kolonisiert wurden, hatten sie ihrerseits die Völker kolonisiert, die vor ihnen bereits in Gallien lebten. Zahlreiche vorgefertigte Meinungen (wie etwa: „die Römer hätten uns die Zivilisation gebracht"; „aller Fortschritt stamme aus dem Mittelmeerraum" etc.) sollten wieder einmal neu überdacht werden! Keine Zivilisation ist a priori 'besser' als eine andere. Jede Zivilisation hat im wörtlichsten Sinn 'an und für sich' ihren eigenen Wert. Ein Werturteil über eine andere Zivilisation zu fällen, bedeutet,

die Idee einer Minderwertigkeit zuzulassen: diese liefert dann eine bequeme Rechtfertigung für Kriege, Völkermorde – Mord nicht nur an ihren Menschen, sondern auch an ihrer Kultur (wie es der Fall von Gallien, Irland und der Bretagne zeigt) – für Kolonisierung („damit bringe man den armen Niggern schließlich die Zivilisation!") und für jede Art von Eingriff in die freie Entfaltung des Geistes. Es ist daher die Pflicht eines jeden seriösen und aufrecht denkenden Intellektuellen, derlei irrige Ideen, die an so vielen Leidenswegen der Menschheit schuld sind, ein für alle Mal auszurotten.

7 G. *Pennoad:a.a.O.*, S. 22.

8 Ähnliche Phänomene lassen sich häufig beobachten. Der Einfluß einer in begrenztem Rahmen üblichen Ausdrucksweise kann entscheidende Auswirkungen auf die Evolution einer Sprache haben: so wurde die französische Sprache nach dem Modell der in der Ile-de-France gesprochenen Regionalsprache vereinheitlicht, die die Sprache der dominanten Politik war und deshalb alle übrigen assimilieren bzw. schlucken konnte; dennoch blieben beachtliche Unterschiede erhalten. Die Untersuchungen über den Ursprung der französischen Sprache gingen bisher ausnahmslos vom Postulat der Herkunft aus dem Lateinischen aus. Vieles würde sich *möglicherweise* ändern, wenn man vom entgegengesetzten Postulat ausginge, wobei man aber die strengsten Regeln beachten müßte (woran sich gewisse Schwärmer bislang nicht immer hielten). Eigene Beobachtungen machten mir das Fortleben bestimmter Ausdrücke deutlich, die sich als Ableitungen aus dem Romanischen nicht erklären, aber sich überraschenderweise im keltischen Kontext durchaus aufschlüsseln lassen – und zwar anhand der okzitanischen Mundart von Velay (Nähe Massif Central). Weshalb zögern also die routinierten und diplomierten Spezialisten der Linguistik immer noch, wenn es um die Erforschung dieser so postulierten Zusammenhänge, d.h. um eine Aufgabe geht, die doch zumindest das Verdienst hat, zu einer neuen Untersuchung dieses Problems zu führen?

9 Nach der Ansicht des Kanonikus François *Falc 'hun*, die er in seinem bemerkenswerten Buch *Histoire de la Langue bretonne d'après la géographie linguistique* (P.U.F., Paris 1963) dargelegt hat. Danach sei der bretonische Dialekt der Umgebung von Vannes (das Vannetais) größtenteils „Erbe des Gallischen". Diese zwar heftig umstrittene These ist von besonderem Interesse: sie gestattet nämlich, das Problem des Überdauerns der gallischen Sprache in bestimmten Landstrichen sowie das Problem der brit(ton)ischen Einwanderung in die künftige Bretagne unter einem ganz neuen Licht zu sehen. (Vgl. in meinem Buch *Les Celtes*, a.a.O., S. 286 - 311, die Aufschlüsse, die mir diese These über die Ansiedlung der Bretonen auf der armorikanischen Halbinsel gestattete.)

10 Albert *Duazat:* La Toponymie française. Payot, Paris 1945, S. 39.

11 Eine detaillierte Untersuchung dieser Ereignisse, besonders was daran Sage und was daran gesicherte historische Tatsache ist, findet sich in J.M., *Les Celtes*, S. 65 - 90, Kapitel „Rome et l'épopée celtique" ('Rom und die keltische Epik').

12 Alle diese Ereignisse muten derart seltsam an, daß man stets schwankt, ob sie der Geschichte oder der Sage zuzuordnen sind. Siehe dazu das Kapitel „Delphes et l'aventure celtique" ('Delphi und das keltische Abenteuer') in J.M., *ibid.*, S. 91 - 119.

13 Besonders in der Kunst der Tierdarstellung und ornamentalen Ausschmückung der Pferde – vor allem aber in der Kunst der Metall-Gravur, wovon der Kultkessel von Gundestrup (aufbewahrt im Nationalmuseet, Kopenhagen) das bekannteste Beispiel ist.

14 Hier sei angemerkt, daß Gallien in der Regel in folgende Hauptregionen eingeteilt wird: *Belgien* zwischen Rhein und Seine; die *Keltika* im engeren Sinn zwischen Seine und Garonne (mit östlicher Ausdehnung nach der Schweiz und den Alpen); südlich der Garonne *Aquitanien* (mit stark eingeschränkt keltischem Bevölkerungsanteil); schließlich mit dem Mittelmeer als südlicher Begrenzung das Gebiet der späteren römischen Provinz *gallia narbonensis* mit keltisch-ligurischer Bevölkerung. Man kann auch noch die Provinz *gallia cisalpina* dazurechnen, d.h. die Po-Ebene (der Name des Flusses ist ebenfalls keltisch!), deren Bevölkerung sowohl keltisch als auch ligurisch ist, und wo der Name *Milan(o)* besonders oft anzutreffen ist (< *mediolanum* = 'Ort der Mitte'; vgl. Meslan, Meillan, Moliens usw.).

15 Zu Einzelheiten über die Cimbern und Teutonen siehe das ihnen gewidmete Kapitel in J.M., *ibid.*, S. 45 - 63.

16 Eine kritische Darstellung dieser Ereignisse vgl. J.M., *ibid.*, S. 121 - 158.

17 Zur ausführlichen Darstellung der Geschichte (Groß-) Britanniens siehe J.M., *ibid.*, S. 227 - 283.

18 Siehe dazu in J.M., *ibid.*, S. 203 - 226, das Kapitel „L'Eglise chrétienne celtique". Vgl. dazu auch den 'klassischen Standpunkt' bei Dom Louis *Gougaud: Les chrétientés celtiques* (Paris 1911) – sowie die jüngere Arbeit gleichen Titels von Olivier *Loyer* (P.U.F. Paris 1965).

19 Zur *Geschichte der Gälen* siehe das entsprechende Kapitel in J.M., *ibid.*, S. 159 - 186, und auch P. *Rafroidi*, J. *Guiffan* u. J. *Verriere: L'Irlande* (Armand Collin, Paris 1971).

20 Zur „offiziellen" und verfälschend dargestellten Geschichte der armorikanischen Bretagne, wie sie in den französischen Lehrbüchern steht, sowie zur umstrittenen Persönlichkeit des Du Guesclin siehe J.M., *ibid.*, S. 311 - 340, dazu auch das beachtliche Werk von Morvan *Lebesque: Comment peut-on être Breton?* (Le Seuil, Paris 1970). (Vgl. auch J.M.: *„Histoire secrète de la Bretagne"*, eine knappe und doch faktenreiche Standard-Einführung in Thema jetzt in *Livre de Poche*-Ausgabe (Paris 1979) zugänglich; Anm. d. Hrsg.).

21 Da man sich hartnäckig weigert, diese Tatsache auch nur zu erwähnen, muß sie einmal besonders betont werden – nicht aus Gründen einer „separatistischen" Gesinnung, sondern schlicht aus Bemühung um historische Wahrheit. Dieses Unions-Abkommen betraf zwei völlig *gleichrangige und gleichberechtigte* Staaten, die sich für den Zusammenschluß ihrer Interessen entschieden. Daher erscheint es uns notwendig, die wichtigsten Klauseln dieses 'Edikts', das von François I. im September 1532 unterzeichnet wurde, hier einmal zu zitieren:

Darin verpflichtete sich der König zur Aufrechterhaltung und Achtung der Rechte, Freiheiten und Privilegien der Bretagne, d.h.: keine neuen Steuern ohne Zustimmung des bretonischen Parlaments in der Bretagne einzuführen; keine kirchlichen Einkünfte in der Bretagne an Nicht-Bretonen weiterzugeben; keinen Kriegsdienst außerhalb der Bretagne von Bretonen zu fordern (dagegen besuche man einmal all die Gefallenendenkmäler in der Bretagne, besonders das in Saint-Anne-d'Auray!); keine Änderung von Gesetzen, Institutionen und Gewohnheitsrechten ohne Zustimmung der Etats der Bretagne vorzunehmen etc. – Dieser Vertrag wurde in der Folgezeit *nie* für ungültig erklärt: er ist somit noch heute in Kraft! Er wurde aber trotzdem *niemals* eingehalten: weder durch die Gesetze noch durch die Republik, noch durch die Bonapartes.

22 Man bedenke, daß es der Schotte *MacPherson* war, der das Keltentum gegen Ende des XVIII. Jhds. zu neuem Leben erweckte durch seine ossianischen Gesänge auf der Grundlage von mündlich überlieferten Liedern. Heute noch sind im Nordwesten Schottlands und auf den Hebriden uralte Lied- und Musikformen lebendig, mit deren Hilfe wir uns ein Bild von der ursprünglichen, archaischen Musik der Kelten machen können.

23 Eamon *Kennedy*, Botschafter der Republik Irland in Paris in einem Rundfunk-Interview mit dem Autor („L'impossible royaume d'Irlande"/ORTF 1971).

24 Vorausgesetzt freilich, man setzt nicht wie bisher alles daran, die bretonische Sprache und Kultur zu vernichten. Denn die Originalität der Bretagne besteht gerade in ihrer Zweisprachigkeit und zweifachen Kultur. Zu denken geben sollte das Beispiel Wales, wo schon seit sehr langer Zeit sich ein Gleichgewicht hergestellt hat, was für das Land seither nur von Vorteil war. Man darf nicht verschweigen, daß die Kapetinger – mit dem auch noch *Saint Louis* („Ludwig der Fromme"!) genannten König an der Spitze – im Okzitanien der Grafen von Toulouse einen regelrechten Holocaust angerichtet hatten. Frankreich ist eben das Land der Gedankenfreiheit, jedoch vorausgesetzt, man denkt genau so, wie Paris es diktiert!

II.
Der juristische Kontext

Auf den ersten Blick scheint sich die keltische Gesellschaft von den gleichzeitig existierenden indoeuropäischen Gesellschaften nicht sonderlich stark zu unterscheiden, vor allem, wenn man sich auf das beschränkt, was die griechischen und römischen Autoren über die gallische Familie überliefert haben. Zufällig sind wir aber über das keltische Recht – das irische, wie auch das gallische und bretonische – gut informiert, weit besser als über die Geschichte[1] und Mythologie der Kelten. Wir besitzen nämlich walisische und irische Gesetzbücher und -kompilationen, die auf das Hochmittelalter zurückgehen und – selbst da, wo sie bereits vom Christentum geprägt sind – markante Besonderheiten gegenüber den entsprechenden Institutionen der Länder aufweisen, in denen das Römische Recht gilt.[2]

Aus zwei Gründen muß man in diesem Zusammenhang zwischen der Situation in Gallien und der in den übrigen keltischen Ländern unterscheiden: erstens, weil die Gallier bereits relativ früh römisch beeinflußt wurden, so daß die gallo-romanischen Rechtsinstitutionen und -bräuche eher dem Römischen Recht unterzuordnen sind; zweitens, weil der Agrarstatus Galliens bereits zu Urformen eines gallischen Rechts geführt hatte, das dem auf Privatbesitz von Grund und Boden basierenden Römischen Recht in mancher Hinsicht nahestand. Andererseits wissen wir aber über dieses 'primitive' gallische Recht besonders wenig, denn die spärlichen Informationen, die wir darüber bei *Caesar* (der an sich recht gut darüber Bescheid wußte), bei *Dio Cassius, Strabon* und *Diodor v. Sizilien* vorfinden, reichen zu einem vollständigen Bild nicht aus. Es ist also unerläßlich, auf die irischen und walisischen Gesetzessammlungen als Quellengrundlage zurückzugreifen, da diese das typisch Keltische daran wesentlich deutlicher widerspiegeln.

Die Grundlage der keltischen Gesellschaft bildet die *Familie* im weitesten Sinn, d.h. die indoeuropäische *gens*, die wir in ähnlicher Form in den griechischen Städten oder im Rom der Antike vorfinden. Sie umfaßt bei den Bretonen ursprünglich sämtliche Verwandten bis in das 9. Glied und ist einer dem *pater familias* entsprechenden Autoritätsperson untergeordnet. Bei den alten Gälen hatte diese Familie den Namen *fine*. Dabei fällt auf, daß dieses Wort aus der gleichen Wurzel stammt wie die Namen *Gwynedd* (des Nordwest-Teils von Wales), *Veneti* (des in der Umgebung von Vannes beheimateten Gallierstammes) und *Gwened* im Bretonischen.[3]

In Irland wird diese Familie, wenn sie vollzählig ist, als *deirbh-fine* bezeichnet und umfaßt dann 4 Generationen vom Vater (genannt *cenn-fine* = 'Familienoberhaupt') bis zum Großneffen. Über diese Grenze hinaus verzweigt sie sich, und es entsteht unter Aufteilung der bis dahin gemeinsamen Güter eine neue Familie.[4]

Mehrere dieser *fine* bilden die nächsthöhere Einheit, eine Art Sippe, den *tuath*, der in Irland die politische Basiseinheit bildet. Die Besonderheit des *tuath* besteht darin, daß er ein in sich geschlossenes, autonomes System ist: er hat seine eigene, präzise abgestufte soziale Hierarchie mit dem König (*ri*) an der Spitze und den Sklaven, bzw. Unfreien/Leibeigenen an der Basis, er hat eigenen Gemeinschaftsbesitz, eigene Rechtsordnungen und sogar eigene Götter.[5] Dieser fast autarke Status des *tuath* hatte folgenschwere Konsequenzen für die Geschichte der Kelten, denn die Unfähigkeit, eine politische Einigung herbeizuführen, war ein wesentlicher Charakterzug der Gallier, Bretonen und Iren – ganz zu schweigen von den Schotten, die traditionell unerschütterlich fest mit ihren verschiedenen Einzel-*clans* verbunden waren. Darum hatten die keltischen Völker nie das Bedürfnis, sich zu größeren politischen Einheiten zusammenzuschließen: der *tuath* bildete ein autonomes Ganzes, das alle Probleme ohne fremde Hilfe regeln konnte. Wenn man den keltischen Völkern deshalb politische Schwäche vorgeworfen hat, so verkannte man die Bedeutung dieser Eigenart ihrer Gesellschaftsstruktur. Den Kelten war nämlich die Idee des Staates – in der Bedeutung, die sie in unserem XX. Jahrhundert, besonders seit der Epoche eines Jakobinertums à la *Rousseau* allgemein hat – vollkommen fremd. Nicht weniger fremd war ihnen die Lebensform der Römer, bei denen die nahezu totalitäre Staatsauffassung der *res publica* die Grundlage jeder Art von politischem Denken und Handeln war. In der Praxis freilich hatte diese Eigenart der Kelten eine Reihe von Katastrophen zur Folge, bis hin zu ihrem völligen Verschwinden aus dem politischen Kräftefeld Europas.

Anhand einer Lektüre des sogenannten *Book of Rights*, jener umfangreichen Gesetzessammlung, die Cormac Mac Cuilennen, Bischof und König von Cashel (ermordet 903) in Auftrag gegeben hatte, wird die Genese der keltischen Rechtsbräuche leicht verständlich. Die Geschichte der Gälen liest sich ganz so, als hätten sie ihren Traum einer idealen Gesellschaft gelebt und versucht, ihn inmitten eines reinen Weidelandes zu verwirklichen, das zur Entwicklung einer Kultur wenig geeignet war.

Hierin liegt nämlich das ganze Problem: die Eigenart des irischen Rechts, (das 'primitiver' war als das walisische und somit ein älteres Stadium in der Entwicklung des keltischen Rechts darstellt), dürfte darauf zurückzuführen sein, daß Irland im Vergleich zu Gallien und sogar Britannien ein armes Land war. Dies könnte zu der Schlußfolgerung verleiten, die gälische Gesellschaft für eine Viehzüchter-Gesellschaft (société pastorale) zu halten. Dieser Begriff ist jedoch nicht ganz zutreffend, denn wenn man von 'Viehzüchtern' spricht, so meint man stets '*nomadisierende* Viehzüchter'. Dies ist aber nicht der Fall: die Gälen sind ein seßhaftes Volk und mit den einzelnen Regionen Irlands fest verwurzelt. Lediglich die Grenzen zwischen den verschiedenen *tuatha* sind fließend; das führte zu ständigen Ausbrüchen von erbitterten Kriegen, bezeugt jedoch auch eine gewisse Abneigung der Gälen gegen die starre Festlegung der Grenzen eines Machtbereichs, der eher auf der moralischen Macht des Königs, als auf seiner reellen, durch militärische Gewalt bedingten Macht beruhte.[6]

Im Unterschied zur römischen Gesellschaft, die auf das Prinzip des Grundbeitzes von einem oder mehreren Eigentümern aufgebaut ist, bildet der gemeinschaftliche Besitz von Grund und Boden das Fundament der keltischen Gesellschaft, was ein Indiz für eine vollkommen auf die Viehzucht ausgerichtete Struktur ist. Wie bei den Germanen und Latinern war auch hier das Vieh das älteste Zahlungsmittel und wurde folglich als einzige Kapitalgrundlage betrachtet. So wurde selbst zur Zeit *Caesars* immer noch der lateinische Terminus *pecunia* (< *Pecus* = 'Vieh(herde) in der Bedeutung von 'Geld' verwendet, während man das Kapital längst nach der Größe des Grundbesitzes schätzte. Bei den Gälen ist dies noch lange nicht der Fall, und es sollte auch noch fast bis zur Zeit der Eroberung Irlands durch die Anglo-Normannen dauern, bis sich das änderte.

Tatsächlich ist der in Irland anzutreffende feudale Vertragstyp ein auf 'lebendes Inventar' bezogener sog. Viehpacht-Vertrag (frz. *cheptel* < lat. *capitale* mit der Wurzel *caput* = 'Haupt', d.h. in diesem Kontext 'Stück Vieh'; man vergleiche dazu die völlig entsprechende Etymologie des dt. Begriffs *Kapital;* Anm. d. Hrsg.). Theoretisch ist der Grund und Boden des *tuath* Eigentum des Staates, d.h. unveräußerliches Kollektiveigentum. Der König kann, kraft seiner Eigenschaft als ein von der Gemeinschaft gewählter Magistrat und Verwaltungsbeauftragter, jedem Mitglied des *tuath* – als Belohnung für bestimmte Dienste oder um ihm einen individuellen Beitrag zum Gemeinwohl zu ermöglichen – das Recht abtreten, auf einem Stück Land sein Heim zu errichten bzw. den Boden zu bewirtschaften. Indem er dieses Recht erteilt, handelt er jedoch nicht als Feudal- und Lehensherr, wie es ihn zur gleichen Zeit im übrigen Europa gibt, d.h. er fordert von der von ihm eingesetzten Person keinerlei Abgaben und keinerlei besondere Dienste als Gegenleistung, er überträgt ihm mit anderen Worten kein Lehen im kontinentalen Sinn, sondern er macht ihn lediglich zu einer Art von privilegiertem Pächter, und zwar zu dem Zweck – das sei noch einmal betont – einen Beitrag zum Gemeinwohl des *tuath* leisten zu können.[7]

Als Beispiel dafür bietet sich die Rolle des sogenannten *Hospitalier* an (daher der Name des Mönchsordens der „Hospitaliter", Anm. d. Hrsg.): dabei handelte es sich ursprünglich um einen vom König ernannten Beamten, der den Auftrag hatte, „im Namen des Königs" – d.h. de facto der Gemeinschaft – die Mitglieder des *tuath* sowie Fremde zu empfangen, zu beherbergen und „mit Speis' und Trank" zu bewirten. Um sein Amt in angemessener Weise ausüben zu können, hatte der *Hospitalier* Anrecht auf ca. 800 ha Land, zahlreiche Viehherden und eine ausreichende Anzahl von Knechten; innerhalb der sozialen Rangordnung des *tuath* hatte er eine der höchsten Positionen, denn er stand direkt unter dem König. In Wales gab es ein Amt, das diesem ziemlich genau entsprach: das Amt des *Penteulu* (= 'Familienoberhaupt'; *teulu* hat die gleiche Bedeutung wie *tuath*), der nach den Gesetzen von Howell Dda[8] genau ein Drittel der Macht des Königs hatte und entsprechend jeweils ein Drittel der Kriegsbeute erhielt. In der Mehrzahl der Fälle bekommt eine so privilegierte Einzelperson jedoch nicht ein Stück Land (oder zumindest das Niederlassungs- und Nutzungsrecht auf einen bestimmten Teil des Territoriums), sondern vielmehr eine Anzahl von Vieh. Und genau darauf basierte das keltische System des Lehenswesens: der Pachtnehmer empfängt vom Pachtgeber ein oder mehrere Stück (d.h. 'Köpfe') Vieh und geht damit bestimmte Verpflichtungen gegenüber dem Gebenden ein, Verpflichtungen, die in einem vor dem Druiden (oder in christlicher Zeit vor einem Geistlichen) abgeschlossenen Vertrag genau festgehalten werden.[9] Alle, denen irgendeine Anzahl Vieh zugeteilt wurde, erhielten dadurch eine der Größe der Zuteilung entsprechende Position innerhalb der gesellschaftlichen Hierarchie. Dabei sind zwei Gruppen von Viehpacht-Berechtigten zu unterscheiden: Unfreie und Freie. Die Unfreien bzw. Leibeigenen hatten nicht mehr Recht und Besitz als die Leibeigenen auf dem Kontinent. Zu den Freien gehörten alle anderen Gemeinschaftsmitglieder vom König bis zum kleinsten Bauern. Unfreie wie Freie erhielten, sobald sie einen solchen Viehpachtvertrag eingingen, einen Status, den man mit einem von *Caesar* verwendeten gallischen Terminus als den der *ambactoi* bezeichnete, was soviel wie 'Diener' bedeutet; zum besseren Verständnis sollte man aber eher von 'Vasallen' sprechen, einem Begriff, der von gall. *vassos* abstammt, was ursprünglich ebenfalls 'Diener', 'Knecht' bedeutete. (Vgl. walis. *gwas* = 'Diener'; breton. *gwaz* = ursprüngl. ebenfalls 'Diener', heute aber in der Bedeutung 'Mann' im weitesten Sinn, daneben 'Valet', d.h. 'Lakai', 'Dienstbote'.)

Diese Art des Viehpacht-Vertrages hat sich in *Irland* besonders lange gehalten; deshalb befanden sich die Frauen – die ebenfalls das Recht hatten, Herdenbesitzer zu werden, und daher ebenfalls solche Verträge eingehen konnten – in einer ganz anderen Lage als die Frauen in den Ackerbau-Gesellschaften, die ausschließlich auf der Bebauung von Grund und Boden basierten. In *Gallien* dagegen verschwand dieser Vertragstypus schon relativ früh, und daher ist bei den Autoren der Antike bereits keine Spur mehr davon erwähnt. In *Wales* und in der *Bretagne* scheint er noch bis zum X. Jahrhundert üblich gewesen zu sein, man hat jedoch eher den Eindruck, daß er sich in den brit(ton)ischen Gesellschaften sehr schnell zum Typus des Landpacht-Vertrages hin entwickelt hat, obwohl es sich bei dem durch den König übertragenen Stück Land nur sehr theoretisch um einen dadurch erworbenen Besitz handelte. Die Verwandtschaft zwischen einigen brit(ton)ischen und gälischen Wörtern, die auf eine gemeinsame Wurzel zurückgehen, liefert uns einen wertvollen Hinweis: ein irisches Wort für 'Vieh', nämlich *tlus*, findet sich im Gallischen in der Pluralform *tlysseu* wieder, bedeutet aber dort 'Schmuck'- bzw. 'Wertgegenstände'; entsprechend korrespondiert irisch *alam*, 'Herde', mit walisisch *alaf*, was dort 'Reichtum' bzw. 'Kapital' bedeutet. Somit basierte der Reichtum, der sich ursprünglich aus dem Viehbestand errechnete, in der bretonischen Gesellschaft etwa im X. Jahrhundert auf dem Besitz von Schmuck- und Wertgegenständen, und gewisse Hinweise in den juristischen und literarischen Texten der Zeit lassen darauf schließen, daß es sich dabei in erster Linie um die *Kriegsausbeute* und in weit geringerem Maß um Besitz an Grund und Boden handelte.[10]

Auf alle Fälle stoßen wir selbst noch während der Feudalzeit in den keltischen Gesellschaften immer wieder auf die Existenz eines auf der Viehpacht beruhenden Vertragsprinzips. Genau betrachtet *konnte* auch der feudale Lehensvertrag, der auf dem Kontinent üblich und wahrscheinlich von den Germanen importiert war, *gar nichts anderes sein* als ein solcher Viehpachtvertrag. Diesen Schluß läßt außerdem die Untersuchung des Wortschatzes im Bereich des feudalen Lehenswesens zu: das frz. Wort *fief* (dt. 'Lehen') stammt tatsächlich aus dem vulgärlateinischen *feuum*, einer lediglich deformierten Lehnform aus dem altgermanischen **fehu*, goth. **faihu* (vgl. neuhochdt. 'Vieh'!), was wiederum genau dem lateinischen *pecus* entspricht (vgl. auch engl. *fee* = 'Lehen', 'Besitz(ung)', 'Gehalt').

Diese keltischen Gesellschaften, die im Vergleich zu den übrigen gleichzeitig existierenden indoeuropäischen Gesellschaften eine archaischere Entwicklungsphase darstellen, sind ohne Zweifel patriarchalisch geprägt. Selbst wenn sein Einfluß eher moralischer als tatsächlicher Natur ist, so liegt die Königswürde des *tuath* in den Händen des Mannes. Die Geschichte kennt jedoch auch Beispiele dafür, daß Frauen die Königsherrschaft ausübten: so etwa Bodicea, die Königin der *Iceni*. Sie entfesselte, nachdem sie selbst von den Römern ausgepeitscht worden war und zusehen mußte, wie ihre Töchter von Legionären (den angeblichen Aposteln der Zivilisation) vergewaltigt wurden, nach dem Massaker, das die Soldateska des Suetonus Paulinus unter den Druiden von Môn angerichtet hatten, jene gewaltige brit(ton)ische Revolte des Jahres 61, an der sich alle Völker der Insel beteiligten. Ein anderes Beispiel: *Cartismandua,* die Königin der *Brigantes*, die als Verräterin an ihrem Volk Caracatos, den Führer des brit(ton)ischen Widerstandes, an die Römer auslieferte.[11]

Ist die Königsherrschaft im Prinzip auch ein Amt der Männer, so spielt dennoch die Königin eine besonders wichtige Rolle. Die walisischen Gesetze bestimmen ausdrücklich, daß der Königin ein Drittel der Kriegsbeute zur persönlichen und freien Verfügung zusteht, sowie der dritte Teil aller Summen, die aus Kompensationsleistungen für Vergehen im Sinne des jeweils gültigen Strafrechts erstanden, welches diese Reparationen in Form von Geldbeträgen oder entsprechenden Mengen an Wertgegenständen oder Vieh festlegte. Sucht man nach Beispielen aus der Sagentradition, so braucht man nur an die Königin Mebdh zu denken, die die tatsächliche Herrin von Connaught war, oder an die vielen anderen weiblichen Herrscherfiguren in den irischen und walisischen Epen, sowie an die idealisierten Königinnen der 'Autre Monde', Symbole einer Denkstruktur, welche das Patriarchat nicht bis auf die Wurzeln auszurotten vermochte.

Wenden wir uns nun wieder der Familie, der *fine* zu. Auch dort scheint die Überlegenheit der männlichen Autorität zunächst auf der Hand zu liegen. Der *cenn-fine* ist stets ein Mann und zwar das älteste Mitglied der Familie. In Wales heißt er *tiern* (das Wort stammt aus dem altkeltischen *tigernos*, 'Oberhaupt des Hauses', in dem die Wurzel *ti*, 'Haus', zu erkennen ist, sowie die Wurzel eines Wortes, aus welchem breton. *kern*, 'Gipfel', wurde; vgl. lat. *cerno* = 'ich sehe/entscheide' und *cernuo* = 'ich stürze kopfüber ab'). Als die Brit(ton)en und künftigen Bretonen sich in der armorikanischen Bretagne niederzulassen beginnen, überqueren sie familienweise unter der Führung des jeweiligen *tiern* den Kanal und gründen in ihrer neuen Heimat 'Gemeinden' (*plous*), die – wie etwa Ploufragan (Côtes du Nord) – gelegentlich noch den Namen des mehr oder weniger seliggesprochenen Gründers tragen. Auf der bretonischen Halbinsel wird *tiern* zu *machtiern*; das bedeutet soviel wie 'Comte', und wie man heute weiß, kam es auch vor, daß dieses Amt des *machtiern* gelegentlich von Frauen ausgeübt wurde.

Daraus ist zu ersehen, daß die männliche Vormachtstellung innerhalb der Familie nur eine äußerliche Erscheinung war.

Da die Grundlage der Familie das Ehepaar bildete, muß nun die Frage erörtert werden, unter welchen Voraussetzungen bei den Kelten eine Ehe zustandekam und wie sie im Einzelnen funktionierte.

Betrachtet man das umfangreiche Material an Zeugnissen (besonders Berichte von römischen und griechischen Autoren), fällt sofort auf, daß die Frau prinzipiell das Recht hatte, sich ihren Gatten selbst zu wählen, und daß sie auch nicht ohne ihre Zustimmung verheiratet werden konnte, was – verglichen mit der römischen Gesetzgebung – eine beneidenswerte Situation war. „Sollte ein Mädchen heiraten, so organisierte man ein großes Fest, zu welchem alle jungen Männer eingeladen wurden. Das Mädchen traf seine persönliche Wahl, indem es dem Erwählten Wasser zum Händewaschen reichte" (*Fulgentius,* Buch II). Bei der Analyse der irischen Sagentradition werden wir immer wieder feststellen, daß die Erwählung des von einer Frau begehrten Mannes ein fast magischer Akt von erstaunlicher Tragweite war. Nach den ältesten walisischen Gesetzen, denen von Gwynedd, war ein Mädchen mit 12 Jahren in heiratsfähigem Alter.[12]

Die Tatsache, daß das Mädchen die Auswahl trifft, heißt nun nicht, daß die Eltern bei der Schließung des Ehekontrakts überhaupt kein Wort mitzureden hatten. Man darf nicht vergessen, daß die gesellschaftliche Basiseinheit stets die Familie war. Das Verlassen eines Familienverbandes, um in einen anderen einzutreten, ist ein viel zu bedeutender Akt, als daß sich die Gemeinschaft dafür nicht interessieren würde. Daher wird ein Abkommen zwischen beiden Familien fällig und dieses regelt die Modalitäten der Eheschließung, jedoch ausschließlich in der Lösung der Mitgiftfrage und unabhängig davon, welcher gesellschaftlichen Schicht die Gatten angehören. *Caesar* berichtet in *De bello gallico* I,3:

„Möchte ein Mann eine Frau ehelichen, so hat er eine bestimmte Summe zu zahlen; aber auch die Frau hat ihrerseits einen Betrag gleicher Höhe zu entrichten. Jährlich wird das Vermögen der beiden Parteien geschätzt. Die Gewinne ('Früchte'), die daraus hervorgehen, werden aufbewahrt, und der jeweils überlebende Partner erhält nur seinen ursprünglichen Anteil zurück, zuzüglich der im Lauf der Zeit erzielten Gewinne."

Dieser Text besagt klar, daß jeder der beiden Partner seinen Teil zum neuen Familienbesitz beizusteuern hat. Nach dem Tode des Gatten fällt nicht das gesamte Erbe an die Gattin, sondern nur der von ihr dazu beigetragene Anteil zuzüglich der aus der Ehegemeinschaft erwachsenen Zugewinne. Das Gleiche trifft auf den Mann zu, falls er Witwer wird. Die Güterregelung setzt somit in keiner Hinsicht eine Gütergemeinschaft im juristischen Sinn voraus, denn keine Rechtsordnung, in der die Mitgift der Frau neben der Schenkung des Ehemanns existiert, läßt Gütergemeinschaft zu.

Dies ist ein weiteres Indiz, anhand dessen wir erkennen können, daß die gallische Frau dem Mann rechtlich gleichgestellt war. Trotzdem behauptet *Caesar*, daß sie ihrem Mann untergeordnet war; das steht im Widerspruch zu der Auffassung von *Ulpian*, einem Juristen des III. Jahrhunderts, der präzisiert, daß die

Frau zusätzlich zu ihrer Mitgift über ein Vermögen verfügt, „welches die Griechen *παραφερνά* (= dt. Paraphernalien, d. h. von der Mitgift unabhängige Nebengüter der Frau; Anm.d.Hrsg.) und die Gallier *peculium*[13] (= im Frz. heute noch in der Bedeutung 'Rückhalt-Reserve', 'Notgroschen'; man beachte darin wieder die Wurzel *pecu-* = 'Vieh'; Anm.d.Hrsg.) nennen". Untersucht man die Rechtslage der Frau in Irland und Britannien, so stellt man fest, daß ihre Situation dort sogar noch vorteilhaft ist.

In Irland nämlich hat der Mann, der eine Frau ehelichen will, laut Gesetz eine 'Kaufrecht-Summe' (*coibche*) zu entrichten. Der *coibche*-Betrag steht dem Vater der Braut zu, wenn diese zum ersten Mal heiratet. Heiratet sie aber zum zweiten Mal, so erhält der Vater nur zwei Drittel, heiratet sie zum dritten Mal, so erhält er nur noch die Hälfte der Summe und so fort. Im Falle der einundzwanzigsten Heirat der Tochter, so bestimmt das Gesetz in schöner Vollständigkeit, hat die Höhe der *coibche*-Summe die Nullgrenze erreicht, womit der Anspruch des Vaters darauf erlischt! Ist der Vater nicht mehr am Leben, so hat der Bruder, im Allgemeinen der älteste, Anspruch auf die Hälfte dessen, was der Vater erhalten hätte. Man vergleiche damit die Rechtslage im *republikanischen* Rom, wo der 'Kauf' der Braut durch den zukünftigen Gatten nur mehr rein symbolisch existierte. Daraus ist zu ersehen, daß dieser keltische Rechtsbrauch noch die Züge recht archaischer Institutionen trägt.

Von entscheidender Bedeutung ist jedoch die Tatsache, daß trotz dieses Brautkaufs (durch das *coibche*), ganz im Gegensatz zum Römischen Recht die Frau *nicht automatisch in die Familie des Ehemannes überging*, während die römische Frau aufgrund der *coemptio* rechtlich in *manu mariti* kam, d.h. von nun an der *familia* des Gatten angehörte, wodurch sie ihre persönlichen Eigentumsrechte verlor. In ähnlicher Weise ist auch die Frau bei den Germanen nicht erbberechtigt, und zwar aufgrund des berühmten Privilegs des Mannes, woraus sich in der Folgezeit das Recht des Erstgeborenen (*Primogenitur*) und schließlich das 'Salische Recht' entwickelte. Die irische Frau dagegen bleibt weiterhin berechtigt, über eigene Güter persönlich zu verfügen. Wird aber der Gatte getötet, so erhält nicht sie die Kompensationssumme für den Mord, sondern die Familie des Gatten. Heiratet sie dagegen wieder, so hat sie die neu fällige *coibche*-Summe mit ihrer Familie zu teilen. So wird auf gesetzlichem Wege eine nahezu vollständige Unabhängigkeit der verheirateten Frau gewährleistet.

In der Praxis bezieht sich das per *coibche* erworbene Anrecht des Mannes nur auf den *Körper* der Frau, sowie auf die aus der Ehe hervorgegangenen Kinder. Die Frau kann als Eigentümerin von persönlichen Gütern nicht mehr Rechte an ihren Gatten abtreten, als sie selbst auf diese Güter hat, und dies in Übereinstimmung mit jenem Grundprinzip, das wir schon im irischen Recht im Zusammenhang mit dem feudalen Lehensvertrag, sowie dem Vorgang der Belehnung beobachten konnten, d.h. dort, wo der rechtliche Eigentümer die Familie (*fine*) oder die Sippe (*tuath*) ist. Dieses fundamentale Rechtsprinzip unterscheidet das keltische Recht grundlegend vom römischen und germanischen und liefert die Erklärung für die Eigenart der 'Condition féminine', die man bei allen keltischen Völkern beobachten kann.

Die irische Frau bringt ihr eigenes Witwengeld mit in die Ehe, das *tinnscra*, das aus der Gesamtheit aller von ihren Eltern erhaltenen Geschenken besteht.

Das *tinnscra* bleibt ihr persönlicher Besitz, denn im Fall einer Auflösung des Ehekontrakts bei Scheidung oder Tod des Ehepartners fällt es vollständig wieder an sie zurück, womit die Geschiedene bzw. Witwe gleichzeitig sowohl ihre persönliche Freiheit, als auch die erworbenen Zugewinne (bzw. den gesetzlich bestimmten Anteil davon) zurückerhält.

In Wales wird nach der gleichen Methode verfahren: der Mann entrichtet den Kaufpreis für die Frau, das *gobyr*, was exakt dem *coibche* entspricht. Die Frau bringt eine Mitgift (*argweddy*) in die Ehe, die ebenfalls ihr persönliches Eigentum bleibt. Der Mann (bzw. seine Familie) hat jedoch noch zusätzlich das *cowyll*, d.h. den Preis für die Defloration (das 'Kranzgeld') zu zahlen. Es sei darauf hingewiesen, daß dieses *cowyll* vor der ersten Nacht gezahlt wird, während in Rom und bei den Germanen die Zahlung am nächsten Morgen fällig wurde – daher der mhd. Terminus *Morgengabe*. Dies mag zwar nur ein Unterschied im Detail sein, aus ihm spricht jedoch deutlich, wieviel Respekt man vor der Frau hatte; sie galt in Wales stets als moralisch über dem Mann stehendes Wesen, während die Germanen und Römer die Frau zu einem heuchlerisch-verschlagenen und verlogenen 'Ding' degradierten.

Diesem Rechtsbrauch und seiner Bezeichnung liegt übrigens eine ziemlich überraschende Geisteshaltung zugrunde: das heute im Bretonischen gebräuchliche Wort, welches 'Witwengeld' bedeutet und tatsächlich eine Reminiszenz des ursprünglichen *cowyll* ist, heißt *enebarz*. Dieses Wort taucht in der aus dem IX. Jahrhundert stammenden Fassung des Kartulars von Redon als *enep-uuerth/enep-werth* auf und steht dem neu-walisischen *wyneb-werth* nahe. Und dieses *wyneb-werth*, ein juristischer Terminus, welcher 'Kompensation', 'Ehrenpreis' bedeutet (d.h. Wiedergutmachung für eine jemandem zugefügte Schmach/Schande), hat wie sein irisches Pendant *log-enech* die wörtliche Bedeutung 'Gesichtspreis'. Ursprünglich handelte es sich dabei um den Preis der Ehre im Allgemeinen, da ja der Zustand der Ehre bzw. Entehrtheit an dem jeweiligen Ausdruck des Gesichts ablesbar ist, das unter dem Eindruck des zugefügten Affronts erröten oder erblassen kann. Bei den Ur-Kelten – so läßt sich daraus schließen – war also das Gesicht der eigentliche Sitz der Ehre und somit der Scham. Bedenkt man, wie vorurteilsfrei alle diese Völker sich dem Bereich der Sexualität gegenüber verhielten, so wird man unweigerlich an den mohammedanischen Brauch erinnert, wonach die Frauen ihr Gesicht verschleiert tragen, da nach Ansicht des Islam der Sitz von Ehre und Scham ausschließlich das Gesicht ist.[14]

In Wales konnte die Frau zusätzlich zu ihrer Mitgift (*argweddy*) von ihrer Familie auch noch Paraphernalgüter (*argfreu*) erhalten, jene Güter, die nach *Ulpian,* wie bereits erwähnt, bei den Galliern *peculia* hießen. Dabei handelte es sich im walisischen Rechtsgebrauch um 'Mobilien' im juristischen Sinn des Wortes ('Bewegliche Güter'; Anm. d. Hrsg.), also um Wertgegenstände, Zierrat und Schmuck, Küchen- und Hausgeräte, ferner Mobiliar im wörtlichen Sinn sowie nicht zur Familienherde gehörende Tiere. Nach dem Gesetz von Howell Dda gingen diese Güter wieder vollständig an die Frau zurück, falls die Ehe *vor* dem siebten Jahr ihres Bestehens wieder aufgelöst wurde. Der Anspruch auf sie ging dagegen für die Frau verloren, falls sie sich ohne wohlbegründetes Motiv scheiden ließ; sie wurden zusammen mit dem übrigen Familienerbe zur Hälfte geteilt, wenn die Ehe erst *nach* dem siebten Jahr aufgelöst wurde.

Damit stoßen wir auf das Problem der Scheidung. Es dürfte besonders überraschen, mit welch verblüffender Unkompliziertheit die Scheidung selbst noch in christlicher Zeit bei den Kelten zustandekam.[15] Dies hängt zunächst mit dem Umstand zusammen, daß die Ehe damals längst nicht jenen sakralen und zwingend-verbindlichen Charakter hatte wie in den angeblich so modernen heutigen Gesellschaften. Nie bedeutete sie recht viel mehr als ein einfacher Vertrag, der in seinen Klauseln bestimmte Bedingungen enthielt: hielt man sie nicht ein, so wurde der Vertrag ungültig. Die Eheschließung war mit keinen besonderen Zeremonien verbunden. Die walisische und irische Literatur erwähnt in diesem Zusammenhang lediglich ein Fest, nach dessen Ende die Ehe als geschlossen gilt. Auch noch in den in christlicher Zeit abgefaßten walisischen Gesetzen ist an keiner Stelle von einer kirchlichen Trauung die Rede. Die keltische Art der Eheschließung ist in der Hauptsache ein vertraglicher und gesellschaftlicher, aber nicht ein sakraler Akt, ein Akt also, der auf der völligen Freiheit der Partner beruht und die Form einer freien Verbindung hat, die zwar gesetzlich geschützt ist, aber jederzeit wieder gelöst werden kann. Lassen wir dabei aber kein Mißverständnis aufkommen: die Scheidung auf keltische Art bedeutet keineswegs einen Verstoß in jenem Ausmaß, wie es nach den Sitten und Gesetzen des alten Roms usus war und auch in der Geschichte unserer achsoguten christlichen Gesellschaft in zunehmendem Maß zu beobachten ist,– bei den Mächtigen sogar aus höchst „moralischen" Gründen, als da sind die Unfähigkeit, männliche Nachkommen zu gebären, oder gar die (natürlich rein zufällige!) Entdeckung einer zu nahen Blutsverwandtschaft. Diese Art des Verstoßes – welch Triumph der Kasuistik! – hat sich stets zu Ungunsten der Frau und zum großen Vorteil des Mannes ausgewirkt. Nichts dergleichen dagegen in der Scheidung bei den Kelten, wo Mann und Frau auf ein und derselben Stufe strikter Gleichberechtigung standen.[16]

Dementsprechend fällt, wenn die Frau ihrem Mann keinen gesetzlich verankerten Anlaß zur Scheidung gegeben hat und sich dieser dennoch eine Andere zur Gattin kauft, in Irland der Kaufpreis zu Ungunsten der zweiten (und deren Eltern) automatisch an die erste Frau, und der berühmte 'Ehrenpreis' für die zweite Frau muß dann an die erste ausbezahlt werden. Eine besonders ausgefallene Form gesetzlichen Schutzes für die rechtmäßige Ehefrau, in der Tat! Söhnt sich ein abtrünnig gewordener Ehemann mit seiner ehemaligen Frau wieder aus, so hat er ihr außerdem erneut ein *coibche* zu zahlen. Die Gesetze enthalten eine geradezu verblüffend große Zahl fein unterschiedener Scheidungsgründe: sagt etwa bei den Walisern eine Frau „Schande komme über deinen Bart!", was als die gröbste Beleidigung für einen Mann gilt, so hat dieser nach walisischem Gesetz automatisch Anrecht auf sofortige Scheidung. Macht sich der Mann des Ehebruchs schuldig, so kann die Frau eine sofortige Auflösung der Ehe erwirken. Außerdem wird in Irland wie in Wales die Scheidung aufgrund von beiderseitigem Einverständnis ebenfalls als rechtskräftig betrachtet.

Ein weiterer Gund für die problemlos unbürokratische Art des Scheidungsvorgangs und infolgedessen für die relative Instabilität der Ehe ist darin zu sehen, daß die Kelten sich nie definitiv zwischen der Monogamie und der Polygamie und sogar Polyandrie entscheiden wollten. *Caesar* deutet an, daß in gewissen „britannischen" Stämmen eine Art Polyandrie praktiziert wurde,[17] jedoch sind seine diesbezüglichen Hinweise reichlich vage und dürften sich nicht so sehr auf die beiderseits des Kanals beheimateten Bretonen (bzw. Brit(ton)en), sondern vielmehr auf die Pikten im Norden Britanniens bezogen haben.

Als gesichert darf dagegen gelten, daß die Polyandrie in den keltischen Ländern tatsächlich keine Seltenheit war, denn in geschichtlicher Zeit stößt man auf eine unmißverständliche Spur davon in der Institution des gesetzlich geregelten Konkubinats: jedem Mann waren, selbst wenn er verheiratet war, eine oder mehrere Konkubinen gestattet. Im Grunde handelt es sich auch hierbei regelrecht um einen Vertrag, durch welchen der Mann die Konkubine (*ben urdnadna* = 'Frau laut Vertrag') erwirbt. Das Entscheidende und besonders Originelle daran ist, daß er sie nur für genau ein Jahr, also 365 Tage, kauft, wobei der Vertrag danach aber für ein weiteres Jahr verlängert werden kann. Diese Klausel kennzeichnet ein weiteres Mal die Sorge der Gesetzgeber um die Wahrung der Feiheit der Frau: die für das angelsächsische Recht typische *habeas-corpus*-Doktrin scheint in besonderem Maß in diesem Bereich Anwendung gefunden zu haben. Wenn nämlich die Gültigkeit dieses Vertrages *länger* als genau ein Jahr, das heißt etwa nach der bekannten Rechtsformel „auf Jahr *und* Tag" befristet gewesen wäre, so wäre die Konkubine nach Überschreitung dieses Zeitraums aufgrund des *usucapions*-Prinzips (das heißt Erwerb durch Ersitzen; Anm. d. Hrsg.) Eigentum des Mannes geworden. Der Mann hätte folglich das Recht gehabt, die Konkubine dann weiter zu 'verkaufen' und den Verkaufspreis zu Ungunsten der Konkubine oder deren Eltern für sich zu beanspruchen. So aber erhielt die Konkubine jeweils nach genau einem Jahr automatisch wieder ihre volle Freiheit zurück.

Übrigens endete dieses Konkubinat, oder wenn man so will, diese Einjahres-Ehe, jeweils an einem ganz bestimmten Tag des Jahres, der im allgemeinen mit dem Datum eines bedeutenden heidnischen Festes zusammenfiel. *D'Arbois de Jubainville* hat einen Zusammenhang gesehen zwischen diesem Brauch und einem ähnlichen, der in einigen Gegenden Frankreichs auch heute noch teilweise gepflegt wird (übrigens auch in den deutschen, österreichischen und schweizerischen Alpenländern; Anm. d. Hrsg.), nämlich der jeweils auf ein Jahr befristeten Einstellung von landwirtschaftlichen Dienstmägden, deren Dienstverhältnis am Johannis- oder St. Martinstag endet, mit anderen Worten, an zwei Feiertagen, die an das alte Beltaine- beziehungsweise Samainfest erinnern. Der keltische Brauch der 'Miete' einer Konkubine auf Jahresfrist wäre demnach seit Beginn der christlichen Ära lediglich umgewandelt worden in das jährlich an den gleichen Tagen wechselnde Dienst-'Verhältnis' nicht nur des weiblichen sondern auch des männlichen Dienstpersonals.

Auf keinen Fall beeinträchtigte das legale Konkubinat des Mannes in irgendeiner Form die Rechte der rechtmäßigen Ehefrau, die weiterhin als einzige Titel und Funktion der Gattin hatte und sich sogar von den Konkubinen des Mannes bei ihren häuslichen Arbeiten helfen lassen konnte. Außerdem hatte sie das Recht, die Anwesenheit der Konkubine im Familienkreis abzulehnen. Entsprach der Gatte diesem Wunsch nicht, so blieb der Gattin immer noch die Möglichkeit der Scheidung. Ein Beispiel dafür ist in der Legende der *Hl. Brigitta von Kildare* (sagenumwobene Schutzheilige Irlands: 453-523; Anm. d. Hrsg.) der Fall des Druiden Dubhthach, der eine Konkubine gekauft und geschwängert hatte. Seine rechtmäßige Ehegattin duldete diesen Zustand nicht und drohte mit Scheidung, falls Dubhthach sich nicht von seiner Konkubine trennen würde. Im Falle einer

Scheidung hätte die Gattin nicht nur ihr *coibche*, den Kaufpreis, sondern auch ihr *peculium*, beziehungsweise ihr *tinnscra* zurückerhalten müssen. Diese Drohung stimmte den Druiden natürlich äußerst nachdenklich, und so trennte er sich schließlich von seiner Konkubine, um seine rechtmäßige Gattin zu behalten – und vor allem die Güter aus ihrem Besitz.

Denn wenn der Mann auch nach außen als Oberhaupt der *Familie* gilt, so ist er längst nicht immer das Oberhaupt des Ehepaares. Die irischen Gesetze trennen scharf zwischen drei verschiedenen Formen der Ehe, und von Fall zu Fall kann die Frau – ebenso wie der Mann – darin jeweils die entscheidende Rolle spielen.

Fall eins: Wenn die Gattin, die *cetmunter*, gleich vermögend und von gleich hoher Geburt ist wie ihr Gatte, so ist sie ihm automatisch rechtlich vollkommen gleichgestellt. Kraft ihrer persönlichen Autorität kann sie daher jeden Vertrag abschließen, der ihr vorteilhaft erscheint. Einer Zustimmung seitens des Gatten bedarf es nur dann, wenn dieser der Auffassung ist, der betreffende Vertrag bringe ihm persönliche Nachteile. Entsprechend hat die Frau das Recht, alle vom Gatten abgeschlossenen Verträge wieder zu annullieren, die ihrer Ansicht nach Nachteile für sie mit sich bringen und ihr persönliches Vermögen betreffen.

Fall zwei: gehört die Gattin einer gesellschaftlich niedrigeren Schicht an, und ist sie vor allem weniger vermögend als der Gatte, dann hat sie nur stark eingeschränkte Rechte. Aus diesen Gründen entbrannte der berühmte Streit zwischen der Königin Mebdh und dem König Ailill zu Beginn des großen Erzählepos' von der *Tain Bô Cualngé* dieser Streit, in dem es um die Bewertung des Vermögens der beiden geht, eskaliert schließlich zu einem unerbittlich geführten Krieg, in welchem Mebdh verbissen um den Besitz eines Stieres kämpft, der mehr wert ist als der Stier ihres königlichen Gemahls.

Fall drei: ist dagegen das Vermögen der Frau größer als das des Mannes, so hat sie laut Gesetz nicht nur das Oberhaupt des Ehepaares, sondern auch das Oberhaupt der Familie. In diesem Fall ist die Autorität des Mannes gleich null. Er hat dann den Status des *fer fognama* (= 'dienender Mann') oder gar eines *fer for ban thincur* (= 'Untertan einer Frau'). In zahlreichen Epen befindet sich der König Ailill in genau dieser Lage absoluter Ohnmacht gegenüber der Königin Mebdh, bei deren Entscheidungen er auch nicht das geringste Mitspracherecht hat. Dies ist natürlich für eine verheiratete Frau eine recht vorteilhafte Situation, da sie dann nicht nur Herrin über ihr eigenes Schicksal, sondern auch über das des Mannes ist. Hier handelt es sich zweifellos um die Reminiszenz aus einer älteren Gesellschaftsform, in welcher die Frau im familiären wie im öffentlich-politischen Leben eine wesentlich bedeutendere Stellung hatte, die Erinnerung also an gewisse Strukturen des Matriarchats; dabei ist natürlich stets zu beachten, daß unter diesem klischeehaften Begriff sich beileibe nicht alle Besonderheiten subsummieren lassen, die möglicherweise damit zusammenhängen.

In Wales und in der Bretagne herrschten in etwa die gleichen Verhältnisse. Das aus dem IX. Jahrhundert stammende *Kartular von Redon* enthält ebenfalls Fälle, wo verheiratete Frauen, die eigene Güter hatten, ganz nach Belieben darüber verfügen und sie sogar ohne Zustimmung des Gatten veräußern konnten. Bei den Bretonen waren die Frauen sogar zur Ausübung der Königsherrschaft berechtigt, sofern sie aus einer königlichen Familie stammten und für dieses Amt gewählt wurden.[18] In diesem Falle waren sie berechtigt, die Königswürde auch auf ihren

Gatten auszudehnen. Ferner hatten sie das Recht, Erben zu bestimmen, falls sie keine Söhne hatten. An diese Situation erinnert immer noch die besondere moralische Autorität, die die bretonische Frau auf dem Lande heute noch genießt, wo sie als Bäuerin häufig die Rolle des Familienoberhaupts hat.

Eine Reminiszenz des Ur-Matriarchats (es sei noch einmal ausdrücklich betont, daß wir diesen Begriff mit starken Vorbehalten verwenden) ist weiterhin auch darin zu sehen, daß die Familie der Frau bei der Nach- und Erbfolge-Frage den Vorrang hat, wenn der Gatte stirbt; dies zeigt besonders jener alte Brauch, den wir in der irischen und walisischen Literatur immer wieder antreffen, nämlich die Gewohnheit, die Helden *nach ihrer Mutter und nicht nach ihrem Vater zu benennen:* so hat der König Conchobar den Zunamen '*Sohn der Ness*'; Gwyddyon und Arianrod heißen '*Sohn*' beziehungsweise '*Tocher der Dôn*'; Setana-Cûchulainn ist '*Sohn der Dechtire*' und so fort. Hier scheint tatsächlich noch die Spur einer matrilinearen Erbfolge zugrunde zu liegen, die noch nicht gänzlich aus dem Gedächtnis der Erzähler verschwunden war.[19]

Übrigens war die Frau ganz allgemein zur Ausübung der verschiedensten öffentlichen Funktionen berechtigt. Es gibt zwar keine gesicherten Belege dafür, daß dazu auch das Amt des Druiden gehörte, wir wissen aber, daß sie zumindest Magierin und Seherin werden konnte. Die auf den britischen Inseln verbreitete eigenartige Sonderform des Christentums gestattete den Frauen sogar diie Ausübung bestimmter Teile des Gottesdienstes, durchaus glaubwürdigen Zeugnissen zufolge,[20] nahmen sie auch an der Zelebrierung der Messe teil, was von den streng romhörigen Bischöfen des Kontinents scharf verurteilt wurde. Es gab 'gemischte' Klöster für Mönche u n d Nonnen, wie zum Beispiel dasjenige, welches die bereits erwähnte Hl. Brigitta in Kildare an der Stelle eines heidnischen Kultbaues hatte errichten lassen. In diesem wurde von Frauen ein heiliges Feuer, das nicht verlöschen durfte, gehütet, was deutlich an die römischen Vestalinnen erinnert oder an das in Bath (England) zu Ehren der Göttin Sul[21] gehütete ewige Feuer.

Aller Wahrscheinlichkeit nach war der öffentliche Wirkungskreis der Frau nicht allein auf die Ausübung quasi-geistlicher Ämter beschränkt, sondern sie hatte möglicherweise eine noch wichtigere Aufgabe in der Erziehung nicht nur der Kinder sondern auch der heranwachsenden Jugend. Man weiß von einer bereits damals existierenden Gewohnheit, die man mit dem englischen Terminus *fosterage* bezeichnet: sie besteht darin, die Kinder aus dem natürlichen Familienverband zu lösen und sie zur Pflege und Erziehung einem *fosterer* (dt. etwa '(Er-) Ziehvater') anzuvertrauen, was häufig sogar dazu führte, daß der Zögling anschließend engere Bindungen an den Ziehvater hatte als an den natürlichen Vater. Außerdem entwickelten sich nicht nur zwischen dem Kind und den Zieheltern, sondern auch zwischen den gemeinsam aufgezogenen Ziehkindern untereinander engere Bande als zwischen den leiblichen Geschwistern. Die irische Literatur kennt unzählige Beispiele einer solchen Situation, wo Milchbrüder und -schwestern einander in wesentlich intensiverem Maß nahestehen und sich einander mehr verpflichtet fühlen, als es zwischen leiblichen Geschwistern zu erwarten wäre. Dieser Brauch des *fosterage*, der wahrscheinlich präkeltisch-skandinavischen Ursprungs ist (wir werden in anderem Zusammenhang noch einmal auf ihn zurückkommen), reicht allein noch nicht zur vollständigen Erziehung des jungen Kriegers aus. Eines Tages mußte er seine Zieheltern verlassen und sich von einer äußerst rätselhaften

Kaste kriegerischer Frauen in die Kunst des Waffengebrauchs einweihen lassen. Dabei handelte es sich um eine Mischung aus Zauberinnen und Amazonen, deren Lebensraum und Wirkungskreis im allgemeinen im Norden der britischen Insel, also im Lande der Pikten vermutet wird. Die irischen Erzählungen von der *Erziehung des Cûchulainn* und *Finns Jugendabenteuern* sind hinsichtlich dieses mysteriösen Initiationsrituals besonders aufschlußreich;[22] eine Fülle archaischer Einzelelemente dieses Brauchs bietet innerhalb der walisischen Literatur die Erzählung von *Peredur*, dem Archetyp der *Quête du Graal*-Tradition.[23]

Diese literarische Überlieferung deckt sich völlig mit dem Bild der klassisch-antiken Autoren von den robusten Gallier-Weibern, die stets bereit waren, an der Seite ihrer Männer in Schlachten und Streithändeln mitzukämpfen, sofern sie es nicht selbst waren, die diese Konflikte auslösten. Nach *Diodor von Sizilien* (V,32) „sind bei den Galliern die Frauen von fast ebenso kräftiger Statur wie die Männer und können sich mit ihnen an Mut und Kühnheit durchaus messen". Ähnliche und durch köstliche Details angereicherte Beobachtungen macht *Ammianus Marcellinus* (XV,12):

„Die Gallier sind streitsüchtig und arrogant bis zum Exzeß. Jeder Beliebige von ihnen bietet in einer Streiterei immer zugleich mehreren Gegnern die Stirn und dies ohne eine weitere Hilfe als der Unterstützung seiner Frau, die ein noch fürchterlicherer Meister im Kampf ist als er. Man muß diese Mannweiber einmal mit eigenen Augen gesehen haben, wenn ihre Halsschlagadern im Zorn anschwellen, sie ihre schneeweißen und muskulösen Arme schwingen, ihre Fäuste und Füße einsetzen und Schläge und Tritte losprasseln lassen, die wie von einem Katapult abgeschossen wirken."

Alles in allem kann diese Beschreibung als Kompliment gelten: sie ist der eindeutige Beweis dafür, daß die keltischen Frauen sich Respekt zu verschaffen wußten, – weder die gälische noch die walisische Literatur lassen den gegenteiligen Eindruck aufkommen. In der irischen Erzählung vom *Fest des Bricriu* will keine von den Ehefrauen der drei siegreichen Helden von Ulster, die sich gegenseitig den „Heldenanteil", das heißt die endgültige Vorrangstellung streitig machen, tatenlos zusehen, und so sind auch sie sofort bereit, sich in die Haare zu geraten und um den ersten Platz zu raufen.[24]

Eine weitere Funktion dieser geheimnisumwobenen Erzieher- und Hexen-Amazonen ist die der Initiation in die Sexualität. Weiter unten werden wir die Beziehungen zwischen dem Mythos der *femme-mère* ('Frau als Mutter') und der *femme-amante* ('Frau als Liebende') noch eingehender untersuchen, sie müssen jedoch hier im rein rechtsgeschichtlichen Kontext zum besseren Verständnis bereits angedeutet werden. Denn diese eigenartige Institution militärischer und sexueller 'Grundausbildung' hat zugleich die Bedeutung einer mehr oder weniger sakralen Art der Prostitution. Das ist ein weiterer Hinweis darauf, daß die Freizügigkeit auf dem Gebiet der Sexualität bei den Kelten hoch entwickelt war: in den juristischen wie auch literarischen Texten, die noch nicht durch das Christentum beeinflußt sind (und selbst dadurch konnte diese Geisteshaltung nicht ausgerottet werden!), findet sich nahezu keine Spur von irgendwelchen sexuellen Tabus, zumindest keinerlei Anzeichen von Prüderie.

Die Instabilität der Ehe ist dafür der schlagendste Beweis, ebenso die erwähnte

Praxis des Konkubinats. Denn *jeder*, verheiratet oder ledig, konnte eine solche Ehe auf Jahresfrist abschließen. Eine Frau, die eine solche Situation akzeptierte, wurde deshalb keineswegs von der Gemeinschaft verstoßen, ganz im Gegenteil: in der keltischen Gesellschaft war vor dem Aufkommen des Christentums die Idee der Sünde unbekannt; umso weniger hatte man etwas Sündhaftes in der Sexualität finden können. Wie jedes andere Volk kannten auch die Kelten die Homosexualität: „Die Männer neigen dazu, sich von Frauen dominieren zu lassen, was besonders bei energischen und kriegerischen Rassen eine häufig anzutreffende Tendenz ist", erklärt *Aristoteles* gewichtig, „davon nehme ich allerdings die Kelten aus, die, so sagt man, sich offen zur Liebe von Mann zu Mann bekennen" (*Politika* II,6). Diese Ansicht – die mit ähnlichen Äußerungen zahlreicher griechischer Autoren in Einklang steht – ist nicht ohne Würze, besonders bei einem Sokrates-Schüler und Bürger eines Staates, in dem diese Dinge nicht gerade zimperlich behandelt wurden. Dennoch sieht es so aus, als hätten die griechischen Autoren recht, denn wir finden auch in verschiedenen Erzählepen, besonders über *Cûchulainn* – wenn auch sehr diskrete – Andeutungen über diese Form der Liebe. In der genannten Kaste kriegerischer Frauen kann man ebenfalls eine Art homosexueller Freimaurerinnen-Loge sehen, die jenen Lesbierinnen-Clubs, die auf der ganzen Welt fast allerorts florieren, nicht unähnlich gewesen sein dürfte.

Nach all dem bisher Gesagten läßt sich kaum noch bestreiten, daß dieses Maß an sexueller Freiheit deutlich macht, in welch hohem Ansehen die Frau in der keltischen Gesellschaft stand. Sie war weder ein Lustobjekt, noch die Repräsentantin des 'Schwachen Geschlechts', und konnte daher in einer Gesellschaft, die vor allem eine Gesellschaft von Viehzüchtern und Kriegern war, einen wesentlichen Teil des gesellschaftlichen Ranges bewahren, den sie in weiter zurückliegenden Epochen einmal gehabt haben muß. Im allgemeinen ist man sich darüber einig, daß die Landwirtschaft mit den dazu erforderlichen schweren Arbeiten die Ursache dafür war, daß die Frau – nun Bäuerin – aus dem öffentlichen Gesellschafts- und Arbeitsleben allmählich verdrängt und zur Erledigung der sogenannten 'häuslichen' Tätigkeiten verurteilt wurde. Selbstverständlich ist dies nur e i n e Ursache von vielen, und wir werden im folgenden noch weitere Ursachen, nämlich psychologische, religiöse und metaphysische kennenlernen, jedoch ist bereits die hier genannte logisch durchaus schlüssig und gültig. Aufgrund der Unmenge deutlicher Archaismen in der Struktur (die größtenteils aus den Beiträgen der alteingesessenen Urbevölkerung stammen, die von den Kelten bei ihrer Ankunft im Okzident in ihre eigene Gesellschaftsform integriert worden sind) stellt die keltische Gesellschaft eine *Übergangsphase* dar zwischen den Gesellschaften 'patriarchalischen' Typs auf der einen Seite (mit landwirtschaftlichem Charakter und einer auf dem Grundbesitz des Familienvaters basierenden Struktur) und den sogenannten 'matriarchalisch' geprägten Gesellschaften auf der anderen Seite (worin die Mutter oder die Frau ganz allgemein noch das verbindende Grundelement der Familie und Symbol der Fruchtbarkeit darstellt).

Fassen wir zusammen:

Wie wir bisher gesehen haben, hatte die keltische Frau, sowohl die irische als auch die bretonische, ihre volle Freiheit, ferner genoß sie Rechte, die ihrer sozialen Herkunft sowie ihrem persönlichen Eigentum entsprach; sie konnte Familienoberhaupt werden, regierende Königin, Seherin, Magierin und Erzieherin sein; es stand ihr frei, zu heiraten oder auch 'Jungfrau', das heißt ledig zu bleiben, und sie war berechtigt, einen Teil des Vermögens ihres Vaters oder ihrer Mutter zu erben.[25]

So mußten erst nahezu zwei Jahrtausende vergehen, bis die Französin all die Rechte und Privilegien wieder erlangte, die ihre Ahnin, die Gallierin, nach ihrer Unterjochung durch das Römische Recht und durch das vom Christentum gepredigte Mißtrauen gegen alles Weibliche, eingebüßt hatte. Vor diesem Hintergrund kann nun der Frage nachgegangen werden, wie das Idealbild jener Frau aussieht, von der nicht nur die Frauen selbst, sondern auch die Männer seit jeher träumen. Dabei werden wir dem Grundanliegen der Menschheit, nämlich dem Streben nach Ausgeglichenheit zwischen Physis und Psyche wiederbegegnen, einem Streben, welches durch die jüdisch-römisch-christliche Zivilisation ständig verdrängt wurde, da dieses zutiefst menschliche Anliegen die Grundprinzipien, auf die sich diese Zivilisation stützt, erheblich in Frage stellen muß. Wir sehen keinerlei Veranlassung, die gegenwärtige, an allen Ecken und Enden zerbröckelnde Gesellschaft mit Rücksicht zu behandeln oder sie mit dialektischen Krücken noch zu stützen.

Wie der Schleier der Isis dazu dient und reizt, gelüftet zu werden, so soll nun Licht gebracht werden in das Dunkel um den Mythos der keltischen Frau.

ANMERKUNGEN ZU KAPITEL II

1 Im Vorwort seiner „*Histoire secrète de la Bretagne*" (s.o. Anm.20) stellt *Markale* in einem geschichtsphilosophisch aufschlußreichen Essay die Gründe für unsere mangelhafte Kenntnis der Anfänge der keltischen Geschichte bzw. der fließenden Übergänge zwischen Historie und Sage in den schriftlichen Quellen über diese Zeit dar. Sie beruhen zum Teil auf der *generellen Problematik der Geschichtsschreibung* (und ihrem wissenschaftlich anfechtbaren 'Wert'), zum Teil auf der *'Mentalität' der Kelten*; zum besseren Verständnis seiner Studie über „Mythos und Soziologie" der keltischen Frau seien zwei dafür wichtige Passagen zitiert (S. 10ff.):

„Die Arbeit des Historikers leistet letzten Endes nicht die Rekonstruktion eines lükkenlosen Ganzen aus der Zusammensetzung verschiedener disparater Einzelelemente (nach Art des von *Cuvier* zusammengesetzten vorsintflutlichen Urtiers), eines Ganzen, das sich selbst nicht einmal gekannt hat und daher nur durch eine poetische, d.h. *kreative* Vision als Synthese von Formen und Farben seinem jahrhundertelangen Schlummer der Zerfallenheit entrissen und zu neuem Leben erweckt werden kann. Man mag einwenden, einer solchen Art der Interpretation gehe es nicht um Objektivität. Aber wer kann denn schon behaupten, er sei objektiv? Jeder denkende und sich in irgendeiner wissenschaftlichen Disziplin engagierende Mensch bringt immer irgendeinen Teil seines Selbst in das, was er beschreibt, mit ein, und zwar mit umso größerem Recht, sobald er den *Anspruch* erhebt, objektiv zu sein. Wäre er tatsächlich objektiv, so wäre er nicht gerade intelligent, sondern lediglich eine jener emsigen Maschinen, die die moderne Technologie der Menschheit zur Verfügung stellt, damit sie schneller rechnen kann – nichts weiter. Ob es nun nach positivistischer Manier lediglich Ereignisse registriert oder strukturalistisch analysiert, bleibt das Werk eines Historikers doch immer eine Geschichte (d.h. eine Erzählung) und gibt als solche die Sicht des Erzählers wieder.

(...) Diese Definition des Historikers, dessen Darstellungsweise per definitionem subjektiv ausfällt und der seinem persönlichen Denksystem ebenso verhaftet ist wie dem „Zeitgeist" seiner Epoche, trifft in noch stärkerem Maß auf den zu, der sich mit der *Bretagne* befaßt, denn *die Bretagne ist das Land des Fließenden und Diffus-Unscharfen.* Daher ist die *Geschichte* der Bretagne *Dichtung*, und sie hat daher – wie alle Dichtung – ihre Geheimnisse, ihre Mysterien, deren Interpretation jedem, ganz nach eigenem Belieben und Vermögen, selbst überlassen bleibt.

Außerdem haben wir es mit den *Kelten* zu tun, und die Kelten haben niemals die gleiche Mentalität gehabt wie die Mittelmeervölker, denen wir die Bürde unserer klassisch-altphilologischen Ausbildung verdanken. Die Kelten lehnten die aristotelische Logik des ausgeschlossenen Dritten ebenso ab wie jede Art von Manichäismus. Für sie bildeten das Lebende wie das Leblose (mit anderen Worten auch Geist und Materie) ein totales Ganzes, das seine Einheit in der Verschiedenheit begreift." – (Anm. d. Hrsg.)

2 Die irischen Gesetze sind in der von *O'Donovan* edierten Sammlung: *Ancient Laws of Ireland*, 6 Bde., Dublin 1865 -1901, zugänglich. Siehe zu diesem Thema auch *W. Joyce: Social history of ancient Ireland*, 2 Bde., London 1903, und Myles *Dillon: Early Irish Society*, Dublin 1958. Über die walisischen Gesetze existiert eine von Aneurin *Owen* im XIX. Jh. edierte Sammlung: *Ancient Laws and Institutions of Wales* (O.J., o.O.), (davon die engl. Übers. von Melville *Richards: The Laws of Hywel Dda*, Liverpool 1954). Zum bretonischen Recht siehe *E.Durtelle de Saint-Sauveur: Histoire de Bretagne des origines à nos jours*, Rennes 1953, und *M. Planiol: Les Institutions de la Bretagne,* Rennes 1952 - 1956. Eine immer noch gültige zusammenfassende Darstellung findet sich bei *D'Arbois de Jubainville: Cours de Littérature Celtique,* Band VII.

3 Wie in einem solchen Fall zu erwarten, haben wir es hier mit abenteuerlichen und abergläubischen Etymologien zu tun, denn man kann darin ebenso irisch *finn* (= 'weiß' bzw. 'schön'), walis. *gwynn* und breton. *guenn/gwenn* mit der gleichen Bedeutung sehen. Die beiden Etymologien stehen jedoch nicht im Widerspruch zueinander.

4 Als Konsequenz daraus verschwindet in königlichen Familien das Erbrecht ganz. Man beachte, daß es sich hierbei nur um den Bereich des Erbrechts handelt, da die Königswürde ausschließlich durch Wahl vergeben wird und nicht vererbbar ist.

5 In den gälischen Epen sprechen die Helden meist die Eidesformel: „Bei dem Gott, auf den meine Sippe schwört!".

6 Dies ist von fundamentaler Wichtigkeit für das Verständnis nicht nur des juristischen und politischen Systems der Kelten, sondern auch ihrer epischen Literatur, die noch weit-

gehend archaische Lebensverhältnisse und Denkstrukturen widerspiegelt, vgl. dazu auch J.M.: *L'Epopée celtique d'Irlande*, Payot, Paris 1971, S. 171 - 175.

7 Es gäbe noch vieles anzumerken in diesem Gesellschaftssystem, das in zahlreichen Punkten den sog. „utopischen" Staats- und Gesellschaftsideen von *Babeuf, Proudhon* oder Charles *Fourier* nahesteht. Ebenso ließe sich ein Bezug herstellen zur Verteilung der Nutzungsrechte an öffentlichem Besitz im Frankreich des Jahres 1792. Dagegen sind die Analogien zu den aus dem Marxismus-Leninismus erwachsenen Systemen, die sowohl auf der Arbeitsteilung als auch auf der obligatorischen „Leistungs"-Pflicht basieren, rein äußerlich.

8 Howell Dda (= 'Hoel der Gute') wurde um 909 König von Süd-Wales und Powys. Nach dem Tode seines Onkels Anarawt verleibte er auch noch Gwynedd, den Nordwestteil von Wales, seiner Krondomaine ein und starb 950. Von einem gewissen Blegyryd, einem Architekten aus Llandav, welcher Jurist und ein hervorragender Gelehrter war, ließ er ein unter seinem eigenen Namen bekanntes Gesetzbuch verfassen, das in einer Hs. aus dem XII. Jh. erhalten ist. Es handelt sich um ein Meisterwerk an Klarheit und Präzision, das die Bewunderung aller Rechtsgelehrten seiner Zeit erregte.

9 Manche Verträge wurden durch heiliges Gelöbnis abgeschlossen. Auf diese Weise erhielten sie Schutz und Garantie der göttlichen Mächte, und jeder, der sich an die Vertragspunkte nicht hielt, setzte sich somit der Rache der Götter aus.

10 Die Gesetze legen tatsächlich auf die Teilung der Beute besonderen Wert: unter Beute sind natürlich Wertobjekte, Sklaven und Viehbestände zu verstehen. Aufschlußreich ist auch, daß das walisische Wort *budd* (= ursprünglich 'Sieg') allmählich die Bedeutung 'Gewinn', 'Profit' erhalten hatte. Trotzdem wurde weiterhin nach Vieh-'Köpfen' d.h. -Stücken gerechnet: so war z.B. der Leiter einer königlichen Sängertruppe 125 Kühe wert (*Owen: Ancient Laws...*, Bd. I, S. 33). Auch in der Erzählung von *Kulhwch und Olwen* (deren Entstehung auf das IX. Jh. zurückgeht) werden alle Werte in der jeweiligen Anzahl Vieh angegeben („... er war angetan mit einem Purpurmantel, an dessen vier Ecken je ein goldener Apfel saß, welcher einen Wert von hundert Kühen hatte. Seine Stiefel und Steigbügel waren beschlagen mit Gold von dreihundert Kühen Wert."; in *J. Loth* (Hrsg.): *Mabinogion, Paris 1913,* Bd. I, S. 250f.) Man beachte, daß das neubreton. *saout* (plur.; = 'Kühe') aus lat. *soldum* (= 'Totalsumme' und 'Münze') bzw. aus einem diesem zugrundeliegenden gall. Wort mit gleicher Bedeutung abgeleitet ist.

11 „Die Frauen sind keineswegs von der Ausübung der Befehlsgewalt ausgeschlossen" (*Tacitus: Agricola* XVI).

12 Vgl. *Owen*, a.a.O., Bd. I, S. 202 und 204. Man beachte, daß es im Text heißt: „sie einem Gatten geben" (*rody y wr*). Die Knaben erreichen dagegen erst mit 14 Jahren das entsprechende Alter. Von nun an sind sie selbst für ihr Handeln verantwortlich, zu Besitz von Eigentum berechtigt und unterliegen nicht mehr dem Recht väterlicher Züchtigung."

13 Peculium bedeutete nach Römischem Recht ganz allgemein: 'Privateigentum einer Person, die unter fremder Gewalt steht' (Anm. d. Hrsg.).

14 Vgl. den Ausdruck „den Kopf hoch tragen". Häufig wird von mohammedanischen Frauen berichtet, die sich nicht scheuten, ihre Röcke zu heben, um vor einem Fremden ihr Gesicht damit zu verhüllen, und sich nicht weiter darum kümmerten, daß dabei ihr Geschlecht in voller Blöße sichtbar wurde. Die Scham hat eben ihren Sitz an der Stelle, die ihr von der Gesellschaft zugewiesen wird, und wie auch das Beispiel des *enebarz* zeigt, hatten die Kelten ganz und gar nicht die gleiche Auffassung von Scham und Schamgefühl wie die christlichen oder aus dem Christentum hervorgegangenen Gesellschaften. Eine wichtige Rolle spielt in diesem Zusammenhang übrigens auch die Gesichts- und Namens-Symbolik in verschiedenen Traditionskontexten, und sie ist auch in den alten keltischen Epen häufig anzutreffen: derjenige, der Gesicht und Namen eines Anderen kennt, macht sich zum Herren über ihn. Daher der Gebrauch von Pseudonymen und Masken. Durch den Vollzug der Ehe wurde der Ehegatte Herr über seine Frau, somit über ihr Gesicht, d.h. über jene Körperpartie, die in der Regel im Bereich des öffentlichen Gemeinschaftslebens, wozu auch die Ehe gehörte, eine wesentlich bedeutendere Rolle spielte, als der Schoß.

15 *J. Loth* (Hrsg.): *Mabinogion,* Bd. II, S. 27: „In den Gesetzen über die Ehe konnte sich das walisische Recht am stärksten seine Unabhängigkeit vom Einfluß Roms und der Kirche bewahren."

16 Den Kelten war besonders bezüglich des Ehebruchs der Geist des römisch geprägten *Code Napoléon* völlig fremd, dessen Genialität darin bestand, die untreu gewordene Gattin zu bestrafen, nicht aber den Ehemann, wenn sich dieser den einen oder anderen sog. 'Seitensprung' erlaubt.

17 *De bello gallico*, V, 14. Diese Polyandrie war jedoch eher eine Art 'Gruppenehe'. Vgl. auch *Dio Cassius LXII*, 6; *Strabo IV*, 5 und *Hieronymus v. Stridon: Adversus Jovianum II, 7.*

18 Besonders irrwitzig dürfte in diesem Zusammenhang sein, daß Philip VI. von Valois, der König von Frankreich, Charles de Blois, den Gemahl von Jeanne de Penthièvre, aufgrund dieses keltischen Rechtsprinzips als Kandidaten für den Herzogsthron unterstützte, während Jean de Montfort, obwohl er für die Unabhängigkeit der Bretagne eintrat, denselben Thron für sich beanspruchte unter Berufung auf das Salische Recht, nach dessen Gesetzen Jeanne de Penthièvre von der Thronfolge ausgeschlossen werden mußte.

19 Dieses System matrilinearer Erfolge existierte bei einigen Völkern noch geraume Zeit, so etwa bei den Natchez Nordamerikas, deren Name durch *Chateaubriand* unsterblich gemacht worden ist. Die Gesellschaftsstruktur dieses Stammes „gründete sich auf ein mehrstufiges Kastensystem; die Aristokratie teilte sich in drei Klassen: die 'Sonnen', die 'Edlen' und die 'Ehrwürdigen', während das Volk nur eine einzige unstrukturierte Masse und Klasse bildete, genannt die Klasse der 'Stinkenden'. Laut Stammesgesetz war die Aristokratie verpflichtet, sich ihre Ehepartner aus den Kreisen des 'Volkes' zu wählen; dies hatte zur Folge, daß die Kinder den gesellschaftlichen Rang der adeligen Mutter beibehielten, während die Kinder eines aristokratischen Vaters gesellschaftlich abstiegen" (in Vincent *Bounoure: La Peinture Américaine,* Lausanne 1967, S. 42).

20 J.M.: *Les Celtes*, S. 215-217.

21 Vgl. dazu meine Studie über die Hl. Brigitta von Kildare in: *Cahiers du Pays de Baud*, Baud (Morbihan) 1971 (Nr. 3).

22 J.M.: *L'Epopée celtique d'Irlande,* S. 88 u. 141.

23 J.M.: *L'Epopee celtique en Bretagne,* S. 182. Man vergleiche dazu in den Artusromanen die Erziehung des jungen Lancelot du Lac (= 'vom See') durch die Fee Viviane.

24 J.M.: *L'Epopée celtique d'Irlande,* S. 110.

25 An dieser Stelle seien noch einige Besonderheiten des keltischen Rechts über den Sozialstatus der Frau hinzugefügt. Nach dem Kanonischen Recht Irlands (Kap. 17) wird das väterliche Erbe zwischen Söhnen und Töchtern geteilt. Hinterläßt der Vater jedoch nur Töchter (Kap. 20), so fällt das gesamte Erbe an sie. Wenn diese aber sterben, so fällt das Erbe an die Brüder (bzw. die Familie) des Vaters, während die eigenen Nachkommen der Töchter unberücksichtigt bleiben. Es wird übrigens eigens erwähnt, daß die Töchter, wenn sie das Erbe (das *de facto* nur ein Nutzungsrecht war) annehmen, sich zur Ableistung des Militärdienstes verpflichten; diese Verpflichtung wurde gegen Ende des VII. Jh. getilgt, dafür aber ihr Erbanteil um die Hälfte reduziert. Nach dem Zivilrecht (vgl. M. Dyllon: *Relationship and the law of inheritance. Studies in early Irish Laws*, Dublin/London 1936) verliert der Vater, welche männliche Nachkommen hat, seine Rechte auf das Erbe der Mutter, das dann zwischen den Söhnen aufgeteilt wird. Eine Frau kann nur dann Eigentumsrechte an Grund und Boden an ihre Erben übertragen, wenn sie dieses Eigentum aufgrund von geleisteten Diensten oder durch Schenkung erworben hat. Der Sohn einer Schwester, der von einem Onkel mütterlicherseits (dem *fosterer*) adoptiert wurde, steht mit seinem Neffen, d.h. dem Sohn ihres Bruders (also seines Onkels) rechtlich auf ein und derselben Stufe. Häufig bilden die Söhne der Schwester eine sog. *glasfine* (= 'graue' bzw. 'blaue Familie'); deren Vater wurde nämlich als ein Fremder angesehen, der über das graue/blaue Meer nach Irland gekommen war. (siehe *O'Donovan: Ancient Laws of Ireland*, Bd. IV, S. 284). Dieser Vater hatte nach irischer Rechtsauffassung selbst keine Familie in Irland: also kann er seinem Sohn auch keine Familie bieten, und dieser wird als zu der Familie der Mutter gehörig betrachtet. So wurde z.B. Cartismandua, die Tochter eines Königs der Brigantes, welcher keinen Sohn hatte, aufgrund ihrer Paraphernalrechte Königin, heiratete zunächst den angesehenen Kriegshelden Venutius, verstieß ihn aber bald darauf wieder, um den Truchseß Vellocatus zu heiraten und auch auf ihn die Königswürde auszudehnen (vgl. *Tacitus: Historiae* III, 45 und *Annales* XII, 36-40).

Teil Zwei:

Die keltische Frau – Analyse des Mythos

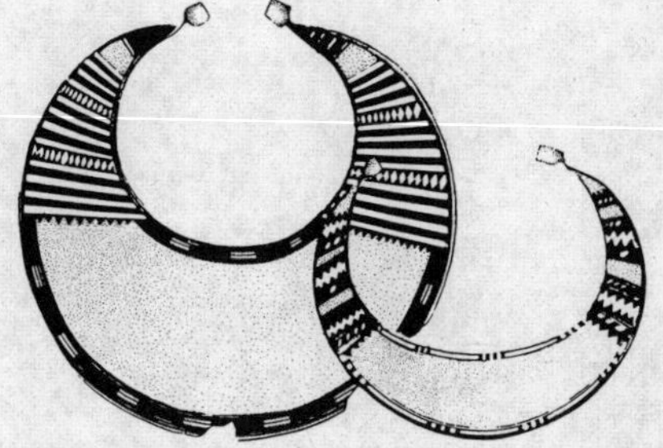

I.
Die Prinzessin auf dem Meeresgrund – Der Mythos von der »Femme Engloutie«

„Am Anfang schwebten die Elochim über der Urflut" bzw. „... der Geist Gottes über den Wassern". Wie immer man nun den Plural *Elochim* (Sing. *El*) interpretieren mag und wie stark der biblische Urtext im Laufe der Zeit auch abgeändert, erweitert oder verdichtet worden sein mag – dieser Satz der *Genesis* (bzw. des I. Buchs Moses) ist zweifellos der Schlüssel zu allen Erklärungen über den Ursprung der Welt und des Lebens. Die finnische *Kalevala*, eine ebenfalls äußerst archaische Dichtung, ein Epos, das jahrhundertelang nur mündlich weitergegeben und daher weniger verstümmelt worden sein dürfte, berichtet von der Jungfrau der Lüfte, die von den Himmeln niederschwebt zu den unendlichen Gefilden des schaumgekrönt brandenden Meeres: „Da gaben ihr der Wind von oben und die Fluten von unten das Leben ein" (1. Gesang), und so wird sie zu Ilmatar, der Mutter des Wassers, und gebiert nach sieben in den Ozeanen treibend verbrachten Jahrhunderten das erste menschlichen Wesen, den Barden Väinämöinen. Diese Geschichte erinnert an die Geburt Aphrodites (der 'Schaumgeborenen') sowie an den Namen der Fee Morgan(e) (Muirgen), der wahrscheinlich ebenfalls 'die aus dem Meer Geborene' bedeutet.

Die moderne Wissenschaft hat bekanntlich nachgewiesen, daß alles Leben aus dem Meer hervorgegangen ist. Vor undenkbar langer Zeit, vor Millionen von Jahren, ist in den Tiefen des Meeres irgendetwas Entscheidendes geschehen: dieses „Etwas" war die durch die Einwirkung kosmischer Strahlungen ausgelöste Verbindung verschiedener chemischer Elemente, die unter Bedingungen zustande kam, die äußerst schwer zu erklären sind. Genau hier haben wir es mit dem geheimnisvollen „Geist Gottes" (hebr. *rua'h elochim* = (wörtl.) 'Windhauch des Göttlichen'; Anm. d. Übers.) zu tun, der über der Urflut (hebr. *tehom*) beziehungsweise den Wassern (hebr. *majim*) schwebt. Und diese Wasser werden Mütter. Die Jungfrau Ilmatar wird geschwängert. In allen Traditionen herrscht Einigkeit über die entscheidende Rolle des Wassers für den Ursprung des Lebens. *Macrobius* schreibt in seinem Symposium *Saturnalia* (I,20): „Der Himmel bildet den Kopf und das Meer den Leib des Sarapis." *Seneca* stellt in seinen *Quaestiones naturales* (III,30) die These auf, die Erde schwimme wie ein Schiff auf dem Wasser. Eine japanische Legende berichtet von einem Gott, der den Himmel verlassen will und eines Tages zu seiner Gefährtin sagt: „Irgendwo muß es eine Erde geben, auf der wir uns niederlassen können, laß uns sie suchen gehen *unter den Wassern*, die tief unter uns tosen."[1]

Es geht also immer wieder um eine Gottheit oder einen Wind beziehungsweise Geist, der das Meer schwängert. Das Meer wird also als Urmutter betrachtet, sei es aufgrund seiner aquatischen Substanz, sei es aufgrund seines anthropomorphen Symbolgehalts als Jungfrau der Meere, Sirene oder als ein den Blicken entzogen auf dem Meeresgrund herrschendes Wesen. Bei eingehender Betrachtung dieser Quellen erhebt sich zu Recht die Frage, ob dabei die Rolle des Gottes oder Geistes wirklich unentbehrlich ist. Naturwissenschaftlich betrachtet, soll die kosmische Strahlung lediglich die Funktion eines Katalysators gehabt haben. In der *Kalevala* heißt es, daß die Mutter des Wassers vom Wind geschwängert worden sei; dies deckt sich mit den ältesten Menschheitsvorstellungen aus jener Zeit, als der Mann sich über seine persönliche Rolle bei der Empfängnis noch im Unklaren war und sich mit gewissem Entsetzen vorstellte, der Geburtsvorgang sei etwas ausschließlich Weibliches, woran abgesehen vielleicht von einem schwer zu definierenden Gott oder Geist – niemand anderer Anteil habe. Vom Neotlithikum an haben alle Gesellschaftsformen versucht, dem Mann dabei eine immer entscheidendere Rolle zukommen zu lassen. Die Traditionskreise, die die Erinnerung an vergangene Epochen noch lange konserviert haben, halten jedoch weiter an der westlichen und fast ausschließlichen Bedeutung des weiblichen Anteils fest. Der Glaube an das Meer als universale Matrix (das heißt 'Gebär-Mutter' im mythologischen Sinn) hat die Jahrhunderte überdauert und ist heute nicht nur in der Wissenschaft, sondern in vielen volkstümlichen Überlieferungen noch lebendig. Das tiefe und geheimnisvolle Meer wurde zum Symbol des Weiblichen schlechthin, dessen okkultes und unfaßbares Wesen um so leidenschaftlicher hervorgehoben wurde, je mehr sich die paternalistisch geprägte Gesellschaftsform durchsetzte.

Seitdem wurde das Meer von unheimlichen Wesen bevölkert und birgt ganze Städte, herrliche Paläste und unermeßliche Schätze in seinen Fluten. Doch das Meer ist durch eine Barriere unzähliger Tabus von den Menschen getrennt. Niemand hat das Recht, sie zu überschreiten, das Vordringen in das Meer ist lebensgefährlich. Nur auserwählte und göttliche Naturen können dort leben, nur Helden ohne Furcht und Tadel dürfen unter bestimmten Umständen dieses Wunderland des verlorenen Paradieses betreten.

Denn genau um den Mythos des verlorenen Paradieses geht es hier. Alle alten Mythen vom Garten Eden, vom Goldenen Zeitalter, von der Zeit vor aller Zeiten Anfang und der Vorzeit ganz allgemein gelangen irgendwann zum Bild der Meerestiefe, sowie zu seinen Substituten aus jüngerer Zeit, zur Grotte und zum Abgrund (bzw. 'Höllenschlund'). Die Psychoanalyse hat deutlich gemacht, wie sehr die Vorstellung von Meeren, Höhlen, Abgründen und dunklen Wäldern mit dem archaischen Urbild der Frau als Mutter und Geliebte verbunden ist. Die menschliche Phantasie hat um dieses Thema mit einer derartigen Leidenschaftlichkeit die verschiedensten Geschichten gewoben, sodaß man ihm auf Schritt und Tritt unter den abenteuerlichsten Ausformungen wiederbegegnet, was darauf hindeutet, daß dieses Thema die Menschheit von jeher zutiefst beschäftigt hat.

Wie ich bereits in anderem Zusammenhang ausführlich dagestellt habe, war der Mythos von der versunkenen Stadt der bedeutendste Schöpfungs- und Ursprungsmythos der Kelten.[2] Dieser Mythos findet Gestalt in einer in der ganzen Bretagne wohlbekannten Sage, nämlich in der *Sage von der Stadt Ys*, wovon mehrere aufschlußreiche Varianten auch in den anderen Ländern mit keltischer Tradition, besonders in Irland und Wales, verbreitet sind. Wir können also diese Sage und ihre beiden Hauptvarianten als Ansatzpunkt nehmen zu einer eingehenden Analyse des Mythos von der *femme engloutie*, der versunkenen – zu deutsch 'tief gesunkenen' – Frau mit allem, was damit immer assoziiert worden sein mag, – in der Sprache der Sagenwelt: der Frau auf dem Meeresgrund.

Die Sage von Ker-Ys (Bretagne):

Grandlon, der König von Cornoualle, hat für seine Tochter Dahud (oder Ahès) eine prächtige Stadt, Ker-Ys (= die 'Stadt der Tiefe') erbauen lassen und durch Deiche und Schleusentore, deren Schlüssel er eifersüchtig hütet, gegen das Meer geschützt. Die Einwohner der Stadt führen ein Leben in Saus und Braus, und auch die sich dem Christentum widersetzende und reichlich nymphoman veranlagte Tochter des Königs nimmt an diesem orgiastischen Treiben munter teil, bis die Stadt schließlich „wegen der Sündhaftigkeit ihrer Einwohner eines Tages von den über die geborstenen Deiche hereinbrechenden Fluten des Meeres mit Mann und Maus verschlungen wurde: einzig der König konnte, obwohl auch er zu dieser Zeit in der Stadt weilte, durch ein Wunder gerettet werden. Dies verdankte er dem Hl. Gwennolé".[3] Dieser Hl. Gwennolé, der Gründer der Abtei von Landévennec, hatte nämlich den König rechtzeitig vor dem nahenden Strafgericht gewarnt. Grandlon schwingt sich auf sein Pferd und flieht. Seine Tochter, die ihm den Schlüssel der Schleusentore entwendet hatte, um ihn einem ihrer Liebhaber zu geben, eilt ihm nach und schwingt sich zu ihm in den Sattel. Das Pferd droht zu versinken. So „hätte die Prinzessin Dahud, die lasterhafte Tochter des guten Königs (...) beinahe dessen Untergang verursacht. Dies geschah an einem Ort, der noch heute den Namen Toul-Dahud (= Pouldavid) oder Toul-Al'huez (d.h. „Dahud-Schleuse" bzw. „Schleuse der Schlüssel") trägt, damit auch in geschichtlicher Zeit die Erinnerung daran wachbleibt, daß sie ihrem Vater einst den Schlüssel entwendet hatte, den er als Symbol seiner Königswürde um den Hals trug".[4] Aber der Hl. Gwennolé berührt Dahud noch rechtzeitig mit seinem Priesterstab, woraufhin sie in den Fluten versinkt. Seit dieser Zeit begegnen Fischer noch manchmal der Königstochter, die nun unter dem Meer lebt und in einem Schwarm großer Fische umherzieht. Bei ruhiger See können sie angeblich auch die Stadt Ys mit ihren Mauern, Palästen und Kirchen erkennen und das traurige Geläut ihrer Glocken hören. Zu gewissen Zeiten öffnet sich die Stadt den Menschen, und wenn es jemandem gelänge, einem der Bewohner von Ys etwas abzukaufen, dann würde sie wieder auftauchen. Und „wenn der Tag der Auferstehung für Ker-Ys gekommen ist, wird der Erste, der die Turmspitze der Kirche erblickt und den Klang ihrer Glocken vernimmt, König der Stadt und all ihrer Ländereien".[5]

Die Sage von Maes Gwyddneu (Wales):

„Seithynin Veddw (= der 'Trunkenbold') ließ einst in betrunkenem Zustand Cantre'r Gwaelod (= das 'Land der Untiefe') vom Meer überfluten; alle Besitzungen und Häuser des Landes wurden vernichtet, wo einst sechzehn befestigte

Städte blühten ... Cantre'r Gwaelod gehörte zum Landbesitz des Gwyddneu Garanhir".[6] Seithynin hatte nämlich ein junges Mädchen, welches Hüterin einer Zauberquelle war, geschändet. Diese Quelle war daraufhin übergelaufen und führte zur Flutkatastrophe im Lande des Gwyddneu.[7]

Die Überschwemmung des Loug Neagh (Nord-Irland):

Der König Ecca hatte in einer Tiefebene, in deren Mitte sich ein von dicken Mauern umgebener Zauberbrunnen befand, eine Burg und Wohnsiedlungen erbauen lassen. „Und er erwählte eine Frau zur Hüterin dieses Brunnens und gab ihr den strengen Befehl, die Tür immer vor jedermann verschlossen zu halten und nur die Bediensteten der Burg einzulassen, die kommen, um Wasser zu holen".[8] Obwohl prophezeit worden war, der Ort würde überschwemmt werden, „vergaß die Frau, die den Brunnen stets bewacht halten sollte, bei einer bestimmten Gelegenheit, die Tür zu verschließen. Im gleichen Augenblick ergoß sich das Wasser über die Ebene und füllte sie zu einem großen See. Ecca, seine gesamte Familie und all seine Mannen ertranken, nur seine Tochter Libane wurde gerettet..." (ibid.). Diese Libane, bei der es sich wahrscheinlich um die Brunnenhüterin handelte, kam nicht wie alle Anderen in den Fluten um, sondern „überlebte zusammen mit ihrem kleinen Hund ein volles Jahr lang in ihrer Kammer auf dem Grunde des Sees" (ibid.). Schließlich beginnt sie, sich zu langweilen, und so wünscht sie sich, in einen Fisch verwandelt zu werden. Als sie den Wunsch aussprach, „nahm sie die Gestalt eines Lachses an; nur ihr Gesicht und ihre Brüste blieben unverwandelt" (ibid.). So lebte sie 300 Jahre, bis sie vom Hl. Congall aus dem See gefischt und auf den Namen Muirgen ('die aus dem Meer Geborene') getauft wurde.

Damit hätten wir bereits eine Fülle von Material für unsere Überlegungen. In diesen drei Varianten ein und derselben Sage dominiert deutlich ein Element: die Rolle der Frau, gewissermaßen als Hüterin des Wassers, die durch Unachtsamkeit oder eigenes Verschulden verantwortlich wird für die Überschwemmung einer Stadt oder eines ganzen Landes. Die Sage der Stadt Ys ist natürlich eine bereits stark christianisierte Ausformung des Stoffes; deutlich erkennt man darin Spuren des Konfliktes, der gegen Ende des V. Jahrhunderts (der angeblichen Zeit des Untergangs der Stadt Ys) Heidentum und Christentum konfrontierte. Dahud/Ahès lehnt das Christentum noch ab, ihr Vater hat es bereits angenommen. Sie ist also die Sünderin und ist als lasterhafte Person dem Abgrund der Hölle geweiht, während Gradlon durch die Hilfe des Hl. Gwennolé, der die neue religiöse Ordnung symbolisiert, gerettet wird. Aber die heidnischen Traditionen lassen sich so leicht nicht entwurzeln: die Stadt Ys lebt auf dem Grunde der Fluten weiter fort, – und mit ihr Dahud/Ahès. Und so werden eines Tages die Stadt Ys und die Prinzessin Dahud/Ahès wieder auferstehen umd mit ihnen auch die alten heidnischen Götter, die vom Christentum verdrängt worden waren. Damit sind natürlich die von der neuen Doktrin verdrängten und unterdrückten keltischen Denkstrukturen gemeint. Bereits aufgrund dieses Aspekts kommt der Sage große Bedeutung zu.

Wer ist eigentlich diese Dahud/Ahès? Es lohnt sich, der Frage nachzugehen, denn diese Prinzessin ist die Hauptfigur des Dramas. Die Herkunft des Namens ist leicht zu erschließen: er stammt von einem alten Wort **dago-soitis* ab, was soviel wie 'gute Hexe' bedeutet. Diese Etymologie deckt sich völlig mit dem heidnischen Charakter der Figur und ihrer hartnäckigen Opposition gegen das Christentum. Andererseits ist sie wirklich eine 'Hexe' – sie besitzt magische Kräfte –, und solche magischen Kräfte sind bekanntlich in der volkstümlichen Überlieferung weiterlebende degenerierte Formen oder Reminiszenzen von Eigenschaften, die man Gottheiten zuschrieb. Dahud hönnte also eine alte bretonische Göttin aus der Gegend der Pointe du Raz gewesen sein, die in der Gestalt einer „guten Hexe" in der Erinnerung der Menschen weiterlebt.

Fast unerklärlich erscheint es dagegen zunächst, wie es zu der Verwechslung von Ahud und Ahès gekommen war. Bei der Analyse des Textes von Albert *Le Grand* kann man jedoch zu folgender Hypothese gelangen: der Ort nämlich, an dem die Königstochter in den Fluten versank, heißt Toul-Alc'huez, das heißt 'Schleuse der Schlüssel', 'Schlüssel-Öffnung'. Bei dem Schlüssel handelt es sich natürlich um den Schlüssel, den Dahud ihrem Vater geraubt hatte und der in manchen Versionen die Schleusen zur Stadt öffnete. Der Schlüssel symbolisiert im Grunde also das Königtum. Nun gibt es aber eine enge Analogie zwischen der Aussprache von Alc'huez und der von Ahès.[9] Zu einer identischen Aussprache konnte schließlich die Tatsache geführt haben, daß Cornouaille und besonders die Gegend, in der sich der Sage nach die Stadt Ys befunden haben soll, von zahlreichen Römerstraßen durchzogen war; diese römischen Straßen wurden damals „chemins d'Ahès" genannt.[10]

Der bretonische Volksglaube kennt nämlich eine geheimnisvolle Gestalt namens Ahès oder Ohès, die angeblich der Stadt Carhaix (Ker-Ahès) den Namen gegeben hat; mit ihr steht mit Sicherheit die Bezeichnung der die Bretagne durchziehenden Straßen in engem Zusammenhang. Natürlich ist die etymologische Deutung des Namens von Carhaix als *Ker-Ahès* höchst verführerisch, und doch muß diese Deutung, obwohl sehr alt und im Volksglauben tief verwurzelt, als äußerst zweifelhaft angesehen werden. Ein Blick auf die Landkarte der bretonischen Halbinsel und die günstige zentrale Lage der Stadt können uns eine schlüssige Erklärung für den Namen Carhaix und sein Verhältnis zum Namen Ahès liefern. Diese Stadt, in der Antike das *Vorgium* der gallischen Osismii, ist Knotenpunkt wichtiger Straßen, die alle südlichen, nördlichen und östlichen Regionen der Halbinsel verkehrstechnisch miteinander verbinden.[11] Diesen modernen Straßen liegt ein sternförmiges Straßennetz aus römischer Zeit zugrunde, welches die Stadt schon damals zu einem Handelszentrum und einem strategisch wichtigen Stützpunkt machte: sämtliche Straßen, die für Fuhrwerke (lat. *carri;* frz. *char*) passierbar waren, führten über beziehungsweise nach Carhaix. Diese Feststellung ist von Wichtigkeit, denn wir können so mit Pol *Quentel* zu der Annahme gelangen, daß Carhaix nicht ein auf *ker* basierender Name keltischen Ursprungs, sondern lateinischen Ursprungs ist: in diesem Falle könnte er aus *carri accessus* (= 'Wagenzufahrt', 'Fahrweg') entstanden sein. Diese etymologische Deutung hat einen zweifachen Vorteil: sie ist phonetisch schlüssig und stimmt zudem mit den geographischen Gegebenheiten verblüffend überein. Das Wort *accessus* wäre also die ursprüngliche Form zu *Ahès*, und der Name dieser rätselhaften Gestalt wäre somit nichts anderes als die Bezeichnung einer Straße, die für eine Bevölkerung unverständlich geworden war, die nach der Brit(ton)isierung des Landes nicht mehr lateinisch sprach; folglich wurde daraus allmählich eine Art von mythischer Gestalt. Damit wollen wir allerdings nicht ausschließen, daß dieser Name (und seine mögliche lateinische Herkunft) nicht auch eine Bezeichnung für etwas noch Älteres sein könnte, vielleicht sogar für die gleiche Gottheit wie Dahud.

Es gibt ein Volkslied, das im XIX. Jahrhundert von dem Volksliedersammler *Kerambrum* aufgezeichnet wurde und sich in der berühmten Sammlung *Penguern* in der Pariser Bibliothèque Nationale befindet, eine Sammlung, die übrigens noch weitgehend unveröffentlicht ist und kostbare Dokumente enthält.[12] Dieses Lied handelt von *Croac'h Ahès* (= der 'Alten' bzw. 'Hexe' Ahès). Hier einige charakteristische Strophen daraus:[13]

„Sie kommt, die alt' Ahès, in unser Land,
schleppt große Steine auf die Straßen,
große und auch kleine,
auf die große Straße mitten durch die Heide.
Und der alte Mann saß auf dem Mené-Bré und sprach:
'Lieber leid' ich Hungersnot und Pest
als die Alt' Ahès so nah bei uns;
Lieber leid' ich Krieg und Tod
als die Alt' Ahès in unserm Heimatland.
Da ist sie schon, die Alt' Ahès, dort hinten in der Heide
und sie kommt nicht allein,
mit ihr sind die Steuereintreiber
um in eurem Hof die Scheuer leerzufegen (...)
Wo sie vorbeikommen, seh ich keine Menschenseele mehr
seh niemand mehr ackern auf dem Feld
seh nur noch große Bäume
wachsen aus der nackten Erd' (...)"

Wieviele Zweifel man auch an der Zuverlässigkeit von *Kerambrum* haben mag, der bei der Abfassung seiner Volksliedsammlung der Phantasie reichlich freien Raum ließ, so gibt es doch keinen Grund, an der Authentizität zumindest des hier zitierten Liedes zu zweifeln. Sein Sinn ist vollkommen klar und reflektiert die Realität des XVIII. Jahrhunderts, das heißt einer Epoche, in der in der Bretagne reger Straßenbau betrieben wurde: das Lied singt den Protest gegen die zusätzlichen Fronarbeiten und Steuerlasten, die der Bau dieser Straßen mit sich brachte. Interessant ist jedenfalls, daß dazu die Sage von der Ahès wieder aufgenommen wurde, die nun als raffgierige Alte, als grausame Hexe erscheint, die kein Erbarmen mit der armen Bevölkerung kennt, und daß diese nun mit dem Straßenbau in Zusammenhang gebracht wird.

Eine Gestalt namens Ohès oder Oès wird auch in einem eigenartigen Chanson de geste (Heldenepos) aus dem XIII. Jahrhundert, dem *Chanson d'Aquin*, erwähnt, und zwar in Beziehung zu einer Römerstraße, die von Condate (Rennes) über Merdrignac und Carhaix nach Aber Wrac'h beziehungsweise zur Bucht von Douarnenez führt. Diese wenig bekannte Dichtung, die manchen Eigennamen zufolge auf eine in bretonischer Sprache abgefaßte Quelle zurückgehen dürfte, handelt von einem in der Bretagne geführten Krieg zwischen Karl dem Großen und dem 'Sarazenen' Aquin, einer Personifizierung des druidischen Heidentums. Karl der Große wird von einer Reihe bretonischer Fürsten unterstützt, unter anderem von Hoel de Carhaix, der ihm einmal vom Bau eines „Schienenweges" (d.h. einer Römerstraße) erzählt. Die Frau eines gewissen Oès, „gar weise und von großer Schönheit", beschließt, „eine große Straße nach der Stadt Paris zu bauen, denn bei ihr gab es nichts als Land, von Wald bedeckt. In Quarehès, ihr sollt die Wahrheit hören, wurde der Weg gegründet und begonnen". Diese Frau ist übrigens die Tochter von Corsolt, „der mehr als dreihundert Jahre alt wurde". Und dieser Corsolt, der „sarazenische" Held eines Chanson de geste von der *Krönung des Louis* (in dem er von Guillaume d'Orange getötet wird), ist ein Riese, der dem Gallierstamm der Curiosolites den Namen gab, die in dem Gebiet zwischen der Rance und der Rivière de Morlaix beheimatet waren; diese Gegend, deren Hauptstadt Corseul (Nähe Dinan) ist, heißt in der *Peutinger*-Karte noch *Fanum Martis.* Das genannte bewaldete Land ist nichts anderes als jener immense Wald, der das gesamte Zentrum der Bretagne bedeckte und in der Folge der berühmte Jagdwald Brocéliande der Artusromane werden sollte.[14]

Nun ist Oès hier aber eine männliche Figur. Er wird sogar „der bärtige, alte Oès" genannt. In welcher Beziehung könnte er zu der verwirrenden Ahès-Gestalt aus der Sage von Ys stehen? Möglicherweise war sie seine Frau, auf die infolge einer Verwechslung sein Name übertragen wurde. Übrigens wurden die „chemins d'Ahès" auch mit alten, häufig von Wasserlachen überschwemmten Feldwegen in Zusammenhang gebracht, die in der Bretagne häufig anzutreffen sind[15] und die vor allem in den frankophonen Gegenden *Noées* oder *Nouées* genannt werden. Aus einer chronologischen Durchsicht aller notariellen Urkunden und Aufzeichnungen der Katasterämter läßt sich die Entwicklung dieses Namens zurückverfolgen, die in etwa so ausgesehen haben könnte:

Noées, chemin Noés, chemin Oé, chemin de la femme Oès, chemin de la femme à Ohès le viel barbé. Und nun ließe sich der Ohès mit *Esus* oder *Teutates* vergleichen, jedoch mit aller bei einer solch kühnen Hypothese gebotenen Vorsicht.[16] So überraschend diese Ableitung auch klingen mag, sie scheint dennoch allzu abwegig nicht zu sein, wenn man bedenkt, daß es in der Umgebung von Montpellier ebenfalls Römerstraßen gibt, die dort „chemins de la Monnaie" (benannt nach der Juno moneta) heißen, oder in der Gegend von Bordeaux, wo sie nach einer Heldin, auf die wir noch zu sprechen kommen, „chemins de Brunissen" genannt werden. In Poitou nennt man sie, was bereits gewöhnlicher ist, „chemins de Mélusine" (aus *Mala lucina,* d.h. Juno), und in der Ile-de-France sowie in Ostfrankreich „chemins" oder „chaussées Brunhaut" (aufgrund einer Verwechslung der römischen Juno mit der germanischen Brunhilt). Die Römerstraßen standen also offenbar unter dem Patronat einer Göttin, und zwar nicht irgendeiner x-beliebigen, denn es handelt sich dabei immerhin um Juno, die Gemahlin des Göttervaters Jupiter, oder um andere ihr entsprechende Gottheiten.

Folgt man dieser Deutungshypothese, so wäre Ahès die Verkörperung einer keltischen Göttin, die die Gemahlin eines bedeutenden Gottes ist, sei es nun Teutates, Esus, Dagda, Manannann, Gwyddyon oder gar Artus selbst. Wir geben jedoch dem irischen Gott Cûroi Mac Daeré den Vorzug, dessen Gemahlin Blathnait durch ihre verräterische Liebe zu dem Helden Cûchulainn die Ursache dafür wird, daß die Burg ihres Gemahls versinkt und in die Tiefe gerissen wird.[17]

Auf jeden Fall steht eines fest: Dahud/Ahès ist ein übernatürliches, quasi-göttliches Wesen. Wie wir angedeutet haben, repräsentiert sie das Heidentum gegenüber dem Christentum. Sie repräsentiert aber a u c h die Revolte gegen die männliche Autorität; Dahud/Ahès raubt ihrem Vater den Schlüssel, der die Königsherrschaft symbolisiert. Der ganzen Tragweite dieser Tat wird man sich erst dann bewußt, wenn man auch beachtet, daß sie ein 'zügelloses' Leben geführt hat, ein Leben, das im Widerspruch zu den Lehren der christlichen Kirche steht, die durch den Hl. Gwennolé, dem Symbol der männlichen Autorität, repräsentiert ist. Ähnliches gilt auch für das Mädchen, das sich dem betrunkenen König Seithynin verweigert und dabei vergißt, den Brunnen zu bewachen.[18] Durch sein Aufbegehren gegen die vom König mißbrauchte Autorität führt es etwas herbei, das wir in dieser Phase unserer Untersuchung weiterhin als 'Überschwemmungskatastrophe' bezeichnen müssen. Libane, die Tochter des Königs Ecca, hält sich ebenfalls nicht an die Befehle des Königs. Ihr Ungehorsam führt zur Überflutung der Stadt, aber auch Libane lebt wie Dahud/Ahès unter Wasser weiter.

Dieses 'unterseeische' Weiterleben ist für das Verständnis des Mythos und dessen, was sich wirklich dahinter verbirgt, von größter Wichtigkeit. Zunächst handelt es sich – aus psychoanalytischer Sicht – um Fälle von Verdrängung. Da die Revolte gegen die männliche Autorität mißlungen ist, verlagert sie sich ins Unbewußte. *Eines Tages aber wird sie wieder auftauchen* und der Erste, der sich dieses Wiederauftauchen zunutze zu machen versteht, wird „Herr über das Land", mit anderen Worten: er wird die Revolte bis zum endgültigen Erfolg weiterführen. Es ist jedoch relativ schwierig, Erinnerungen an so weit Zurückliegendes aus den Tiefen des Unbewußten wieder hervorzuholen. Nur bei bestimmten Gelegenheiten wird dies möglich, etwa bei bestimmten Festen, an denen die versunkene Stadt wieder sichtbar wird und es einem Furchtlosen möglicherweise gelingt, bis in das Allerheiligste der Zitadelle vorzudringen. Schließlich ist das, was verdrängt werden mußte, etwas Verbotenes. Und das gehört dem Reich des Teufels an.

Die Hölle steht nämlich – wie die Etymologie der betreffenden Wörter in den romanischen Sprachen dafür (frz.: *enfer* und ital. *inferno* aus lat. *inferna*) deutlich machen – für *alles, was unten ist.* (Der Begriff *Unterwelt*, der dies treffend wiedergibt, fällt heute hauptsächlich im Kontext der Verbrechensbekämpfung, wo er – wie einst das Wort *Hölle* im Kontext der christlichen Sündenbekämpfung – weit mehr Furcht und Schrecken auslöst als im Bereich einzelner *„griechischer Sagen des klassischen Altertums*"; Anm. d. Hrsg.). Die Etymologie des deutschen Wortes Hölle (entstanden aus mhd. *heln* = 'verbergen') akzentuiert mehr den Aspekt des Verborgenen, Heimlichen. In diesem Sinne ist also die versunkene Stadt Ys das Unten, die Unterwelt, die Hölle. Und die Herrscherin über diese Stadt der Tiefe, die Frau, die es gewagt hat, sich gegen die Autorität des Königs (lies: Gottes) aufzulehnen und die vom König dadurch bestraft wurde, daß er sie hat 'tief sinken' lassen (vgl. den Sturz Satans in den Abgrund der Finsternis in Victor *Hugos* herrlicher Dichtung *„La fin de Satan*"), diese Frau kann nur eine böse Frau sein, eine lasterhafte 'Person', eine *Mala Lucina*, eine Göttin der Finsternis, vergleichbar mit Hekate, die nächtlich über die Wegkreuzungen herrscht – und warum nicht gleich Lilith, das Weib des Teufels. Ist sie aber nicht auch das Bild jener Göttin der Urreligionen, die vor der Entstehung der patriarchalischen Gesellschaften verehrt wurde, jene *Magna Mater*, deren Bild immer wieder auftaucht und die sich nur schüchtern zeigt, gelegentlich sogar in Gestalt einer Schwarzen Madonna, mit anderen Worten, der Jungfrau Maria?

Die göttliche Frau ist nämlich keineswegs immer versunken und in den Tiefen des Meeres verborgen. Die keltischen Sagen und Legenden enthalten zahllose Beispiele von Prinzessinnen, die in Schlössern, Höhlen (Grotten) oder auf verwunschenen abgelegenen Inseln gefangengehalten werden.[19] Manche von ihnen sind sehr bekannt, andere weniger. Diese Erzählungen wurden meistens nur als Märchen, als Geschichte von Abenteuern, Heldentaten und unerklärbaren Mysterien gelesen. Sieht man aber genauer hin, so tritt ihr Gehalt gestochen scharf zutage, und es stellt sich heraus, daß sie immer in irgendeinem Bezug zur Sage von der Stadt Ys oder einer ihrer Varianten stehen. Daher ist es angebracht, einige davon näher zu untersuchen:

Die Geschichte von Guengualc'h (Bretagne):

Eines Tages wandern einige junge Männer, von ihren Studien heimkehrend, durch das Tal Tréguier an einem Fluß entlang. Einer von ihnen – „wegen seiner Schönheit Guengual'h (= 'weißer Falke') genannt" – verliert plötzlich die Sprache. Seine Gefährten reden ihn an: keine Antwort. Sie wenden sich nach ihm um, aber niemand ist mehr zu sehen. Vergeblich suchen sie das Ufer ab und wenden sich schließlich verzweifelt im Gebet an den Hl. Tugdal „und siehe, da taucht auch schon der junge Mann vor ihnen aus den Fluten auf, sein rechtes Bein hängt noch in einem seidenen Gürtel". Er erzählt, daß er von „Meerfrauen" zu den Felsabgründen unter dem Meer entführt und von einem ehrwürdigen Greis (dem Hl. Tugdal) wieder befreit worden sei. „Als sie des erhabenen Gottesmannes ansichtig wurden, ergriffen die Nymphen die Flucht, – eine jedoch vergaß, ihn von der Fessel ihres seidenen Gürtels zu befreien". Alle danken dem Hl. Tugdal für die Befreiung des Guengualc'h, der „einen Augenblick vom Dämon geblendet worden war". Guengualc'h „legte die Beichte ab und empfing die Heilige Kommunion. Auf den Tag genau ein Jahr, nachdem der Dämon ihn in seinen Bann gezogen hatte, kehrte er dieser Welt für immer den Rücken".[20]

Der fromme Legendendichter, der diese mündlich tradierte Heiligenvita aufgezeichnet hatte, war sich kaum dessen bewußt, wie wenig erbaulich diese Geschichte im Grunde ist. Wenn Guengual'h nach einem Jahr diese Welt verläßt, so doch deshalb, weil er mit der Meerfrau, die ihm als Gedächtnisstütze ihren Gürtel um das rechte Bein gewunden hatte, ein neues Stelldichein hat. Diese Legende muß in den keltischen Ländern im XI. und XII. Jahrhundert relativ gut bekannt gewesen sein, da man sie nahezu vollständig in einem druidischen Kontext in einer gälisch abgefaßten irischen Handschrift aus dem Jahre 1200 wiederfindet.

Die Geschichte von Condlé dem Roten (Irland):

Condlé, der Sohn des Königs Conn, dem Helden der hundert Schlachten, sieht plötzlich die Gestalt einer in herrlichste Gewänder gehüllten Frau vor sich, die nur er sehen, seine Gefährten aber lediglich hören können. Des Königs Druide spricht eine Beschwörungsformel, die die Frau wieder hinwegbannt. Aber Condlé ist nun einen vollen Monat lang untröstlich, er redet kein Wort, rührt keine Speise an außer einem Apfel, den die bezaubernde Frau ihm gereicht hatte. Die Frau erscheint ihm ein zweites Mal und fordert ihn auf, ihr zu folgen in das „Land der Verheißung, wo nur Frauen wohnen", in die wunderliche Welt des *sidh*, (was 'Feenhügel', 'unterirdische Welt' oder 'Reich jenseits des Meeres' bedeutet). Die Macht des Druiden versagt diesmal. Condlé verläßt Vater und Gefährten und entschwindet auf dem „gläsernen Schiff" der Fee. Von dieser Stunde an ward er nie mehr gesehn.

In jeder Fassung der zugrundeliegenden Legende steht die Religion, sei es die christliche oder die druidische, in scharfer Opposition zu der wunderlichen Frau, die gekommen ist, sich den Auserwählten abzuholen. Zweierlei fällt dabei auf: einerseits ist ihre Wahl unwiderruflich. Andererseits stellt sie die Reminiszenz einer älteren Epoche dar, in der das weibliche Geschlecht noch über magische Kräfte verfügte, die ihm selbst in der keltischen Gesellschaft längst verloren gegangen waren. Wie in der Legende von *Ker-Ys* geht es hier um die Auflehnung gegen die männliche Autorität. Und so ist die Frau in der christlichen Version von Guengualc'h ein Objekt der Sünde und in der entsprechenden druidischen von Condlé ein Objekt der Verfluchung. In beiden Fällen verbannt man sie in die von dem klaren Bewußtsein am weitesten entfernt gelegenen Gefilde, nämlich auf den Meeresgrund oder auf eine abgelegene Insel in der unendlichen Weite des Ozeans, auf jeden Fall weit jenseits des Horizonts. Trotz ihrer Verbannung konnte sich die Frau jedoch ihre Kraft der Verführung und wunderbare Schönheit erhalten: nach wie vor zieht sie die Männer in ihren Bann. So entsteht allmählich der Mythos der geliebten Hexe, der *femme fatale*, der einerseits zu den Scheiterhaufen des Mittelalters und der Renaissance, andererseits zu der ins Alptraumhafte gesteigerten kommerziellen Ausschlachtung des *Vamp*-Motivs in Kunst und Kino führte.

Es muß betont werden, daß die Geschichte von Condlé keineswegs ein Einzelfall ist. Zahlreiche Volksweisen aus Irland und von den Hebriden handeln von dem Versuch einer Fee, den Erwählten in ihr Zauber-Reich hinüberzulocken. Dies ist nichts anderes als der griechische Mythos und die darauf basierende Sage von den Sirenen und natürlich von Odysseus (der seinen Männern gegen diese Anfechtung die Ohren verstopft und sich selbst am Mast seines Schiffes festbinden läßt). Odysseus ist der typische Repräsentant der indoeuropäisch-patriarchalischen Gesellschaft, wie sie heute noch besteht: der Mann (das 'Männchen') fühlt sich instinktiv von der Frau (dem 'Weibchen') angezogen, er weiß aber aus Erfahrung, daß er trotz seines Stolzes und trotz seiner Potenz im Liebesakt der Unterlegene sein wird; für ihn bedeutet er tatsächlich fast einen „kleinen Tod", wie es treffend heißt, da der Orgasmus für einen Augenblick seine Kräfte in Nichts auflöst; die Frau hingegen triumphiert und geht als Siegerin, durch den Akt gestärkt, wie neugeboren daraus hervor. Diese Diskrepanz zwischen den beiden Formen sinnlichen Erlebens kann der Mann nicht ertragen.

„Die beinahe universelle Angst der Männer, in den Bann einer Frau zu geraten und die Faszination, die diese Abhängigkeit gleichzeitig auf sie ausübt, ist ein Beweis für die oftmals dämonische Macht der Frau über den Mann. Die Abschätzigkeit vieler Männer den Frauen gegenüber zeugt von dem unbewußten Versuch, eine für sie nachteilige Situation zu beherrschen".[21]

Dieser Prozeß der Erniedrigung und Verstoßung der Frau in verbotene Bereiche unter einem gewaltigen Aufwand an moralisierender Argumentation zeigt sich besonders deutlich in den späteren Fassungen alter Sagen und Legenden, die vom ursprünglichen Mythos nur noch eine nun unter zeitgebundener Ausstattung versteckte Struktur enthalten. Die Polaritäten werden vertauscht: was gut war ist schlecht, was weiblich war, wird männlich, was am hellen Tag geschah, spielt sich nun im (un)heimlichen Dunkel ab, was auf der Erdoberfläche war, wird in die Welt unter Wasser oder tief unter die Erde verbannt. So finden wir in einem alten Volkslied aus der Gegend von Tréguier, welches zur Zeit der französischen Revolution wieder auflebte (jedoch in ganz anderem Ton und in einer Form, die alle Anzeichen einer Entwicklung zum Puritanismus hin aufweist), das gleiche Schema wieder, das schon der Geschichte von Guengualc'h und von Condlé zugrunde lag.

Die Mädchen von Tréguier (Bretagne):

Die Mädchen von Tréguier waren alle von bildschöner Gestalt, doch keine von ihnen war so hübsch, wie diejenige, die als *stoubinenn* (= 'Flachsspinnerin' mit der Konnotation 'Mädchen mit lasterhaftem Lebenswandel') bezeichnet wurde. Nahe am Meer hatte diese ein Haus, in welchem wüste Orgien gefeiert wurden. Das geschah zu einer Zeit, wo alle Kirchen geschlossen waren und die Besatzung der „Bleus" (der 'Blauen': Armee der Revolution; Anm. d. Hrsg.) das Land beherrschte. Als diese Zeit vorüber war, wollte man einmal nachsehen, was in diesem freizügigen Haus getrieben wurde, und stieß dabei auf einen Keller, der unter das Meer hinabführte.[22]

Die *stoubinenn* gehört also jener Kategorie Frauen an, die von der Gesellschaft zwar verstoßen, aber dennoch zu ihrem Fortbestand gebraucht werden. Damit die Paläste sauber bleiben, braucht man Kloaken, meinten die Kirchenväter schlicht.

„So erlaubt (...) das Vorhandensein einer Kaste 'gefallener' Mädchen, die 'anständige Frau' mit der ritterlichsten Achtung zu behandeln. Die Prostituierte ist ein Sündenbock. Der Mann lädt auf sie seine Schändlichkeit und verleugnet sie anschließend".[23]

Daher bestehen die von einer solchen männlichen Denkweise geprägten literarischen Werke besonders auf dem unmoralischen Aspekt des Lebens einer Prostituierten. Laut Umfrage sind gerade die Kunden von „Nutten" besonders bereit, deren Lebensweise zutiefst zu bedauern. Das sind natürlich nur Worte, die dazu dienen, das Gewissen zu beruhigen, sie sind aber dennoch aufschlußreich.

„Die Frau weiß", so stellt Simone de *Beauvoir* weiter fest, „daß die Moral der Männer, was Frauen betrifft, eine unendlich verschlungene Mystifikation ist. Der Mann schleudert ihr mit großem Getöse seinen Sitten- und Ehrenkodex entgegen und fordert sie gleichzeitig mit Engelszungen auf, sich nicht an diesen zu halten; diesen Ungehorsam rechnet er ihr sogar hoch an, denn ohne ihn würde die ganze herrliche Fassade, hinter der er sich verbirgt, zusammenstürzen".[24]

Die Prostituierte ist somit die Frau mit den zwei Gesichtern, die zugleich verworfen und begehrt wird. Im Traum kleidet sie sich in die aufreizendsten Farben, und gerade dies wird von den Moralaposteln heftig angeprangert: eine solche Frau ist automatisch vom Hauch der Sünde umgeben und jeder, der mit ihr in Berührung kommt, würde nicht nur in alle Ewigkeit verdammt werden, sondern auch das Elend und die Schande jenes lasterhaften Milieus am eigenen Leibe zu spüren bekommen: langsam aber sicher würde er in einen todesähnlichen Zustand verfallen, im Schlamm versinken, in Nichts aufgelöst werden und so fort.

Jedoch führen nicht nur moralische Gründe zu dieser Tabuisierung und Verachtung. Die Prostituierte, die in der Grauzone am Rande der Gesellschaft und ihrer Gesetze lebt, bedeutet, obwohl diese Gesellschaft sie als notwendiges Übel anerkennt, eine Gefahr für sie. Die Prostitution wird *toleriert* aber zugleich verdammt. So steigen in der Erinnerung der Menschen jene unbewußten Angstvorstellungen ihrer Ahnen wieder auf, die die Frau zu einem zwielichtigen, geheimnisumwitterten, gefährlichen und destruktiven Wesen machten. Denn der Mann erinnert sich in den tiefsten Schichten seines Gedächtnisses noch vage an eine Zeit, als er noch ein gestaltloser Fötus im Leib der Mutter war. Er trägt noch die Stigmata der Geburt an sich, jenes Moments, wo das Individuum brutal aus der feuchten, warmen Behaglichkeit der Nicht-Existenz ausgestoßen wird. Die Erinnerung an die Zeit vor der Geburt ist zugleich herrlich, denn sie war die Zeit des absoluten Wohlgefühls, des Paradieses, – sie war aber auch schrecklich, denn sie war das *Nichts.* Und vor der Rückkehr in das Nichts hat der Mensch (und Mann) Angst, so sehr er sich auch von diesem Nichts zugleich magisch angezogen fühlen mag.

Nun ist jede Frau eine potentielle Mutter, jede Frau ist mehr oder weniger eine Projektion der Urmutter. Jede Frau ist zugleich Leben und Nichts.

„So ist das Antlitz der Mutter Erde in Finsternis gehüllt; sie ist das Chaos, aus dem alles hervorgegangen ist und in das alles eines Tages wieder zurückkehren muß; sie ist das Nichts. In der Nacht vermischen sich wieder die verschiedenen Aspekte der Welt, die der Tag enthüllt: Nacht des Geistes, eingeschlossen in das Gleichmachend-Undurchsichtige der Materie, Nacht des Schlafs und des Nichts. Im Innern des Meeres herrscht Nacht: die Frau ist das *mare tenebrarum*, das die antiken Seefahrer fürchteten; Nacht herrscht in den Eingeweiden der Erde. Dies Dunkel, in das der Mensch zu versinken droht und das die Kehrseite der Fruchtbarkeit ist, erfüllt ihn mit Grauen."[25]

Da ist es also nicht verwunderlich, wenn jene Neugierigen, die nur *Licht in das Dunkel* des Hauses der *stoubinenn* bringen, aber nicht in den Genuß der Gunst seiner Bewohnerin kommen wollen, bis auf den Grund des Meeres hinabgelangen – und dort *nichts* finden. Es ist wirklich das Nichts, die reine Negation allen Seins. Aber da *alles* nur durch seine jeweilige Negation erfahrbar ist, sind wir ganz in diesen kosmischen Kreislauf integriert: es muß unbedingt eine *stoubinenn* geben, die die Männer bis auf den Meeresgrund hinablockt, denn sonst gäbe es keine Erdoberfläche, kein Licht, kein Sein, somit kein Leben.

Diese ambivalente Haltung der Frau gegenüber, wie sie in den überlieferten Texten (seien sie seit Jahrhunderten schriftlich fixiert oder in Volksliedern von Generation zu Generation mündlich weitergegeben) zum Vorschein kommt, ist der Grund jener Fülle von Sagen und Legenden über Sirenen, Feen und Zauberinnen. Indem die Frau alles und nichts ist, ist sie die absolute Herrscherin über unermeßliche Reichtümer, aber diese Reichtümer sind verborgen, nur unter Schwierigkeiten zu erreichen, und auf dem Weg dorthin lauern Gefahren. Man verbrennt sich die Finger daran. In allen Traditionen gibt es übereinstimmend die

Kunde von Schätzen auf dem Meeresgrund. Nach der *Theogonie* von *Hesiod* wohnen die Nereiden auf dem Meeresgrund in Höhlen unweit des goldenen Palastes von Triton. Eine skandinavische Sage berichtet, daß der Meersgrund der Besitz eines Götterpaares ist. Die Frau, Rân, hält auf dem sandigen Boden azurblaue Kissen zum Empfang der Schiffbrüchigen bereit. In Grönland wohnt die Tochter des Tangarsuk unter dem Meer und herrscht über alle Meerestiere. Ein Gefäß unter ihrer bis zum Überlaufen mit Lebertran gefüllten Lampe ist voller Schwimmvögel. Meerhunde bewachen das Tor des verbotenen Palastes und greifen jeden an, der ihn betreten will. Der *Kalevala* zufolge leben die Jungfrauen von Wellamo am äußersten Rande „eines nebelumwobenen Kaps, unter gewaltigen Wogen verborgen". Die Herrscherin der Wogen taucht aus der Tiefe auf, wenn sie der Stimme des Barden Väinämoinen lauschen will. Im indischen Epos *Mahâhbârata* fliehen die Daityas, das heißt die Dämonen, nachdem sie von Indra (einem die patriarchalische Kultur symbolisierenden Helden) besiegt worden waren, in die Tiefe des Meeres. Ähnliches kommt in der irischen Mythologie vor, wo die Tuatha Dé Danann, die Untertanen der Göttin Dana, nachdem sie von den Söhnen des Mile (gemeint sind die Gälen) besiegt worden waren, unter die hügelförmigen Erhebungen (tertres) der Erdoberfläche in das Innere der Erde oder auf geheimnisvolle Inseln jenseits des Horizonts fliehen müssen. Aber die Tuatha Dé Danann sind Wasserwesen, sie reiten auf Seepferden weiterhin unbesorgt über die grünen Auen der Meere.

Die Meerfahrt des Bran, Sohn des Fébal (Irland):

Eines Tages erscheint Bran eine rätselhafte Frau, reicht ihm den Zweig eines Apfelbaums und lädt ihn zu sich nach Emain, der Insel der Frauen ein. Bran sticht mit seinen Gefährten in See. Auf dem offenen Meer begegnet ihm ein auf den Wellen reitender Ritter, der sich als Mananann, Sohn von Lîr (= 'Sohn der Wellen') zu erkennen gibt und ihn nach Emain geleitet. Nach ihrer Landung auf dieser Insel führen Bran und die Seinen bei den Frauen das herrlichste Leben, bis sie eines Tages Heimweh ergreift. Als sie schließlich in Irland landen, entdecken sie, daß seit ihrer Abreise mehrere Jahrhunderte vergangen sind. Einer der Seefahrer wirft sich zur Begrüßung auf die heimatliche Erde, wo er zu Asche zerfällt. Daraufhin begeben sich Bran und die Seinen sofort wieder auf das rettende Meer hinaus, ohne einen Fuß an Land gesetzt zu haben.

Die Meerfahrt des Maelduin (Irland):

Nach zahlreichen Abenteuern und wunderbaren Begegnungen auf dem Meer gelangen Maelduin und seine Gefährten auf eine Insel, wo sie von der Königin und ihren siebzehn Töchtern empfangen werden, „und so teilten die siebzehn Männer mit den siebzehn herrlichen Töchtern und Maelduin mit der Königin das Lager der Liebe". Am folgenden Morgen sagt die Königin zu Maelduin: „Bleibe hier, und du sollst nie alt werden. Stets wirst du in so jugendlicher Blüte bleiben wie jetzt. Und was du in vergangener Nacht erlebt hast soll dir in folgenden ebenso zuteil werden." Verlockt von solch herrlichen Aussichten „blieben sie die ganzen drei Monate des Winters dort und hatten den Eindruck, sie hätten drei Jahre gedauert". Aber schließlich bekommen sie Heimweh. Heimlich begeben sie sich auf ihr Schiff, doch die Königin „warf ein Garnknäuel nach ihm, Maelduin fing es auf, und sofort klebte es an seiner Hand fest. Die Königin brauchte nun nur noch an dieser Leine ziehen, und so gelangte das Schiff wieder in den Hafen zurück". Diesmal „bleiben sie drei mal drei Monate auf der Insel. Anschließend fliehen sie wieder an Bord, und wieder wirft die Königin ihr Knäuel, das diesmal einer der Seeleute auffängt. Man hackt ihm die Hand ab, und sie fällt zusammen mit dem Knäuel ins Meer". Da brach die Königin in Klagen und Weinen aus, sodaß die ganze Erde nur noch aus Geschrei, Wehklagen und Jammer der Verzweiflung bestand.[27]

Es handelt sich hier um zwei Ausformungen ein und desselben Stoffes. Die erste, die Meerfahrt des Bran, ist die ältere: sie zeigt, wie die Helden dem Zauberbann der Fraueninsel verfallen und daß alle – bis auf einen Unglücklichen – sich hüten, die heimatliche Erde wieder zu betreten, obwohl sie sich nach ihr sehnen, und es vorziehen, wieder auf die Zauberinsel zurückzukehren. Zugleich ist diese Zauberinsel aber auch – wie es in *Chrétien de Troyes Lancelot* über das von Meleagant beherrschte Königreich Gorre heißt – „ein Land ohne Wiederkehr". In der zweiten Variante, der Meerfahrt des Maelduin, wird der Sieg des Helden in den Vordergrund gerückt, dem es gelingt, den weiblichen Verführungskünsten, nachdem er ihnen zuvor ausgiebig und willentlich erlegen war, schließlich zu entfliehen. Dieser Text trägt bereits deutlich christliche Züge oder doch zumindest Anzeichen eines Mißtrauens gegenüber den raffinierten Ränken der Weiblichkeit, die zu früheren Zeiten noch als höchst angenehm empfunden worden waren. Es gibt daneben noch eine dritte, in der lateinischen und französischen Literatur des Mittelalters weit verbreitete Variante, die *Seefahrt des Hl. Brendan*, in der die Züge der Bran/Maelduin-Figur mit denen der mehr oder weniger fiktiven Gestalt des Hl. Brendan, des legendären Abtes aus dem Kloster Clonfert, vermengt wurden. Hier ist die Evolution des Mythos noch weiter fortgeschritten. Aber anstatt die Ränke der Weiblichkeit zu brandmarken und Rezepte dafür zu bieten, wie dem endgültigen Untergang durch sie zu entrinnen sei, wurde der alte Mythos vom christlichen Klerus in ähnlicher Weise für die eigenen Zwecke rekuperiert wie die Menhire, denen lediglich christliche Kreuze aufgesetzt wurden, oder die heidnischen Kultstätten, an deren Stelle man einfach neue Kirchen errichtete.[28] Das Überraschende dabei ist, daß der Mythos, dergestalt oberflächlich christianisiert, mit einem Mal wieder verständlich wird, denn der Hl. Brendan begibt sich nun einfach auf die Suche nach dem *Paradies*. Das „Land der Frauen" wird auf einmal wieder das, was es von jeher im Grunde war: das keltische Paradies!

Übrigens kommt darunter auch deutlich jener Mythos zum Vorschein, der der Sage von Circe und von Calypso zugrunde liegt. Nur sichert sich Odysseus gegenüber Circe mit einem Übermaß an Vorsicht ab, ein Musterbeispiel für die Misogynie der Griechen oder vielmehr für ihr Mißtrauen weiblichen Gottheiten gegenüber. Als nämlich Circe Odysseus einlädt, mit ihr das Lager zu teilen, antwortet dieser:

„Du, die du forderst mit listiger Absicht, weil du hier bist,
dir in die Kammer zu folgen, das Lager mit dir zu besteigen,
um mich dann waffenlos zum schlappen Schelm zu erniedern,
nimmer komm' mir Verlangen, das Lager mit dir zu besteigen,
nimmst du es nicht auf dich, den großen Eid mir zu schwören,
Göttin, kein anderes Leid und Unheil mir zu ersinnen."[29]

Ebensowenig ist er bereit, von Circe gereichte Speisen oder Getränke anzurühren, bevor sie den in 'Säue' verwandelten Gefährten nicht wieder die menschliche Gestalt zurückgegeben hat. Und als Calypso auf ausdrücklichem Befehl des Zeus Odysseus wieder freigeben und ihm ein mit Proviant ausgerüstetes Boot stellen muß, verlangt Odysseus auch von ihr ein feierliches Gelöbnis, ihn nicht zu täuschen. Dadurch handelt er sich von der Nymphe die Antwort ein, er sei im Grunde nichts weiter als ein Schurke, habe aber immerhin recht listige Einfälle. Solche Worte nehmen sich recht hübsch aus im Munde einer Göttin! In der Tat ist Odysseus ein Bandit, ein Betrüger, jemand, der sich stets listig aus der Schlinge zu ziehen weiß: er verkörpert das Musterbild des Mannes der mediterranen patriarchalischen Gesellschaften, die eine besondere Geschicklichkeit im Ersinnen von zweideutigen Gesetzen und Formen der Ehrerbietung gegenüber der Frau entwickelt haben, die nur dazu dienen, sie von der realen Macht auszuschließen. Und doch trifft zu, was Calypso Hermes gesteht, als er ihr die Order des maskulinen Gottes Zeus überbringt: „Ich habe (Odysseus) geliebt und genährt; ich wollte ihn unsterblich machen und ihm auf alle Ewigkeit das Alter ersparen." Odysseus ist wahrhaftig der Mann der Verweigerung in rationalistisch-patriarchalischer Form, der Mensch, der Angst hat vor allem, was sich in den Tiefen des Unbewußten abspielt, der Mann, der Angst hat vor der Frau, weil er weiß, daß die Frau die Macht hat, ihm „Kraft und Potenz zu rauben", oder ihn – mit anderen Worten trefflich übersetzt – „waffenlos zum schlappen Schelm zu erniedern", ihn in die Märchenwelt der Kindheit zurückzuschicken, – in eine Welt, wo die Dimension der Zeit abgeschafft ist.

Der keltische Held geht entschieden weniger vorsichtig vor. Er zögert nicht lange, selbst auf die Gefahr hin, daß er nach dem Genuß seiner Abenteuer bitten muß, wieder Abschied nehmen zu dürfen oder einen Fluchtversuch unternimmt. Er hat keinerlei Furcht, von der Frau „entmannt" zu werden. Selbst der christianisierte keltische Held schreckt vor diesem Abenteuer, bei dem für ihn die Aussicht besteht, 'unterzugehen', nicht zurück. Im Gegenteil: er sucht es gerade. Und es ist geradezu ein Frustrationserlebnis, wenn Sankt Brendan wieder in die Welt der Lebenden zurückkehrt, denn nach dem unerbittlichen göttlichen Gesetz muß man erst durch den Tod gehen, bevor man in das wahre Paradies gelangt. Hieran kann man den Mentalitätsunterschied ermessen, der die *Griechen* – selbst die der archaischen Epochen (denn die Odyssee spiegelt ja die Anfänge der Achaier wieder, mit denen die Entwicklung von Hellas begann, und enthält deutliche Verweise auf ältere Zustände, wo die Frau noch mehr Macht hatte und in höherem Ansehen stand) – von den *Kelten* trennt, die am Rande Europas lebten und Erben von Traditionen waren, die bis in das Dunkel der Prähistorie zurückgehen.

Der Calypso oder Circe haftet etwas stark Beunruhigendes an, der Königin der Fraueninsel dagegen nicht. In der *Meerfahrt des Maelduin* ist es die göttliche Reiterin, die in Irland als Macha, in Wales als Rhiannon, in Gallien als Epona und selbst auch im römischen Reich bekannt ist. Als Maelduin die Königin zum ersten Mal erblickt, reitet sie ein edles Streitroß. Bekanntlich galt das Pferd von jeher als das Tier, das Zugang zum Jenseits, zur Autre Monde hat. So wird der Sonnenwagen von einem Pferd in die Nacht hinab und in den Morgen heraufgezogen. Es hat die Funktion eines Psychopompos (ψυχοπομπός), eines Seelenführers. Die ältesten Kultgegenstände der Bronzezeit sind von Pferden gezogene Wagen. Auch der Ritter des höfischen Mittelalters ist noch von Spurenelementen dieses Pferdemysteriums gezeichnet: er selbst folgt rätselhaften Trieben auf Irrfahrten der *aventiuren*, deren Ziel und Ausgang ungewiß ist, und dringt dabei gelegentlich in 'mysteriöse' Schlösser ein, die zugleich Zugänge zur Autre Monde sind. In der Weiterentwicklung der Überlieferung nahm das Pferd dann immer deutlichere Züge des Satanischen an, bis schließlich bereits der Abdruck eines Pferdehufs zum Erkennungszeichen des Teufels wurde.[30] Diese Entwicklung verläuft in einer Art, die den Eindruck erweckt, als wolle man zwischen die Frau, das Objekt männlicher Sehnsüchte und Träume, und den Mann absichtlich Barrieren errichten, die ihn von der Realisierung seiner Suche (*quête*) abbringen sollen. Mag die Frau auch die reine Inkarnation alles Schönen und Wunderbaren sein, – bevor man zu ihr gelangt, hat man die härtesten Prüfungen zu bestehen und wird ständig mit unheilbringenden Monstern konfrontiert. Ohne hier weiter auf das grenzenlose Thema der Suche nach der Frau (*Quête de la Femme*) näher einzugehen, wollen wir uns auf die Untersuchung einiger Überlieferungen beschränken, bei denen es um die *femme engloutie*, die verwunschene Frau auf dem Meeresgrund geht, die dort von gräßlichen Ungeheuern bewacht wird, welche im christlichen Kontext natürlich die Helfer Satans oder Geschöpfe aus dem Geiste des großen Verneiners sind.

Die Abenteuer von Art, Sohn des Conn (Irland):

Nach einem über ihn ausgesprochenen *geis* soll Art Morganes Tochter Delbchaen, die irgendwo auf einer Insel im Meer lebt, zur Frau erhalten. Auf der Fahrt zu ihr muß er zuerst unter größten Gefahren gegen wilde Hirsche, gräßliche „Stechpalmenhunde", widerliche Kröten und gewaltige Löwen kämpfen. Er muß einen Fluß voller Eisschollen überqueren und mit einem Riesen kämpfen. Dann muß er zwischen zwei Kelchen wählen, von denen einer Gift enthält: erst als er auch noch Vater und Mutter des jungen Mädchens im Kampf besiegt hat, kann er die Ersehnte endlich heimführen, wobei er dabei noch rasch sämtliche Schätze des „Landes der Wunder" an sich rafft.[31]

Prinzessin Marcassa (Bretagne):

Ein schwächlicher junger Mann, Luduenn (ein Pendant zu „Aschenputtel"), hat sich – um den König von einer rätselhaften Krankheit zu heilen – auf die Suche nach dem Vogel Dredaine zu begeben, der in einem unzugänglichen Schloß in einem goldenen Käfig sitzt. Luduenn muß drei Höfe überqueren, von denen der erste von einem gewaltigen Knäuel giftiger Reptilien, der zweite von einem Rudel tobender Tiger und der dritte von einer Horde von Riesen besetzt ist. Diese alle sinken zwischen elf Uhr und Mittag in tiefen Schlaf, und so hat er für seine Aufgabe nur diese eine Stunde zur Verfügung. Danach muß er drei Säle durchqueren: im ersten findet er einen Brotlaib, der nicht kleiner wird, soviel er auch davon ißt, im zweiten einen Weinkrug, der nicht leer wird, wenn er daraus trinkt. Im dritten Saal erblickt er „eine Prinzessin, so herrlich schön wie der helle Tag, auf einer purpurnen Ottomane hingestreckt in tiefem Schlaf. Der genossene Wein hatte ihn kühn gemacht und sein Blut in Wallung gebracht, und so zog er seine Schuhe aus und liebte die Prinzessin, ohne daß sie dabei erwachte." –Schließlich findet er im vierten Zimmer den gesuchten Vogel Dredaine und nimmt ihn an sich. Nach einer Reihe weiterer glücklich bestandener Abenteuer gelingt es Luduenn zwar, die Leiden des Königs zu lindern, aber nicht, seine Gesundheit wieder ganz herzustellen, denn dazu müßte dieser erst mit der Prinzessin Marcassa, die Luduenn im Schloß „erkannt" hatte, das Liebeslager teilen. Und so macht sich die Prinzessin, die inzwischen einem Sohn das Leben geschenkt hat, auf die Suche nach Luduenn, findet ihn auch, heilt den König und heiratet schließlich Luduenn.[32]

Die Prinzessin des Verwunschenen Palastes (Bretagne):

Der junge Efflam wird eines Tages vom König ausgesandt, zu erkunden, weshalb die Sonne am Morgen die Farbe der Rose hat. Er erreicht nach einiger Zeit den Palast der Mutter der Sonne. Sie schützt Efflam davor, von der Sonne verzehrt zu werden und beantwortet seine Frage: „Zur Stunde des Morgens steht die verwunschene Prinzessin am Fenster ihres Palastes, und so tauchen die Strahlen ihrer Pracht die Sonne in die Farbe der Rose. Da der König sich in diese Prinzessin verliebt hat, sendet er Efflam wieder aus, sie zu holen. Efflam gelangt auf dieser Fahrt nacheinander durch die Königreiche der Löwen, der Menschenfresser und der Ameisen. Dann hat er den verwunschenen Palast erreicht. Dort empfängt ihn ein Mädchen von wunderbarer Schönheit und gibt ihm drei Prüfungen auf: er muß eine Nacht im Käfig eines Löwen, eine zweite in der Höhle eines Menschenfressers bestehen und eine dritte Nacht hindurch einen Berg Getreide verlesen. Diese Prüfungen besteht er. Daraufhin bringt ihn das Mädchen in das Gemach der verwunschenen Prinzessin. Sie ist bereit, ihm zu seinem König zu folgen. Der König wünscht, die Prinzessin auf der Stelle zur Frau zu nehmen. Unter dem Vorwand, er sei zu alt, schlägt ihm diese vor, ihn zuerst zu töten und dann wieder in der Gestalt eines rüstigen Zwanzigjährigen ins Leben zurückzurufen. Der König ist einverstanden. Die Prinzessin tötet ihn und erklärt kalt: „Nun, da er tot ist, soll er auch tot bleiben – und der, der alle Mühsal ihm zuliebe auf sich genommen hat, erhalte die Belohnung!" – und heiratet Efflam.[33]

In diesen drei Sagen macht sich der Held auf die Suche nach der Frau nicht aus freiem Entschluß, sondern er handelt *auf Befehl.* Sein Erfolg dabei ist in einem patriarchalischen Kontext völlig unverständlich. In der Geschichte des Art spielt die Idee der *weiblichen* Souveränität eine gewisse Rolle, in den beiden bretonischen Sagen scheint eine solche Tendenz ebenfalls vorzuliegen. Art tötet die Eltern von Delbchaen, die Prinzessin des verwunschenen Palastes tötet den König, um Efflam zu heiraten. Ganz per Zufall begegnet Luduenn der Prinzessin Marcassa, denn das einzige Ziel seiner Suche war der heilkräftige Vogel: besonders aufschlußreich ist dabei, daß die Erzählerin betont, er sei dem Zauber und Reiz der Prinzessin nur aufgrund des genossenen Weins erlegen: Art und Efflam dagegen befanden sich tatsächlich auf der Suche nach der verwunschenen Prinzessin. In allen drei Fällen sind die zu überwindenden Hindernisse furchterregend, unmenschlich, übernatürlich, und deshalb bedarf es eines so tapferen Helden wie Art oder eines so 'unschuldigen' *tumben Toren* wie Luduenn oder Efflam, um dieses Ausmaß an Furcht und Schrecken zu überwinden.

Die Ungeheuer, die über die versunkene Frau auf dem Meeresgrund wachen und jeden Neugierigen daran hindern, ihr nahe zu kommen, sind sowohl Verkörperungen der gesellschaftlichen Tabus, als auch der von den Mechanismen der männlichen Psyche erzeugten Phantasmen. Die gesellschaftlichen Tabus sind klar zu erkennen. In erster Linie haben wir es hier mit dem Inzesttabu zu tun. *Freud* hat die Bedeutung dieses Tabus in allen sogenannten primitiven Gesellschaften aufgezeigt: er legt dar, daß nicht das Inzest-Tabu angeboren ist, sondern der Inzest selbst, der einer der Instinkte ist. *Freud* nahm aber an, daß bereits die ältesten Gesellschaften nach dem Muster der durch den Vater, das heißt durch das stärkste Männchen regierten Urhorde patriarchalisch ausgerichtet waren, und da er das Phänomen des Inzests als Revolte der Söhne erklärte, die sich mit der Mutter gegen den Vater verbünden, mußte er auf den Ödipuskomplex zurückgreifen, um den Inzest-Instinkt des Menschen zu erklären. Die Existenz des Ödipus-Komplexes ist unbestreitbar, auch wenn er als d i e Patent-Erklärung für alles mögliche oft überstrapaziert wird, nur hat *Freud* die Möglichkeit der Existenz von matriarchalischen Gesellschaften vor Auftreten der patriarchalischen nie gesehen. Durch ein persönliches Kindheitstrauma seinerseits stark beeinflußt, hat sich nämlich *Freud* bei seinen Forschungen nie besonders weit in das Terrain der weiblichen Psyche vorgewagt und sich dabei auf eine eher oberflächliche Untersuchung ganz aus einer männlichen Perspektive beschränkt, wobei er ebenso oft den gesellschaftlichen Zwängen seiner Erziehung wie seiner jüdischen Mentalität erlegen ist, was ohne den geringsten Hintergedanken rassistischer Art einmal betont werden muß. Nimmt man aber die Möglichkeit doch an, daß es vor den patriarchalischen Gesellschaften matriarchalische gegeben haben könnte, – worauf zahlreiche Phänomene, auf die wir noch zu sprechen kommen, in der Tat hindeuten –, so drängt sich die Erklärung der Ursachen der Inszestverdrängung ganz von selbst auf: man muß die Männer von den Frauen getrennt halten, damit die Männer nicht unter die Herrschaft der Frauen geraten, und hat deshalb jede Annäherung zwischen Bruder und Schwester, zwischen Söhnen und Müttern tunlichst zu unterbinden. Der Inzest oder der Inzestinstinkt entwickelte sich also aufgrund der Promiskuität, in der die Gemeinschaftsmitglieder miteinander ursprünglich lebten, einer Promiskuität, die freie sexuelle Beziehungen auch zwischen Angehörigen ein und derselben Familie, also Blutsverwandten, zuließ.

Bekanntlich ist der Inszest in allen sogenannt organisierten Gesellschaften durch Gesetze verboten; wird er aber in denselben Gesellschaften in bestimmten Ausnahmefällen toleriert, bleibt er immer besonders privilegierten Individuen vorbehalten. In der griechischen Mythologie findet sich noch das Echo solcher Tabuüberschreitungen: Hera ist Schwester und Gattin von Zeus. Ebenso ist es bei den Ägyptern: die Göttin Isis ist Schwester und Gattin des Osiris, außerdem mußten die Pharaonen der ältesten Dynastien ihre leiblichen Schwestern ehelichen. Und wenn man die Genesis wörtlich nimmt, so muß man annehmen, daß aufgrund der Tatsache, daß Eva nur Söhne gebar, die Menschheit aus inzestuösen Beziehungen zwischen Eva und ihren Söhnen hervorgegangen ist. Auch in der keltischen Mythologie sind Hinweise auf Inzestsituationen zu finden: Mordred, der gegen König Artus rebelliert, ist aus einer inzestuösen Beziehung zwischen Artus und seiner Schwester hervorgegangen; Cûchulainn ist zweifellos der Sohn von Conchobar und seiner Schwester Dechtire; der zum Nachfolger Conchobars vorgeschlagene Cormac-Conloinges ist der Sohn von Conchobar und seiner Mutter Ness; Lleu Llaw Gyffes ist der Sohn von Gwyddyon und seiner Schwester Arianrod; Merlin und seine Schwester Gwendydd haben ebenfalls recht vielschichtige Beziehungen zu einander, die den Autoren des Mittelalters nicht entgangen sind, da sie aus Gwendydd die Fee Viviane machten, die mit dem Zauberer und Seher nun in keinem verwandtschaftlichen Verhältnis mehr steht.

Diese gesellschaftlichen Tabus, deren Kern der Inzest ist, sind also ein Mittel der Regulierung des Sexuallebens innerhalb der Gruppe. Aber so notwendig sie auch in Gesellschaften erscheinen, die die Monogamie zum absoluten Postulat erhoben haben, so unnötig waren sie in Gesellschaften, in denen die Freiheit der sexuellen Beziehungen nicht eingeschränkt war. Deshalb sind Überschreitungen sexueller Tabus in den Mythologien monogamer Gesellschaften Reminiszenzen einer früheren sozialen Ordnung. Denn wie Simone de *Beauvoir* sagt:

„(...) haben uns diese fernen Zeiten (...) keinerlei Literaturen hinterlassen; die großen Epochen des Patriarchats dagegen haben in ihrer Mythologie in ihren Literaturdenkmälern und Traditionen die Erinnerung an eine Zeit festgehalten, in der die Frau noch einen besonders hohen Rang in der Gesellschaft hatte".[34]

Noch interessanter sind die individuellen Tabus, die Phantasmen des Unbewußten, die der Mensch sich selbst konstruiert, in die Tiefen seines Unbewußten verbannt und doch von Generation zu Generation in Form von gesellschaftlichen Konventionen, moralischen und religiösen Verboten und vor allem durch das Schweigen über gewisse Dinge weitergegeben hat. Tabus solcher Art ergeben die bei weitem ergiebigsten Untersuchungsobjekte, da sie ungleich aufschlußreicher für die Entwicklung des menschlichen Denkens seit der vage zu ortenden Vorzeit sind, in der die Frau – in Wirklichkeit oder zumindest theoretisch[35] – allmächtig war, bis hin zu den modernen Gesellschaften, in denen der Mann der Frau zwar einige weniger bedeutende Rechte einräumt, aber doch das soziale, ökonomische, intellektuelle und religiöse Leben so entscheidend steuert, daß es heute die Frauen sogar selbst sind, welche diesen Zustand – durch ihre Erzieher konditioniert – vor allem mit ihrer Stimmabgabe auch noch unterstützen. Von diesen individuellen Tabus spricht man jedoch außerhalb der speziellen Fachliteratur kaum, so als schäme man sich, sie auch nur zu erwähnen. Natürlich würde dies den romantischen Manierismus, mit dem man uns in Sachen „Frauen" und „Liebe" narkotisiert, erheblich untergraben, und was sich hinter den Symbolen der bösen Ungeheuer, die die schöne Prinzessin eingesperrt halten, verbirgt, ist freilich ganz dazu angetan, die Frauen selbst erschauern zu machen, die kaum eine Vorstellung davon haben, welch unglaubliche Phantasmen die Phantasie ihrer „camarades de plumard" ('Feder-Bettgenossen') heimsuchen, – um einen Begriff von *Rabelais* zu gebrauchen, der aber dank des notorischen Antifeministen *San-Antonio* alias Frédéric *Dard*[36] hier durchaus gerechtfertigt ist.

Simone de *Beauvoir* hat den Ursprung dieser Phantasmen klar durchschaut:

„Viel häufiger findet sich im Mann die Auflehnung gegen seine conditio als Körperwesen; er betrachtet sich als einen gefallenen Gott: sein Fluch ist es, daß er aus einem strahlenden und geordneten Himmel in das chaotische Dunkel des Mutterleibes hinabgestürzt ist."[37]

Auf diese Art ist auch das vielzitierte platonische Höhlengleichnis zu verstehen, das wir dem Misogyn Sokrates verdanken: die Menschen, das heißt die Männer sind in einer Höhle gefangen, den Rücken dem Eingang der Höhle zugewandt, sodaß sie die Außenwelt, das heißt die reale Wirklichkeit, der sie entstammen, nur als Schatten auf der ihnen gegenüberliegenden Wand wahrnehmen können. Abgesehen von den metaphysischen Schlußfolgerungen, die aus dieser Allegorie im allgemeinen gezogen werden, kann die Höhle auch leicht als Uterus-Symbol gesehen werden, denn die Höhle ist, wie wir weiter unten noch sehen werden, eines der häufigsten Symbole für den weiblichen Unterleib, die 'Gebär-Mutter'. Man darf nicht vergessen, daß diese Allegorie einen der Grundpfeiler der abendländischen Philosophie darstellt, und daß unser aus griechischen, römischen und jüdisch-christlichen Elementen bestehendes Denksystem – ob man es nun wahrhaben will oder nicht – davon geprägt ist. Aber Simone de *Beauvoir* insistiert auf dem *makaberen* Aspekt des Mutterleibes:

„Die wabernde, gallertartige Masse, die sich in der Gebärmutter bildet (deren Inhalt so geheim und verborgen ist wie in einem Grab), erinnert allzusehr an die schlaffe Viskosität einer Leiche, als daß er (der Mann) sich nicht mit Schaudern davon abwenden müßte (...) Der schleimige Embryo öffnet den Kreis, der sich mit der Verwesung des Todes schließt".[38]

Man braucht sich also über die Scheu der Männer gegenüber schwangeren Frauen, ja selbst der Zeugung nicht weiter zu wundern. Der *Leviticus* lehrt:

„Wenn ein Weib besamet wird / und gebirt ein Kneblin / So sol sie sieben tage unrein sein / solange sie jre klein krankheit leidet... und sie soll daheim bleiben drey und dreissig Tage / im Blute jrer Reinigung... gebirt sie aber eine meidlin / So sol sie zwo wochen unrein sein / so lange sie jre Krankheit leidet / und soll sechs und sechzig tage da heim bleiben in dem blut jrer reinigung" (3. Buch Moses, 7; Übers. M. *Luther*).

Manchmal kann diese Scheu und Hemmung aus verschiedenen Gründen zu Abscheu und Haß gesteigert werden, wie leider authentische Fälle belegen, wo schwangeren Frauen von manisch depressiven Tätern im Blutrausch der Leib aufgeschlitzt wurde, die man dann allzu leicht als „Sadisten" abstempelt, ohne sich jener gräßlichen Phantasmen bewußt zu sein, die die Phantasie dieser Kranken zerfressen. Die Aversion gegen die schwangere Frau wird in zwei keltischen Legenden drastisch illustriert:

Die Legende von Colomar und Tryphina (Bretagne):

Der König Colomar (oder Kynvawr), dessen Herrschaft über die beiderseits des Kanals gelegenen Gebiete von Domnonée im VI. Jahrhundert historisch belegt ist und der mehrere Male Witwer geworden war, heiratet die Tochter von Waroc'h (oder Erec), dem König von Vannes. Es geht das Gerücht, daß Colomar alle seine Frauen in dem Augenblick zu mißhandeln begann, als sie guter Hoffnung waren. Tryphina wird schwanger und bemerkt die Feindseligkeit ihres Gatten. Sie flieht, wird aber nach einer wilden Verfolgungsjagd von Colomar eingeholt und geköpft. Aber der Hl. Gildas (oder Weltas) setzt Tryphina den Kopf wieder auf die Schultern und ruft sie ins Leben zurück. Nun kann sie doch noch einen Sohn, Trémeur, zur Welt bringen, der aber unglücklicherweise ebenfalls von Colomar geköpft wird. Der Hl. Gildas vernichtet daraufhin durch einen Zauber eher druidischer als christlicher Herkunft die Burg des Colomar mit allen ihren Bewohnern.[39]

Das Leiden der Ulates (Irland):

Die Göttin Macha, Tochter von Etrange (dem 'Fremden'), zieht in das Haus des verwitweten Bauern Crunniuc. Macha wird schwanger. Crunniuc begibt sich zur Versammlung der Ulates und läßt sich zu einer prahlerischen Äußerung über Macha hinreißen, was den König dazu veranlaßt, sie holen zu lassen und zu einem Wettrennen gegen seine Pferde zu zwingen. Macha bittet um Aufschub aufgrund ihrer nahenden Niederkunft. Der König zeigt kein Erbarmen. Macha gewinnt das Rennen und gebiert Zwillinge. Aber sie verhängt über die Männer von Ulster und deren Nachkommen einen Fluch: sie sollen fortan in regelmäßigen Abständen jeweils vier Tage und Nächte lang die Schmerzen der Geburt erleiden.[40] Einzig der Held Cûchulainn wird diesem Fluch nicht unterworfen.[41]

Die Angst vor der schwangeren Frau spielt auch in dem Mysterium, das den Zeugungsvorgang umgibt, eine Rolle. Es darf nicht vergessen werden, daß in der Frühzeit der Menschheit der Mann wenig über seine Rolle bei der Empfängnis wußte und ihr auch später keine große Bedeutung beimaß, da sexuelle Promiskuität üblich war. Alle Männer der Horde waren mehr oder weniger Väter aller Kinder. Die Frau befand sich dabei in einer unangenehm privilegierten Lage, unangenehm und zweifelhaft deshalb, weil nach dem Gesetz des Gleichgewichts man einem Wesen das Leben nimmt, wenn man es einem anderen gibt. Der Vater fühlt sich also bedroht. Dies ist der Grund, weshalb Colomar auf seine schwangeren Frauen und auf seinen durch ein Wunder doch noch geborenen Sohn so erzürnt ist: für ihn bedeutet dieser Sohn seinen eigenen Tod, die Negation seiner Person. Macha wiederum wird das Opfer einer männlichen Verschwörung, aber sie ist eine Göttin, somit Erbin der alten matriarchalischen Zivilisationen. Sie rächt sich und verhängt ihr eigenes Leiden über jene, die sie gequält hatten. Hier erkennt man einen der Hintergründe des auch heute noch bei manchen Völkern verbreiteten alten Brauches einer Art Geburtshilfe, die darin besteht, daß sich der Mann während der Entbindung seiner Frau zu ihr ins Bett legt und die Geburtsschmerzen simuliert.

Aus dieser Angst vor dem Gebären entstanden bestimmte, weltweit verbreitete Traditionen, aus denen der Wunsch des Mannes spricht, ohne die Konkurrenz der Frau selbst Kinder zur Welt bringen zu können. So entspringt zum Beispiel Athene dem Kopf des Zeus und Dionysos aus seiner Hüfte. Der hethitische Gott Koumarbi gebiert aus zwei verschiedenen Stellen seines Körpers zwei Kinder. Bandicoot, der Stammvater der Aranda, eines amerikanischen Volkes, gebiert aus seinen Achselhöhlen einen Sohn. Das indische *Mahâbhârata* (I, 67) erzählt, wie Bharadvâja, der zum König gesalbt werden sollte und deshalb in strenger Enthaltsamkeit zu leben hatte, plötzlich die Ghritâsi entkleidet erblickt. Er kann sein Verlangen nicht bezähmen: sein Sperma fließt zur Erde, da dies aber gegen die Sitte ist, fängt der Held es in einem irdenen Krug (*drona*) auf. Aus diesem Krug wird nach einiger Zeit ein Kind geboren, das den Namen Drona erhält und eine *Ayonija,* das heißt ein Geschöpf ist, das nicht aus einer *yoni* hervorgegangen ist. Eine andere indische Legende, die im *Kommentar zum Sarvânukramani* erzählt wird, ist damit fast identisch: die göttliche Nymphe Urvaci ist durch einen Fluch von Mithra und Varuna auf die Erde verbannt worden. Bei einer Wanderung über die Erde entdecken die beiden Götter die Nymphe einmal in voller Nacktheit. Auch sie können ihre Wollust nicht unterdrücken und ejakulieren. Sie fangen ihr Sperma in einem Krug auf. Aus diesem Krug wird das Kind Skanda geboren und die unglückliche Urvaci wird auch von der Erde verbannt.

Die symbolische Bedeutung des Kruges als Gebärmutter-Ersatz liegt auf der Hand. Nun dürfte einleuchten, warum die Völker der frühen Eisenzeit die Asche ihrer Verstorbenen in Urnen aufbewahrten. Dieser Brauch lebte bei den meisten

Indoeuropäern lange fort. In Griechenland waren die Anthisterien das Fest der Toten und wurden im Frühjahr mit üppigen Zechgelagen begangen: der erste Tag dieses Festes hieß in Erinnerung an die Krüge, in denen die Reste der Toten eingeschlossen waren, „Tag der offenen Krüge". Ähnlich wurde in Irland in der Nacht zum 1. November das Samain-Fest begangen, bei dem die berühmten *sidhs*, die Seelenhügel, in denen Götter und Tote wohnten, geöffnet wurden: man konnte sie dann betreten, und die Bewohner der *sidhs* konnten sich unter die Lebenden mischen. In der Bretagne hat sich dieser Volksglaube und -brauch noch lange gehalten; in der Nacht vor Allerheiligen irrten dort die gequälten Seelen an den Wegrändern entlang.

Krug, Urne, Erdloch, Höhle, Grotte unter dem Meeresspiegel, Insel mitten im Ozean: all dies sind Symbole der Frau und zugleich Symbole des Todes. Die Personifizierungen des Todes sind übrigens fast immer weibliche Gestalten, außer in der Bretagne, wo wir eine männliche Gestalt, den *Ankou* finden. Wolfgang *Lederer* hat auf die mittelalterlichen Standbilder hingewiesen, die von vorne eine schöne, von einem Ritter verehrte Frau darstellen; betrachtet man aber ihren Rücken, so sieht man, daß er schon von Fäulnis und Verwesung zerfressen ist oder einem Skelett gleicht.[42]

Es ist somit kein Zufall, daß man in der bildenden Kunst wie in der Literatur Hexen immer als häßliche alte Weiber mit widerlichen Fratzen dargestellt hat, obwohl man durch Prozeßprotokolle aus dem Mittelalter und der Renaissance genau weiß, daß die der Hexerei angeklagten Frauen oft jung und schön waren. Die keltische Literatur enthält entsprechende Beispiele, wo Helden mit weiblichen Monsterwesen konfrontiert werden, die nur der Welt der Toten beziehungsweise der Unterwelt entstiegen sein können.

Peredur ab Evrawc (Wales):

Eines Tages erscheint am Artushof in Kair Llion-sur-Wysc vor dem König, vor Gwalchmai, Owein und Peredur ein junges Mädchen mit schwarzem Haar auf einer elenden Mähre: „Ihre Gestalt war roh und grob, Gesicht und Hände schwärzer noch als in Pech getauchtes Eisen... sie hatte arg hervorstehende Backenknochen, ein nach unten langgezogenes Gesicht, eine kleine Nase mit aufgeblähten Nüstern; ein Auge blitzte graugrün, das andere war schwarz wie Kohle und lag tief im Gesicht; sie hatte gelbe Zähne, die noch gelber waren als Ginster. Ihr Bauch wölbte sich über die Brüste noch höher als bis zum Kinn. Ihr Rückgrat hatte die Form einer Krücke.– Sie grüßt alle Anwesenden außer Peredur, den sie verflucht, weil er das Zauberschloß betreten hatte und dort Zeuge eines geheimnisvollen Vorganges wurde, aber die Frage unterlassen hatte, die dem verwundeten König seine Gesundheit und dem Land seine Blüte wiedergegeben hätte. Sie fügt hinzu, daß sie bei sich ein junges Mädchen gefangen hält, und daß derjenige, der sie befreit, großen Ruhm gewinnen wird. Da entschließt sich Gwalchmai, die Aventüre zu wagen, die ihn später zur Enthüllung der Geheimnisse um das Zauberschloß führt.[43]

Diese Episode mit der descriptio des häßlichen Fräuleins entspricht im wesentlichen dem *Perceval* von *Chrétien de Troyes.* Im *Parzival* des *Wolfram von Eschenbach* tritt die berühmte Hexe „Kundrie la surziere" (Kundry la sorcière) auf, die nicht weniger häßlich dargestellt wird. Kundry ist eine für die keltische

Tradition typische weibliche Gestalt, die den Bedürfnissen entsprechend als abstoßende Virago getarnt ist: sie ist eine Gottheit, die in ihren Liebesbeziehungen zu den Sterblichen Glück oder Unheil bringen kann. Sie hat den Fischer-König Amfortas ins Elend gestürzt, aber sie ist es auch, die Parzival zum Gralkönig macht. Sie gehört zur Kategorie der *femme initiatrice* ('in bestimmte Mysterien und Künste einweihende Frau'). Auf diese Funktion werden wir noch zu sprechen kommen. Wesentlich ist hier, daß ihr gefahrbringender Aspekt in den Vordergrund gestellt und durch ihre Häßlichkeit symbolisiert wird. Nie jedoch verliert sie, weder im deutschen noch im französischen oder walisischen Text, ihre grundsätzliche Ambiguität, und deshalb wirkt sie auch für die Männer so verlockend. Es gelingt jedoch nur ganz Wenigen, ihr zu folgen, mit anderen Worten: sie zu besitzen. Der Zugang zu den tabuisierten Bereichen ist nur dem Erwählten vorbehalten. Da die *femme engloutie* zugleich Weisheit, Reichtum und Macht verkörpert, kann sie nicht jedermann gehören. Das ist die den patriarchalischen Gesellschaften eigene Logik, denn sie sind im Grunde alle aristokratisch. Man muß also die Wünsche aller Sterblichen von ihr abwenden durch Einführung von Tabus und dem Terror der Abschreckung, der ja auch nichts anderes ist als ein Tabu. Die Übertretung eines Tabus ist demnach ein magischer Akt, vollbracht von dem, der liebt, das heißt von demjenigen, dem es gelungen ist, Abscheu und Hemmungen zu besiegen, und der das Risiko eingeht unterzugehen, um alles zu gewinnen. Denn ebenso wie es ohne Tod, ohne Auflösung kein neues Leben gibt, kann der neue Mensch, von dem die Mythen träumen, nur dann geboren werden, wenn er sich im Schoß der Frau der Auflösung preisgegeben hat.

Der Sohn des Eochaid Muigmedon (Irland):

Während einer Jagd werden die fünf Söhne des irischen Königs Eochaid von Durst geplagt, und so sucht einer nach dem anderen nach Wasser. Dabei begegnen sie einer alten häßlichen Frau: „All ihre Glieder vom Schädel bis zur Sohle waren kohlrabenschwarz. Ihre Haarmähne war grau und wirr wie der Schwanz eines wilden Pferdes. Ihre Zähne, die bis zu den Ohren reichten, waren grün wie die Blätter der Eiche. Sie hatte rauchtrübe, finster starrende Augen und eine gekrümmte, ausgezehrte Nase. Rauh, mit Warzen übersät und von Krankheit zerfressen war ihr Körper. Ihre Schienbeine waren krumm, ihre Knöchel geschwollen, ihre Schultern ausladend, ihre Knie plump, ihre Fingernägel grün". Die Frau will den Söhnen Eochaids nur unter der Bedingung Wasser aus ihrem Brunnen schöpfen lassen, daß einer von ihnen ihr einen Kuß gibt. Die ersten vier Söhne weigern sich. Der jüngste, Niall, willigt ein und küßt sie. Aber da steht auf einmal das schönste und strahlendste Mädchen vor ihm. Dieses Mädchen sagt, sie heiße *Flaithius*, was 'Königtum' bedeutet. Und so wird Niall König von Irland.[44]

Die Königstochter unter den Fluten (Schottland/Irland):

In einer Sturmnacht haben sich die *Fiana* um Finn versammelt. Eine häßliche und abstoßende Frau bittet um Einlaß. Finn und sein Sohn Oisin wollen sie nicht einlassen. Nur Diarmaid hat Mitleid mit ihr, läßt sie ans Feuer treten und teilt schließlich – seinem erheblichen Abscheu zum Trotz – das Lager mit ihr. Da entdeckt er, daß sie sich plötzlich in ein wunderschönes junges Mädchen verwandelt hat. Mithilfe ihrer magischen Kräfte baut sie auf dem Hügel von Ben Endain für Diarmaid ein Schloß und erklärt sich bereit, mit ihm dort zu leben, wenn er verspricht, ihr keine drei Mal die ihr erwiesenen Wohltaten vorzuwerfen. Natürlich wird das Versprechen nicht gehalten, und Mädchen und Schloß sind verschwunden. Diarmaid macht sich auf die Suche nach diesem magischen Wesen, leiht sich ein Boot und fährt ins offene Meer hinaus. Dort erfährt er, daß die Tochter des Königs nach sieben Jahren Abwesenheit wieder zurückgekehrt ist, daß sie aber von schwerer Krankheit befallen ist und von niemandem geheilt werden kann. Dairmaid erringt nach zahlreichen Abenteuern einen Zauberkelch, der die Königstochter wieder gesund macht. Von diesem Augenblick an aber flößt sie ihm nur noch Abscheu ein, er verläßt sie und kehrt nach Irland zurück.[45]

Es ist immer der Jüngste, der es wagt, seinen Abscheu zu überwinden. Niall ist der jüngste der Söhne Eochaids, Diarmaid ist der jüngste der *Fiana*. Das scheint die psychoanalytische These zu stützen, der große soziale Umbruch der Vorzeit sei die Machtübernahme des jüngsten Sohnes mit Hilfe der Mutter im Kampf gegen den allmächtigen Vater gewesen, wobei die anderen Brüder dem Beispiel des Jüngsten später folgen. In den meisten Erzählungen ist es der Jüngste und Schwächste, der die Prüfungen besteht. Manchmal bringen ihn seine eifersüchtigen Brüder um den Sieg. Diese Tradition findet sich auch in der biblischen Geschichte von Joseph und seinen Brüdern.[46]

Während Niall mit der Königswürde zufrieden ist, die er durch seinen rituellen Akt errungen hatte, ist Diarmaid im Zweifel über sein Schicksal. Ein erstes Mal verliert er die Tochter des Königs in der Tiefe des Meeres, weil er sich unbewußt durch das Übertreten des Verbotes von ihr befreien will, – vielleicht wegen der Gewissensbisse darüber, daß er sich mit Haut und Haar einem geheimnisvollen weiblichen Wesen ausgeliefert hat, dessen Herkunft er nicht einmal kennt. Als er aber das Verschwinden der Frau bemerkt, fühlt er sich hin- und hergerissen: sein Gewissen befiehlt ihm, sie zu suchen, sie in sich wieder erstehen zu lassen, genau wie Orpheus, der in die Unterwelt hinabsteigt, um Eurydike vom Gott der Unterwelt zurückzufordern und zwar deshalb, weil er die Frau noch nicht kennt. Und als Diarmaid die Frau wiedergefunden und geheilt hat, verliert er sie ein zweites Mal, diesmal freiwillig und bewußt wie Orpheus, der sich nach Eurydike umwendet. Denn nun hat er sie gesehen. Und wie sieht sie aus? Genau wie damals, als sie das erste Mal bei den *Fiana* eintrat, nämlich häßlich und abstoßend. Alles andere war nur Einbildung. Die Erzählung von Diarmaid ist in einen deutlich patriarchalischen und christlichen Kontext gesetzt. Diarmaid hat die Seinen verraten: er hat seine soziale Ordnung verraten, indem er auf die Vorschläge der Frau einging. Er ist so verblendet, daß er geraume Zeit braucht, bis er wieder auf den rechten Weg zurückfindet, das heißt zurück zum Gesetz des Patriarchats, von dem er sich nie hätte entfernen dürfen. Der gleiche Gedanke ist, unter noch stärkerem Einfluß christlicher Ideen, in der *Quête du Saint-Graal* zu finden, einem aus der Überlagerung von heidnischen, keltischen Sagenmotiven mit Elementen christlicher Mystik des XIII. Jahrhunderts erwachsenen Werk.

Zwei Perceval-Aventüren:

Auf seiner Suche nach der geheimnisvollen Gralsburg findet sich Perceval nach verschiedenen Aventüren einmal ohne Pferd an einem ihm unbekannten Ort wieder. Da erscheint eine Frau und bietet ihm ein wunderbares Streitroß an, er nimmt es, und sobald er sich in den Sattel geschwungen hat, jagt es mit ihm in höllischem Galopp davon. Er wird mißtrauisch und bekreuzigt sich. Da bäumt sich das Pferd auf, wirft Perceval ab und stürzt in einen Fluß, woraufhin sich das Wasser glutrot färbt.[47] Wenig später trifft Perceval auf dem Meer auf ein wunderliches Schiff, auf dem ein in kostbare Gewänder gehülltes Fräulein steht. Sie lädt ihn zu sich auf ihr Schiff ein und erzählt ihm, was Galahad und den anderen Rittern inzwischen widerfahren ist. Perceval folgt ihr. Er wird mit großen Ehren empfangen, und man wartet ihm aufs Angenehmste mit köstlichen Speisen und Getränken auf. Dann läßt das Fräulein am Ufer ein Pavillon-Zelt errichten, unter dessen Schatten sich Perceval von der Sonnenglut ausruhen soll. Die junge Dame tritt zu ihm und nimmt ihm das Versprechen ab, ihr zu gehören. Perceval verspricht ihr in seiner Trunkenheit, alles zu tun, was sie von ihm verlangt, jedoch im Augenblick, als der Liebesakt gerade vollzogen ist, erblickt er das Kreuz auf seinem Schwert. Sogleich bekreuzigt er sich. „Da stürzte das Zelt ein und alles wurde in Rauch und Wolken gehüllt, so dicht, daß man nicht mehr die Hand vor den Augen erkennen konnte und es verbreitete sich solch ätzender Gestank, daß man glaubte, in der Hölle zu sein." Natürlich ist jede Spur des Zeltes verschwunden, als er die Augen wieder aufschlägt. Perceval erkennt nur noch das Schiff, das sich mit dem Fräulein entfernt und hört sie rufen: „Perceval, Ihr habt mich verraten!" Später erklärt ihm ein Einsiedler, dem er seine Geschichte erzählt, daß das Fräulein, ein Geschöpf des „Bösen", ihn in das Zelt, die von Sünden befleckte Welt, habe einsperren und ihn der Sonnenglut, das bedeutet: dem Feuer des Heiligen Geistes, habe entziehen wollen.[48]

In der zweiten der beiden Perceval-Aventüren taucht das Schema des Mythos der geheimnisvollen Frau der Tiefe vollständig auf, dazu sogar noch seine Deutung. Wie Dahud/Ahès, die noch auf dem Meeresgrund über die Stadt Ys herrscht und ihre Liebhaber einlädt, ihr in die Tiefe zu folgen, lädt das Fräulein des Schiffes – gekleidet in prächtige Kleider, die die materiellen und geistigen Reichtümer der Tiefe symbolisieren, den Helden ein, mit ihr das Festmahl der Unsterblichkeit zu teilen, das sie ihm bereitet. Nach der sexuellen Vereinigung, die für Perceval eine Art Tod bedeutet, führt sie ihn in die pränatale Welt zurück, in einen paradiesischen Zustand, in dem nichts existiert außer dem unbewußten Glücksgefühl des Urmenschen. Durch ein letztes Aufbegehren männlichen Stolzes und aus Angst, zu versinken und in die Tiefe gerissen zu werden, befreit sich Perceval aus der Umarmung. Die gleiche Struktur liegt auch der Geschichte von Merlin und Viviane zugrunde: nachdem Merlin das Wissen seiner Magie an Viviane weitergegeben hatte, benutzt sie diese sofort, um Merlin in ein Luftschloß außerhalb der Grenzen der Welt fortzuzaubern. Zu diesem Zweck schreitet sie neunmal um ihren Geliebten herum. Aber Merlin, der sehr wohl weiß, was ihm bevorsteht, willigt ein, in den Urzustand zurückzukehren. Er läßt sich *freiwillig* verzaubern. Perceval ist noch nicht reif für eine solche Erfahrung. Er wird sie erst später bei der Entdeckung des Grals machen, der genau die gleiche Bedeutung hat, die jedoch hier mit mystischen Elementen angereichert ist. Übrigens sind der Gral, das Rundzelt, sowie das Luftschloß Merlins Symbole des Mutterleibes: der Gral enthält Blut, und nicht jeder kann sich einfach über ihn neigen, um ihn zu schauen, denn diese Geste bedeutet den Tod: Galahad, der auf den Grund des Grals geschaut hat, ist unrettbar verloren.

Aufschlußreich ist die christliche Deutung, die in dieser Passage der *Quête du Graal* mitgeliefert wird: Perceval wäre auf ewig dem okkulten Dunkel der Tiefe anheimgefallen und dem hellen Tageslicht, der Sonne und somit dem Heiligen Geist entzogen worden. Hier wird ein heidnischer Mythos aktualisiert, denn die Sonne ist das sichtbare, materielle Leben. Perceval wäre beinahe zur *schwarzen Sonne* gelangt, zur geistigen Sonne, die nur den Initiierten leuchtet, jenen, die im Dunkel zu sehen vermögen. Den christlichen Bearbeitern des Stoffes schien eine solche Konzeption jedoch zu gefährlich. Alles, was schwarz ist, ist suspekt – weil unkontrollierbar – und muß daher verboten werden. Deshalb ist das Fräulein mit dem Schiff eine Ausgeburt des „Feindes dieser Welt", dessen wahren Namen zu nennen man sich weislich hütet, denn es hat böse Folgen, Dinge oder Personen, die gefährlich sind, bei ihrem richtigen Namen zu nennen.

Im Mittelalter stand alles Weibliche mehr oder weniger eng in Verbindung mit dem „Erzfeind" und „Bösen". Man fragt sich, weshalb man aus dem Teufel, Satan und Antichrist nicht gleich generell eine weibliche Gestalt gemacht hat, wenn man sich doch auf bestem Wege dazu befand. Aber die Sache verhält sich so: der „Böse" herrscht *über* die Frau; er ist der Herr (über den Hexensabbat; er ist es, der mit seiner Macht *auf die Frau einwirkt.* Am Anfang hatte er Eva dazu verführt, zu sündigen und auch Adam zur Sünde zu führen. Er will den Mann auch weiterhin zur Sünde verleiten, und dazu bedient er sich der Raffinessen der Verführungskünste und der Sexualität der Frau. „Die Sünde des Mannes kommt von der Frau, und die Sünde der Frau kommt von ihr selbst", so sagt es der Prediger *Salomon.* Die Juden wiederholen jeden Morgen in ihrem Frühgebet: „Sei gesegnet, o Herr, unser Gott, Herrscher des Universums, daß ich nicht als Frau geboren bin." Das Christentum hat diesen Haß auf die Frau einfach übernommen, bis zum Wahn gesteigert und kein noch so kleines psychologisches Detailphänomen unberücksichtigt gelassen, um daraus möglichst unüberwindliche Barrieren der Prohibition zu errichten. Die Kirchenväter sind – mit Ausnahme des Hl. Hieronymos von Sidon – klassische Personifikationen dessen, was wir heute „sexuelle Besessenheit" nennen würden. *Tertullian,* der die Frau als „Pforte des Teufels" bezeichnet hat, definiert sie zusätzlich noch als „Tempel über der Kloake" und der Hl. *Augustinus* verkündet gewichtig: „*inter faeces et urinam nascimur*". Hier stoßen wir auf den Kern des Problems. Die Frau ist in der Tat ein Tempel, wie *Tertullian* sagt, aber um sich zu diesem Tempel Zutritt zu verschaffen, muß man Wege beschreiten, die – um eine Formulierung von Simone de *Beauvoir* zu gebrauchen, „verborgen, gefahrvoll verschlungen, schleimig, feucht, von Blut und Stimmungswechseln befleckt" sind. Genau deshalb sind auch die Wege, die zum Schloß der Sonne, dem Symbol der Weiblichkeit führen – (die Sonne ist nämlich ursprünglich weiblich) – mit so vielen Gefahren verbunden und von so vielen Ungeheuern, Sümpfen, Schlammlöchern und Höllenfluten verseucht.

„Die Frau als Körpergefäß ist", so Erich *Neumann,* „der natürliche Ausdruck der Erfahrung, daß das Weibliche ein Kind in sich trägt und daß der Mann im Sexualakt 'in' sie 'eingeht'.(...) Das Weibliche ist ursprünglich für sich selber ebenso wie für das Männliche das 'Lebensgefäß' an sich, in dem sich das Leben bildet und das alles Lebendige aus sich heraus in die Welt hineingebiert und entläßt.[49] Alle grundlegenden Lebensfunktionen, besonders aber natürlich die des 'Stoffwechsels' spielen sich in diesem Gefäß-Körper-Schema ab, dessen 'Innen' ein Unbekanntes ist. Seine Eingangs- und Ausgangszonen sind von besonderer Bedeutung, denn so wie Nahrungs- und Getränkeaufnahme Nach-Innen-Nahmen in dieses unbekannte Gefäß hinein sind, wird in allen schöpferischen Funktionen, die von der Schlackenausscheidung und vom Samen bis zum Atem und Wort reichen, aus diesem Gefäß heraus 'geboren'. ... Alle Körperfunktionen: Augen, Ohren, Nase, Mund (Nabel, After, Genitalzone) sind als Orte des Austauschs zwischen Innen und Außen ebenso wie die Haut beim Frühmenschen numinos betont."[50]

Und da das Gedächtnis des Menschen sehr weit zurückreicht, finden wir diese diffuse und schambelastete Faszination in den verschiedenen Liebespraktiken. Der Kuß auf den Mund, auf die Augen, die Zunge im Ohr, das 'normale' Eindringen in die Vagina, die verschiedenen als „Perversionen" klassifizierten Akte (Cunnilingus, Analkoitus, die Vorliebe für Schweiß, für Intimsekretionen, für Fäkalien, für Urin und beschmutzte Wäsche etc.) sind nämlich – wieviel Widerwillen dieser Bereich auch immer auslösen mag – der ganz normale Trieb, den Eingang ins Innere zu finden, jenes berühmte *offene Tor zum verschlossenen Königspalast,* von dem die alchimistischen Traktate sprechen.

Der Umstand, daß sich der Mann zur Frau ebenso hingezogen wie von ihr abgestoßen fühlt, ist ein nicht zu leugnendes biologisches Faktum. Alle alten Mythen, keltische wie andere, sind davon geprägt. Wir haben einige Beispiele aufgezeigt, vor allem solche, bei denen die Häßlichkeit der Frau eine Rolle spielt.[51] Es gibt jedoch noch unzählige andere, die die Frau selbst betreffen. Diese Ambivalenz der männlichen Gefühle gegenüber der Frau zieht sich durch die Literatur der ganzen Welt. Ein krasses Beispiel dafür finden wir in einem kurzen, wenig bekannten Text von Georges *Bataille,* der Novelle *Dirty,* in der bereits der Name der Protagonistin, der ihr den Titel gegeben hat, programmatisch ist.[52]

Es muß überraschen, daß in der rein keltischen Tradition die Frau nirgends derart monströs und abstoßend erscheint, wie es in der griechischen, lateinischen und in der modernen Literatur der Fall sein kann. Man hat den Eindruck, daß die Kelten stets darauf bedacht waren, dieses von Geheimnissen umgebene Wesen zu respektieren, das auch ihnen sicherlich Angst machte, aber dennoch zugleich ein Bild der Vollkommenheit und Reinheit blieb: das geht aus jeder eingehenden Analyse der höfischen Romane des XII. und XIII. Jahrhunderts hervor, die alle noch Einflüsse des Keltischen aufweisen.

In den Erzählungen von der Suche nach der *femme engloutie* tauchen die maskulinen Phantasmen in besonderer Intensität auf. Stets lebt die Frau in einem Schloß, in einer Höhle, auf einer Insel oder in einem Palast auf dem Meeresgrund verborgen. Wo sie sich aufhält, ist alles „eitel Ruhe, Pracht und Seligkeit". Aber zu diesem Allerheiligsten muß erst einmal der Weg gefunden werden – und trotz all dem mythologisch verzierten Beiwerk, das die Erzähler aufgewendet haben, um den Versuch des Wagemutigen, zu dieser Frau zu gelangen, dichterisch zu gestalten, begegnet man doch auf Schritt und Tritt all dem Abstoßenden, das dem Begehren des Mannes zugleich als Barriere und Herausforderung dient. Natürlich wurde durch die patriarchalischen Strukturen der heidnisch-keltischen Gesellschaft und in der Folge durch die moralischen Imperative des Christentums auf diese abstoßenden Elemente nur noch mehr Gewicht gelegt, indem durch die Wahl von Bildern, die eine wahre Flut von Assoziationen auslösen, die Phantasie des Publikums in erheblichem Maß beeinflußt wurde. Die Frau in der Tiefe ist gut bewacht. Die Verbote und Tabus sind für den gewöhnlichen Sterblichen unüberwindlich.

Kommen wir noch einmal auf das Höhlengleichnis zurück. Auf die Tatsache der uterinen und vaginalen Konnotation aller sakralen Höhlen und Grotten der einzelnen Weltreligionen – inklusive der christlichen – braucht nicht mehr eigens hingewiesen zu werden. So ist es auch keineswegs Zufall, wenn die Erscheinungen der Jungfrau Maria vor allem in Grotten – wie in der von Lourdes – beobachtet wurden. Ebenfalls nicht zufällig lokalisiert die Tradition die Geburt Christi in einer Höhle, die als Stall diente. Die römischen Kirchen und besonders ihre Krypten haben dieses Bild von der Höhle nur übernommen und weiterleben lassen, ein Bild, welches ein Erbe aus dem Paläolithikum ist, wo die Menschen in Höhlen Unterschlupf fanden, geboren wurden, schliefen, starben, ihre Gottheiten verehrten und ihre Toten beisetzten. Aber bei den Kelten ist dieses Erbe noch ungleich direkter lebendig, weil jünger, denn es stammt aus dem Neolithikum. Das zeigt sich in der Benutzung von natürlichen Höhlen oder in Konstruktion und Ausstattung von künstlichen Höhlen zu kultischen Zwecken. Als Beispiel sei die Höhle im Petit-Morin-Tal bei Cozard (Marne) angeführt. Dort wartet die *femme engloutie* auf ihre Anbeter und Verehrer: auf den Kalksteinwänden der Höhle ist sie als Totengöttin dargestellt. Weitere Beispiele künstlicher Höhlen sind jene Megalithbauwerke mit ihrer versteckten Kammer und vor allem den überdeckten Zugängen, jenen langen, manchmal gewundenen Gängen, die seltsame überdachte 'Alleen' bilden und zu einer Art unterirdischem Allerheiligsten führen. Dieser Gang ist in der Nähe des Eingangs eng und niedrig und wird breiter und höher, je weiter man zu der eigentlichen Höhle vordringt. Dort war für die Gälen der Ort, wo die Götter und Göttinnen lebten, aus denen in der Folklore im Lauf der Zeit „gute Feen" und wundertätige Frauen wurden, an die die Erinnerung selbst in unserem modernen Zeitalter der Fernsehgeräte und Bulldozer auf dem Lande noch nicht erloschen ist.

Beispiele von Feenhöhlen und -grotten:

„In der Bucht von Yaudet in Ploulec'h an der bretonischen Kanalküste sprach früher alle Welt von einer kleinen Höhle, in der zwar nicht eine Fee, sondern eine Prinzessin lebte, die mitsamt ihren unermeßlichen Schätzen dorthin verzaubert worden war. In tiefen Schlaf versenkt mußte sie nun warten, bis eines Tages ein unverheirateter Jüngling, den nichts in Furcht versetzen kann, erscheinen und sie erlösen würde." (Paul *Sebillot: Folklore de la France,* Paris 1982 - 1984, Bd. II, S. 121)

Auf Guernsey gibt es eine Feengrotte, die nur bei Ebbe zugänglich ist und deren Eingang durch eine davorgelagerte Masse großer Felsbrocken erschwert wird. (Ibid. Bd. II, S. 116).

Eines Tages entdeckt ein buckliger Jäger in der Nähe von Lourbières (Ardèche) eine Höhle: als er eintritt, findet er ihr Inneres hell erleuchtet, das Moos in Gold verwandelt und in der Mitte eine reich gedeckte Tafel. Er setzt sich und kostet die köstlichen Speisen. Plötzlich sieht er mehrere Kegel und eine Kugel aus purem Gold herabfallen: es ist der Körper einer Fee, die lieblich zu singen beginnt (Ibid. Bd. I, S. 437).

„Die schwarzen Feen der Pyrenäen, so geht die Sage, sollen junge Viehhirten entführt haben, wenn sie die Nester der weißen Rebhühner nach Eiern absuchten, anstatt die Herde zu bewachen. Die Margot-la-Fées hielten Männer in ihrer Höhle gefangen, sofern diese damit einverstanden waren; den Glücklichen gefiel es dort so gut, daß ihnen die Zeit halb so rasch wie in Wirklichkeit zu vergehen schien (Ibid. Bd. I, S. 442).

„In der Nähe von Giromagny, nicht weit von Belfort, hausten Feen unter der Erde; oft konnten die Bauern, wenn sie auf den Feldern pflügten, von unten das Kneten und Walken der Feen in ihren Backtrögen vernehmen." (Ibid. Bd. I, S. 451).

In St.-Aignan (Ardennen) galten tiefe, enge Schluchten, aus denen häufig dicke Nebelschwaden hervorquollen, als Behausungen von Feen. Die Leute glaubten, daß es sich bei den aufsteigenden Schwaden um Rauch aus ihren Küchen handelte (Ibid. Bd. I, S. 452).

„Eine Höhle in der Umgebung von Saint-Victurien im Vienne-Tal soll einst von übernatürlichen Wesen bewohnt gewesen sein, die – halb Frau, halb Tier – unter dem Namen „*fanettes*" (= böse Feen) bekannt waren." (Ibid. Bd. I, S. 453).

„An der Kanalküste sollen zwischen Saint-Brieuc und Dinard Feen, die im Volksmund dort „*houles*" heißen, in Höhlen hausen, „die bis weit unter das Land vorgeschoben sind und bis unter die Dörfer reichen, von wo aus man die Hähne der Feen unter der Erde krähen hören kann; eine dieser Höhlen soll bis nach Notre-Dame-de-Lamballe, also 40 km weit landeinwärts gereicht haben. Einigen Erzählungen zufolge soll man nach Passieren eines Tunnels in eine Welt gelangt sein, die der unseren völlig gleichsah und einen Himmel, eine Sonne, einen Erdboden mit Bäumen, ja sogar herrliche Burgen und Schlösser am Ende von langen Prachtalleen hatte." (Ibid. Bd. II, S. 108).

Das letzte Beispiel ist einer Geschichte des irischen Volksglaubens verblüffend ähnlich, nach der man auf eine der unseren bis aufs Haar gleichenden Welt trifft, sobald man die innere Schwelle des Feenhügels, des berühmten *sidh*, überschreitet. Diese Gegenwelt ist das Reich der Tuatha Dé Danann, der Götter aus fernen Tagen, mit anderen Worten: der Vertreter einer Zivilisation, die – nach bestimmten mythologischen Merkmalen zu urteilen – der Frau einen weit größeren Anteil am Gemeinschaftsleben sicherten als die jüngere Zeit. Es ist also nicht weiter verwunderlich, wenn man in diesen Höhlen und in den künstlich angelegten Seelenhügeln, den megalithischen Bauwerken, immer wieder Feen begegnet.

Aber zuerst muß einmal der Eingang zu diesem Reich, zu diesem Kosmos gefunden werden. Der Weg dorthin ist schwierig, gefährlich, 'blutrünstig'. In unzähligen Sagen und Legenden stößt man auf eine wohlbekannte Phantasmagorie, auf das Horrorbild der *vagina dentata.* Das erste Eindringen in eine unbekannte Höhle ist riskant, man kann nie wissen, was einem dabei widerfährt: man kann von einem Felsbrocken erschlagen werden, kann ausrutschen und sich dabei die Glieder verletzen – am Ende gar das kostbarste Glied, das der Mann hat, jenes, das seine ganze Existenzberechtigung als maskulines Wesen ausmacht. (Man vergleiche einmal den Ausdruck „kostbarster beziehungsweise edelster Körperteil" des Mannes mit dem der „Scham(gegend)" der Frau!). Der Mythos des mit Blutvergießen und vielerlei Gefahr verbundenen Eindringens in die Höhle, in der die *femme engloutie,* die tief gesunkene Frau, ihr verborgenes Dasein führt, ist nichts anderes als die symbolisch illustrierte Darstellung eines Deflorationsaktes. In Indien gibt es Märchen von Frauen, deren Vagina mit Zähnen besetzt ist, die dem Mann das

Glied abbeißen.[53] In anderen Gegenden, besonders im Umkreis des sagenhaften Priesterkönigtums des Johannes, dessen Kunde und mögliche Existenz im Mittelalter heftiges Aufsehen erregte, ist die Vagina ein Hort voller Schlangengezücht. Anderswo sind es wilde Bestien, die ihren Eingang bewachen und jeden Verliebten, der im Besitz seiner Manneskraft ist, in Stücke reißen. Nach den Protokollen der Hexenprozesse wurde den Angeklagten vorgeworfen, während des Sexualakts das männliche Glied ihres Partners verstümmelt zu haben.

Dieser fast weltweit verbreitete und zählebige Aberglaube hängt natürlich mit der Angst vor Blut zusammen. Zunächst vor dem Menstruationsblut, dem anscheinend etwas Fuchterregendes und Gesundheitsschädliches anhaftet, da es mit einer haarsträubenden Menge der verschiedensten Tabus belegt ist, dann aber auch vor dem bei der Defloration auftretenden Blut, das angeblich Unglück bringen soll. Hieraus resultieren übrigens die während des Deflorationsaktes gelegentlich auftretenden Schwierigkeiten, sei es aufgrund einer mangelhaften Erektion des Mannes oder aufgrund des zu engen oder fehlentwickelten weiblichen Organs. Deshalb wurde in manchen Ländern die Defloration mit Hilfe eines scharfen Gegenstandes, eines Stockes oder eines Steines vorgenommen. Vor allem aber erklärt das genannte Phänomen jenen kuriosen Brauch des *ius primae noctis*, eines Rechts, das keineswegs ein dem Herrscher gewährtes (oder von diesem beanspruchtes) tyrannisches Privileg war. Ganz im Gegenteil: da, wie angedeutet, die Defloration aufgrund der möglichen Schwierigkeiten aber auch aufgrund des dabei auftretenden unglückbringenden Blutes eine nicht ganz ungefährliche Angelegenheit ist, bedarf es dazu einer physisch und vor allem geistig gefestigten, ‘mächtigen’ Persönlichkeit, – und das war eben der Geistliche, der König oder der Landesfürst ganz allgemein, denn nur eine solche Person hat die Macht, den Fluch abzuwenden, der sonst in voller Stärke auf den unglücklichen Ehemann niedergehen würde. Der Beweis dafür ist die Tatsache, daß diejenigen, denen es gelingt, in die Höhle einzudringen, stets außergewöhnliche Naturen mit einer nicht alltäglichen physischen und geistigen Potenz sind. Es darf dabei nicht außer Acht gelassen werden, daß der Held zuerst die wilden Ungeheuer am Eingang, dann seine eigenen Phantasmen (nämlich die Verzauberungen, deren Opfer er zu sein glaubt) besiegen und töten und schließlich das Heiligtum, den Tempel selbst, bezwingen muß. Somit hat er eine sakrale Mission. Mehrere keltische Erzählungen illustrieren dieses Thema:

Peredur und der Addanc (Wales):

Die Söhne des ‘Königs der Leiden’ werden Tag für Tag von einem *Addanc* (einem Riesenbiber) getötet, welcher in einer Höhle haust. Nur aufgrund der Wirkung des ‘Kessels der Wiedergeburt’ können sie jedesmal wieder ins Leben zurückgerufen werden. Peredur gelobt, das Untier zu töten. Da erscheint ihm eine Frau von wunderbarer Schönheit und spricht: „Ich kenne das Ziel deiner Fahrt. Du wirst mit dem Addanc kämpfen. Er wird dich töten, jedoch nicht durch Tapferkeit, sondern durch eine feige List. Auf der Schwelle zu seiner Höhle steht eine Säule aus Stein. Von dort aus kann er jeden Nahenden erspähen, ohne selbst gesehen zu werden, und tötet ihn aus dem Hinterhalt der schützenden Säule mit vergifteten Pfeilen. Wenn du mir dein Wort gibst, mich mehr als jede Andere zu lieben, so mache ich dir einen Stein zu Geschenk, mit dessen Hilfe du beim Betreten der Höhle das Monster sehen kannst, ohne daß es dich sieht.” Auf diese

Weise gelingt es Peredur, in die Höhle einzudringen und den Addanc zu töten. Als Zeichen seines Sieges nimmt er noch den abgehackten Kopf des Untiers mit.[54]

Der Raub der Rinder des Fraech (Irland):

Dem Fraech wurden Weib und Herde geraubt und in eine Zauberburg entführt, die von einem Drachen bewacht wird, der allen Unvorsichtigen den Zutritt verleidet. Fraech gelangt in Begleitung von Conall Cernach, einem Milchbruder von Cuchulainn und einem der drei besten Recken von Ulster in die Nähe der Festung. Schließlich und endlich gelingt es Conall, das Ungeheuer mit seinem Gürtel zu fesseln und in einen tiefen Schlaf zu schicken. So kann Fraech wieder sein Weib und seine Herde zurückführen.[55]

Tristans Kampf gegen den Drachen (Irland/Cornwall):

Tristan wird von König Marke, seinem Onkel, ausgesandt, für diesen um die Hand von Yseult Blondhaar, der Tochter des Königs von Irland, anzuhalten. Da in Irland auf seinen Kopf eine Belohnung ausgesetzt ist, begibt er sich verkleidet auf die Reise. Zu dieser Zeit hält ein riesiger „kammbewehrter" Drache das Land in Angst und Schrecken, und der König hatte kundgetan, er würde demjenigen seine Tochter geben, der das Ungeheuer tötet. Tristan dringt in die Höhle des Lindwurms ein, wo er ihn nach härtestem Kampf besiegt und tötet. Er wird aber von dem Pestatem des Monsters vergiftet und sinkt bewußtlos zu Boden. Ein feiger Ritter macht sich dies zunutze, schneidet dem Ungeheuer den Kopf ab und verlangt für sich die Belohnung. Yseult jedoch traut dem Frieden nicht, begibt sich selbst zu der Höhle und findet Tristan. Der Betrüger wird bestraft, und Tristan macht sich mit Yseult auf die Heimreise.[56]

Lancelot und die Schwertbrücke (Artusepik):

Die Königin Guenièvre ist von Meleagant entführt worden und wird in dessen Königreich „Gorre" (oder „Verre" = 'Glas'), einem „Land ohne Wiederkehr" gefangen gehalten. Lancelot du Lac (= 'vom See') zieht aus, Guenièvre zurückzuholen. Zwei Wege führen in das Königreich Gorre/Verre: entweder über die „Schwertbrücke" oder durch die „Unterwasserbrücke". Lancelot entscheidet sich für die erste Möglichkeit. Unter größten Strapazen muß er über eine gewaltige Schwertklinge kriechen, die die tosenden Fluten eines Flusses überbrückt. „Seine Hände, Beine und Knie sind nur noch eine einzige Fläche von Blut", heißt es. Außerdem lauern auf dem gegenüberliegenden Ufer zwei Löwen. Als er jedoch das Ufer erreicht hat, „läßt er den Blick in die Runde schweifen: nichts Beunruhigendes ist mehr zu sehen, nicht einmal eine Eidechse, weit und breit nicht das geringste Tier, welches zu fürchten wäre..." Daß nun auf einmal keiner der Löwen mehr zu erblicken ist, beweist ihm, daß er getäuscht worden und Opfer einer Verzauberung gewesen ist. Gauvain ergeht es anders: nachdem er unter größten Mühen auf dem Weg über die Unterwasserbrücke in das Königreich gelangt war, wird es ihm nach Bestehen verschiedener komplizierter Aventüren gelingen, die Königin zu befreien.[57]

Die Gralsburg (Artusepik):

Nach einer Meerfahrt voller Wunder landet Lancelot am Fuße einer geheimnisvollen Burg: „Auf der Hinterseite der Burg befand sich ein Tor zur See hinaus, welches Tag und Nacht offen stand. Dieser Zugang brauchte nicht durch Menschenhand bewacht werden, denn ihn verteidigten zwei Löwen, und der einzige

Weg zu dieser Pforte führte zwischen den beiden Bestien hindurch." Lancelot verläßt sein Schiff und rüstet sich zum Kampf gegen diese beiden Wachen. Da reißt ihn eine Flammenhand so heftig am Arm, daß ihm sein Schwert entfällt, und er vernimmt eine Stimme, die ihm seinen Mangel an Zutrauen vorwirft. Und siehe: als er sich den Löwen nähert, lassen sie ihn tatsächlich unbehelligt vorüber. Lancelot betritt die Burg und dringt bis zu einer verschlossenen Tür vor. Er bittet Gott, ihm zu gestatten, für einen Augenblick die Geheimnisse schauen zu dürfen, die jenseits dieser Türe liegen. Da „sah Lancelot, wie sich diese Tür zu einer Kemenate öffnete, und ein Glanz strahlte daraus hervor, so blendend hell und rein, als wäre diese Kammer der Wohnsitz der Sonne... Als Lancelot dieses Wunder schaute, wurde er von gewaltiger Freude erfüllt und es übermannte ihn so große Sehnsucht zu schauen, woher dieses Licht käme, daß er alles um sich herum vergaß." Und doch bleibt Lancelot der Zutritt zur Kammer des Heiligen Gral verwehrt.[58]

Alle diese Erzählungen heben den unheimlichen und sakralen Charakter des Ortes hervor, zu dem der Held vorzudringen hat. In allen drei Texten geht es darum, eine Frau oder eines ihrer Substitute zu gewinnen, denn auch der Graal ist ja ein weibliches Symbol, sein sonnenhafter Glanz beweist es: die Sonne galt bei den Kelten, wenn nicht direkt als weibliche Gottheit, so doch auf jeden Fall als eine weibliche Macht (Yseult la Blonde, in den deutschen Fassungen 'Isolt/Isolde Blondhaar', ist die Personifikation der Sonne). Bei den Ungeheuern, die dem Helden den Zutritt verwehren, handelt es sich meist um Drachen oder Löwen. Der *Addanc* im *Peredur* ist ein mehr oder weniger chimärenhaftes Fabeltier, wie letztlich alle diese Monsterwesen lediglich Illusionen, der Einbildung des Helden entsprungene Phantasmagorien sind. In der *Quête du Saint-Graal* werden hinter diesen Details trotz ihrer christlichen Farbtönung wesentlich archaischere Elemente sichtbar, vorausgesetzt, man ist bereit, sie in diesem Sinne richtig zu interpretieren. Hat der Held einmal seine Hemmungen *ante portam* überwunden, so steht seinem Eindringen in die Frau nichts mehr im Wege, und die Beschreibung von Lancelots Euphorie und momentanem Vergessen seiner Umgebung ist ganz einfach die Sublimierung eines höchst diesseitigen, höchst 'materiellen' Orgasmus, jedoch eines unvollkommenen Orgasmus, denn Lancelot ist des endgültigen und totalen Besitzes des Graal noch nicht würdig: seine *Sünde* hält ihn noch zurück, das bedeutet, er ist noch allzusehr dem paternalistischen System und Denken verhaftet, in dem er erzogen wurde. Diese Lancelot-Passage erinnert übrigens an eine Hymne, die nach den Berichten von *Clemens v. Alexandria* im kleinasiatischen Cybele-Kult von den Initiierten angestimmt wurde:

„Ich speiste aus dem Tamburin,
ich trank aus der Cymbel,
ich trug den heiligen Kelch
und ich gelangte bis in das Brautgemach."[59]

Die weitere Evolution des Mythos von der durch Ungeheuer bewachten Höhle (oder Burg) läßt sich gut anhand von zwei Erzählungen aus der christlichen Legendendichtung ablesen. Die erste steht in einer anglo-normannischen Dichtung des XII. Jahrhunderts, und die zweite ist mit einem besonders fruchtbaren Variantenwachstum in die mündliche Überlieferung der bretonischen Folklore eingegangen:

Das Purgatorium des Hl. Patrick (Irland):

Der edle Ritter Owen, wohlbekannt als gottesfürchtiger und mutiger Mann, wagt sich einmal in Irland in den Brunnen des Hl. Patrick hinein, einen finsteren Ort, aus dem üble Dämpfe und gräßliche Schreie hervordringen. Er wird Zeuge von unvorstellbar grauenhaften Vorgängen, denn er befindet sich im Purgatorium, dem Ort der Läuterung, einer Art Vorhölle. Durch diese Prüfung geläutert, kehrt er wieder an die Oberfläche zurück und verbringt von da an den Rest seiner Tage in frommer Einkehr.[60]

Mit der Absicht, den Aberglauben in Irland ein für allemal auszurotten, begibt sich König Artus eines Tages in die Höhle, die dorthin führt, wo die Toten weilen und von wo die Seelen nach ihrer Läuterung selig in den Himmel auffahren. Gauvain hindert Artus daran, das Mysterium dieser Höhle noch weiter zu erkunden, von deren Grund das Tosen einer Schwefeldämpfe speienden Wassersäule und die Klageschreie der Verdammten hervordringen.[61]

König Artus und der Hl. Efflam (Bretagne):

Der junge Efflam, Sohn des Königs von Irland, gelangt nicht bis zum Vollzug sener Ehe mit der britannischen Prinzessin Enora. Mitten in der Hochzeitsnacht stiehlt er sich heimlich davon und begibt sich zur See auf die Fahrt nach der Bretagne. Kaum hat er dort den Fuß an Land gesetzt, da erblickt er einen ungeheuerlichen Drachen, der gerade in seine Höhle kriecht. Der junge Held trifft auf König Artus, der gerade auf der Jagd nach diesem Ungeheuer ist, es aber bislang nicht erreichen konnte. Efflam führt Artus zu der Höhle, der König kämpft gegen den Lindwurm, muß den Kampf aber bald wieder aufgeben. Da zwingt Efflam am folgenden Tag durch die Macht seiner Gebete das Ungeheuer, in den Fluten des Meeres zu versinken.[62]

Die beiden christlichen Rekuperationen der heidnischen Legende lassen aufhorchen: das Purgatorium des Hl. Patrick ist stets ein Höllenort: es ist die Höhle der Verdammnis, in die nur diejenigen gelangen, die bereits als Sünder gelten. Aber paradoxerweise „gelangt man gelegentlich", wie ein Kritiker einmal über *Baudelaire* sagte, „gerade durch die Hölle der Lust zu Gott". Der Ritter Owen *'er--fährt'* seine Läuterung im Schoß der Erde, mit anderen Worten: im Schoß der Frau. Auch die Geschichte vom Hl. Efflam ist transparent. Wenn Efflam mitten in seiner Hochzeitsnacht flieht, so tut er dies trotz der Beteuerungen der frommen Hagiographen nicht aus Sorge um seine Keuschheit, sondern weil er die Schwelle nicht überwinden, die Pforte nicht öffnen kann. Er ist, psychoanalytisch ausgedrückt,inhibiert. Erst später wird er seine Obsessionen überwinden, und zwar ermutigt durch eine Geste des Königs, einer Reminiszenz des *droit de cuissage*, des ius primae noctis, das nur noch in Form einer reduzierten Zeremonie ausgeübt wurde, die darin bestand, daß der Herrscher seinen Fuß rituell in das Brautbett setzte. Erst nachdem Efflam den Drachen besiegt hat und dieser (keineswegs zufällig) ausgerechnet *im Meer versinkt*, ist der Zugang zur Höhle möglich.[63]

Wie wir gesehen haben, hat die Burg (im allgemeinen von Wasser umgeben und mehr oder weniger unauffindbar abgelegen) den gleichen Symbolwert wie die Höhle. Dabei geht die Analogie weit über eine Gleichheit in der Form oder über die Identität des Ursprungs hinaus (die erste 'Festung', in der der Mensch Zuflucht fand, war schließlich die natürliche Höhle). Untersucht man nämlich die

Etymologie des Wortes *Arche* (das seit biblischer Zeit für uns soviel wie 'Schiff' und 'rettender Zufluchtsort' bedeutet) bis hin zu seinen Ursprüngen, dann wird man überrascht feststellen, daß das lateinische *arca* 'Stauraum', 'Sarg' und auch 'Gebärmutter' bedeutete. Die Wurzel dieses Wortes, das wahrscheinlich etruskischen Ursprungs ist, findet man nicht nur in *arcanum,* 'Mysterium', 'Rätsel', 'geheim' und 'Arkanum' (im alchemistischen Sinn), sondern auch in *arx* (Gen.: *arcis*) wieder, was 'Zitadelle', also 'innerster Bereich der Burg' bedeutet und im Mittelalter dem Donjon/Bergfried entsprach. Wie Otto *Rank*[64] aufgezeigt hat, werden Städte erstaunlicherweise wie Frauen „genommen" und Frauen gelegentlich wie Städte „eingenommen" und „erobert": beide müssen erobert werden, und beim Studium der Geschichte stößt man immer wieder auf Vorfälle, wo nach der Einnahme einer Stadt die Vergewaltigung ihrer Frauen nicht ein Akt barbarischer Brutalität, sondern ein Akt von eminent symbolischer Bedeutung war, ein Erinnern an Rituale aus weit zurückliegenden Zeiten.

Auf jeden Fall bleibt festzuhalten, daß der Held, indem er nach Überwindung der verschiedenen Gefahren in die Höhle, Burg oder Zitadelle eindringt, den Vorgang seiner eigenen Geburt reaktualisiert, jedoch in entgegengesetzter Richtung, wobei die versunkene Prinzessin, die *femme engloutie*, die Funktion der Mutter hat, die ihr Kind auf (bzw. *in*) ihren Schoß nimmt und beschützt, wodurch ihr durch das Kind erneuertes Leben seinerseits an Intensität gewinnt. Jedoch müssen zur Herbeiführung dieses Zustandes alle Tabus überschritten, sämtliche Verbote übertreten werden:

„Die Schwierigkeiten und Gefahren", so argumentiert Otto *Rank*, „welche dem Kind im Augenblick seines Austritts (aus dem mütterlichen Uterus) drohen, werden durch die Schwierigkeiten und Gefahren ersetzt, die sich dem charmanten Prinzen in dem Augenblick entgegenstellen, wo er zu Dornröschen vordringt, als da sind: dornige Ranken, abschüssig-schlüpfrige Wege, Felsen voll Fallen und Hinterhalt, während die endgültige Befreiung/Erlösung der Geliebten symbolisch dargestellt wird durch die Zerstörung der schützenden Schale, die Öffnung des Sarges, das Zerreißen des Hemdes – kurzum durch Zerreißen aller Schutzhüllen, die die Jungfrau bis dato unberührbar machten."

Hierdurch wird die Doppelnatur dieses Aktes transparent, sein angenehmer und zugleich 'unwegsamer' Aspekt, und es zeigt sich,

„daß die vom Trauma der Geburt erzeugte Angst durch die Liebe als Erlöserfunktion überwunden werden kann. Daraus folgt, daß die Erlösung des 'schönen Kindes' (...) in der Tilgung der durch die Geburt erzeugten Ängste besteht. Dies wird besonders anhand von solchen Märchen deutlich, in denen der Held, nachdem er den Drachen getötet hat, selbst in einen todesähnlichen Schlaf verfällt."[65]

Ein weiteres Detail, auf das in diesem Zusammenhang hingewiesen werden muß, ist der Umstand, daß die Höhle oder Burg in fast allen Fällen entweder von einem Wassergraben oder von unwegsamen Sümpfen umgeben, irgendwo in einer „terre gaste", („waste land", wüste Öde), in undurchdringlicher Waldwildnis, in dicke Nebel gehüllt, oder direkt mitten im weiten Meer oder in einem See lokalisiert ist. Besonders dem Moor haftete seit jeher etwas Unheimliches und Diabolisches an. Es ist weder festes Land noch Wasser: es ist die 'Zwischenzone', der Ort, wo alles entsteht und alles vergeht. Wir sind gemacht aus Wasser und Erde, und zu Wasser und Erde werden wir wieder verwesen. Das Moor ist somit die Interferenzzone zwischen der Welt der Lebenden und der Welt der Toten. Daher sein beunruhigender, umheimlicher Aspekt. In der Bretagne wird das ausgedehnte moorige Tiefland von Yeun Elez in den Monts d'Arée (in der Nähe von Mont Saint-Michel und Brasparts) als eine der Pforten zur Unterwelt angesehen. Ganz in der Nähe davon, in Brennilis, befindet sich eine Statue zu Ehren der Notre-Dame-de-Breach-Ilis (oder Breach-Ellez), was 'unsere liebe Frau vom Elliz-Moor' bedeutet. Selbstverständlich ist es kein Zufall, daß das Wort *Ellez* – wie der Name des Flüßchens *Ellé* und des berühmten Artuswaldes *Brocéliande* (in den alten Texten *Brechéliant* aus *Breach-Elliant*) – auf eine indoeuropäische Wurzel zurückgeht, aus der auch engl. *hell* und dt. *Hölle* abstammt. Die *femme engloutie* ist also mehr denn je „L'Impérière des infernaux paluds" („Majestät der höllischen Sümpfe"), von der François *Villon* in seiner „Ballade pour prier Notre Dame" spricht.

Sandor *Ferenczi* hat noch dazu in *Thalassa*, seiner Studie über die Ursprünge des Sexuallebens,[66] aufgezeigt, daß der Geschlechtsakt für den Mann zusätzlich zu einem Geburtsvorgang mir umgekehrtem Vorzeichen auch die unbewußte Aktualisierung der Sehnsüchte nach Rückkehr in das nasse Element bedeutet, mit anderen Worten, die Sehnsucht nach Aufhebung der Katastrophe der Austrocknung, durch die die weit entfernten Ur-Ahnen des homo sapiens vor Jahrmillionen aus dem vertrauten Milieu des Wassers auf das trockene Land ausgestoßen wurden. Damit hängt auch die enorm symbolische Bedeutung des Fisches zusammen, ein Bild des Penis und des ungeborenen Kindes im Mutterleib, eine unbewußte Erinnerung an die Urphase als Wasserwesen, die das menschliche Individuum während seines foetalen Reifungsprozesses in einem geschlossenen, feuchten Milieu erneut durchläuft. Der Trieb des Helden, sich auf die Suche nach der Prinzessin auf dem Meeresgrund zu begeben, korrespondiert also mit

„dem Versuch, die eingebüßte Lebensform des Urzustandes in einem feuchten Kontinuum wiederherzustellen, welches gleichzeitig sämtliche lebenswichtigen Stoffe enthält, nämlich die aquatische, nahrungsreiche Präexistenz im Mutterleib."[67]

So läßt sich die in vielen Traditionen auffallende Bedeutung des Fisches als Symbol erklären. Nach der Vita des Hl. Korentin soll sich der erste Bischof von Quimper monatelang von einem einzigen Fisch ernährt haben, der sich, obwohl Abend für Abend um das abgeschnittene Stück verkürzt, jede Nacht wieder zu seiner ganzen Größe regenerierte. Bei den Chaldäern galt der Fisch Oannes als das erste Lebewesen und wurde daher als Primordial- und Nährgott verehrt. Die Urchristen verwendeten das Bild des Fisches nicht nur als Erkennungszeichen untereinander, sondern verehrten es auch deshalb, weil für sie Christus die unendliche Speise bedeutete, die seine Botschaft verkündet, das heißt die Rückkehr zum paradiesischen Leben vor dem Sündenfall. Und da das Wasser als Lebensraum des Fisches und die Physis des weiblichen Körpers manche Eigenschaften und Funktionen gemeinsam haben, wurde der Fisch schließlich zu einem Symbol des Weiblichen und somit der Frau ganz allgemein, wie zum Beispiel der Mythos der Sirenen, jener Wasserwesen mit Fischschwänzen, verdeutlicht. Die indische Gottheit Satyavati (deren Name 'Wahrheit' bedeutet), hat auch den Vornamen

„Stinkender Fisch". Bekanntlich hängt der Menstruationszyklus der Frau mit dem 28-tägigen Mondzyklus zusammen (welcher wiederum die Gezeiten der Meere beeinflußt). Es ist ebenfalls kein Geheimnis, daß die bei sexueller Erregung ausgeschiedenen Vaginalsekrete einen charakteristischen 'Fisch'-Geruch haben, der seine Ursache in dem darin enthaltenen Trimethylamin hat, einem Ammoniakderivat, das auch im Gewebe der Fische bei einsetzender Verwesung auftritt. Daher steigen aus Höhleneingängen und über Moorflächen Ausdünstungen auf, welche empfindliche Nasen in die Flucht schlagen, aber andererseits doch wieder magisch anziehen. Mythen sind schließlich niemals aus der Luft gegriffene Erfindungen, sondern sie übersetzen in bildhafter Form die elementaren Wirklichkeiten des Seins und des Lebens.[68]

Sind einmal alle Hemmungen abgelegt und die Schwelle des Eingangs überschritten, dann erwarten den Helden paradiesische Freuden in Hülle und Fülle:

Lyon und die Prinzessin von Österreich (Vogesen):

Der junge Lyon dringt nach Überwindung zahlreicher Hindernisse und Tötung dreier Riesen in ein Zauberschloß ein. Sein Weg führt ihn zunächst in einen Saal aus Silber, dann in einen Saal aus Gold und schließlich in einen noch prächtigeren Saal, der mit kostbaren Edelsteinen ausgestattet ist. In einem vierten Saal findet er die Prinzessin von Österreich in tiefen Schlaf gesunken vor und über ihr eine Inschrift mit den Worten: „Derjenige, der die drei riesenhaften Wächter dieses Schlosses tötet und mich befreit, wird in den Genuß meines Körpers kommen und mir das Ringlein rauben, das ich am Finger trage."[69]

Die Pfingstnacht (Bretagne):

Nahe vor der Küste von Saint-Efflam (Côtes-du-Nord) liegt eine versunkene Stadt im Meer. Jedes Jahr in der Nacht vor Pfingsten taucht die Stadt während der zwölf Schläge von Mitternacht wieder aus den Fluten auf und wird zugänglich. Perik Scoarn wagt sich in ihre Mauern vor, um einen allmächtig machenden Zauberstab aus dem Holz der Hasel in seinen Besitz zu bringen. Er durchquert Säle, in denen sich Silber, Gold und Edelsteine häufen, und gelangt schließlich in das Gemach, in dem sich der gesuchte Zauberstab befinden soll. Doch was erblickt er statt dessen? „Hundert wunderschöne junge Mädchen, bei deren Pracht selbst ein Heiliger sein ewiges Seelenheil aufs Spiel setzen würde; jedes von ihnen hält in der rechten Hand einen Eichenkranz und in der linken einen Kelch voll feurigem Wein." Perik Scoarn gerät augenblicklich in Ekstase, läßt den zwölften Schlag von Mitternacht verstreichen, und so geht er mitsamt der ganzen Stadt in den Fluten unter.[71]

Diarmaid und Grainné (Irland/Schottland):

Grainné (= 'Sonne'), die Gemahlin des Königs Finn, ist mit dem jungen Diarmaid geflohen, nachdem sie ihn mit Hilfe eines *geis* zu dieser Flucht verpflichtet hatte. Die beiden halten sich in einer Grotte versteckt, bis eines Tages ihr Unterschlupf durch Holzspäne verraten wird, die von einem aus der Höhle rinnenden Bächlein davongetragen werden.[71]

Tristan und Isolt[72] (Deutsche Fassung):

Als Tristan und Isolt in flagranti von König Marke überrascht werden und es ihnen gerade noch einmal gelingt, dem Scheiterhaufen zu entgehen, flüchten sie sich nicht in den Wald von Morois, wie in den anderen Versionen des Stoffes, sondern in eine von Riesenhand errichtete Grotte mit einer Krone ganz aus Edelsteinen am Deckengewölbe. In der Mitte der Höhle steht ein kristallenes Bett. Auf diesem Lager an Altares Statt zelebrieren die beiden Liebenden die Lithurgie der Liebe.[73]

Wir sehen, daß der paradiesische Zustand wieder eintritt, sobald das „Heiligtum", das „Allerheiligste" im Herzen des Schlosses erreicht ist. Dieses Schloß kann sich mitten in einer versunkenen Stadt befinden, wie die Legende von der *Pfingstnacht* zeigt. Ebenso kann es in der Tiefe einer natürlichen oder künstlichen Höhle/Grotte liegen. In der Erzählung von *Diarmaid und Grainné* ist die Grotte noch dazu deutlich mit Merkmalen der weiblichen Sexualorgane konnotiert, sogar mit dem des *austretenden Wassers*, welches Holzspäne fortschwemmt, worin ein Symbol des Menstruationsflusses zu sehen ist. Im *Tristan* des *Gottfried von Strassburg* ist die Grotte regelrecht ein Tempel mit allem, was dazugehört, – ein *templum super cloacam*, würde *Tertullian* sagen. Die Tatsache, daß in der deutschen Ausformung der *Wald* durch eine *Grotte* ersetzt ist, gibt Anlaß, eine Äquivalenz in der Symbolik beider Lokalitäten zu sehen.

Der mysteriöse, un-heimliche Wald, der im Französischen als *forêt vierge* bezeichnet wird, wenn er sich noch in seinem unberührten, undurchdringlichen Urzustand befindet, ist ein weltweit verbreitetes Weiblichkeitsymbol. Es geht vom Heiligtum inmitten eines Waldes, dem *nemeton* der alten Druiden, über das Bild der sonnenüberfluteten *Lichtung* inmitten des Waldesdunkels bis hin zu dem hübschen „Jardinet" (= 'Gärtlein') aus der Dichtung des François *Villon* oder der Renaissancepoeten, ja sogar bis zur Prosa des „Gebüsches" der Pornographie. In den am meisten verbreiteten Versionen des Tristan-Stoffes ist der Wald der Ort, wohin sich Tristan und Yseult zurückziehen, um einander das „Sakrament der Liebe" zu geben. Der mittelalterliche Obst- beziehungsweise Baumgarten, jener Topos eines diskreten und nach außen abgeschirmten Mikrokosmos voller Wohlgeruch, ist der Ort, wo die *Princesse engloutie*, die verwunschene Prinzessin der Tiefe, auf ihren Geliebten wartet. Dieses Motiv erfuhr in der höfischen Zeit eine schier unüberschaubare Fülle literarischer Illustrationen und wurde von den Troubadouren über ganz Europa verbreitet.

Der 'Roman de Jaufré' (Okzitanien):

Nach einer Reihe von Aventüren im Wald Brocéliande findet sich Jaufré eines Tages in einem Hause von Aussätzigen wieder und entdeckt in ihrer Mitte ein wunderschönes junges Mädchen. Er muß gegen die Aussätzigen kämpfen und eine Kinderstatuette zerschlagen, um mit heiler Haut diesem Ort zu entrinnen. Als im dies gelungen ist, stürzt das ganze Haus in sich zusammen, und er erwacht auf einmal inmitten eines „rundum mit Marmor umfriedeten" Gartens voller Bäume, Blumen und Vögel, die sonst an keinem Ort der Erde anzutreffen sind, was ihn an das Paradies erinnert. Dieser *locus amoenus* gehört einer jungen Waisen namens Brunissen, die seit sieben Jahren Trauer trägt und zusammen mit ihrem Gefolge dreimal in der Nacht und viermal am Tage ihrem Jammer tränenreichen Ausdruck verleiht. Einzig der Gesang der Vögel vermag ihren Schmerz zu lindern. Nachdem der Held diesen Wundergarten gebührend bestaunt hat, versinkt er in einen bleiernen Schlaf. So findet ihn Brunissen und verliebt sich auf der Stelle in ihn.[74]

Dieser Text dürfte besonders interessant sein, zunächst aufgrund der Figur der Brunissen, der brünetten Königin (die jedoch, wie es die Mode des XIII. Jahrhunderts vorschreibt, im Roman blond ist!): sie verkörpert einen Aspekt der Göttin der Finsternis, und wir haben gesehen, daß ihr Name in ähnlicher Weise mit den Römerstraßen in Südfrankreich verknüpft ist, wie der Name der Ahès mit denen auf der bretonischen Halbinsel. Auch die Gestalt der Brunissen ist somit ein Pendant zu Hekate, der griechischen Göttin der Wegkreuzungen. Da Brunissen mit Hingabe dem Gesang der Vögel lauscht, kann sie auch mit einer Gottheit des walisischen Pantheon verglichen werden, nämlich mit Rhiannon, der großen Königin, deren Vögel „die Toten erwecken und die Lebenden in Schlaf versetzen" können. Diese Göttin ist Hauptfigur zweier Erzählungen, nämlich von *Pwyll, Prinz* von *Dyvet* und von *Manawyddan ab Llyr:*[75] Ein weiterer interessanter Aspekt des *Roman de Jaufré* ist, daß Brunissen in ihrem Garten und Schloß eingeschlossen und in einer rätselhaften Trauer lebt, die deutliche Ähnlichkeiten mit derjenigen aufweist, unter der die Bewohner des Zauberschlosses in der walisischen Dichtung *Peredur*[76] leiden. Und schließlich tritt das Schema der eigentlichen Geschichte im *Roman de Jaufré* besonders klar hervor: Jaufré entdeckt das junge Mädchen Brunissen, nachdem er sich in einem *Wald* verirrt hat; jedoch muß er zuerst gegen Aussätzige kämpfen (gemeint ist: seine Phantasmen und seinen Ekel überwinden) und eine *Kinderstatuette zerbrechen,* mit anderen Worten, seine Kindheit ablegen, seine Geburt negieren. Daraufhin stürzt alles zusammen: es kommt zum Zusammenbruch des Zustandes der wachen Bewußtheit im Augenblick des Orgasmus. Aufgrund dessen findet er sich auf einmal in einem bezaubernden Garten wieder (im Zustand totaler Auflösung *post coitum)* und ist damit wieder in den paradiesischen Urzustand zurückversetzt.

Dieser herrliche (Obst-) Garten ist nichts anderes als der Garten Eden, das Paradies, wie es in sämtlichen Kosmogonien und Genesis-Dichtungen vorkommt, das in den Tiefen des Unbewußten verborgene, verlorene Paradies, das jeder Mensch auf seine Weise in sich wiederherzustellen versucht. Die Troubadoure lokalisieren in ihren Dichtungen die Begegnung zwischen den Liebenden in einem allseits umschlossenen (Obst-) Garten, und zwar zu nächtlicher Stunde. Und wenn der Morgen graut, so bedeutet dies einen Riß, eine Katastrophe, die Reaktualisierung der Geburtsstunde, begleitet von all den damit verbunden traumatischen Erlebnissen:

„Unter Weißdornzweigen in einem Garten umfing die Dame ihren Liebsten, bis zur Stunde der Morgendämmerung der Ruf des Wächters erscholl. O Gott! Der Morgen, wie rasch ist er herbei! Gott gebe, daß diese Nacht ohne Ende sei, daß mein Liebster mich nie mehr verlassen muß und der Wächter nimmermehr Morgenstunde oder Tag erlebe! O Gott! Der Morgen, wie rasch ist er herbei!"[77]

„Erfülle bestens deine Pflicht, Wächter im Schloß, wenn ich bis zur Morgenröte bei mir habe, was das Beste und das Schönste ist, denn der nächste Morgen bleibt nicht aus. Kühnes Spiel raubt Morgenrot, ja Morgenrot! Sei auf der Lauer, Freund, sei wachsam, rufe, schrei', ich bin so reich, denn alles was ich begehr', ist mein, doch ich bin der Morgenröte Feind. Der Jammer, den der Tag uns bringt, wirft mich stärker nieder noch als Morgenrot, ja Morgenrot!"[78]

Dieses Thema des Paradiesgartens findet seine Apotheose in dem außergewöhnlichen *Roman de la Rose* – sowohl in der Fassung von *Guillaume de Lorris* (wo die vom Erbe keltischer Bräuche und okzitanischer Troubadourmentalität geprägte höfische Tendenz dominiert), als auch in der Fassung von *Jean de Meung* (die mit furchterregenden, quälenden Fragen zum Phänomen der Weiblichkeit durchsetzt ist). Der Liebende entdeckt in diesem Versroman in einem Garten eine magische Rose. Schon bald kann er nicht mehr leben, wenn es ihm nicht gelingt, diese Rose zu brechen. Aber wieviele Schwierigkeiten sind bis dahin zu meistern, wieviele Gefahren zu bestehen, wieviele dornige Pfade zu beschreiten, bis es endlich zu dem wiederbelebenden Akt kommen kann! Die Grundaussage der Dichtung von *Jean de Meung* ist leicht zu erkennen: es geht – in allegorischen Bildern ausgedrückt – um die Angstvorstellungen der Einbildung, die der Mensch sich aus dem Weg zu räumen hat, um ans Ziel seiner Wünsche zu gelangen.

Häufig sind es nicht böse Ungeheuer, die den Eingang zur Kemenate der versunkenen Prinzessin bewachen. In der Troubadourdichtung sind es in der Regel die *gelos* und *losengiers*, die Neider und Verleumder, in manchen Erzählungen ist es der Vater persönlich, in anderen wieder der eifersüchtige Gatte. Meist ist dieser alt und tyrannisch, hält seine Frau so gut wie gefangen und tötet ihre potentiellen Liebhaber. Ganz wie Yspaddaden Penkawr dem Anwärter auf seine Tochter absolut unlösbare Prüfungen auferlegt und sogar versucht, ihn umzubringen (in der walisischen Erzählung *Kulhwch und Olwen* aus den *Mabinogion*), so entdeckt der Ehemann später in sich einen unerschöpflichen Einfallsreichtum beim Ersinnen von Fallen und Perversionen im Bestreben, seine Gattin unter Verschluß zu halten.

Der 'Lai de Guigemar' der Marie de France:

„Der Herr und Gebieter über die Stadt war ein greiser Mann; er hatte zur Frau eine Dame von hohem Geblüt, freigebig, *courtois* (= höfisch) und wunderschön. Seine Eifersucht kannte keine Grenzen... Er bewachte sie auf Schritt und Tritt, das war nicht zum Lachen. Unter dem Donjon lag ein allseits umfriedeter Garten, der sich bis zum Strand erstreckte. Die Mauer aus grünem Marmor war hoch und ziemlich dick, sie hatte nur einen Durchlaß, der Tag und Nacht streng bewacht wurde. Am unteren Ende des Gartens dehnte sich das Meer, sodaß niemand sich von dieser Seite nähern konnte, es sei denn zu Schiff. Um sein Eheweib an ganz und gar sicherem Ort zu verwahren, hatte er dort unten für sie eine Kemenate errichten lassen, so herrlich wie keine zweite unter dem Himmel: am Eingang eine Kapelle, rundherum um die Kammer Gemälde mit Darstellungen von Venus, der Göttin der Liebe, vollendet geformt und von Meisterhand ausgeführt... Madame war in dieses Haus gebracht und eingeschlossen. Ihr Herr und Gebieter gab ihr eine Jungfrau zu Diensten, und ein betagter Priester mit wallendem Bart verwahrte die Schlüssel zu ihrer Tür."[79]

Die Lais der *Marie de France* haben zweifellos etwas stark Herausforderndes an sich: sie sind der dichterische Protest gegen die der Frau ohne Rücksicht auf ihre persönlichen Neigungen aufgezwungene Ehe, ja noch mehr: eine regelrechte Attacke gegen die monogame Ehe, die *ipso faco* zum Ehebruch reizt, wie die Lektüre der höfischen Romane des XIII. Jahrhunderts immer wieder bestätigt. Die höfische Liebe (*amour courtois*), die sich notwendigerweise – sei es platonisch-asketisch oder sinnlich-befriedigend – außerhalb der Ehe manifestiert, wirkte stets als unruhestiftender Störfaktor innerhalb der christlichen Gesellschaft, und wenn ihre Ursprünge *auch* meist im Umkreis der okzitanischen Kultur vermutet werden, so weist sie doch deutliche Bezüge zum Rechts- und Gesellschaftssystem der Kelten auf. Abgesehen von der Forderung der Frau nach dem Recht auf Freiheit in der Liebe weisen die Lais der *Marie de France* (die alle Adaptationen von keltischen Sagen und Legenden insularer oder kontinentaler Herkunft sind, denn aus den Eigennamen läßt sich schließen, daß die Dichterin sich von Werken in bretonischer Sprache inspirieren ließ) auch die charakteristische Grundstruktur des Mythos von der *femme engloutie* auf. In der Versnovelle von *Guigemar* finden wir die Festung am Meeresstrand, und innerhalb des Festungsbezirks den Garten und das Allerheiligste, das hier eine von Venusdarstellungen umgebene Kemenate ist. Im weiteren Verlauf des Lai wird der Liebende nahen, und zwar *von der Seeseite her*. Denn letztenendes ist im Mythos der *femme engloutie* das Wasser per definitionem das kennzeichnende Grundelement. Erinnern wir uns an den *Lancelot* des *Chrétien de Troyes*: der Held ist der Liebhaber der Königin Guenièvre und zieht aus, um die von Meleagant Geraubte und in sein 'Reich aus *Glas*' Entführte zurückzuerobern. *Lancelot* dringt in das Reich aus Glas über die Schwertbrücke ein und verletzt sich an der Schwertklinge so alptraumhaft blutreich, daß sich die descriptio dieses Brückenübergangs wie die eines Blutrituals liest, wobei das Riesenschwert selbst als Phallussymbol zu verstehen ist. Daß Lancelot sich, als er die Wahl zwischen der Schwertbrücke und der Unterwasserbrücke hat, für Erstere entscheidet, ist zu erwarten. Er ist der Liebende. Aber das Schwert hat noch eine weitere Bedeutung: es symbolisiert das Feuer. Es handelt sich also um einen Flammenweg, einen Weg der Trockenheit, den Lancelot wählt – und dies gemahnt an den „kurzen Weg" beziehungsweise „trockenen Weg" der Alchimisten, das heißt einen der Wege, die zum Stein der Weisen führen. Obwohl Lancelot die Aventüre, auf diesem Weg das Reich aus Glas zu erreichen, erfolgreich bestanden hat, gelingt ihm die Befreiung der Königin nicht: er versagt.[80] Derjenige, der schließlich Guenièvre wieder zurückbringt, ist Gauvain/Gawan, der Artusritter, der den Weg durch die Unterwasserbrücke gewählt hat, übrigens ebenfalls unter erheblichem Risiko, denn er wäre dabei beinahe ertrunken. Gauvain ist Guenièvres Neffe, er fungiert als Sohnersatz und hat instinktiv den richtigen, natürlichen Weg gefunden, der es ihm ermöglicht, seine Mission mit Erfolg auszuführen.

Die Frau ist ganz klar die Mutter mit all ihren verschiedenen Aspekten. Was Gauvain gelingt und woran Lancelot scheitert, ist ein *regressus ad uterum*, auf dessen Weg das Element des Wassers zu passieren ist, mit anderen Worten: das amiotische Fruchtwasser, das den Foetus von der Außenwelt trennt. Diese foetale Eingeschlossenheit im Fruchtwasser spiegelt noch die Situation der Urahnen der Menschheit wieder, die noch im geschlossenen Kontinuum des Urmeeres lebten, bevor die große Katastrophe der Austrocknung einsetzte, durch die sie auf das feste Land vertrieben wurden (wo sie sich an eine neue, harte Lebensform auf dem Trockenen anpassen mußten). Lancelot handelt als Liebender, er geht über den Weg des Schwertes, das ist – wie angedeutet – nicht anders zu erwarten, aber es genügt nicht. Das Schwert ist eine Projektion der Figur des Lancelot, wie der Penis die Projektion der Männlichkeit ist. Lancelot versucht die sexuelle Vereinigung mit Guenièvre, der Mutter-Frau (*femme-mère*) – sie ist die Königin –, aber diese Vereinigung bleibt natürlich unvollständig, denn „bei beiden Geschlechtern vollzieht sich die Entwicklung der Lust (désir) über einen nicht zu erfüllenden Wunsch (envie)".[81] Wenn auf der anderen Seite die sexuelle Vereinigung eine Art Rückkehr in den mütterlichen Uterus bedeutet,

„so realisiert der coitus diese zeitliche Regression auf dreifache Weise: der gesamte Organismus vollzieht sie nur *halluzinatorisch*, das heißt als Traum; der Penis, auf den sich in diesem Augenblick der gesamte Organismus reduziert, realisiert diese Regression bereits partiell, das heißt *symbolisch*; nur das Sperma hat in seiner Funktion des Repräsentanten des Ego und seines narzißtischen *alter ego*, des Genitalorgans, das Privileg, auch *realiter* die intra-uterine Lage zu erreichen."[82]

Folglich *konnte* Lancelot gar nicht gelingen, was Gauvain durch warhaftiges *Versinken* in den mütterlichen Wassern gelang. Deutlicher kann die Wichtigkeit der Funktion des Wassers im Zusammenhang mit unserem Thema nicht dargestellt werden. Das Wasser hat die Funktion einer Grenze zwischen zwei Welten. Der Übergang vom einen Ufer zum anderen ist somit ein Austausch zwischen diesen beiden Welten, wie die berühmte Episode des *Peredur* zeigt, wo der Held sieht, wie weiße Schafe beim Betreten des einen Ufers plötzlich schwarz werden und schwarze Schafe beim Betreten des anderen Ufers weiß werden.[83] In einem eigenartigen Werk von Pierre *Bercheur*, einem lateinisch dichtenden Autor des XIV. Jahrhunderts, findet sich eine signifikante Aventüre von Gauvain, der in den Fluten eines Sees untergegangen ist und in eine Unterwasserburg kommt: dort findet er ein fertig bereitetes Festmahl vor, dem er reichlich zuspricht; anschließend wird er Zeuge eines Schauspiels, das seltsam an jene archaische Ur-Gralsprozession des *Peredur* erinnert. Ein phantastisch wucherndes irisches Erzählepos enthält ebenfalls eine Aventüre in der Unterwasserwelt:

Das Abenteuer des Loégairé, Sohn des Crimthann (Irland):

Die Männer von Connaught sind in der Nähe des Sees der Vögel versammelt, da taucht aus dem Nebel ein geheimnisvoller Ritter auf und gibt sich als einer „von den Leuten der Feenwelt" zu erkennen. Er bittet um die Hilfe einiger Helden zur Befreiung seiner Frau, die von einem Feind entführt wurde. Loégairé, der Sohn von Crimthann, ist bereit, dem Fiachna – so der Name dieser Feengestalt – zu helfen, und „folgt ihm in Begleitung von fünfzig Recken. Fiachna taucht vor ihnen in den See. Sie folgen ihm und tauchen ebenfalls unter. Da sehen sie eine Festung und vor ihr eine Schlacht in vollem Gang." Loégairé und seine Mannen führen den Sieg herbei und befreien die Frau. Als Belohnung erhält Loégairé Fiachnas Tochter, Der Greine, und bleibt mit ihr ein volles Jahr lang in dem Feenland. Nach Ablauf dieses Jahres kommt in Loégairé und den Seinen die Sehnsucht nach Neuigkeiten aus der Heimat auf, und so rät ihnen Fiachna, sich auf die Pferde zu schwingen und keinen Augenblick mehr den Sattel zu verlassen. Sie befolgen den Rat, und so gelangen sie *über* dem versammelten Rat von Connaught an, sagen ihren Verwandten Lebewohl und kehren in das Wunderland zurück.[84]

Das Grundmotiv der Geschichte kehrt in zahlreichen Varianten wieder. In dieser Erzählung geht es um die Zurückeroberung einer Frau. Diese Wiedergewinnung wird aber noch um die Eroberung einer weiteren Frau erweitert, einer feenhaften Gestalt, somit eines Wesens aus der Gegenwelt. Bereits der Name dieser Figur ist bedeutsam: sie heißt Der Greine, was an Grainné, Finns Frau erinnert, die mit Diarmaid flieht und sich in einer Höhle versteckt, und *Greine* bedeutet wie *Grainné* 'Sonne': sie verkörpert also einen Aspekt der weiblichen Sonnengottheit, wie sie allem Anschein nach von allen ur-indoeuropäischen Völkern gekannt wurde. Es zeigt sich, daß der Mythos der Prinzessin auf dem Meeresgrund hier um die Dimension des Sonnenmythos erweitert ist, da die Sonne für bestimmte Zeit hinter die 'andere' Seite des unermeßlichen, die Erde umgebenden Ozeans verschwindet, – ein Mythos, von dessen Existenz unzweifelhafte archäologische Spuren aus der Bronzezeit zeigen, man denke nur an die berühmten Sonnenwagen der Ostseezivilisationen.

Dieser Sonnenmythos scheint, falls er nicht skandinavischen oder noch weiter nördlichen Ursprungs ist, so doch bei den Völkern Nordeuropas und Asiens bis hin zur Pazifikküste besonders intensiv entwickelt gewesen zu sein. Sogar in einer japanischen Legende finden wir ihn wieder:

Die Sonnengöttin Amaterasu hat sich in einer Höhle versteckt, als ihr die Kunde vom Lebenswandel ihres Bruders zu Ohren kommt. Sie weigert sich, diese Höhle jemals wieder zu verlassen (ein Bild der archaischen Menschheitsangst, eines Morgens werde die Sonne nicht mehr aufgehen). Da versammeln sich alle Götter vor der Höhle und versuchen zunächst mit einem Spiegel, das Bild der Göttin hervorzuzaubern. Als das nichts hilft, führt die Göttin Amano Uzume einen stark obszönen Tanz auf, über den alle Götter in schallendes Gelächter ausbrechen. Die Neugier treibt Amaterasu vor die Höhle heraus, und seitdem erleuchtet sie wieder die Welt.

Wenn man noch dazu berücksichtigt, daß die Sonne bei den Kelten (anders als in den heutigen romanischen Sprachen, wo frz. *le soleil* und it. *il sole* maskulin sind; Anm. d. Hrsg.) eine Einheit weiblichen Geschlechts war, trägt diese in einer Höhle (oder unter Wasser) verborgene Sonne wesentlich zur Erhellung der Struktur sämtlicher Sagen und Legenden von der *Princesse engloutie* bei, jener unterseeischen Hüterin von Schätzen und Geheimnissen, die darauf wartet, daß ein Furchtloser erscheint, sie aufweckt und befreit.

Außerdem führt das Bild von der Sonnen-Scheibe zu einem weiteren Aspekt des gleichen Mythos, der für die Kelten von ganz besonderer Bedeutung war: der Mythos von der Insel, auf der die Prinzessin wohnt. In der *Meerfahrt des Maelduin* wie in der *Meerfahrt des Bran* sind wir ihm bereits begegnet. Seine am weitesten entwickelte Form, die noch dazu die bekannteste sein dürfte, findet er in der Sage von Morgane und der Insel Avalon, die durch die Artusepik über die ganze Welt verbreitet wurde.

Die Insel Avalon:

Als König Artus, in der Schlacht von Camlann tödlich verwundet, mit Hilfe des Ritters Girflet gerade noch die Küste erreicht hat, bittet er diesen, sich nun zu entfernen. Ein heftiges Gewitter bricht aus, und es erscheint „auf dem Meer ein Schiff, besetzt mit edlen Frauen". Eine von ihnen ist die Fee Morgane, die Schwester des Königs. Sie ruft Artus zu sich, und dieser begibt sich an Bord. Das Schiff entfernt sich, wie man sagt, „geradewegs auf die Insel Avalon zu, wo der König Artus, in einem goldenen Bett ruhend, heute noch lebt" *(La Mort le Roi Arthu).*

„Die Insel der Apfelbäume wird auch die Begnadete Insel genannt, da auf ihr alles auf natürliche Weise gedeiht, ohne daß die Bewohner das Land zu bebauen hätten ... Reich sind dort die Ernten und von Äpfeln und Trauben übervoll die Wälder... Neun Schwestern herrschen auf der Insel... Unter ihnen ist eine, die alle anderen an Schönheit und Macht übertrifft. Morgane ist ihr Name, und sie lehrt den Gebrauch der Kräuter und die Kunst, Krankheiten zu heilen. Sie beherrscht die Kunst, das Aussehen eines Gesichts zu verändern und durch die Lüfte zu fliegen wie Dädalus, mit Hilfe von Federn... An diesen Ort führten wir nach der Schlacht von Camlann den wunden Artus... Morgane nahm uns in allen gebührenden Ehren auf. Den König ließ sie in eine Kammer tragen und auf ein goldenes Lager betten... Lange wachte sie bei ihm und sagte schließlich, er könne wieder genesen, wenn er mit ihr für immer auf dieser Insel bleibe und ihr seine Heilung anvertraue.[85] Diese Insel wird – da allseits vom Ozean umgeben – von keinerlei Krankheit heimgesucht. Es gibt weder Diebe noch sonstige Übeltäter; es gibt weder Schneefall noch Nebel oder unerträgliche Hitze. Ewiger Friede herrscht auf der Insel. Nie versiegt der Reichtum der Blüten und Früchte unter dem Dach der Blätter. Die Bewohner sind ohne Makel und in ewiger Blüte der Jugend. Eine jungfräuliche Königin, noch schöner als die Allerschönste auf Erden, herrscht über die Insel".[86]

Diese Insel mitten im Ozean mit allen Merkmalen eines Paradieses ist ein leicht zu deutendes Symbol: es ist wiederum das Bild des intra-uterinen Lebens, projiziert in den Raum und in eine Vergangenheit mit allen Kennzeichen einer zeitlosen Zukunft. Dort herrschen weder Tod noch Krankheit, die Früchte, vor allem Äpfel, gedeihen im Überfluß und ohne menschliche Hilfe, das Altern ist unbekannt. Hier ist nichts anderes als das Goldene Zeitalter beschrieben, das seit Jahrmillionen die Phantasie der Menschen bewegt, es ist der ruhevolle und friedliche Zustand des Embryo, der von der Körperwärme der Mutter geschützt und von ihr genährt in einem geschlossenen Raum lebt: in einem (Obst-)Garten, einer Höhle oder Grotte, auf einer Insel, in einer unbezwingbaren Burg, an einem Ort also, wo die Unterscheidung zwischen Gut und Böse noch unbekannt ist, wo folglich nicht nur das moralische, sondern auch das seiner Psyche bewußte Leben (das ja auf der Differenzierung zwischen dem Ich und dem Nicht-Ich beruht) noch nicht existiert.

Diese Insel ist die Insel der Äpfel, ganz wie der Garten Eden ein Garten der Äpfel und der Garten der Hesperiden ein Garten voll goldener Äpfel ist. Der Name *Avalon* stammt von einem keltischen Wort mit der Bedeutung 'Apfel' ab, das breton. und walis. *aval*, engl. *apple*, niederdt. *appel* und hochdt. *Apfel* wurde. In den irischen Sagen und Legenden heißt die Insel der Frauen, die der Held Bran ansteuert, *Emain Ablach,* und die Dichter rühmen ihre Apfelbäume und die Herrlichkeit ihrer Äpfel. Nach *Plinius d.Ä.* (*Hist. nat.* XXXVIII, 35) trieben die Teutonen, ein keltisiertes Volk, Bernsteinhandel mit den Bewohnern der Insel *Abalum*, dem heutigen Ösel in der östlichen Ostsee. Auf dieser Insel soll es einen Ort namens *Aboul* gegeben haben, und dieser Name stammt wie *Abalum* (und z.B. auch wie der der italienischen Insel *Abella Malifera* (lat. *malum* = 'Apfel'!) aus der gleichen Wurzel wie *Avalon*. Die brit(ton)ische Tradition macht übrigens aus Morgane die Tochter eines *Evallach:* diesen Namen finden wir auch in der *Quête du Graal* wieder, wo er der Name des Königs Mordrain vor seiner Taufe ist; dieser ist wiederum eine der Doubletten des ‚reichen Fischerkönigs' Pellès, Hüter des

Heiligen Kessels, oder wenn man so will, des Grals, das heißt eines vasenförmigen Objekts, dessen weiblicher Symbolcharakter außer Zweifel steht.

Höchst bemerkenswert ist, daß die Kelten ihr Paradies unter eine Rechtsordnung stellten, die mit der patriarchalischen (die trotz manchen Abweichungen die ihre war) nichts gemein hatte. Die Insel *Avalon* (oder ihre gälische Entsprechung) wirft zwei Fragen auf, die unbeantwortet bleiben mögen: handelt es sich dabei nicht um eine Reminiszenz einer weit zurückliegenden Entwicklungsphase der keltischen oder prä-keltischen Gesellschaft, in der die Frau den Ton angab, – oder handelt es sich lediglich um eine Projektion unserer Sehnsucht nach dem *regressus ad uterum*? Möglicherweise trifft sogar beides zu. Auf keinen Fall ist dieser Mythos von der Fraueninsel nur eine literarische Schöpfung des Mittelalters und ebensowenig eine Erfindung der französischen Autoren der Romane um Artus und seine Tafelrunde, sondern er existierte bereits lange vor dieser Zeit, wie die Autoren der griechischen und römischen Antike bezeugen:

Pomponius Mela (II,6):

„Gegenüber den keltischen Küsten ragt eine Gruppe von Inseln auf, die den Namen Cassiterides trägt, da sie reich an Zinnvorkommen sind. Die Insel Sena – sie liegt im mare britannicum (= Ärmelkanal) gegenüber der Küste der Osismi (Finistère-Nord) – ist berühmt wegen eines gallischen Orakels, dessen Priesterinnen neun zu ewiger Jungfräulichkeit verpflichtete Frauen sind. Sie werden „Gallicenes" genannt, und man schreibt ihnen die übernatürliche Macht zu, durch ihre magischen Kräfte Winde und Gewitterstürme zu entfesseln, sich je nach Belieben in dieses oder jenes Tier zu verwandeln, als unheilbar geltende Leiden zu kurieren und schließlich, die Zukunft voraussagen zu können. Ihre Heilmittel und Wahrsagungen gewähren sie ausschließlich denjenigen, die sie eigens zu diesem Zwecke aufsuchen".

Strabo (IV,4):

„Im Ozean, nicht weit draußen auf dem offenen Meer, sondern dicht vor der Loire-Mündung liegt nach dem Bericht des *Posidonios* eine Insel von geringer Ausdehnung, auf der die sich selbst so nennenden ‚Frauen der Namnetes' wohnen. Diese vom bacchischen Furor besessenen Weiber suchen durch Mysterien und andere sakrale Zeremonien den Gott, der in ihnen wütet, zu besänftigen und zu entwaffnen. Niemals setzt ein Mann den Fuß auf diese Insel, sondern die Frauen begeben sich selbst aufs Festland, wann immer es sie gelüstet, mit ihren Männern Verkehr zu haben."

Es wird aufgefallen sein, daß sich die Beschreibung des *Pomponius Mela,* eines romanisierten Schriftstellers und Geographen aus der iberischen Halbinsel, in allen Punkten mit dem deckt, was *Geoffrey of Monmouth* zu berichten wußte. *Pomponius Mela* scheint die Bewohnerinnen dieser Insel für Vestalinnen, für Jungfrauen (virgines) zu halten, (wobei wir im folgenden noch definieren müssen, was die antiken Autoren eigentlich genau unter dem Begriff *'Virgines'* verstanden). *Strabo* dagegen betrachtet sie – unter Berufung auf *Posidonius* – als Bacchantinnen, die mit dem männlichen Geschlecht sehr wohl 'verkehrten'. Nach den die Artusschwester betreffenden Darstellungen zu urteilen, wonach sie „die Heißeste und

Ausschweifendste von ganz Groß-Britannien" gewesen sein mußte (soweit das Urteil des *Prosa-Lancelot*-Dichters), sind Morgane und ihre Schwestern wohl eher der Kategorie der 'Bacchantinnen' zuzuordnen. Wie dem auch sei, die Kunde von der Paradies-Insel hat eine uralte Tradition, deren Spuren noch in der keltischen Folklore zu erkennen sind. Bei der Insel Sena dürfte es sich trotz der Tatsache, daß sie von *Pomponius Mela* im Ärmelkanal lokalisiert wird, um die Insel Sein handeln, die als Ort der Autre Monde gilt, als Gegenküste zur *Baie des Trépassés* (= 'Bucht der Hinübergegangenen') und zum *Enfer de Plogoff* (= 'Unterwelt von Plogoff).[87] Es wurde sogar versucht, Avalon entweder in der Bretagne mit der Insel *Aval* (nicht weit von Trébeudren, Côtes-du-Nord) zu identifizieren, mit Môn (der Insel Anglesey) oder mit der alten Abtei von Glastonbury und den umliegenden *Sümpfen.*[88] Derartige Lokalisierungsversuche sind jedoch völlig wertlos, denn es handelt sich um eine Insel, die außerhalb der Dimensionen von Zeit und Raum der wirklichen Welt liegt. Und von dieser spricht *Plutarch* in seinem Werk

De Defectu Oraculorum (XVIII):

„Nach *Demetrios* haben von den britannischen Inseln einige ihren Namen von Dämonen oder Heroen... Einmal betrat er die nächstliegende dieser öden Inseln... Bei seiner Ankunft entstand eine gewaltige Turbulenz in den Lüften, begleitet von zahlreichen Himmelserscheinungen. Die Winde fegten donnernd einher, und an verschiedenen Stellen schlug der Blitz in den Boden. Als sich die Elemente wieder beruhigt hatten, erklärten ihm die Bewohner, daß dieses Ereignis durch das momentane Einschlummern eines höheren Wesens verursacht worden wäre... In dieser Gegend schlafe Kronos, bewacht von Briarea. Der Schlaf sei die Fessel, die man erfunden habe, um ihn auf der Insel festzuhalten. In seiner Nähe halte sich eine große Zahl von Dämonen auf, um ihm zu dienen."

Hier geht es wieder um eine Insel im äußersten Norden der bekannten Welt, aus der nach den irischen Texten die Tuatha Dé Danann kommen und wo sie in „Wissenschaft, Magie, Druidentum, Weisheit und Kunst" eingeweiht wurden.

Interessant ist dabei der Umstand, daß – sofern man *Plutarch* glauben will – Kronos *in tiefem Schlaf* auf der Insel weilt. Man beachte, daß Kronos, der alte Göttervater, von seinem Sohn Zeus entthront und kastriert wurde. Artus' Verwundung stammt von Mordred, seinem eigenen Sohn aus inzestuöser Verbindung, und es ist bekannt, daß jede Art von Verletzung für einen König im Endeffekt eine „entehrende und zur Ausübung der Herrschaft (potentia) unfähig machende Verwundung" ist und somit 'impotent' macht, wie der Fall des Fischer-Königs Pellès/Amfortas der Graldichtungen deutlich zeigt. Die Tatsache, daß Kronos *schläft* und auch Artus die Zeit bis zu seiner Wiederkehr schlafend verbringt, ist ein Hinweis darauf, daß Tod und Schlaf in einem psychoanalytisch erweiterten Sinn äquivalent sind: der Schlaf ist die Phase, die auf den Orgasmus folgt, anders ausgedrückt, der Zustand der bewußtlosen Befriedigtheit (Zustand des Nirvana), der für die Rückkehr in das intra-uterine Leben kennzeichnend ist. Wo ist dabei aber noch die Grenze zwischen Leben und Tod zu ziehen? Sie ist hier natürlich fließend. Das bringt Sandor *Ferenczi* zu der Schlußfolgerung,

„daß es den Tod in absoluter Form möglicherweise überhaupt nicht gibt; vielleicht birgt selbst das Anorganische in unsichtbarer Form Keime des Lebens und der Regression. In diesem Falle müßten wir definitiv davon abgehen, uns Fragen zu stellen über die Ursachen von Anfang und Ende des Lebens und müßten uns den gesamten Kosmos des Organischen und Anorganischen vorstellen als eine ununterbrochene Wechselwirkung zwischen Lebens- und Todestendenzen, als ein System also, in dem weder das Leben noch der Tod jeweils ausschließlich dominiert."[89]

Bei eingehender Lektüre der verschiedenen Ausformungen des Mythos von der Prinzessin auf dem Meeresgrund gelangt man jedenfalls zu einer solchen Hypothese. Der ständige Wechsel zwischen Lebens- und Todestrieben, wovon *Ferenczi* spricht, ist genau das, was man in der bereits erwähnten *Peredur*-Episode von den ihre Farbe wechselnden Schafen vorfindet (eine Episode, die in ähnlicher Weise in der *Meerfahrt des Maelduin* enthalten ist). Dieses Hin und Her ist auch jener ununterbrochene Austauschkontakt zwischen den beiden Welten des Diesseits und des Jenseits, der für die alten handschriftlich festgehaltenen Epen ebenso charakteristisch ist, wie für die jahrhundertelang mündlich weitergegebenen Stoffe, die in den keltischen Ländern erst in wesentlich jüngerer Zeit schriftlich fixiert wurden.

In der Samain-Nacht stehen die Seelenhügel offen, man braucht sie nur zu betreten oder sich an ihren Eingang zu stellen, und schon kann man sehen, wie sich die geheimnisvollen Bewohnerinnen der *sidhs* aus ihren Schutzmauern aus Erde und Wasser hervorwagen. Aber die Samain-Nacht ist ihrerseits zeitlos: sie dauert jede Nacht so lange wie das Leben der Gestirne. Wir alle befinden uns in der Lage des Ödipus und treffen in den Trümmern einer toten Stadt auf die Sphinx. Die Sphinx ist ein weibliches, okkultes Wesen: im Schutze der Samain-Nacht hat sie ihre Höhle verlassen; sie stellt uns Fragen und diese Fragen sind idiotisch. Aber wir selbst sind noch weit dümmer als die Fragende, denn wir sind unfähig, sie zu beantworten. Wir sind blind, oder besser: wir *wollen* die naheliegenden Antworten *nicht sehen*. Und so rennen wir in unser Verderben. Denn die Sphinx wird uns zerfleischen und sie hat recht damit. Denn die Fragen, die sie uns stellt, sind Fragen über uns selbst. Besteht aber überhaupt die Hoffnung, daß eines Tages der Mensch – egal ob Mann oder Frau – seine Augen zu öffnen geruht und endlich wiedererkennen will, was in ihm ist und in ihm agiert?

Unser Ausgangspunkt war der Mythos von der untergegangenen Stadt, die Sage von der Stadt Ys, und dies war nicht ohne Absicht geschehen. Am Anfang war das Wasser, am Ende wird das Wasser sein. Wir haben versucht, den Spuren der Dahud/Ahès durch alle ihre Metamorphosen und Verstecke zu folgen, denn sie ist die Frau mit den tausend Gesichtern. Zwischen der Stadt Ys und der Insel Avalon liegt nur die Entfernung von einem Bild zum anderen. Aus all diesen Transpositionen ein und desselben Mythos, in denen sich immer wieder die gleiche Denkstruktur bestätigt, erwächst die Gewißheit, daß „die Struktur des Symbols nicht als etwas vom Menschen Geschaffenes aufzufassen ist, sondern umgekehrt als etwas diesen Konstituierendes" (Jacques *Lacan*). Analysiert man die Art, wie der Mann die Frau geträumt hat, wie er sie hat 'tief sinken' lassen, sowie die Gründe, weshalb er das getan hat, so enthüllt sich das wahre Wesen des Menschen in allen seinen Aspekten.

Aber das Symbol, das sich durch die Mythen entwickelt, ist – worauf Claude *Lévi-Strauss* hingewiesen hat – niemals absolut: auch wenn das letzte Wort darüber gesprochen zu sein scheint, ist noch längst nicht gesagt, daß es auch verstanden wurde. Das großartige irische Epos von der *Brautwerbung um Etaine*[90] endet damit, daß der König Eochaid, der seine vom Gott Mider (mit ihrem Einverständnis, was die Sache so problematisch macht!) geraubte und in sein Zauberreich der *sidh* entführte Frau Etaine zurückfordert, unter allen Hügeln Irlands nach ihr graben läßt. Eine List Miders bewirkt aber, daß Eochaid nicht seine richtige Frau wiedererhält, sondern eine andere, die lediglich Etaines Gesichtszüge hat. Dieses Ende ist bezeichnend: erst wenn der Mann seine Frau verloren hat, beginnt er zu begreifen, wer sie war und was sie ihm bedeutete. Nur ist es dann bereits zu spät, denn nun schieben sich andere Bilder zwischen die objektive Realität und den Mann. „Die Wahrheit liegt in einem Zwischenbereich zwischen denen, die sie aussprechen" (Jacques *Lacan*), und es ist nicht gerade leicht, sie zu begreifen. Vielleicht liegt die Lösung in der Wiederentdeckung der *Language du début*, der (Ur-)Sprache des Beginns, „der Grundstruktur des Unbewußten", wie Jean *Lacroix* sie nennt. Aber wo ist diese Grundstruktur zu finden? Die Stadt Ys lebt auf dem Meeresgrund weiter fort und mit ihr die versunkene Prinzessin, und der Erste, der am Tage der Wiederauferstehung von Ys ihre Glocken läuten hört, gelangt in den Vollbesitz des Königreichs und dazu der Dahud/Ahès. Noch entscheidender ist aber die Frage, wo die Stadt Ys der *Wirklichkeit* zu suchen ist: oben oder unten? Oder kann man bei der Betrachtung der Spiegelung einer Stadt oder eines Waldes auf dem Wasser eines Sees, Flusses oder Meeres überhaupt jemals sicher sein, ob die Ralität auch wirklich auf der Seite liegt, wo man sie vermutet? Wenn also der Mythos von der Prinzessin auf dem Meeresgrund einen gewissen Verdacht des Zweifels über den Wert der seit Jahrhunderten 'eingebürgerten' Opposition *mors* versus *vita* aufkommen läßt, so ist man aufgrund der Tatsache, daß diese nur die Angst des Menschen vor den Zwischenbereichen zwischen Traum und Wirklichkeit (d. h. Wachzustand) widerspiegelt, zu der Frage berechtigt, ob diese starr fixierte Opposition nicht auch der Ausdruck ist von der Unfähigkeit des Menschen, sich zu entscheiden. Und so taucht in seiner Phantasie, die jahrhundertelang durch schwachsinnige, weil ausschließlich im Namen der Männlichkeit geformte Denkstrukturen verfälscht wurde, die Prinzessin, die er bewußt in die Tiefen seines Unbewußten verdrängt hat, herrlicher und mächtiger als je zuvor wieder auf im Bild einer Göttin, die er niemals hätte aufhören sollen, zu verehren und anzubeten.

ANMERKUNGEN ZU KAPITEL I

1 Dubois de *Jancigny: L'Asie.* Paris 1884, S. 144.

2 J.M.: *Les Celtes.* S. 19 - 43.

3 Pierre *Le Baud: Chronique* (1638), S. 45f.

4 Albert *Le Grand: Vie des Saints de Bretagne Armoricaine* (1636).

5 A. *Le Braz: Légende de la Mort en Basse-Bretagne.* Paris 1895, Bd. II, S. 41.

6 J. *Loth: Mab.* Bd. II, S. 309f (= Triade 126).

7 *The Black Book of Carmarthen.* 38. Gedicht (frz. ersch. in: *Cahiers du Sud,* Nr. 319, S. 383).

8 *Leabhar na hUidre,* eine Hs. aus dem XI. Jh.; auszugsweise übersetzt und analysiert in J.M.: *L'Epopée Celtique d'Irlande.* S. 39 - 43.

9 Das breton. *c'h* wird wie das dt. *ch* (in *Dach*) ausgesprochen. Es wird aber in der Regionalsprache in der Gegend von Vannes und in der Cornouaille zum *h aspiré.*

10 Die von Carhaix über Castennec nach Angers führende Römerstraße heißt zwischen Pont de Marsac (sur l'Aff) und Oust im Morbihan „Chemin d'Ahès". Die zentrale Verkehrsader durch die ganze Bretagne heißt „La Rohanne" und soll auf Veranlassung einer Herzogin von *Rohan* erbaut worden sein, die die Bretagne in zwei Hälften teilen wollte, wovon diese *Chaussée d'Ahès* genannte Straße die Grenze bilden sollte (vgl. *Bulletin de la Société Polymathique du Morbihan,* 1929, S. 18). Im Kreis Pluméliau (Morbihan), nicht weit von einem Gehöft, das den kuriosen Namen „Port-Arthur" (= 'Artus-Hof') hat, liegt an der nach Castennec und Carhaix führenden Römerstraße das Dorf *Talvern Néneze.* Der erste Teil des Namens bedeutet 'Stirn/Front des Moores', der zweite ist eine Deformation aus *En hent Ahès* (= 'Chemin d'Ahès'). Im benachbarten Kreis Saint-Barthélemy liegt ein anderes Nenez (Communiqué von Henri *Maho,* Präsident des Centre Culturel de Baud).

11 Dazu gehören auch die strahlenförmig von Carhaix ausgehenden Eisenbahnlinien.

12 *Fonds Celtique* 91, Bd. II, S. 123 - 126. Dieses Lied ist auch abgedruckt in der *Revue Archéologique du Finistère* XIV (1887), S. 319 - 326.

13 So lautet die wörtliche Übersetzung. Von diesem Lied erschienen auch sog. „bearbeitete" Versionen und mehr als kühn zu nennende „Übersetzungen".

14 Vgl. dazu J.M.: *Brocéliande ou la Forêt Bretonne.* In: *Cahiers du Pays de Baud,* Baud (Morbihan) 1970, wo ich versucht habe, die Ausdehnung dieses Waldes einmal zu umreißen, die mit den Grenzen der Grafschaft (Comté) Porhoet auffällig zusammenfällt.

15 Natürlich nur bis zum Zeitpunkt der völlig schwachsinnigen Flurbereinigung, die von Pariser Technokraten beschlossen und ausgeführt wurde, welche sich nicht einmal der Tatsache bewußt waren, daß durch die Einebnung sämtlicher Bodenunebenheiten in einem dem Wind ausgesetzten Land wie der bretonischen Halbinsel damit gerechnet werden muß, daß der Boden zur Wüste verdorrt und dann künstlich bewässert und mit Hekken bepflanzt werden muß, damit die Bodendecke erhalten bleibt.

16 Vgl. René *Jeudon: L'Epopée Romane.* Paris 1932, S. 30ff.

17 J.M.: *L'Epopée Celtique d'Irlande.* S. 128.

18 „Verdammt sei die Jungfrau/ die nach großem Ringen befreit hat/ als Hüterin der Quelle/ das alles verwüstende Meer" (aus dem bereits zitierten Gedicht von *Gwyddneu Garandir*).

19 Es braucht nicht eigens betont zu werden, daß es solche Geschichten in allen Traditionskreisen gibt, nur haben wir uns hier auf den keltischen Bereich zu beschränken.

20 *Vita Sancti Tugdali Episcopi.* 33; eine Hs. aus dem XII. Jh. (Bibliothèque Nationale de Paris).

21 Esther *Harding: Les Mystères de la Femme.* (Payot) Paris 1953, S. 45.

22 Hier einige Verse dieses merkwürdigen Gedichts:

„Merc'hed Landreger zon heu koant
'vel mizilourio en arc'hant.
Hini velkent reaz al lezen
evel unan oa stoubinen
Eul lagad lemm, eun dornig fresk,
eur c'horfig mistr evel ar pesk,
E rill ar mor oa he zi plouz.
lec'h vije wecho eur gwall drouz
ha na den na loen koulskoude
hag an nor digor en ti-se.
Nemet gand eun darn ve laret
ar stoubinen oe diskennet
evel eur morverc'h er mor glaz
da c'hoari gand ar pesked braz...
Dispennet an ti plouz, lerer
er vins zo be kât eur voger,
hag a gase dindan ar mor,
eur wech ebarz, n'oa nep digor..."

„Die Mädchen von Tréguier sind so charmant/ wie Silberspieglein an der Wand./ Von denen eine trieb ein Lotterleben nur/ und diese eine, die war eine Hur./ Ein frecher Blick, eine kleine, kühne Hand/ ein kleiner frischer Körper, zappelnd wie ein Fisch an Land./ Am Strand des Meers da stand ihr strohgedecktes Haus/ und aus seinen Kammern drang gar wüstes Leben raus/ und doch wohnt' drin nicht Mensch noch Tier/ und stets verschlossen blieb die Tür./ Doch erzählte mancher eine Mär/ daß die Hur hinabgestiegen wär'/ wie 'ne Undine (wörtl.: *Meermädchen*) ins blaue Meer hinab/ weil's dort mit großen Fischen muntre Spiele gab/ .../ Als man das Strohhaus, hieß es, niederbrannt',/ da fand man eine Stiege in der Wand,/ die führt' bis unters tiefe Meer/ doch dort auf einen Ausgang blieb alle Hoffnung leer... (wörtl.: 'einmal dort angekommen, gab es keine Öffnung')".

23 Simone de *Beauvoir: Le deuxième Sexe.* (N.R.F.) Paris, Bd. II, S. 247.

24 *Ibid.* Bd. II, S. 247.

25 *Ibid.* Bd. II, S. 199.

26 G. *Dottin: L'Epopée irlandaise.* Paris 1980, S. 55 - 63.

27 J.M.: *L'Epopée celtique d'Irlande.* S. 196 - 202.

28 Wie etwa in Kildare und Bangor in Irland, ferner die verschiedenen 'Mont Saint-Michel', die einst dem Gott Belenos geweiht waren, ganz zu schweigen von der christlichen 'Seligsprechung' zahlreicher Gestalten der keltischen Götterwelt: Cerunnos wurde zum Hl. Cornley; Edern, ein Artusritter, zum Hl. Edern; die Göttin Dana/Dôn zur Hl. Anne etc. Über den Hl. Gobrien, der im Vannetais verehrt wurde, und zu dessen angeblichem Grab man noch heute geweihte Nägel bringt (um von Furunkeln geheilt zu werden!), genügt es zu wissen, daß sein Name aus der Wurzel *gov-* gebildet ist, die auch in den Namen von Schmiedegöttern wie dem irischen Goibniu und dem walisischen Govannon enthalten ist. (Dazu vgl. auch den in der Bretagne weit verbreiteten Namen *Le Goff*).

29 So lautet die Passage des 10. Gesangs der *Odyssee* im markigen Deutsch von Anton *Weiher* (München 1915). *Markale* verwendet in seiner Argumentation eine nahezu wörtliche Übersetzung:

„Du wünschest, daß ich mich nackt zeige, damit du mir (Verteidigungs-) Kraft und Potenz rauben kannst; ich werde aber dein Lager nur unter der Bedingung besteigen, daß du bereit bist, Göttin, durch feierlichen Eid zu schwören, mir nicht wieder eine neue Falle zu stellen." (Anm. d. Übers.)

30 Diese Auffassung ist auch heute noch im folkloristischen Aberglauben lebendig. So hat mir die Mutter des Dichters Charles *Le Quintrec* dreimal erzählt, ihr sei einmal ein mysteriöses, pferdefüßiges Wesen begegnet, bei dem es sich nur um den Teufel gehandelt haben könnte. Diese Begebenheit soll sich in der Nähe von Plescop (Morbihan) zugetragen haben, in einer Gegend und Atmosphäre also, die für derlei Erscheinungen besonders günstige Voraussetzungen bietet. Ich muß hinzufügen, daß Madame *Le Quintrec*, eine Frau von Verstand, die keineswegs zur Erfindung von Kindermärchen neigt, dabei den Wahrheitsgehalt ihrer Geschichte in einer Form betonte, die keinen Zweifel zuläßt.

31 Eine eingehende Analyse dazu in J.M.: *L'Epopée celtique d'Irlande.* S. 184 - 191.

32 Im Jahre 1875 erzählt von Marie *Manac'h* aus Plougasnou (Finistère-Nord) in J.M. *Luzel: Contes de la Bretagne Armoricaine.* Bd. II, S. 176 - 194.

33 Im Jahre 1869 erzählt von Marc'harid *Fulup* in Pluzunet (Côtes-du-Nord) in J.M. *Luzel: Contes ...* Bd. I, S. 258 - 288.

34 Simone de *Beauvoir: Le deuxième Sexe.*

35 Die Mehrheit der modernen Soziologen, noch dazu meist Männer, sträubt sich nach wie vor hartnäckig gegen die Hypothese einer von Frauen beherrschten Gesellschaft, eine These, die bereits *Engels* in seiner Studie über den *Ursprung der Familie, des Privateigentums und des Staates* (1884) glänzend dargestellt hat. So verkündet Claude *Lévi-Strauss* in seinen *Structures élémentaires de la Parenté* kategorisch: „Die öffentliche, oder einfach die gesellschaftliche Autorität liegt stets in der Hand des Mannes." Eine solche uneingeschränkte Behauptung darf angezweifelt werden; man kann aber auch die Matriarchate als Gesellschaften betrachten, die auf der *moralischen* Autorität der Frauen beruhen, deren Macht demnach theoretischer Natur (gewesen) wäre im Gegensatz zur realen, ausführenden Gewalt, die dabei durchaus Sache der Männer (gewesen) sein könnte. Dieses Problem ist noch weit davon entfernt, auch nur annähernd gelöst zu sein, was aber auf keinen Fall durch reine Behauptungen nach der einen oder anderen Seite geleistet werden kann.

36 An seinen Romanen finden allmählich auch die Psychoanalytiker Gefallen. Es sei darauf hingewiesen, daß Rolle und Verhalten des modernen Mannes darin ohne jede Beschönigung dargestellt werden.

37 Simone de *Beauvoir: Le deuxième Sexe.* Bd. I, S. 196.

38 *Ibid.* S. 197.

39 Florian *Le Roy: Bretagne des Saints.* Paris 1947, S. 211 - 214.

40 Auf ihrem Zug über Ascalon nach Syrien plünderten sie den Tempel der Venus Urania. Zur Strafe wurde ihnen von der geschändeten Göttin eine „Krankheit der Frauen" auferlegt, die sich auch auf ihre Nachkommen weitervererbte. (*Herodot: Historien* IV, 67).

41 D'Arbois de *Jubainville: L'Epopée celtique en Irlande.* Paris 1884, S. 320 - 325.

42 W. *Lederer: Gynophobie ou la Peur des Femmes.* Paris (Payot) 1970, S. 39.

43 J. *Loth: Mab.* Bd. II, S. 103 - 106.

44 J.M.: *Les Celtes.* S. 176 - 178.

45 Eine von Campbell in den Highlands gehörte Erzählung. In: Loys *Bruere: Contes populaires de la Grande-Bretagne.* 1875, S. 175 - 183.

46 Aus psychoanalytischer Sicht wurde immer wieder die Beobachtung gemacht, daß den letztgeborenen Kindern einer kinderreichen Familie ein glänzendes Schicksal bevorsteht. Dies ist leicht zu verstehen: nicht, daß der Jüngste begabter wäre als die Geschwister, sondern er lebt in einer Umgebung, die sich in einem in Bildung und Erziehung bereits weiter fortgeschrittenen Stadium befindet, was ihm selbst eine raschere Entwicklung ermöglicht und eine materiell weniger schwierige Lage bietet als die, mit der die älteren Geschwister – und besonders der Älteste – konfrontiert waren.

47 *Quête du Saint-Graal* (nfrz. übers. u. hrsg. v. A. *Beguin*), Lausanne 1944, S. 90f.

48 *Ibid.*, S. 93 - 101.

49 Erich *Neumann: Die große Mutter.* Leipzig 1956, S. 54.

50 *Ibid.*, S. 51.

51 In den *San-Antonio*-Thrillern des Frédéric *Dard,* die wertvolle Dokumente und aufschlußreiche Fundgruben sind, ist diese ambivalente Haltung des Mannes besonders charakteristisch. Der Protagonist *San-Antonio* ist ein impertinenter „drageur" (= 'Frauenanmacher' bzw. '-aufreißer'), aber jedesmal, wenn er nahe daran ist, sich mit einer Frau intensiver zu liieren, macht er mit ihr Schluß oder entdeckt an ihr plötzlich das Hindernis irgendeiner 'Macke'. Durch offensichtlich stark ödipale Bande auf seine Mutter fixiert, insistiert er bei der descriptio von Frauen stets auf bestimmten Merkmalen wie Bartwuchs, Buckel, Schieläugigkeit oder Fettsucht. Besonders bei der Porträtierung von Berthe Bérurier, der Gattin des Chefs, genannt „la gravosse" (= etwa 'feiste Kiste' o. Ä.) stellt er selbst die Kunst eines *Rabelais, Cervantes* oder anderer Kollegen weit in den Schatten. Diese Figur gerät zum Prototyp des aufgedunsenen, gefräßigen und schmuddeligen Weibes, das aber dennoch von Kopf bis Fuß eine *Frau* ist, deren total überentwickelter Sexualtrieb noch dazu die tollsten Dimensionen erreicht. In diesem Punkt haben wir es nicht mehr mit dichterischer Karikatur zu tun, sondern mit dem Ausdruck von persönlichen gynophoben Horrorvisionen des Autors.

52 Georges *Bataille: Dirty.* Paris (Ed. Fontaine) 1945. Hier eine charakteristische Passage daraus: „Dirty lümmelte total bezecht neben mir rum in der Kellerbar irgendeiner abartigen Absteige. Ich trug einen verdreckten Verband um die Hand. Dirty hatte ein Abendkleid an... Mit beiden Händen zerrte sie ihre Schenkel auseinander und zeigte ihren Unflat von Fotze. Sie war so bezecht wie herrlich schön, rollte wie wild die Augen...

Als ich sie flachlegte, wirbelte sie mit ihren Arschbacken eine Staubwolke auf wie das Mündungsfeuer einer Kanone, die Augen traten ihr aus den Höhlen und sie heulte Rotz und Wasser. Sie streichelte mir mit ihren langen, dreckigen Händen über die fiebernassen Schläfen."

Weiter unten gestattet sich der Autor an einer Stelle, wo Dirty noch besoffener, noch dreckiger und noch abstoßender dargestellt ist als je zuvor, die Bemerkung: „Irgendwas in ihr war keusch, ein Glanz von Unberührtheit, am liebsten wäre ich nochmal gefallen, hätte mich nochmal hingekniet."

53 Vgl. W. *Lederer: Gynophobia ou la Peur des Femmes.* S. 44 - 48.

54 J. *Loth: Mab.* Bd. II, S. 94 - 96.

55 G. *Dottin: L'Epopée irlandaise.* S. 100.

56 André *Mary* (Hrsg.): *Tristan.* Paris (Gallimard) 1941, S. 49 - 52. (Jetzt auch – mit einem Vorwort von Denis de *Rougemont* – zugänglich als Taschenausg. *Gallimard-Folio* Nr. 452, Paris 1973, unter dem Titel: *La Merveilleuse Histoire de Tristan et Iseut* restitué par André *Mary;* Anm. d. Hrsg.)

57 *Chrêtien de Troyes: Le Chevalier de la Charette.* (nfrz. Fass. v. Jean *Frappier*), Paris 1959, S. 97.

58 *Quête du Saint-Graal.* (nfrz. Fass. hrsg. v. A. *Beguin*) S. 222 - 224).

59 Esther *Harding: Les Mystères de la Femme.* S. 150.

60 Jean *Marchand: L'Autre Monde au Moyen Age.* S. 81 - 115.

61 Nach einem lat. Werk aus dem XVI. Jh., zit. in G. *Dottin: Annales de Bretagne* XXVI, S. 792.

62 Nach Albert *Le Grand: Vie des Saints de Bretagne Armoricaine.* (1636).

63 Die Inhibition des Hl. Efflam ist die Folge seiner frauenfeindlichen Erziehung, die seit Jahrhunderten auch die unsere ist. Ein von Janine *Chasseguet-Smirgel* analysierter Fall (in: *dies.: La sexualité féminine.* Paris 1969, S. 176) ist in diesem Zusammenhang aufschlußreich: ein junger Mann, der an *ejaculatio praecox* litt, wußte mit 22 Jahren noch nicht, daß die Vagina auch ein Sexualorgan ist. Für ihn war sie eine Höhle voll Abfall und Schutt, und in seinen Zwangsvorstellungen war sie mit Leichen und Autowracks gefüllt. Der Patient stand kurz davor, einen regelrechten Kampf gegen sie anzutreten: er wollte dieses Gefäß mit zerstoßenem Glas füllen oder mit Zement ausgießen, es als Nachtgeschirr oder Klosettschüssel benützen, dessen Deckel man nach Gebrauch verschließt. Die Obsessionen des jungen Mannes kulminierten in einer sadistischen Anal-

fixiertheit, die man sicher als *abnorm* bezeichnen kann, die aber auch von einer Überfütterung mit allem zeugen, was man ihm bis dato gegen die Frau gesagt und im Umgang mit ihr verboten haben muß. Die Flucht des Hl. Efflam, mit viel Geschick einfach rekuperiert durch die christlichen Legendendichter und Erfinder von Moralpredigten über die Keuschheit in der Ehe, ist die Flucht des Mannes vor dem Horror der Fäkalhöhle, in der der Drache sitzt. Man muß den Drachen besiegen, um Männlichkeit und seelisches Gleichgewicht wiederherzustellen. Der junge Peredur wird auf seiner Gralsuche die gleiche Erfahrung machen müssen, wie wir in einem eigens diesem Thema gewidmeten Kapitel noch sehen werden.

64 Otto *Rank: Der Mythos von der Geburt des Helden.* Leipzig/Wien 1922.

65 Otto *Rank: Das Trauma der Geburt.* (frz. Ausg., S. 119).

66 Sandor *Ferenczi: Thalassa. Psychanalyse des Origines de la Vie sexuelle.* Paris 1977.

67 *Ibid.*, S. 92.

68 Ein weiterer psychoanalytischer Fall (Janine *Chasseguet-Smirgel:* op. cit. S. 156 - 159): eine 40-jährige Frau, Augenärztin, verheiratet und Mutter von zwei Kindern, leidet unter Angstvorstellungen, Identitätsverlust und Neigungen, sich ins Wasser zu stürzen. In den Wänden der Praxis des Psychoanalytikers imaginiert sie ein Aquarium und hat den Eindruck, sich in diesem Aquarium zu bewegen. Sie assoziiert damit nach eigenen Angaben eine Gebärmutter. Sie träumt, sie ginge mit ihrer Mutter an einem Fluß spazieren und kontrolliere Aalreusen, eine Situation, die als Symbol des Penis in der Vagina zu interpretieren ist. Sie erinnert sich, daß ihr Vater einmal beinahe im Strudel eines reißenden Baches ertrunken wäre. Sie erklärt, in Fahrstühlen Angstzustände zu bekommen, denn die Liftkabine könne mit ihr abstürzen. Auch hier liegt wieder ein Symbol des von der Vagina angesaugten Penis vor. Das diesen Fällen zugrundeliegende Thema ist das Motiv des Hinabgerissenwerdens und Versinkens. Manchmal hat die Patientin Angst, in der Tiefe zu versinken, manchmal ist sie selbst das in die Tiefe reißende aquatische Element (ursprünglich der Penis des Vaters). Daher ihre destruktiven Angstneurosen, die mit den mythischen Bildern von der Stadt Ys vergleichbar sind, die von den entfesselten Fluten des Meeres verschlungen werden.

69 L.F. *Sauvé: Le Folklore des Hautes-Vosges.* Paris 1887, S. 326 - 340).

70 E. *Souvestre: Le Foyer Breton.* Paris 1867.

71 J.M.: *L'Epopée Celtique d'Irlande.* S. 153 - 164.

72 Zur deutlicheren Unterscheidbarkeit des im folgenden immer häufiger auftretenden Namens werden wir drei Graphien verwenden:
Yseult für die französischen und insularen Versionen;
Isolt für die mittelhochdeutschen Dichtungen;
Isolde für *Wagners* Musikdrama. (Anm. d. Übers.)

73 Denis de *Rougemont: L'Amour et l'Occident.* S. 149f.

74 *Roman de Jaufré.* V. 3040ff.

75 J.M.: *L'Epopée celtique en Bretagne.* S. 27 - 42 u. S. 53 - 59.

76 *Ibid.*, S. 189 - 190.

77 G. *Picot: La Poésie lyrique au Moyen Age.* Paris 1938, Bd. I, S. 69 - 71.

78 *Ibid.*, Bd. I, S. 79 - 81.

79 P. *Truffau* (Hrsg.): *Les Lais de Marie de France.* Paris 1936, S. 12 - 13. „*Lai* (altirisch: *laid*) bezeichnete ursprüngl. die von bretonischen Spielleuten (*jongleurs*) zu harfenähnlichen Instrumenten vorgetragenen episch-lyrischen Lieder, die Stoffe des keltischen Sagenkreises zum Inhalt hatten" (Irene *Schwendemann* (Hrsg.): *Hauptwerke der französischen Literatur.* München (Kindler) 1976, S. 45; Anm. d. Hrsg.).

80 Der ganze Lancelot-Stoff ist ein einziger Bericht des Scheiterns, was um so mehr überrascht, als es sich immerhin um den besten Ritter der Welt handelt. Manche Aventüren besteht er erfolgreich, aber niemals sind diese Erfolge von Dauer. Lancelot scheitert zunächst bei dem Versuch, Guenièvre zu befreien. Dann scheitert er bei der Gralssuche (wir erfahren, daß dies seinen Grund in der Sünde des Ehebruchs hat, aber eine solche Begründung ist natürlich zu bequem, um glaubhaft zu sein!), die erst sein Sohn Galaad erfolgreich weiterführt. Lancelot scheitert sogar in seiner Rolle als Artusritter, denn er verliert die Gunst des Königs der Tafelrunde und wird die indirekte Ursache für dessen tödliche Verwundung und damit für die Auflösung dieser Ideal-Ritterschaft.

81 *Braunschweig-Fain: Eros und Antéros.* Paris 1971, S. 244.

82 S. *Ferenczi: Thalassa* ... S. 14.

83 J. *Loth: Mab.*, Bd. II, S. 95.

84 G. *Dottin: L'Epopée irlandaise.* S. 53 - 55.

85 *Geoffrey of Monmouth: Vita Merlini.* Vgl. dazu J.M.: *L'Epopée celtique en Bretagne.* S. 120.

86 *Guillaume de Rennes: Gesta Regum Britanniae.*

87 In Wirklichkeit handelt es sich hier um die Transposition der Erinnerung an ein historisches Ereignis in den Bereich von Sage, Legende und Mythos. Die Druiden ließen sich traditionsgemäß auf Inseln bestatten (zweifellos hängt dieser Brauch mit dem Mythos von der Insel der Frauen zusammen), vor allem auf der Insel Sein und auf der Insel Môn (Anglesey), einem damals bedeutenden druidischen Heiligtum. *Procop*, ein Historiker des IV. Jh., spricht in *De Bello Gothico* von einer Volkssage, die *Chateaubriand* in *Les Martyrs* (im Kapitel über Velleda) wieder aufgegriffen hat: „An dieser Küste leben Fischer, die du nicht kennst. Wenn die Hälfte der Nacht verstrichen ist, hören sie an ihren Türen ein Klopfen und leises Rufen. Das treibt sie wie gebannt zum Strand hinab, ohne daß sie die Macht kennen, der sie da gehorchen. Sie finden leere Boote; und doch werden die Boote so überladen sein mit den Seelen der Toten, daß sie sich kaum noch über Wasser halten können. In weniger als einer Stunde werden die Fischer eine ganze Tagesreise weit zurücklegen und die Seelenfracht zur Insel der Bretonen bringen. Keine Menschenseele wird ihnen dabei begegnen, weder während der Überfahrt, noch bei der Landung." Die Fortsetzung zitiere ich direkt von *Procop* (IV, 20): „Anschließend kehren sie mit einem einzigen Ruderschlag in ihre Heimat zurück und bemerken, daß ihre Boote nun wesentlich leichter sind, erleichtert um die Last, die sie übergesetzt hatten."

88 Diese Identifizierung erfanden im XII. Jh. Mönche des Klosters *Glastonbury*, welches auf diese Weise ein geniales Mittel zur Belebung seiner Finanzen erhielt, zum einen, weil die Reichen sich daraufhin dort beerdigen ließen, zum anderen, weil dies eine wahre Flut von herbeiströmenden Pilgerscharen entfesselte. Man stellte in der Abtei sogar das angebliche Grab des König Artus zur Schau und erfand eine abenteuerliche Geschichte darüber, wie das Grab entdeckt worden war.

89 S. *Ferenczi: Thalassa* ... S. 147.

90 J.M.: *L'Epopée celtique d'Irlande.* S. 43 - 55.

[illegible]

[illegible] S. [illegible]

[illegible]

[illegible]

[illegible]

[illegible]

[illegible]

[illegible]

[illegible]

[illegible]

II.
Unsere Liebe Frau der Nacht – Der Mythos der »Notre-Dame de la Nuit«

Es fällt auf, daß alle Religionen der Welt den Gläubigen weibliche Gottheiten zur Verehrung angeboten haben, und es ist denkbar, daß diese in den frühesten Zeiten innerhalb der Götterhierarchie an der Spitze standen als Mutter-Erde (Terre-Mère) und Mutter-Wasser (Eau-Mère) und in der Folgezeit allmählich zu den Müttern der Götter und schließlich der Menschen wurden. Die Geschichte der Rangposition der Göttin verläuft parallel zu der der Frau in den archaischen Gesellschaften: sobald die Gesellschaften ihre matriarchalische – oder (um das Wort Matriarchat zu vermeiden, das nichts bedeutet und von dessen Realität wir vor allem nichts wissen) besser gesagt *gynäkokratische* Struktur verloren, wechselten auch die weiblichen Götter ihr Geschlecht und wurden männlich. Diese Umwandlung erfolgte jedoch nicht vollständig: „Die großen patriarchalischen Epochen haben in ihrer Mythologie die Erinnerung an eine Zeit wachgehalten, in der die Frauen eine besondere Rolle spielten" (nach Simone de *Beauvoir*); „In historischer Zeit sind, besonders in Indien und im Iran, noch Reste einer alten Religion zu beobachten, die in ihrer Grundstruktur sichtlich mit gynäkokratischen Institutionen in Beziehung gestanden haben muß."[1] So ist nach der indischen *Rig-Veda* Aditi (Ardvi in der iranischen *Avesta*) die Großgöttin, deren Namen zugleich ein mythischer Fluß trägt, aus dem sämtliche übrigen Gewässer der Welt entspringen. Ferner ist der indische Kult der Göttin Kâli, der gefräßigen Verschlingerin und zugleich nährenden Versorgerin, indoeuropäischen Ursprungs und geht mindestens bis auf etwa 3 000 v. Chr. zurück. Entsprechend enthält auch noch die hebräische Bibel das Echo des ewigen Kampfes zwischen den Anhängern des Mondgottes Jahwe und der „Irrlehre" der getreuen Verehrer der semitischen Großgöttin, hinter der sich wahrscheinlich die babylonische Ischtar verbirgt.

Ähnlich sah es in der druidischen Religion aus. Wie in allen Mythologien, finden sich auch hier Spuren einer Mutter-Göttin (Déesse-Mère). Wie in allen anderen Religionen findet man auch in der druidischen zahlreiche weibliche Kulte und weibliche Gottheiten. Wir kennen sie nicht nur aus gallischen und britischen Baudenkmälern römischer Zeit, sondern auch aus irischen und walisischen Texten, die – wie bereits erwähnt – ziemlich alte, erst im Laufe des Hochmittelalters schriftlich festgehaltene mündliche Überlieferungen sind. Spielen diese Göttinnen auch weiterhin eine wesentliche Rolle, so haben sie doch, wie bei den anderen Völkern, auch hier entschieden an Größe eingebüßt: sie stehen nun innerhalb einer paternalistischen Umgebung und wurden dabei nicht selten mit Geheimnissen umgeben, diffamiert, entstellt und regelrecht in die entlegensten Tiefen des Unbewußten *versenkt.* Aber dort existieren sie weiter: gelegentlich tauchen sie wieder siegreich auf und bringen arge Verwirrung in die maskuline Gesellschaft, deren Herrscher der Meinung waren, unerschütterlich fest im Sattel zu sitzen. Lange Zeit glaubte man den Sieg von Jahwe und Christus als definitiv gesichert, und doch tauchte dahinter immer wieder, verwirrend und Sehnsucht weckend, die Gestalt der Jungfrau Maria auf. Und diese schmückt sich mit den erstaunlichsten Namen: *Notre-Dame de l'Eau* ('Unsere liebe Frau des Wassers'), *Notre-Dame des Orties* (...der Disteln), *Notre-Dame du Roncier* (...des Dornengestrüpps), *Notre-Dame des Tertres* (...der Hügel), *Notre-Dame des Pins* (...der Pinien/Kiefern) und so fort. Tatsächlich ist die Göttin der antiken Religionen in uns noch immer lebendig, selbst wenn sie sich in einem Stadium des „Dornröschenschlafs" befindet. Trotz eines von Jahrhundert zu Jahrhundert immer verbissener geführten Kampfes, trotz eifriger Verbreitung von einer Flut dogmatischer Schriften über das Wesen der Jungfrau Maria ist diese im 'offiziellen' Christentum stets eine zweitrangige Gestalt gewesen: profillos, schüchtern, ein Muster dessen, was die Frau zu sein hat, nämlich die Dienerin des männlichen Geschlechts, stets rein und jungfrauenhaft-keusch, vorbildliche Mutter und heldenhafte Dulderin. Hier ist sie nicht mehr die große Göttin, vor der die Menschen zittern, sondern sie ist jetzt *Notre-Dame de la Nuit,* Unsere Liebe Frau der Nacht.

1. Die Königin der Pferde

Will man ihr Geheimnis lüften, so muß man sie erst einmal aus ihrer Nacht hervorholen, aus ihrer Höhle, aus dem Dunkel der Meerestiefe, wohin sie die Horrorvisionen der Männer verbannt hatten, – und dazu muß man auf die Welt des Mythos zurückgreifen: mit Hilfe der Mythen, Sagen und Legenden (mit all ihren Varianten, hinzugefügten oder ausgelassenen Elementen) wollen wir nun versuchen, eine Art Phantombild der Notre-Dame de la Nuit zu erstellen. Im Umfeld des Keltischen liefert dazu einen ersten Anhaltspunkt die Geschichte von Rhiannon, wie sie sich in drei der walisischen *Mabinogion*-Texten abzeichnet, nämlich in *Pwyll, Fürst von Dyved,* der den Grundstock des Mythos enthält, dann in *Manawyddan, Sohn von Llyr,* einer Fortsetzung davon, und schließlich in der Geschichte von *Branwen, Tochter von Llyr,* die weitere Einzelheiten liefert.[2]

Die Saga von Rhiannon (Wales):

Pwyll Penn Annwfn, König von Dyved, steht auf dem Hügel von Arberth. Da erscheint in der Ferne eine junge Frau in „golden strahlendem Gewande" auf einem weißen Pferd". Als er einen seiner Reiter nach ihr ausschickt, ist sie verschwunden. Am folgenden Tag das gleiche Spiel: wieder verschwindet die wunderliche Reiterin. Am dritten Tag macht sich Pwyll persönlich auf die Verfolgung, aber auch ihm gelingt es nicht, die Flüchtige einzuholen. Aus der Ferne ruft er ihr zu: „Junges Mädchen, um die Liebe dessen, den du am meisten liebst, warte auf mich!" Die Reiterin hält an, gibt sich zu erkennen als Rhiannon, Tochter von Hyveidd Hen, und gekommen aus Liebe zu Pwyll: „Niemals würde ich von jemand anderem etwas begehren, es sei denn, du wiesest mich zurück." Der König ist bereit, Rhiannon zu heiraten. Die Hochzeit findet im folgenden Jahr am Hofe von Hyveidd statt. Aber da erscheint mitten im Festbankett ein Herausforderer, der niemand anderer ist als Gwawl, der ehemalige Werber um Rhiannons Hand. Gemäß des Brauches, ein Gastgeschenk bewilligt zu bekommen, ohne daß der Gastgeber vorher weiß, welches der Gast wünscht, verlangt er Rhiannon persönlich. Aber Rhiannon gelingt es, bis zur Hochzeit mit Gwawl ein Jahr Aufschub auszuhandeln. In dieser Zeit ersinnt sie einen wahrhaft macchiavellistischen Plan, durch den Gwawl, besiegt und enttäuscht, endgültig aus dem Feld geschlagen werden kann, und setzt ihn auch in die Tat um. Rhiannon heiratet Pwyll, wie vorgesehen. Wenig später schenkt Rhiannon einem Sohn das Leben. Aber da sinken Rhiannon und die Frauen, die ihr Kindbett bewachen, eines Nachts in einen tiefen Schlaf, und das Kind wird unter mysteriösen Umständen entführt. Um sich selbst reinzuwaschen, behaupten die Frauen, Rhiannon habe ihr Kind getötet. Der Mutter wird von Pwyll und dem Rat der Weisen von Dyved der Prozeß gemacht, und sie wird zu einer höchst sonderbaren Strafe verurteilt: „Während sieben Jahren solle sie ohne Unterbrechung am Hofe von Arberth bleiben und hätte allabendlich auf dem Trittstein (der zum leichteren Besteigen des Pferdes diente; Anm. d. Übers.) draußen vor dem Eingang zu sitzen, müßte jedem Ankommenden, von dem sie den Eindruck hätte, er würde sie nicht kennen, ihre ganze Geschichte erzählen und geladenen wie ungeladenen Fremden anbieten, *sich von ihr – auf ihrem Rücken reitend – in den Hof tragen zu lassen."* So geschieht es. Das Kind ist inzwischen auf nicht weniger mysteriöse Weise in den Pferdestall eines gewissen Teyron aus Gwent gelangt. In jeder Nacht der Kalenden des Mai hatte dessen Stute die Gewohnheit, ein Fohlen zu werfen, und dieses Fohlen verschwand immer, ohne daß man wußte, was aus ihm wurde. In jener Nacht nun hält Teyrnon vor seinem Stall Wache, und so findet er nicht nur ein neugeborenes Fohlen, sondern auch ein neugeborenes Kind, gehüllt in einen kostbar verzierten Mantel. Teyrnon zieht das Knäblein auf und gibt ihm den Namen Gwri Gwallt Euryn ('Gwri mit dem Goldhaar'). Als er drei Jahre alt ist, zähmt der Knabe das Fohlen, mit dem er Freundschaft geschlossen hat, und reitet es. Teyrnon, der von der Geschichte der Rhiannon gehört hat, beschließt, sich mit dem Kind an den Hof von Dyved zu begeben. Rhiannon bietet ihnen an, sie auf ihrem Rücken einreiten zu lassen. Das Kind lehnt ab. Teyrnon erzählt Pwyll und Rhiannon alles, was er mit dem Findelkind erlebt hat, diese erkennen ihr geraubtes Kind wieder, und Rhiannon ruft aus, daß sie nun eine „Sorge" (= 'Pryderi') los sei. So kam ihr Sohn zu seinem endgültigen Namen Pryderi. Pryderi wächst zu einem stattlichen jungen Mann heran. Nach dem Tod des Pwyll wird er König von Dyved und nimmt eine gewisse Kicva zur Frau. Nach dem katastrophalen Zug Brâns nach Irland ist er einer der sieben einzigen Überlebenden, die durch einen Zauber am Leben erhalten werden, indem sie den „Gesang der Vögel von Rhiannon" hören, „der die Toten aufweckt und die Lebenden in den Schlaf schickt". Mit Manawyddan, dem Sohn von Llyr, kehrt er nach Arberth zurück. Manawyddan heiratet Rhiannon. Da wird Dyved Opfer einer Verzauberung und das Land verödet. Rhiannon, Kicva, Pryderi und Manawyddan, die einzigen, die in dieser Gegend noch leben, gehen mit der Zeit die verbliebenen Vorräte aus, und so müssen sie fortziehen, um woanders ihr Glück zu suchen. Eines Tages kehren sie mit neuem Reichtum und neuen Vorräten nach Arberth zurück. Einmal sehen sie ein weißes Wildschwein in einer Burg verschwinden, von deren Existenz sie bisher nichts gewußt hatten. Pryderi folgt ihm bis in die Burg. Die Burg ist menschenleer. In der Mitte des Burghofes befindet sich ein Brunnen und darauf ein goldener Kelch, der an Ketten liegt, die soweit in den Himmel reichen, daß man ihr oberes Ende nicht mehr sehen kann. Pryderi greift nach dem Schöpfkelch, aber im selben Augenblick geht ihm die Stimme verloren und seine Hände bleiben an dem Kelch haften. Inzwischen macht sich Rhiannon Sorgen, daß sie ihren Sohn nicht zurückkehren sieht. Sie macht Manawyddan Vorwürfe, weil er ihn nicht begleitet hatte, und dringt selbst in die Burg ein. Als sie Pryderi befreien will, widerfährt ihr das gleiche Schicksal wie ihm. „Dann, sobald es dunkel war, erscholl ein Donnerschlag, eine mächtige Wolke senkte sich herab und die beiden verschwanden mitsamt der ganzen Festung." Schließlich gelingt es Manawyddan, das Ende der Verzauberung herbeizuführen, die über Dyved lastete und von Llywyt, Kilcoets Sohn verursacht worden war, der sich für Gwawl an Pryderi und Rhiannon rächen wollte. Man erfährt noch, daß während der Zeit ihrer Abwesenheit Mutter und Sohn Domestiken am Hofe von Llwyt waren, und insbesondere, daß Rhiannon dabei „ein Halfter um ihren Hals trug, mit welchem Esel gezäumt werden, nachdem sie die Heuernte eingebracht haben."

Das Auffälligste an dieser Rhiannon-Saga ist zweifellos die Verbindung zwischen dem Pferd, besser gesagt der Stute, und der Figur der Göttin. Zunächst ist sie die *Reiterin:* sie erscheint auf einem *weißen* Pferd und sucht die Liebe des Königs Pwyll zu gewinnen. Das ist das Bild der Göttin der Autre Monde, der in einen Sterblichen verliebten Fee, die den Erwählten raubt und in das Land ewiger Jugend entführt. Das Pferd ist ein Sonnensymbol: es handelt sich um das Pferd, das vor den Sonnenwagen gespannt ist und ihn durch den Raum der Nacht führt. Daher ist die Reiterin nicht einfach nur ein Bild des Todes, sondern auch der *Auferstehung.* Ihr Pferd ist weiß, hat also die Farbe des Tages, und doch kommt es aus der Nacht herauf. Der Hügel von Arberth ist der Ort, wo Pwyll sie zum ersten Mal erblickt: dieser Hügel ist ein magischer Hügel; – nie besteigt man ihn, ohne ein Wunder zu erleben. Er ist mit den *Sidhs,* jenen Seelenhügeln Irlands identisch, in denen die Tuatha Dé Danann oder bestimmte Feen hausen. Nun taucht Rhiannon ebenfalls aus einem solchen Hügel auf, also ist sie in Wirklichkeit eine Notre-Dame de la Nuit.

Auf der anderen Seite wird ihr Sohn Pryderi im Stall des Teyrnon neben einem neugeborenen Fohlen gefunden; dieses Füllen wird er zähmen und bereits als Dreijähriger reiten. Nach seinem ersten Namen Gwri Gwallt Euryn zu schließen, hat der junge Pryderi goldene Haare, die mit der Mähne eines Streitrosses vergleichbar sind: es handelt sich dabei nicht nur um ein schönes, poetisches Bild, sondern zugleich um ein leicht erkennbares Sonnensymbol.

Noch dazu wird Rhiannon, als sie zu Unrecht für das Verschwinden ihres Sohnes bestraft wird, verpflichtet, die Reisenden, die zur Burg des Königs kommen, auf ihrem Rücken reiten zu lassen. Auch hier liegt eine semantische Assimilation an die Stute vor, ferner trägt das Detail der Beschreibung ihrer Lage als Gefangene am Hof des Llwyt (wo sie als Saumtier diente) zur Verstärkung dieser

Gleichsetzung bei, und schließlich ist Rhiannon auch noch die Göttin mit den Wundervögeln, worauf wir noch zurückkommen werden.

Doch beschränken wir uns zunächst auf die Untersuchung des Pferdemotivs in der Rhiannon-Saga. Alle Mythologien sind sich über die enge Beziehung zwischen Rhiannon und der romanisierten Galliergöttin Epona einig, deren Kult im römischen Imperium weit verbreitet war. Zahlreiche Kunstdenkmäler und Inschriften sind ihr gewidmet, besonders in Gallien und auf der deutschen Seite des Rheins. In der gallo-römischen Statuenkunst finden wir sie auf drei verschiedene Arten dargestellt: einmal auf einem Pferd oder Fohlen reitend; dann vor einem oder zwischen zwei (oder mehreren) Pferden stehend, und schließlich liegt sie in einer dritten, selteneren Darstellungsweise halbnackt auf einem Pferd. Gelegentlich trägt sie ein Füllhorn, einen Kelch oder eine einfache Schale. Manchmal ist sie von einem Hund begleitet, – ein interessanter Hinweis, denn der Hund gilt in allen Kulturkreisen als der Hüter der Unterwelt.[3] Epona ist nicht lateinisch-römischen Ursprungs, daher wird sie auch erst bei relativ späten Autoren erwähnt, etwa bei *Juvenal* (*Satiren,* VIII) oder bei *Apuleius* (*Metamorphosen,* III): dort erfahren wir, daß man mit ihrem Bild die Wände von Pferdeställen geschmückt und mit Rosen verziert hat. Demnach mußte sie in der Welt der Römer eine Schutzgöttin der Pferde gewesen sein. Dies bestätigt auch die auffallend große Häufigkeit von Inschriften ihr zu Ehren in solchen Gebieten, wo die Reiterei eine besonders wichtige Rolle spielte, wie etwa an den Grenzen zu Germanien. Es ist jedoch zu vermuten, daß diese ihr zugeordnete Rolle als Beschützerin der Pferde nur ein schwacher Abglanz der Rolle war, die sie in der Frühzeit bei den noch unabhängigen Kelten spielte. Sie machte die gleiche Entwicklung durch, wie manche Heilige der christlichen Religion: zunächst hatten sie die Funktion irgendeiner als Symbol dargestellten Idee, und dieses Symbol wurde, als man vergessen hatte, was es bedeutete, allmählich wörtlich genommen: auf diese Weise wurde z.B. die Hl. Barbara, die man durch einen Turm, das Symbol der Jungfräulichkeit, darstellte, mit der Zeit zur Schutzpatronin der Artillerie (die den Turm sprengt!) und daneben auch noch zur Schutzpatronin der Feuerwehr (die den von ersterer verursachten Brand zu löschen hat!). Es ist geradezu lächerlich, die Götter und Göttinnen als reine Schutzinstanzen zu betrachten, wie es von einer großen Zahl von Mythologen getan wird. Das hieße nämlich, die Anhänger der alten Religionen für Schwachköpfe zu halten, was sie schwerlich zu allen Zeiten, auf keinen Fall aber in der Frühzeit dieser Religionen gewesen sein werden. Eponas Evolution als Gottheit bildet also keine Ausnahme zur Regel, und wie wir sehen werden, ist diese zu einer zweitrangigen Rolle verurteilte Figur in Wirklichkeit sogar die Inkarnation der ursprünglichen Muttergöttin der Kelten.

Es steht fest, daß die Epona auf die eine oder andere Art mit dem Bild des Pferdes verbunden ist. Dies läßt sich keineswegs nur aus der Ikonographie oder ihrer Funktion als Pferdebeschützerin ablesen, sondern bereits aus ihrem Namen: *Epona* stammt tatsächlich von gallisch *Epo,* und dieses aus indoeuropäisch **ekwo,* woraus lat. *equus* wurde. Demnach ist sie also etymologisch gesehen die „Reiterin", oder auch direkt die „Stute".

Agesilaos, ein griechischer Autor der Spätzeit, erzählt eine in diesen Zusammenhang passende, kuriose Geschichte über die Geburt der Epona:

„Phuluios Stellos, der die Frauen haßte, trieb's mit einer Stute: diese kam, als die Zeit um war, mit einem schönen Mädchen nieder und gab ihm den Namen Epona."[4]

Deutlicher kann die Pferdeabstammung der Epona kaum dargestellt werden! Ein Detail überrascht dabei jedoch: nicht Phuluios Stellos gibt dem Mädchen seinen Namen, *sondern die Stute persönlich,* der griechische Originaltext läßt diesbezüglich keinen Zweifel zu. Es ist also anzunehmen, daß es sich um ein magisches oder göttliches Tier handelt, oder ganz einfach um eine Darstellung der Gottheit als Tier.

Diese griechische Anekdote über die Geburt der Epona läßt sich zu einem uralten Brauch der Gälen in Beziehung setzen, einem Brauch in Zusammenhang mit der Erlangung der Königsherrschaft, welcher noch von *Giraldus Cambrensis* (*Topographia,* III, 25), einem lateinisch schreibenden Gallier des XIII. Jh., erwähnt wird. Hier die Übersetzung der betreffenden Passage, deren Schauplatz Kenecunnil, eine Stadt in Nord-Ulster, ist:

„Das ganze Volk hat sich an diesem Ort versammelt. Man führt in die Mitte der Versammlung eine weiße Stute. Daraufhin nähert sich die ranghöchste Person (= der König) vor aller Augen der Stute, ganz wie das liebe Vieh und gar nicht wie ein Fürst, wie ein wildes Tier, und gar nicht wie ein König; wie ein gesetz- und sittenloser Strolch, und mit so wenig Vorsicht wie Rücksicht verkehrt er mit der Stute wie von Tier zu Tier. Sobald er fertig ist, wird die Stute geschlachtet; man zerteilt sie und läßt sie in Wasser kochen. Aus dieser Brühe bereitet man dem König ein Bad. Er setzt sich in den Badezuber, man bringt ihm Stücke des Fleisches, er ißt und teilt die Speise mit dem Volk, das um ihn versammelt ist. Dann wird er mit der Brühe gewaschen; er trinkt von ihr, nicht mit einer Trinkschale oder mit seinen Händen schöpfend, sondern direkt mit seinen Lippen. Nach Beendigung des Rituals ist seine Herrschaft und Macht bestätigt und gesichert."

Das hier zitierte Herrschaftsritual ist keineswegs ein Einzelfall, sondern ist in ähnlicher Form fast überall auf der Welt anzutreffen, wo das *Asvamedha* oder „Pferdeopfer" praktiziert wurde. Diese Zeremonie ging folgendermaßen vor sich: zunächst wurde das Pferd mit Stoffdecken erwürgt; anschließend umkreisten die Gattinnen des Königs mehrmals den Kadaver. Dann legte sich die erste Gattin neben das Pferd auf den Boden; beide wurden mit einem Tuch bedeckt und die Frau führte sich den Penis des toten Pferdes ein. Obwohl es sich in Indien um die Kopulation zwischen einer Frau und einem Hengst und in Irland zwischen einem Mann und einer Stute handelt, ist das Ritual das gleiche: es handelt sich um eine Hierogamie, eine sakrale Hochzeit, wobei Hengst und Stute Gottheiten sind, die dem Herrscher die eigentliche, tatsächliche Macht bringen.

Denkt man an den hier beschriebenen Brauch, so erhält die Hochzeit zwischen Rhiannon und Pwyll ein ganz besonderes Gewicht. Kann es sich nicht auch hier um einen Fall von Hierogamie handeln? Der König Pwyll läßt sich von der Göttin Rhiannon seine Macht noch einmal bestätigen, die ihm bereits nach dem Willen des Volkes, d.h. von den Menschen, übertragen worden war. Durch seine Hochzeit mit der Reiterin des weißen Pferdes (eines Hengstes) wird er der göttliche Erwählte und kann so sein Herrschaftsgebiet sichern „soweit das Auge reicht", wie es in der keltischen Definition der königlichen Macht heißt.

Rhiannon-Epona ist tatsächlich die göttliche Stute und verfügt über deren göttliche Macht: die hat sie aus dem Schattenreich unter den Hügeln mitgebracht, wohin sie die neue paternalistische Form der Gesellschaft verbannt hat. Aber die Gesellschaft verhält sich wie der Sohn, den man gewaltsam seiner Mutter entreißt: wie dieser hat sie Angst vor ihrer eigenen Verantwortung, sie möchte sie mit der teilen, deren Macht sie an sich gerissen hat, daher die Rückbesinnung auf Notre-Dame de la Nuit.

Dieser Mythos steht in der keltischen Sagentradition keineswegs vereinzelt da. Ob in Irland oder auf dem Kontinent, überall begegnen wir ihm in anderen Ausformungen und Varianten, in denen das Gesicht der Göttin immer deutlichere Züge gewinnt:

Die Geschichte der Macha (Irland):

Die Fee Macha tritt eines Tages bei dem braven Witwer Crunniuc ein und läßt sich bei ihm nieder. Daraufhin wächst der Wohlstand des Bauern von Tag zu Tag. Macha wird schwanger. Ihre Niederkunft steht in Kürze bevor, als Crunniuc sich zur Ratsversammlung der Ulates auf den Weg macht. Im Laufe der Versammlung schließt er eine verrückte Wette ab: er behauptet nämlich, seine Frau könne schneller rennen als die Pferde des Königs. Das erzürnt den König und er läßt die Frau zur Versammlung rufen. Sie verweist auf ihren Leibeszustand und bittet um Aufschub, doch der König zeigt sich unerbittlich: sie muß den Beweis antreten für das, was Crunniuc von ihr behauptet. Da sagt Macha: „Möge es denn geschehen, wie ihr verlangt, aber wegen des Schmerzes, den ihr mir verursacht, sollt ihr einen noch weit schlimmeren erleiden." Das Rennen beginnt. Macha erreicht als Erste das Ziel, kommt jedoch vor den Köpfen der Pferde mit Zwillingen nieder. An dieser Stelle entsteht später die Stadt, die zur Hauptstadt von Ulster werden und Emain Macha heißen wird, was „die Zwillinge der Macha" bedeutet. Aufgrund des Fluchs der Macha haben die männlichen Ulates mindestens einmal in ihrem Leben die Schmerzen einer Geburt zu erleiden.[7]

Die Geschichte von Taliesin (Wales):

Am Hofe des Königs Maelgwn Gwynnedd hat sein Neffe Elffin behauptet, seine Frau wäre ebenso tugendhaft wie die Gemahlin des Königs, und sein Barde wäre geschickter als die Barden des Königs. Der junge Barde Taliesin beweist, was behauptet wurde und verlangt daraufhin von Elffin, er solle nun die Behauptung aufstellen, er habe ein Pferd, das schneller ist als die Pferde des Königs. Die Wette wird eingegangen. Taliesin bewirkt, daß Elffins Pferd gewinnt und entdeckt an der Stelle, wo das Pferd einen Fehltritt getan hatte, einen Schatz.

In beiden Sagen kommt ein Wettrennen vor: das erste gewinnt Macha, das zweite ein Pferd, welches der Dichter als Substitut an die Stelle der Frau gesetzt hat. Es ist nämlich nicht unwahrscheinlich, daß es in der Taliesin-Sage ursprünglich ebenfalls eine Frau war, die nach der leichtsinnigen Wette von Elffin zum Wettrennen gegen die Pferde des Königs Maelgwn Gwynedd antreten mußte. Beide Geschichten sind nach dem gleichen Schema konstruiert; nur ist die von Taliesin wesentlich jünger: denn einerseits wurde das Symbolverhältnis Frau-Stute nicht mehr verstanden, andererseits erschien es dem jüngeren Dichter 'vernünftiger', ein Pferd gegen andere Pferde rennen zu lassen. Dennoch bleibt die Analogie erstaunlich: Macha ist deutlich die weiße Stute, von der *Giraldus Cambrensis* spricht, deutlich ist sie die Reiterin des weißen Pferdes der Mabinogion-Geschichte und verkörpert einen Aspekt der Epona, die wir weiterhin als Notre-Dame de la Nuit bezeichnen wollen.

Die Geschichte der Dechtire (Irland):

Dechtire begleitet einmal ihren Bruder Conchobar, den König von Ulster, auf der Jagd nach den Raubvögeln des Feenlandes. Eines Abends gelangen sie in ein Haus, wo Dechtire der Frau des Hausherrn bei einer Geburt beisteht. Diese bringt einen Sohn zur Welt, und im selben Augenblick wirft die Stute zwei Fohlen, die man dem Kind als Spielkameraden gibt. Am folgenden Morgen sind das Haus, der Hausherr und seine Gemahlin plötzlich verschwunden. Nur das Kind ist noch da. Es wird Dechtire zur Aufzucht anvertraut. Aber das Kind stirbt. Dechtire ist erschüttert. Nach der Beerdigung des Kindes trinkt sie etwas, dabei springt ihr aus dem Trinkgefäß ein kleines Tier in die Kehle, und sie verschluckt es. Sie wird schwanger, man verheiratet sie in aller Eile an einen gewissen Sualtam. Aber Dechtire schämt sich und treibt heimlich ab, bevor sie mit ihrem Mann die Ehe vollzieht. Bald wird sie ein zweites Mal schwanger und schenkt einem Sohn das Leben. Er wird Setanta genannt und wird erst später den Namen Cûchulainn erhalten.[9]

Dieser Text enthält zahlreiche Archaismen und verweist auf den einstigen Kampf der Gälen gegen die Tuatha Dé Danann (die durch Feenwesen repräsentiert werden, welche in Gestalt von wilden Vögeln Ulster heimsuchen und verwüsten). Der Text ist recht schwer verständlich und offensichtlich verstümmelt. Man ahnt zwischen den Zeilen eine inzestuöse Liaison zwischen Dechtire und ihrem Bruder Conchobar. Von dieser Verbindung ist in einer zweiten Version der Sage ebenfalls die Rede, wobei aber mit keinem Wort mehr die Stute erwähnt wird, die zwei Fohlen wirft: dafür ist aber dann aus Dechtire eine Vogel-Frau geworden. Auf jeden Fall ist das Element der Fohlen und der Stute, wenn sich daraus auch nicht besonders scharfe Schlüsse ziehen lassen, ein Verweis auf den gleichen Mythos, der auch der Sage von Rhiannon und Macha zugrunde liegt, und die Anspielung auf diesen Mythos ist in einem Text wie *Die Geburt des Cûchulainn* besonders signifikant: der große Held der Ulates wäre nämlich dann von göttlicher Abstammung. In beiden Versionen der Sage ist von einer angeblichen Intervention des Gottes Lug die Rede, jedoch scheint das Motiv dieses göttlichen Eingreifens ein späterer Zusatz zu sein; es ist weit wahrscheinlicher, daß es sich in der ältesten Überlieferung, die in der ersten Version noch durchschimmert, um eine Stuten-Gottheit gehandelt hat, die aufgrund ihrer göttlichen Natur die Macht auf Conchobar übertrug, d.h. auf den rituellen Gatten der Dechtire in der Funktion der femme mystérieuse, der rätselhaften Frau.

Koadalan (Bretagne):

Der junge Koadalan verläßt seine Eltern, als diese keine Mittel mehr haben, um ihn noch weiter zu ernähren, und macht sich auf die Suche nach dem Glück.

Er begegnet einem edlen Herrn, der ihn auf sein Schloß mitnimmt und ihm die Wache darüber anvertraut, während er selbst auf Reisen ist. Alle seine Wünsche und Bedürfnisse soll Koadalan einem magischen Tuch anvertrauen, er soll sich davor hüten, zwei bestimmte Kammern zu betreten, und habe die Aufgabe, einem Fohlen soviel Klee und Hafer zu füttern, wie es verlangt, eine hungrige Stute aber mit Ruten zu prügeln, sooft sie Hunger hätte. Der Burgherr bricht zur Reise auf, und Koadalan fragt sich ernsthaft, ob er sich nicht im Schloß des Teufels befinde. Das magische Tuch schafft ihm alles herbei, was sein Herz begehrt. Er füttert das Fohlen und peitscht die Stute. Diese beginnt zu jammern und spricht ihn an: sie sagt, sie heiße Thérèse und sei nicht immer eine Stute gewesen. Sie verrät Koadalan die Mittel, wie er die Geheimnisse des Schloßherrn lüften, und wie man von dem Schloß entfliehen könne. Koadalan gehorcht ihren Anweisungen, und sie fliehen zusammen, Koadalan auf dem Rücken von Thérèse. Alle Versuche des Schloßherrn, sie wieder einzufangen, wehren sie erfolgreich ab, setzen mit knapper Not über einen Fluß und befinden sich schließlich außerhalb seines Machtbereiches, sodaß er ihnen nichts mehr anhaben kann. Da bittet Thérèse Koadalan, sie zu schlachten und ihr den Bauch zu öffnen. Er tut, wie sie ihm geheißen, ein wunderschönes junges Mädchen kommt heraus und verkündet ihm, daß ihm ein begnadetes Schicksal beschieden sei: er werde die Königin von Spanien heiraten, und sie selbst werde ihm stets zur Seite stehen, wenn er in Gefahr geraten sollte. Nach diesen Worten verschwindet Thérèse.[10]

Das in unserem Zusammenhang Interessante an dieser Sage ist, daß man hier – wenn auch in recht folkloristischer Aufmachung – die Figur der Rhiannon/Epona nicht so sehr als diabolisches Wesen, sondern ganz im Gegenteil als Opfer und Feindin eines teuflischen Wesens dargestellt findet. Bereits im Zusammenhang mit der Princesse Engloutie konnten wir feststellen, daß in der verzerrenden Phantasievorstellung aus dieser Prinzessin oft ein unheilbringendes, 'böses' Wesen wurde, und daß ferner das Pferd im Volksglauben gelegentlich als eine der Gestalten des Teufels galt. Hier dagegen ist die Stute ein glücksbringendes, 'gutes' Wesen: sie fungiert als Schutzengel für den jungen Koadalan. Koadalan wird zum Anhänger, Verehrer der Göttin, und diese kann dem, der ihren sakralen Charakter und ihre Macht anerkannt hat, ihre Hilfe nicht verwehren. Noch dazu wird Koadalan in das diabolische Wissen des mysteriösen Schloßherrn eingeweiht und verwandelt dessen Schwarze Magie in Weiße Magie. Er nimmt eine Umwertung der Werte vor, und wenn man die Weiße Stute als die Göttin auffaßt (mit allem, was dies an weiblichen Elementen und gynäkokratischen Sozialstrukturen umfaßt), so kann man sagen, daß Koadalan sie wieder in ihre angestammten Rechte und Privilegien einsetzt, während sie bis dahin die Gefangene eines 'bösen' Wesens war, welches die paternalistische Gesellschaft repräsentiert. In *Freud*scher Optik ist Koadalan der junge Sohn, der sich gegen seinen Vater auflehnt; nur hat *Freud* dabei seinen Gedanken nicht konsequent zu Ende gedacht: denn nicht nur, um sich in den Besitz der Privilegien des Vaters zu bringen, revoltiert der Sohn mit der Mutter als Komplizin, sondern auch deshalb, weil er der Mutter wieder zu ihren einstigen Privilegien verhelfen will. Daß eine Sage wie die von Koadalan, ausgerechnet im XIX. Jahrhundert erzählt wurde, in einer Epoche, wo das Patriarchat seinen Höhepunkt erreichte, ist erstaunlich: aus ihr spricht ein gewisser im Volkstum unbewußt vorhandener Wille zur Umwertung der Werte und zum Sturz der tyrannischen Macht des Vaters (der als Usurpator dargestellt wird und die Stute, d.h. die Göttin gefangen hält), mit einem Wort: die (unbewußte) Sehnsucht nach einer Rückkehr zu den Quellen, – und die

Quellen können nur im Universum der Mutter liegen, der Spenderin von Reichtum, Wohlergehen und authentischem Leben. Die Tatsache, daß das Fohlen reichlich gefüttert, daß aber die Stute geschlagen werden soll, zeugt von der Verachtung, die der Herr des magischen Schlosses gegenüber der Mutter und damit gegenüber dem weiblichen Geschlecht ganz allgemein empfindet. Wir haben also in der Koadalan-Geschichte den Versuch vorliegen, der Herrschaft des Vaters zu entkommen und die Prinzessin des Meeresgrundes wiederzufinden, die Notre-Dame der Nacht neu zu entdecken, die auf die Stufe einer Sklavin herabgesunken ist, aber in der Vorstellung des jungen Sohnes nichts von ihrem Prestige eingebüßt hat.

Die Erinnerung an Rhiannon/Epona findet man auch noch in einem anderen Volksmärchen, das aus den Vogesen stammt, aus jenen Bergen, die zwar auf germanischem Boden liegen, aber noch heute den Namen einer alten gallischen Gottheit tragen:

Die Prinzessin von Anfondrasse (Vogesen):

Die Prinzessin von Anfondrasse weigert sich, einen alten König zu heiraten, solange sie nicht ihren in der Luft verlorenen Schal und ihr im Meer verlorenes Diamantencollier wiedergefunden hat. Ein junger Mann namens Prudent (= 'Klug') rühmt sich, die verlorenen Gegenstände wiederfinden zu können, und wird beauftragt, sie zu suchen. Mit Hilfe seiner *amie,* der Stute, und mit Hilfe des Königs der Fische gelingt es ihm tatsächlich. Aber die Prinzessin verliebt sich daraufhin in Prudent, den 'Klugen', und willigt immer noch nicht in die Hochzeit mit besagtem König ein. Höchst erzürnt darüber befiehlt dieser, einen Ofen 24 Stunden lang vorzuglühen und anschließend Prudent darin zu verheizen. Da rät die Stute dem Prudent, ihr eine Vene in der rechten Hinterhand zu öffnen und sich seinen ganzen Körper mit ihrem Blut zu waschen. Auf diese Weise kann Prudent ohne irgendeinen Schaden drei Tage und drei Nächte lang in diesem Ofen ausharren. Das macht den König immer rasender und die Prinzessin immer verliebter. Prudent stürzt auf die Stute zu und entdeckt, daß sie auf einmal ein wunderschönes junges Mädchen geworden ist. Vor die Wahl gestellt, sich zwischen der Prinzessin und der Ex-Stute zu entscheiden, fällt seine Wahl auf die einstige Stute.[11]

Es besteht kein Zweifel, daß diese Sage keltischen Ursprungs ist: ein Detail beweist es besonders deutlich, nämlich das des glühenden Ofens, in dem der Held verheizt werden soll. Es ist die Reminiszenz eines archaischen Rituals, wovon wir zwar keine genauen Einzelheiten kennen, aber zumindest wissen, daß es mit der Samain-Nacht in Zusammenhang stand: im allgemeinen wird dabei ein König in einem bis zur Weißglut erhitzten Eisen-Haus geopfert.[12] Darüber hinaus ist auch das Rhiannon-Thema mit der Rückkehr zur Mutter im Hintergrund deutlich zu erkennen. Denn um Prudent das Leben zu retten, bedeckt die Stute ihn mit ihrem eigenen Blut, mit anderen Worten, sie schützt ihren Sohn (Prudent) mit ihrer Gebärmutter: sie nährt ihn und schützt ihn durch ihr Blut gegen die Austrocknung (= die Katastrophe der Geburt), die durch den glühenden Ofen symbolisiert wird. Hier haben wir eine perfekte Illustration der von *Ferenczi* in *Thalassa* aufgestellten Theorien über die Analogie zwischen der phylogenetischen Katastrophe der Geburt des Individuums und jener ontogenetischen Katastrophe, die vor Jahrmillionen die Lebensformen erschütterte: die Austrocknung des Urmeeres und die Notwendigkeit einer Anpassung an ein neues

Leben auf dem Trockenen, was in den verschiedenen Kosmogonie-Traditionen durch die Sintflut oder den Weltenbrand (den Phaeton-Mythos) symbolisiert wird. Auf gesellschaftlicher Ebene handelt es sich wieder um die Revolte des jungen Sohnes gegen den alten König (seinen Vater) mit der aktiven Unterstützung einerseits der Stute (als Substitut der Mutter), und andererseits – was besonders bezeichnend ist – *mit der Hilfe des „Königs der Fische"*: beide sind treue Verfechter der gynäkokratischen Ordnung, denn der Fisch symbolisiert die Rückkehr zur Mutter. Auch der Schluß dieses Märchens, die Entscheidung für die ehemalige Stute, deutet unbestreitbar diese Rückkehr zur Mutter an, was mancher natürlich sofort als Regression, als Rückschritt betrachten wird: zweifellos *ist* es eine Regression, aber niemand dürfte a priori sagen können, in welcher Richtung sich die Menschheit zu bewegen hat und bewegt.

Bis hierher begegneten wir der Notre-Dame de la Nuit in der Gestalt einer Stute, oder zumindest in enger Beziehung zum Pferd, also semantisch mit Elementen der Pferdesymbolik besetzt. Wir haben uns aber im Zusammenhang mit den Kelten unbedingt von jeder Idee des Totemismus frei zu machen, da der Totemismus sich bei den meisten Stämmen nur auf eine Klassifizierung nach Bezeichnungen beschränkt, die von Tiernamen oder von Baumnamen entlehnt sind. Wie bei den anderen Indoeuropäern hat auch bei den Kelten das Tier nur in geringem Maß eine symbolische Bedeutung, und die wenigen Anzeichen und Spuren von Totemismus, die gefunden wurden, gehen auf eine voreuropäische Zeit zurück und stammen von Traditionen, die auch noch nach der Kelteneinwanderung ihre ursprüngliche Eigenart bewahrt hatten. Dabei soll natürlich unbestritten bleiben, daß das Pferd in der religiösen Symbolik der Kelten besonders häufig verwendet wurde, auch in der Ikonographie und sogar in der dekorativen Kunst, was ja nichts Ungewöhnliches sein dürfte bei einem Volk, das seit jeher Pferdezucht betrieben hat, und dessen Reiterei sogar noch zur Zeit Cäsars sowohl bei den Bretonen als auch bei den Galliern eine überaus effektive Spezialwaffe war. Die gallische und bretonische Münzkunst hat uns davon aufschlußreiche Zeugnisse hinterlassen: man denke nur an die Münzen der Redoni, Veneti, Duriosolites, Osismii und Baiocassi; alle verherrlichen das Pferd und erheben es zu einem phantastischen Tierwesen, das gelegentlich von einem geisterhaften Wagenlenker geführt wird, gelegentlich selbst einen Vogel- oder Menschenkopf hat, – ein untrügliches Indiz für den hohen Stellenwert, den bei diesen Völkern eine solche Darstellung hatte.

Es wäre indes ein Irrtum zu glauben, daß die Göttin ausschließlich in Gestalt einer Stute dargestellt wurde. Auch die anderen Tiere hatten eine besondere Signifikation. In der gallo-römischen Bildplastik fällt auch eine Bärengöttin auf, die im Museum von Bern aufbewahrt wird (einer Stadt, deren Name germanischen Ursprungs ist und deren Stadtwappen noch an dieses Tier, den Bären, erinnert). Die Göttin, es ist Artio – ihr Name ist von dem gallischen Wort für „Bär" abgeleitet – sitzt in dieser Darstellung vor einem großen Bären an einem Baum mit kurzen Ästen und hat neben sich auf einer kleinen „Säule" einen Korb voller Früchte. Man hat sich gefragt, ob es sich bei dieser Gottheit um eine Beschützerin der Bärenjäger handelt oder um die Beschützerin der Bären selbst. So ist die Frage falsch gestellt, denn die Gottheiten haben, wie die Schutzheiligen, Schutzpatrone und Nothelfer des Christentums ursprünglich „etwas bedeutet", waren

„Signifiants". Übrigens ist die Tatsache, daß die Göttin Artio neben einem Früchtekorb sitzt, und daß der Bär, wie es scheint, von gleichem Symbolrang ist wie sie, ein Hinweis darauf, daß es sich eher um eine Göttin des Überflusses, d.h. um die göttliche Mutter allen Lebens und aller Nahrung handelt. Wir haben es also wieder mit Notre-Dame de la Nuit zu tun.

Tatsächlich kommt die Göttin mit dem Bären in der Sagen-Literatur der Kelten ebenso selten vor wie in ihrer Ikonographie.[14] Es ist wahrscheinlich, daß sie bereits sehr früh durch einen „Bären-Gott" ersetzt wurde. Man beachte besonders gewisse Götter-Beinamen, wie den gelegentlich „Artaios" genannten Merkur. Besondere Aufmerksamkeit verdient eine berühmte, wenn auch spät entstandene Mythen- und Sagengestalt, nämlich König Artus/Arthur, der einen unvergleichlich hohen Stellenwert in der gesamten höfischen Literatur des europäischen Mittelalters hatte. Der Name Artus/Arthur stammt möglicherweise entweder von der indoeuropäischen Wurzel **ar-* (mit der Bedeutung '*ar*-(!)-beiten') ab oder von einem gallischen Wort, welches „Bär" bedeutet, das auch, wie bereits erwähnt, im Namen der Göttin *Artio* (breton.: *Arz*) enthalten ist. Als Erklärung des Namens *Artus* hat man auch einen römischen Ursprung vorgeschlagen, dessen Urform demnach *Arctus* oder *Arcturus* gelautet haben müßte. *Arctus* bedeutet wiederum 'kleine' oder 'große Bärin', und *Arcturus* (Arktur) ist der Name des hellsten Sternes im Sternbild des Bootes (in der Nähe des „Großen Bären"). Alle diese Deutungsversuche führen uns immer wieder zu einer Wurzel mit der Bedeutung „Bär". Da nun der König Artus/Arthur unserer Sage nach ein gehörnter und ständig zum lächerlichen Hahnrei gemachter Monarch ist, und da nach keltischer Auffassung die eigentliche, die wirkliche Herrschaft von seiner Gemahlin Guenièvre repräsentiert wird (in den walisischen Texten heißt sie *Gwenhwyfar* = „weißes Fantom"), und da Guenièvre ihm ziemlich oft geraubt wird (von Lancelot du Lac, dem permanenten Liebhaber der Königin, hin und wieder aber auch von Meleagant, dem König der Autre Monde, oder von Mordred, dem Sohn und Neffen des Königs), erhebt sich die berechtigte Frage, ob Artus nicht eine späte und *paternalistische* Transkription der Idee einer alten weiblichen Gottheit ist, die mit einem Bären in Beziehung stand, oder sogar direkt die Transkription einer Bären-Göttin.

Jedenfalls ist die Gestalt des Königs Artus auffällig konturlos und nicht leicht zu deuten. Zahlreiche Interpolationen und Mischungen mit anderen Figuren haben ihn mit der Zeit immer komplexer werden lassen und verfremdet. Halten wir einfach fest, daß es einmal eine Bären-Göttin gegeben haben muß, und daß sich ihre Züge in der Erinnerung der Kelten immer mehr verwischt haben und daß neue, unschärfere Vorstellungen von Gottheiten an ihre Stelle getreten sind.

2. Bei den Schweinen

Mit dem Thema des Wildschweins treffen wir auf einen Aspekt der Notre-Dame der Nacht, der bislang von den Mythologen niemals richtig verstanden worden ist. Das Wildschwein kommt in der gallo-römischen und sogar in der rein gallischen Bildplastik überaus häufig vor. Die verschiedensten gallischen Münzen enthalten Abbildungen von Wildschweinen. Häufig sind sogar die Embleme der Krieger

Wildschweine. Es gibt Inschriften zu Ehren eines Mercur mit dem Beinamen *Moccus*, in dem wir auf das gallische Wort für „Wildsau" oder „Schwein" (breton.: *Moc'h*) stoßen. Insbesondere gibt es eine Statuette der Göttin Arduinna, deren Name unweigerlich an die Ardennen erinnert, wo sie übrigens auch gefunden wurde: Sie stellt eine Frau mit den Zügen der Jagdgöttin Diana dar und reitet auf einem Wildschwein. Auf den ersten Blick scheint der Name Arduinna mit *Artos*, dem Bären, in Zusammenhang zu stehen, aber die Art der Darstellung läßt keinerlei Zweifel aufkommen. Interessant ist daran, daß die Göttin mit Merkmalen der Diana ausgestattet ist, die – wie wir noch sehen werden – die alte Muttergöttin der Indoeuropäer ist. Wenn man nun die Darstellungen der Epona, auf dem Pferd sitzend und mehr oder weniger direkt mit einer Stute assimiliert, mit diesem Bild der Arduinna vergleicht, so hat man allen Grund, daraus zu schließen, daß diese Göttin *mit* dem Wildschwein auch eine Wildschwein-Göttin, oder genauer gesagt: eine göttliche Bache, d.h. Muttersau gewesen sein muß. Alte, wenn nicht gar prähistorische Traditionen, deren Echo noch in den walisischen Texten anklingt, können uns dies bestätigen:

Die Geburt des Kulhwch (Wales:)

„Kilydd, Sohn des Fürsten Kelyddon, sehnte sich nach einem Weibe, um mit ihr das Leben zu teilen. Seine Wahl fiel auf Goleuddydd ('Glänzender Tag'), Tochter des Fürsten Anllawd. Sobald sie unter ein und demselben Dache vereint waren, begann das ganze Land zu beten, ihnen möge ein Erbe beschieden sein, und so wurde durch die Kraft der Gebete ihnen ein Sohn geboren. Die Mutter wurde aber von der Stunde der Empfängnis an schwachsinnig und floh jede menschliche Behausung. Als die Zeit ihrer Niederkunft näherrückte, kehrten ihr die Sinne wieder zurück. Als sie an einen Ort kam, wo ein Sauhirte eine Herde Säue hütete, erschrak sie beim Anblick dieser Tiere so sehr, daß sie auf der Stelle niederkam. Der Sauhirt nahm das Kind an sich und brachte es an den Hof. Dort wurde es getauft und erhielt den Namen Kulhwch, da man es in der Suhle einer Sau gefunden hatte."[15]

Der Name Kulhwch soll, nach dem Verfasser des *Mabinogion-Textes*, aus folgenden Partikeln bestehen: erstens aus *Cul* (sprich *Kil*; = 'eng') oder *Cil* (ebenfalls als *Kil* auszusprechen: = 'Versteck', 'Zufluchtsort', 'Winkel'), was mit dem gälischen Wort *Cill*, Kirche, zusammenhängt (vgl. *Kildare*, die 'Kirche der Eichen', ursprünglich in der Bedeutung von 'Eichen-Versteck'), – und zweitens aus *Hwch*, was 'Schwein' bedeutet (jedoch nur im Neuwalisischen im Sinn von 'Muttersau'; *Houc'h* im Bretonischen). *J. Loth* ist der Auffassung, daß es sich hier um eine Fantasie-Etymologie handelt, wie man sie in analoger Form in allen Texten des Mittelalters findet, in den französischen und englischen Texten ebenso wie in den irischen oder walisischen. So vorschnell darf jedoch nicht geurteilt werden, denn die Wahrscheinlichkeit ist groß, daß der anonyme Dichter dieses Textes, der der erste der Artus-Erzählung ist und von dem manche Passagen bis in das IX., wenn nicht sogar bis in das VII. Jahrhundert zurückgehen, hier eine völlig authentische Überlieferung wiedergibt.

Natürlich ist diese Geschichte von Kulhwchs Geburt und der Frau, die 'Glänzender Tag' heißt und den Verstand verliert, die fern von jedem menschlichen Kontakt in der Nachbarschaft von Schweinen lebt und im Augenblick der Niederkunft wieder zu Verstand kommt, höchst sonderbar. In dem letztgenannten Punkt ist der Text jedoch unmißverständlich: Es wird klar gesagt, daß sie deshalb *plötzlich in der Suhle einer Sau niederkommt*, weil sie wieder zur Vernunft gekommen ist und entdeckt, daß sie sich unter Schweinen befindet. So ist diese Frau also die Mutter-Göttin in Gestalt der Bache, sie ist die Mutter(Sau) Göttin und Kulhwch das Ferkel, das sie in ihrem Schweine-'Schlupf-Winkel', mit anderen Worten: in ihrer Gebärmutter getragen hat. Die ganze Geschichte steht in Analogie zu der von Rhiannon, deren Sohn in einem Pferdestall im gleichen Augenblick gefunden wird, wo die Stute gerade ein Fohlen geworfen hat: sie steht ebenfalls in Analogie zu der Geschichte von Dechtire und von Macha. Außerdem lassen sich auch deutliche Bezüge zu der gälischen Legende um den Helden Diarmaid aus dem Leinster- (bzw. Finn-)Zyklus herstellen, der in Irland ebenso weit verbreitet ist wie in Schottland:

Die Geschichte von Diarmaid (Irland/Schottland):

Diarmaid wächst am Hofe des Feenkönigs Oengus auf, der Sohn des Seneschalls von Oengus ist dort sein Milchbruder. Als eines Tages Diarmaids Vater bei Oengus erscheint, um seinen Sohn zu besuchen, tötet er aus Versehen den Sohn des Seneschalls und ist gezwungen, diesem eine Kompensation zu geben. Nach einem Schiedsurteil des Finn verwandelt der Seneschall seinen toten Sohn in ein Wildschwein ohne Borsten, Ohren und Ringelschwanz und spricht folgende Worte: ‚Hiermit unterwerfe ich dich der magischen Verpflichtung, Diarmaids Tod herbeizuführen; und dein Leben wird das Seine nicht um einen Tag überdauern." Der Eber erhebt sich und verschwindet. Er wird den Namen 'Eber des Ben Culbainn' erhalten.[16]

In dieser eigenartigen Geschichte ist nicht von einer Frau die Rede, man kann aber davon ausgehen, daß die Gemahlin des Seneschalls mit einer Muttersau in Zusammenhang stehen muß.

Diarmaids Schicksal ist also fortan an das des 'Ebers von Ben Culbainn' geknüpft: Dieser ist sein Double, seine magische Projektion. In gewisser Hinsicht ist Diarmaid das junge Wildschwein, der Frischling, und wenn die Geschichte in der uns überlieferten Form auch verstümmelt und 'korrigiert' ist, so enthält sie doch wichtige Elemente des Mythos: Eine unbekannte Frau, die in einem Bezug zu der Muttersau steht, bringt einen Sohn zur Welt, der seinerseits mit einem Wildschwein assimiliert wird.

Das männliche wie das weibliche Schwein bzw. Wildschwein spielte bei den Kelten eine bedeutende Rolle. Zunächst einmal im täglichen Leben, denn die Kelten waren große Jäger und begeisterte Spezialisten im Fang von Wildschweinen, einer Wildart, die in den Wäldern Galliens, Britanniens und Irlands besonders stark verbreitet war. Ferner züchteten die Kelten große Herden von Schweinen, und das Amt des Schweinehirten ist eines der wichtigsten innerhalb der gesellschaftlichen Hierarchie. Den walisischen *Mabinogion*-Zweigen zufolge waren die bedeutendsten Schweinehirten Pryderi und Tristan. Eine gälische Erzählung mit dem Titel *Die beiden Sauhirten*[17] beschreibt die magischen Heldentaten der zwei Schweinehirten von Munster und Connaught. Ferner gilt das Schwein in der Mythologie als ein Tier, das magische Kräfte hat. Als die Tuatha Dé Danann von den Gälen besiegt und unter die Hügel und auf die Inseln verbannt worden waren, wurden sie auf einer Art Unsterblichkeitsbankett von den Schweinen von Manannann ernährt.[18] Den walisischen Mabinogion zufolge soll es in Syved sieben Wunderschweine gegeben haben. Das waren Schweine, die von Pwyll Penn Anwfn aus der Autre Monde mitgebracht und dem Pendaran, dem Ziehvater von Pryderi, übergeben worden waren. Nach dem *Mabinogi von Math* dagegen sollen sie von Arawn, dem König der Autre Monde, an Pryderi geschickt worden sein. „Es sind kleine Wildtiere, deren Fleisch aber schmackhafter als das der Rinder ist. Sie sind klein von Gestalt. Sie sind dabei, einen anderen Namen zu erhalten. Jetzt nennt man sie *Moch*."[19] Dies ist eine deutliche Erinnerung an die Zeit der Einführung des Schweins als Haustier auf der Britischen Insel.

Das Bild von der Mutter(Sau)-Göttin scheint sich lange in der Erinnerung der Menschen erhalten zu haben, da man es noch in den Romanen der Tafelrunde wiederfindet. So liefert eine französische, im XIII. Jahrhundert entstandene Dichtung, die dem Artus-Zyklus angehört, eine kuriose Anekdote zum Mythos des Weißen Schweins:

Das Weiße Schwein (höfische Artusepik):

Guingamor, ein bretonischer Ritter, ist der Neffe des Königs. Die Königin verliebt sich in ihn. Doch er verschmäht sie. Um sich zu rächen, bestimmt sie Guingamor dazu, das Weiße Wildschwein zu jagen, das im Wald umgeht und noch von niemandem erlegt werden konnte, – im Gegenteil: Alle, die sich bis dahin auf die Jagd nach ihm begeben haben, kehrten nie mehr zurück. Bei seiner Verfolgung des Wildschweins verirrt sich Guingamor und überrascht plötzlich eine wunderliche Jungfrau beim Bade. Sie fordert ihn auf, ihr nahe zu treten und gewährt ihm ihre Liebe. Guingamor jedoch möchte bald an den Hof seines Onkels zurückkehren, mit dem Kopf des Weißen Schweins als Beute. Seine rätselhafte *Amie* gewährt ihm Abschied, eröffnet ihm aber gleichzeitig, daß seit seinem Aufbruch zur Jagd bereits dreihundert Jahre vergangen sind und ihn bei Hofe niemand mehr kennen wird. Trotzdem will er sich auf den Weg machen. Da rät ihm die Fee des Weißen Schweines, nicht zu trinken und nicht zu essen, solange er sich außerhalb ihres Reiches befinde. Unterwegs erzählt er seine Geschichte einem greisen Köhler und ißt – den Rat der Fee mißachtend – eine Frucht, worauf er tot umfällt. Da erscheinen die Dienerinnen seiner *Amie* und holen ihn heim in ihr wunderliches Königreich.[20]

Die Königin des Wunderreiches hatte gewissermaßen unter dem Aspekt des Weißen Schweines den Helden angelockt. Sobald er sich aber in der Grenzzone zwischen den beiden Welten befand, brauchte sie den Akt der Verführung nur noch unter ihrem weiblichen Aspekt zu vollenden. Sie unterscheidet sich somit nur wenig von Goleuddydd, der Mutter(sau)-Göttin. Im Unterschied zu dieser ist sie aber die begehrenswerte, anziehende Lichtgestalt. Es kommt jedoch auch vor, daß sie sich in stark abstoßender Gestalt präsentiert. Häufig zitiert wird die walisische Sage von dem alles verwüstenden wilden Schwein, einem gefährlichen Untier der Nacht, bei dessen Jagd man Leib und Leben riskiert. Man hat dabei nicht erkannt, daß es sich in Wirklichkeit um ein weibliches Schwein handelte und somit wiederum um das Bild der Notre-Dame der Nacht. Hier die beiden Versionen dieser Sage:

Die Geschichte von Twrch Trwyth (Wales):

Damit Olwen einwilligt, ihn zu heiraten, muß Kulhwch sich in den Besitz eines Kammes bringen, der auf dem Kopf des Wildschweines Twrch Trwyth steckt. Damit die Jagd gelingt, ist ihm die Hilfe von König Artus und seinen Rittern zugesagt worden. Einer von diesen, der Ritter Gwrhyr, der sich in der Magie auskennt, verwandelt sich in einen Vogel und fliegt „über die Suhle, in welcher Twrch Trwyth mit ihren sieben Ferkeln saß"; er trägt die Bitte vor, eines von ihnen möge zu einer Unterredung mit zu König Artus kommen. Eines der Ferkel antwortet: „Wir werden nicht mit Artus sprechen. Schon ehe ihr kamt und gegen uns kämpftet, hat Gott uns bereits genug durch unsere jetzige Gestalt gestraft." Artus gibt das Signal zur Jagd. Doch Twrch Trwyth verwüstet Dyved und ganz Wales. Nachdem alle Ferkel getötet worden sind und das Schwein selbst eine große Zahl der Ritter und Könige getötet hat, bricht es in Kernyw (Cornwall) ein, wo es seine Verwüstungen fortsetzt. Schließlich gelingt es aber Artus, ihm den Kamm zu entreißen. „Dann trieb man das Schwein aus Kernyw fort, geradewegs zum Meer hinab. Niemand hat jemals erfahren, was seitdem aus ihm geworden ist."[21]

Die Geschichte von Henwen (Wales):

„Eine der Sauen des Koll, die Henwen (= 'Die weiße Alte') war trächtig. Nun war prophezeit worden, daß der Britischen Insel großes Leid von ihrem Wurf widerfahren würde. Daher rief Artus Britanniens Heere zusammen und trachtete danach, das Tier zu töten. Die Sau machte sich aus dem Staube und brach in Kernyw ein. Dort stürzte sie sich auf der Flucht vor dem Obersauhirten zum Meer hinab. In Maes Gwenith (= 'Weizenfeld'), in Gwent, gebar sie ein Weizenkorn und eine Biene; seit dieser Zeit fand man nirgends einen besseren Boden für Weizenanbau und Bienenzucht als in Maes Gwenith. In Llonyon, in Penvro (Pembroke), gebar sie ein Gerstenkorn und ein Weizenkorn: auch die Güte der Gerste von Llonyon wurde zum Sprichwort. In Riw-Gyverthwch, in Arvon, gebar sie unter dem Maen Du (=„Schwarzer Stein") eine Katze. Aber der Obersauhirte warf sie vom Felsen herab ins Meer. Doch die Jungen von Palu retteten ihr später zu ihrem eigenen Schaden das Leben."[22]

Die Schweine-Göttin erscheint hier unter einem negativen, bösen Aspekt:[23] Das Schwein Twrch Trwyth verwüstet alles, was ihm in den Weg kommt, und tötet die Menschen, wo immer es ihnen begegnet. Alles, was Henwen zur Welt bringt, wird für die Britische Insel zur Plage werden. Und doch fällt dabei auf, daß das Tier stets mit dem Bild der Fruchtbarkeit und des Überflusses verbunden ist: Henwen gebiert ein Weizenkorn, ein Gerstenkorn und eine Biene, und es wird betont, daß daraus bester Weizen, beste Gerste und eine hervorragende Bienenart erwächst. Daneben bringt Henwen jedoch auch noch einen Wolf, einen Adler und die genannte Katze Palu auf die Welt, auf die wir noch eingehen werden. Die Mutter(sau)-Göttin hat also – wie die Mütter der antiken Götter im Mittelmeerraum oder in Indien – sowohl einen 'guten' als auch einen 'bösen' Aspekt. Oder ist sie etwa nicht die indische Göttin Kâli, „die Schwarze Kâli, die sich mit den Köpfen und Händen ihrer friedfertigen Opfer, die kein Blut sehen konnten, schmückte und den Leichnam ihres Herrn mit Füssen trat..."[24], – Kâli, „diese Mutter Indiens, das schöne und schreckliche, milde und mörderische Bild, durch das das ewige Indien all das, was die Welt zerstört und erschafft, das ewige Fressen und Gefressen-Werden, in seiner Totalität symbolisiert."[25] Angesichts all der von

Twrch Trwyth getöteten Menschen liegt die Vermutung nahe, daß es sich hier um eine Art Blutritual handelt, wie es bei den Anhängern des Kâli-Kults Brauch war. Kâli lebt vom Blut, Kâli braucht Opfer, tierische und menschliche, sie ist die unersättliche Verschlingerin, ganz wie das Mutterschwein, das gelegentlich seine eigenen Ferkel nach der Geburt auffrißt. Hier liegt die Erklärung für die scheinbar schreckliche Grausamkeit verschiedener, der Muttergöttin dargebrachter Kulte, die das ganze Altertum hindurch in Indien und im Mittelmeerraum gepflegt wurden. Bei den Khonden in Südindien wurden noch bis 1835 Menschen zur Opferung vorbereitet (man bezeichnete ein solches Opfer als *Mériah*), und diese Vorbereitungszeit konnte zehn bis zwölf Jahre dauern. Unmittelbar nach der Konsekration des Opfers begann eine Epoche entfesselter Ausschweifung. Am Tage der Opferung zwängte man den *Mériah* durch einen Spalt in einem noch im Saft stehenden Baum, und die Menge stürzte sich auf ihn und riß Fetzen aus seinem Fleisch. In Rom versammelten sich zum Fest der Phrygischen Muttergöttin Priester und Priesterinnen unter ekstatischen Rhythmen zu Umzügen, die in Orgien endeten. In Argos setzten sich die Priesterinnen während des Aphrodite-Festes solange unter Drogen und Alkohol, bis sie die mystische Ekstase erreicht hatten. Bei diesen Riten spielte auch die Flagellation eine bedeutende Rolle: in Rom beim Fest von Cybele und Attis oder während des Lupercalien-Festes, wo die Priester die Gläubigen, besonders die jungen Frauen, auspeitschten, oder in Sparta, wo man die kleinen Kinder vor der Statue der Artemis auszupeitschen pflegte, – ein Ersatz für die Kinderopfer der Frühzeit, wie die Sage von Iphigenie bezeugt. Diese Flagellationsrituale lebten auch noch im Christentum weiter, und wir finden sie während des ganzen Mittelalters in den körperlichen Züchtigungen und Kasteiungen sowie in den Flagellantenprozessionen.

Die Schweine-Göttin will Blut sehen und Schmerzensschreie hören. Das Symbol der Bache und besonders des Ebers weist deutlich darauf hin. Das Wildschwein ist das Tier, das mit seinen „Hauern" und „Gewehren" den Boden aufwühlt und seine Opfer zerfleischt. Das Motiv des Wildschweins ist natürlich keineswegs nur bei den Kelten beheimatet; wir finden es auch im Mythos der Aphrodite wieder, eine der ältesten Göttinen der Hellenen. Aphrodite gilt zwar allgemein als die Meeres-Gottheit, geboren aus den Schaumkronen des Meeres und den Hoden des von Kronos kastrierten Uranos, aber ihr Name bietet noch andere interessante Aufschlüsse: er enthält das Element *-dite*, verwandt mit *Ditis/Daitis*, dem Namen einer kleinasiatischen Meeresgottheit, die in der griechischen Götter- und Sagenwelt zu *Thetis* wurde, sowie das Element *Aphro-*, dessen Spur auch im Monatsnamen *April* (frz. *Avr*-il) steckt und das mit dem lateinischen Wort *aper* zusammenhängt: es bedeutet 'männliches Wildschwein' (vgl. das deutsche Wort *Eber* dafür, das von diesem direkt abgeleitet ist; Anm. d. Hrsg.).

Man hat den Eindruck, als hätten sich sämtliche männlichen Zwangsvorstellungen, heute gerne euphemistisch als 'Männerphantasien' bezeichnet, in konzentrierter Form zur Figur der Mutterschwein-Göttin bzw. der göttlichen Wildsau auskristallisiert. Dabei wurde das Bild der Göttin, die materielle Blüte und Liebe bringt, verdrängt, und nur die Idee niederster, triebhaftester Sexualität, verbunden mit der Idee von Blut und Fäulnis, beibehalten. Tatsächlich ist aus der einstigen Mutterschwein*egöttin* wirklich eine '*Sau*' geworden, mit allem, was dieses Wort an wirklicher und übertragener Bedeutung im modernen Wortschatz mit sich bringt: ein '*Schwein*' und vor allem eine '*Drecksau*' ist nicht nur ein Mensch, der sich nicht wäscht, sondern auch einer, der '*Schweinereien*', beziehungsweise '*Sauereien*' liebt, worunter besonders mehr oder weniger bizarre sexuelle Verhaltensweisen zu verstehen sind. Pornographische Werke sind *schweinische/säuische* Werke. Macht eine Frau von ihrem Geschlecht Gebrauch, wie es ihr paßt und ohne auf die Erlaubnis des Mannes zu warten, so gilt sie als *Schwein*, als *Sau*.[26]

So stehen wir vor folgendem Phänomen: die Göttin, das ist die Frau, und die Frau ist gefährlich, gesundheitsschädlich, schreckenverbreitend. Also haben die Männer sie auf den Meeresgrund versenkt oder in eine Höhle verbannt. „Im Herzen jedes Mannes schlummert eine Sau", heißt es treffend. Das ist eine wohlbekannte Formel, und wir brauchen zu ihrer Erklärung nicht weit auszuholen: eine Frau wird vom männlichen Über-Ich bis zum Exzess kulpabilisiert, gleichzeitig wünscht es sich aber insgeheim, sie möge aufwachen. Hierin ist eine Reminiszenz all jener Kulte zu sehen, deren Objekt die Muttergöttin ist und die sich alle durch das Fehlen jeglichen Schamgefühls auszeichnen.

Um die japanische Sonnengöttin Amaterasu aus der Höhle, in der sie sich versteckt, hervorzulocken, steigt die Göttin Amano Uzume mit einem Strauß von Bambusblättern auf ein umgekipptes, pirogenartiges Boot und beginnt zu tanzen. Vom Geist der Gottheit besessen entblößt sie ihre Brüste und streift ihre Kleider ab. Das erregt das Gelächter der Götter, und Amaterasu kommt neugierig aus ihrer Höhle hervor.[27] Mit dieser Szene sollte man einmal die Striptease-Shows der Gegenwart vergleichen sowie die wahrhaft göttliche *Ekstase*, die manche Mädchen in Popkonzerten packt, wo sie sich dann gelegentlich die Kleider vom Leib reißen und in einer Art von unbewußtem Delirium tanzen. Auf den wirklichen oder rituellen Hexensabbat braucht nicht mehr ausführlicher hingewiesen zu werden: dort tanzen die Frauen mit Luzifer unter dem Patronat der Diana, der großen Göttin der Antike, dieser Diana – Artemis, die häufig in einer Pose dargestellt ist, wo sie gerade dabei ist, ihr Gewand abzustreifen, um vor ihren Verehrern ihr Geschlecht zu entblößen. Hierbei taucht wieder die Erinnerung an jene sakrale Tempelprostitution auf, die fast obligatorisch mit dem Kult der Göttin verbunden war: in Babylon zum Beispiel prostituierten sich die Töchter der Adligen im Tempel der Göttin Anahita, und in ganz Kleinasien, Griechenland und Indien gab es ähnliche Bräuche. Hören wir, was *Herodot* zu berichten weiß:

„Der übelste der babylonischen Bräuche ist jener, der die Frauen dieses Landes verpflichtet, sich einmal in ihrem Leben in den Tempel zu begeben, um mit einem wildfremden Mann sexuellen Verkehr zu haben... Die Männer defilieren an ihnen vorüber und treffen ihre Wahl. Egal, wieviel Geld sie dafür zahlen, nie würde die Frau sich ihnen verweigern, denn damit würde sie eine Sünde begehen, da das Geld durch den Vollzug des Geschlechtsaktes heilig gemacht wird. Nach Beendigung dieses Aktes ist die Frau in den Augen der Göttin heiliggesprochen."

Wer ist diese Göttin? Ischtar, die Primordialgottheit, die „Göttin der Begierde, Göttin des Lebens, Kurtisane der Liebe, heilige Tempel-Hure", jene Ischtar, die durch die Stimme ihres Orakels erklärt: „Ich bin eine barmherzige Hure." Natürlich dürfen solche Erinnerungen von dem „zivilisierten" Mann in einer von Männern beherrschten Gesellschaft, die sich auf die monogame Ehe und auf die absolute Treue der Ehefrau als Hüterin des Herdes gründet, keinesfalls toleriert werden. Denn die Treue der Gattin, darauf sei nochmals hingewiesen, wurde vom Mann lediglich zum Schutz seines Erbes erfunden: nach der patrilinearen Erbfolge hat der Sohn Nachfolger des Vater zu sein, der Sohn ist also stets *Sohn des Vaters* und nicht *Sohn der Mutter*. Daher darf der Mann bedenkenlos Abenteuern mit der Weiblichkeit nachjagen, das bedeutet keine Gefahr für die patrilineare Erbfolge. Das Gegenteil jedoch würde diese Art der Erbfolge in Frage stellen, denn die Frau könnte ja von einem anderen Mann schwanger werden, und dies würde die Rückkehr zur matrilinearen Erbfolge bedeuten, die sich – wie wir gesehen haben – noch deutlich in den keltischen Rechtsbräuchen und ganz besonders in den mytholgischen Traditionen der Kelten widerspiegelt. Folglich wurde der Ehebruch der Frau in allen patriarchalischen Gesellschaften streng verdammt. Die keltische Gesellschaft, die sich noch auf einer Zwischenstufe zwischen der gynäkokratischen und der androkratischen Gesellschaftsform befindet, ist auf diesem Gebiet erheblich großzügiger. Aber schon in den ältesten Traditionen der Kelten ist das einst weiße göttliche weibliche Wesen (Rhiannon auf einem weißen Streithengst, Goleuddydd, 'der glänzende Tag', Gwenhwyfar, das 'weiße Phantom' und ihr irisches Pendant Finnabair, die 'graue Stute', ferner das weiße Schwein oder die weiße Muttersau) zu Twrch Trwyth geworden, dem zerstörenden Untier, oder zu Henwen, die zwar noch weiß, aber alt und häßlich ist. Daß die Heilige Hure ein wohltätige, gütige Gestalt war, geriet in Vergessenheit. War es nicht Acca Larentia, die Romulus und Remus aufgezogen hat? Gewiß, nur war Acca Larentia eine Prostituierte, die die mit Hilfe ihres Metiers erworbenen Schätze dem Staat vermachte. Übrigens war auch die Mutter von Romulus und Remus eine Vestalin, die sich im Tempel prostituierte; sie hatte lediglich das Glück, durch einen Gott, nämlich Mars, schwanger zu werden. Auch die Königin Medbh von Connaught verfährt mit ihrem Körper mehr als großzügig: immer wenn es um das Interesse ihres *Tuath* geht, zögert sie nicht, demjenigen, der von Nutzen sein kann, die „Freundschaft iherer Lenden" anzubieten. Ihren Gemahl, den König Ailill, schockiert das keineswegs; er begnügt sich mit der Erklärung: „Es mußte sein, um dem Unternehmen zu Erfolg zu verhelfen."

Aber genau darin liegt die Gefahr für die Autorität des Mannes. Wenn die Frau nach eigenem Gutdünken über ihre 'Lenden' verfügen kann,[28] wird sie zu allem fähig. Erinnern wir uns daran, daß in der indischen Religion Shiva, die Personifizierung des Brahma (des undifferenzierten großen Ganzen), männlichen Geschlechts ist, aber nichts aus eigener Kraft bewirken kann: er ist ein passives Wesen, er verharrt in Meditation außerhalb der Zeit. Um zu handeln, bedarf er der Hilfe seiner Gemahlin Shatki, die die aktiv *agierende* Energie, die Dynamik der Zeit verkörpert. Wenn nun der Mann die Frau braucht, so versucht er, ihre Macht einzuschränken. Deshalb verbieten die *von Männern gemachten* Gesetze der Frau die freie Verfügung über ihre Sexualität: sie könnte darin zu weit gehen und das fragile, wenn auch zählebige soziale Gebäude in Gefahr bringen, das der Mann ausschließlich zu seinem eigenen Vorteil errichtet hat: die patriarchalische Gesellschaft, in der wir heute noch leben. Das hat weitreichendere Konsequenzen, als man zunächst annehmen mag. Herbert *Markuse* stellt, eine These von *Freud* aufgreifend, fest, daß

„die freien libidinösen Beziehungen ihrem Wesen nach Arbeitsleistungen widerstreben, daß den ersteren Energie entzogen werden muß, um die letzteren zu begründen, daß nur das Fehlen der vollen Befriedigung die gesellschaftsgründende Organisation der Arbeit aufrecht erhält. Selbst unter den optimalen Bedingungen einer rationalen Gesellschaftsorganisation müßte die Befriedigung der menschlichen Bedürfnisse Mühe erfordern, und schon diese Tatsache allein müßte quantitative und qualitative Triebeinschränkungen erzwingen und damit zahlreiche soziale Tabus. Ganz unabhängig von ihrem Reichtum hängt die Kultur von stetiger und methodischer Arbeit ab und damit von unlustvoller Verzögerung der Befriedigung. *Da die primären Triebe 'von Natur aus' gegen diese Verzögerung sich auflehnen, bleibt ihre repressive Modifikation eine Notwendigkeit für jede Kultur.*"[29]

Folglich stellen die freien sexuellen Beziehungen – symbolisiert durch das Bild der Göttin, durch die Notre-Dame der Nacht – ein Risiko dar, weil sie mit der vollständigen Befriedigung der instinktiven Wünsche des Mannes (und der Frau) enden würden. Auf diesen Zustand der totalen, wunschlosen Befriedigung würde aber eine Phase der Latenz, um nicht zu sagen des Schlafs folgen. Übersetzen wir das durch den Verlust der Energie, die zum Fortschritt der menschlichen Gesellschaft unbedingt aufgebracht werden muß, dann bedeutet das: keine Wünsche mehr, keine Aktivität mehr, das Phänomen ist bekannt. Wir befänden uns in größter Nähe zum *Zustand des Nirwana*, wo jeglicher Wunsch nach Leben abgeschafft ist. Anders ausgedrückt: wir befänden uns in einem generellen *regressus ad uterum*, einer Rückkehr zur Mutter, zum wahrhaftigen Paradies, in der imaginären oder tatsächlichen Geborgenheit der Gebärmutter, ihrer Wärme, ihrer Feuchtigkeit, in der sicheren Geborgenheit der Nährerin und Hüterin eines Herdes, dessen Feuer nie ausgeht, – in der Sicherheit der ewigen Glückseligkeit, die der Mensch sucht; dies ist das berühmte „Stück Zucker", mit welchem man seit Jahrtausenden das Menschentier vorwärtstreibt und das stets wieder ein Stück entfernt wird, wenn der Mensch es fast erreicht hat. Es ist nötig, den Menschen in einem Zustand ständiger Angst zu halten, denn *sie ist die Grundvoraussetzung seiner Aktivität.* Also nährt die Gesellschaft diesen Angstzustand mit allen ihr zur Verfügung stehenden Mitteln: mit dem für die Zukunft verheißenen Wohlstand des Kapitalismus, mit der paradiesischen und allseits gleichberechtigten Gesellschaft des Marxismus, mit dem Paradies oder der Hölle *post mortem* der Christen und so fort. Ganz besonders wichtig ist es aber, den natürlichen Elan der Menscheit zu kulpabilisieren. Dieser naturgegebene Fortschrittstrieb ist – das braucht seit *Freud* nicht mehr eigens bewiesen zu werden – in seiner Grundstruktur sexueller Natur, er muß also bereits an seiner Basis kulpabilisiert werden: daher die Verdrängung des Sexuellen als etwas Schändliches, Geschmackloses, Übelriechendes, Gefährliches, Infernalisches. Der Mann, das männliche Geschlecht, bleibt davon aber wohlgemerkt ausgenommen: sein Geschlecht ist schließlich der „edelste Körperteil". Oder, wie Simone *de Beauvoir* unablässig feststellt: „Der Mann kriegt einen Ständer, die Frau wird naß." Dazwischen muß anscheinend genau unterschieden werden. Somit wird die Frau mit dem Sexus gleichgesetzt und in die Nacht verstoßen. Und wenn sie aus der Tiefe des Dunkels auftaucht, so wird sie mit Schmutz beworfen, wird als schändlich, als geschmacklos abqualifiziert. Die Notre-Dame der Nacht ist zur großen Sau geworden, die sich im Schlamm wälzt.[30]

Aus diesen Gründen haben die Kelten neben der Goleuddydd noch die Figur der Twrch Trwyth[31] erfunden. Daraus ist zu erklären, weshalb im *Mabigoni von Math* die beiden Söhne der Göttin Dôn, die sich gegenüber Math, ihrem Onkel mütterlicherseits schuldig gemacht hatten, von diesem dazu verurteilt wurden, die Gestalt von Tieren anzunehmen: eines Ebers und eines Mutterschweines. Aus dem gleichen Grund sieht sich der Hl. Antonius, der Eremit, der mit einer Sau lebte, plötzlich Versuchungen fleischlicher Art ausgesetzt: es konnte gar nicht anders kommen, zumindest nicht in der Vorstellungswelt der betreffenden Hagiographen.[32] Allmählich entwickelte sich eine ganze Literaturgattung, deren Thema es war, diese schlummernde 'Sau' in die tiefste Tiefe der Nacht zu versenken. Es entstand die Trennung zwischen dem, was man am Tage, bei hellem Tageslicht tut, und dem, was man in der Nacht tut und worüber man nicht spricht. Die *Phädra* von *Racine,* eine der Inkarnationen der Notre-Dame der Nacht, überschreitet niemals die Grenze des Schattens in Richtung auf das Sonnenlicht. Sie fürchtet sich vor der Sonne, und durch ihren Tod gibt sie dem Tageslicht, welches sie beschmutzt hatte, wieder seine volle Reinheit zurück. Die gleiche Idee finden wir auch bei einem Autor der Gegenwart wieder, dessen Temperament – das muß hinzugefügt werden – ziemlich „racinehaft" ist: bei François *Mauriac* in einer Passage seiner *Thérèse Desqueyroux,* die ihrerseits eine entfernte Nachfahrin der Muttersau-Göttin ist.

„Als sie sich eines Abends in Paris auf ihrer Rückkehr verweilt hatten, verließ Bernard ostentativ ein Music-Hall-Etablissement, dessen Darbietung ihn schokkiert hatte: ‚Wenn die Ausländer dergleichen sehen würden! Welche Schande! Und aufgrund solcher Spektakel bildet man sich sein Urteil über uns...' Thérèse empfand Bewunderung darüber, daß dieser Mann mit soviel Schamgefühl derselbe war, dessen nächtliche Erfindungen sie in weniger als einer Stunde über sich würde ergehen lassen müssen."

Welch offenes Geständnis! Es erinnert an das Verhalten jener Mitglieder der in allen zivilisierten Nationen beheimateten Sittlichkeitsvereine, die sich gierig auf solch fade Spektakel wie *Hair* oder *O Calcutta!* stürzen, um das Vergnügen zu erleben, schockiert zu werden und um sich anschließend heftig über das Gesehene zu empören. Diese Reaktion führt in „puritanisch" genannten Epochen zuweilen bis zur Raserei. Dann wird die Frau depersonalisiert, desexualisiert und in eine Kleidung eingeschnürt, die nicht nur ihren Körper – der obszön ist – verbirgt, sondern die auch höchst gesundheitsschädlich auf ihn einwirkt, denn er muß als Objekt des Anstoßes und der Sünde gezüchtigt werden. *Molières Tartuffe* bildet in Wirklichkeit eine 'schallende' Realität ab und ist keineswegs ein der Fantasie des Autors entsprungenes Kunstprodukt. Rufen wir uns ins Gedächtnis zurück, was der berühmte Mgr. *Dupanloup* seinen weiblichen Schäfchen als Erkenntnis mit auf den Weg gab: „Ihr habt Göttliches in Euch, aber Ihr habt zugleich als Vermächtnis des Fehltritts Eurer Urmutter diese intime Schwachheit in Euch, die Ihr inmitten aller Anfechtungen, die sie zu erschüttern drohen, überwinden müßt." Eine weitere scharfsinnige Äußerung, die durchaus ihre Berechtigung hat. Ferner sei an gewisse Persönlichkeiten übelster Natur aus der Zeit um 1900 erinnert (der Zeit, die als die „Belle Epoque" galt, – es fragt sich nur für wen?), wie etwa an einen gewissen Dr. *Pouillet,* welcher für die Erfindung einer sog. „ceinture contentive" plädierte, also eine Art Keuschheitsgürtel, den die Frauen tragen sollten. Der gleiche Dr. *Pouillet* empfahl sogar, jungen Mädchen, die die Neigung haben, sich zu „manuellisieren", die betreffenden hochempfindlichen Hautpartien zu „cauterisieren", das heißt mit Quecksilber zu verätzen. Andere brilliante Ärzte lobten und praktizierten mit ausdrücklicher Zustimmung der kirchlichen Behörden die Clitoridectomie, wahrscheinlich um der Frau den Teufel auszutreiben. Diese „Belle Epoque" erlebte auch eine Flut von haarsträubenden Traktaten über die Ehe, die der Frau rieten, „den maritalen Akt ruhig über sich ergehen zu lassen" und dabei besonders darauf zu achten, „sich nicht zu abrupten Bewegungen hinreißen zu lassen, die die Beziehungen stören oder dem männlichen Organ Verrenkungen und Quetschungen, und somit erhebliche Verletzungen zufügen könnten."[33] Man könnte sich über dergleichen heute köstlich amüsieren, wenn all das nicht katastrophale Folgen für die Psyche der Frau gehabt hätte.

Natürlich hatten alle diese „Wissenschaftler" illustre Vorgänger: „Als sich die Schlange mit Eva vermischte, pflanzte sie ihr eine Befleckung ein, mit der Eva seit dieser Stunde ihre Kinder infiziert", heißt es im *Talmud.* Oder: „Man hat seine Frau mit Umsicht und Strenge anzufassen, denn bei allzu laszivem Kitzeln muß man befürchten, daß ihre Lust ihre Vernunft aus den Angeln habt", lehrt *Aristoteles.* Denn eine Frau zu heftig zu karessieren, „c'est chier dans le panier pour après se le mettre sur la tête" („ist wie in den Korb scheißen, den man sich anschließend auf den Kopf setzt") so urteilt *Montaigne.* Man beachte einmal en passant das enorme Feingefühl dieses großen französischen Denkers, der immer noch in den Himmel gehoben wird von einer Institution wie der Universität, die heute ebenso überholt sein dürfte wie jener niveaulose Hanswurst. Wie bereits angedeutet, ist im Liebesakt in Wirklichkeit der Mann der Unterlegene. Dies kann er seiner Partnerin nicht verzeihen, und so wird sie natürlich zu seiner Feindin. Ebensowenig verzeiht er der Frau ihre Fähigkeit, nahezu unbegrenzt viele Orgasmen hintereinander zu erleben, während er sich vor dem zweiten Akt erst wieder ‚erholen' muß. Das macht ihm erheblich zu schaffen. Er fragt sich: Was macht denn die Frau zu einem so außergewöhnlichen Wesen? Das muß an Zauberei grenzen. Und von dort bis zur Annahme, daß dahinter die Magie des Teufels steckt, ist nur ein kleiner Schritt. Es muß der Teufel sein, der sie zu ihren 'Sauereien' inspiriert. Also muß der Teufel die Frau erschaffen und ihr diese abstoßende Schweinsgestalt gegeben haben, ständig bedrohlich, ständig anziehend, ständig von rechtschaffenen und tapferen Männern angeprangert, denen mit der Zeit wirklich angst und bange wird.[34] Da ist es leicht verständlich, wenn ein Mann wie *Drach,* ein zum Katholizismus konvertierter Rabbiner des XIX. Jahrhunderts, von einer modernen Rabbiner-Auslegung eines Kommentars zu *Jeremia* in Panik versetzt wird: „Und siehe, Jahwe wird eine Sache schöpfen, die auf Erden unerhört sein wird: eine Frau wird den Mann umgarnen." So heißt es in Medrash *Yalkuts Kommentar zu Jeremia,* 315. Was der Kommentar aber sagen will ist, daß nach dem Erscheinens des Messias die Frau den Mann suchen wird, anstatt daß – wie heute – der Mann die Frau sucht. Entsetzt ruft *Drach* aus, wie gräßlich diese Idee sei, ein Zustand,

„der vom Erhabenen so weit entfernt ist wie der Himmel von der Erde und die Sitten aller Völker schockiert und die Frau erniedrigt. Es gibt wohl schwerlich ein häßlicheres Schauspiel als zusehen zu müssen, wie das schwache Geschlecht die schamvolle Zurückhaltung von sich wirft, die doch ihre schönste Zierde und die erste Hüterin ihrer Tugend ist."[35]

Danach bleibt dem Mann natürlich nichts anderes mehr übrig, als mit den Frauen Schluß zu machen, sich in sein Stammlokal zu begeben und sich *unter Männern* die neuesten *Sauereien* zu erzählen, deren ewiges Thema natürlich die Frau ist.

Denn ebenso wie der Mann die Figur der Schweine-Göttin gewissermaßen zu seinem eigenen Schutz erfindet, wird er zur Befriedigung seines männlichen Stolzes akzeptable Substitute für sie erfinden; er wird sich solche suchen, die seiner Kraft nicht gefährlich werden, zum Beispiel die Höhle, worin die Notre-Dame der Nacht herrscht. Dies ist dann die Geburtsstunde der Zoten (d.h. der Obszönitäten, die man nicht offen auszubreiten wagt), dann der Anzüglichkeiten und – in der Reihe der Intensität steigend – der höchst literarischen und anspruchsvollen *Erotica* und schließlich der entweder verkommenen oder genialen *Pornographie.* Das Kennzeichen dieser Substitute ist, daß sie alle absolut ungefährlich sind: *Sie haben kein Objekt.* Nehmen wir die Pornographie als Beispiel: dabei handelt es sich um nicht mehr und nicht weniger als um eine Sexualität, die in die Leere geht und nie zu einer totalen Befriedigung führt. Dies ist, wie wir gesehen haben, eine für jede paternalistische Gesellschaft lebensnotwendige Eigenschaft, – und auch für jede kapitalistische, denn sie gestattet nicht nur die Aufrechterhaltung der Idee der Angst und Kulpabilisierung (den beiden optimalen Voraussetzungen für die Leistungsgesellschaft), sondern sie stellt das Verbotene und somit Wünschenswerte dar in einer strengen und unnachgiebigen Gesellschaft, die im Bereich der Moral jedoch nur dann unnachgiebig bleiben kann, wenn sie hie und da ein paar Abweichungen davon zunächst toleriert, – und dann energisch bestraft. Man erinnere sich an das Wort von *Tertullian*, welches lautet: „Der Tempel ist dicht über der Kloake errichtet" (bereits das verwendete lateinische Wort *Cloaca* hat einen pikanten „double sens"). Wo käme also die paternalistische Gesellschaft hin, wenn es die Prostitution und Pornographie nicht gäbe? Allein der Gedanke daran läßt erschauern.

Nun wird man sagen, die eben angestellten Betrachtungen über die Pornographie im Kapitalismus entfernen uns himmelweit vom eigentlichen Thema der Notre-Dame de la Nuit. Dies ist keineswegs der Fall. Die paternalistische Gesellschaft weiß sehr wohl, daß sie die Notre-Dame der Nacht nicht vollkommen ersticken kann. Von Zeit zu Zeit öffnet sie einige Sicherheitsventile, erlaubt ein paar kleine Methoden zum momentanen Abreagieren und achtet sogar darauf, daß sie selbst daran noch etwas verdient. Gelegentlich löst aber das harmlose Abreagieren eine regelrechte Flutwelle aus, die dann nicht nur die Stadt Ys unter sich begraben könnte, sondern die prunkvolle Stadt auf dem Berge bedroht, wie wir in einem eigenen Kapitel über den *Aufstand des Blütenmädchens* (s.u.) noch sehen werden, – jenes von den Männern entworfene, herrliche Objekt, welches sich jedoch (o Jammer!) gegen seinen Schöpfer auflehnt. Bevor wir aber dazu kommen, müssen wir noch einige andere Aspekte der Notre-Dame de la Nuit beleuchten.

3. Die Weiße Hirschkuh

Im irischen Leinster-Zyklus tritt der Mythos von der Hirschgöttin am klarsten zutage. Der Kontext ist aus jüngerer Zeit, da der Zyklus um Leinster beziehungsweise *Finn* (häufig auch Ossian-Zyklus genannt) von all den großen Feensagen-Komplexen, die die gälische Literatur bilden, der am spätesten entstandene ist. Dieser Zyklus lebte übrigens auch in der irischen und schottischen Folklore weiter, so daß wir die vollständige Gestalt mancher Sagen und Legenden nur aus den mündlichen Überlieferungen kennen, die erst im XVIII. und XIX. Jahrhundert aufgezeichnet wurden. Dies gilt ganz besonders für die Geschichte von *Diarmaid und Grainné*. Angesichts der großen Zahl von Sagen und Legenden mit den immer gleichen Themen und Personen, die in Irland wie in Schottland erzählt wurden und in den Grundzügen übereinstimmen, dürfte außer Zweifel stehen, daß es eine eigene Tradition mündlicher Überlieferung gegeben hat, die bis in älteste Zeiten zurückreicht.

Die Geburt des Oisin (Irland):

Finn, der König der *Fiana*, und seine Männer befinden sich auf der Jagd. Da entdecken sie eine Hirschkuh und machen sich auf zu ihrer Verfolgung. Aber keinem Jäger und keinem Hund gelingt es, sie einzuholen. Nur Finn setzt mit seinen beiden Spürhunden Brân und Scolan, „die den Verstand von Menschen haben", die Jagd fort. Schließlich legt sich die Hirschkuh ins Gras nieder, und anstatt sich aggressiv zu zeigen, spielen die Hunde mit ihr und lecken ihr Kopf und Hals. Höchst verwundert über dieses Verhalten nimmt Finn die Hirschkuh mit sich nach Hause. In der Nacht erscheint ihm plötzlich ein bezaubernd schönes junges Mädchen und erklärt ihm, es heiße Sadv und sei die Hirschkuh, die er den ganzen Tag über gejagt hatte. Der Druide Fîr Doirche hätte sie durch einen Zauber in eine Hirschkuh verwandelt, weil sie dessen Annäherungsversuche standhaft zurückgewiesen hatte. Aber ein Diener des Druiden habe ihr verraten, daß der Druide keinerlei Macht mehr über sie hätte, sobald sie sich im Bezirk der Burg der Fiana befände. Finn verliebt sich in Sadv und lebt mit ihr die vollkommene Liebe. Bald wird Sadv schwanger. Als Finn eines Tages abwesend ist, tarnt sich der Druide Fîr Doirche unter dem Aussehen von Finn und lockt Sadv vor die Burg hinaus. Sadv eilt auf die Person zu, die sie für Finn hält. Da verwandelt der arglistige Druide sie erneut in eine Hirschkuh. Sadv versucht verzweifelt, zur Burg zurückzukehren, aber die beiden Hunde des Druiden versperren ihr den Rückweg und zerren sie in den Wald zurück, Als Finn dies erfährt, läßt er seiner Trauer freien Lauf und durchstreift mit seinen beiden Hunden sieben Jahre lang ganz Irland auf der Suche nach der Hirschkuh. Eines Tages haben seine Hunde einen kleinen Jungen umstellt und begegnen auch ihm mit Zutraulichkeiten. Finn ist über die verblüffende Ähnlichkeit zwischen Sadv und diesem Jungen erstaunt. Er nimmt ihn mit auf seine Burg und läßt ihn erziehen. Als der Knabe sprechen kann, enthüllt er ihm, daß er von einer Hirschkuh aufgezogen worden war und daß diese eines Tages von einem schwarzen Mann mit einem Stab berührt und fortgeführt worden war. Finn schließt daraus, daß der Knabe der Sohn von Sadv und ihm sebst sein müsse und gibt ihm den Namen Oisin (Ossian), was 'Hirschkalb' bedeutet.[36]

Die Struktur der Erzählung weist überraschende Ähnlichkeiten mit der Geschichte von Rhiannon und Pryderi und mit der von Goleuddydd und von Kulhwch auf. Letztendlich ist Oisin das Hirschkalb, wie Kulhwch der Frischling und Pryderi das Fohlen ist. Ähnlich wie Goldeuddydd die Schweine-Göttin und Riannon die Stutengöttin ist, muß auch Sadv die Hirschkuh-Göttin, die göttliche Hindin sein. Der Hauptakzent der Oisin-Geschichte liegt auf dem Ereignis der Geburt des Protagonisten sowie auf der Tatsache, daß seine Mutter in eine Hirschkuh verzaubert worden war und somit der Autre Monde angehört. Oisin wird ein Dichter/Barde, ein göttlich Inspirierter, und als er stirbt, wird sein Tod nicht endgültig, nicht wirklich sein: Eine kuriose Kompilation der einzelnen Ossian-Legenden, das *Acallam na Senorach* ('Rat der Alten') erzählt nämlich, daß Oisin eines Tages seiner Mutter in das Zauberreich der Tuatha Dé Danann gefolgt ist.

Diese Hirschkuh-Göttin, wie sie im Leinster-Zyklus in Erscheinung tritt, ist in der gallischen oder gallo-römischen Ikonographie keineswegs eine Seltenheit. Wir kennen mehrere Statuetten, die eine Frau mit Hirschgeweih darstellen, – wovon das markanteste Beispiel im Londoner British Museum aufbewahrt wird: es handelt sich um eine sitzende Göttin, die ein Füllhorn auf ihrem Schoß hält und auf der linken Schulter einen Widderkopf trägt; ihr Gesicht hat vollkommen menschliche Züge, außer daß aus ihrem Haar ein Hirschgeweih hervorwächst.[37] Haben wir hier nicht die gleiche Gestalt wie die Sadv vor uns, die Gemahlin des Jäger-Gottes Finn und die Mutter von Oisin, dem jungen Hirschkalb? Es gibt übrigens auch eine Darstellung eines gallischen Gottes in Gestalt eines jungen Mannes, dessen eines Ohr wie das Ohr eines Hirsches geformt ist.[38] Es ist durchaus denkbar, daß dieser und der berühmte Ossian ein und dieselbe Figur sind. Da die Religion der Kelten über das gesamte von ihnen besiedelte Territorium verbreitet war, ist diese Annahme keineswegs abwegig, da man gesicherte Beziehungen zwischen gewissen irischen Gottheiten, die zu literarischen Epenhelden geworden waren, und gallischen oder gallo-römischen Gottheiten feststellen konnte, von denen in Stein gemeißelte Darstellungen erhalten sind, wie zum Beispiel von dem Gott Lug, dem Helden der Tuatha Dé Danann und Schutzgott der Städte Lyon (Lugdunum), Laon, Loudun und Leyden.

Die Hirschkuh-Göttin taucht auch in der Literatur des französischen Mittelalters auf, nämlich in einem Lai der *Marie de France.*

Der Lai von Guigemar (Höfische Epik):

Der Junge Guigemar, Sohn des Grafen von Laon, befindet sich auf der Jagd. „Im dichten Gestrüpp gewaltiger Gebüsche entdeckt er plötzlich eine Hindin mit ihrem Kalb, die das Gekläff der Hunde aufgescheucht hatte. Es war ein *vollkommen weißes Tier, welches auf seinem Haupt das Gehörn eines Hirsches trug.*" Guigemar schießt einen Pfeil auf sie ab, der die Hirschkuh verletzt, aber wieder zu ihm zurückschnellt und ihm den Schenkel durchbohrt. Da klagt die Hindin unter Seufzen: „Du, Vassall, der du mich verwundet hast, sollst keine Heilung finden für deine Wunde. Weder durch Kraut, oder Wurzel, noch durch Arzt oder heilsames Gift wirst du genesen, solange dich nicht jene heilt, die aus Liebe zu dir größeren Schmerz leidet als jemals eine Frau zuvor."[39]

Diese waidwunde Hirschkuh, die sprechen kann und eine Verwünschung ausspricht, ist eine Fee, die im höfisch-christlichen Weltbild der *Marie de France* die

Gottheit der archaisch-heidnischen Ur-Sage ersetzt. Man beachte, daß diese Hirschkuh weiß ist, daß sie ein Kalb bei sich hat, und vor allem, daß sie ein Hirschgeweih trägt. Es geschieht keinesfalls aus reinem Zufall, wenn sie von *Marie de France* so beschrieben wird: denn in allen ihren Lais hält sie sich immer genau an eine bereits existierende Vorlage, und wenn sie auch solche Elemente, die christliche Ohren schockieren könnten, abwandelt, so überträgt sie doch alle Details, denen sie nur wenig Bedeutung beimißt, stets mit großer Texttreue. Eine Einzelheit ist dabei in unserem Zusammenhang von Interesse: der Pfeil, der zurückkommt und Guigemar am Schenkel verletzt. In allen höfischen Dichtungen des XII. und XIII. Jahrhunderts ist die Verletzung am 'Schenkel' ein Euphemismus: sie bedeutet in Wirklichkeit eine Verletzung der Geschlechtsteile, wie zum Beispiel die Impotenz des Fischerkönigs beweist, der ebenfalls am 'Schenkel' verwundet wird, weil er den Gral geschaut hatte, ohne dazu berechtigt gewesen zu sein.[40] Ein anderes Beispiel ist der rätselhafte Math ab Mathonwy, Held eines der walisischen *Mabinogion,* der nur am Leben erhalten werden kann, wenn sein Fuß im Schoß einer Jungfrau ruht. Ferner hängt die von der Hirschkuh verhängte Verwünschung mit dem irischen *Geis* zusammen: es gibt nur eine einzige Frau auf der ganzen Welt, die Guigemar heilen kann, und das ist sie selbst, die Göttin in anderer Gestalt. Sie sichert sich dieses Privileg, indem sie Guigemar mit dem Leiden der Impotenz schlägt. Die gleiche Idee liegt auch dem Mythos von *Diarmaid und Grainné* sowie von *Tristan und Yseult* zugrunde.[41] Deshalb dürfen wir unser Untersuchungsgebiet im Zusammenhang mit der Hirschkuh nicht auf den indoeuropäischen Kontext beschränken, sondern müssen es auf die ganze Welt erweitern. Tatsächlich findet sich dort das Motiv der Wunde wieder, die eine Göttin ihrem Geliebten zufügt, – ein Thema, das besonders im Nahen Osten, besonders bei den semitischen Völkern weit verbreitet ist. Denn ist das nicht auch die Geschichte von Ischtar und Tammuz? Oder von Astarte (der späteren Aphrodite) und Adonis? Ist das vor allem nicht auch die Geschichte von Attis und Cybele, in der die Göttin ihren Sohn und Geliebten mit der Keule des Wahnsinns schlägt, um ihn zu halten? In seinem Wahnsinn entmannt sich nämlich Attis, und diese Geste hat sich in ritueller Form erhalten, da die Priester des Cybele-Kults, die *Galloi,* die sich mit Attis identifizieren, sich ebenfalls kastrieren und Frauenkleider tragen. Auch wenn Ischtar-Astarte oder Cybele semitische Namen der Göttin sind, darf dabei der den Indoeuropäern vertrautere Name nicht unberücksichtigt bleiben: der Name einer Göttin, die zahlreiche Eigenschaften mit der alten Göttin und Mutter der Götter gemeinsam hat, nämlich der Artemis, die die Römer mit der Diana zu einer Figur verschmolzen. Diese Artemis, die die indo-iranische Arvi[42] ist, wird im allgemeinen als die archaische und grausame skythische Diana angesehen, die Sonnengöttin der Steppenvölker, deren Kult sich während der Hellenen-Wanderungen über das ganze Mittelmeergebiet verbreitete. Bekanntlich wurden in Sparta in der ältesten Zeit seiner Geschichte der Artemis noch Menschenopfer dargebracht; das stimmt mit dem überein, was man über den Kult der großen Göttin der Skythen weiß. Erst der große Reformator *Lykurg* ließ diese Menschenopfer verbieten und reduzierte sie auf die Dimension der Auspeitschung von Jugendlichen vor der Statue der Göttin, – und dort taucht auch der Mythos von Cybele und Attis, Ischtar und Tammuz wieder auf. Ferner wird in der Ikonographie die Artemis ebenfalls als Hirschkuh dargestellt, was viel über die Transformation des ursprünglichen Mythos aussagt. Denn so wie sie in der Mythologie der klassisch-griechischen Literatur fixiert, d.h. in einer bestimmten Phase ihrer Evolution aufgegriffen und festgehalten wurde, ist Artemis tatsächlich die göttliche Jägerin. Wenn sie als Hirschkuh dargestellt wird, so möglicherweise deshalb, weil sie die Jäger beschützt und ihnen eine gute Jagd und Beute sichert. Da aber in allen Religionen die Idee des Schutzes zeitlich nach – und aus – der reinen Darstellung eines Symbols entstand, ist es weit wahrscheinlicher, daß sie *zuerst* die Beschützerin des Wildes und besonders der Hirschkühe war, entsprechend einer Auffassung, die einer weit archaischeren Analogie entsprang: nämlich daß die Göttin *ursprünglich selbst* ein wildes Tier, daß *sie selbst eine Hirschkuh war.* Dieser Entwicklungsprozeß konnte bereits anhand der Figur von Rhiannon/Epona festgestellt werden.[43]

Das Sonderbare dabei ist aber, daß Artemis die Jägerin ist, während die gälische Sadv und die Hirschkuh des Guigemar gejagtes Wild sind. Betrachtet man dieses Phänomen jedoch näher, so wird es verständlich: in den literarischen Sagen und Legenden der klassischen Antike ist Artemis als Bild der archaischen Göttin endgültig fixiert worden, so wie sie zur Zeit ihrer ursprünglichen sakralen Macht inmitten einer gynäkokratischen Gesellschaft ausgesehen hat. In der *mündlichen* und daher sich ständig weiterentwickelnden Tradition der Kelten hatte die Figur der Göttin genügend Zeit, ihre Gestalt zu verändern und allmählich okkultiert zu werden. Infolge der Umwertung der Haltung gegenüber der Weiblichkeit, infolge der Einführung der neuen, paternalistischen Gesellschaftsstrukturen wurde die Göttin aus dem Bereich der Legalität verbannt. Ähnlich wie die mit der Stadt Ys versunkene Prinzessin wurde die göttliche Jägerin dazu verdammt, das Leben eines gejagten Wildes zu führen, das gezwungen ist, sich in der Tiefe des Dickichts zu verstecken, und das nun selbst den Nachstellungen der Jäger, d.h. der Männer ausgesetzt ist. Nur einige wenige Helden beschützen sie noch, so etwa Finn, der überhaupt nichts gemein hat mit jenen künstlichen Zuchthelden, die in den anderen indo-europäischen Traditionen vorkommen. Aber die paternalistische Ordnung, wie sie von den Priestern aller Religionen repräsentiert wird, setzt alles daran, diese Göttin nach Möglichkeit für immer aus der Welt zu schaffen: Daher die Besessenheit, mit der der Druide Fîr Doirche die Sadv verfolgt und ihr ihre Wildgestalt wiedergeben will. Das Bild der Göttin ist jedoch in den Tiefen des Unbewußten der Menschen noch präsent, so daß sie unter den oft ausgefallensten Gestalten immer wieder auftaucht. Sadv mag verschwinden, aber sie hat einen Sohn, Oisin. Das Hirschkalb wird zu einer neuen, eigenständigen Figur, die nun dem patriarchalischen Ideal entspricht, aber sie repräsentiert durch ihre Abstammung immer noch das alte Konzept von der weiblichen Gottheit.

Und wie aus der Mutter-Göttin der Vater-Gott bzw. „Gottvater" wird, wie die Sonnen-Göttin zum Sonnengott wird, so muß entsprechend auch aus der Hirschkuh-Göttin der Hirsch-Gott werden. Und dieser ist innerhalb der keltischen Ikonographie alles andere als unbekannt, wie zahlreiche Plastiken beweisen, die einen Mann mit einem Hirschgeweih auf dem Kopf darstellen. Man kennt sogar seinen Namen: er heißt Cerunnos, wie auf einem Basrelief des Altars von Nantes zu lesen ist, welches im Musée de Cluny in Paris aufbewahrt wird. Auf einem anderen Kunstdenkmal, das heute in Autun zu sehen ist, hält der Gott einen Kelch in der Hand, nach dem sich zwei Schlangen strecken. Auf einem in Reims aufbewahrten Basrelief, das das bekannteste sein dürfte, sitzt Cerunnos in der klassisch-buddhistischen Pose und hält eine Art Sack auf, aus dem sich ein Strahl – wahrscheinlich Geldstücke – auf einen Stier und einen Hirsch ergießt; den Gott umstehen Apoll und Merkur. Auf einer der Dekor-Platten des Kultkessels von Gundestrup (Nationalmuseet, Kopenhagen), dessen Alter und Herkunft unterschiedlich beurteilt werden, und dessen figürliche Illustrationen unzweifelhaft Darstellungen aus der keltischen Mythologie sind, ist der Gott von vier Tieren umgeben, darunter von einem Hirschen und einem Hund. Dieser Hirsch-Gott (was wohlgemerkt eine vereinfachende Hilfsbenennung ist, wobei auch hier, wie die Stute die Rhiannon-Epona, das Tier den Gott symbolisert!) tritt in Literaturdenkmälern, die wesentlich jünger, aber immer noch von keltischen Traditionen geprägt sind, ebenfalls auf als das Wild, das man jagt, um eine Belohnung dafür zu erhalten, oder als domestiziertes Haustier, das seinem Herrn treu ergeben dient.

Die Jagd auf den weißen Hirsch (Chrêtien de Troyes):

Zu Ostern verkündet König Artus, der gerade in Cardigan Hof hält, daß er den weißen Hirsch jagen will, „um den alten Brauch wieder aufleben zu lassen". Gauvain, der damit nicht so ganz einverstanden ist, gibt zu bedenken: „Uns allen ist der Brauch bei der Jagd des weißen Hirsches wohlbekannt: Wer ihn zu erlegen vermag, muß der schönsten Frau Eures Hofes einen Kuß geben."[44]

Gereint und Enid (Mabinogion, Wales):

Zu Pfingsten hält König Artus in Caer Llion Ar Wysg Hof. Da erscheint ein Ritter und erklärt vor dem König: „Ich habe im Walde einen Hirsch gesehen, wie mir noch nie zuvor einer begegnet ist... Er ist zur Gänze weiß und ist so stolz und hochmütig in seiner Herrlichkeit, daß er ohne jede Begleitung irgendeines Tieres umherzieht." Artus beschließt, diesen weißen Hirsch zu jagen, und Gwalchmai (Gauvain/Gawan) schlägt vor, „demjenigen, dem der Hirsch auf der Jagd zuerst zu Gesicht kommt, zu gestatten, ihm den Kopf abzutrennen und ihn zu geben, wem immer er will, sei es seiner Herrin oder *amie* oder der Herrin seines Gefährten und ohne Unterschied, ob der Hirsch einem Ritter oder Knappen zufalle."[45]

Merlins Hirsch (Wales):

Nachdem Merlin den Verstand verloren hatte, zieht er sich in den Wald von Kelyddon zurück und hat sogar seiner Gemahlin Gwendolyn gestattet, sich unter gewissen Bedingungen wieder zu verheiraten. Eines Tages erfährt er von ihrer nahenden Vermählung und erscheint auf dem Rücken eines Hirsches reitend und ein ganzes Hirschrudel vor sich hertreibend bei ihr. Er ruft Gwendolyn heraus, sie zeigt sich am Fenster und amüsiert sich köstlich über dieses Schauspiel. Da tritt auch der Bräutigam hinzu, um ebenfalls das Ereignis zu bestaunen: Aber da reißt Merlin dem Hirsch, auf dem er reitet, die Geweihe aus, wirft sie nach dem Bräutigam und schlägt ihm damit den Schädel ein. Dann reitet er auf seinem kuriosen Reittier wieder in den Wald zurück.[46]

Edern und Genoveva (Bretagne):

Edern, eine Figur der Artusromane, die in der Bretagne zum Hl. Edern wurde, gelangt einmal „reitend auf einem Hirsch mit seiner Schwester Genoveva hinter sich auf der Kruppe" in die Monts d'Arrée. Dort lassen sie sich beide nieder: Genoveva in Loqueffret, Edern in Lannédern. Der Hirsch hilft ihnen beim Transport der Lasten, und so können sie sich ihre Einsiedelei einrichten. Um ihren Besitz voneinander abzugrenzen, muß Edern bis zum ersten Hahnenschrei auf dem Rücken des Hirsches soviel Land durchreiten, wie er kann. Dieses Land soll dann ihm gehören. Als Genoveva sieht, daß der Hirsch viel schneller dahinjagt, als zu erwarten war, bringt sie einen Hahn zum Krähen. Seitdem geht die Kunde, daß in den Wäldern der Umgebung noch heute die Nachkommen des Hirsches vom Hl. Edern leben.[47]

Die Jagd auf den weißen Hirsch scheint ursprünglich ein magisch-religiöses Ritual zur Verehrung einer Frau gewesen zu sein, wobei aber der Hirsch von Merlin und der von Edern diese Funktion verloren haben. Man ist sich aber allgemein darüber einig, daß der Hirsch als ein Tier anzusehen ist, das Überfluß und Fertilität erzeugt. Die gallischen und gallo-römischen Darstellungen des Gottes mit einem Kelch oder einem Sack, aus dem sich ein Geldstrom ergießt, scheinen das zu bestätigen. Nun sind Überfluß und Fruchbarkeit aber vor allem kennzeichnende Attribute der Frau. Daher müssen wir weiterhin an der Behauptung festhalten, daß das Bild des Hirsch-Gottes (bzw. des auf dem Hirsch reitenden Gottes) nur ein älteres Bild ersetzt, nämlich das Bild der Hirschkuh-Göttin, oder der Göttin auf bzw. mit der Hirschkuh. Es handelt sich hier im übrigen wieder um das Motiv des *Hirschwaldes,* das schon in archaischer Zeit zu finden ist und auf prä-indoeuropäische Ursprünge zurückgeht: so findet sich schon unter den Höhlenzeichnungen des Camonica-Tales, die etwa aus dem V. vorchristlichen Jahrhundert stammen, unter anderem die Darstellung einer Göttin mit *Torquen* (= den für die Kelten typischen spiralförmig gedrehten Halsringen; Anm. d. Hrsg.) und Hirschgeweihen; ein weiterer sicherer Beweis für das hohe Alter des Motivs ist ein Bild der 'Grotte des Trois-Frères', das auf das Paläolithikum zurückgeht und aus einer halb tierischen, halb menschlichen Gestalt besteht, die ebenfalls ein hirschartiges Geweih trägt. Auch in den Bestattungsstätten des Mesolithikums auf den Inseln Téviec und Hoedic (Morbihan) wurden auf Totenschädeln Hirschgeweihe gefunden. Von den nordeuropäischen Völkern wird der Hirsch ganz besonders verehrt, der hier deutlich als ein die Jagd allgemein repräsentierendes Tier gilt. Manche Schamanen Sibiriens verkleiden sich als Hirsche und tragen Geweihe auf dem Kopf. Der Hirsch – egal ob männlich oder weiblich – muß demnach schon in der arktischen Kultur ein heiliges Tier gewesen sein, dessen Symbol während der Eiszeit bis in das Mittelmeergebiet verbreitet war.[48]

Das Entscheidende ist, daß dies alles auffallend stark an die Praktiken und Glaubensinhalte der alten Skythen erinnert: In zahlreichen skythischen Gräbern Asiens, besonders in seiner Ostregion, hat man nämlich Statuetten von Menschen oder Tieren mit Hirschgeweihen gefunden und sogar ornamentale Geschirre, die für Pferdeköpfe bestimmt und ebenfalls mit Hirschgeweihen geschmückt waren; die wichtigsten Funde dieser Art stammen aus dem berühmten Grabungsfeld von Pazirik, östlich des Altai-Gebirges.[49]

Damit gelangen wir wieder zu jener Göttin, die man die skythische Diana genannt hat, und hinter der sich die griechische Artemis verbirgt, die Sonnengottheit, die der Geburt der Zeit vorausging und die später ihre ursprüngliche Gestalt und Funktion zugunsten eines männlichen Gottes verlor. Wie dieser Prozeß in der griechischen Welt abgelaufen ist, läßt sich übrigens noch deutlich erkennen und auf die keltische Tradition übertragen: ursprünglich war Artemis – der Name der Göttin spielt dabei keine Rolle – mit ihrer Mutter Leto (oder Latona) identisch, ähnlich wie Kore-Persephone, die lediglich eine Doublette ihrer Mutter Demeter war: sie symbolisierte die junge, aufgehende und kraftvolle Sonne – im Gegensatz zu Leto, die die alte, untergehende und verbrauchte Sonne personifizierte; entsprechend war Kore das junge Mädchen, d.h. die junge Erde, gegenüber Demeter, der alten Mutter-Erde, worin im übrigen der wohlbekannte Mythos der Wiedergeburt zu erkennen ist. Als die weiblichen Gottheiten vermännlicht wurden, war es unmöglich, den weiblichen Aspekt dieser Gottheiten total in Vergessenheit zu bringen; so wurde die Gestalt der Artemis zwar beibehalten, man gesellte ihr jedoch ein männliches Pendant zur Seite, ihren Bruder Apoll, welcher dann den Sonnenaspekt für sich monopolisierte, während Artemis in die Nacht verbannt und zur Mondgöttin wurde.[50] Bekanntlich war ja der Mond ursprünglich männlich und die Sonne weiblich konnotiert.[51] Es hat also eine gewaltige Umwälzung in der religiösen und mythischen Symbolik stattgefunden: Leto, die Muttergöttin Sonne, wurde durch ihre beiden (männlichen und weiblichen) Kinder ersetzt und, wie man weiß, hat Juno-Hera alles darangesetzt, um die Geburt dieser aus dem Ehebruch mit Zeus (und somit aus den partriarchalischen Privilegien) hervorgegangenen Kinder zu verhindern, mit anderen Worten: Hera, die göttliche Frau, hat sich geweigert, die Umformung der Gynäkokratie in das Patriarchat anzuerkennen.[52]

Daher ist es keineswegs aus der Luft gegriffen, die These aufzustellen, daß die Kinder der ehemaligen Sonnen-Göttin (oder der ehemaligen Hirschkuh-Göttin, was auf dasselbe hinausläuft), in Merlin und seiner Schwester Gwendydd einerseits und in Edern und seiner Schwester Genoveva andererseits in neuer Gestalt wiederzuerkennen sind. Denn obwohl Merlin mit Gwendolyn verheiratet ist, gibt er sich doch vor allem mit seiner Schwester Gwendydd ab und scheint sich die Welt mit ihr zu teilen. Am Ende der *Vita Merlini,* jenes bemerkenswerten Werkes aus dem XII. Jahrhundert, das wir *Geoffroy of Monmouth* verdanken, überträgt Merlin alle seine Zauber- und Propheten-Kräfte auf seine Schwester Gwendydd, was in gewissem Sinn als eine Rückbesinnung auf gynäkokratische Konzepte gewertet werden könnte. Was den „Heiligen" Edern betrifft, der nichts anderes ist als der Sohn des keltischen Gottes Nudd, d.h. Nodens, und der Bruder von Gwynn, dem Höllenpförtner in der christlich-walisischen Tradition, so verteidigt dieser hartnäckig sein Land *gegen* seine Schwester Genoveva, die, obwohl sie eine Heilige ist, – warum auch nicht? – als äußerst unsympathisch und listig-verschlagen dargestellt wird. Dennoch gelingt es ihr nicht, Edern zu verdrängen und an seine Stelle zu treten: denn dies hätte der christlichen Doktrin der Vorherrschaft des Mannes widersprochen. Und weshalb? Weil Edern *den Hirsch besitzt,* mit anderen Worten, die durch das Hirschgeweih symbolisierte Macht. Edern ist somit die neue Sonne aus der Sicht einer androkratischen Gesellschaft, die die Niederlage der Sonnengöttin bestätigt. Wer würde aber unter der Gestalt von Merlin und Gwendydd, unter Edern und Genoveva noch ohne Schwierigkeit die Figuren wiedererkennen, die einst aus der gleichen Form gegossen waren, nämlich Apollo und Artemis?

Und was soll man erst von jenen zunächst recht sonderbar anmutenden Bräuchen halten, die bis ins Christentum des Hochmittelalters hinein überlebt haben, etwa von dem Phänomen, daß auf gewissen Prozessionen hirschartige Masken getragen wurden? Über diesen als „höchst infame Schändlichkeit" bewerteten Brauch berichtete Césaire *d'Arles* ausführlich in den Viten des Hl. Hilarius und Hl. Pirminius. Von hier aus bedurfte es nur eines kleinen Schrittes, um dem Teufel ein Hirschgeweih aufzusetzen, und dieser Schritt wurde leichten Fußes getan: aus dem Gott Cerunnos wurde einfach der Teufel, aber vergessen wir dabei nicht, daß sich hinter der so praktischen Maske des Teufels noch alles verbirgt, was von den neuen sozialen und religiösen Dogmen verboten wurde, mit anderen Worten: alle Erinnerungen an die Muttergöttin.

In einem berühmten Text des XIII. Jahrhunderts kommt es noch besser:

Der weiße Hirsch mit dem goldenen Halsband (Höfische Roman-Epik):

Lancelot und Guenièvre befinden sich in einem Wald. „Plötzlich (...) bricht, gefolgt von vier Löwen, die seine Eskorte bilden, ein weißer Hirsch hervor. Eine funkelnde Goldkette ziert den Hals des heiligen Tieres, dessen Decke noch weißer ist als die frisch entfaltete Blüte des Klees."[53] Als bald darauf die drei Gralsritter Galaad, Perceval und Bohort beisammen stehn, erscheint wieder der weiße Hirsch, und wieder wird er von vier Löwen begleitet. Die drei Helden folgen dem Hirsch: Er betritt eine Kapelle, in welcher ein Priester sich gerade anschickt, die Messe zu zelebrieren. Da ist es ihnen, als verwandle sich der Hirsch in einen Menschen und drei der Löwen in Adler, Stier und Mensch. „Diese setzten sich an den Platz, wo der Hirsch gesessen (...) und verschwanden durch ein Fenster hinaus, ohne das Glas zu zerbrechen oder sonst in irgendeiner Weise zu beschädigen."[54]

Die christliche Auslegung ist völlig problemlos: es handelt sich einfach um Christus und die vier Evangelisten, die auf die beschriebene Weise eine Himmelfahrt unternehmen, die ihrer durchaus würdig ist. Alle Kommentatoren sind sich darin einig. Und doch ist diese Auslegung viel zu einfach und bei eingehender Untersuchung muß ein Detail daran stören: wie kommt es, daß die vier Evangelisten durch vier Löwen dargestellt wurden? Zweifelsohne zur Steigerung des poetischen Reizes, wird man sagen, um etwas Ungewöhnliches hinzuzufügen, wobei der Rückgriff auf das Bild der Löwen durchaus naheliegt, da es damals in Mode war (wie das Beispiel von Yvain und seinem Löwen in *Chrêtien de Troyes'* Versroman zeigt). Das aber hieße, den symbolischen Gehalt des Löwen zu verkennen, der dem des Hundes entspricht: Er ist der Wächter der Autre Monde. Außerdem würde dabei unberücksichtigt bleiben, daß die *Quête du Graal* trotz ihrer höchst christlichen, ja *viel zu* christlichen äußeren Gestalt in Wirklichkeit ein gewaltiges heidnisches Epos ist, dessen archaischer Text noch in filigranen Konturen hinter der Zisterzienser-Ornamentik durchscheint: *Alle* Details, sämtliche Aventiuren dieser genialen Dichtung sind lediglich Travestien – und nicht einmal Transpositionen – der keltischen Quête, der Suche nach der *Femme Engloutie,* die durch den Gral symbolisiert wird. Zieht man diese Tatsache in Betracht, so dürfte es schwer fallen, sich noch mit der rein äußerlichen Gestalt des weißen Hirsches mit der goldenen Halskette aufzuhalten. Er ist weiß wie der in *Erec und Enide* von Artus gejagte Hirsch, weiß wie die weiße Hirschkuh von Guigemar. Er trägt vor allem eine goldene Halskette, d.h. ein deutliches Sonnensymbol. Man mag einwenden, daß auch Christus mit Elementen der Sonnen- und Licht-Symbolik ausgestattet ist. Dies ist in der Tat so. Nur haben sich die Schöpfer dieser Symbolik eben heidnischer Elemente bedient, um zu ihr zu gelangen. Das goldene Halsband ist nichts anderes als die berühmten goldenen *Torquen* der alten gallischen Häuptlinge, die *Torquen,* die auch der Gott Cerunnos nicht nur als Insignien seiner Göttlichkeit, sondern auch seiner Abstammung von der Sonne um den Hals trägt. Weshalb hat man eigentlich bei der Untersuchung der Auftritte des weißen Hirsches mit der Goldenen Halskette niemals an die vielzitierte Schmuckplatte des Kultkessels von Gundestrup gedacht, die den Gott Cerunnos mit Hirschgeweihen auf dem Kopf, mit den *Torquen* um den Hals und umgeben von vier Tieren darstellt? Und weshalb hat man bisher nie auf die Analogie geachtet, die zwischen dieser Episode der *Quête,* jener Darstellung auf dem Kultkessel von Gundestrup und der Hirschkuh *mit Hirschgeweih,* d.h. Sadv, Oisins Mutter, bestehen, sowie zwischen den vier Hunden, die sein Schicksal bestimmen, Finns beiden Spürhunden Brân und Scolan, die sie aus dem Dunkel hervorlocken, und den beiden Bluthunden der Hölle, den Hunden des Druiden Fîr Doirche, die sie ins Dunkel zurückziehen?

Letztendlich führen alle diese Wege immer zurück zur Geschichte der Sadv, der Göttin mit dem Hirschgeweih, der weißen Hirschkuh, die vom Zorn des Schwarzen Mannes, des Druiden, verfolgt wird, welcher die soziale und religiöse Ordnung vertritt, der Göttin, die von Finn und den Fiana, den letzten Rittern der Notre-Dame de la Nuit beschützt wird. Es darf auch nicht übersehen werden, daß der richtige Name von Finn (denn Finn ist nur ein später erhaltener Beiname, der 'schön', 'weiß', 'blond' bedeutet) eigentlich Demné ist (worin noch ein altes *Dam-Nijo = 'kleiner Hirsch' zu erkennen ist), ferner, daß der Name seines Sohnes Oisin 'Hirschkalb' bedeutet, und daß Oisins Sohn Oskar heißt, was soviel wie 'der die Hirsche liebt' bedeutet. Außerdem heißt ein Teil von Leinster Osraige, mit der Bedeutung 'Volk des Hirsches', und schließlich darf nicht vergessen werden, daß der gesamte Epenzyklus um Finn bzw. Leinster unter dem symbolischen Patronat des Hirsches steht, der Ulster-Zyklus dagegen unter dem Zeichen des Stiers oder der Kuh.[55] Soviel soll zur Hervorhebung der besonderen Bedeutung der Sadv und der Geschichte von Oisin/Ossian genügen: denn die Hirschkuh-Göttin oder Göttin mit der Hirschkuh geht auf das älteste Bild der Artemis/Diana zurück, der Sonnengöttin jener Völker, die vor den Indoeuropäern in Westeuropa beheimatet waren.

4. Die Göttin mit den Vögeln

Wie wir gesehen haben, war Rhiannon nicht nur die Stutengöttin, sondern sie stand auch mit den Vögeln in einer bestimmten Verbindung. Die „Vögel der Rhiannon" sind tatsächlich in der gesamten walisischen Tradition eine auffällige Erscheinung. In der Erzählung von *Kulhwch und Olwen* fordert Yspaddaden

Penkawr die atemberaubendsten, kompliziertesten Geschenke von Kulhwch, als dieser ihn um die Hand seiner Tochter Olwen bittet, und zu diesen Forderungen gehörten unter anderem auch „die Vögel der Rhiannon, die die Toten erwecken und die Lebenden in Schlaf versetzen; – noch heute nacht will ich mich daran erquicken".[56] Diese Wundervögel finden wir wieder in der Erzählung von *Branwen,* dem zweiten Text der *Mabinogion*-Dichtungen:

Die Gastlichkeit des heiligen Kopfes (Wales):

Nach einer katastrophal endenden Expedition nach Irland, um *Branwen,* die Schwester von Brân zu befreien und den Kessel der Wiedergeburt zurückzuerobern, wird Brân verwundet. Er bittet die anderen sieben Überlebenden, ihm den Kopf abzuhacken, ihn mitzunehmen und nach Britannien zurückzukehren. „In Harddlech sollt ihr sieben Jahre lang an der Tafel verweilen, während die Vögel der Rhiannon für euch singen werden. Mein Kopf wird euch dabei eine ebenso angenehme Begleitung sein wie während der besten Stunden jener Zeit, als er noch auf meinen Schultern saß." So geschieht es. „Sie begaben sich nach Harddlech und ließen sich dort nieder. Zunächst versahen sie sich mit unermeßlichen Vorräten an Speisen und Getränken und begannen dann zu speisen und zu trinken. Da kamen drei Vögel und sangen ihnen in einer Weise, die den Gesang der Vögel, die sie bis dahin vernommen hatten, ohne jeden Reiz erscheinen ließ. Die Vögel befanden sich in der Ferne über dem Wasser, aber sie waren so genau zu erkennen, als säßen sie in nächster Nähe bei ihnen. Das Festmahl währte sieben Jahre lang."[57]

Rhiannon selbst tritt zwar in dieser Geschichte persönlich nicht auf, aber dafür ihr Sohn Pryderi, der als einer der sieben Überlebenden einer der sieben Teilnehmer an diesem Fest der Unsterblichkeit ist, welches sieben Jahre dauert. Auf jeden Fall lassen jene Wundervögel, von denen es ausdrücklich heißt, daß sie der Rhiannon gehörten, nicht nur jedes Zeitgefühl, sondern auch die Erinnerung an die schmerzhaften Augenblicke der Vergangenheit vergessen. Das gleiche Thema ist fast vollständig auch in einem Artusroman enthalten, der nicht sonderlich bekannt aber in vieler Hinsicht faszinierend ist, nämlich im *Roman de Jaufré*:

Der Garten der Brunissen (Okzitanien):

Nach einer Reihe seltsamer Aventiuren im Walde Brocéliande hat Jaufré einen (Baum-)Garten erreicht, der „allseits umschlossen mit Marmor" und voller Vögel ist. Dieser Garten befindet sich auf dem Terrain des Palasts von Monbrun, in dem in aller Abgeschiedenheit die junge Waise Brunissen eingeschlossen lebt: „Sie ist gekleidet in eine elegante, hoch geschlossene Korsage aus Seide. Ihr Haar, fein und blond, wird anmutig von einem goldenen Faden zusammengehalten. Sie ist natürlich, makellos, rein und ihr Glanz verblaßt zu keiner Zeit, weder am Morgen noch zur Stunde des Sonnenuntergangs; ihr Strahlen nimmt eher stetig zu, und ihr Licht breitet sich ständig weiter aus: davon wird jeder beschienen, der an ihrer Seite wandelt. Sie trägt auf ihrem Haupt (...) eine Haube aus Pfauenfedern, und in der Hand hält sie eine herrliche Blume, die einen sanften Duft verströmt." Diese Brunissen ist seit sieben Jahren tief betrübt und leidet an einem Kummer, den sie mit den Ihrigen viermal am Tage und viermal bei Nacht beweint. Einzig der Gesang der Vögel vermag ihren Schmerz zu lindern. (*Roman de Jaufré* v. 3040ff.)

Es besteht kein Zweifel, daß diese rätselhafte Gestalt der Brunissen eine Sagen-Gottheit ist: Das leuchtende Strahlen ihres Gesichtes weist darauf hin. Aber es handelt sich nicht um die Sonne der Lebenden: sondern um die Sonne der Autre Monde, um jene Sonne, die eher am Abend als am Morgen zu scheinen beginnt. Es ist die „Schwarze Sonne". Außerdem ist bereits ihr Name aufschlußreich: Brunissen ist die 'Braune Königin', – trotz ihrer blonden Haare, deren Färbung mit der damaligen Mode zusammenhängt und die die Idee der Sonnenhaftigkeit noch unterstreicht. Sie wohnt im Palast von Monbrun, heißt es, und *Monbrun* bedeutet 'Schwarzer Berg', *sofern es sich hier nicht um eine okzitanische Deformierung eines keltischen Wortes handelt,* das etwa *Maen-Brân* gelautet haben könnte, was dann 'Stein des Raben' bedeutet. Bekanntlich ist aber der Rabe das Tier Apolls, und dies trotz seiner schwarzen Färbung; ferner ist er das Tier des keltischen Gottes Lug (dessen Name 'weiß' bedeutet); außerdem ist der Rabe direkt mit dem Namen des brit(ton)ischen Helden Brân Vendigeit ('der geweihte Rabe') verbunden, dessen Kopf zusammen mit den Vögeln der Rhiannon das Fest der Unsterblichkeit ermöglicht. Darüber hinaus gleicht Brunissen mit ihrer Haube aus Pfauenfedern der Juno, deren symbolisches Tier der Pfau ist. Diese Juno ist jedoch nicht die Juno/Hera des Tages, sondern eher die beunruhigende in das Dunkel der Nacht verbannte Juno/Lucina, genannt die 'Böse Lucine', die *Mala Lucina,* aus der im traditionellen Volksglauben der Région Poitou die *Melusine* wurde. Und diese Notre-Dame der Nacht – denn auch sie ist eine, schließlich ist sie im Palast von *Monbrun* eingeschlossen! – trägt in der Hand eine Zauberblume, die nichts anderes ist als die Blume der Unsterblichkeit.

Dies sind äußerst auffällige Kennzeichen. Brunissen ist seit irgendeinem tragischen Ereignis tieftraurig, heißt es weiter. Sie und ihr Gefolge drücken diese Trauer tränenreich aus, was durchaus an die Klageschreie und Seufzer erinnert, deren Zeuge Peredur im Zauber-Schloß (= Gralsburg) während jener Szene wird, die die ursprüngliche Gralsprozession gewesen sein dürfte. Und seit sieben Jahren wird Brunissen durch den Gesang der Vögel getröstet. Dies ist kein Zufall: Der okzitanische Autor des *Roman de Jaufré* bezieht sich auf die gleiche Überlieferung, die wir auch in der Erzählung von *Branwen* vorfinden, und so erhalten wir eine ziemlich präzise Beschreibung der 'Göttin mit den Vögeln', einer Notre-Dame der Nacht in wieder anderer Gestalt.

Eine andere wohlbekannte Episode enthält ebenfalls dieses Thema der verzaubernden Vögel. Sie taucht sowohl in der walisischen Literatur, als auch in den französischen Artus-Romanen auf:

Die Vögel von Barenton (Wales und Bretagne):

Am Hofe des Königs Artus berichtet Kynon, der Sohn des Klydno, von den Aventiuren, die ihm bei dem geheimnisvollen Brunnen von Barenton widerfahren sind. Er hatte Wasser auf die Vorstufe der Brunneneinfassung gegossen, da brach ein fürchterliches Unwetter aus und hatte insbesondere einen Baum in der Nähe des Brunnens aller seiner 'Blätter' beraubt. „Bald darauf heitert sich das Wetter wieder auf und sofort lassen sich die Vögel auf dem Baum nieder und fangen zu singen an; und ich bin sicher, Kai, weder vorher noch nachher jemals eine Musik gehört zu haben, die mit jener vergleichbar gewesen wäre. Als ich ihnen gerade mit höchstem Genuß lausche, dringen Klageschreie aus dem Tal herauf an mein Ohr." Ein Ritter erscheint, macht Kynon schwerste Vorwürfe wegen seiner Tat, die das Land verwüstet hat und fordert ihn zum Zweikampf heraus. Kynon wird besiegt.[58]

Und nun die Beschreibung des Vogelgesangs im entsprechenden Werk von *Chrêtien de Troyes:* „Da erblickte ich die Vögel in so gewaltiger Zahl auf der Kiefer sitzen, daß es keinen Zweig, keine Nadel gab, die nicht vollkommen von ihnen bedeckt gewesen wäre, was den Baum aber nur prächtiger machte, und alle Vögel sangen, jeder in einer anderen Art, die sich aber dennoch in höchst wunderbarer Weise zu einem harmonischen Ganzen fügte. Ich erfreute mich an ihrem Frohsinn und lauschte ihrem Gebet bis zum Schluß; nie zuvor hatte ich eine so herrliche Musik gehört; ich glaube nicht, irgendein Mensch könne jemals eine ähnliche Musik zu hören bekommen wie jene, die so sanft und angenehm auf mich wirkte, daß ich glaubte zu träumen. Als der Sang zu Ende war, vernahm ich den herannahenden Galopp eines Pferdes."[59] Durch diesen Bericht höchst neugierig geworden, bricht Owein/Yvain nach dem mysteriösen Brunnen auf, um seinerseits das beschriebene Experiment zu riskieren. Er verwundet den Brunnenritter, der auch ihn angreift, tödlich und heiratet anschließend die 'Dame des Brunnens', die Witwe des getöteten Schwarzen Ritters, da diese nach einem Mann und Verteidiger des Brunnens verlangt. Diese Brunnendame, die nur bei *Chrêtien* (und seinen Nachfolgern) den Namen Laudine trägt – hat sich durch die Überredungskünste ihrer Dienerin Luned/Lunete (einer Fee, die auf Oweins/Yvains Seite steht) zu diesem Schritt bewegen lassen: Wenn ihr Gatte getötet würde, wurde ihr zu bedenken gegeben, dann muß er, verglichen mit dem Sieger, nicht viel getaugt haben.

Abgesehen von der historischen Deutung, die den Gesang der Vögel auf der Kiefer von Barenton als Ausdruck des Erstaunens eines französischen Dichters über die walisische Gesangskunst interpretiert, die für den Ursprung der polyphonen Musik der *Ars-Nova*-Tradition gehalten wird,[60] kann man auch die Tatsache hervorheben, daß diese Vögel magische Kräfte haben: denjenigen, der ihren Gesang vernimmt, versetzen sie in eine Verzückung, die der Extase nahekommt und den Hörer seine eigene Existenz vergessen läßt. Ihr Gesang ertönt nach dem Unwetter, so als wolle er den Tollkühnen zurückhalten, der es gewagt hatte, den höllischen Mechanismus des Unwetters auszulösen, und auf diese Weise dem Verteidiger des Brunnens ermöglichen, noch rechtzeitig zu erscheinen und den Täter „mitten im schönsten Traum" zu überraschen. Auch darf nicht übersehen werden, daß der walisische Text, der dem Archetypen nähersteht, eigens betont, daß alle Lebewesen durch das Unwetter umkamen und daß der Baum, die Kiefer, alle ihre 'Blätter' d.h. Nadeln, verlor. Wenn danach aber die Vögel trotzdem auf ihm einfallen, so deshalb, weil sie nicht der Welt der Wirklichkeit angehören, in der sie auch umgekommen wären, sondern den Vögeln der Rhiannon vergleichbare Feenwesen sind.

Es lassen sich aber noch weitere Ähnlichkeiten aufzeigen. Die Figur der Laudine, die Dame des Brunnens, erregte bisher noch kaum die Aufmerksamkeit der Mythologen, und doch erfahren wir durch sie Bedeutendes. Versteht man diese Geschichte richtig, so ist Laudine die rechtliche Besitzerin des Brunnens, ihrer magischen Kraft, und damit auch der Vögel. Der von Owein/Yvain besiegte Schwarze Ritter ist gewissermaßen nur der mit der Verteidigung des Brunnens beauftragte 'Prinzgemahl'. Laudine wird ihn als souveräne Herrscherin durch einen Stärkeren, nämlich Owein, ersetzen, damit dieser dann die gleiche Funktion weiter ausübt. Hierin ist unbestreitbar eine Vorherrschaft seitens der Frau zu erkennen, und im weiteren Verlauf der Geschichte wird dies nur bestätigt, denn als Owein, der für eine bestimmte Zeit die Erlaubnis erhält, sich zu entfernen, nach Ablauf dieser Frist nicht pünktlich zurückkehrt, wird er von der Dame verstoßen. Andererseits wird Laudine mit dem Brunnen gleichgesetzt, die ein unmißverständliches Weiblichkeitssymbol darstellt: Oweins Geste, Wasser auf die Schwelle des Brunnens zu spritzen, ist als eine unabstreitbar erotische Handlung zu werten,[61] die ödipaler Natur ist, denn sie bedeutet eine Vergewaltigung der Frau, und zwar eine Vergewaltigung der *Mutter*-Göttin. Übrigens sah der walisische Autor keinen Grund, die Figur anders als durch die Periphrase „Dame des Brunnens" zu benennen: Er wußte, daß das genügt. Wenn *Chrêtien* sie daher „Laudine" nennen wollte, so muß er entweder mit diesem Namen eine bestimmte Bedeutung verbunden haben oder die von ihm benutzte Vorlage (die in einer brit(ton)ischen Sprache abgefaßt, aber nicht unbedingt die gleiche gewesen sein muß, die der walisischen Erzählung zugrunde liegt) verwendete einen Namen, den er mißverstanden oder falsch transkribiert hat. Was bedeutet Laudine? Diese Frage ist nicht leicht zu beantworten: man kann darin die Deformation eines walisischen Namens sehen, der *lleuad* (= 'Mond') enthält, oder ein altes *awd*, 'Fluß', 'Uferböschung' (> Bret. *aod* oder im Vannetais > *aud*), mit hinzugefügtem französischen Artikel, – oder auch eine fehlerhafte Transkription eines *l'ondine*, was die Übersetzung eines keltischen Wortes ist. Diese letzte Deutungsmöglichkeit hätte den Vorteil, sich direkt auf den symbolischen Gehalt des Brunnens zu beziehen und aus Laudine eine Wassergottheit zu machen, die sie zweifelsohne auch ist. Der Name Luned (Lunete bei *Chrêtien* und *Hartmann*) ist dagegen ziemlich klar und leicht zu deuten: Es handelt sich dabei um das walisische Wort *Llun* (= 'Gestalt', 'Bild'), das durch ein Suffix erweitert ist. Somit wäre Luned/Lunete nur ein anderer Aspekt der Laudine, ein Ab-Bild von ihr, gewissermaßen ihr 'Double', was übrigens gut zu der Rolle paßt, die sie in der Owein/Yvain-Sage spielt, nämlich die Rolle der Diener-Fee, eines Substituts der Herrin Laudine, die selbst im Schatten bleibt. Das bedeutet aber: wir hätten auch hier wieder die Notre-Dame der Nacht vor uns.

In anderem Zusammenhang habe ich einmal näher ausgeführt,[62] daß die 'Dame des Brunnens' die kosmische Ur-Mutter repräsentiert und daß durch diese Eigenschaft auch die Handlung des Tollkühnen, der Wasser auf die Schwelle gießt, als Inzest-Versuch interpretiert werden kann, – als Versuch der Rückkehr zum intra-uterinen Leben. Äußerst rätselhaft dagegen ist die Komplizenschaft zwischen Owein/Yvain und Luned/Lunete. Darf man aus der Tatsache, daß Owein/Yvain in gewissem Sinn als der Sohn und Gatte der Mutter-Göttin Laudine fungiert und aus der Tatsache, daß Luned das Double der Laudine ist, nicht darauf schließen, daß Owein/Yvain der Bruder der Luned ist, und daß beide die Kinder der Laudine sind? Dann hätten wir nämlich eine Konfiguration vor uns, die der von Apoll und Artemis, den Kindern der Leto/Latona entspricht. Laudine oder Latona? Das ist die Frage. Wie wir sehen werden, ist dieser Gedanke keineswegs so aus der Luft gegriffen, wie es zunächst den Anschein hat.

Owein liefert zu dieser gewagten Deutung den Schlüssel: Dieser Epenheld ist als Mischung von historischen Reminiszenzen und mythischen Elementen eine höchst komplexe Gestalt. Owein, Sohn des Urien, König von Rheged, als Führer der Nord-Brit(ton)en ständig im Kampf mit den Pikten und Sachsen, scheint tatsächlich eine historische Persönlichkeit zu sein. Zusammen mit Uryen wird er in der walisischen Saga des Dichters *Llynwarch-Hen*[63] besungen, und eines der Gedichte, die als echte Dichtungen von *Taliesin* gelten, ist das „Lied von Oweins Tod".[64] Aber um die historischen Gestalten Owein und Uryen ranken sich zahlreiche disparate Elemente, die uralten mythischen Überlieferungen entliehen sind, und gerade diese liefern uns wertvolle Aufschlüsse:

Die Raben des Owein (Wales):

König Artus und Owein ab Uryen spielen eine Partie Schach. Unterdessen unterhalten sich Artus' Bedienstete damit, *die Raben des Owein* zu jagen und umzubringen. Dreimal hintereinander bittet Owein den König, seinen Dienern zu befehlen, das Vogelmorden einzustellen. Artus lehnt es ab, deswegen das Spiel zu unterbrechen. Da befiehlt Owein den Seinen, „das Banner im dichtesten Gewühl aufzupflanzen, und dann geschehe, wie es Gott gefällt." So geschieht es, und Oweins Raben stürzen sich auf Artus' Leute und metzeln sie der Reihe nach nieder. Dreimal hintereinander bittet Artus Owein, dem Massaker Einhalt zu gebieten. Owein lehnt es ebenfalls ab, deswegen das Spiel zu unterbrechen. Schließlich befiehlt er aber doch, das Banner einzuholen, und es kehrt wieder Frieden ein.[65] „Owein ab Uryen hat die drei Burgen im alten Cattraeth bezwungen. Wie das leibhaftige Feuer hat Artus den Owein, seine Raben und seinen buntfarbenen Speer gefürchtet."[66] „Owein blieb am Hof des Königs Artus (...) bis er schließlich wieder zu seinen treuen Vasallen zurückkehrte, das heißt, zu seinen dreihundert Schwertern des Stamms von Kynvarch und seiner Rabenschar. Wohin er mit ihnen gelangte, war er Sieger."[67]

So wie sie dasteht, ist die Geschichte kaum verständlich. Aber zwei aus Frankreich stammende Texte liefern dazu den Schlüssel, vorausgesetzt, man setzt die Methode des Vergleichs der Ähnlichkeiten konsequent fort:

La Quête du Saint-Graal (Höfische Gralsepik):

Perceval kämpft gegen einen Ritter. Da fällt ein Vogelschwarm über ihn her, um den Ritter zu verteidigen. Perceval tötet einen der angreifenden Vögel, „aber sobald er zu Boden gefallen ist, verwandelt sich der tote Vogel in eine wunderschöne Frau. Sofort stürzen alle Vögel herab, umringen sie und entführen sie unter klagendem Geschrei in die Lüfte". Da erklärt der Ritter dem Perceval, daß die Vögel die Dienerinnen seiner *amie*, der „Prinzessin der Feen", seien, und daß diejenige, die von Percevals Schwert getroffen wurde, in Wirklichkeit nicht tot sei: „Ihre Gefährtinnen entführen sie zur Insel Avalon, dem Ort der Unsterblichkeit."[68]

Didot-Perceval (Höfische Gralsepik):

Perceval kämpft gegen einen gewissen Urbain und ist dem Sieg bereits nahe. Da erblickt er eine Schar Vögel, „noch schwärzer als das Schwärzeste, das ihm je begegnet war". Und diese Vögel versuchen, den Urbain zu verteidigen und greifen Perceval an. Perceval tötet einen der Vögel. Dieser verwandelt sich, als er zu Boden fällt, in den Leichnam eines jungen Mädchens. Urbain erklärt ihm, daß es sich um Schwestern seiner Gattin Modron handelt, die die Fähigkeit haben, sich in Vögel zu verwandeln. (Ausg. *Roach:* v. 200ff.)

Die Figur des Urbain im *Didot-Perceval* ist leicht zu identifizieren: Es handelt sich um den *Urgben* der *Historia Brittonum* (Kap. LXIII), der auch in einer Genealogie des ausgehenden X. Jahrhunderts wieder auftaucht als „Urbgen map Cinmarc,[69] was neuwalisisch als „Uryen ab Cynfarch" zu lesen ist.

Und dieser von den Dichtern – besonders von *Llynwarch-Hen* und *Taliesin*[70] – als der gefürchtete Krieger und Held par excellence, als der großmächtige Vernichter der Feinde Britanniens und als das Haupt der Nord-Brit(ton)en (aus der Gegend um Strathclyde und Glasgow) besungene Uryen ist der König Urien, der von *Chrêtien* immer wieder als einer der Ritter der Tafelrunde und Vater von Yvain, d.h. Owein erwähnt wird. (Und dessen Echo noch in *Wolframs Parzival* als Pferdedieb *Urjanz/Urians* herumgeistert; Anm. d. Hrsg.).

Die Schlußfolgerung liegt auf der Hand: Da Oweins Vater von einem Schwarm schwarzer Vögel verteidigt wird, bei denen es sich in Wirklichkeit um die Schwestern seiner Gemahlin Modron handelt, sind die berüchtigten Raben des Owein, mit deren Hilfe dieser in jedwedem Kampf Sieger wird, ebenfalls nichts anderes als diese Feen-Frauen, die sich in Vögel verwandeln können und den Sohn genauso schützen, wie sie den Vater geschützt haben. Und damit rückt die so eigenartige Figur der Modron in den Vordergrund.

Etymologisch ist *Modron* die *Matrone,* die *Matrona* der Gallier, deren Name (walis. *Modr*) auch der des Flusses Marne sowie der Gattungsname sämtlicher Mutter-Göttinnen ist, die in der Bildplastik der gallo-römischen Zeit zu beobachten sind. Auch in den mythischen Texten der walisischen Literatur kommt Modron häufig vor: So erwähnt einer der *Mobinogion*-Texte, der von den *Drei Heilige(n) Würfe(n) Britanniens* handelt, einen „Owein, Sohn des Uryen zusammen mit Morvudd, seiner Schwester, im Schoße der Modron, Tochter von Avallach".[71] Diese Morvudd ist einem anderen *Mabinogi* zufolge[72] „eine der drei Geliebten des Königs Artus". Kynon ab Klydno ist dagegen ihr Geliebter.[73] Bekanntlich ist Kynon (Calogrenant in Chrétiens Yvain-Roman) derjenige, welcher als Erster die *Aventiure* am Brunnen von Barenton wagt und dem Owein von ihrer Existenz berichtet: somit besteht zwischen Kynon und Owein ein Zusammenhang. Ferner führt die Erwähnung der Modron, Tochter des Avallach (der walisische Name für Avalon!) seltsam in die Nähe der Morgane, die die Priesterkönigin der Insel Avalon ist: Denn wie wir bereits gesehen haben, beherrscht nach der *Vita Merlini* Morgane „die Kunst, das Aussehen eines Gesichts zu verwandeln und durch die Lüfte zu fliegen".

Setzt man die Reihe der Ähnlichkeiten und Querbezüge fort, so gelangt man zu der in der irischen Epenliteratur so berühmten Gestalt der Göttin *Morrigane* oder *Morrigu,* deren Name ebenfalls an Morgane denken läßt, und die ebenfalls in Gestalt eines Vogels auftritt.[74] Morrigane wird nämlich fast ständig von zwei ihrer Schwestern, Bodbh und Macha, begleitet und sogar häufig mit ihnen, besonders mit Bodbh, verwechselt. Die Figur der Macha, die die Stuten-Göttin ist, haben wir bereits untersucht. Aber Bodbh (oder Badbh), ein Eigenname, der in der gälischen Tradition dazu tendiert, zu einem Gattungsnamen für die Böse Fee schlechthin zu werden, findet man im Namen einer gallischen Kriegsgöttin wieder, der durch eine in Savoyen entdeckte gallo-römische Inschrift bekannt wurde, nämlich der Göttin *Cathubodua.*[75] Dieser Name läßt sich segmentieren in *Cathu* bzw. *Cath* (= 'Kampf'; walis. und breton. *Kad*) und in *Bodu* (= 'Zorn',

'Furor', 'Gewalt'), wodurch man unweigerlich an die historische Königin Bodicea oder Budicca erinnert wird, die die Seele des bretonischen Widerstandes gegen die römischen Invasoren war. Morrigane, Bodbh und Macha werden stets in besonders wilder Gestalt als kriegerische Furien dargestellt, die sich auf die Kämpfenden stürzen und sie im Kampf anfeuern. Morrigane wird sogar „Tochter des Ernmas" genannt, was soviel wie 'Tochter des Mordes' bedeutet und bereits ein ganzes Programm darstellt. In dem gewaltigen Epos der *Tain Bô Cualngé* wirft sie sich, nachdem sie den Stier, den Grund des Krieges, beiseitegeschafft hat, in den Kampf, bietet sich ohne jede Hemmung dem Cûchulainn an und verspricht dafür, ihm im Kampf zu helfen. Cûchulainn lehnt ab. Da versucht Morrigane, sich an ihm zu rächen, wobei sie nacheinander die Gestalt einer Kuh, eines Zitteraals und einer Wölfin annimmt. *D'Arbois de Joubainville* hat, gestützt auf die Tatsache, daß Morrigane und ihre Schwestern meist in der Gestalt von Krähen erscheinen, vorgeschlagen, in dem berühmten *tarvos trigarannos,* einem gallischen Kunstdenkmal, das einen von drei Kranichen überflogenen Stier darstellt und sich im Musée de Cluny (Paris) befindet, eine Illustration dieses Themas zu sehen.[76] Im *Tod des Cûchulainn* kommt Bodbh, dort die Tochter von Calatin, die eine andere Form der Morrigane zu sein scheint, in der Gestalt einer Krähe über das Haus geflogen, in dem sich Cûchulainn befindet, und spricht einen Zauber aus, durch den der Untergang des Helden besiegelt wird. Als Cûchulainn gestorben ist, nähert sie sich dem Leichnam des Helden um festzustellen, ob er auch wirklich tot ist:

„In Gestalt eines Rabenvogels, genau gesagt, einer Krähe, kam sie aus den höchsten Höhen des Firmaments zu ihm herabgeflogen. Sie stieß über ihm ihre drei großen Schreie aus und setzte sich ihm gegenüber auf einen Weißdornenbusch, woher das Weißdorngebüsch in der Ebene von Muirthemné seinen Namen „Weißdorn der Krähe" erhielt.[77]

Eine *History of Ireland,* die im XVII. Jh. auf der Grundlage alter Dokumente von John *Keating* verfaßt wurde, zitiert Bodbh, Morrigane und Macha als die drei Göttinnen der Tuatha Dé Danann. Der Text der *Schlacht von Cnucha,* der den ossianischen Dichtungen angehört, erwähnt ebenfalls die „Bodbh auf der Brust der Menschen". In der *Schlacht von Mag Rath* ist die Rede von der „Morrigane mit dem grauen Haar", in der *Zerstörung von Da Cochas Schloß* geht es unter anderem um die „Bodbh mit den roten Mündern", wobei Bodbh hier im Plural steht. Im *Book of Conquests,* einer umfangreichen gelehrten Textsammlung über die mythischen Ursprünge Irlands, findet man folgende Aufzählung: „Bodbh, Macha und Ana (oder Anand), die drei Töchter des Ernmas"; – dem wird in dem auf diese Passage folgenden Gedicht widersprochen, denn dort ist in der betreffenden Reihung Ana durch Morrigane ersetzt. Abgesehen davon werden wir im folgenden noch darauf eingehen, wie diese Austauschbarkeit von Morrigane und Ana zu beurteilen ist.

Hier soll uns genügen, daß die gälische Morrigane wie die Morgane der Artusromane die Fähigkeit besitzt, sich in einen Vogel verwandeln zu können, und von ihren Schwestern begleitet wird, die die gleiche Gestalt haben. Es steht außer Zweifel, daß es sich bei Modron um die gleiche Figur handelt: um die Mutter-

Göttin, die ihren Gemahl bzw. ihren Sohn beschützt. Aber dabei gibt es eine kleine Schwierigkeit: Die walisische Überlieferung ordnet in manchen Fällen der Modron die Kinder Owein und Morvudd, in anderen Fällen aber nur einen einzigen Sohn zu. Und dieser Einzelsohn ist keineswegs weniger rätselhaft: es handelt sich um Mabon. Die walisische Erzählung von *Kulhwch und Olwen,* die äußerst alt ist, bezeichnet ihn als „Mabon, Sohn der Modron, den man in der dritten Nacht nach seiner Geburt zwischen der Mutter und der Wand heraus entführt hatte."[78] Danach erfährt man, daß Mabon an einem unbekannten Ort gefangen gehalten wird, und eine der Prüfungen, die Kulhwch auferlegt werden, besteht darin, ihn zu finden. Nach einer der *Mabinogion*-Triaden war Mabon einer der drei illustren Gefangenen der britischen Insel.[79] Mit Hilfe von König Artus und seinen Rittern wird Mabon schließlich in einem unterirdischen Kerker in Kaer Loyw wiedergefunden, in einem Gefängnis, von dem es heißt, daß es nur über einen Fluß und zwar *auf einem Fisch reitend* erreicht werden kann. „Kai und Bedwyr stiegen auf die Schultern (*sic!*) des Fisches, und während die Artusritter das Schloß angriffen, schlug Kai eine Bresche in die Kerkermauern und entführte den Gefangenen auf seinem Rücken."[80]

Bei den Galliern und besonders bei den Bretonen gab es zu römischer Zeit eine Sonnengottheit, die Maponos heißt. Wir kennen den Namen aus Inschriften auf der britischen Insel, besonders aus dem Stammland der Brigantes (York), sowie aus einer Widmungs-Inschrift aus Gallien, die in Bourbonne-Lesbains gefunden wurde. Der Name Mabon/Maponos ist nicht schwer zu deuten: Er stammt aus einem brit(ton)ischen **mapos* (gäl. **makos*), was 'Sohn' bedeutet (walis. *mab,* breton. *ab,* irisch *mac*). Dieser Name erinnert an den gälischen Helden Oengus, der auch *Mac Oc,* d.h. 'Junger Sohn' genannt wurde und Sohn des Dagda, eines der Führer der Tuatha Dé Danann war: Dieser Mac Oc, die Frucht einer verbotenen Liaison zwischen Dagda und Eithné aus dem *Sidh* von Brug-Na-Boyne, wird genaugenommen nicht entführt, sondern direkt nach seiner Geburt dem Mider von Brig-Leith, einer Art Schattengottheit[81] zur *fosterage* übergeben. Diese Geschichte ist hier deshalb von Interesse, weil es Dagda später gelingt, Oengus in den Besitz des mütterlichen Erbes zu bringen, und dies zum Nachteil seines rechtlichen Vaters Elcmar, was wieder das hartnäckige Überleben der uterinen bzw. matrilinearen Erbfolge zeigt.

Es ist wahrscheinlich, daß mit *Mabon* kein anderer als Owein gemeint ist, da er der *Sohn* ist. Da aber der solare Charakter von Mabon als gesichert gilt, hat man in Mabons Gefangenschaft die Gefangenschaft der jungen Sonne gesehen, die ein Held befreien muß. So gesehen ist dann die Mutter-Göttin Modron die ehemalige Sonnengöttin. Man beachte, daß sich Mabons Kerker wie per Zufall in Kaer Loyw befindet, was aber „Zitadelle des Lichts" bedeutet, und daß der Gefangene nur mit Hilfe eines Fisches befreit werden kann, was den Symbolgehalt eines regelrechten *regressus ad uterum* hat, einer Regeneration durch die Mutter. Und dies ist Mabons zweite Geburt. Man kann darin natürlich auch eine Doublette zur Geschichte von Rhiannon und Pryderi sehen (über deren Sonnencharakter es ebenfalls keine Zweifel gibt): Auch Pryderi gelangt zu seiner zweiten Geburt in dem Augenblick, als Rhiannon ihn wiederfindet und ihm seinen endgültigen Namen gibt. Modron kann also nur die Göttin mit den Vögeln sein, wenn nicht gar die Vogel-Göttin wie Rhiannon, und auch sie ist auf einer der

Platten des Kultkessels von Gundestrup dargestellt, der – wiederholen wir es noch einmal – ein wahrhaftiges Bilderlexikon der keltischen Mythologie darstellt.

Modron steht als Tochter des Avallach auch in Zusammenhang mit dem Apfelbaum. Das Wort *Apfel* steckt in dem Namen Avallach, einem der Beinamen des Fischerkönigs aus der *Quête du Saint-Graal.* Bei den Galliern gibt es noch eine andere Sonnengottheit, nämlich Belenos, und dieser Name, der 'der Funkelnde', 'Brilliante' bedeutet, hat seinen Ursprung in der gleichen Wurzel wie der des Apoll, des Sonnengottes der Griechen, die ihn aus dem Norden importiert haben, diese Wortwurzel hat in den indo-europäischen Sprachen folgendes ergeben: *Apfel* im Deutschen, *Apple* im Englischen, *Malum* im Lateinischen und *Aval* im Bretonischen; – alle diese Worte bedeuten 'Apfel'! Und sind die Goldenen Äpfel aus dem Garten der Hesperiden nicht symbolische Bilder der Sonne? Man sollte sich auch vor Augen halten, daß Owein, der Sohn der Modron, das Abenteuer seines Lebens am Brunnen von Barenton hat, dem alten *Belenton*, was 'Beleno-Nemeton' bedeutet, also 'Heilige Lichtung' bzw. 'Heiligtum des Belenos'; daß es bei den Galliern eine Sonnengöttin mit Namen *Belisama* gab (was 'die blendend Strahlende' bedeutet), die verschiedene Ortsbenennungen beeinflußte (wie z.B. Bellême); und schließlich, daß diese Göttin – in Bath (England) Sul genannt – überraschenderweise in maskulinisierter und christianisierter Form wieder in (höchst dubiosen) bretonischen 'Heiligen' und 'Schutzpatronen' auftaucht, wie Sul, Suliau und Suliac, die überall auf der bretonischen Halbinsel anzutreffen sind.

Man mag einwenden, dies alles führe weit vom Thema ab. Aber das mythische Denken bewegt sich stets in zentrifugaler Bahn. Aus zu Anfang sehr einfachen Elementen werden, sobald sie sich verstreuen, äußerst komplexe Gebilde. Man braucht aber lediglich die ursprünglichen Grundmuster durch alle Variationen ein und desselben Mythos hindurch zu verfolgen und gelangt so wieder zu seiner Ausgangsstruktur. Diese Struktur ist das Bild der Göttin mit ihrer Tochter, dem Resultat ihrer eigenen Regeneration, ihrem Double (Demeter und Kore), dann mit ihrem Sohn, der infolge der Maskulinisierung der Gesellschaft den Platz der Tochter eingenommen hat, sie gelegentlich völlig eliminiert oder seine Rolle mit ihr teilt (siehe Diana und Apoll).

Dabei muß man jedoch den Dingen auf den Grund gehen und darf sich nicht mit reinem Katalogisieren begnügen, wie es leider allzu viele Mythologen tun, die es sich zur Aufgabe gemacht haben, endlose Namenslisten zusammenzustellen und dann zu behaupten, diese oder jene Gottheit sei der Schutzpatron dieser oder jener gesellschaftlichen Kategorie. Die Mythologie ist schließlich mehr als nippeshafter Devotionalienhandel: sie hat das Ziel, die Ursprünge der Welt und den Mechanismus des Lebens durch das Symbol auszudrücken und zu erklären. Freilich ist es jedem Einzelnen überlassen, wie und ob er es versteht. Das Zweierpaar Modron-Mabon, wie auch Rhiannon-Pryderi, Sadv-Oisin, Laudine-Owein, Goleudydd-Kulhwch, Demeter-Kore, Isis-Horus, Ischtar-Tammuz, Aphrodite-Adonis und wie sie alle heißen, ist nichts anderes als die Übersetzung einer großen Grundwahrheit – nämlich der ewigen Transformation der Kräfte des Lebens – in einfache Bilder. *Plutarch* sagt dazu treffend:

„Die Gottheit ist aufgrund ihrer Natur unsterblich und unzerstörbar, sie wird jedoch unter der Einwirkung des Schicksals und seinem unentrinnbaren Gesetz gewissen Transformationen unterworfen... Sobald die Transformationen des Gottes zur Ausgestaltung der Welt gelangen, bezeichnen die Weisen in esoterischen, verdeckten Worten die Veränderung, die er durchgemacht hat, eine Zerstörung, eine Verstümmelung (...) und erfinden dann Berichte vom Tode oder Verschwinden dieser oder jener Götter und anschließend von ihrer Wiederauferstehung oder Regeneration (...), – mythische Erzählungen, und zugleich dunkle Anspielungen auf die genannten Veränderungen..."[82]

Auf unserer Suche nach der Notre-Dame de la Nuit, jener in den Jahrhunderten des Patriarchats in Untergrund und Vergessenheit abgedrängten, okkultierten Göttin, konnten wir einige besonders langlebige Bilder der Gestalt zum Vorschein bringen, die einst die große Ur-Gottheit war. Modron mit ihren beiden (Zwillings-)Kindern Morvudd und Owein ist allem Anschein nach das keltische Äquivalent der Leto-Latona und ihrer beiden Kinder Apoll und Artemis-Diana. Dies wird auch durch die Tatsache bestätigt, daß die britische Insel in der Antike als das Geburtsland der Leto galt. *Diodor v. Sizilien* ist sich dessen besonders sicher und stützt darauf seine These, daß der Rundtempel von Stonehenge ein Heiligtum zu Ehren der Sonnengottheit sei.[83] Diese Ansicht wird übrigens von *Pomponius Mela* bestätigt. Im Falle der Modron ist die Göttin von wunderwirkenden Vögeln begleitet, – falls man sie nicht selbst als Wundervogel anzusehen hat. Und dieser Vogel ist der Rabe bzw. die Krähe. Bekanntlich ist aber der Rabe auch das symbolische Tier Apolls und trotz seiner schwarzen Farbe ein Sonnensymbol. Es gibt aber auch weiße Raben, worauf u.a. der Name der brit(ton)ischen Gottheit Branwen (= 'weißer Rabe'), der Schwester des Helden Brân, hinweist. Man hat auch einen Bezug zwischen Modrons Kindern, Morvudd und Owein-Mabon einerseits und Branwen und Brân, den Kindern von Llyr, andererseits zu sehen, wobei der Name Llyr 'Fluten' bedeutet und somit wieder den Hinweis auf eine Meeresgottheit gibt, die ohne Zweifel ursprünglich weiblich war.[84]

Aber Notre-Dame der Nacht kann auch in Begleitung anderer Vögel oder selbst in Gestalt eines anderen Vogels als Rabe oder Krähe in Erscheinung treten. Denn zahlreiche keltische Epen berichten von Vogel-Frauen.

Die Geburt des Cûchulainn (Irland):

Dechtire, die Schwester des Königs Conchobar, ist ohne Erlaubnis Conchobars mit fünfzig Mädchen geflohen. Eines Tages tauchen sie in Gestalt von Vögeln wieder auf, und alle Ulates machen sich auf die Jagd nach ihnen. Dabei gelangen sie zu geheimnisvollen Häusern, aus denen eine seltsame Musik dringt. Schließlich erfährt Bricriu, einer der Ulates, daß Dechtire und die fünfzig Mädchen sich darin aufhalten, und am folgenden Morgen findet man, schlafend an Conchobars Brust, ein kleines Kind. In der Folge stellt sich heraus, daß es Dechtires Sohn ist, und man gibt ihm den Namen Setanta. Dies ist das Kind, das später den Beinamen Cûchulainn erhält.[85]

Die Geschichte der Derbforgaille (Irland):

„Derbforgaille, die Tochter des Königs von Lochlann, verliebte sich in Cûchulainn, allein aufgrund all der herrlichen Geschichten, die man über ihn erzählte.

Mit ihrer Dienerin brach sie in Gestalt von zwei Schwänen, die durch eine Goldkette aneinandergebunden waren, nach Osten auf und erreichte schließlich Lough Cuan." Cûchulainn, der sich dort in Begleitung seines Milchbruders Lugaid aufhält, schießt nach den Vögeln mit der Schleuder einen Stein, der im Körper des einen von ihnen stecken bleibt. Da nehmen die Vögel wieder menschliche Gestalt an, und Cûchlainn saugt der Derbforgaille den Stein aus der Wunde. Da nun aber eine Bindung des Blutes zwischen ihnen besteht, kann er sich nicht mehr mit ihr vereinigen und gibt sie dem Lugaid.[86]

Die Leiden des Cûchulainn (Irland):

An einem Samain-Tag sitzen alle Ulates beisammen, und die Frauen bitten Cûchulainn, ihnen die Vögel zu fangen, die sie über den See fliegen sehen. Cûchulainn gelingt diese schwierige Aufgabe. Wenig später fallen zwei durch eine Kette aus Rotgold miteinander verbundene Vögel am See ein und singen ein liebliches Lied, das alle Ulates außer Cûchulainn, seiner Konkubine Ethné und seinem Sauhirten Loeg in tiefen Schlaf versetzt. Cûchulainn nimmt seine Steinschleuder und schießt nach den Vögeln, aber zum ersten Mal in seinem Leben schießt er daneben. Er schleudert seinen Speer nach ihnen und durchsticht einem der Vögel den Flügel, woraufhin sich beide unter die Wasseroberfläche flüchten. Cûchulainn überfällt starker Schwindel. Er lehnt sich gegen eine Steinsäule und schläft ein. Da hat er einen gräßlichen Traum, in dem ihm zwei junge Frauen erscheinen und ihn verprügeln. Das wirft ihn ein ganzes Jahr lang krank zu Bett. Da hat er wieder einen Traum, und eine der beiden Frauen enthüllt ihm, daß ihre Gefährtin Fand, die Gemahlin des Königs Manannan, in ihn verliebt ist und hofft, er werde zu ihr in ihr Feenland kommen.[87]

Die Tochter des Zauberers (Bretagne):

Während der junge Schäfer Pipi Menou seine Schafe in der Nähe eines Sees weidet, ist ihm aufgefallen, daß hin und wieder große Vögel unweit des Sees landen. Sobald sie die Erde berühren, verwandeln sie sich in wunderschöne Mädchen, die in völliger Nacktheit im See baden und sich in der Sonne tummeln. Später, bei Sonnenuntergang, nehmen sie wieder ihre Vogelgestalt an und verschwinden in den Lüften. Der Schäfer fragt seine Großmutter um Rat, was dies zu bedeuten habe, und diese antwortet ihm: „Das sind Schwanen-Frauen, Töchter eines mächtigen Zauberers, die in einem herrlichen Palast wohnen, der ganz aus Gold und funkelnden Edelsteinen besteht und an vier Goldketten über dem Meer aufgehängt ist...". Mit Hilfe einer List gelingt es Pipi Menou, die drei Töchter des Zauberers dazu bewegen, ihn zu dem Zauberpalast zu führen, und dort begibt er sich Abend für Abend, versteckt in einem Korb, in die Kammer derjenigen, die ihm am besten gefällt. Als aber die beiden leer ausgehenden Schwestern drohen, das Geheimnis zu verraten, sofern er nicht auch sie besucht, flieht Pipi Menou, nachdem er sich noch schnell eine hübsche Menge Edelsteine eingesteckt hat, zusammen mit der jungen Zauberin, wobei er auf dem Rücken des Vogel-Mädchens durch die Luft fliegt.[88]

Die Vögel des Gwenddoleu (Wales):

Die beiden Vögel des Gwenddoleu, die ein goldenes Joch trugen, waren höchst ungewöhnliche Tiere: Sie gaben sich nicht mit ihrem Amt, die Schätze ihres Herrn zu bewachen, zufrieden, sondern verschlangen alltäglich zum Dîner zwei Menschen und ebensoviele zum Souper.[89]

Die Vögel des Drutwas (Wales):

Drutwas, der Sohn des Tryffin, einer der Ritter der Tafelrunde, hat eine Feen-Frau geheiratet, und diese macht ihm drei Wundervögel zum Geschenk, die die Worte der Menschen verstehen können und alles tun, was man ihnen befiehlt. Drutwas nimmt sie mit in den Krieg, wo sie wahre Wunder vollbringen. Als er aber König Artus herausfordert, schickt er an seiner Stelle seine Vögel mit dem Befehl aus, den Ersten, den sie antreffen, zu töten. Da Artus verhindert ist, persönlich zu erscheinen, erscheint Drutwas selbst als Erster an dem vereinbarten Ort, und so wird er von seinen eigenen Vögeln zerfleischt.[90]

Es handelt sich bei den Vögeln des Drutwas wie bei den Raben des Owein zweifelsohne um Feen. Die Vögel des Gwenddoleu, die täglich zwei Menschen verschlingen, sind ebenfalls Feen-Wesen und wohlgemerkt weiblichen Geschlechts: Hier dominiert der Kâli-Aspekt der Göttin: sie ist die Verschlingende. Man beachte, daß alle diese Vögel jeweils miteinander durch eine goldene Kette verbunden sind, und daß sie in dieser Form auch fliegen. Andererseits nehmen sie, sobald sie den Boden berühren, ihre Frauengestalt an. Sie behalten also nicht ständig ihre Vogelgestalt bei wie die Kinder von Lîr, die durch einen von ihrer „Raben-Mutter" (wie es sprichwörtlich heißt) über sie verhängten Fluch dazu verurteilt sind, ewig in Vögel verwandelt zu bleiben. In der *Brautwerbung um Etaine* verwandelt sich Mider in einen Schwan, um Etaine ihrem Gemahl, dem König Eochaid, zu entführen, und ebenfalls in der Gestalt von Schwänen flüchten beide von Hügel zu Hügel, nachdem der König befohlen hatte, in allen Hügeln Irlands nach ihnen zu graben und sie wieder einzufangen.[91] Diese Schwanengestalt erinnert unweigerlich an die brit(ton)isch-germanische Sage von Lohengrin, Parzivals Sohn, der, als er sich gezwungen sah, das Geheimnis seiner Herkunft preiszugeben, auf einem Schwan nach dem geheimnisvollen Königreich seines Vaters, des Gralkönigs, fliehen mußte. Diese Geschichten von Prinzen oder Prinzessinnen, die infolge eines Fluchs oder einfach zu dem Zwecke, in Bereiche vorzustoßen, in die sie in ihrer menschlichen Gestalt nicht eindringen könnten, in Vögel verwandelt werden bzw. sich selbst in Vögel verwandeln, sind in der gesamten europäischen Folklore anzutreffen.

Ferner erinnern diese Motive auch an eigenartige keltische Bräuche, in denen Vögel eine Rolle spielen, wovon die Autoren der klassischen Antike berichten. So beschreibt *Strabo* (IV,6) unter Berufung auf den Geographen *Artemidor* folgenden Brauch: Konnten sich zwei Personen in irgendeiner Angelegenheit nicht einigen, so legten sie auf eine erhöhte Stelle an einem Seehafen zwei Kuchen auf ein Brett. Sogleich stürzten sich Raben, deren rechter Flügel weiß war, auf die Kuchen und führten die Entscheidung herbei, denn derjenige, dessen Kuchen umkippte, wurde als Sieger erklärt. Daneben gibt es noch zahlreiche andere wunderliche Vogelgeschichten, darunter eine von *Titus Livius* (Buch VII) über Marcus Valerius, der von einem Raben beschützt worden sein soll, wodurch er den Beinamen Corvinus erhielt. Zu erwähnen wäre auch ein Hinweis bei *Justinus* (XXIV, 4) darauf, daß die Gallier während ihrer großen Wanderung durch Illyrien dem Zug der Vögel gefolgt sein sollen. All dies zeugt von dem traditionellen Glauben, daß der Vogel als ein himmlischer Führer, ein schwereloses Luftwesen anzusehen ist, dessen Mysterium in seiner Fähigkeit liegt, die höchsten Sphären erreichen und sich in der Bläue des Himmels verlieren zu können. Dieses Mysterium entspringt der gleichen Quelle wie das Mysterium der Frau. Die Frau, das geheimnisvolle und beunruhigende Wesen, gehört den verbotenen Bereichen an, und ein solcher Bereich ist auch der Himmel. Die Frau hat die Macht, Leben zu schaffen, die Kraft zu heilen, die Kraft, dem Individuum den Wiedereintritt in das Ur-Paradies zu ermöglichen, in dem es einst gelebt hatte und das es infolge der großen Katastrophe seiner Geburt verlor. Daher ist es keineswegs abwegig, sie mit den Vögeln zu vergleichen, selbst wenn bösen Witzbolden zuweilen nichts Besseres einfällt, als zu behaupten, die Frau hätte nicht mehr Hirn im Kopf als ein Vogel. Das müßte natürlich erst einmal bewiesen werden, und der Beweis steht allerdings noch aus.

Die Vogel-Frau, – oder die Göttin mit den Vögeln – ist somit wieder eine Erscheinung der Notre-Dame de la Nuit, aber eine sichtlich freundlichere, ermutigendere als die des Pferdes, Bären oder Hirschen. Man hat den Eindruck, als hätten die Männer zuweilen die teuflische Maske vergessen, die sie der Frau aufgesetzt haben. Aber haben sie sie wirklich ganz vergessen? Nein, sondern ihr Unbewußtes erlaubt sich seine eigenen Scherze und tanzt aus der Reihe: gelegentlich wirkt es mit solcher Wucht, daß selbst die solidesten Dämme brechen. Es stellt sich nämlich die Frage, ob die Vogel-Göttin nicht im Grunde die Hoffnung symbolisiert, das heißt klar ausgedrückt: *die Versuchung!* Schließlich ist es die Großmutter, die den Schäfer Pipi Menou darüber aufklärt, wer die Schwanen-Frauen sind und wie man zu dem an vier goldenen Ketten über dem Meer hängenden Palast gelangt. Immer ist es die Mutter oder eines ihrer Substitute, die dem Mann den richtigen Weg weist, immer ist es die Mutter, die das Kind erzieht, die ihm, ob es will oder nicht, seine erotischen Triebe und folglich alles, was seine Manneskraft ausmachen wird, entwickelt. Dies ist der Sinn aller Mythen, die von der rätselhaften, verwandelnden Kraft der Frau handeln – und besonders auch der Sinn der Sage von Keridwen.

Und diese Göttin, die in einem Falle Keridwen heißt, aber genauso gut Rhiannon, Laudine, Sadv, Dechtire, Macha, Bodbh, Morrigane, Modron, Morgane heißen kann, diese Göttin ist der Kern des Problems vom Mythos der Frau. Diese Keridwen ändert nicht nur ihre eigene Gestalt, sondern sie kann auch andere Menschen in andere Wesen verwandeln. Und wer sind diese Anderen? Das sind natürlich zunächst ihre eigenen Kinder, ihre Tochter oder ihr Sohn – aber ebenso die Männer, die ihre Liebhaber sind. Sie ist die göttliche Zauberin Circe, die auf ihrer Insel die Seefahrer in die verschiedensten Tiere verwandelt. Κίρκη (kirke) ist nichts anderes als die weibliche Form zu Κίρκος (kirkos), 'Steppenweihe', einer Habichtsart. Notre-Dame de la Nuit ist somit das Habichtsweibchen, mit anderen Worten: die verschlingende Raubvogel-Frau, die zugleich neues Leben gebiert, wenn auch auf einer anderen Ebene und in einer anderen Welt. Und da der Mensch, besonders der Mann, niemals sicher ist, ob er ihr auch begegnet, stellt er sie sich zumindest bildlich in den verschiedensten Gestalten vor, die durch die Mythen überliefert werden. Sie ist nicht nur im Meer, in einem See oder in einer tiefen Höhle *versunken,* sie ist nicht nur Notre-Dame der Nacht, Notre-Dame unter dem Wasserspiegel oder Notre-Dame unter der Erde – sondern sie zeigt sich gelegentlich auch im vollen Tageslicht. Aufgrund ihrer Natur – und weil der Mann es so will – läßt sie sich aber nicht fassen, wechselt ständig ihre Gestalt und ist das Wesen mit den tausend Gesichtern. Wer aber ist davon die wirkliche Notre-Dame der Nacht?

ANMERKUNGEN ZU KAPITEL II

1 J. *Przyluski: La Grande Déesse.* Payot, Paris 1929, S. 24.

2 Übersetzung in J. *Loth: Mabinogion,* Bd. I, S. 81 - 117; S. 151 - 171 u. 118 - 150. Dazu eine Analyse in J.M.: *L'Epopée Celtique en Bretagne.* S. 27 - 42; S. 53 - 59 u. S. 42 - 53.

3 Jean de *Vries* behauptet in *Keltische Religion* (Stuttgart 1961) aus unergründlichen Motivationen apodiktisch das Gegenteil und streitet den „infernalischen" Charakter der Epona entschieden ab, ohne die Rolle der Rhiannon zu beachten, obwohl er ständig über sie spricht.

4 J. *Zwicker: Fontes Historiae Religionis Celticae,* Nr. 64.

5 J. *Gonda: Les Religions de l'Inde.* Paris 1979. Bd. I, S. 203 - 208.

6 In den *Metamorphosen,* dem Roman des *Apuleius* vom Goldenen Esel, kommt auch eine Kopulation zwischen einer Frau und einem Esel vor, eine Szene, die dort wegen ihres humoristischen Aspekts präsentiert wird, aber vermutlich auf einen alten Mythos zurückgeht.

7 J.M.: *L'Epopée Celtique d'Irlande.* S. 58.

8 J.M.: *L'Epopée Celtique en Bretagne.* S. 101 - 108.

9 *Die Geburt des Cûchulainn* (erste Version) in: J.M.: *L'Epopée celtique d'Irlande.* S.76-77.

10 Im Jahre 1869 F.M. *Luzel* erzählt von dem Zimmermann J.M. Guézennec aus Plouaret (Côtes-du-Nord).

11 L.F. *Sauvé: Le Folklore des Hautes-Vosges.* Maisonneuve Larose 1968, S. 322f.

12 Dieses Ritual ist in zahlreichen irischen Texten zu finden: In *Leabhar Gabala* (Partholon tötet seinen Vater, indem er das Haus, in dem dieser sich befindet, anzündet), in der *Geschichte von Labraid* (Labraid sperrt seinen Onkel, den Usurpator, in ein Eisenhaus und erhitzt es anschließend bis zur Weißglut), in *Der Rausch der Ulates* (Cûchulainn und die Ulates werden von der Königin Medbh in ein Eisenhaus eingeschlossen, das von ihr anschließend zum Glühen gebracht wird). Im *Tod des Muirchertach* wird der König ebenfalls in ein eisernes Haus eingesperrt, kann aber entkommen. Anschließend ertrinkt er jedoch in einem Wasserbottich. Von diesem sonderbaren Ritual ist auch in dem *Mabinogi* von *Branwen* die Rede, wird aber dort mit einer Figur aus Irland verbunden.

13 So nennen sich z.B. die Baiocassi oder Bodiocassi 'Krieger der Krähe', die Eburovici 'Volk der Eibe', die Averner 'Volk der Erle', etc.

14 Die Silvanecti haben aber auch eine Bronzemünze geprägt, auf der die Göttin von dem Bären gefressen wird (siehe L. *Lengyel: Das geheime Wissen der Kelten.* Freiburg 1976. (Tafel 40).

15 *Kulhwch und Olwen* in: J. *Loth: Mabinogion,* Bd. I, S. 244 - 245.

16 R. *Chauviré: Contes Ossianiques,* (Paris 1935) S. 164 - 166.

17 J.M.: *L'Epopée celtique d'Irlande.* S. 34 - 38.

18 In *Das Schicksal von Tuirenns Kindern* müssen diese dem Lug unter anderem sieben Wunderschweine bringen: Jeden Abend können sie geschlachtet werden und am folgenden Morgen werden sie wieder lebendig (Siehe J.M.: *L'Epopée celtique d'Irlande.* S. 31).

19 J. *Loth: Mabinogion.* Bd. I, S. 179. Das erste walisische Wort für 'Schwein' war *hob;* bald verschwand es und wurde durch *moch* ersetzt (breton. *moc'h* und *moh* im Vannetais). Daneben existiert auch das Wort *hwch* für 'Schwein', später 'Mutterschwein', (breton.

hoc'h) und *twrch* für 'Wildschweineber' und 'Bache' (breton. *tourc'h* = 'Zuchteber'; *tourh* im Vannetais).

20 André *Mary: La Chambre des Dames* (Paris 1943) S. 243 - 252.

21 J. *Loth: Mabinogion.* Bd. I, S. 336 - 344.

22 Triade 63. *Ibid.* Bd. II, S. 271 - 272.

23 Man beachte in der irischen Erzählung *Finns Kindheit* die Passage, wo Finn das alles verwüstende Schwein Beo tötet und dessen Kopf dem Schmied Locham als Brautgeschenk für seine Tochter Cruithné bringt. (J.M.: *L'Epopé celtique d'Irlande.* S. 144).

24 H. *Zimmer: Mythes et Symboles* (Paris 1949) S. 92.

25 *Ibid.* S. 204.

26 Nebenbei sei darauf hingewiesen, daß das frz. Argot-Wort zur Bezeichnung von etwas Schmutzigem oder Häßlichem *moche* heißt und etweder von breton. *moc'h* oder gall. *moccus* abstammt. Eine *mocheté* (eigentl. 'Häßlichkeit', 'Schmutz') bezeichnet heute eine schmuddelige, häßliche Frau: das ist das degenerierte Bild der Mutterschwein-Göttin. Man beachte auch, daß in Dänemark seit der Abschaffung des Verbots der Verbreitung pornographischer Schriften spezialisierte Druckwerke besonders aufschlußreiche Photos veröffentlichen von Frauen, die nicht nur mit Hunden und Pferden, sondern auch mit *Schweinen* koitieren. Da diese Illustrierungen in höchst kommerzieller Form auf ein bestimmtes Bedürfnis reagieren (wir leben in einer Konsumgesellschaft!) muß man annehmen, daß der männliche 'Verbraucher' solcher Angebote (denn die Pornographie ist, zumindest in ihrer aktuellen Form, ausschließlich für ein männliches Publikum bestimmt) in den Tiefen des Unbewußten noch die Erinnerung an die Göttin, wenn auch zu einem verkommen-obszönen Bild degeneriert, bewahrt hat. Es ist allzu leicht, von Lastern und Perversionen zu reden, – dies ist eine bequeme Form, dem Problem auszuweichen, sie trägt nichts zu seiner Deutung und Lösung bei. In Wirklichkeit gibt es weder Laster noch Perversionen, sondern nur unbewußte Triebe und Wünsche, die gelegentlich durch Handlungen oder Bilder zum Ausdruck kommen. Die Gesellschaft ist nicht gewöhnt, dies zuzugeben, und so weist sie es als für ihren Fortbestand schädlich von sich.

27 N. *Matsumoto: Essai sur la Mythologie Japonaise* (Paris 1936) S. 22, S. 88, S. 131.

28 Unbedingt ernstgenommen werden müssen die heutigen Demonstrationen der Frauen für das Recht, selbst über ihren Körper verfügen zu können, besonders bei der Entscheidung über die Art der Empfängnisverhütung oder über die Abtreibung, – selbst dann, wenn eine solche Demonstration (wie geschehen) darin besteht, daß auf einem höchst gravitätisch-wissenschaftlichen Ärztekongreß plötzlich Hunderte von Frauen mit nacktem Unterleib stehen, der die Aufschrift trägt „mon ventre est a moi", ('Mein Unterleib gehört mir').

29 Herbert *Markuse: Eros und Kultur.* Stuttgart 1957. S. 152.

30 Hier sei angemerkt, daß die germanischen Vanen-Götter Freyr und Freyja (die zugleich Geschwister und Geliebte sind), ein Paar, das die Maskulinisierung der ursprünglichen Göttin Freyja (Tochter von Niordr, der von *Tacitus* erwähnten *Nerthus*) deutlich zeigt, ebenfalls sexuelle Kontakte mit einem Wildschwein pflegten. Dem Gott Freyr wurde ein Eber oder eine Bache geopfert, denn dieser Gott hatte als Attribut ein Wildschwein mit goldenen Borsten, genannt *Gullinborsti,* das ihm als Reittier diente. In einem Gedicht der *Edda* reitet Freyja ein Wildschwein namens *Hildisvin.* Übrigens hat Freyja den Beinamen *Syr,* der 'Sau' bedeutet. Hier sei auch daran erinnert, daß Freyja sich kaum von Frija (Frigg bei den Skandinaven) unterscheidet: Diese ist die Gemahlin des Asen-Gottes Wotan-Odin und somit die Mutter des jungen Gottes Baldr, dem Pendant zu Mabon, Pryderi und in gewissem Sinn auch zu *Mac Oc,* d.h. zum Jungen Sohn, der momentan aus dem Machtbereich entfernt oder gefangen ist, dessen Mission es aber später sein wird, die Welt zu regenerieren.

Nach der germanischen Mythologie von Snorri und besonders nach der *Ynglinga-Saga* (Kap. 4) „weihte Freyja, die Opferpriesterin, die Asen zum ersten Male in die *Seidhr* genannte Form der Magie ein, die die Vanen beherrschten". Diese Art der Magie bestand in einem Ekstase-Ritual, das von „sexuellen Perversionen" begleitet wurde, die für den

Mann in 'erniedrigender' Weise verliefen. Diese Andeutungen sind besonders wertvoll, denn zum einen ist darunter zu verstehen, daß dieses Ritual *ausschließlich den Frauen vorbehalten war,* und folglich aus einer Zeit vor Errichtung des Patriarchats stammen mußte (die Vanen sind wahrscheinlich eine Reminiszenz aus jener Zeit), und zum anderen kann man daraus schließen, daß die Göttin mit dem Wildschwein, oder die Mutterschwein-Göttin bei den Germanen wie bei den Kelten mit tabuisierten Sexualpraktiken in Verbindung gebracht wurde (besonders mit dem Geschwisterinzest).

31 Nebenbei sei angemerkt, daß die älteste Erwähnung des *porcus troit* in der *Historia Brittonum,* einem lateinischen Werk des IX. Jhs., zu finden ist. Dort ist es Artus, der das Wildschwein mit Hilfe seines Hundes Caval jagt.

32 In ähnlicher Form wird auch die Katze als weiblich-diabolisches Tier gewertet: so wird der Katze nicht nur nachgesagt, ihre Jungen zu fressen, sondern sie gilt auch als heuchlerisch, raffiniert und verschlagen; ihre Schönheit und ihre sprichwörtlich 'katzenhafte' Geschmeidigkeit geben in Verbindung mit dem, was man ihre „Grausamkeit" nennt, ein Idealbild der zugleich anziehenden und gefährlichen Frau ab. Ständig wird auch von der Komplizenschaft zwischen Frau und Katze gesprochen. Die schwarze Katze ist das favorisierte Tier der Hexen. Und was ist erst von der frz. Bezeichung *chat* bzw. *chatte* (= 'Katze') für die weibliche Schamgegend zu halten! Die Ägypter verehrten eine Katzengöttin. Auch bei den Kelten scheint es Spuren einer Katzen-Göttin gegeben zu haben, man denke nur an die Katze Palu, die die Mutterschwein-Göttin Henwen zur Welt brachte und die eine der drei Plagen der Insel Môn darstellte. In der *Meerfahrt des Maelduin* gelangen die Seefahrer an eine geheimnisvolle Insel mit einer Burg, in der sie die reichsten Schätze und ein prächtiges Festmahl erwarten. Keiner einzigen lebenden Seele begegnen sie dort, – außer einer von Säule zu Säule springenden Katze. Die Seefahrer sprechen dem mysteriösen Gastmahl eifrig zu, das eigens für sie bereitet worden zu sein scheint, aber als einer von ihnen nach einem kostbaren Kollier greifen will, stürzt sich die Katze auf ihn und läßt ihn auf der Stelle zu Asche verkohlen, bevor sie wieder ihren Platz auf einer der Säulen einnimmt. Diese Wächter-Katze einer Burg der Autre Monde ist möglicherweise ein Aspekt der Göttin dieses Schattenreiches.

33 Roger-Henri *Guerrand: La Libre Maternité.* Castermann, Paris 1971.

34 Simone de *Beauvoir* zitiert in *Le Deuxième Sexe,* Bd. II, S. 27 einige Passagen aus der Antwort eines gewissen Dr. *Gremillon* auf *Steckel,* den Autor der Untersuchung *La Femme Frigide.* Diese Stellen sind besonders aufschlußreich: „Die normale Frau, die gute Gebärerin, kennt den vaginalen Orgasmus nicht... Die meist verborgenen erogenen Zonen sind nicht natürlich, sondern künstlich angewöhnt... sie sind Stigmata des Verfalls... Man sage dies alles einem Lebemann und er wird darüber nur lachen. Er wünscht, daß die Genossin seiner Ausschweifungen auch wirklich einen vaginalen Orgasmus erlebt.... Damit schadet er sich aber nur selbst: denn er weckt damit unersättliche Leidenschaften. Eine einzige Vagina kann nämlich mühelos eine Unmenge von 'Gatten' bis zur Erschöpfung bringen, ohne selbst zu ermüden (...) Die wahllos nymphomane Dame der Gosse wird dabei zu einer ganz neuen Frau (...) mit gelegentlich erschreckenden Konsequenzen, die bis zum Verbrechen gehen." Hier haben wir in Reinkultur das schockierende Horrorbild der gefräßigen Verschlingerin, der Muttersau-Göttin – diesmal aus der Sicht eines Arztes des XX. Jhs.

35 *Drach: De l'Harmonie de l'Eglise et de la Synagogue.* (Paris 1922) Bd. II, S. 48.

36 R. *Chauviré: Contes Ossianiques* (Paris 1935) S. 102 - 106.

37 P.-M. *Duval: Les Dieux de la Gaule.* Paris 1976, S. 45.

38 W. *Deonna: Le Dieu Gallo-Romain à l'Oreille Animale.* In: *L'Antiquité classique* XXV (1956). Cf. *Gallia* VIII, S. 95.

39 P. *Truffau* (Hrsg.): *Les Lais de Marie de France* (Piazza, Paris 1936) S. 9 - 10.

40 Wolfram von *Eschenbach* ist in seinem *Parzival* ausführlicher: Amfortas erhält seine Verwundung, weil er mit Kundrie la Surziere 'gesündigt' hatte. Aufgrund der weiblichen Natur des Grals, auf die wir weiter unten noch näher eingehen werden, ist die Tatsache, daß er den Gral findet und in sein Inneres hineinschaut, höchst bezeichnend.

41 Siehe: J.M. *L'Epopé celtique d'Irlande.* S. 156 - 157.

42 Die Herkunft des griechischen Namens Artemis ist so unklar wie der iranische der Ardvi. Diese beiden Namensformen müssen Abwandlungen von einer noch älteren gemeinsamen Wurzel sein. Artemis und Ardvi sind griechische und iranische Anleihen aus vor-indoeuropäischen Sprachen.

43 Ein weiteres Argument zugunsten dieser Schlußfolgerung ist zum Beispiel die Opferung der Iphigenie zu Ehren der Artemis. Aber die Göttin hat Mitleid mit Iphigenie, entführt sie und legt an ihre Stelle eine Hirschkuh auf den Altar. Daraufhin wird Iphigenie Priesterin der Artemis in Tauris, wo es ihr Amt ist, junge Leute, die es an diesen Ort verschlägt, der Göttin zu opfern. Artemis ist wahrhaftig die göttliche Bestie, die den Jüngling opfert, der zugleich ihr eigener Sohn und Geliebter ist. (In der Atriden-Sage sogar auch noch der Bruder, nämlich Orest!).

44 *Erec und Enide* (nfrz. Übers. v. A. *Mary*) S. 32.

45 J. *Loth: Mabinogion.* Bd. II, S. 124.

46 *Vita Merlini,* siehe dazu J.M.: *L'Epopée celtique en Bretagne.* S. 118.

47 A. le *Braz: Annales de Bretagne.* VIII, S. 404 - 407.

48 Vgl. *Weissweiler: Zeitschrift für Keltische Philologie* XIV, S. 35 - 50 und *Heimat und Herrschaft*, S. 173.

49 Talbot *Rice: The Scythians* (London 1923) S. 168ff.

50 Der gleiche Vorgang fand in Ägypten statt, wo Osiris an die Stelle der Isis als untergehende Sonne trat, während Horus zum Gott der aufgehenden Sonne wurde. Isis ist übrigens die Göttin der Kuh. Kuh und Stier sind mediterrane Entsprechungen von Hirsch und Hirschkuh der Kelten.

51 Das ist heute noch in den semitischen, germanischen und keltischen Sprachen der Fall und gilt ebenfalls im traditionellen Volksglauben (wo dem Mond u.a. nachgesagt wird, durch ihn würden die Frauen schwanger).

52 In Saint-Gildas-de-Rhuys (Morbihan), einem Ort, der seit der frühesten Antike eine Kultstätte war, hat es einen Leto-Kult gegeben. (Vgl. *Catalogue du Musée de Carnac.* S. 88/89).

53 Xavier de *Langlais: Le Roman du Roi Arthur* Bd. III, S. 61.

54 A. *Béguin* (nfrz. Übers. u. Hrsg.): *Quête du Graal,* S. 201 - 202.

55 Siehe Jean de *Vries: La Religion des Celtes.* S. 181 - 182. Ob eine Göttin mit dem Stier oder der Kuh verbunden wurde, ist schwer zu sagen. Sicher aber hat es einen Stierkult gegeben, wovon einzelne Spuren in dem großen Epos der *Tain Bô Cualngé* auftreten und auch ganz allgemein den Ulster-Zyklus durchziehen. Er scheint jedoch ausnahmslos männlicher Natur und indoeuropäischer Herkunft gewesen zu sein. Man könnte höchstens noch anführen, daß die Göttin Morrigane Cûchulainn in Gestalt einer Kuh erscheint, und daß in zahlreichen irischen oder walisischen Sagen und Legenden von Wunderkühen die Rede ist, die aus der Autre Monde auftauchen und Symbole des Reichtums und Überflusses dieses Reiches sind. Tatsächlich werden diese Kühe, wie der berühmte *tarvos trigarannos* (Musée de Cluny) zeigt, mit Vogel-Frauen in Zusammenhang gebracht, worauf wir im folgenden noch eingehen werden. Ferner sei noch auf die Fee Boyne (= 'Weiße Kuh') aus Irland hingewiesen, die dem Fluß Boyne den Namen gab.

56 L. *Loth: Mabinogion.* Bd. I, S. 307.

57 *Ibid.* Bd. I, S. 147 - 148.

58 *Ibid.* Bd. II, S. 13 - 14.

58 *Le Chevalier au Lion* (nfrz. Übers. v. A. *Mary*), S. 133.

60 Diese These wird von zahlreichen Mediävisten und Musikwissenschaftlern vertreten, *Chrêtiens* Aussage wird auch in einer Stelle von Giraldus *Cambrensis* bestätigt, wo es

heißt, daß der mehrstimmige Gesang zur damaligen Zeit nur in Wales praktiziert wurde. Tatsächlich deutet alles darauf hin, daß diese Gesangskunst durch Studenten aus England und Wales erstmals von den Schulen des Klosters von Notre-Dame ausgehend in Frankreich eingeführt worden ist. Siehe *Weinmann: La Musique d'Eglise*. Paris 1912.

62 Man denke an die Manie kleiner Jungen, in das Wasser zu pinkeln, eine Geste, die aus psychoanalytischer Sicht höchst bezeichnend ist.

62 Siehe J.M.: *L'Epopée celtique en Bretagne*. S. 172 - 173.

63 *Ibid*. S. 84 - 86.

64 J.M.: *Les Grands Bardes Gallois*. Paris 1956, S. 91 - 92.

65 *Le Songe de Rhonabwy* in J. *Loth: Mabinogion*. Bd. I, S. 365 - 371.

66 Llewis Glyn *Cothi: Myvyrian Archaeology of Wales*, Bd. I, S. 140.

67 *Owein und Luned* in J. *Loth: Mabinogion*. Bd. II, S. 45.

68 *Quête du Saint-Graal* (nfrz. Übers. A. *Pauphilet*) S. 54 - 56.

69 J. *Loth: Mabinogion*. Bd. II, S. 334.

70 „Ich trag' an meiner Seite das Haupt/ des Angreifers zweier Heere,/ des Kynvarch edlen Sohns/ (...) Ich trag' ein Haupt auf meinem Schild./ Gewaltig waren seine Heldentaten/ und weithin reichte Uryens Ruhm (...)" (*Llywarch-Hen*). „Dies bebend Seufzen dort vom Tal,/ ist das nicht Uryens Angriff?/ Dies bebend Seufzen dort vom Berge,/ ist das nicht Uryens Sieg?/ (*Taliesin*). Siehe dazu J.M.: *Les Grands Bardes Gallois* S. 42 - 45; S. 85 - 90.

71 J. *Loth: Mabinogion*. Bd. II, S. 284.

72 *Ibid*, Bd. I, S. 284.

73 *Ibid*, Bd. II, S. 284.

74 Die Identifizierung Morgane = Morrigane ist sprachlich problematisch. *Morrigane (Morrigu* im Nominativ) scheint 'Königin der Alpträume' oder 'Nächtlicher Dämon' zu bedeuten; *Morgane* dagegen läßt ein walisisches *Morgwen* (aus einer alt-kelt. Form **Morigenos* = 'aus dem Meer geboren') vermuten, das dann zu gälisch *Muirgen* geworden sein müßte. Wenn eine Analogie zwischen den beiden Figuren besteht, dann nicht in den Namen, sondern in den deutlich verwandten Rollen. Die Ähnlichkeit der beiden Namen ist rein zufällig.

75 *Revue Savoisienne*. 15. Nov. 1867. *Revue Archaeologique*. Juli 1868.

76 *D'Arbois de Jubainville: Tain Bô Cualngé*, S. 126 - 127.

77 *Celticum* VII. S. 499. Es handelt sich um eine relativ späte Fassung einer Hs. aus dem XVI Jh. Im *Book of Leinster*, einer Hs. aus dem XII. Jh., beschränkt sich der Dichter nach Cûchulainns Tod auf die Bemerkung: „Vögel schwebten herab und setzten sich auf seine Schulter". George *Dottin: L'Epopée Irlandaise*. S. 156.

78 J. *Loth: Mabinogion*. Bd. I, S. 323.

79 *Ibid*. Bd. II, S. 267.

80 *Ibid*. Bd. I, S. 328.

81 Vgl. die *Brautwerbung um Etaine*. Untersucht in J.M.: *L'Epopé celtique d'Irlande*. S. 43 - 44.

82 *Plutarch: Über das Orakel von Delphi*, IX.

83 Über diesen Themenbereich siehe J.M.: *Les Celtes*. S. 60 - 61.

84 Die Figur des Llyr wurde – wahrscheinlich aufgrund von *Shakespeares* König *Lear* – fälschlich als ein Meeres-Gott angesehen. Dies ist aber ein Irrtum: Dieser Llyr (der auch der irische Lîr ist) taucht nirgends als Held irgendeines Epos auf. Alles, was man von ihm kennt, ist der Name und die Tatsache, daß gewisse Epenhelden und -heldinnen 'Söhne bzw. Töchter von Llyr' genannt sind. Eine *Mabinogion*-Geschichte erwähnt ihn als einen der drei prominentesten Gefangenen (J. *Loth: Mabinogion* Bd. II, S. 267). Dieser Llyr hat den Beinamen *Lledieith*, was soviel wie 'mit der Halb-Sprache' bedeutet. Dieser kuriose Beiname ergibt nur einen Sinn, wenn man zu seiner Deutung die disparatesten Argumente heranzieht, deren ausführliche Darlegung hier zu weit führen würde. Das Ergebnis meiner Beweisführung ist in J.M.: *Les Celtes*, S. 287 - 290 nachzulesen, die dort in anderem Zusammenhang, nämlich zur Interpretation der Sage von *Conan Meriadek* unternommen wurde. Darin geht es u.a. um sog. *Semi-Tacentes*, um Wesen, die nicht nur der Unterwelt angehören, sondern auch *weiblichen* Geschlechts sind. Aufgrund dieser Untersuchung, die ich dort nicht weitergeführt habe, bin ich zu dem Schluß gekommen, daß Llyr, 'mit der Halbsprache' mit großer Wahrscheinlichkeit eine weibliche Figur (also etwa „die Halb-Redende") ist.

85 Zweite Version, in *d'Arbois de Jubainville: L'Epopée celtique en Irlande*. S. 22.

86 J.M.: *L'Epopée celtique d'Irlande*. S. 106 - 107.

87 George *Dottin: L'Epopée Irlandaise*. S. 123 - 143.

88 Auf der Ile d'Ouessant erzählt und aufgezeichnet von J.M. *Luzel* in *Bulletin de la Société archéologique du Finistère*. Bd. IX, (1882), S. 88 - 92.

89 J. *Loth: Mabinogion*. Bd. II, S. 256.

90 The Iolo Manuscripts, dazu J.M.: *L'Epopée celtique en Bretagne*. S. 262 - 263.

91 J.M.: *L'Epopée celtique d'Irlande*. S. 54.

III.
Die Große Königin

Seit *Lamartine* und seinem poetischen Fund des „Char vaporeux de la reine des ombres" (des 'Nebelgefährts der Königin der Schatten') wurde der Wahl von Benennungen der *femme divine,* der göttlichen Frau nie mehr besondere Sorgfalt gewidmet: es muß einmal in aller Deutlichkeit gesagt werden, daß die zu ihrer Benennung verwendeten Terminologien häufig zu derart abgegriffenen Klischees degenerierten, daß sie höchstens noch in der Raritätenkabinetten der Banalität unsere Aufmerksamkeit erregen können. Das ist ein ebenso großes Unrecht wie die Tatsache, daß man sich nie eingehender mit den „Mariengebeten" beschäftigt hat, die zwar jahrhundertelang unbekümmert in gewähltem Latein ausgestreut wurden, aber außerhalb der Tiefen des Unbewußten der Gläubigen kaum auf größere Resonanz gestoßen sind. Obwohl sie doch einen Teil des katholischen Ritus bilden, sind die „Mariengebete" oder zumindest das, was davon noch übrig ist, nichts anderes als die Transposition einer tiefen Grundwahrheit in poetische Symbole, einer Grundwahrheit, die tief in der Volksseele verwurzelt ist – und dies trotz allen Verboten und den im Falle ihrer Übertretung angedrohten Strafen. Wenn die paternalistische Gesellschaft auch die Mutter-Göttin abgeschafft und – bisweilen nicht ohne Gewalt – durch einen Vater-Gott ersetzt hat, der so militant wie eifersüchtig seine Vormachtstellung verteidigt, so wurde sie von der 'Mentalität' des Volkes doch in Gestalt der Mutter Gottes *und der Menschen* wieder neu erschaffen; sie wird stets im Gebet um Hilfe gerufen, sie ist allgegenwärtig und stets siegreich. Die offizielle, 'orthodoxe' Kirche mußte wohl oder übel diese Bewegung mitmachen, wobei sie aber ständig versuchte, die Idee dieser Figur nach Möglichkeit ihres Inhalts dadurch zu berauben, daß sie aus der Gottesmutter-Gestalt ein geschlechtsloses und eben „jungfräuliches" Wesen machte, sodaß das einzig Weibliche ihres Charakters schließlich nur noch der Aspekt der bewundernswerten Mutter und der hingebungsvollen *Sklavin ihres Sohnes* blieb. So hatte es die christliche Gesellschaft des Mittelalters, die Erbin des Römischen Reiches, gewollt. Die Rekuperation des uralten Mythos von der Muttergöttin geschah im Rahmen einer psychologischen Aktion, deren Absicht es war, die spirituellen und psychischen Kräfte von ihrem ursprünglichen Ziel abzulenken, um aus ihnen ein gefügiges Instrument zur Beherrschung der Gläubigen durch die *Besitzenden* zu machen, und diese waren die Kleriker und Adeligen, die in der Regel vollkommene Atheisten waren, aber dennoch großes Interesse daran hatten, „hienieden im Jammertal dieser Welt" zu ihrem eigenen Vorteil das Paradies zu 'verwalten', das sie den anderen in Aussicht stellten, vorausgesetzt, daß diese treu und gehorsam waren und nicht zuviele Fragen stellten.

Der Marien-Kult barg in sich nämlich sowohl auf spiritueller als auch auf gesellschaftlicher Ebene durchaus revolutionäre Keime: zunächst war er ein natürlicher und instinktiver Kult, nämlich ein Mutter-Kult. Ferner beruhte er auf der Anerkennung der Tatsache, daß die Menschheit zwar durch eine Frau (Eva) vernichtet worden war, daß es aber ebenfalls eine Frau (Maria) war, die für ihre Rettung sorgte. Dadurch erhielt die Frau wieder eine Stellung, die – wenn auch nur theoretisch – anerkannt wurde und außerdem ein Beweis dafür war, daß das, was als schädlich, verworfen und gefährlich unterdrückt wurde, eines Tages plötzlich wieder zum Ziel der Erlösung und Objekt der Verehrung werden konnte. Und schließlich stellte eine solche Auffassung die traditionelle Moralvorstellung vom absoluten Bösen und Guten in Frage, ja sie bedrohte sogar jenes Denkgebäude insgesamt, unter dem sich die Scholastik als monströse Erbin des engstirnigsten Aristotelismus und Manicheismus krümmte.

Diese Feststellung ist entscheidend, denn dadurch zeigt sich, daß zur Untersuchung der Göttin und ihrer einzelnen Gestalten auch alle mündlich und schriftlich überlieferten Traditionen herangezogen werden müssen, die sich *am Rande* bzw. *außerhalb* der offiziellen Glaubensströmung bewegen: diese Traditionen spiegeln nämlich nicht nur das unbewußte Denken der mit Fegefeuer und Scheiterhaufen terrorisierten Massen wieder, sondern sie bilden auch die einzige Brükke zu den weit zurückliegenden archaischen Zeiten. Wie ist zu erklären, daß seit dem XIII. und besonders seit dem XIV. Jahrhundert derart viele spektakuläre Werke entstanden, die der Maria die verschiedensten „Wunder" zuschreiben? Weshalb zeigen uns diese berühmten „Wunder" eine Jungfrau Maria, die dem Satan den Pakt entreißt, durch welchen z.B. der Klerikus Theophilos an ihn gekettet ist, – oder die den Platz einer Nonne, die aus ihrem Kloster geflohen war, um das Leben einer Prostituierten zu führen, so perfekt einnimmt, daß man deren Flucht noch gar nicht bemerkt hatte, als sie sich wieder entschloß, in den Schoß der Kirche zurückzukehren? Offensichtlich gewährt die barmherzige Jungfrau auch solchen Menschen ihren Schutz, die ihn im Prinzip nicht verdient haben. Da stellt sich die Frage, ob darin nun eine Illustration der Barmherzigkeit und Gnade zu sehen ist oder eher eine Transposition der unbewußten Sehnsüchte einer Bevölkerung, die von der Inquisition mit der Idee der Allmächtigkeit des männlichen Gottes und Rächers sowie mit seinem politischen Abbild, dem König, ständig unter Druck gehalten wurde. Diese Fragen lassen sich im Grunde in einer einzigen zusammenfassen: gibt es vielleicht immer noch eine gütige und freundliche Mutter-Göttin, die Göttin, die ihren Sohn anfleht, sich tolerant zu zeigen, die Göttin, die gegen die Tyrannis ihres göttlichen Gemahls revoltiert, dessen Reinkarnation sein Sohn ist?

Wie wir schon vielfach feststellen konnten, reicht das Bild dieser Göttin bis in älteste Zeiten zurück. Im eigentlich keltischen Bereich beweist die nachgerade unüberschaubare Zahl von Plastiken aus gallo-römischer Zeit, die Mutter-Figuren, genauer gesagt, *matres* und *matronae* darstellen, daß die Verehrung der Mutter-Göttin bei den Galliern stets in hohen Ehren stand. Eine dieser Darstellungen, die angeblich von den Druiden verehrt wurde, befand sich in einem unterirdischen Heiligtum an der Stelle der späteren Kathedrale von Chartres, und aus dieser sogenannten *virgo paritura* wurde in der Folgezeit als 'Notre-Dame Sous-Terre' (= 'Unterirdische Notre-Dame') ein Objekt der Anbetung für christliche Pilger. Und wenn in der Phantasie die Funktion dieser Statue von Chartres auch erheblich ausgeschmückt wurde, so bleibt es dennoch unbestreitbare Tatsache, daß die Gallier die göttliche Mutter unter den verschiedensten Namen in gleicher Weise verehrten, wie sie die Christen heute noch als 'Madonna', 'Unsere Liebe Frau' bzw. 'Notre-Dame' verehren.[1] Ein gallisches Dokument, das als eines der wenigen Texte in gallischer Sprache, die wir überhaupt besitzen, unschätzbaren Wert hat, besteht aus zwei Invokationen der Mutter-Göttin. Es dürfte von Interesse sein, diesen Text hier einmal vollständig zu zitieren, da er einerseits ein archäologisches Kuriosum darstellt, und weil man andererseits meinen könnte, ein katholisches Gebet vor sich zu haben, das den aufschlußreichen „Mariengebeten" nicht unähnlich ist:

„Um der Liebe des immerwährenden Geistes willen, sei, O Caticatona, Deinen Dienern eine Woge, eine mächtige Woge, denn Deine Diener loben und preisen Dich. Sei (ihnen) gnädig, O Dibonna, bezaubernde Göttin. Mit diesem (Gebet), mit diesem (Gebet), O Reine und Jauchzende, betet Dich, Ewige Tochter, Sucio an, ihre Dienerin Pontidunna, Tochter des Vousos."

„Zum Wohl! Heute neigen wir uns im Gebet Dir zu, neigen uns Dir zu mit dieser teuren Gabe. Du hast uns geliebt: darauf trinken wir aus Deinem eigenen Brunnen. Täglich neigen wir uns Dir zu, Dich zu ehren, in der Mitte des Tages. Zum Wohl! Wir bitten Dich mit dieser Gabe, Imona, zeige Deinen Dienern Deine Gnade bald."[2]

Wenn das Volk die Göttin in Gebeten verehrte, dann muß es auch verschiedene Geschichten von der Mutter-Göttin gegeben haben. Denn noch nie wurde von einem Kult gehört, der sich nicht auf irgendeine mythische Erzählung gestützt hätte, selbst in den am meisten historisierenden Epochen der Zivilisation nicht. Diese Göttin, die Mutter *und* Jungfrau (virgo) zugleich ist, hat ihre eigene Geschichte, die im gallischen Boden, besonders im Poitou – der Gegend, aus der die beiden Gebete stammen – tief verwurzelt ist: Es handelt sich um die Sage von der Melusine.

Wiederholt wurde der Versuch unternommen, diese Melusine zu einer rein historischen Figur zu machen, indem man aus ihr eine „Skythin", d.h. eine Mittel- und Osteuropäerin machte, die Raymond de Lusignan, einen Grafen von Poitou geheiratet haben soll. Ein gewisser *Jehan d'Arras* soll dann gegen Ende des XIV. Jahrhunderts in einem seitdem vielzitierten literarischen Werk aus der historischen und *nicht-christlichen* Frau eine Fee, eine sagenumwobene Gründerin von Klöstern und Kirchen, sowie eine regionale Wohltäterin des Poitou gemacht und damit dem Haus Lusignan den Adelsbrief erstellt haben, indem er seinen Ursprung auf ein göttliches oder feenhaftes Wesen zurückgehen ließ. Es versteht sich von selbst, daß eine solche historisierende Deutung einer eingehenden Prüfung nicht standhält. *Jehan d'Arras* hat zwar tatsächlich etwa um 1380 einen *Roman de Mélusine* zur Glorifizierung der Familie seiner Gönner, der Comtes d'Auvergne und des Duc de Berry, verfaßt, nur war mit Sicherheit nicht er der Erfinder der Melusine-Figur und auch nicht ihres Namens, welcher nach Ansicht mancher Forscher das Anagramm des Namens *Lusignan* gewesen sein soll. Die Figur der Melusine ist viel zu komplex, als daß sie die Erfindung eines einzelnen Dichters hätte sein können: sie entspringt nämlich einem Legenden- und Sagenfundus, der sich im Poitou besonders lange halten konnte. Melusine ist eine Fee, die sich mit keiner anderen lokalen Fee irgendeiner französischen Provinz vergleichen läßt: sie ist halb Frau, halb Schlange – und *Rabelais*, der über lokale Volksüberlieferungen stets gut unterrichtet ist, gibt in seinem *Quart Livre* (Kap. XXXIII) von ihr eine Beschreibung, die – wenn auch von seinem bizarren Humor durchsetzt – jedenfalls doch ihre ursprüngliche Gestalt hervorhebt:

„…Besucht Lousignan, Partenay, Vovant, Mervant und Pouzauges im Poitou. Dort findt Ihr Zeugen, gar alt an Renommé & aus bester Schmiede, welche Euch beim Ar..(m) von St. Rigomé können schwörn, daß Mellusine, seine erste Gründerin, Weibeskörper hatte bis hinab zur Lieb-&-Lebensbörs', und daß der Rest ab da schlangenhafte Kaldaunenwurst, – oder auch hanswurstige (Kaldaunen-) Schlange war. Nichtsdestotrotz hatt' sie einen ganz brav-gallanten Gang, den noch heut' die breton'schen Balladine in ihren trällerischen Treiertänzen imitieren."[3]

Hier fällt der Vergleich des Gangs der Melusine mit dem Tanzschritt eines bretonischen Volkstanzes (*trioriz* im Original) auf, was ein Hinweis auf das zum Teil beachtliche Alter mancher dieser Tänze sein dürfte; das soll aber auf keinen Fall heißen, *Rabelais* hätte zu diesem Vergleich aus purem Zufall ein bretonisches Element herangezogen, denn die Melusine-Legende wimmelt geradezu von Bezügen zu Bretonischem. *Rabelais* setzt seine kuriose Dissertation über die Kaldaunenwurst (*andouille* im Orig.) mit einer Bemerkung fort, die in unserem Zusammenhang von großem Interesse ist:

„…Auch die scythische Nymphe Ora war ganz parallähnlich unterteilt in halb Frau und halb Kaldaunenwurst. Und doch schien sie dem Jupiter so lecker schön, daß er sogleich mit ihr ins Bett ging und von ihr einen schönen Knaben bekam mit Namen Colaxes."

Hier finden wir von *Rabelais*, der ein begnadeter Bearbeiter von mündlich überlieferten Legenden ist, den Verweis auf das Land der Skythen. Tatsächlich ist Melusine in der Legendentradition bald eine Prinzessin aus dem Skythenland, bald eine Fee aus Schottland. *Nun wird aber in der irischen Folklore* aufgrund der fast gleichen Aussprache *Scotia*, d.h. Schottland, *häufig mit Scythia verwechselt.*[4] Das könnte die These stützen, daß diese Legende irischen Ursprungs ist, was auch deshalb naheliegt, weil einzelne Episoden des *Roman de Mélusine* in Irland bzw. Schottland spielen, also in einem Land, das von aus Irland eingewanderten Gälen besiedelt ist. Außerdem merkt *Rabelais* an, daß die Nymphe Ora, die eine *Skythin* ist, mit Jupiter ein Kind hat, was sie in den Rang einer Gemahlin des Gottes Jupiter, somit einer Mutter-Göttin hebt, wodurch sie mit Juno auf eine Stufe gestellt wird. Dies führt zu zwei Schlußfolgerungen: erstens ist Melusine-Ora demnach das folkloristische Bild der skythischen Diana, der Sonnen-Göttin Artemis, deren Kult sich bei der Ankunft der Indoeuropäer gleichzeitig mit dem Apollokult von Delphi und Delos über den gesamten Mittelmeerraum verbreitet hatte. Zweitens ist Melusine-Ora eines der Gesichter der Juno, genauer gesagt: derjenigen Juno, die man gelegentlich als 'Böse Lucina', die *Mala Lucina* bezeichnete, woraus sich dann der Name Melusine bildete. Man braucht also zur Deutung des Namens keineswegs weithergeholte bretonische Phantasie-Etymologien zu bemühen. Wenn Mala Lucina die 'Böse Gebärerin' und die 'Böse Mutter' ist, dann ist es in gewissem Sinn auch Melusine, wie die walisische Arianrod, die entsprechende Gottheit der insularen Kelten. Aber betrachten wir zunächst einmal die Legende selbst:

Die Geschichte der Melusine (Jean d'Arras):

Der Schottenkönig Elinas, der zum Witwer geworden ist, begegnet eines Tages an einer Quelle einer rätselhaften jungen Frau, der Pressine, die weder verraten will, wer sie ist, noch woher sie kommt. Schließlich heiratet sie Elinas, jedoch unter der Bedingung, daß er niemals versucht, weiteres über sie in Erfahrung zu bringen. Pressine bringt drei Kinder zur Welt: Melusine, Meliot und Palatine. Aber Elinas kann, von Neugier und Eifersucht getrieben, sein Versprechen nicht halten. Daraufhin verflucht ihn Pressine und schwört, daß ihre Nachkommen sie mit Hilfe ihrer Schwester, der Königin der 'Verlorenen Insel', rächen werden. Dann verschwindet sie zusammen mit ihren drei Töchtern und begibt sich auf die 'Verlorene Insel'. Nach fünfzehn Jahren beschließt Melusine, ihre Mutter zu rächen, und nachdem sie ihre beiden Schwestern zur Teilnahme an der Rache überreden konnte, setzt sie unter Zuhilfenahme ihrer magischen Kräfte ihren Vater an einem unzugänglichen Ort des Gebirges von Brandebois gefangen. Pressine ist höchst erzürnt darüber, daß ihre Töchter sie gerächt haben, ohne sie selbst an der Rache teilnehmen zu lassen, und so spricht sie über ihre Töchter einen Fluch aus, ganz besonders aber über Melusine, die Anstifterin zu diesem Komplott. Meliot wird Gefangene in einem Schloß in Armenien, Palatine in besagtem Gebirge, wo sie nun mit ihrem Vater den Kerker teilt, – und Melusine soll jeden Samstag „von der Gürtellinie abwärts eine Schlange" werden. Wenn irgend jemand sie zur Frau nehmen will, darf er ihr Geheimnis natürlich nicht erfahren. Melusine verläßt die 'Verlorene Insel' und gelangt in die Grafschaft Poitou. Dort trifft sie unweit einer Quelle auf Raimondin de Lusignan, rettet ihn aus einer verzweifelten Lage und heiratet ihn unter der Bedingung, daß er niemals versucht, herauszufinden, was sie an den Samstagen macht. Zehn Kinder entstehen aus dieser Verbindung, zehn kräftige Knaben, die jedoch mit seltsamen physischen Makeln behaftet sind: Urian z.B. hat ein Auge mitten auf der Wange, Geoffroy hat einen überlangen Eckzahn, daher sein Beiname Geoffroy 'Riesenzahn'. Aber auch Melusines Gemahl läßt sich von Neugier und Eifersucht hinreißen, er wundert sich darüber, daß jede Abwesenheit der Melusine mit der ans Wunderbare grenzenden Entstehung eines Schlosses, eines Klosters oder einer Kirche zusammenfällt, und so macht sich Raimondin eines Tages auf und folgt seiner Frau in die Höhle, in die sie sich jeden Samstag zurückzieht. Dort entdeckt er Melusine, als sie gerade ihren Körper, dessen untere Hälfte einer Schlange gleicht, in einer Wanne aus grünem Marmor badet. Melusine bemerkt, daß sie überrascht worden ist, ergeht sich in Wut und Jammer, ihre Arme wachsen zu Flügeln aus, und schließlich erhebt sie sich unter einem letzten gräßlichen Schrei der Verzweiflung in die Lüfte. Ihr Sohn Geoffroy 'Riesenzahn' wird später der Held außergewöhnlicher Abenteuer in der Bretagne und in Irland und bringt alle Ländereien seines Großvaters Elinas in seinen Besitz zurück.

Es sieht so aus, als wäre die Geschichte der Pressine ursprünglich die gleiche wie die der Melusine gewesen; es handelt sich hier um eine Doublette, durch die eine Legende nach Poitou verlagert werden konnte, die mit Sicherheit aus Irland stammte, die aber erst auf dem Boden des Poitou ihre ideale Wahlheimat fand. Die Herrscherin der 'Verlorenen Insel', Pressines Schwester, ähnelt in vieler Hinsicht der Fee Morgane, der Königin von Avalon, – auch dreht sich die ganze Legende um das Thema der Mutter-Göttin, die als einzige den Männern zu Wohlstand und Glück verhelfen kann, jedoch unter der ausdrücklichen Bedingung, daß die Männer sie nicht fragen, wer sie wirklich ist. Dieses Verbot unterscheidet sich kaum von dem Verbot Jahwes für die Hebräer, ihm jemals ins Gesicht zu sehen, da sie den direkten, totalen Anblick der Gottheit nicht ertragen würden. Demnach muß Melusine (oder Pressine) eine Primordial-Gottheit gewesen sein: sie hat noch die charakteristischen Merkmale der Gottheit, die ursprünglich weiblich war und erst später entschieden männlich wurde und die über die Entstehung und Organisation der Welt wachte. In genau diesem Verbot – das natürlich wie alle Verbote übertreten wird – ist der Nachweis für die Eigenschaft der Melusine als eine solche Göttin zu suchen. Ihr Name *Mala Lucina* ist ein weiterer Beweis, und der Umstand, daß sie zehn Söhne zur Welt bringt, die alle das Stigma eines übernatürlichen Wesens tragen, vervollständigt die Menge der Indizien, die uns veranlassen, in dieser heute der Folklore angehörenden Figur eines der ergreifendsten Bilder der Mutter-Göttin, der Primordialgöttin der gynäkokratischen Kulte zu sehen. Und so läßt sich die Gefangensetzung des Elinas durch seine Tochter Melusine als ein letztes Aufbegehren der Weiblichkeit gegen die neue, partriarchalisch gewordene Gesellschaft deuten.

Das Motiv des Verbots ist in zahlreichen Legenden und Sagen zu finden, in denen es um die Verbindung der Göttin mit einem Sterblichen geht. Ursprünglich war diese Beziehung zwischen der Göttin und dem Sterblichen für den Letzeren gefährlich, wie die alte Sage von Attis und Cybele zeigt: denn wurde Attis nicht deshalb mit Wahnsinn geschlagen, weil er die Göttin ohne Schleier gesehen hatte? Um das gleiche Thema geht es in der Geschichte von Venus und Adonis, Ischtar und Tammuz, Venus und Anchises, – und auch, wie wir noch im Zusammenhang eines anderen Aspekts der weiblichen Gottheit sehen werden, in dem sonderbaren Abenteuer des Fischer-Königs, des Gralshüters, der am 'Schenkel' verwundet, d.h. mit Impotenz geschlagen wird. Aber in den Fassungen der Legende, wo das eigentlich folkloristische Element gegenüber dem rein religiösen überwiegt, hat der Sterbliche keinerlei Verwundung zu befürchten, sondern lediglich das Verschwinden des Feen-Wesens im Falle der Übertretung des Verbots.

Die Sage von Llyn Fan (Wales):

Ein junger Mann, der gerade seine Herde am See von Fan weidet, entdeckt plötzlich auf dem Wasser eine wunderschöne Frau und ist sofort in sie verliebt. Nachdem er seine Hemmungen überwunden hat, kommt er schließlich mit ihr ins Gespräch. Die Prüfung, die ihm der Vater des Mädchens stellt, der wie sie unter dem Wasser des Sees wohnt, besteht er erfolgreich. Nun darf er die 'Dame vom See' unter der Bedingung heiraten, daß er sie keine dreimal ohne Grund berührt; – und er wird unermeßlich reich, denn seine Frau bringt eine Herde von Wunderkühen mit in die Ehe. Jedoch nach einigen Jahren berührt er ohne besonderen Grund aus Versehen seine Frau zum dritten Mal. Unter großem Wehklagen verschwindet sie auf nimmer Wiedersehn unter der Wasseroberfläche und nimmt auch ihre Herde mit. Nur einmal kehrt sie noch zurück, um ihre Söhne zu sehen und sie in die Geheimnisse der Medizin einzuweihen.[6]

Auch diese Sage ist das Resultat einer späteren Neulokalisierung eines wesentlich älteren Mythos. Die 'Dame vom See', deren Namen man übrigens nicht erfährt, darf *nie ohne Grund* mehr als dreimal berührt werden: hier geht es wieder um das totale Sehen, denn zur Erkenntnis gelangt man nicht nur mit Hilfe der Augen und Ohren, sondern auch durch Berührung. Übrigens erinnert dieses Verbot im Zusammenhang mit der Melusine und der 'Dame vom See' an die Sage von Orpheus, welcher Eurydice aus der Unterwelt zurückzuholen versucht: während ihres Aufenthalts in der Unterwelt hat Eurydice einen übernatürlichen und sogar göttlichen Charakter erhalten, sie kann also mit menschlichen Augen nicht mehr geschaut werden, zumindest nicht, solange sie die unheimliche Aura des Hades-Reiches ausstrahlt. So ist nämlich das dem Orpheus auferlegte Verbot zu verstehen, das ihm verbietet, sich nach ihr umzudrehen, solange sie beide noch nicht wieder die Grenzzone zwischen der Welt der Lebenden und der Welt der Toten überschritten haben, ein Verbot, das anders kaum einen Sinn ergeben würde.

Auf einer anderen Ebene, im Kontext des *Amour Courtois,* der höfischen Minne, ist die Dame (mhd. *frouwe*), die von den Troubadouren (und Minnesängern) meist als ewig unerreichbar besungen wird, so göttlich, so blendend und furchterregend schön, daß es ohne eine allmähliche Initiation, eine allmähliche Gewöhnung fast unmöglich ist, ihr direkt ins Gesicht zu sehen. Denn es ist in der Tat riskant, die Gottheit zu schauen, ohne darauf vorbereitet zu sein: dies ist ganz offensichtlich der Grund aller religiösen oder philosophischen Initiationen und hängt mit dem seit der Morgenröte der Zeit in der Menschheit wurzelnden Traum zusammen, das Unsichtbare zu sehen, das Unfaßbare zu fassen und das Unsagbare auszusprechen.

Die gleiche Idee liegt auch der *Geschichte von Taliesin* zugrunde, auf die wir weiter unten noch näher eingehen werden. Als Gwyon Bach, der von Keridwen beauftragte Hüter des magischen Kessels, aus Unachtsamkeit die drei verbotenen Tropfen trinkt, erhält er die totale Sicht auf die durch Keridwen personifizierte Gottheit. Durch diese Tat aber hat er ein fundamentales *Tabu* verletzt. Daher wird er von Keridwen bestraft: er wird von ihr verfolgt und schließlich verschlungen. Diese Bestrafung ist nichts anderes als die kulpabilisierende Übertragung der Nachwirkungen seiner Geburt in ein symbolisches Bild: Gwydon Bach kann den Anblick der unvollkommenen Welt nicht mehr ertragen und fühlt sich in gewissem Sinn in dieser Welt der Relativität im Exil, daher seine Verwandlungen in verschiedene Tiere und danach in ein Weizenkorn. Er muß eliminiert werden. Da er aber das vollkommene Bewußtsein hat, kann er nicht mehr wirklich sterben, sondern wird von Keridwen in Form eines Weizenkorns gefressen. Sie hat keine andere Wahl, als ihn zu absorbieren, was entfernt an die Verpflichtung des katholischen Priesters erinnert, der den Meßkelch sorgfältig zu reinigen hat und darauf achten muß, daß er auch nicht den kleinsten Rest der Hostie übersieht, der noch auf der Patene oder im Ciborium zurückgeblieben sein könnte. Denn wenn die Gottheit ihre Substanz verstreut, verliert sie ihre Kraft. Daher muß sie stets ihre totale Vollständigkeit bewahren und darf nie 'in alle Winde verstreut' werden, was auch aus allen Legenden hervorgeht, die von zerteilten Göttern handeln, deren Glieder erst wieder zusammengesetzt werden müssen, damit die Welt wieder ihr einstiges Gesicht und ihr Gleichgewicht erhält, das sie vor der Katastrophe der Zergliederung hatte. Als sich Gwyon Bach versehentlich der Geheimnisse der Keridwen bemächtigt, die durch die drei Tropfen symbolisiert werden, erfolgt tatsächlich eine Katastrophe, welche der Geburt entspricht, die ebenfalls einen Riß bedeutet. Von diesem Augenblick an herrscht die Notwendigkeit, die verlorene Einheit wiederherzustellen, die Notwendigkeit der Rückkehr, und zwar zur *Mutter* – und auf diese Weise kommt es zu einer *Wiedergeburt.* Gwyon Bach, der der Gattung der Sterblichen nicht mehr richtiggehend angehört, stirbt nicht, sondern schwängert als Getreidekorn seine eigene Mutter, – mit anderen Worten: er ist nun selbst Gott, Sohn und Vater zugleich – und kommt dann wieder als Sohn ein zweites Mal zur Welt, diesmal in der Gestalt des Barden Taliesin, der die Geheimnisse der Welt und der Gottheit kennt. Da wir später noch einmal darauf zurückkommen müssen, sei hier bereits auf das Verhalten der Keridwen hingewiesen, die nämlich ihr Kind im Stich läßt. Aber die Tatsache, daß sie es *in einem Leder- bzw. Hautsack* und *auf dem Wasser* aussetzt, bringt den eigentlichen Sinn des Mythos deutlich zum Ausdruck. Aufgrund dieser Merkmale gehört die Geschichte zum einen in die Reihe der zahlreichen Fälle von oraler Schwängerung, denen man in der keltischen Tradition begegnet, zum anderen ist sie dadurch all jenen Mythen der Kelten (und anderer Völker) zuzurechnen, in denen die Aussetzung eines Kindes im Meer, das Symbol der Geburt aus dem Fruchtwasser des Uterus, eine Rolle spielt: man denke an Moses, Romulus und Remus und viele andere[7] (besonders auch an *Hartmann von Aues Gregorius*; Anm. d. Hrsg.). Eine kuriose Heiligenlegende, die in die folkloristische Erzähltradition der Bretagne eingegangen ist, kombiniert auf höchst sonderbare Weise die Elemente des heidnischen Mythos mit christlichen Zielsetzungen. Sie handelt vom Leben eines jener zahllosen Heiligen, die, ohne jemals offiziell heiliggesprochen worden zu sein, durch den bretonischen Kalender geistern:

Die Legende vom Hl. Connerin (Bretagne:)

Als Connerin (oder Conérin) noch ein Knabe ist, wird er eines Tages auf dem Weg zur Schule von bösen Leuten überfallen und verbrannt. Bald kommen zwei Landstreicher des Wegs und finden an der Stelle, wo er verbrannt wurde, in der Asche einen herrlichen Apfel, der nicht verkohlt ist. Sie nehmen den Apfel mit und schenken ihn einer Alten, die eine Tochter hat, und sagen: „Eure Tochter ist von einer schweren Krankheit bedroht (...) Sobald Ihr sie über Schmerzen klagen hört, gebt ihr diesen Apfel... Aber aufgepaßt! Gebt ihn ihr nur zu dieser vorgeschriebenen Zeit, wartet, bis Eure Tochter über Leibschmerzen klagt". Eines Tages kehrt die Tochter von der Arbeit heim und fühlt sich krank. Die Alte gibt ihr den Apfel zu essen, und bald schon zeigt sich, daß sie schwanger ist. Die Tochter wird mit Vorwürfen überschüttet, aber sie beteuert hartnäckig ihre Unschuld. Nur der Rektor (so heißt in der Bretagne der Geistliche; Anm.d.Übers.) des Kirchspiels schenkt ihr Glauben, und am Tage der Niederkunft hebt er das neugeborene Kind zum Taufbecken und bittet die Ministranten, einen Paten und eine Patin zu stellen. Da brüllt das Neugeborene mit Donnerstimme: „Ich brauch' weder Pat' noch Patin. Sankt Connerin war ich früher und Sankt Connerin bin ich auch jetzt."[8]

Diese Geschichte ist hinsichtlich der verschiedenen in sie eingegangenen Einflüsse schwer zu entwirren, eines ist aber sicher: ihr Bezug zur Taliesin-Sage. Die Worte des Neugeborenen gemahnen nämlich seltsam an die ersten Worte, die der kleine Taliesin sagt, als er aus dem Hautsack genommen wird, in dem er auf den Wellen trieb, Worte, die mehrere walisische Dichtungen, die dem Barden dieses Namens zugeschrieben werden, leitmotivisch durchziehen: „Einst war ich Gwyon Bach, Taliesin bin ich jetzt." Trotz seiner christlichen Ausgestaltung geht diese Erzählung bis in das Dunkel der Vorzeit zurück, zurück bis auf den archaischen Glauben, daß der Mann keinen Anteil hat an dem Phänomen der Schwangerschaft, die einzig und allein für eine spezifische Funktion der Frau gehalten wurde. Das sagt nichts über die geistige Höhe der Urzeit aus, denn dieser Glaube spiegelt sich auch noch in manchen Gewohnheiten moderner Gesellschaften, wie in denen, die *Malinowsky* in Ozeanien studieren konnte:

„Vor allem wird der Gatte nicht in dem Sinn, in dem wir das Wort gebrauchen, als der Vater der Kinder betrachtet. Physiologisch wird er nicht mit ihrer Geburt in Verbindung gebracht, entsprechend der Vorstellung der Eingeborenen, die *von der physischen Vaterschaft nichts wissen.* Nach dem Glauben der Eingeborenen werden die Kinder als winzige Geister in den Schoß der Mutter eingeführt, gewöhnlich unter Mitwirkung des Geistes *einer verstorbenen Verwandten der Mutter.* Ihr Mann muß dann die Kinder schützen und pflegen, er muß sie bei der Geburt ‚in seinen Armen empfangen', aber sie sind nicht ‚seine' in dem Sinne, daß er einen Anteil an ihrer Zeugung hätte."[9]

Dieser archaische Glaube ist charakteristisch für eine Gesellschaft, die man meist als 'primitiv' im pejorativen Sinn zu bezeichnen pflegt. In Wirklichkeit ist sie nur rein chronologisch betrachtet 'primitiv', das bedeutet aber 'den Ursprüngen' näher. Sie stellt ein Entwicklungsstadium der Kultur bzw. Zivilisation dar, das keineswegs unbedingt weniger 'gut' sein muß, als eine rein patriarchalische, wie etwa die römische Kultur, oder als jenes hybride Stadium, in dem sich unsere Zivilisation heute befindet. Immer noch im Zusammenhang mit den erwähnten ozeanischen Völkern, speziell den Bewohnern der Trobriand-Inseln, die er mit so viel Geduld wie Einsicht beobachtet hat, kommt *Malinowsky* (der keineswegs ein bedingungsloser Anhänger von *Freud* ist), zu dem Schluß, daß es in einer Gesellschaft des matrilinearen Typs wesentlich weniger gefühlsbedingte Konflikte gibt als in den Gesellschaften patrilinearen Typs:

„Wenn andererseits eine matrilineare Gesellschaft dem Vater keine Privilegien und kein Recht auf die Liebe seiner Kinder einräumt, dann muß er sie verdienen, und wenn es in der gleichen unzivilisierten Gesellschaft wiederum weniger Belastungen seiner Nerven, seiner Ambitionen und seiner wirtschaftlichen Verantwortlichkeiten gibt, so kann er sich freier seinen väterlichen Neigungen hingeben."[10]

Also trägt die paternalistische Gesellschaft dadurch, daß sie sich auf die biologische Funktion des Vaters beruft, zur Vermehrung von Konfliktquellen ödipaler Natur bei und zerstört das Gleichgewicht der Grundtriebe, welches in der maternalistischen ausgewogen ist, da dort die Beziehung nur eine Beziehung ohne egoistische Interessen, ohne den Faktor der Autorität und ohne Autoritätsmißbrauch sein kann. Hierin liegt der Kern der Probleme aller Familienverhältnisse, da die Familie die Kernzelle der Gesellschaft ist. Es sieht nicht so aus, als hätte die Errichtung des paternalistischen Systems einen Fortschritt gegenüber dem vorhergehenden System erbracht, auch wenn dieses alte System mit gynäkokratischen Tendenzen keineswegs vollkommen war. Die überwiegende, ja ausschließliche Bedeutung der Mutter bei Geburt bzw. Abstammung geht auch aus den Mythentraditionen der einzelnen Völker und insbesondere aus den überlieferten Legenden über die Religionsstifter und großen Religionstheoretiker hervor. Den berühmtesten von ihnen wird nämlich meist eine Geburt unter rätselhaft-obskuren Umständen nachgesagt, und meist wird ihre Abstammung als matrilinear dargestellt. Moses z.B. wurde nach der Überlieferung in einem Weidenkorb schwimmend aus den Fluten des Nil geborgen. Wir erfahren, daß er Hebräer war. Aber er wird von der Tochter des Pharao aufgenommen und aufgezogen. Das Symbol läßt keinen Zweifel zu: die Pharao-Tochter ist die Mutter, da sie es ist, die ihn entdeckt und an das Tageslicht bringt. Der Vater ist offensichtlich ein Hebräer, was die Prinzessin jedoch nicht zugeben kann. Der Text des *Exodus* nennt explizit einen Mann aus dem Stamm Levi, der eine Frau aus demselben Stamm Levi geheiratet haben soll. Aber wie man weiß, wurde der *Exodus* wenn nicht von Moses selbst verfaßt, so doch zumindest von ihm inspiriert. Wie hätte er da zugeben können, daß seine Mutter eine Ägypterin war? Doch es steht außer Zweifel, daß die mosaische Lehre vom Geist der Juden *und* der Ägypter geprägt ist. Außerdem kann die Verstoßung der Mutter bei Moses ihre Erklärung in den paternalistischen Tendenzen seines Gesetzes haben. Was nun Jesus betrifft, so hatte dieser keinen leiblichen Vater, das versteht sich von selbst, und seine einzige Verbindung mit den Menschen hat er durch seine leibliche Mutter, über die er (mütterlicherseits!) von König David abstammt: Jesus ist das typischste Beispiel eines Repräsentanten der gynäkokratischen Gesellschaft, in der der Vater überhaupt keine Rolle spielt. Der Heilige Joseph entspricht genau dem Vatertyp, den man auch in den ozeanischen Gesellschaften findet, ein liebender, nährender Vater, mehr nicht. Und so war das Christentum, zumindest in seinen Anfängen – denn Paulus gab ihm zum ersten Mal eine bestimmte Ordnung – inmitten seiner paternalistischen Umgebung eine *Revolution*, es war der Versuch, die Mutter wieder in ihre ursprüngliche Rolle einzusetzen. Außerdem ist die Tat des Jesus, die darauf abzielte, die Religion des Vaters (die jüdische Religion) zu zerschlagen und durch die Religion des Sohnes (das Christentum) zu ersetzen, höchst bezeichnend: sie ist die ödipale Revolte. Am Fuße des Kreuzes kauert die Jungfrau Maria, und ihr gibt Jesus den Johannes zum Sohn, denn der Lieblingsjünger Johannes ist sein wahres Substitut und symbolisiert zugleich die gesamte Menschheit.

Mit diesen Überlegungen stoßen wir auf das Problem der gebärenden Jungfrau. Und wieviele Dummheiten, wieviele kindische Albernheiten, wieviele Fehlschlüsse wurden bereits über die *virgo paritura* verbreitet! In Wirklichkeit gelangt man gerade über dieses Thema zum richtigen Verständnis der Idee der Mutter-Göttin.

Doch zunächst müssen wir, um im Bereich des Keltischen zu bleiben, noch einmal auf die Legende des Hl. Connerin zurückkehren. Die Figur dieses Heiligen hat natürlich die seiner Mutter, besser gesagt, seiner zweiten Mutter, so sehr in den Hintergrund treten lassen, daß man nicht einmal ihren Namen kennt. Jedenfalls ist sie ein junges Mädchen, „in jeder Hinsicht gut und rein". Da ist man natürlich höchst sprachlos, wenn sie eines Abends nach Hause kommt und über Unterleibsschmerzen klagt! Um ihre monatliche Indisposition kann es sich nicht handeln, da sie zu dieser Zeit den Apfel gegessen hat und schwanger wird. Also muß es etwas anderes sein, was die volkstümlichen Erzähler und Erzählerinnen vorsichtig beiseite gelassen haben. Das war die Unberührtheit, die *Jungfräulichkeit* des Mädchens. Nebenbei bemerkt sind es stets die Gesellschaften, die am stärksten paternalistisch geprägt sind und die folglich die Frau ganz besonders als reine „Lust- und Gebärmaschine" betrachten, welche am meisten auf der sakrosankten Jungfräulichkeit der Töchter bestanden haben. Dazu ist zu sagen, daß das 'unberührte' Mädchen das eklatanteste Symbol einer ausschließlich für den Gebrauch des Besitzers (d.h. des künftigen Gatten, der Stütze dieser Gesellschaft) vorbehaltenen Beute ist. Zu diesem Thema gibt es in einer walisischen Erzählung eine auffallende Episode, die zwar auf den ersten Blick reichlich konfus anmutet, die sich aber bei näherer Betrachtung als eine Verquickung der beiden Gesellschaftsformen erweist:

Die Geschichte von Arianrod (Wales):

Der König Math ab Mathonwy leidet an einem Gebrechen, das mit der Königsherrschaft so gut wie nicht vereinbar ist: zu Friedenszeiten kann er nur überleben, wenn seine Füße im Schoß einer Jungfrau ruhen, in Kriegszeiten kann er nur auf einem Pferd reitend überleben. Nun ist aber sein Neffe Gilwaethwy, der Sohn der Schwester Dôn, in die zarte Jungfrau „in des Königs Diensten' verliebt. Mit Hilfe seines Bruders Gwyddyon, der den König Math dadurch fortlockt, daß er einen Krieg entfesselt, gelingt es dem verliebten Gilwaethwy, dem jungen Mädchen „Gewalt anzutun". Als der Krieg beendet ist, kehrt Math zurück, aber das junge Mädchen kann ihm nun nicht mehr ihre Dienste erweisen und berichtet Math, was vorgefallen war. Höchst erzürnt rächt sich Math an seinen beiden Neffen, fragt sie aber dennoch um Rat, wer die für ihn so lebenswichtige Jungfrau ersetzen könnte. Gwyddyon schlägt seine Schwester Arianrod, die Tochter der Dôn, vor. Math läßt umgehend diese Arianrod kommen und erkundigt sich bei ihr, ob sie noch Jungfrau sei. Sie sagt ja, aber Math will es genau wissen: er nimmt seinen Zauberstab, krümmt ihn und fordert Arianrod auf, darüberzusteigen. „Da tat sie einen Schritt über den magischen Stab und im selben Augenblick glitt hinter ihr ein blondes und kräftiges Knäblein zu Boden. Auf das kräftige Krähen des Kindes hin wollte sie zur Tür hinausfliehen, aber dabei ließ sie noch ein Bündel zu Boden fallen, das wie ein kleines Kind aussah, und bevor noch jemand das Ereignis sehen konnte, hatte Gwyddyon das Kind ergriffen, in einen kostbar verzierten Mantel *(paile)* gewickelt und auf dem Boden einer Truhe versteckt." König Math läßt das schöne blonde Knäblein auf den Namen Dylan taufen: „Kaum hatte es die Taufe hinter sich, da rannte es zum Meer hinab. Sobald es sich in die

Fluten gestürzt hatte, paßte das Kind sich an die Natur des Wassers an, wurde sofort ein guter Schwimmer und konnte noch schneller schwimmen als die Fische. Daher nannte man ihn auch Dylan'Eil Ton' (= 'Sohn der Woge'). Das andere Kind läßt Gwyddyon heimlich aufziehen und bringt es eines Tages auf die Burg der Arianrod. Diese empfängt ihren Bruder herzlich und fragt neugierig, wer der Knabe an seiner Seite ist. Gwyddyon antwortet: „Dein Sohn ist es!" Arianrod gerät in Wut, wirft ihrem Bruder vor, ihre Schande zu verfolgen und wachzuhalten, und fragt ihn schließlich: „Wie ist der Name von *Deinem* Sohn dort?" Gwyddyon antwortet, er habe noch keinen. Da spricht Arianrod folgenden Fluch aus: „Hiermit schwöre ich, daß es sein Schicksal sein soll, solange keinen Namen zu haben, bis ich selbst ihm einen geben werde." Das bedeutet, Arianrod weigert sich, ihm einen Namen zu geben. Gwyddyon entfernt sich mit dem Kind, kehrt aber, mit Hilfe seiner magischen Kräfte in einen Schuster verwandelt, heimlich wieder zu Arianrods Burg zurück. Arianrod empfängt die beiden, bewundert die mitgebrachten Schuhe und probiert sie an. Inzwischen kommt ein kleiner Zaunkönig herangeflogen, und der Knabe erlegt ihn mit einem gezielten Wurf seines Jagdspeers. Da muß Arianrod herzlich lachen und ruft aus: „*Der Kleine hat ihn aber mit sicherer Hand* getroffen!" Auf der Stelle löst Gwyddon die Verzauberung, die sie beide verwandelt hatte, auf und verkündet seiner Schwester, daß sie ihrem Sohn gerade einen Namen gegeben hat: so sollte er fortan Lleu Llaw Gyffes, d.h. 'Der Kleine mit der sicheren Hand' heißen.[11] In ihrem Zorn über die Täuschung spricht Arianrod einen neuen Fluch aus: das Kind solle keine andere Waffe tragen als die, die sie ihm persönlich geben werde. Wieder gelingt es Gwyddyon, das „Tabu" zu verletzen. Immer rasender geworden, spricht Arianrod noch einen dritten Fluch aus: „Hiermit schwöre ich, daß es das Schicksal dieses jungen Mannes sein soll, niemals eine Frau von jener Species zu haben, die in diesem Augenblick die Erde bevölkert." Doch Gwyddyon wird mit Hilfe des Königs Math und seinen eigenen Zauberkräften eines Tages eine Frau aus den Blüten formen, die die Blodeuwedd sein wird.[12]

Diese Episode (wie übrigens die gesamte Erzählung von *Math ab Mathonwy*, aus der sie stammt) scheint stark verstümmelt zu sein, aber die darin noch erkennbaren ursprünglichen Elemente weisen so überraschende Züge auf, daß sie einiger Erläuterungen bedürfen. Der Zauberstab ist das Herrschaftsattribut des Königs Math, der zahlreichen anderen walisischen Texten zufolge als der Meister der Magie der Brit(ton)en gilt. Es heißt auch, er habe die Kunst seiner Magie an seinen Neffen Gwyddyon weitergegeben, was wieder auf eine matrilineare Erbfolge hinweist, da dieses Machtgeheimnis hier vom Onkel auf den Neffen vererbt wird. Wenn Math Arianrod über seinen Stab springen läßt, so wird dieser zu einem unmißverständlich phallischen Symbol. In Verbindung mit der Tatsache, daß Math an einem Gebrechen leidet, das dem des Fischer-Königs gleicht, wird diese zunächst rätselhafte Geste zu einem Ritual eines Sexualzaubers, der mit bestimmten archaischen Auffassungen über die Jungfräulichkeit zusammenhängt, von denen wir allerdings wenig wissen. Man beachte, daß Arianrod behauptet, noch Jungfrau zu sein, und daher offensichtlich selbst am meisten überrascht ist, so ganz aus heiterem Himmel plötzlich zwei Kinder zu bekommen. Außerdem weigert sie sich, diese Kinder und insbesondere den Lleu Llaw Gyffes anzuerkennen. Hier stehen wir allerdings vor einem Rätsel: nach dem Kontext zu urteilen besteht die Möglichkeit, daß Gwyddyon selbst der Vater ist. Somit kann es sich durchaus um einen Geschwisterinzest handeln, d.h. um eine Art sakrale Vereinigung zwischen dem Bruder und der Schwester, die beide die Kinder der Göttin Dôn sind; man kann darin sogar Apollo und Artemis, die Kinder von Leto und Zeus sehen; dies ist jedoch eine reine Hypothese. Gwyddyon scheint dagegen von der Jungfräulichkeit seiner Schwester felsenfest überzeugt zu sein, da er nicht einen Augenblick lang zögert, sie seinem Onkel als Ersatz für diejenige anzubieten, der von Gilvaethwy 'Gewalt angetan wurde'. Wie sind diese verwirrenden und so widersprüchlichen Elemente zu interpretieren?

Nach einer genauen Analyse des Begriffs *Jungfräulichkeit* (Virginität) kann die Antwort auf diese Frage sich ganz von selbst ergeben, denn es sieht so aus, als hätte dieser Begriff keineswegs zu allen Zeiten den gleichen Sachverhalt bezeichnet, d.h. daß darunter nicht immer von allen Völkern – und auch nicht von allen Angehörigen ein und derselben Gesellschaft – dasselbe verstanden wurde. Die Geschichte von Arianrods Jungfräulichkeit, die Geschichte von der Jungfrau, die keine war und ohne Beihilfe eines Mannes (sofern ihr Bruder nicht der Vater war) zur Mutter wird, berührt den eigentlichen Kern des Problems der Déesse-Mère, der Muttergöttin: als die Gesellschaft noch gynäkokratisch strukturiert war, stand die Göttin allein da und war die Primordialgöttin, die Göttin eines Beginns. Als die Gesellschaft sich dann allmählich zu einer paternalistischen wandelte, wurde die Göttin einem Vater-Gott verbunden, mit dem sie die Verantwortung für die Welt und das Leben fortan teilte: das war die Geburtsstunde des Heiligen Paares, z.B. Isis und Osiris. Als dann die Erinnerung an die alte gynäkokratische Gesellschaftsordnung in der Mehrzahl der Fälle ganz unterdrückt wurde, verschwand auch die Göttin ganz und überließ ihren Thron dem fortan allmächtigen Vater-Gott. Dieser entsprach entweder dem Jupiter-Typ oder dem hebräischen Typ, denn Jahwe ist der klassische Repräsentant der maskulin-kriegerischen Form der Religion, aus der die Frau mit der Zeit vollständig verdrängt wurde. Aber da es das Prinzip des Unbewußten ist, Erinnerungen an Vergangenes in sich noch länger weiterleben zu lassen und zu speichern in Form von symbolischen Bildern, die reaktualisiert und in einen neuen Rahmen projiziert werden können, erfährt die Göttin in anderer Gestalt auch in den paternalistischen Kulten eine Wiederauferstehung, wie der Marienkult innerhalb des Christentums deutlich zeigt. Es ist daher durchaus wahrscheinlich, daß wir in der Geschichte der Arianrod diese ganze Evolution vor uns haben; so gesehen werden die zunächst unklaren und sogar widersprüchlichen Elemente darin verständlich.

Nun zur Frage, was denn eigentlich eine Jungfrau ist. Das französische Wort *vierge* stammt wie das englische *virgin* aus dem Lateinischen *virgo* und wurde ursprünglich als theologischer Terminus zur Bezeichnung bestimmter weiblicher Heiliger des christlichen Kalenders in die Alltagssprache eingeführt. In Wirklichkeit bedeutet das lateinische Wort nichts anderes als 'Junges Mädchen' (vgl. das dt. Wort '*Jungfrau*', in dem sich die Lehnübertragung der ursprünglichen Bedeutung noch deutlich widerspiegelt; Anm.d.Hrsg.), – d.h. das lateinische Wort bedeutete ohne jede weitere Konnotation lediglich 'unverheiratete (junge) Frau', wobei kein Element die sexuelle Unberührtheit, die 'Keuschheit' definiert. Die Bedeutung 'sexuell unberührtes Mädchen' konnte im Lateinischen nur durch den Ausdruck *virgo intacta* wiedergegeben werden. Das Wort *virgo* ergab im Bretonischen zunächst *gwerc'h,* 'junges Mädchen', und dann *gwerc'hez*, '(Heilige) Jungfrau' im christlichen Sinn; im walisischen wurde daraus *meirch,* 'Mädchen'. Die keltische Wurzel, aus der auch das lateinische *virgo* wurde, ist **wraki,* wovon direkte Ableitungen in bretonisch *gwerg,* 'Gattin', und in walisisch *gwraig,* 'Frau' zu finden sind. Eine andere Ableitung von **wraki* war das keltische **wrakka,* das zu breton. *grac'h* (oder *groac'h*) wurde, was 'alte Frau' und später 'Hexe' bedeutete, und daneben auch im gallischen Wort *virago* steckt, das von den Römern übernommen wurde und von dort wieder in das Französische eingegangen ist. Aus allen diesen Worten ist eine alte indoeuropäische Wurzel **werg* zu erschließen, die 'einschließen' bedeutet hat. Demnach muß die Jungfrau ursprünglich die 'in sich eingeschlossene Frau' gewesen sein, was unschwer mit der Idee der Jungfräulichkeit in Einklang zu bringen ist. Diese Bedeutung ist jedoch vage und wenig gesichert.

Die Wurzel **werg* steht jedoch nicht isoliert da. Im Griechischen ergab sie *ἔργον* (= 'Werk' (!), 'Tat'), sowie die Derivate *ἐνέργεια* (= 'Energie'), *ὄργιον* (= (= 'sakrale Zeremonie', 'Orgie') und *ὄργανον* (= 'Werkzeug', 'Instrument', 'Organ'). Dazu gehört auch das gallische *ver,* 'groß und mächtig', woraus wahrscheinlich das walisische Steigerungspräfix *guor-,* irisch *for-,* sowie die bretonische Präposition *war,* 'auf' (im Sinn von lat. *super*) entstanden ist. Auch für lat. *vis* = 'Kraft', 'Gewalt'; plur. *vires*) und lat. *vir* (= 'Mann'), irisch *fêr* und breton. *gour* läßt sich schwerlich eine andere Wurzel als diese denken. Aus alledem ergibt sich, daß mit dem Begriff 'Jungfrau' der Etymologie zufolge (aber jede Etymologie kann angezweifelt werden!) die Idee von *Gewalt, Kraft, Tat, Abgeschlossenheit* und in allen Fällen die Idee der *Weiblichkeit* assoziiert wurde. Auf jeden Fall paßt dies zu dem archaischen Begriff von der Frau als göttlichem und schöpferischem Wesen, das ohne fremde Hilfe Wohlstand, Überfluß und neues Leben schaffen kann. Durch die synchrone und diachrone Sprachbetrachtung (die auf dem Prinzip der *Analogieherstellung* beruht, welche oft wichtige Aufschlüsse über den 'Geist' bestimmter Epochen liefert), bestätigt sich unsere These, daß die Jungfrau-Mutter die erste Gottheit war, die von den Menschen verehrt wurde.

Außerdem stößt man bei der Definition der Jungfrau auf besonders aufschlußreiche Funde, wenn man in der Bibel und in den Schriften der rabbinischen Tradition nachschlägt. Die Bibel verwendet nämlich für den Begriff, für den wir nur ein Wort haben, drei verschiedene Ausdrücke: *naara, betula* und *alma.* Das Wort *naara* stammt aus einer Wurzel, die 'Bewegung', 'Eile' und 'Überstürzung' bedeutete, und hat die Bedeutung 'junges (verheiratetes oder unverheiratetes) Mädchen', also wie lat. *virgo* – egal ob *intacta* oder nicht. Die Bedeutung des Wortes ist also recht vage. Im *Deuteronomium* (XXII, 15 und 16) bezeichnet *naara* eine verheiratete Frau, die im Ruf steht, schon vor der Ehe 'ihre Unschuld verloren zu haben'. Im Buch *Ruth* (II,16) bezeichnet das Wort eine unverheiratete Witwe; in der *Genesis* dagegen wird Rebecca, die eine *virgo intacta* ist, als *naara* bezeichnet; aber in demselben Text kann dieses Wort im Zusammenhang mit der Vergewaltigung der Dina durch Sichem (XXXIV,3) nur bedeuten, daß es um ein Mädchen geht, das – durch fremde Gestalt – ihre Unberührtheit verloren hat. Es sei darauf hingewiesen, daß das Maskulinum zu *naara* die Form *naar* hat, was 'Junge', 'Jüngling' und daneben auch 'Sklave' im Sinn von lat. *puer* bedeutet. Diese Bedeutung der männlichen Form enthält kein Element der 'Unberührtheit' bzw. 'Keuschheit', und daneben sprechen auch noch andere Gründe dafür, daß *naara* ein Begriff ist, mit dem generell jede *junge* Frau bezeichnet werden kann.

Der zweite Ausdruck *betula* scheint dagegen eine *virgo intacta* jeden Alters zu bezeichnen (siehe *Leviticus* XXI, 1-3): Der Hohepriester darf sich einem Sterbenden oder Toten nicht nähern, es ist ihm aber gestattet, seiner Schwester den letzten Beistand zu leisten, wenn sie *betula* ist, das heißt dort, wenn sie nie verheiratet gewesen ist. Die Wurzel des Wortes *betula* bedeutet 'Entfernung', 'Trennung' und eine der Ableitungen davon, der Plural *betulim,* hat die Bedeutung 'Hymen' im anatomischen Sinn. Folglich kann davon ausgegangen werden, daß die *betula* eine Frau ist, die noch ihre *betulim* hat. Aber von hier an steht man vor einem Rätsel, – und es muß darauf hingewiesen werden, daß die jüdischen Bibelexegeten dieses Thema ohne Hemmungen und Komplexe weidlich ausdiskutiert haben: bekanntlich ist es medizinisch erwiesen – und auch die alten Hebräer wußten es –, daß das Hymen einer Frau, auch nachdem sie einen Mann 'kennengelernt' hat, noch intakt sein kann, denn diese Hautmembran kann bekanntlich von unterschiedlicher Größe und Elastizität sein. Daher wurde in gewissem Sinn jenen gräßlichen Kupplerinnen geradezu Vorschub geleistet, die zu allen Zeiten und in allen Gegenden mit falschen *virginibus intactis* regen Handel treiben konnten, da man ausgerechnet das Hymen zum offiziellen Merkmal der physischen Jungfräulichkeit erhob. Übrigens ist im *Talmud* (*Kutubot,* 11) eigens die Möglichkeit erwähnt, daß eine Frau diesen kostbaren Teil ihres Körpers auch beim Fall auf einen spitzen Gegenstand oder – wie es die Sprache der Rabbiner so treffend wie aufschlußreich ausdrückt – durch Verletzung mit einem Stück Holz einbüßen kann.[13]

Der dritte Ausdruck, *alma,* stammt von einer Wurzel ab, die 'verbergen' bzw. 'den Blicken entziehen' bedeutet. Er bezeichnet also ein in jeder Hinsicht unberührtes und vor den Blicken der Männer verborgenes Mädchen.[14] Im Phönizischen findet sich das Wort *alma* im Sinn von *virgo intacta (Hieronymos: Comment.* VII), aber vieles deutet darauf hin, daß es sich dabei um eine *eher moralische als materielle* Jungfräulichkeit handelt: in dieser Sprache bedeutet die maskuline Form *elem* 'junger unverheirateter Mann'. Nur konnte es bei den semitischen Völkern nie einen anatomischen Beweis für die physische Unberührtheit des Knaben geben, da bei ihnen die Beschneidung seit jeher obligatorisch war. Auf alle Fälle bleibt festzuhalten, daß die rabbinischen Kommentare zu diesem Thema höchst verwirrend sind und zum größten Teil von einer Kasuistik zeugen, die mit dem Spitzfindigsten, was in dieser Hinsicht bei den Molinisten zu finden ist, durchaus zu vergleichen ist. So wird im *Talmud* (*Maghiga,* 14) z.B. folgendes erörtert:

„Kann eine Jungfrau (*betula*), die schwanger wurde, noch einen Hohepriester heiraten? (...) Schemuel (Samuel) sagt dazu: ‚Ich kann eine Frau mehrmals 'kennenlernen', ohne daß sie die Jungfräulichkeit verliert."

(Die Antwort bezieht sich auf *Leviticus* XXI,113-14). In den *Sprüchen* (XXX, 18-20) findet sich folgende überraschende Passage:

„Drey sind mir zu wünderlich/ und das Vierde weis ich nicht/ des Adlers Weg im Himel/ der Schlangen Weg auff eim Felsen/ Des Schiffes Weg mitten im Meer/ *Vnd eins Mans Weg in einer Magd* (*alma,* Anm. J.M.) Also ist auch der Weg der

Ehebrecherin/ Die verschlinget und wischet jr Maul/ und spricht Jich hab kein Vbels gethan" (Übers. *Luther*).

Im *Talmud* steht die apodiktische Feststellung:

„Die meisten Männer haben Übung darin, sich einem Weib zu nähern, ohne dabei die Zeichen seiner Jungfräulichkeit zu verletzen." (*Kutubot,* 6).

Es gibt sogar eine Auslegung zu diesem Absatz, die ernsthafte Ratschläge zur Ausführung dieser Handlung liefert. Ein Kommentar zu *Genesis* XXIV,16 mit dem Titel *Aben-Ezra* enthält folgenden Hinweis:

„Rebecca war eine *betula,* und niemals war ihr ein Mann nahegetreten." Es ist wenig wahrscheinlich, daß der Text durch diese wiederholende Paraphrase auch den Verkehr wider die Natur ausgeschlossen haben will, sondern wahrscheinlicher, daß darunter zu verstehen ist, daß sie sich nie auf irgendeine Art und Weise habe beflecken lassen. Denn ein junges Mädchen könnte selbst wenn sie sich einem Mann hingibt und sogar wenn sie schwanger wird, durchaus noch *betula* bleiben.

Wie man sieht, gehen die Meinungen über die Jungfräulichkeit der Maria – bereits in der Bibel – stark auseinander, da darin über die eigentliche Bedeutung der Jungfräulichkeit keinerlei einheitliche Meinung herrscht, und da in ihr nebeneinander drei verschiedene Begriffe vorkommen, deren Bedeutungen nicht vollkommen identisch sind, sondern je nach Kontext variieren. Dies kann zu einem besseren Verständnis des Rätsels um die Geschichte der Arianrod verhelfen, jener ein wenig isoliert dastehenden Figur der großen Mutter-Göttin der insularen Kelten.

Die Unklarheit der Geschichte von Arianrod beruht nämlich auf der Vermengung zweier Begriffe: man hat den Eindruck, als würden Math und Gwyddyon auf der einen Seite und Arianrod auf der anderen Seite nicht dieselbe Sprache sprechen und mit ein und demselben Wort zwei verschiedene Sachverhalte meinen. Als Math Arianrod fragt, ob sie noch Jungfrau (unberührt) ist, und später Gwyddyon sich über seine Schwester lustig macht, als sie sich darüber aufregt, ihren Status einer *Jungfrau* verloren zu haben, wird im Text das Wort *morwyn* verwendet, d.h. die Entsprechung zum französischen Wort *pucelle,* das nichts anderes als 'kleines Mädchen' bedeutet (aus lat. *pucella,* dem Diminuitiv zu *puella*). Außerdem ist das Wort *morwyn* im Zusammenhang zu betrachten mit bretonisch *morgan,* welches ein rätselhaftes, auf dem Meeresgrund lebendes Feenwesen bezeichnet, sowie mit dem Namen der Fee Morgane, der Schwester des Königs Artus. Das Rätsel ließe sich kaum lösen, wenn man nicht den fundamentalen Unterschied berücksichtigte zwischen dem, was das Wort *morwyn* für Arianrod auf der einen Seite bedeutet und dem, was es für *Math* und *Gwyddyon* auf der anderen Seite bedeutet: Arianrod meint damit ein junges Mädchen, das frei und keinerlei Druck von männlicher Seite ausgesetzt ist, mit anderen Worten, die Frau, wie sie nach den Kriterien einer gynäkokratisch orientierten Gesellschaft definiert wird. Arianrod verkörpert also noch die archaische Göttin der ehemaligen gynäkokratischen Gesellschaft. Für Math und Gwyddyon, die beide Vertreter der neuen patriarchalischen Gesellschaft sind, kann dieses Wort dagegen nur die Bedeutung 'physische Unberührtheit' haben.

Eine solche Deutung mag gewagt erscheinen, aber durch sie wird verständlich, weshalb *Arianrod* 'in voller *Unschuld*' bzw. *'Unberührheit'* den Zauberstab des Math passieren kann. Weshalb ergreift Arianrod aber dann die Flucht, wird man weiter einwenden, weshalb läßt sie ihre beiden neugeborenen Kinder im Stich und erkennt sie nicht an?

Eine erste Antwort liegt auf der Hand: als Jungfrau, d.h. nach ihrer persönlichen Definition als Frau, die nicht der Kontrolle eines Mannes unterworfen ist, will Arianrod mit ihren Kindern nichts zu tun haben; rechtlich gehören sie ja der Sippe, dem *Tuath,* wenn man so will, deren Oberhäupter ihr Onkel und ihr Bruder sind, also ist es deren Sache, sich im Namen der Gemeinschaft um die Kinder zu kümmern. Eine zweite mögliche Antwort ist, daß Arianrod als Repräsentantin des alten Gesetzes nichts mehr in der neuen Gesellschaft zu suchen hat, die von den Männern beherrscht wird und in der die Frau nur noch eine subalterne Rolle spielt, nämlich die Rolle einer der männlichen Autorität unterworfenen *Mutter,* denn ihre Eigenschaft als ihrer Pflicht nachkommende, verantwortungsbewußte Mutter versetzt sie automatisch in einen Zustand der Unterlegenheit.

Außerdem darf nicht vergessen werden, welche Rolle man für Arianrod vorgesehen hatte: *die Rolle einer Fuß-Ablage.* Und hier kommt Licht in das Dunkel dieser reichlich nebulösen Geschichte. Tatsächlich erwähnen nämlich die *Gesetze von Howell Dda,* die die mittelalterliche Evolutionsstufe des archaischen keltischen Rechts widerspiegeln, unter den Hofbeamten des Königs eine Person, die den Titel des *troediawk* hat, was so viel wie 'Fuß-Halter' bedeutet. Die Aufgabe dieses Beamten bestand darin, den Fuß des Königs, sobald er bei Tisch Platz genommen hatte, solange in seinem Schoß zu halten, bis der König die Tafel aufheben und sich zu Bett begeben würde. Während dieser Zeit hatte der *troediawk* die Aufgabe, den König bei Bedarf zu kratzen und ihn gegen alle Gefahren zu schützen. Dieses Privileg war mit großen persönlichen Vorteilen verbunden, nämlich mit abgabenfreiem Landbesitz und der Stellung eines Pferdes durch den König; ferner aß der *troediawk* mit aus dem Teller des Königs. Geschah ihm irgendein Unrecht, so kostete das den Täter eine Wiedergutmachung von 120 Kühen, denn der persönliche Wert des *troediawc* entsprach 120 Kühen – und schließlich hatte er das Recht, – und das ist von größter Wichtigkeit – einem Schuldigen Schutz zu gewähren und konnte ihn während der Zeit, wo des Königs Fuß in seinem Schoß ruhte, laufen lassen.[15]

Dieser Umstand muß besonders festgehalten werden: *während der König seinen Fuß im Schoß des troediawk ruhen hat,* ruhen auch seine königlichen Herrschaftsgeschäfte, *somit ist er in dieser Zeit nicht* vollwertig ausübender König, da ihm dann das Recht der Justizausübung zu Gunsten des in den Händen des *troediawk* liegenden „Rechts der Milde bzw. Gnade" entzogen ist. Berücksichtigt man diesen Rechtsbrauch, so wird auf einmal verständlich, weshalb Math in Friedenszeiten nur mit den Füßen im Schoß einer 'Jungfrau' leben konnte, wie es in der Geschichte hieß: das bedeutet, er hatte ein Leiden, das ihn an der Ausübung der Herrschaft hinderte (er war sexuell impotent), und so mußte er, um öffentlich sein Gesicht zu wahren, darauf achten, daß er sich immer in einer Lage zwischen dem Beginn der Mahlzeit und dem königlichen Coucher, seinem Zubettgehen, befand, was in der Tat eine höchst ungewöhnliche und raffinierte Art war, die Gesetze zur eigenen Bequemlichkeit auszulegen und trotzdem weiterhin König zu bleiben, während seine königlichen Amtsgeschäfte ruhten.

Eine zweite Bemerkung geht noch weiter: diese Institution des *troediwk* ist mehr als sonderbar, und wie alle rätselhaft anmutenden Institutionen scheint ihre Entstehung auf archaische Zeiten zurückzugehen, deren Ursachen von den Verfassern der Gesetze des X. Jahrhunderts nicht mehr genau verstanden wurden. Wenn im X. Jahrhundert ein solches Amt einem Mann übertragen wird, so ist dies ganz normal: denn es handelt sich um eine patriarchalische Gesellschaft. Die Geschichte von *Math ab Mathonwy* reflektiert jedoch eine sehr alte Überlieferung, und dort wurde diese Funktion nicht von einem Mann, sondern von einer Frau ausgeübt. Dann sieht die Sache gleich ganz anders aus, denn dann ist das ein Hinweis nicht auf eine frühere Rechtslage, sondern auf die *Erinnerung* an eine frühere Rechtslage, die in Verbindung mit der matrilinearen Herrschaftsstruktur (die noch deutlich in der *Mabinogion*-Erzählung zum Vorschein kommt) Math zum Repräsentanten des Wendepunkts zwischen zwei Formen der Zivilisation macht.

Das Bild des herrschaftsunfähigen, das heißt impotenten Königs, dessen Füße im Schoß einer *morwyn* oder wenn man so will, im Schoß eines primordialen Feenwesens aus dem Meer, einer *morgan,* ruhen, ist ganz einfach das Bild des aus dem Schoß der Frau auftauchenden Königs. Folglich stammt die Macht des Königs – eine Macht, die Math übrigens äußerst schlecht repräsentiert – in direkter Linie aus dem Uterus, mit anderen Worten von der Frau, die die wahre Herrscherin mit der Allmacht über das Leben ist. In diesem Zusammenhang wird man an die Geschichte von Jakob auf der Leiter erinnert, in der die ursprünglich weibliche Figur von den paternalistischen Hebräern zu einer männlichen Figur umgewandelt wurde. Die höchste Souveränität, die in der keltischen Sagenwelt meist durch eine Frau verkörpert wird, ist diese 'Jungfrau', in deren Schoß Math seine Füße legen muß, um weiterhin an der Macht bleiben zu können. Als er erfährt, daß sein Neffe Gilwaethwy mit der Unterstützung von Gwyddyon diejenige verführt hat, die dieses privilegierte Amt innehatte, ist er gezwungen, einen Ersatz für sie zu finden, denn die Herrschaft darf nicht ungestraft sabotiert werden. Durch wen wurde aber der Herrschaft Gewalt angetan? Durch seinen eigenen Neffen, den Sohn seiner Schwester. Auch hier liegt wieder ein Fall von matrilinearer Beziehung und des Vorrangs der Familie der Mutter vor. Diese Grundidee taucht auch später in bekannteren Sagen wieder auf; so zum Beispiel in der Tristan-Sage, wo der Neffe die Herrin Yseult dem König Marke, seinem Onkel mütterlicherseits raubt, ferner in der Geschichte von Artus und Guenièvre, wo Gauvain (der in der französischen und deutschen christianisierten Fassung durch Lancelot/Lanzelot ersetzt wird) und später Mordret die Entführer und Liebhaber der Königin sind, die die wahre Herrscherin über die Tafelrunde ist.

Aber Math kann keine Frau für sich gewinnen, denn er ist wie gesagt impotent. So muß er sich mit der Jungfrau zufrieden geben, die der Ersatz der Mutter ist, der letzten Repräsentantin weiblicher Macht. Diese Geste ist unbedingt nötig, damit die Autorität des Königs Math (der ein König des paternalistischen Typs ist, obwohl seine Figur aufgrund von Reminiszenzen der vorhergehenden Herrschaftsform zahlreiche Widersprüche enthält), rechtskräftig und von jedermann anerkannt bleibt. Diese 'Jungfrau' ist somit die eigentliche Quelle seiner Macht oder auch seines Machtverlusts und seiner Machtlosigkeit, was paradoxerweise auf dasselbe hinausläuft. Diese 'Jungfrau' entspricht genau dem Bild der Jungfrau Maria, die in den Mysterien und Legenden des Mittelalters die Mittlerin zwischen den Menschen (ihren Söhnen) und Jesus (ihrem Sohn und Bräutigam) ist. Die Jungfrau Maria ist es, die bei ihrem göttlichen Sohn ein gutes Wort einlegt zugunsten der Unglücklichen, aber auch der Diebe, der Meineidigen und Mörder. Genau genommen hat sie die Freiheit, die Schuldigen frei ausgehen zu lassen, sobald sie Jesus' Füße auf ihrem Schoß hält, sie handelt also genau wie die 'Jungfrau', die Math am Leben erhält. Wem fallen da nicht die unzähligen Darstellungen der Grablegung Christi ein, in denen Maria die Beine ihres Sohnes an ihr Herz beziehungsweise an ihren Schoß preßt. Ist in dieser Lage Christus, der ja auch nicht vollkommen tot ist, sondern sich in einer Art Schlafzustand befindet, nicht ein Ebenbild des keltischen Königs aus dem *Mabinogion*-Text?

Durch diese zweifellos seltsam anmutenden Beobachtungen, aus denen deutlich wird, wie wichtig die Rolle der 'Jungfrau' als Symbol der Göttlichkeit bei den Kelten war, wird man unweigerlich an all die mysteriösen Figuren erinnert, die die irische oder walisische Sagenwelt und die Artusromane bevölkern: man denke an die verschiedenen Jungfrauen und Hüterinnen von Quellen und Brunnen, an die schönen Burgfräulein mit sehnsüchtig schmachtendem Blick, an die Gefangenen böser Burgherren, oder an die verwirrende 'Kaiserin' im *Peredur*, dem Urbild der späteren Graljungfrau. Alle diese 'Jungfrauen' sind zweifellos *virgines* im weitesten Sinn des Wortes, das bedeutet, sie stehen noch nicht unter der Macht eines Gatten, sie sind *noch nicht der Autorität des Mannes unterworfen.* Im Grunde wird die Jungfräulichkeit in der keltischen wie auch in allen anderen vorchristlichen Überlieferungen des Mittelmeeraums, nicht physisch sondern rein moralisch verstanden und bezeichnet lediglich *die Unabhängigkeit der Frau gegenüber dem Mann.* Die *virgo* ist also die freie, stets zur Verfügung stehende, stets neue, stets *mögliche* Frau, das strahlende Symbol der Erneuerung, der Jugend und beiläufig damit verbunden auch der sexuellen Freiheit. Die 'Jungfrau' ist zugleich auch die Prostituierte, denn es darf nicht übersehen werden, daß mit lat. *virgo* etymologisch die Idee der Kraft verbunden ist. (Wahrscheinlich über eine auch dem Wort *vis*, plur. *vires* zugrundeliegende gemeinsame Wurzel; Anm. d. Übers.): die Kraft ist etwas, das die einen verläßt und auf die anderen übergeht, das dürfte eine kaum abzustreitende Tatsache sein. Nach der Definition aller nichtchristlichen Traditionen ist die 'Jungfrau' die königliche Hure, die immer frei über sich selbst verfügt und um deren Gunst sich die Männer streiten, denn diese Gunst ist Pfand und Beweis der höchsten Autorität, die aufgrund ihrer *biologischen* Macht, Leben zu spenden, in ihren Händen liegt.

Wir haben bisher die Eigenschaft beleuchtet, daß die *virgo* nie Sklavin des Mannes ist. Sie ist eine Art Amazone. Sie verweigert die Heirat, nicht aber 'Beziehungen' mit Liebhabern. Sie selbst läßt sich nicht versklaven, sie kann aber andererseits die Männer auch nicht zu ihren Sklaven machen. Vor alledem ist der Amour Courtois, die 'höfische Minne' nicht weit entfernt, jene höfische Liebe, durch die in *Chrétiens Lancelot* der Ritter zum Geliebten und gefügigen Spiel-Objekt der höchsten (weiblichen) Herrschaftsmacht wird. Deshalb haben die Dichter der höfischen Romane darin – wenn auch nicht in voller Schärfe – eine

Gefahr gesehen, wie die französisch-höfische Umformung der Geschichte von Merlin und Viviane zeigt, welche warscheinlich bretonischen Ursprungs ist, während der eigentliche Merlinmythos aus dem Norden der britischen Insel stammen dürfte.

Viviane und Merlin (Höfische Epik):

Merlin der Zauberer und Ratgeber des Köigs Artus, ist in den Wald von Brocéliande gekommen. Dort trifft er am Rande einer Quelle, der Quelle von Barenton, ein Mädchen namens Viviane. Der Vater dieser Viviane ist ein gewisser Dyonas, „Patenkind von Diana, der Göttin der Wälder". Diana hatte ihm prophezeit, seine erste Tochter würde von dem weisesten der Männer begehrt werden, und dieser würde ihr unterlegen sein, sobald er sie in alle seine Zauberkräfte eingeweiht habe. Merlin verliebt sich in Viviane; diese will seine Liebe nur unter der Bedingung erwidern, daß er sie in seine Geheimnisse einweiht, und verstrickt Merlin immer mehr in ihren Netzen. Dieser ist sich seines Schicksals vollkommen bewußt und setzt sich ihm dennoch voll aus. Nach verschiedenen Reisen nach Britannien kehrt Merlin wieder in den Wald von Brocéliande zurück. Eines Tages spricht Viviane über den schlafenden Merlin einen Zauber aus, und Merlin findet sich in einem unsichtbaren Zauberschloß als Gefangener der Viviane wieder, ist aber in der Gesellschaft seiner Geliebten vollkommen glücklich. (*Estoire de Merlin*)

In dieser Sage fällt auf, daß Merlin sich freiwillig in sein Schicksal fügt, welches darin besteht, für immer der Macht der Viviane ausgeliefert und unterworfen zu sein. Und Viviane ist eine *virgo* in dem Sinn, daß sie die Herrin nicht nur über ihr eigenes, sondern auch über Merlins Schicksal ist. Also ist nicht sie die Gefangene des Zauberers Merlin. Sie ist frei. Merlin ist der Ritter in ihrem Dienst, ihr 'Liebesdiener', somit ihr *Verehrer.* Viviane wird für ihn die ausschließlich zu verehrende Gottheit und wacht eifersüchtig darüber, daß der Mann seine Dienste allein ihr widmet. Damit ist auch Viviane eines der Gesichter der stets jungfräulichen Mutter-Göttin (Déesse-Mère).

Die Figur der Viviane ist alles andere als leicht zu enträtseln. Wie bereits erwähnt, ist die Viviane-Sage wahrscheinlich bretonischen Ursprungs. Jedoch hat sie nur in der *höfischen* Ausformung, die so bruchlos mit den Auffassungen über die Liebe im XII. und XIII. Jahrhundert übereinstimmt, ihren Ursprung in Frankreich. Daneben gibt es aber auch noch ein insulares Vorbild, das wir in der ursprünglichen Merlin-Sage finden, die ganz deutlich ihre Heimat in dem Gebiet der Nord-Brit(ton)en an der Grenze nach Schottland hat. Viviane selbst ist die höfische Stilisierung und Umformung von mehreren Elementen einer ursprünglich anderen Gestalt, die die Romandichter des Festlandes jedoch aufgrund von Vivianes zweideutigen Beziehungen zu Merlin für moralisch zu anstößig gehalten hatten: sie war nämlich ganz einfach Merlins Schwester, die in den walisischen Texten Gwendydd und in der lateinischen *Vita Merlini* des *Geoffrey of Monmouth* Ganieda heißt.

Merlin und Gwendydd (Wales):

Merlin (Myrddyn) hat nach einer Schlacht den Verstand verloren und lebt nun als wilder und prophetischer Wahrsager auf der Flucht vor menschlichen Kontakten in der Einsamkeit der Wälder. Nur seiner Schwester Gwendydd, der Gemahlin des

Königs Rydderch, gelingt es, sich ihm zu nähern, und sie bringt ihn auch noch mehrmals dazu, an den Hof zurückzukehren. Nachdem er seiner eigenen Gemahlin die Freiheit zurückgegeben hat, zieht sich Merlin schließlich endgültig in die Wälder zurück und lebt nur noch in Gesellschaft einiger 'Weisen' und seiner Schwester Gwendydd, die er in seine Kunst der Weissagung einweiht.[16]

Sollte die Viviane der französisch-höfischen Fassung tatsächlich eine Transposition dieser Gwendydd sein – und es sieht ganz danach aus – dann scheinen im Laufe der Entwicklung aber auch noch andere Elemente in die Figur eingegangen zu sein. Aus der Schwester wurde die Herrin, aber wir wissen aus anderer Quelle, daß es sich dabei um Erinnerungen an eine Zeit handelt, in der der Geschwisterinzest zumindest für einzelne außergewöhnliche Individuen noch nicht mit einem Verbot belegt war. Aber ausgerechnet die Figur der Viviane ist mit dem Mythos der Diana verknüpft: ihr Vater Dyonas ist das Patenkind der Göttin; von ihr erhält sie die Gabe, auf ewig einen Mann an sich zu fesseln. Hat man darin nur die keusche Artemis der späteren 'entschärften' Sagen zu erkennen, wo sie sich darauf beschränkt, die Tiere des Waldes zu jagen? Oder muß man nicht bis zum Urbild der grausamen, hemmungslosen skythischen Diana zurückgehen, die die archaische Sonnengöttin war, deren Kult in veränderter Form über die gesamte indoeuropäische Welt verbreitet war? Im vorliegenden Fall wäre schon allein angesichts der Grausamkeit der Viviane, mit der sie das Ojekt ihrer Liebe der Welt der Wirklichkeit beraubt und dessen Liebe sie eifersüchtig für sich reserviert hält, die Entscheidung für die skythische Diana vorzuziehen. Aber noch etwas anderes spricht dafür: im Wald von Brocéliande gibt es nach der *Estoire de Merlin* (der Geschichte von Vivianes und Merlins Abenteuer) einen 'Lac de Diane', einen Dianen-See, und der höfische Dichter der *Estoire* weiß über den Ursprung dieses Namens eine kuriose Geschichte zu erzählen:

Der Dianen-See (Höfische Epik):

Merlin führt Viviane an das Ufer des 'Lac de Diane'. Dort befindet sich ein Grab, auf dem ein Epitaph an Faunus steht. Merlin erzählt die Geschichte der Diane, die „zur Zeit Virgils herrschte": Sie habe sich in Brocéliande niedergelassen und am Ufer dieses Sees einen Herrensitz errichten lassen. Sie habe einen Geliebten namens Faunus gehabt, den sie hätte schwören lassen, für sie der Welt zu entsagen. Eines Tages habe sie sich aber in einen anderen Ritter – Felix mit Namen – verliebt und nun überlegt, wie sie den Faunus loswerden könnte. Als er einmal verwundet wurde, soll sie ihn unter dem Vorwand, ihn zu heilen, in ein Grab gelegt und dieses mit einer Steinplatte endgültig verschlossen haben. So nahm Faunus sein Ende. Als Diana aber dem Felix erzählte, was sie getan hatte, soll er ihr den Kopf abgeschlagen haben. Und seit dieser Zeit heiße der See 'Lac de Diane'.

Abgesehen von dem moralisierenden Ende dieser Geschichte, aus der eine deutlich männliche, nachgerade patriarchalische Geisteshaltung spricht (die armen Männer sind die Opfer der bösen Frauen, ergo müssen diese bestraft werden!), – wird man in der Sage von Faunus und Diana zunächst eine Doublette der Geschichte von Merlin und Viviane und ferner eine Reminiszenz des alten Kults der skythischen Diana sehen, das heißt des Kults der Ischtar, die ihren Geliebten tötet, oder der Cybele, die Attis mit der Keule der Umnachtung schlägt (so daß dieser sich gezwungen fühlt, sich zu entmannen), – oder schließlich der Aphrodite, die es dazu bringt, daß Adonis von einem Wildschwein getötet wird. Freilich liegen ganze Welten zwischen dieser grausamen und maßlosen Gottheit und dem streotypen Bild der keuschen Diana. Und doch ist dies ihr ursprüngliches, wahres Gesicht, und ihre Grausamkeit ist nichts anderes als die Bestätigung einer alten Tatsache: die Mutter-Göttin ist die Gottheit, die das Leben gibt und es auch wieder nimmt. Ebenfalls ist sie es, die jedem ihre Gunst gewährt, aber auch jedem entzieht, sobald sie es will. Hierin wird die doppelte Natur der Göttin deutlich: sie ist die Mutter und sie ist die *virgo,* das heißt die ewig verfügbare, vollkommen Freie.

Man sieht also, daß die Viviane zahlreiche Elemente mit dem Mythos der Diana gemeinsam hat, jedoch mit dem ursprünglichen Mythos der skythischen Göttin und nicht der lieblichen und besänftigenden Göttin, wie sie uns die Bildplastik der Römerzeit und der Renaissance überliefert hat. Übrigens wurde selbst von *Racine* der Wert des archaischen Mythos noch in seiner ganzen Tiefe richtig erkannt. Denn wie wäre zu verstehen, daß Hippolyth in der Tragödie *Phèdre* geopfert wird, wo er doch der Inbegriff aller edlen Tugenden und sanften Qualitäten ist? Hippolyt ist ein Priester der Diana; er hat sich aber in die höchst irdische Aricie vergafft, und dies ist ein Verrat an Diana, den diese nicht verzeihen kann, denn sie hatte die Exklusivrechte auf den jungen Mann für sich reserviert. Daher ist die gesamte *Phèdre-Tragödie* im Grunde ein einziges Sühneopfer und wird damit aufs Schönste der Aufgabe der Tragödie gerecht.

Die Viviane[17] läßt sich also folgendermaßen porträtieren: sie ist die eifersüchtige Jungfrau, die in voller Ausschließlichkeit verehrt werden will. Hieraus dürften sich einige interessante Impulse für die Erforschung der höfischen Liebe beziehungsweise Minne ergeben, von der bisher schon soviel geschrieben wurde und die man mit Liebesdoktrinen aus dem fernsten Orient in Verbindung bringen wollte. In Wirklichkeit ist der Amour Courtois, die höfische Liebe und hohe Minne, *unter anderem* auch eine deutliche Erinnerung an den Kult der indoeuropäischen Mutter-Göttin mir all den archaischen Elementen, die im bis zum Extrem christianisierten XII. Jahrhundert nur nicht mehr richtig verstanden wurden: darunter besonders das Phänomen jener rätselhaften Unterwerfung des Mannes unter die Frau, und folglich unter die Göttin, deren Priesterin sie letztenendes ist.

Man wird jedoch sofort einwenden, daß Viviane, wenn sie entsprechend der von uns umrissenen Definition als Jungfrau angesehen werden muß, nicht zugleich Mutter sein kann, wie es Arianrod, Rhiannon und Keridwen sind. Und doch ist auch sie eine Mutter, wie aus einer anderen Episode der Artusromane hervorgeht, die aus der Bretagne stammt und von der Kindheit und Erziehung des Lancelot handelt:

La Dame du Lac/die Dame vom See (Höfische Artus-Epik):

Der König Ban de Bénoic, der sich gerade mit seinem Nachbarn Claudas de la Lande im Krieg befindet, flieht heimlich von seiner Burg Treb, um König Artus um Hilfe zu bitten. Er nimmt auf diesen Weg seine Gemahlin und seinen kleinen Sohn mit, der noch ein Säugling ist. In Brocéliande angekommen steigt Ban auf einen Hügel und sieht in der Ferne seine Burg in Flammen stehen. Sein Schmerz ist so groß, daß ihn der Schlag trifft. Die Königin ist über seinen Tod zutiefst erschüttert. Sie läßt ihr Söhnchen unter einem Baum zurück und als sie zurückkommt, um nach ihm zu sehen, sieht sie gerade noch, wie eine wunderschöne Frau den Säugling an sich nimmt und unter der Oberfläche des nahen Sees in der Tiefe verschwindet. Diese rätselhafte Frau ist keine andere als Viviane: „Der See war nur ein Zauber, den Merlin kürzlich ihr zu Ehren ersonnen hatte; an der Stelle, wo das Wasser am tiefsten zu sein schien, standen herrliche, prächtige Häuser." Und in diesem Wunderland wird der Knabe aufgezogen, der einst den Namen Lancelot du Lac tragen wird. „Man braucht nicht erst zu fragen, ob die 'Dame vom See' für Lancelot zärtlich sorgte; hätte sie ihn in ihrem eigenen Schoß getragen, so hätte sie ihn schwerlich liebevoller aufziehen können."(Prosa-Lancelot, Lancelots Kindheit)

Viviane ist hier nicht nur wieder eine jener 'Damen vom See', die in großer Zahl die keltische Sagenwelt bevölkern, sondern sie spielt hier zusätzlich noch die Rolle von Lancelots Mutter. Man kann darin zwar auch nur das wohlbekannte folkloristische Motiv der Fee sehen, die ein Kind raubt, aber wenn man bedenkt, wie brutal Viviane der wirklichen Mutter ihr Kind raubt, und daß diese an dem Kummer darüber ebenfalls stirbt, so ist man geneigt, auch darin eine Reminiszenz der skythischen Diana zu sehen. Übrigens handelt Viviane, indem sie das Kind raubt, als Göttin; sie weiß, daß dem Kind ein außergewöhnliches Schicksal beschieden ist, sie weiß, daß es eines Tages die Gralsburg aufsuchen und der Vater von Galaad sein wird. Der Auftrag, der natürlichen Mutter das Kind wegzunehmen, ist ein göttlicher Auftrag. Sie selbst ist die göttliche Mutter, die dem Lancelot du Lac eine Art zweite Geburt ermöglicht, die Geburt zur Initiation in ein höheres Sehen und einen höheren Wert, ganz wie Keridwen, die durch die zweite Geburt dem Gwyon Bach/Taliesin die Möglichkeit gab, als Barde der Sänger des Universums zu werden.[18]

Es fällt auf, daß Brocéliande stets der Ort ist, wo sich die Abenteuer von Merlin und Viviane, Diana und Faunus, Lancelot du Lac und wieder Viviane ereignen. Der Wald von Brocéliande beherbergt jedoch noch eine andere berühmte Gestalt, die nach der insularen Überlieferung eher auf einer entlegenen Insel irgendwo in der Weite des Ozeans wohnt. Gemeint ist Morgane, die Fee Morgue der französischen Folklore, die Schwester des Königs Artus, die allmächtige Herrscherin der Insel Avalon. Im Wald von Brocéliande erhält diese Morgane einen deutlich anderen Aspekt, der sogar im Widerspruch zu dem Bild steht, das man nach landläufiger Meinung von ihr hat. Vieles deutet sogar darauf hin, daß sie mehr oder weniger stark mit Viviane verwechselt beziehungsweise gleichgesetzt wird, und daß sie auf alle Fälle im Kontext einer stark paternalistisch geprägten Tradition den Ausdruck einer gewissen Revolte gegen die männliche Autorität verkörpert, eine Revolte, die natürlich erstickt wurde, denn in einem christlich-patriarchalischen Mittelalter mußte natürlich alles unternommen werden, um die Keime der weiblichen Emanzipation nicht sprießen zu lassen. Ausgehend von dieser Feststellung läßt sich ferner nachweisen, in welch hohem Maße das Feudalsystem die keltischen Verhältnisse – und dies auf eine völlig widernatürliche Art und Weise – zu seinem eigenen Vorteil hat ausnutzen können. Hierin muß jedoch auch der entschiedene Einfluß der anglo-angevinischen Dynastie der Plantagenêt gesehen werden: wenn Henri II. dazu beigetragen hat, die keltischen Mythen zu verbreiten, indem er die Poeten seiner Zeit aufforderte, die Artus-

Themen dichterisch auszugestalten, erwies er sich auf der anderen Seite als der Totengräber der ursprünglichen keltischen Tradition, da er sie von ihren eigentlichen Zielsetzungen ablenkte und aus letzten Reminiszenzen einer antiken Philosophie eine Serie von Erzählungen zur Unterhaltung und Erbauung einer Feudalgesellschaft machen ließ, die vergessen sollte, daß sie der Spielball der maßlosen Ambitionen einer Familie von sorglosen Wohlhabenden war. Denn wenn es auch Henri Plantagenêts Verdienst war, im kontinentalen Europa die keltischen Sagen populär gemacht zu haben, so war er doch gleichzeitig mit schuld daran, daß Irland als Nation aus der politischen Weltkarte verschwand.

Nun wieder zurück zu der Morgane, wie sie in den von den Plantagenets und ihren Verbündeten beeinflußten höfischen Romanen in Erscheinung tritt. Die *Estoire de Merlin* enthält ein ziemlich detailliertes Porträt von ihr, in dem nicht nur ihre wahre Natur, sondern auch noch ihr enger Bezug zur archaischen Mutter-Göttin zum Ausdruck kommen:

Porträt der Morgane:

„Sie war des Königs Artus Schwester, war heiter, höchst verspielt und hatte die allerlieblichste Stimme im Gesang; edel bronzefarben war ihr Gesicht, ansonsten stand sie gut ihm Fleisch, das meint: weder zu mager noch zu fett, sie hatte zierliche Hände, vollendete Schultern, eine Haut noch zarter als Seide, und allerfeinste Manieren; ihr Körper war schlank und rank und grad gewachsen – kurzum: sie war bis ans Wunderbare grenzend verführerisch, die heißeste und ausschweifendste Frau von ganz Britannien. Merlin hatte sie in die Kunst der Astronomie und in viele andere Wissenschaften eingeweiht; sie hatte alles mit größtem Fleiß gelernt, so daß sie bald eine hochversierte Gelehrte war und man sie später ob der Wunder, die sie wirken konnte, Fee Morgane nannte. Ihre Rede war von köstlich sanfter Milde, und selbst dort, wo sie kaltblütig und ohne Feuer wirkte, war sie gütig und gewinnend, wie niemand sonst auf der ganzen Welt. Wenn sie aber jemandem ernsthaft grollte, war sie kaum zu besänftigen..."(*Estoire de Merlin*)

Das kommt sicher dem Porträt der ursprünglichen sowohl gütigen als auch bösartigen Déesse-mère in ihrer ganzen Ambiguität recht nahe, dem Inbegriff der Gottheit, die gibt und nimmt, die „heiß und ausschweifend" wie die große orientalische Göttin ist und doch 'jungfräulich' bleibt, da sie sich nicht der Autorität eines Mannes unterwerfen will. Bezeichnend ist auch, daß Merlin als derjenige gilt, der sie – wie Viviane – in die Kunst der Magie eingeweiht hat. In der Tat lassen auch andere Versionen der Merlin-Geschichte – sie sind nicht mehr erhalten, aber ihre Spuren finden sich noch in dem berühmten Romanwerk *La Morte d'Arthur,* einer im XV. Jahrhundert von Thomas *Malory* verfaßten furiosen Kompilation von Artusromanen – die Vermutung aufkommen, daß Merlin zuerst der Geliebte der Morgane und dann erst der Viviane war. Und von da an ist es nicht mehr weit bis zu der Hypothese, daß Morgane ursprünglich mit Viviane identisch gewesen sein könnte. In *Malorys* Roman, welcher – das sei noch einmal betont – einer Überlieferung folgt, die in mancher Hinsicht von der des französischen *Prosa-Lancelot* abweicht, stößt man darüber hinaus auf weitere interessante Einzelheiten über die Figur der Morgane: sie tritt dort als Gemahlin des bereits genannten Uryen und Mutter von Yvain auf, was nicht mehr überraschen dürfte, da wir bereits nachgewiesen haben, daß Morgane (die Göttin mit den Vögeln) mit der

Modron, der Mutter von Mabon und Owein aus den walisischen Texten, identisch ist. Sie ist aber eine Gemahlin, die für allerhand Turbulenzen sorgt und das enge Band der Ehe nur schwer erträgt. Sie hat eine größere Zahl von Liebhabern, was sich mit den Aussagen des *Prosa-Lancelot* deckt (mit dem Unterschied, daß sie dort jedoch nicht verheiratet ist).

Morgane und Uryen (höfische Artusepik):

Eines Tages überrascht Morgane ihren Gemahl, König Uryen, schlafend auf seinem Bett, und so kommt ihr die Idee, dies sei ein günstiger Augenblick, sich seiner zu entledigen. „Da rief sie nach einer Dienerin, der sie vertrauen konnte und sprach zu ihr: 'Bring mir das Schwert meines Herrn, denn nie fand ich eine bessere Gelegenheit, ihn umzubringen, als jetzt.' „Entsetzt über solches Ansinnen der Morgane, begibt sie sich flugs zu Yvain, Morganes und Uryens Sohn, berichtet ihm alles und fleht ihn an, das Unheil abzuwenden. Yvain rät ihr, zunächst der Herrin zu gehorchen, und als Morgane gerade das Schwert über Uryens Haupt schwingt, stürzt Yvain, der im Hintergrund versteckt gelauert hatte, herbei, reißt der Mutter das Schwert aus den Händen und bändigt ihren Zorn. Morgane fleht inständig um Gnade und behauptet, in einem Anfall von Wahnsinn gehandelt zu haben."[19]

Aus diesem Mordanschlag spricht die Geisteshaltung, daß die Göttin sich von keinem Gatten oder Geliebten allzu ausschließlich vereinnahmen lassen will. Das ist auch die Geschichte von Diana und Faunus. Nicht weniger interessant und verschlagen entwickelt sich Morganes Zwist mit ihrem Bruder Artus, denn es sieht ganz so aus, als hätten wir es dort wieder mit dem Thema von Gwyddyon und Arianrod zu tun. Als Artus eines Tages waffenlos dasteht, entführt ihn Merlin zu einem See. Auf dem Wasser erwartet ihn ein Fräulein, die 'Dame du Lac', also Viviane, und gibt Artus sein berühmtes Schwert Excalibur (*Kaledvoulch* = 'messerscharf'). Morgane scheint es fast nicht erwarten zu könne, Artus dieses Schwert, oder zumindest seine Scheide, zu stehlen und ihren Liebhabern zuzustecken. Während Morgane sich hier Artus gegenüber wie eine Feindin verhält, ist die 'Dame vom See' – bei *Malory* heißt sie *Nimue* – im Gegenteil die Beschützerin des Königs. Symbolisiert diese Figurendoppelung nicht wieder die tiefgreifende Doppelnatur der Göttin, die zugleich gut und böse, gebend und nehmend ist?

Morgane und Artus (höfische Artusepik):

„Artus wurde gezwungen, die Scheide seines Schwertes der Fee Morgane, seiner Schwester auszuliefern, und diese liebte einen anderen Ritter ungleich mehr als den König Uryen, ihren Gemahl, oder König Artus. Ihrem Bruder Artus wünschte sie sogar den Tod. Daher ließ sie eine andere Schwertscheide zaubern, die der echten vollkommen glich und gab die echte Scheide des Schwertes Excalibur ihrem Geliebten Ritter Accolon."[20] Morgane bewirkt, daß es zwischen Accolon und Artus zum Zweikampf kommt, aber Accolon wird von Artus tödlich verwundet. Sterbend gesteht er noch Morganes Verrat. Morgane ist über Accolons Tod untröstlich und sinnt auf Rache an Artus. Sie läßt ihrem Bruder einen kostbaren Mantel schenken, den sie so verzaubert hat, daß er den verbrennt, der das Pech hat, ihn anzuziehen. Aber als Artus gerade nach dem Mantel greifen will, erscheint die 'Dame du Lac' und enthüllt ihm, in welcher Gefahr er schwebt.[21]

Wenn man sich vor Augen hält, daß Morgane, die Schwester des Königs, die gynäkokratische Macht der matrilinearen Familie verkörpert, so wird der Sinn dieses ständigen Kampfes zwischen Bruder und Schwester verständlich, der dem wesentlich hinterhältigeren zwischen Gwyddyon und Arianrod durchaus nicht unähnlich ist. Auf jeden Fall steht fest, daß Artus seine Macht als König von einer Frau erhalten hat, da seine Kraft und Autorität durch das Schwert Excalibur symbolisiert werden, welches er aus den Händen der 'Dame du Lac' empfing. Nur durch dieses Detail aus *Malorys* Werk wird eine der letzten Szenen des französischen *Prosa-Lancelot* verständlich: dort fordert Artus nach der Schlacht von Camlann, als er tödlich verwundet ist, Girflet (Gilwaethwy, Sohn der Dôn) auf, das Schwert in einen See zu werfen, wo es von einer mysteriösen Hand ergriffen wird. Artus hat seine Macht von der 'Dame du Lac' erhalten, der letzten Repräsentantin der alten Ordnung. Daher muß diese Macht wieder an die 'Dame du Lac' zurückerstattet werden, damit sie wieder frei darüber verfügen und sie an einen von ihr Auserwählten weitergeben kann. *Malorys* furioser Roman enthält auch noch eine andere auffallende Episode, in der die 'Dame du Lac', die *Femme mystérieuse* und das Schwert eine Rolle spielen:

Balin und die Dame du Lac:
Ein junges Mädchen, dessen Name unbekannt ist, kommt an den Hof von König Artus und hat ein Schwert, das sie nur dem tüchtigsten Artusritter aushändigen will. Schließlich gibt sie es dem Ritter Balin.[22] Darüber ist die 'Dame du Lac' empört und fordert dafür den Kopf dieses Ritters oder den Kopf des Mädchens.[23] Balin hat zahlreiche Aventiuren zu bestehen: er fügt unter anderem mit einem Schwerthieb dem König Pellam (Pellehan, dem Vater von Pellès, dem Fischer-König) eine unheilbare Wunde zu und schlägt ihm schießlich im Beisein der 'Dame vom See' den Kopf ab. Doch das Schicksal ist ihm nicht hold: ohne ihn zu erkennen, tritt er gegen seinen eigenen Bruder Balan zum Zweikampf an, in dem die Brüder sich gegenseitig töten.[24]

Auf den ersten Blick wirken diese Episoden wie ein reichlich haarsträubendes Gemisch von verschiedenen mythischen Themen beziehungsweise Sagenmotiven. Da ist zunächst die Herkunft der Wunde des Roi Méhaigené (='Verwundeten Königs'), einer Verwundung, zu der es letztendlich auf Wunsch des jungen rätselhaften Mädchens kommt. Wer verbirgt sich hinter dieser Namenlosen? Die Antwort mußte lauten: wahrscheinlich Morgane, die auf diesem Weg dem Schwert des Königs Artus ein anderes von einem anderen Helden geführtes Schwert entgegensetzen will. Der dazu Ausersehene ist Balin. Sofort erkennt man, daß die Verdoppelung Balin-Balan im Grunde nur eine Transposition des Selbstmords der ursprünglichen Figur ist. Davon abgesehen ist Balin oder Balan bereits ein alter Bekannter: walisisch heißt er nämlich Beli. In der *Historia Regum Britanniae* erscheint er unter dem Namen Belinus in einer Episode, wo er sich gegen seinen Bruder Brennus (den Helden Brân) auflehnt. Auch in mehreren Chansons de geste spielt er eine wichtige Rolle, besonders im *Chanson d'Apremont,* im *Chanson de Balan* und im *Fierabras.* In Wirklichkeit verbirgt sich hinter dieser Figur der gallische Sonnengott Belenos, dessen Funktion in der zitierten Geschichte jedoch unklar ist, außer daß er eine Verbindung zur Modron-Mabon-Sage herstellt, die schon weiter oben analysiert wurde.

Die Situation könnte in folgendes Schema passen: zwei Feen liegen miteinander in Fehde, die eine gibt Artus, die andere gibt Balin als Machtsymbol ein Schwert; die beiden Feen, das heißt die beiden Auffassungen von Gottheit und Macht, agieren jeweils durch vorgeschobene Mittelsmänner, denn in einer patriarchalisch aufgebauten Gesellschaft sind sie gezwungen, sich zu diesem Kampf männlicher Helden zu bedienen. Eine von ihnen geht am Ende zugrunde, bezeichnenderweise diejenige, die anfangs Balins Kopf beziehungsweise den der durch ihn agierenden Fee gefordert hatte. Aber auch der Erfolg der anderen ist nur von kurzer Dauer, denn ihr Held richtet sich selbst, und die Macht, die an Artus (den König des paternalistischen Typs, der aber trotzdem noch Erbe der weiblichen Souveränität ist), delegiert wurde, bleibt übrig. Die Fee, die Balin das Schwert gibt, kann nur Morgane sein, da sie die erklärte Feindin ihres Bruders Artus ist. Morgane ist aber, wie gesagt, Modron, die Frau des Königs Uryen der walisischen Sagentradition, und dazu die Mutter von Mabon, dem jungen Sohn und jungen Sonnengott Maponos: und in diesem finden wir wieder den Sonnengott Belenos in der Gestalt des Balin.

Überträgt man dieses Schema auf einen klassisch-griechischen Kontext, so wird man unweigerlich an Leto, die *himmlische* Muttergöttin (der Aspekt des Himmlischen dürfte der Hinweis auf einen Sternenkult sein) erinnert, die ihren Sohn Apoll (die himmlische Sonne) in den Kampf gegen die Python-Schlange von Delphi schickt, deren keltische Verkörperung die 'Dame vom See' ist. Obwohl Apoll die Schlange besiegt, wird er von seinen eigenen Widersprüchen besiegt und gefangen, daher das Motiv der gefangenen Sonne. Es ist zwar aus der griechischen Mythologie verschwunden, in der in die walisische Geschichte von *Kulhwch und Olwen* eingeflossenen keltischen Sage ist es aber noch zu erkennen: Mabon ist gefangen, doch Artus wird ihn befreien. Erstaunlicherweise wird Mabon ausgerechnet in Kaer Loyw (='Festung des Lichts') in einem Kerker gefangen gehalten, der, wie bereits erwähnt, *nur auf dem Wasserweg* zu erreichen ist: demnach scheint sich die 'Dame du Lac', der Balin das Haupt abgeschlagen hat, an ihrem Mörder – oder an dem, den sie dafür hält – dennoch gerächt zu haben. Wenn das rätselhaftnamenlose Mädchen, von dem Balin das Schwert erhält, nur Morgane sein kann, dann kann die 'Dame vom See', von der König Artus das Schwert Excalibur erhält, entsprechend nur Viviane (oder Niniane/Nimue) sein. Das Wichtige an der uns hier beschäftigenden Episode ist jedoch, daß sie Balins Kopf oder anderenfalls den Kopf der Morgane fordert.

Abgesehen davon, daß wir hier dem weitverbreiteten Motiv der abgeschlagenen Köpfe begegnen (das nicht nur eines der charakteristischsten Motive der keltischen Mythologie sondern auch ein historisch und archäologisch nachgewiesener Brauch des Strafvollzugs ist), treffen wir hier wieder auf die Reminiszenz einer vergangenen Epoche: hier ist die Frau nicht nur Herrin über ihr Schicksal, sondern auch über das Schicksal des Mannes ihrer Wahl. Sie ist es, die dem Mann das Leben einhaucht, ihn seiner eigenen Kraft beraubt und ihn nach ihrem Willen agieren läßt. Diesen Sachverhalt illustriert *Chrétien* hervorragend in seinem Roman vom *Chevalier à la Charrette,* dem 'Karrenritter', wo Lancelot nicht nur der Gefangene der Königin Guenièvre ist, die er liebt, sondern *auch aller anderen Frauen, denen er begegnet:* diese Feststellung dürfte übrigens genügen, um alle Theorien über die höfische Liebe des XII. und XIII. Jahrhunderts zu widerlegen, die alle unter einem Mangel an Kenntnis über den keltischen Ursprung der ihr zugrundeliegenden Mythen und ihrer Bedeutung leiden.[25] Der Mann kann sich, sofern er will, daß seine Handlung zu irgendeinem Ziel führt, dem Sieg der *virgo* – im ursprünglichsten Sinn des Wortes, dessen Wurzel *Kraft* und *Tat* bedeutet – mit anderen Worten, der Allmacht des vergöttlichten weiblichen Wesens nicht entziehen. Auch *Chrétiens* Karrenritter-Epos enthält eine Szene, in der die Jungfrau von dem Ritter einen Kopf fordert:

Baudemagus Tochter:

Lancelot muß auf dem Weg zur Schwertbrücke gegen einen hochmütigen, stolzen Ritter kämpfen, der ihn provoziert hat, indem er ihn vor die Wahl gestellt hatte, entweder den Fluß unbehelligt mit einem Boot (aber unter dem Risiko, die Überfahrt mit seinem Leben zu bezahlen) zu überqueren, oder sich sofort dem Zweikampf zu stellen. Lancelot sticht seinen Gegner aus dem Sattel, gewährt ihm aber die übliche 'Sicherheit', sobald er um Gnade angefleht wird. „Da kam ein Fräulein auf einem falben Maultier über die Heide angeritten. Ohne Haube und wehenden Haares trieb sie das Tier mit Peitschenhieben voran... Kein Pferd dürfte selbst im Galopp so schnell gewesen sein wie dieses Maultier im gemachen Gang." Das Fräulein entsendet Lancelot ihren Gruß und bittet ihn um eine Gabe. Gemäß der keltischen Sitte kann Lancelot nicht ablehnen. Nachdem sie ihm versichert hat, ihn bei gegebener Zeit großzügig zu entlohnen, fordert sie von Lancelot den Kopf des von ihm soeben besiegten Ritters. Hin- und hergerissen zwischen seiner Verpflichtung der Dame gegenüber und seinem Mitleid mit dem Besiegten und Entwaffneten zögert Lancelot. Er gibt diesem eine zweite Chance und der Kampf entbrennt aufs Neue. Das rätselhafte Fräulein ruft Lancelot zu, seinen Feind auf keinen Fall zu schonen, egal was dieser sagen wird. Der Kampf endet damit, daß Lancelot schließlich dem besiegten Ritter doch den Kopf abschlägt und dem Fräulein wie gewünscht aushändigt, die sich sofort mit ihrer Trophäe entfernt. Als Lancelot später infolge der Heimtücke des Méléagant, der der Sohn des Baudemagu und König von Gorre ist, in Gefangenschaft geraten ist, befreit ihn das Fräulein und gibt sich als Tochter dieses Baudemagu und Beleagants Schwester zu erkennen.[26]

Ebenso wie sie Perceval zwingt, das Geheimnis des Grals zu ergründen, und ebenso, wie sie Peredur behandelt, zwingt dieses 'Maultierfräulein' Lancelot etwas zu tun, was er nicht tun wollte. Sie ersetzt Lancelots Mitgefühl durch ihren eigenen Willen: sie ist also eine Art 'dea ex machina' der Aventiure, wenn auch ihre Rolle im Vergleich zu der, die sie in der keltischen Urfassung gespielt haben muß, in den französischen (und mittelhochdeutschen) Texten relativ beschränkt ist. Übrigens enthält der gleiche Lancelot-Roman ein aufschlußreiches Geständnis sowohl über den keltischen Ursprung des Lancelot-Mythos, als auch über die Bedeutung der durch die Jungfrau verkörperten weiblichen Macht:

„Aber der Held meiner *Maere* trug einen Ring an seinem Finger: der Stein hatte eine magische Kraft, die ihn, sobald er ihn betrachtete, vor jedwedem Zauber schützte. Er hält den Stein sich vor die Augen, betrachtet ihn und sagt: 'Dame, Dame, um der Liebe Gottes willen, dringend bedarf ich in diesem Augenblick eure Hilfe, o könntet ihr mir doch zu Hilfe kommen!' diese Dame war eine Fee. Von ihr war er auch in seiner Kindheit erzogen worden. Er konnte sich voll und ganz auf sie verlassen und hatte nicht den geringsten Zweifel, daß sie ihm Hilfe bringen würde, wo immer er sich gerade befand."[27]

Demzufolge hat es, schon bevor sich die Lancelot-Sage in einer stärker französisch-christlichen Form von der keltischen wegentwickelte, für *Chrétien*, also im XII. Jahrhundert, eine Überlieferung über die Kindheit des Lancelot und einer Fee gegeben, die ihn aufgezogen hatte und sein ganzes Leben lang beschützte. Diese Überlieferung wurde im *Prosa-Lancelot* wieder aufgegriffen, wobei dort die Viviane-Figur verdoppelt und zur 'Dame du Lac' und der Jungfrau Saraide wurde. Das Einzelelement des Ringes, der gegen bösen Zauber immun macht und die Macht des Sieges gibt, kommt auch schon im walisischen *Peredur* vor. Dort ist die Kaiserin diejenige, die Peredur einen Ring gibt, mit deren Hilfe er ein Ungeheuer, das dort *addanc* genannt wird, besiegen kann; sie gibt ihm den Ring jedoch nur unter der Bedingung, daß er fortan nur sie lieben werde, woraus wieder die Abhängigkeit des Helden von der Frau spricht, durch die er all seine Macht hat.

Es gibt eine Morgane-Sage, die diese Macht der über bestimmte Kräfte verfügenden Jungfrau illustriert, der eine Figur gegenübertritt, die *Marcuse* unzutreffend als „Mann der Kultur" bezeichnet, die aber in Wirklichkeit der Protagonist der neuen, paternalistischen Gesellschaft ist, die gegen die Reste der alten gynäkokratischen Gesellschaft kämpft. Diese Sage taucht auch in den Artusromanen wieder auf und ist dort im Wald von Brocéliande lokalisiert.

Das Tal ohne Wiederkehr (höfische Artusepik):

Als ihr Geliebter Guyomard sie verlassen hat, beschließt Morgane, sich an den Männern zu rächen. Sie verzaubert das Val Perilleux, das 'Gefährliche Tal', so, daß alle Ritter, die ihrer Dame untreu geworden sind, für den Rest ihrer Tage dort eingeschlossen bleiben, sobald sie es betreten. Sie finden sich dann in einer Art Paradies des Traums. Sie trinken, singen, feiern, tanzen, spielen Schach, aber sie können nicht über die das Tal umschließenden Hänge hinausgelangen, da diese von Riesen, gräßlichen Ungeheuern und Flammenwänden bewacht werden. Nur durch einen ganz außergewöhnlichen Helden, einen Mann, der seiner Dame immer treu bleibt, kann dieser Zauber gelöst werden. Obwohl Morgane mit allen Mitteln versucht hat, Lancelot zu verführen, bleibt er standhaft und kann auf diese Weise den Zauber brechen und die Ritter befreien, indem er ihnen beweist, daß die Feuerwände, Ungeheuer und Riesen in Wirklichkeit nur Ausgeburten ihrer Phantasie sind. Damit zieht sich Lancelot natürlich den tödlichen Haß der Morgane zu.

Freilich unterscheidet sich der Lancelot dieser späten Geschichte ebenso stark von *Chrétiens Chevalier à la Charrette*, wie die ursprüngliche Morgane von der böswilligen und eifersüchtigen Fee. Und doch wird Morgane auch hier ihrer Rolle als Mutter-Göttin noch gerecht: sie hält die Männer so an der Kandare, wie sie es auch mit ihren eigenen Kindern tun würde. Denn ihre Geliebten sind zugleich auch ihre Söhne.[28] Lancelots Verhalten ist ein repressives Verhalten, somit erweist sich die Sage vom 'Tal ohne Wiederkehr' als ein deutlicher Angriff auf alles, was die Idee des Weiblichen umfaßt: die Sage enthält das Thema des Gefängnisses, das vor allem im XVI. Jahrhundert von zahlreichen französischen Dichtern, von der Schule von Lyon ebenso wie von den Dichtern der Pléiade, aufgegriffen wurde. Wieder verbirgt sich dahinter auch der Mythos der Circe, die ihre Liebhaber in Ferkel verwandelt. Lancelot wäre also in etwa dem Odysseus gleichzusetzen: er lehnt die Unterwerfung ab und zerschlägt, was seiner Meinung nach Illusionen sind. Erinnern wir uns daran, daß Circe von griechisch Κίρκος (Kirkos), einer Raubvorgelart kommt. Circe ist also ein raubvogelartiges Wesen. Bereits der Gilgamesch der großen babylonischen Dichtung lehnt, nachdem er die Riesen des Zederngebirges besiegt hat, die Aufforderung der Ischtar ab, sich mit ihr zu vereinigen. Der keltisch-irische Held Cûchulainn verschmäht seinerseits die Göttin Morrigane, als sie mitten in der großen Schlacht der Geschichte vom *Raub der Cualngé* ihm ihre Reize anbietet. Circe, Ischtar, Morgane oder Morrigane sind nichts anderes als verschiedene Gesichter der furchteinflößenden, bedrohlichen Jungfrau, der in die Tiefe reißenden Virgo, der 'Junggesellin', der Unbezwingbaren, die zugleich *Jungfrau* und *Prostituierte* und daneben Mutter aller ihrer Liebhaber ist.

Wie ist der Umstand zu erklären, daß das Wort *Tyrann,* griechisch *τμραννος* (tyrannos), heute die Bedeutung 'männlicher Despot' hat, während das Wort ursprünglich *Herrin* bedeutete, während zum Beispiel die Mutter-Göttin der Etrusker *Turan* hieß und das Wort selbst aus einer Wurzel *Tur* gebildet wurde, welche 'Geben' bedeutet? Die 'Herrin' (französisch übrigens *Maîtresse*! Anm. d. Übers.) ist somit trotz allem gegenteiligen Anschein im Grunde die Gebende. Odysseus, Gilgamesch, Lancelot, Cûchulainn und viele andere haben nichts begriffen von dem, was die Feen-Frau, die göttliche Frau in Wirklichkeit bedeutet. Aber alle diese Helden sind nur Symbolfiguren einer durch und durch von den Männern beherrschten Gesellschaft, die sich zu rechtfertigen und zu behaupten versucht, indem sie jede Spur der Weiblichkeit tilgt.

Und die paternalistische Gesellschaft versucht ganz besonders, mit allen Mitteln das Prinzip des *ίερογαμος* (hierogamos), der Vermählung mit der Gottheit, oder zumindest die Beziehung zwischen Liebhaber und Göttin zu leugnen. Das geschieht, weil die paternalistische Gesellschaft auf Gewalt und Aggressivität aufbaut, was wiederum zu Krieg und Mord führt. Daher ist es gut zu verstehen, wie asozial der Slogan der Hippies „Make love not war" wirkte, da er die Aggressivität dieser Gesellschaft denunzierte und kategorisch ablehnte. An dem Tag, an dem die Männer die Söhne ihrer 'Herrinnen', oder Mätressen (im doppelten Sinn des Wortes) werden wollen, werden sie vergessen, daß das offizielle Ziel des legalisierten Beischlafs (der Ehe) die Fortpflanzung ist. Von diesem Zeitpunkt an ist aber die Gesellschaft natürlich vom Untergang bedroht. Aber wird nicht genau dieser Gedanke in dem apokryphen *Ägypter-Evangelium* ausgesprochen, in einer wenig bekannten Passage, die zu heftigsten Kommentaren Anlaß geben dürfte? Dieser Text enthält ein vieldeutiges Gespräch zwischen Jesus und Salome. Salome fragt Jesus, wie lange der Tod noch herrschen werde. Jesus antwortet, „daß der Tod solange sein werde, als die Weiber gebären. Denn ich bin gekommen, die Werke des Weiblichen zu zerstören." Natürlich versteht Salome den Sinn solcher Worte nicht und bittet um nähere Ausführungen. Da antwortet Jesus, daß die Herrschaft des Todes dann zu Ende ist, „wenn Ihr das Kleid der Schande mit Füßen tretet, wenn das, was entzwei ist, eins wird und wenn der Mann mit dem Weib nicht mehr in Mann und Weib geteilt leben wird."[29] Die Verfechter der Repression der Sexualität werden das natürlich sofort so auslegen, daß es hier um die Verdammung des Fleisches geht. Darum geht es tatsächlich, aber wenn man den Dingen genauer auf den Grund geht, dann handelt es sich um die Verdammung nur desjenigen fleischlichen Lebens, *dessen Ziel die Fortpflanzung ist,* das heißt eines Lebens, das vollkommen ohne den Inhalt seiner usprünglichen Triebe abläuft.

Die Mythologien aller Länder zeigen nämlich deutlich, daß der Tod mit der Fortpflanzung verbunden ist: wenn das menschliche Individuum seine Existenz in seinen Kindern weitergibt, dann ist der Tod gewissermaßen notwendig, dann trifft er gewissermaßen eine 'natürliche Auslese', indem er das Alte zugunsten dessen, was jung ist, eliminiert. Wenn man aber – immer noch mythologisch betrachtet – davon ausgeht, daß der Mensch nicht in seinen Kindern fortleben kann, dann verliert der Tod seinen zwingenden Charakter, und der Mensch kann unsterblich werden. In Konsequenz kann man annehmen, daß es in den archaischen Überlieferungen und besonders in der *Genesis* eine Idee der Unsterblichkeit des Menschen *vor dem Sündenfall,* das heißt *vor der ersten Schwangerschaft und Geburt* gegeben hat: diese ist eine Sünde, da sie mit der bis dahin gültigen Ordnung brach, weil sie das Werk Gottes (als alleinigem Schöpfer) negierte, und weil sie manchen Rabbiner-Auslegungen zufolge der göttlichen Schöpfung ein Ende setzte. So könnte man verstehen, weshalb auf dem Mann (und der Frau) seit ältester Zeit ein Fluch lastet, nämlich seitdem der Mensch, der nach der *Genesis* von Gott geschaffen wurde, aufgrund von nicht mehr feststellbaren Umständen eines Tages begann, selbständig neue Wesen zu erschaffen, die natürlich unvollkommen geraten mußten. Die jüdische Tradition spricht von einer Befleckung der Eva durch die Schlange, die der Beginn allen Übels gewesen sein soll: und aus dieser Befleckung soll Kain, das *Synonym des Todes* entstanden sein, und durch diesen der Tod auf alle seine Nachkommen übertragen worden sein.[30]

Dies ist ein wichtiger Punkt, der sich übrigens mit der Auffassung der Katharer deckt, für die die Welt des Fleisches eine Welt des Teufels ist: daraus kann man schließen, daß Eva sich, bevor die Schlange (das heißt der Geist des Bösen oder der Rebellion) sie mit ihrer „Befleckung" (der Fähigkeit, Kinder zu gebären) infiziert hatte, sich sexuelle Kontakte erlauben konnte, die nicht zu einer Schwangerschaft und Geburt führten. Dieses Denken kennzeichnet die wichtigsten Geistesströmungen der jüdischen Tradition. Die Schlange verleiht Eva die Macht, Kinder zu gebären, eine Macht, die sie bis dahin nicht hatte. So würden die mehrdeutigen Worte Christi im *Ägypter-Evangelium* verständlich: er ist gekommen, um das Werk der Frau zu zerstören. Bekanntlich hatte diese Lehre – sofern sie ihm als authentisch zugeschrieben werden darf – keine Wirkung, sie wurde nicht befolgt, obwohl Jesus sich als der Verteidiger der neuen Frau (Maria) versteht. Man müßte dem Kampf zwischen Maria und Eva viel größere Aufmerksamkeit schenken, und zudem auch bedenken, daß Eva keineswegs die erste mythische Frau ist, sondern an die Stelle einer uneingestandenen Lilith[31] getreten ist.

Es muß überraschen, daß Eva – wie aus verschiedenen hebräischen Texten hervorgeht – nicht gerade das Gefühl hat, in der beschriebenen Art 'befleckt' zu sein. Sie scheint im Gegenteil das Gefühl zu haben, daß das, was ihr widerfuhr, eher einen Segen für sie bedeutet. „Als Eva sah, daß Kain von einer höheren Natur war als alle übrigen Menschen, da rief sie: *Ich habe einen Menschen mit einem Gott bekommen!"* Somit handelt es sich unzweifelhaft um eine *Hierogamie.*

Evas Ansicht stimmt mit dem Glauben überein, der vielleicht der der Urvölker war, nämlich daß der Mann mit dem Vorgang der Schwangerschaft in keinerlei funktionaler Beziehung steht, sondern daß dieser Vorgang durch Einwirkung eines Gottes ausgelöst wird. Die Geburt Kains ist somit in gewisser Hinsicht eine Präfiguration der Geburt Christi, aber wenn Kain das böse Kind ist, dann muß Jesus sein Antipode, das Kind der Barmherzigkeit und Güte werden. Von diesem Punkt aus betrachtet, besteht, wie die Psychoanalyse nachgewiesen hat, der Zusammenhang einer mythischen Equivalenz zwischen Sohn und Gatte: der Sohn repräsentiert den jungen Mann, der Gatte und Vater den alten Mann. Und das Ziel der Frau ist es *immer,* sei es auch nur in Form von Übertragung, den alten Mann durch einen jüngeren zu ersetzen. So ist auch das Verhalten der Morgane zu verstehen, die Uryen töten will, der Modron, die Mabon retten will, und sogar der Rhiannon, der Witwe des Pwyll, die durch ihren Sohn Pryderi an dessen Freund Manawyddan verheiratet wird.

Daraus folgt, daß der junge Mann, der junge Sohn (wie zum Beispiel *Mabon*) – unbewußt oder nicht – den Versuch machen will, zur Mutter zurückzukehren, indem er sie entweder vom Vater ablenkt und sich ihr nähert (wie im Fall Ödipus) oder indem er sich geistig oder körperlich mit ihr identifiziert. Diese zweite, weniger bekannte Möglichkeit ist einer näheren Betrachtung wert.

Tatsächlich erscheint der Mythos der keltischen Frau in einem ganz neuen Licht, wenn man dieser durch die Erkenntnisse der Psychoanalyse entdeckten Identifikation mit der Mutter auf der einen Seite und gleichzeitig den Reminiszenzen weiblicher Erbfolge und Abstammung in allen bretonischen, brit(ton)-ischen und irischen Texten auf der anderen Seite Rechnung trägt. Nach den alten Gesetzen ist die keltische Familie beziehungsweise Sippe juristisch eine *agnatische* Familie (das heißt die Abstammung wurde nur nach dem männlichen Stammvater beziehungsweise Vater definiert, Anm. d. Hrsg.), was jedoch de facto nicht uneingeschränkt galt: der Beweis dafür sind die ausdrücklich der Frau eingeräumten Privilegien. Daraus spricht ein gewisses Zögern zwischen der *agnatischen* und der sogenannten *kognatischen* Familie, das heißt jener Form der Familie, deren unumstrittenes Zentrum die Frau ist und in der jede Art der Abstammung und Erbfolge nach der Frau und ihren weiblichen Vorfahren definiert wird.

Diese nostalgische Erinnerung – hier ist der Begriff Nostalgie nämlich durchaus angebracht – an die Epoche der *kognatischen* Familie kommt im irischen und brit(ton)ischen Recht ebenso stark zum Ausdruck wie in der Mythologie dieser Länder. Diese nostalgische Komponente ist ein Indiz für die Verdrängung einer heimlichen Sehnsucht nach Rückkehr zum alten System, wenn nicht in der Wirklichkeit, so doch zumindest in einer Art Metaphysik, die von einer höchst subtilen Erotik durchdrungen ist, die nur mit Hilfe der Psychoanalyse in befriedigender Art und Weise gedeutet werden kann.

Da die Kelten aber trotz alledem Indoeuropäer sind, wollen wir nun einmal den Begriff der Weiblichkeit bei den alten Indern betrachten. Das weibliche Prinzip wird in der Terminologie der *Veden* als *Shatki* bezeichnet. Es ist ein Kerngedanke der gesamten brahmanischen Mythologie, daß die männliche Gottheit allein keinerlei Macht und Kraft hat, und daß sie deshalb, um aktiv werden zu können, unbedingt durch eine weibliche Gottheit vervollständigt werden muß. Die Idee eines einzigen allmächtigen männlichen Gottes, der eifersüchtig seine Privilegien verteidigt, ist den Indern fremd. Auch bei den anderen indoeuropäischen Völkern gab es, zumindest in der Frühzeit, solche Götter nicht. Stark schematisch kann man die Theogonie, wie sie in den *Veden* dargestellt wird, so zusammenfassen: am Anfang war *Brahma,* die undifferenzierte Ganzheit, das Absolute. Da aber das Absolute *absolut* ist, ist es zu keiner Handlung fähig. Zu der absoluten und undifferenzierten Gottheit tritt eine *relative* Nebenform: diese wurde dann *Shiva.* In Shiva konkretisiert sich eine Einzelphase Brahmas. Shiva ist das *relative* Wesen, da sich aber nichts ohne sein Gegenteil – oder seine komplementäre Ergänzung – begreifen läßt, kann Shiva, die nun männliche Gottheit, die der charakteristische Gesetzgeber einer paternalistischen Gesellschaft ist, nur dann wirklich seine Funktionen erfüllen, wenn man ihm ein weibliches Prinzip gegenüberstellt, denn sonst würde er wieder zum absoluten und undifferenzierten Brahma werden. Das weibliche Prinzip, die *Shatki,* erhält die Gestalt der archaischen, vor-arischen Göttin Kâli, oder das Gesicht jeder anderen weiblichen Gottheit: sie ist die Gemahlin des Shiva und hat (nach der Etymologie ihres Namens zu schließen) die Funktion der „Energie in Aktion" und der „Dynamik der Zeit". Shiva dagegen ruht stets in innerer Meditation versunken jenseits von Zeit und Raum. Er repräsentiert somit den *passiven* Aspekt der Ewigkeit. Shatki ist der Energieimpuls, der ihn in Bewegung setzt: somit ist diese Göttin der *aktive* Aspekt der Ewigkeit.

Versteht man diese Zusammenhänge richtig, so stellt man fest, daß die Rollen hier vertauscht sind: den Männern, die sich für die Bändiger und Herren der Welt, sowie für die Regulatoren der etablierten Ordnung halten, kommt auch nicht einen Augenblick lang zu Bewußtsein, daß ihre Macht im Grunde nur passiv ist, und daß gerade die Macht der Frau, die sie verachten (jedoch auch fürchten und beneiden), die aktive Macht ist. Jetzt wird einleuchtend, weshalb in manchen Sprachen, in denen die Erinnerung an die archaischen Epochen noch bewahrt wurde, etwa in den germanischen, keltischen und semitischen, grammatikalisch die Sonne feminin und der Mond maskulin ist. Tatsächlich hat die Sonne die Valenz der aktiven Wärme, die aktivierend die Welt bestrahlt und auch dem Mond Licht und Leben gibt, einem Gestirn, das an sich *steril* ist und mythologisch-symbolisch betrachtet erst durch die Sonne belebt wird. In der Folklore der ganzen Welt erzählt man sich, daß der Mond die Frauen schwängert, man warnt die Frauen davor, im Mondschein ihre Blase zu erleichtern (da sie sonst schwanger würden), ja man spricht bekanntlich sogar von einer Beziehung zwischen dem Zyklus des Mondes und dem der Menstruation. Besonders der letzte Punkt ist von Bedeutung, da er die Phasen der Empfängnisbereitschaft der Frau betrifft: das bedeutet, daß auch die weibliche, *solare* Fruchtbarkeit ihrerseits von ihrem *lunaren* Gegenteil, dem passiven und kalten Prinzip abhängig ist. Das klingt zwar wie ein lediglich dialektisches Raisonnement, aber die Geschichte von Tristan und Yseult/Isolde, die den Anstoß zu jenen herrlichen Festen der abendländischen Leibes-Exegese gab, beruht auf genau dieser Opposition, und wir werden im übernächsten, dem Yseult-Mythos gewidmeten Kapitel, noch eingehend auf die Schlußfolgerungen zu sprechen kommen, die sich aus dieser Tatsache ergeben.

Es versteht sich von selbst, daß die Konzeption der *Shatki,* dem aktiven Prinzip der Gottheit, den Anlaß gab zu den zahlreichen oft realistischen Darstellungen sexueller Vereinigung in der brahmanischen Tempel-Architektur. Diese Darstellungen zeigen die verschiedenen Phasen der Vereinigung zwischen Shiva und Shatki. Genau das ist die Hierogamie, die symbolische Vermählung mit der Gottheit, nach der alle Geschöpfe unbewußt streben, da sie fühlen, daß die Frucht dieser Vereinigung die *Maya,* die Welt der Illusion ist, was im europäischen Kontext soviel bedeutet wie die Welt der scheinbaren, 'sichtbaren' Realität – oder auch die Welt der Relativität. Soweit zur Konzeption der Weiblichkeit innerhalb der indischen Theogonie.

Nach einer Vermählung mit der Gottheit streben auch die Helden der keltischen Epen: Maelduin entdeckt während seiner Meerfahrt eines Tages die 'wunderliche Insel', die Zauberinsel, auf der die *Königin* wohnt. Lancelot du Lac strebt nach der mystisch-sakralen Vereinigung mit der *Königin* Gueniėvre. Tristan wagt die 'Aventiure' der Liebe mit der *Königin* Yseult. Peredur irrt unter der Führung der *Kaiserin,* die gelegentlich auftaucht, zielstrebig auf die Gralsburg zu. Um die Festung von Cûroi (dem 'Hund-König' der Autre Monde) zu bezwingen, muß Cûchulainn zuvor Blathnait, die Gemahlin dieses Cûroi, die *Königin* der Schattenwelt, verführen. Und wenn derselbe Cûchulainn die Autre Monde betritt, so geschieht es auf den Ruf der *Königin* Fand und in der Absicht, ihre Liebe zu gewinnen. Unzählige weitere Beispiele lassen sich hier noch anführen, so etwa jene geheimnisumwitterten Jungfrauen, denen der Wanderer in einer Burg oder auf den finsteren und unwegsamen Pfaden begegnet, auf denen sich der Held jeder Aventiure bewegt, d.h. jeder Held, der auf der Suche nach der unio mystica ist, durch die er selbst zum *König* wird. Jeder Held nämlich, selbst wenn es ein Held unserer Kultur, besser gesagt unserer Zivilisation ist, also ein Held der maskulinen Ordnung, entspricht dem *Shiva-Prinzip:* allein, d.h. ohne seinen komplementären Gegenpart, ist er machtlos.

Aus diesem Grund finden wir in allen keltischen Sagen und Legenden immer wieder Fälle einer Identifikation des Sohnes mit der Mutter, denn diese Identifikation ist in gleicher Weise wie die des Liebenden mit der Geliebten eine Art psychischer Ersatz einer Hierogamie. Das Ergebnis dieses Phänomens sind jene ungewöhnlichen Konfigurationen der Mythologie des keltischen Altertums: Mabon und seine Mutter Modron, Owein/Yvain und seine Mutter Modron, Rhiannon und ihr Sohn Pryderi und so fort. Oft erinnert nur noch die Art der Namensgebung an diese Form der Paarbeziehung: Gwyddyon, Sohn der Göttin Dôn, oder Conchobar, Sohn der Amazone Ness. Das Paar Mutter-Sohn wurde, weil zu schockierend und zu provozierend, in einer patriarchalischen Gesellschaft durch das Paar Liebender-Geliebte ersetzt, in welchem jedoch die gleiche Identifikation stattfindet. Der Liebesakt, der zwei Wesen wie Tristan und Yseult, Diarmaid und Grainné oder Etaine und Mider miteinander vereint, ist die symbolische Peripetie, über die die Liebenden zur Göttlichkeit gelangen: das ist das bereits auf älteste Zeiten zurückgehende Motiv des Sterblichen, der die Gunst der Göttin erhält und dadurch in den Rang eines göttlichen Wesens aufsteigt, wobei die Göttin symbolisiert wird durch die geliebte Frau, durch die vollkommene bzw. idealisierte Geliebte, die dämonische 'Herrin', die Fee mit den tausend Gesichtern, oder durch die allmächtige Dame und Herrscherin, das Objekt der Troubadour-Dichtung (ihr entspricht im mittelhochdeutschen Kontext die *Frouwe* in der Lyrik der Hohen Minne; Anm. d. Hrsg.).

Dieser Geist führt auch zu jener Art der Feminisierung des Priesters, die in vielen Kulten zu beobachten ist. Der Priester trägt, besonders während der Meßrituale, Gewänder, denen der weibliche Ursprung deutlich anzusehen ist, und kultischen Schmuck, der nicht weniger feminin wirkt. Was für den katholischen Priester gilt, trifft in noch stärkerem Maß auf die Priester der antiken Religionen und Kulte zu, die stets in langen, wallenden Gewändern auftraten, um sich deutlich von der Masse der übrigen Sterblichen zu unterscheiden. In manchen Fällen bleibt es nicht nur bei dieser rein äußerlichen Imitation, sondern es kommt zu einer Identifikation reinster Form, was auch vollkommen logisch ist, wenn man bedenkt, daß die Priester sämtlicher Religionen sich mit der Gottheit zu identifizieren haben. *Herodot,* der über die rätselhaften Kulte des Orients gut informiert ist, berichtet, daß die Ennareer, eine besondere Art skythischer Priester, Hermaphroditen waren. (Von dem ursprünglichen Zusammenhang zwischen den Skythen und den Kelten war bereits in anderem Zusammenhang die Rede!). Diese Priester weissagten wie die Druiden die Zukunft, sie bedienten sich dabei einer Weidenrute als Zauberstab (während die Druiden das Holz von Eibe oder Eberesche bevorzugten) und leiteten ihre Gabe der Weissagung von der Göttin Aphrodite ab. Tatsächlich hatten die Skythen auf einem ihrer Raubzüge durch Syrien auch den Tempel der Aphrodite Urania in Ascalon geplündert, woraufhin die Göttin ihnen zur Strafe die „Krankheit der Frau" auferlegte, die bei ihnen dann erblich werden sollte.

Dabei wird man unwillkürlich an das berühmte ,,Leiden der Ulates" erinnert, mit dem die Göttin Macha die Bewohner von Ulster für die ihr zugefügte Schmach bestrafte. Die skythischen *Ennareer* haben jedoch noch weitere Merkmale mit den Kelten gemein, denn ihr Name scheint von einer indischen und hethitischen, also indoeuropäischen Gottheit namens Inara abzustammen, die eine Art Calypso ist, welche einen Sterblichen verführt und ihn in ihrer Behausung gefangenhält.

Das ist das bei den Dichtern des höfischen Mittelalters und der Renaissance so beliebte Motiv des *gefangenen Geliebten.* Abgesehen davon, daß es bereits zweimal in herrlicher Art und Weise in der *Odyssee* dargestellt ist, nämlich im Zusammenhang mit Calypso und Circe, ist es eines der häufigsten Motive nicht nur der walisischen und irischen Literatur, sondern auch der mündlich tradierten keltischen Folklore ganz allgemein. Zahlreiche iriische Lieder sind Klagen einer Fee darüber, daß sie den Sterblichen, den sie unsterblich liebte, nicht länger gefangen halten konnte. Das ist die Geschichte von Fand und Cûchulainn, von Brân und Maelduin mit der Königin der geheimnisvollen Insel, von Condlé dem Schönen, dem Sohn des Conn, – und auch die Geschichte vom Hl. Guengalc'h von Tréguier oder von Morgane und Lancelot.

Tacitus zitiert in einer Reihe von Namen halbgermanischer und nur oberflächlich keltisierter Völker ein Volk namens Naharvali, die einen einer antiken Religion geweihten heiligen Hain als Kultstätte pflegen. Dort wurde ein göttliches Paar angebetet, in dem *Tacitus* Castor und Pollux wiederzuerkennen glaubte, und der Priester, dem die Pflege dieses Waldes oblag, trug angeblich 'Frauengewänder' (vgl. *Tacitus: Germania* XLIII). Die Identifikation mit Castor und Pollux wird von *Tacitus* allerdings unter großen Vorbehalten angeführt, und es ist nicht auszuschließen, daß es sich dabei eher um ein Mann-Frau-Paar handelte, als um ein Brüder-Paar, was das Kennzeichen einer bereits stark patriarchalisch ausgerichteten Gesellschaft wäre. Überdies liefert die Detailangabe, daß der

Priester dieses Volkes Frauenkleider trägt, einen aufschlußreichen Hinweis: diese Priester dürften sich demzufolge auf ähnliche Weise mit der Göttin identifizieren, wie die bereits erwähnten *Galloi,* die Priester der Cybele, die ebenfalls Frauenkleider trugen und noch dazu Kastraten waren, wie jene Eunuchen-Priester, denen man in Uruk, bei den Hethitern, in Ephesus, Zypern und in Lydien begegnet; in diesem Zusammenhang sind natürlich auch die im Altertum über ganz Europa und heute noch über Asien verbreiteten Schamanen zu erwähnen, wobei es als gesichert gilt, daß ihr Wissen vieles mit dem der alten Druiden gemeinsam hat.

Häufig wurde dieses 'Transvestitentum' verachtet und diffamiert, da man ihm eine homosexuelle Tendenz andichtete. So wurde behauptet, die Liturgie dieser Religionen hätte bestimmte Handlungen mehr oder weniger direkt homosexueller Natur beinhaltet, wobei die Homosexuellen als Zwischenwesen und insgesamt als Verrückte oder Betrunkene, somit als Individuen im Besitz von übernatürlichen Kräften eingestuft wurden. Vieles spricht jedoch dafür, daß eine solche Deutung den Kern der Sache weit verfehlt. Daß die Homosexualität seit dem frühesten Altertum weltweit verbreitet war, und daß sie in vielen Kulten und Ritualen eine Rolle spielt, soll keineswegs bestritten werden, nur darf nicht außer acht gelassen werden, daß es sich bei diesen Religionen vor allem um Religionen handelt, die der großen Göttin gewidmet waren. Und genau darin findet der Prozeß der Identifikation des Mannes, d.h. des Sohnes und Geliebten als Geschöpf, mit der Gottheit, der Schöpferin, Mutter und Herrin durchaus statt: die Psychoanalyse hat es bereits durch ihre elementarsten Beobachtungen nachgewiesen.

Während der Mann in der Urzeit tatsächlich die Frau um das Mysterium ihrer fundamentalen Ambiguität, ihrer Macht, neues Leben zu schöpfen, beneidete, büßte er in den folgenden Epochen durch seine bis ins letzte maskuline Erziehung diese metaphysische Sehnsucht nach der göttlichen Frau allmählich ein. Unbewußt wirkt diese Sehnsucht in jedem Individuum jedoch noch weiter. Künstler und Dichter bringen in ihren Werken, andere in ihren auf den ersten Blick unerklärlichen oder ganz einfach abnormen Verhaltensweisen (wie etwa durch psychische Imitation oder durch Kleiderfetischismus) diese unbewußte Sehnsucht in übertragener Form weiterhin zum Ausdruck.

„Eine extreme Annäherung an das weibliche Erscheinungsbild verleiht", – nach *Braunschweig/Fain* –

„dem Mann karnevaleske Züge. Es handelt sich dann um Transvestiten, die sich der 'großen Operation' – wie sie es nennen – unterzogen haben (Entfernung der männlichen Genitalien und Öffnung einer künstlichen Vagina). Damit gelangen wir zu einer weiteren Ursache der von *Freud* entdeckten 'Kastrationsangst': die Sehnsüchte nach Umwandlung in eine Frau würden beim Mann den Wunsch nach Kastration erzeugen (...) *Lüften die Eindrücke, die ein solches Verhalten im Mann auslöst, nicht ein wenig den Schleier jenes unergründlichen Mysteriums, das die Weiblichkeit in den Augen der Männer ist?* Entspricht der Wunsch eines Mannes, sich in eine Frau umzuwandeln, nicht jener fälschlichen Schlußfolgerung, die ein kleiner Junge zieht, wenn er bei seiner kleinen Schwester das Fehlen eines Penis feststellt?"[32]

Hierin liegt das Problem: man braucht keineswegs zu *Freuds* Auffassung zurückzukehren, wonach die Frau sich frustriert fühlt, weil sie keinen Penis hat, und daher durch die verschiedensten Verhaltensweisen einen „Penisneid" äußert, sondern es handelt sich im Gegenteil um Versuche der Annäherung an die Welt der Weiblichkeit, die übrigens entgegen allem anderen Anschein für das Mädchen ebenso rätselhaft wie für den Jungen ist. Der Priester, der sein Amt in Meßgewändern ausübt, deren Form sich aus der ursprünglichen Frauenmode entwickelt hat, ist wie der Transvestit mit oder ohne Geschlechtsumwandlung von ein und derselben Sehnsucht geleitet: *einen Teil des Schleiers,* des berühmten Schleiers der Isis, *zu lüften.* Wenn man daher allzu leicht – und geistlos – von Unanständigkeit oder gar Perversion redet, wenn ein kleiner Junge den Frauen unter die Röcke sehen will, dann muß man die ganze Menschheit für pervers halten, denn die Geste des Verliebten, der den Körper der geliebten Frau entkleidet, ist im Grunde eine sakrale Handlung, deren Ursprung bis in das Dunkel der Vorzeit zurückgeht. In unserer durch und durch rationalisierten Welt, die nicht mehr an das Ritual glaubt, und es dennoch – ohne es zu wissen – ständig wieder belebt, ist daraus das „Entblättern", der „Striptease" geworden, eine degenerierte Form eines einst sakralen Kultes, der zu einem Niveau niederster kommerzieller Ware verkommen ist.

Wenn man nämlich die Entwicklung bis zu den mythischen Anfängen der Menschheit zurückverfolgt – denn der Mythos resümiert durch die Sprache der Symbole die psychische Evolution der Menschheit –, dann findet man das Phänomen des Transvestitentums bereits in der Geschichte von Adam und Eva:

„Eva hat als Erste", so stellen *Braunschweig* und *Fain* fest, „die Welt der Sexualität entdeckt und zwingt Adam, so zu tun, als würde er sie ihr enthüllen (...) Diese Tatsache, die in die gleiche Richtung geht, wie die Stimulation des Penis des Säuglings durch seine Mutter, versetzt Eva in den Status der Mutter von Adam (...) In der biblischen Geschichte heißt es ausdrücklich, daß Eva der Rippe eines Mannes entsprossen ist (...). Diese Behauptung ist historisch unrichtig, sie ist die Folge einer Verkleidung (...) Daraus ist folgender Schluß zu ziehen: Eva ist die bildliche Darstellung einer ganz vom Mann geschaffenen Frau. In gewissem Sinne ist sie der *Adam Travesti,* der 'verkleidete Adam'."[33]

Diese Feststellung zeigt, daß Eva von Adam nackt gesehen wird, aber gesehen als sein vollkommenes Ebenbild, als sein Double, jedoch in kastrierter Form: so gesehen könnte Eva, wenn man die *Genesis* ganz wörtlich nimmt, wiederum tatsächlich *ex Adamo* entstanden sein, – dann wäre jene vielzitierte Rippe nur das Symbol für jenen Körperteil Adams, der zu dieser Schöpfung verhalf. Deutlicher ausgedrückt heißt das: Eva wurde, nackt und penislos, aus der Imagination des Adam geboren; das entspräche dann in anderen mythischen Texten der Geburt der göttlichen Frau aus dem Hoden des Vaters (z.B. der Aphrodite, die aus dem Schaum des Meeres sowie den Hoden des von Kronos kastrierten Uranos geboren wurde). Eva, mit anderen Worten: die göttliche Frau, die Mutter der Menschheit, ist somit der 'entmannte' Aspekt Adams. Diese Schlußfolgerung gilt nach *Braunschweig* und *Fain* auch im Alltagsleben:

„In welch maßloses Erstaunen würde man den kleinen Jungen versetzen, der in ein Kostüm seiner Mutter gekleidet, das er ihr heimlich entwendet hat, vor dem Spiegel steht und masturbiert (eine Praxis, die so häufig ist, daß sie an eine Banalität grenzt), wenn man ihm sagen würde, daß er durch diese Geste Eva, ohne ihren Zustand der Kastriertheit zu berücksichtigen, neu erschaffen hat."[34]

Durch das ständige Verdrängen all dessen, was die Weiblichkeit zur Lösung der Männerängste stets beigetragen hat, erzeugt man jedenfalls eine vollkommen neurotische Menschheit, denn

„wenn dieser kleine Junge sich zu einem solchen Verhalten gezwungen fühlt, dann deshalb, weil er in seiner frühesten Jugend nicht wie in archaischer Zeit in Mädchenkleider gekleidet war. Eine geistlose und beschränkt-formelle Auffassung von der Männlichkeit hat die Fortdauer dieser Gewohnheit verhindert, die mit Sicherheit von größerem Wert war als die Destruktion des Gefühls für die Liebe, die die Erzieher, denen selbst jede Erziehung fehlt, in die Tat umzusetzen versuchen, indem sie ein Fach wie die sogenannte 'Sexualerziehung' kreieren."[35]

Noch einmal sei es betont: es steht die Zukunft der gesamten Gesellschaft auf dem Spiel. Wenn hier gewisse Tatsachen angesprochen werden, dann geschieht dies gewiß nicht mit dekadenten Absichten. Die Vermännlichung hat die Gesellschaft dazu geführt, all das zu vergessen bzw. zu ignorieren, was die Grundlage einer jeden psychosozialen Bindung ausmacht, nämlich die affektiven Bindungen, die die einzelnen Mitglieder einer Familie oder ein und desselben Clans zusammenhalten. Und diese beruhen in erster Linie auf der Beziehung zwischen Eltern und Kindern, insbesondere zwischen Mutter und Kind, egal ob Tochter oder Sohn. Wenn man daher das Konzept der göttlichen Mutter abgeschafft hat oder sie der Autorität eines Vater-Gottes unterstellte, so hat man den Mechanismus der Triebe, der das ursprüngliche Gleichgewicht garantiert, funktionsunfähig gemacht: dies mußte dann zwangsläufig zu Neurosen und anderen Dramen führen, die die paternalistischen Gesellschaften erschüttern, wozu auch diejenigen zu rechnen sind, die sich für besonders hoch entwickelt halten und – mit den hübschesten Formulierungen – behaupten, der Frau wieder zu ihrer wahren Würde und zu ihrer wahren Rolle zu verhelfen, zu einer Rolle, die in Wirklichkeit der Mann für sie ausgesucht hat. In Wirklichkeit ist nämlich der Mann ebenso unfähig, die Rolle der Frau zu finden, wie er unfähig ist, seine eigene Rolle gegenüber der Frau zu finden. Er kann nichts anderes tun, als einem unumstößlichen Gesetz folgen, das – um einmal *Montesquieus* Definition zu verwenden – ein *Natur-Gesetz* ist, gegen welches ein *Vernunftgesetz* völlig machtlos ist. Dieses Naturgesetz manifestiert sich in den *Instinkten*, den *Trieben*. Und die Existenz der Triebe kann nicht geleugnet werden. Sie zu leugnen – was vor *Freud* zahlreiche Moralisten und Psychologen immer wieder getan haben – hieße psychischen Entgleisungen Tür und Tor öffnen, denn alles abnorme Verhalten ist ganz einfach dadurch gekennzeichnet, daß es nicht mehr den Gesetzen der Natur folgt.

Dieser Widerstreit zwischen Natur und Vernunft, der überdies stets ein unechter Kampf war, ist schuld an der Verblendung dieser Gesellschaft, die bei dem Versuch, die Triebe zu korrigieren, den Menschen von dem entfernt, was ursprünglich einmal seine Natur war.

Außerdem läßt sich der Trieb nicht korrigieren. Er läßt sich sublimieren, transzendieren, und zwar mit Hilfe einer Vernunft, die ihn kanalisiert, die ihn aber auf keinen Fall in zu enge Rahmen pressen, geschweige denn negieren darf. Der Instinkt erregt Furcht, da er stark ist, und weil ihm nicht zu entkommen ist. Eine systematische Untersuchung des weiblichen Prinzips bei der keltischen Frau hat zumindest das Verdienst, die Tatsache hervorzuheben, daß es die Triebe von Anfang an gegeben hat, daß sie im etymologischen Sinn des Wortes – als 'Instinkt' ein primordiales Phänomen sind, daß sie notwendig sind und daß sie die Impulse zu Fortschritt und Evolution geben.

Den Trieben haftet jedoch auch etwas Ungebändigt-Wildes, ja sogar Barbarisches an. Aber gerade das ist es, was sie so „faszinierend" macht. Sie allein steuern unsere Gefühle, unsere Aktivität. Und aufgrund unserer Gewohnheiten auf dem Gebiet der Moral ist es gelegentlich peinlich, über sie zu reden, ihnen offen ins Gesicht zu sehen: denn die Wahrheit ist bekanntlich schockierend. Wagt man die Behauptung, *daß alle Beziehungen zwischen Mann und Frau* – egal ob ehelich, genealogisch oder sonst wie – *automatisch inzestuöse Mutter-Sohn-Beziehungen sind,*[36] so löst man eine Flut heftigster Kritiken aus, die bis zum Vorwurf der manischen Besessenheit gehen. Und doch ist der Mensch ein unvollkommenes Wesen, und er ist sich dessen auch bewußt. Seine Angst und seine Hingezogenheit zum finsteren Abgrund (dem Nichts, aus dem er kommt), seine Angst und sein Schwindelgefühl angesichts des Todes (des Nichts, in das er wieder zurückkehren wird), machen ihn zu einem zerbrechlichen Wesen, das um *jeden Preis* irgendeinen Schutz sucht. Und diesen Schutz, diese Sicherheit, bietet für den Mann ebenso wie für die Frau die Mutter. Der Mann hat jedoch physisch und gefühlsmäßig die Möglichkeit, zumindest *zeitweise* in den Leib der Mutter zurückzukehren. Dies braucht nicht mehr eigens erläutert zu werden, da sämtliche Schulen der Psychoanalyse das Phänomen hinreichend untersucht haben, daß der Penis, ein vergleichsweise kleiner aber äußerlich sichtbarer Teil des Mannes, der sich vergrößern kann, zum vollständigen Substitut des Mannes werden kann. Dadurch kann der Mann in seiner Phantasie die Rückkehr in das durch die Mutter repräsentierte Paradies für die Dauer einiger Augenblicke verwirklichen.

Aber jede Frau ist eine wirkliche oder zumindest potentielle Mutter. Somit ist der Mann – ob er es wahrhaben will oder nicht – biologisch der Frau unterlegen. Er ist der *Inhalt,* während die Frau die *Beinhaltende* ist: dies bedeutet einen klaren Zustand der Unterlegenheit für den Mann, und er muß daher sein ganzes Leben lang diese Tatsache negieren, um sich zu beweisen, daß er dennoch der Überlegene ist. Dies ist die Ursache der Aktivität des Mannes und seiner Neigung zu Gewalt und Kampf. Diese Aktivität ist sein einziges Mittel, mit dem er versuchen kann, seine Stellung zu behaupten.

Obwohl der Mann der *Inhalt* ist, und damit das unterlegene, zweitrangige Wesen, maßt er sich trotzdem das Recht eines überlegenen Wesens an und demonstriert ständig, daß allein seine aktive Energie die Menschheit zu schützen vermag. Es ist ihm sogar gelungen, die Frau von dieser Überlegenheit zu überzeugen, was sich darin äußert, daß bei der Geburt eines Jungen von der Mutter oder von jeder dabei anwesenden Frau der Penis des Kleinen sofort besonderer Aufmerksamkeit gewürdigt wird. Der berühmte Ruf: „Es ist ein Junge!", der von Generation zu Generation weitergerufen wird, besagt besonders deutlich, was damit gemeint ist. Kommt in einer Familie ein Mädchen zur Welt, so wird dies eben hingenommen; ist es aber ein Junge, dann ist die Freude groß.[37]

Dagegen ist die *Beinhaltende,* die Mutter, mit anderen Worten die Frau im allgemeinen, selbst die Verwirklichung des Paradieses. Dieses Paradies verkörpert sie auf zweifache Weise: sie 'enthält' ihr Kind und ihren Geliebten. Die Vagina des kleinen Mädchens wird weder von der Mutter noch vom Vater bei der Geburt anerkannt. Diese Anerkennung findet aber eines Tages schließlich doch noch statt, und zwar durch den Mann. Somit braucht die Frau den Mann, um sich selbst zu bestätigen, um sich dessen bewußt zu werden, was sie ist, und vor allem dessen, was sie zu leisten vermag. Auf diese Weise sind beide Geschlechter, die die Menschheit ausmachen, unausweichlich aufeinander angewiesen. Der Mann braucht die Frau, die Frau braucht den Mann. In die Sprache der Mythologie übersetzt bedeutet das: *der Mensch braucht eine Göttin, aber die Göttin braucht auch einen Menschen.* Aus diesem Grunde haben die archaischen Kulte, die die weibliche Gottheit verehren, durch all die Jahrhunderte in den vielfältigsten Gestalten überlebt.

Wir sind ihr bei den Kelten mit verschiedensten Gesichtern oder besser gesagt hinter den verschiedenen Masken begegnet, die ihr die Männer aufgesetzt haben. Wieviele Namen man ihr auch immer gegeben haben mag, nie darf diese verwirrende Vielfalt den Blick davon ablenken, daß es sich immer um ein und dasselbe Wesen handelt, um die Urmutter, die Primordialgöttin, die große Königin des Urbeginns.

Diese große Königin des Urbeginns sahen wir zusammen mit König Pwyll auf dem Hügel von Arberth auftauchen. Sie ritt einen feurigen Renner und konnte nur von demjenigen eingeholt werden, den sie sich in ihrem Herzen auserwählt hatte. Vor der Ankunft der Rhiannon bedeutete der König nichts: er wartete in der Unendlichkeit des Universums, wartete wie Shiva auf das Kommen der aktiven Kraft, der Macht. Aber auch Rhiannon – so heißt sie in der walisischen Dichtung – irrte ziellos umher: sie mußte erst denjenigen finden, mit dessen Hilfe sie die Welt erschaffen würde.[38]

Ganz ähnlich wird nach dem Abtreten des alten Königs Pwyll der junge wiedergefundene Sohn Pryderi (in anderem Kontext *Mabon*) der unersetzliche Partner der Rhiannon. Und dieser ist es dann, der in der dritten *Mabinogion*-Erzählung Rhiannon dem Manawyddan zur Frau gibt, einer Figur, deren Rolle innerhalb dieser Sage recht unklar ist.[39] Als er in der verzauberten Burg verschwindet, folgt ihm Rhiannon nach. Zu diesem Zeitpunkt ist die Welt „wüst und leer". Manawyddan bleibt allein übrig, nur noch Pryderis Gemahlin (– aber diese ist eine rein literarische Erfindung –) ist bei ihm, und nichts kann sich an dieser Lage ändern, bevor es ihm nicht gelingt, die Mutter und den Sohn zu befreien. Von diesem Augenblick an löst sich der Zauber, und die Welt beginnt sich wieder zu beleben. Dieses Sagenfragment, das im dritten *Mabinogi* verarbeitet ist, scheint wesentlich älter zu sein als das stark abgewandelte des ersten *Mabinogion*-Textes (der Begegnung zwischen Rhiannon und Pwyll, der Geburt und Jugenderziehung von Pryderi): dieses archaische Sagenfragment liefert den Schlüssel zur Deutung der Gestalt der Rhiannon, die vor allem die *Herrscherin* über das Universum ist. Sie ist jenes Prinzip, durch das die Energie erst in Bewegung gebracht wird. Und in dieser Entwicklungsstufe des Mythos kann eine exakte Entsprechung gesehen werden zur Sage von Modron und Mabon (der Sage von der Mutter, die ihren verschwundenen Sohn sucht), einer anderen, stärker keltischen Form, die sich wesentlich enger an die Überlieferung hält als etwa die rationalisierte griechische Sage von Demeter, die auf der Suche nach ihrer Tochter Kore ist. Daraus ist zu schließen, daß der Name der Rhiannon eine ganz spezielle Bedeutung haben muß, da sie unter diesem Namen eine so außerordentlich wichtige Rolle spielt.

Was bedeutet also der Name Rhiannon?

Die meisten Kenner des Keltischen[40] nehmen an, daß *Rhiannon* von einem alten **Rigantona* abgeleitet ist, was soviel wie 'die große Königin' bedeutet haben dürfte. Das große Problem dabei ist, daß die Etymologie eine Wissenschaft ist, die sich häufig nur auf hypothetisch erschlossene Elemente stützen kann. Die Bedeutung 'große Königin' paßt zwar bestens zu dieser Figur, aber ist sie auch wirklich die einzig mögliche? Es sieht so aus, als wäre dem nicht so.

Die Form *Rhiannon* setzt nämlich mit großer Wahrscheinlichkeit ein Suffix *-ona* voraus, das in anderen Namen gallischer Göttinnen (etwa Dibonna, Matrona etc.) gut belegt ist; daneben enthält der Name die Lautgruppe *-ande-*, ein gallisches Intensivum,[41] welches dem gälischen *-ind-* und dem bretonischen *-an-* entspricht. Demnach hätte die ursprüngliche Form *Rig-ant-ona* gelautet, deren phonetische Entwicklung dann völlig gesetzmäßig verlaufen zu sein scheint. Nebenbei sei darauf hingewiesen, daß diese Form ein Wort voraussetzt, das schon vor der Herausbildung der walisischen Sprache fest existierte, da man in ihm keinen Term findet, der wirklich in das Walisische eingegangen ist, besonders was *rhi* (aus *rig*) betrifft, das zu *rhwyf* (oder *ruev*) geworden wäre. Dieses Wort wird aber schon im XI. Jahrhundert entweder durch *teyrn* (bretonisch *tiern,* entstanden aus < *tigernos*) ersetzt oder durch *brenhin,* das die Wurzel *bren* (= 'Höhe') enthält. Aber leider bedeutet *rig* (oder *reg*) (dem Wort entspricht lateinisch *rex* und im Sanskrit **raj*) im Gallischen 'K ö n i g' und nicht 'K ö n i g i n'. 'Königin' heißt im Gallischen *regena* – analog zu *regina* im Lateinischen – und wurde im Bretonischen zu *rouan* und später zu *rouannez.* Wenn Rhiannon tatsächlich 'große Königin' bedeutet, dann hat man dabei nicht von einem hypothetischen **Rigantona* auszugehen, sondern eher von einem **Regenant-ona.*[42] Aufgrund dieses Sachverhalts ist es nicht weniger wahrscheinlich und phonetisch nicht weniger schlüssig, daß Rhiannon sich genau so gut auch aus einem hypothetischen **Regen-annon* oder **Regen-Ana-Ona* entwickelt haben kann. Dies bedarf einer Erläuterung.

Gerade der zweite Teil des Namens 'Rhiannon' macht hellhörig, wenn man ihn einer näheren Betrachtung unterzieht und versucht, darin einen noch engeren Sinn-Bezug zur Rolle der walisischen Göttin zu sehen. Dabei stößt man nämlich auf die Lautgruppe *-ana-,* die in der Mythologie keineswegs unbekannt ist und noch dazu den Vorzug hat, daß sie im Keltischen durchaus eine Bedeutung hat.

Der Stamm *ana-* ist in den Namen zahlreicher, meist weiblicher Gottheiten in diversen indoeuropäischen und semitischen Traditionen anzutreffen. So finden wir z.B. in der alten indo-iranischen Mythologie die Göttin *Anahit* oder *Anahita,* deren Name 'die Unbefleckte' bedeutet haben soll, und aus der in Griechenland und Kleinasien die Göttin *Anaitis* wurde. In der semitischen Mythologie entspricht ihr *Nanaî* oder *Nanâ*, die schon früh mit der Ischtar/Astarte verschmolz und in Carthago unter dem Namen *Tanit* verehrt wurde, worin man ebenfalls noch deutlich den *Ana*-Stamm erkennt. In Babylon entsprach eine Göttin namens *Anat* der Cybele Kleinasiens; in diesen Zusammenhang gehört auch *Anou*, ein hethitischer und babylonischer Gott, bei dem es sich um eine maskulinisierte Form dieser Göttin handeln dürfte.[43] In der indoeuropäischen Welt muß der Name der skythischen Göttin *Tanais* besonders erwähnt werden: er verbirgt sich nämlich hinter dem Namen des Flusses Don und der Donau (aus *Danubius*) und hängt auch eng mit der archaischen griechischen Sage vom Faß der *Danaiden*, den Töchtern der Dana zusammen. Der indischen Anna Pourna (= 'die Nährende'), deren Name auch einer der höchsten Berge Indiens trägt, entspricht die lateinische Anna Perenna, die ebenfalls die 'Nährende' ist. In aufschlußreichster Form finden wir den *Ana*-Stamm in der wohlbekannten Figur der *Diana*. *Diana* scheint nämlich die lateinische Transkription (*Di + Ana*) des Namens der Skythengöttin *Tanais* zu sein, jener Göttin, von deren Gestalt und Kult die Griechen, besonders *Herodot*, die grausamsten Geschichten erzählen und deren Spuren noch deutlich in dem von *Euripides* erstmals entscheidend ausgestalteten Mythos der Iphigenie[44] enthalten sind, sowie in der Geschichte von Phaedra und Hippolyt, denen *Racine* ein beeindruckendes dramatisches Denkmal setzte. Diese Diana scheint die ursprüngliche Göttin der Latiner gewesen zu sein, sie dürfte dort den Namen *Dianus* (aus *di + anus*: also 'das göttliche alte Weib' bzw. die 'Altweiber-Göttin') gehabt haben, der dann zu *Janus* (wiederum aus *di + anus* bzw. *dji- + anus*) maskulinisiert und anschließend über die Griechen in Gestalt von Artemis, der Schwester Apolls, neu nach Italien importiert wurde.[45]

Man erinnere sich bei dieser Gelegenheit daran, daß alle Abenteuer zwischen Merlin und Viviane am Gestade des berühmten 'Lac de Diane' spielen und damit gewissermaßen unter der Schutzherrschaft einer Diana, die ziemlich wenig mit der braven Jungfrau und Jägerin der höchst verharmlosenden Vorstellung der Klassik gemein hat.[46] Und damit kommen wir in den Bereich des rein Keltischen. Hier werden wir besonders fündig: da gibt es zunächst einmal die große Mutter-Göttin der gälischen Mythologie, *Dana* (auch *Danu* oder *Ana*), die Ahnin der Thuata Dé Danann, die bei den Walisern Dôn heißt und dort die Mutter von Gwyddyon, Arianrod, Amaethon und Gilvaethwy ist. In der Artusepik heißt sie *Do*, wie etwa in *Malorys* Roman aus Girflets Beinamen 'Sohn der Do' hervorgeht. Zwei Hügel von Kerry in Irland heißen 'die Brüste der Anna'. In der Folklore von Leinster gibt es die *Black Annis* (= 'Schwarze Anna'), eine Totengöttin, die als weibliches, menschenfressendes Monster in einer Höhle haust. In den keltischen Kontext gehört auch ganz besonders jene rätselhafte Gestalt, aus der – übrigens vor noch nicht allzulanger Zeit – in der Bretagne die *Hl. Anne* wurde und dort als Mutter der Jungfrau Maria verehrt wird.

Es ist tatsächlich ein recht sonderbarer Zufall, daß der Kult der *St. Anne de Bretagne* – besonders in Ländern, in denen der Anteil des Keltischen überwog – mit dem Kult dieser Göttin in Verbindung gebracht wurde. Wenn die Verehrung der Hl. Anna, der Mutter der Maria und Großmutter Christi, im XVII. Jahrhundert ihren Stammort ausgerechnet in der Bretagne erhielt, so mußte das einen bestimmten Grund haben. Man könnte dies historisch begründen durch die Tatsache, daß die Legende der Hl. Anne de Bretagne, in der Form wie sie in der

Gegend von Cournouaille erzählt wird, zwar auf älteste Zeiten zurückgeht, daß aber der eigentliche Kult erst im XVII. Jahrhundert einsetzte, als ein gewisser Nicolazic die berühmte Statue in Keranna fand, einem Dorf, das seitdem Sainte-Anne-d'Auray heißt.[47] Diese Statue von Keranna dürfte die Darstellung irgendeiner Göttin gewesen sein, möglicherweise sogar der *Ana,* denn die Orte, wo Statuen dieser Art gefunden wurden, hießen seit Menschengedenken die Commana (= 'Trog' bzw. 'Mulde der Anna') und Keranna (= 'Stadt der Anna'). Außerdem liegt Keranna genau an der Römerstraße zwischen Nantes und Quimper und auch nicht weit entfernt von jenen elysischen Ruhestätten, die die Steinreihen von Carnac waren, d.h. nicht weit entfernt von einem Ort, der seit dem Dunkel der Vorzeit ein Heiligtum war. Wenn nun im XVII. Jahrhundert die lokale Legende aufkommen konnte, daß es in Keranna eine der Hl. Anna geweihte Kapelle gegeben habe, so deshalb, weil in der Legendenüberlieferung, die niemals lügt, sondern lediglich alte Überlieferungen umformuliert oder auch christianisiert, hier noch die Erinnerung an eine uralte Wirklichkeit bewahrt wurde. Da aber der christliche Anna-Kult noch nicht sehr alt ist, muß man davon ausgehen, daß hier die Überlagerung zweier verschiedener Figuren stattgefunden haben muß, sodaß die Hl. Anna (*Santez Anna* im Bretonischen) die angestammte Stelle der Ana übernahm. An Beispielen einer Christianisierung dieser Art herrscht kein Mangel, man denke nur an den Kult des Hl. Kornely, der an die Stelle des Kerunnos trat, an den Hl. Césaire, der Caesar, den 'Eroberer Galliens' ersetzte, oder gar an den Hl. Mars, der – unter partieller Assimilation mit dem Hl. Martin, den es wirklich gegeben hat – an die Stelle des antiken Kriegsgottes trat.

In der walisischen Tradition tritt solche Art des Aberglaubens ganz besonders unverblümt auf. So nennt etwa ein in einer Handschrift aus dem X. Jahrhundert (*Haleian* Nr. 3859) enthaltener Stammbaum als Vorfahren von Owen, dem Sohn des Howell Dda, einen gewissen Aballac, der bezeichnet wird als „Sohn des Amalech, der der Sohn des großen Beli war, und dessen Mutter Anne die Cousine ersten Grades (sic!) der Jungfrau Maria, unseres Herrn Jesu Christi Mutter, war".[48] Eine andere Genealogie aus der gleichen Zeit enthält ebenfalls einen ganzen Stammbaum, der aus einem „Aballach, Sohn von Beli und Anna" entspringt.[49] Was dabei überrascht, ist die Tatsache, daß Anna hier als Gemahlin von Beli dem Großen angesehen wird, einer mythischen Gestalt, hinter der sich der gallische Belenos verbirgt, und daß ihr als Sohn ein Aballach oder Evallach zugeordnet ist, dessen Name auch der des 'Roi Méhaigné, des 'Verwundeten Königs', der *Queste du Saint-Graal* ist und der in der walisischen Tradition außerdem der Vater von Modron-Morgane ist (und sogar der Insel Avalon den Namen gab!). Nicht weniger erstaunlich ist es, daß Anna in der insularen Tradition die Gemahlin eines armorikanisch-bretonischen Königs ist und daß sie auch in einer Lokallegende aus der Umgebung des Heiligtums Saint-Anne-la-Palud ebenfalls die Gemahlin eines grausamen und bösen bretonischen Königs ist. Und von hier aus trifft die Anna-Legende mit der Sage von der Stadt Ys zusammen, da es in dieser Sage der Überlieferung zufolge heißt, daß der König Gradlon, nachdem er aus den Fluten, in denen die Stadt Ys versank, entronnen war, beschloß, an der Stelle, wo er wieder festen Boden unter den Füßen fand, nämlich angeblich auf dem Steilufer von Sainte-Anne-La-Palud, eine Kapelle zu Ehren der Hl. Anna errichten zu lassen.[50]

Nun müssen wir uns noch der Frage zuwenden, weshalb die Gestalt der Anna, eine Figur aus der jüdisch-christlichen Tradition, gerade das keltische Territorium erobern und sich dort niederlassen konnte. Dazu muß man sich wieder daran erinnern, daß die *ana*-Wurzel indoeuropäischen Ursprungs ist und die Bedeutung 'Atmung', 'Atem', 'Hauch' und damit auch 'Geist' hat.[51] Aber diese Lautgruppe brachte bei den Kelten noch eine weitere Bedeutung zum Klingen: man braucht sich nur die starke Ähnlichkeit zwischen *Anna* oder *Ana* und dem bretonischen Wort *anaon* (bzw. *anaoun*) vor Augen halten, welches 'die Verstorbene' bedeutet. Diese Laut-Korrespondenz war nicht nur eine Äußerlichkeit. Denn für das französische Wort *haleine* (= 'Atem') hat das Bretonische das Wort *anal* oder *alan,* was aus einer Metathese des mittel-bretonischen *Anazl* zu *Alazn* entstanden ist. Das Wort *anazl* gibt es mit der gleichen Bedeutung auch im Kornischen als *anal,* im Walisischen als *anadl* und im Irischen als *anail* oder *anal.* Alle diese Worte stammen von einem keltischen **anatla* ab. Und zu dieser gemeinsamen Urform muß auch das Bretonische *ené* (= 'Seele') – *eneff* im Mittel-bretonischen und *enyd* im Walisischen – hinzugerechnet werden, dessen irische Entsprechung *anam* (*anim* im Alt-irischen) ist.

Somit könnte *anaon*[52] ebenso auch 'die Seelen der Toten' und 'das Volk der Ana' bedeuten: dann wären die *anaon* nichts anderes als die irischen Tuatha dé Danann, die Mannen der Göttin Anna, die in den Seelenhügeln, in Friedhöfen sowie auf entlegenen Inseln im Ozean leben. Sie sind Bewohner der Autre Monde; Abyssus, Unterwelt, Hölle kann übersetzt werden mit dem Wort *annwfn* oder *annwyn,* wo man wieder der Wurzel *ana-* bzw. *an(n)-* begegnet. Bekanntlich wird Pwyll, der Gemahl der Rhiannon, nach seiner Rückkehr aus der Autre Monde 'Pwyll Penn Annwfn' getauft (= 'Pwyll, der Herr der Unterwelt'). Das mag auch wieder reiner Zufall sein, was auch nicht geleugnet werden soll, aber ein Zufall, der die bisherige Reihe verblüffender 'Zufälle' erweitert. Weshalb soll man da nicht in der Rhiannon eine **Regena-Ana-Ona* sehen dürfen, d.h. eine 'Königin der Vestorbenen', eine 'Königin der Unterwelt' und zugleich die 'Königin Anna', die über die Toten wacht und die Lebenden beschützt, diejenige, die das Leben gibt und auch wieder nimmt? Oder ist es ebenfalls nur Zufall, daß das gallische Wort *ana* 'Morast', 'Moor', 'Sumpf' bedeutet?[53] Man denke an das von François *Villon* geprägte Wort „Kaiserin der infernalischen Sümpfe" zur Bezeichnung der Jungfrau Maria; man denke ferner an jene Statuette in der Kirche von Brennilis (Finistère), die die Notre-Dame von Breac-Ellis, d.h. 'Notre-Dame der Höllen-Sümpfe' darstellt.[54] Die kühne Amazone Rhiannon ist somit eindeutig auch die Notre-Dame der Nacht, die Königin der Sümpfe, die Königin der Toten. Hier steht die große Königin in ihrer ganzen Majestät vor uns, die von der Umwandlung der Gesellschaft und der Kulte der Vorfahren kaum erfaßt und okkultiert wurde.

Die Rhiannon lebt übrigens nicht nur in Gestalt der Notre-Dame oder der Hl. Anne fort, sondern sie taucht auch im Volksglauben wieder auf, und dort ist sie die segensreiche Hauptfigur einer erstaunlichen Geschichte geworden, in der sie sogar ihren ursprünglichen Namen beibehielt, wenn auch in einer stärker walisischen Form:[55]

Die Legende vom Hl. Hervé (Bretagne):

Hoarvian war von der britischen Insel ausgewandert und hatte sich bei dem Grafen Conomor niedergelassen, wo ihm eines Nachts ein Traum verkündete, daß es Gottes Ratschluß wäre, daß er heiraten solle, obwohl er das Gelübde des Zölibats abgelegt hatte. Ein Engel erklärt ihm folgendes: „Hoarvian, unter der Einflüsterung des Heiligen Geistes hattest Du den Beschluß gefaßt, Dich jeglicher Liebe zu einem Weibe fernzuhalten. Aber unweit Deines Weges hat sich ein junges Mädchen niedergelassen und dem Studium der Psalmen geweiht; auch diese Jungfrau hat, ganz dem Heiligen Geist ergeben, aus freien Stücken den festen Entschluß gefaßt, sich ihre Jungfräulichkeit zu bewahren bis in den Tod. Fürchte Dich nicht, es ist Gottes Wille, daß Du ihre Bekanntschaft machen sollst. Morgen schon sollst Du Rivanone unweit einer Quelle sehen, die an dem 'Königsweg' liegt, dem Du folgen wirst. Sprich sie unverzagt an. Aus Eurer keuschen Vereinigung wird ein Muster der Keuschheit geboren werden. Euer Sohn soll dereinst von Gott auserwählt werden zum Werkzeug seiner Vorsehung." Alles geschieht, wie der Engel verkündet hatte, und Hoarvian bittet schon bald, nachdem er Rivanone getroffen hat, ihren Bruder, einen gewissen Rigour,[56] um ihre Hand. Am Morgen nach der Hochzeitsnacht sagt Hoarvian zu Rivanone: „Du bist die erste Frau, die ich je umarmte, die einzige, die ich unter allen möglichen liebte, denn Gott, der dich mir ausersehen hat, gab mir den Befehl, mich mit dir zu vereinigen, und gelobte, mich durch dich zum Vater eines Sohnes zu machen, der auf ewig zum Helfer Gottes werden soll." Da antwortete ihm sein Weib: „Wenn Du mich mit einem Sohne geschwängert hast, dann möge dieser niemals das Licht der Welt erblicken! Darum bitte ich den Allmächtigen!" Hoarvian trennt sich in seiner Verzweiflung von seinem Weib und lebt von Stund an zurückgezogen als Einsiedler. Rivanone bringt bald einen blinden Knaben zur Welt, der den Namen Hervé erhält, und unternimmt alles, damit er möglichst weit von ihr entfernt erzogen werde. Hervé wird in die Obhut des Mönchs Harthian gegeben und wächst gehorsam und gottesfürchtig heran. Eines Tages erscheint ihm Gott und verkündet ihm, daß seine Mutter in Bälde diese Welt verlassen werde. Da macht sich sein Vetter Urphoed auf die Suche nach der Mutter Rivanone. Er findet sie schließlich in einem Walde, wo sie nur in der Gesellschaft ihrer Nichte Kristina ein abgeschiedenes Leben führt, und bringt Hervé zu ihr. Rivanone haucht in den Armen ihres Sohnes und im Geruch der Heiligkeit ihr Leben aus.[57]

Diese fromme Heiligenlegende ist voller Rätsel, und bereits das Gerüst der Geschichte läßt darauf schließen, daß ihr Entstehen weit in die keltische Mythologie zurückreichen muß. Rivanone verflucht ihren Sohn, wie es auch Arianrod getan hatte. Rivanone wird von ihrem Sohn getrennt (daß sie es hier selbst so gewollt hat, spielt dabei keine Rolle) wie Rhiannon von ihrem Sohn Pryderi. Rivanone wird dem Hoarvian ausersehen, wie Rhiannon dem Pwyll. Die Begegnung zwischen Rivanone und Hoarvian findet an einer Quelle statt, die an der *Voie royale,* dem 'Königsweg' liegt, womit die Römerstraße von Carhaix nach Aber Wrac'h gemeint ist (also der „Chemin d'Ahès", von dem bereits die Rede war); mit anderen Worten: es handelt sich ähnlich wie bei dem Hügel von Arberth, wo Pwyll der Rhiannon zum ersten Mal begegnet, um einen sakralen Ort. Aus der Reaktion des Hoarvian, der die Rivanone mit ihrem Sohn herzlos im Stich läßt, spricht nicht gerade ein Muster christlicher Nächstenliebe. Es liegt auf der Hand, daß die ganze Geschichte in Wirklichkeit lediglich die Transposition eines uralten Mythos ist, wobei der Hl. Hervé einfach die Rolle von Pryderi, und Rivanone die von Rhiannon, der Mutter-Göttin, übernommen hat. Die Figur des Hervé, der physisch zwar blind ist, aber dafür die Fähigkeit hat, die Ewigkeit zu schauen[58], läßt über ihre Zugehörigkeit zur Autre Monde keinen Zweifel offen. Es handelt sich dabei übrigens um den Druiden-Gott, den inspirierten Schamanen, der im Besitz jenes Wissens aus dem Jenseits ist. Dieses Wissen wird in dem vierten *Mabinogion*-Text, in *Math, Sohn des Mathonwy,* durch die berühmten Schweine aus Annwfn symbolisiert, die Pryderi erwirbt, bevor sie von Gwyddyon, dem Mann aus dem Norden, d.h. von einer anderen Kultur und Religin geraubt werden, selbst wenn der Täter auch der Sohn der Dôn und damit der Sohn der gleichen Mutter-Göttin Anna ist.

Zum Abschluß dieses Kapitels bleibt uns nun noch die Aufgabe, den Mythos der großen Königin mit einer Liste von Kennzeichen zu verdeutlichen, die allen Unterschieden zwischen den diversen uns überlieferten keltischen Versionen Rechnung trägt.

Die große Königin ist *virgo* ('Jungfrau') in dem Sinn, daß sie nicht an einen einzelnen Gatten gebunden, sondern immer wieder zu neuen Liebschaften bereit ist (Morgane). Wenn sie in einen Mann verliebt ist, so ist *sie* es, die entweder den ersten Schritt unternimmt (Rhiannon, Macha, Grainné, Deirdre, Yseult etc.) oder den Mann verzaubert (Viviane). Sie bleibt immer die rätselhafte Unbekannte, und der Mann darf nie ihre wahre Identität restlos enthüllen, anderenfalls würde er sie verlieren (Melusine, Sadv, Oisins Mutter). Ihrem Sohn steht stets ein außerordentliches Schicksal bevor (den Söhnen von Arianrod, Rhiannon, Sadv, Ness, Keridwen, Rivanone, Dechtire, sowie dem Conchobar...); er wird jedoch von der Mutter getrennt (Modron, Rhiannon, Melusine), oder die Mutter gibt ihn in fremde Hände (Arianrod, Rivanone, Keridwen). Aufgrund ihrer Situation als *virgo* – besonders in der ursprünglichen Bedeutung des Wortes – geht von ihr die wirkliche Macht aus, die *Energie,* die die Welt in Bewegung bringt (Melusine, Keridwen, Rhiannon, Yseult, Gueniévre, Grainné, Macha etc.). Diese Energie, über die sie verfügt, kann sie nur zugunsten derjenigen einsetzen, die sich ihres Besitzes würdig erweisen – im allgemeinen ist das ihr Sohn (Melusine, Keridwen, Morgane/Modron, Ness, Viviane als Adoptivmutter von Lancelot, Dechtire etc.), in den seltensten Fällen ist es dagegen ihr rechtmäßiger Ehemann (Rhiannon und Pwyll, Melusine und Raimondin de Lusignan). Sie schließt sich freiwillig ein, wenn es darum geht, ihr Geheimnis zu bewahren (Arianrod in ihrer Burg, Viviane und Keridwen auf dem Grunde des Sees, Melusine in ihrer Höhle): sie ist, wie die „Mariengebete" es verdeutlichen, die *arca foederis,* die 'Arche des Bündnisses', was nicht nur als eine einfache biblische Metapher angesehen werden darf, sondern als Hinweis dafür angesehen werden muß, daß sie die Hüterin des Geheimnisses ist, das in dieser Arche verborgen ist, welche durch ihre Person symbolisiert wird.[59] Schließlich lebt sie fern von der Welt der Männer und fürchtet sich vor den Versuchen der Männer, ihr die Macht zu rauben. Das führt sie dazu, die Männer mit einem Fluch zu belegen (Arianrod, Melusine) oder sich für ihre Geringschätzung durch einen Zauberbann zu rächen, wie es etwa Macha tut.

Die große Königin ist nämlich nicht nur die Zielscheibe der männlichen Sarkasmen, sondern auch des männlichen egoistischen Machthungers, des instinktiven Strebens, sie besitzen zu wollen. Die Idee von der Frau als Objekt, das zwar mit tausenderlei Geschmeide behängt, aber dennoch Gefangene ist, ist eine Erfindung der Männer. Manchmal aber kommt es vor, daß die Objekt-Frau, d.h. die Göttin, die große Königin, die in ihrem Tabernakel sicher verwahrte Gefangene an ihren Ketten rüttelt. Ihre Revolte, ihr Aufstand wird dann furchtbar sein, denn er bedeutet eine direkte Bedrohung für die Gesellschaft, die sich die Männer aufgebaut haben, ohne dabei die Rechte und Bedürfnisse der Frau zu berücksichtigen.

ANMERKUNGEN ZU KAPITEL III

1 Z.B. 'Notre-Dame de la Route' (= 'der Straße'), 'Notre-Dame des Marins' (= 'der Seeleute'), 'Notre-Dame de Lourdes', 'de Chartres', 'de Pontmasin', 'de la Salette', 'de Fatima' und so fort.

2 Soweit der Wortlaut des von E.W.B. *Nicholson* rekonstruierten und in das Englische übersetzten Textes; (vgl. *Zeitschr. f. kelt. Philologie* III, S. 308). Es handelt sich um zwei Tafeln mit eingeritzten lateinischen Buchstaben, die 1887 in der Nähe von Poitiers gefunden wurden. Hier der originale Wortlaut:
"Ape cialli carti eti-heiont Caticatona, demtis sie clotuvla; se demti tient. Bi cartaont, Dibona, Sosio, deei pia! Sosia pura, sosio, govisa! Sueio tiet: Sosio, poura he(i)o(nt)! Sua demtia Po(n) ti-dunna Vouseia. Teu! Oraiime: chzia atanto te, heizio atanta te, compriate sosio derti! Noi pommio at eho tis-se potera: te priavimo, atanta! Te(i)onte ziati mezio ziia, 'Teu'! Oraiimo: ape sosio derti, Imona demtis sie uziietiao(nt) pa(dv)a."

3 Im Original: "...visitez Lusignan, Partenay, Vovant, Mervant, et Pouzauges, en Poictou. Là trouverrez tesmoings vieulx de renom et de la bonne forge, des quelz vous jureront sus le braz sainct Rigomé que Mellusine, leur première fondatrice, avoit corps feminin jusques aux boursavitz, et que le reste en bas estoit andouille serpentine, ou bien serpent andouillicque. Elle, toutesfoys, avoit alleures braves et guallantes, lesquelles encores aujourdhuy sont imitées par les Bretons balladins dansans laurs trioriz fredonnizez." Pierre *Jourda* (Hrsg.): *Rabelais. Oeuvres complètes.* Classiques Garnier Paris 1962, Bd. II, S. 153.

4 "La nymphe Scythique Ora avoit pareillement le corps my party en femme et en andouilles. Elle toutefoys tant sembla belle à Juppiter qu'il coucha avecques elle et en eut un beau fils nommé Colaxes." *Ibid.*, S. 154.

5 J.M.: *L'Epopée celtique* d'Irlande. S. 91.

6 Meddygon Myddfai in J.M.: *L'Epopée celtique en Bretagne*. S. 273 - 276.

7 Vgl. dazu das Kapitel über *Taliesin und das Druidentum* in J.M.: *Les Celtes*... S. 347ff.

8 Jacquette Craz aus Lanmeur (Finistère) sang diese Connerin-Geschichte Anatole *Le Braz* vor. In: (ders.): *Annales de Bretagne.* XI, S. 174 - 176.

9 Bronislaw *Malinowski:* Geschlechtstrieb bei den Primitiven und ihre Verdrängung. Hamburg 1962, S. 22. Hervorhebungen nicht im Original. Es muß betont werden, daß es sich dabei um einen Mythos handelt, und nicht um eine in der Wirklichkeit auch befolgte Auffassung.

10 *Ibid.:* S. 41.

11 Gelegentlich findet sich auch die falsche Schreibweise *Llew Llaw Gyffes* (= 'der Löwe mit der sicheren Hand'), die nicht mit der alten Orthographie übereinstimmt. Der Name *Lleu* ist ein altes Wort, das dem Mittel-irischen *lû* entspricht, was 'klein' bedeutet. Die alte Schreibweise scheint jedenfalls die richtige zu sein, was sich daraus ersehen läßt, daß das irische *û* im Walisischen stets zu *eu* wird. (Beispiel: Irisch *crû* (= 'Blut') wird zu walis. *creu*).

12 J. *Loth* (Hrsg.): *Mabinogion*. Bd. I, S. 190 - 199

13 Dies geht aus einer obskuren Passage der *Genesis* (I. Moses, 14-15) hervor, wo von einem heimlichen Zwiegespräch zwischen Lea und Rahel die Rede ist, worin es um die höchst ungewöhnliche Verwendung einer Art Alraunenwurzel im Rahmen des Sexualverkehrs zu gehen scheint.

14 In der irischen Sage paßt diese Definition, zumindest amAnfang, gut auf die Figur der Deirdre. Conchobar, der König von Ulster hält die junge Deirdre ausschließlich für sich in 'Reserve' und läßt sie fern von jedem menschlichen Kontakt unter der Obhut von ihm ergebenen Frauen aufziehen. Siehe dazu J.M.: *L'Epopé celtique d'Irlande.* S. 65.

15 Aneurin *Owen* (Hrsg.): *Ancient Laws and Institutions of Wales.* (o.O., o.J.), Bd. I, S. 662, S. 660, S. 678. (auch in engl. Fassung in den entsprechenden Kapiteln von Melville *Richards: The Laws of Hywel Dda.* Liverpool 1954).

16 Zur *Vita Merlini* und dem gesamten Bereich der ursprünglichen Merlin-Sage siehe J.M.: *L'Epopée celtique en Bretagne.* S. 109 - 131.

17 Der Name Viviane läßt sich kaum in befriedigender Form entschlüsseln. Der Dichter der *Estoire* behauptet ernsthaft, daß Viviane in der chaldäischen (sic!) Sprache 'nichts werde ich tun' bedeutet. Im Keltischen gibt es kein Wort, womit dieser Name zusammenhängen könnte, es sei denn über den Umweg einer okzitanischen Form. *Viviane* kann nicht von der lateinisierten Form abstammen, mit der *Geoffroy* den Namen Merlins Schwester als *Ganieda* wiedergibt. Diese Form steht außerdem mit dem walisischen Namen Gwendydd, der 'Weißer Tag' bedeutet, in keinerlei Verbindung. Dagegen gibt es zu Viviane die maskuline Form *Vivien.* Und Vivien ist ein berühmter Held vieler Chansons de Geste, in denen er der Neffe von Guillaume d'Orange ist. Besonders bedeutend ist seine Rolle im *Chanson de Guillaume* (der Hauptvorlage von *Wolframs Willehalm;* Anm. d. Hrsg.), in der *Bâtaille d'Aliscans* und in den *Enfances Vivien* ('Viviens Kindheit'). Die okzitanische Form des Namens Vivien ist *Vezian,* und da sich alle Dichtungen des Guillaume-Zyklus um die Gegend von St. Gilles-du-Gard drehen, einem berühmten Pilgerziel des Mittelalters (also Treffpunkt von allen möglichen Völkern der Erde), muß man möglicherweise in St. Vezianus, einem dort verehrten Heiligen, ein Pendant zur walisischen Gwyddyon sehen, wodurch dann die Figur der Viviane in die Geschichte der Arianrod eingeordnet werden könnte. Denn wenn die Beziehung zwischen Arianrod und ihrem Bruder ziemlich zweideutig ist, so ist es die zwischen Merlin und seiner Schwester Gwendydd um kein Deut weniger. Die hier aufgestellte These ist jedoch zu gewagt, als daß sie als gültiges Argument verwendet werden könnte!

18 Die Person des Lancelot du Lac braucht nicht mehr eigens hervorgehoben werden. Während die Mehrzahl der in den Artus-Romanen enthaltenen Lancelot-Szenen problemlos sowohl auf der britischen Insel, als auch auf der bretonischen Halbinsel lokalisierbar ist, sind Lancelots Kindheitsabenteuer unverkennbar ausschließlich von der Geographie der Bretagne geprägt. Das Königreich des Bénoic liegt auf der Grenze zwischen dem Gebiet der Bretonen und dem der Franken. Der Krieg zwischen Ban und Claudas ist ein literarisches Echo auf die Kämpfe, die sich während des IX. und X. Jhs. zwischen den bretonischen Königen und den Karolingern abspielten, Kämpfe, die übrigens zu Gunsten der Bretonen ausgingen. Es ist die Epoche der weitesten Ausdehnung des bretonischen Gebietes nach Osten. Die Burg des Königs Ban heißt Treb, was der bretonische Name für ein in einer alten Gemeinde neu errichtetes Gebäude ist. Aus dem Zusammenhang läßt sich schließen, daß Treb in den Sümpfen von Redon liegen soll. Auf seiner Flucht folgt der König Ban der Oust bis an die alten Grenzen des Waldes von Brocéliande, der ursprünglich das ganze Zentrum der Halbinsel bedeckte. Zum Namen Lancelot du Lac ist noch anzumerken, daß es sich um eine fehlerhafte Französisierung eines alten Namens handelt, der auch im Walisischen als *Llwch Llaw-Mynyawc* und im Irischen als *Lug Lamfad* (= 'Lug mit der langen Lanze') vorkommt, und daß bei seiner Umformung die Namen Lug, Llwch und Lac (*Llwch* bedeutet übrigens ebenfalls 'See' wie *Lac*) miteinander vermengt wurden. In den ältesten walisischen Artus-Dichtungen kommt Lancelot noch nicht vor – außer in *Kulhwch und Olwen,* wo er eine wichtige Rolle spielt, die aber in keiner Hinsicht jener gleicht, die er in der Sagentradition des Festlandes annehmen sollte.

19 Thomas *Malory: La Morte d'Arthur,* IV, 13.

20 *Ibid.* II, 11.

21 *Ibid.* IV, 14 - 16.

22 *Ibid.* IV, 1 - 2.

23 *Ibid.* IV, 3.

24 *Ibid.* IV, 18.

25 Das gilt nicht nur für die romanistischen Theorien, die sich hartnäckig weigern, den keltischen Ursprung der höfischen Roman-Epik anzuerkennen, sondern auch für exegetisch-analysierende Werke wie *L'Amour et L'Occident* von Denis de *Rougemont* (Paris 1979),

eine Studie, die ausgehend von dem Tristan-Mythos zu eindeutig falschen Ergebnissen auf psychologischer wie soziologischer Ebene gelangt, da sie die irischen Stoff-Vorbilder nicht in die Betrachtung miteinbezieht.

26 *Chrêtien de Troyes: Chevalier à la Charette* (nfrz. von Jean *Frappier*) (Paris 1971) S. 91 - 93 u. S. 171 - 172.

27 *Ibid.* S. 80.

28 Jeanne Moreau, eine bretonische Schauspielerin unserer Tage, resümiert durch ihre Ansichten und ihr Verhalten aufs Schönste diesen Mythos vom 'Tal ohne Wiederkehr'. Sie hat nämlich einmal geäußert: „Ich würde gerne ein riesengroßes Haus haben mit vielen, vielen Zimmern und dort alle Männer unterbringen, die ich in meinem Leben kennengelernt habe (...) Denn sie sind alle meine Söhne." (in *Life Magazine,* 20.1.1967). Diese Äußerung wird besonders dann verständlich, wenn man sich vor Augen hält, daß Jeanne Moreau – und dies ist kein Geheimnis – das berühmte Manifest zur Legalisierung der Abtreibung (siehe *Le Monde,* 6.4.1971) unterschrieben hat. Nie wurde der Begriff 'Sohn und Gatte' bzw. 'Sohn und Geliebter' treffender definiert.

29 *Das Ägypter-Evangelium,* Loc. cit. C.R.S. *Mead: Thrice Greatest Hermes* Bd. I, S. 153.

30 „Sammael, die Schlange ist es, die der Eva das Gift und die Befleckung eingespritzt hat." (Abraham *Seba: Tzerôr Hammôr.* Fol. VII, col. 2). „Und Adam erkannte Eva, sein Weib, das schon vom Engel Sammael empfangen hatte, und sie ward schwanger und gebar Kain. Und dieser glich den Wesen des Himmels und nicht denen von dieser Erde. Da sprach sie: Ich habe einen Menschen bekommen und mit ihm einen Engel Jehovahs." (Jonathan *Ben Uziel,* Paraphrase zu I. *Moses,* 4). „Wisse, daß Kain aus der Befleckung (des Sammael) und aus dem Samen Adams stammt, mit dem sich diese Befleckung vermischte. Dieser Geist allein hätte sich nicht in des Menschen Körper zu kleiden und nicht in die Luft dieser Welt herauszutreten vermocht. Erst Adams Same gab ihm ein Kleid, daß er es anzöge." (Menachem de *Recanati: Traditions sur la Genèse* (Paris 1905) S. 31.

31 Diese Figur werden wir im folgenden Kapitel noch eingehender untersuchen, da sie einen anderen Aspekt der Weiblichkeit verkörpert.

32 Denise *Braunschweig,* Michel *Fain: Eros et Antéros.* Payot Paris 1971, S. 42. (Hervorhebung nicht im Original).

33 *Ibid.* S. 104.

34 *Ibid.* S. 105.

35 *Ibid.* S. 105. Ich muß hinzufügen, daß die aktuelle Sexualerziehung, ob in oder außerhalb der Schule, der Gipfel dessen sein dürfte, was unser bis in die Wurzeln verrottetes und zur Heranbildung der Jugend zu ihren künftigen Verantwortlichkeiten völlig unfähiges Erziehungssystem an Schwachsinn erfinden konnte. Denn erstens beraubt die sogenannte 'Sexual-Kunde' den Bereich der Liebe jeglicher Poesie und reduziert ihre Funktion auf die Tatsache der Ausscheidung von Körpersekreten. Man 'macht' die Liebe so prosaisch wie eine auf der Toilette zu erledigende Verrichtung. Zweitens ist sie nichts anderes als die Anwendung der geliebten "Direction d'intention" der guten alten Jesuiten-Patres: da man die Menschen nun einmal nicht von der Ausübung des Geschlechtsaktes abhalten kann, so versucht man doch wenigstens, diesen Akt durch ein edles und altruistisches Ziel zu rechtfertigen, nämlich durch das der Fortpflanzung. Drittens – und das ist der gravierendste Punkt – beraubt man die Sexualität ihrer biologischen Bedeutung und ihres psychologischen Wertes, indem man ihr eine reine Zeugungsfunktion unterstellt, obwohl bisher nie der eindeutige Nachweis erbracht wurde, daß der Zweck der Sexualität ausschließlich die Fortpflanzung ist: denn 'fortpflanzen' kann man sich auch, ohne die sinnlichen Mechanismen der Sexualität zum Schwingen zu bringen. Die Sexualität dürfte vielmehr vom Fortpflanzungstrieb unabhängig sein und braucht auch nicht erst aus Büchern und unter Anleitung von Erziehern gelernt zu werden, die ohnehin nicht vermitteln können, was einzig durch den Liebesakt selbst erfahren werden kann.

36 Und auch inzestuöse Beziehungen zwischen Vater und Tochter, denn dabei wird die Tochter durch Übertragung zum *jungen* Ersatz der Mutter. Das gilt auch für die Bezie-

hung zwischen Bruder und Schwester, wobei das Bild der jungen Mutter dann auf die Schwester übertragen wird. Es sei noch einmal betont, daß der Begriff *Beziehung* hier völlig allgemein, wertfrei ohne jede Zweideutigkeit verwendet wird: er schließt *sämtliche* Formen von Beziehung ein (physische, affektive, soziale, politische, ökonomische, künstlerische etc.), die zwischen zwei Lebewesen bestehen können.

37 Bei manchen Völkern bedeutet die Geburt einer Tochter sogar eine Katastrophe. Ein frappantes Beispiel dafür sind die Eskimos.

38 Obwohl die These von W.J. *Gruffydd (Rhiannon, an inquiry into the first and third branches of the Mabinogi.* Cardiff 1953) durchaus anfechtbar ist und an vielen Stellen wenig überzeugt, hat sie doch das Verdienst, in Rhiannon eine Primordialgöttin zu sehen. Nach *Gruffydd* ist Rhiannon (= 'die große Königin') nicht nur mit Epona, sondern auch mit Modron-Matrona ganz besonders eng verwandt. Wenn man die verschiedenen aufeinanderfolgenden Entwicklungsstufen der durch den *Mabinogion-Text* überlieferten Rhiannon-Sage miteinander vergleicht (und hier begibt sich *Gruffydd* auf das Gebiet der reinen Spekulation), dann entdeckt man, daß Pwyll eine erst spät entstandene Figur ist, die aufgrund verschiedener Verwechslungen die Rolle übernahm, die ursprünglich durch Teyrnon besetzt war, welcher in diesem *Mabinogi* den kleinen, verschollenen Pryderi wiederfindet und dessen Adoptivvater wird. Der Name *Teyrnon* stammt von dem alten Namen *Tigernos* ab, der soviel wie 'König' bedeutet. Daher kann angenommen werden, daß es ursprünglich ein Paar Rigantona-Tigernos (oder Epona-Tigernos), d.h. Matrona-Tigernos (die Mutter und der König), oder auch Modron-Teyrnon gegeben hat, aus dem danach erst das Paar Modron-Uryen bzw. in den letzten Artus-Romanen Morgane-Uryen wurde.

39 Wie wir wissen, handelt es sich um die walisische Transposition des Manannan mac Lir der Iren. W.J. *Gruffydd* stellt die Behauptung auf, daß in der frühesten Form der Geschichte Manawyddan, der Herr der Autre Monde (und damit das Pendant zu Pwyll), der Vater von Gweir (so hieß Pryderi ursprünglich) war: damit wäre er ein anderes Gesicht des Pwyll-Teyrnon, jedoch unter einem gälischen Aspekt, den er unter dem irischen Einfluß auf Dyved erhielt, von wo die Entwicklung der Sage ausging.

40 Vor allem *Gruffydd,* ferner Henri *Hubert* (in *Le Mythe d'Epona.* Jean de *Vries* (in *La Religion des Celtes.* S. 90 u. 134), P.M. *Duval* (in *Les Dieux de la Gaule.* S. 47). S. 47).

41 G. *Dottin: La langue gauloise.* (Paris 1920) S. 227.

42 Auf alle Fälle stammen *rig* und *regena* von der indoeuropäischen Wurzel reg- (= '*REG*ieren', 'di*RIG*ieren', 'e*RIG*ieren', 'sich ausdehnen') ab. Vgl. im Sanskrit *rnjati* (= 'er streckt sich'), *rju* (= 'gerade'); griech. ὀρέγω (= 'ich reiche'); lat. *regere* (= 'König sein', 'lenken'); got. *rakjan* und dt. *sich recken.* Aus dem alten keltischen *rektu* wurde alt-irisch *recht* (vgl. dt. *Recht, rechtens, aufrecht* etc.), neu-irisch *reacho*: alle diese Worte haben die Bedeutung 'Gesetz' und 'Recht'. Auch das alt-breton. *reith* und walis. *rhaith* (vgl. engl. *right*) bedeuten 'Gesetz' bzw. 'Recht'. Mittelbret. *reiz* = 'gerecht' hat im heutigen Breton. die Bedeutung 'Ordnung' und 'Recht'.

43 T.H. *Gaster: Les plus anciens contes de l'humanité.* S. 60, S. 66 u. S. 101.

44 Sowohl in *Iphigenie in Aulis,* wo Iphigenie zunächst das Schicksal eines Menschenopfers erleidet, als auch in *Iphigenie in Tauris,* wo sie vom Opfer zum Substitut der Göttin (d.h. zur Oberpriesterin der Diana) geworden ist, und dieser nun selbst Menschen – und sogar ihren Bruder – zu opfern hat.

(Vgl. *Goethes* 'klassische' Stilisierung des Mythos in seinem Weimarer Drama *Iphigenie auf Tauris* zum hymnischen Gebet an Menschlichkeit und Gnade – sowie *Kleists* gewaltige Wiederbelebung des Mythos der skythischen Diana in seiner *Penthesilea;* Anm. d. Hrsg.).

45 J.M.: *Les Celtes.* S. 431 - 432.

46 Man könnte natürlich auch auf den Gedanken kommen, in dem Namen Viviane (oder Niniane) und Morgane ebenfalls die *ana*-Gruppe zu sehen, und dabei von einem alten **Gwen-Ana* (= 'die weiße Anna') oder **Guin-Di-Ana* bzw. einem alten **Morg-Ana* ausgehen. Jedoch läßt die lateinische Form *Ganieda* ebenso wenig wie die walisische Form *Gwendydd* des Namens Viviane eine solche Hypothese zu.

47 Bereits ein Jahr danach wurde eine andere Statue der Hl. Anne in Commana (Finistère) gefunden. Man hat den Eindruck, als hätte in dieser Zeit ein geradezu epidemisches 'St. Anne-Fieber' geherrscht. Die Entdeckung der Statue von Keranna und ihre Bewertung spielte sich folgendermaßen ab: im Jahre 1625 entdeckte ein Bauer, der kurz zuvor einige Visionen gehabt hatte, eine relativ konturlose Statue, die übrigens von den Kapuzinern von Aury 'nachbehandelt' wurde, denn einigen Zeugenaussagen zufolge soll sie zunächst kaum etwas Erkennbares dargestellt haben. Es ist nicht ausgeschlossen, daß Nicolazic, ein biederer, geistig vollkommen normaler und gläubiger Mann in dieser Affaire das Opfer einer raffinierten Manipulation besonders seitens der Kapuziner von Auray wurde, die sich erst kürzlich in dieser Gegend niedergelassen hatten und dort ein auf materieller wie geistiger Ebene lukratives Wallfahrtszentrum errichten wollten. Siehe dazu J.M.: *Les Celtes.* S. 434 - 436. Die offiziellen Einzelheiten über diesen Fund sind nachzulesen bei J. *Buleon* und E. *Le Garrec: Sainte Anne d'Auray.* Vannes 1912. In diesem Zusammenhang sei noch angemerkt, daß die Kirche trotz zahlreicher Eingaben nie ernsthaft daran dachte, diesen Nicolazic heiligzusprechen.

48 J. *Loth: Mabinogion.* Bd. II, S. 326 - 329.

49 *Ibid.* Bd. II, S. 335 - 336.

50 In der volkstümlichen Überlieferung heißt es, daß dieses Heiligtum zu Ehren der Großmutter des Erlösers im V. Jahrhundert von König Gradlon und dem Hl. Gwenolé an der Stelle einer der römischen *Mater Casta* geweihten Kultstätte gegründet wurde. Dies dürfte kaum überraschen, denn die ganze Umgebung der Bucht von Douarnenez ist übersät von Ruinen aus gallo-römischer Zeit. (J.M. *Abgrall: Monuments du Culte de sainte Anne.* In: *Revue de Bretagne* Bd. XXVII, 1902, S. 161).

51 griech. ἄνεμος 'Wind'; lat. *animus* und *anima,* 'Geist' bzw. 'Seele'; sanskr. *aniti,* 'er atmet'; goth. *anan,* 'atmen'.

52 Das Pluralsuffix *-on* ist im Breton. semantisches Kennzeichen für 'menschliche Wesen' und stammt zweifellos vom lat. Suffix *-ones.* Vgl. L. *Loth: Les mots latins dans les langues brittoniques.* (Paris 1909) S. 472.

53 G. *Dottin: La langue gauloise.* S. 226. Es ist möglich, daß die Sümpfe aufgrund der dort austretenden Dämpfe (unteridischen 'Atems') mit dem Wort *ana* bezeichnet wurden. Jedenfalls ist mit den Sümpfen in allen Mythologien die Idee der Hölle verbunden. Sie sind das *Niemandsland,* die Zwischenzone zwischen den beiden Welten. Es sei auch darauf hingewiesen, daß das Wort *Ankou,* das in der Bretagne die Personifizierung des Todes bezeichnet, nichts mit dem Wort *ana* zu tun hat: es stammt nämlich über eine keltische Zwischenstufe **enkowo* von der Wurzel *nek-* (= 'sterben'; vgl. lat. *nex, necis; necare*) ab.

54 *Breac* stammt ursprünglich von einem gallischen Wort ab, das ebenfalls 'Sumpf' bedeutete. Das Sumpfgebiet in der Nähe von Brennilis (möglicherweise ursprünglich *Brenn-Ellès*) wird Yeun-Ellez genannt und im regionalen Volksglauben für den Eingang zur Unterwelt gehalten. *Ellès* hat mit engl. *hell* und dt. *Hölle* ein und dieselbe indogermanische Wurzel.

55 Aufgrund der Entwicklung der walisischen Form aus der keltischen Wurzel **rektu,* die zu *ruev* und *rhwyf,* 'König', wurde, kann der Name Rivanone – mit seinem charakteristischen *-v-* im Wortinnern – nur eine bereits höher entwickelte walisische Form sein, die zeitlich nach dem Einsetzen der Auseinanderentwicklung beider Sprachen, also etwa im IX. Jh. entstanden sein dürfte.

56 Ein weiterer aufschlußreicher Name, in dem wieder das Wort *rig,* 'König', zu erkennen ist. Möglicherweise ist *Rigour* aus **rig-guor* entstanden, was 'großer König' bedeutet.

57 R. *de Laigue: Saint Hervé.* Bahon-Rault, Rennes o.J. Die Zitate sind der Übersetzung *Vie de saint Hervé* von Arthur de *La Borderie* entnommen.

58 Der Legende seines Heiligenlebens zufolge hat er angeblich in einer Vision den geöffneten Himmel gesehen. Diese Vision habe er, so heißt es, zum Anlaß der ihm zugeschriebenen berühmten Dichtung *kantik ar Baradoz* ('Lied vom Paradies') genommen.

59 Neben der modernen psychoanalytischen Deutung der Arche als weibliches Sexualsymbol läßt sich noch eine wesentlich ältere rekonstruieren: das lateinische Wort *arca,* (das wiederum von einem etruskischen abstammt, woraus sich auch lat. *arx* (= 'Burg') entwikkelte), bedeutet 'Sarg' und erst in zweiter Linie 'Truhe und Schrank' (vgl. provenzal. *archou* und neu-breton. *an arc'h,* was 'Koffer', 'Kiste' bedeutet). Mit der gleichen Wurzel hängen *arctum,* 'enger Raum' und *arcere* 'enthalten', 'zurückhalten', 'verbergen', zusammen. Dem entspricht griech. ἀρκεῖν 'schützen', 'verbergen', 'verstoßen'. Vielleicht hängt dies wiederum zusammen mit einer anderen griech. Wurzel αρχ-, mit der ein Verb ἀρχαῖος ('herrschen', 'befehlen', 'vorstehen') sowie das Adjektiv ἀρχαῖος ('alt', 'archaisch') gebildet wird. Ist die große Königin aufgrund dieser Etymologien nicht gleichzeitig die Göttin der Toten ('Sarg'), die Göttin der Geheimnisse ('arcanum'), die Jungfrau-Göttin (die schützt und zugleich verstößt), die Göttin in der Burg mit der engen Pforte (Vagina), die Göttin des Ursprungs ('archaisch') und schließlich die Göttin, die die Befehle erteilt ('die Archontin')? In diesem Zusammenhang sei auch noch daran erinnert, daß Noah, der in der mosaischen Fassung der *Genesis* eine männliche Figur wurde, ursprünglich die semitische Göttin *Nuah* war, die in der Arche, ihrem Symbol, auf dem Wasser trieb.

IV. Der Aufstand des Blüten-Mädchens

Bekanntlich ist die Industriegesellschaft, deren System wir heute unterworfen sind und der wir nicht entrinnen können, was immer wir unternehmen mögen, um sie zu ignorieren oder abzulehnen, die konsequente Folgeerscheinung der paternalistischen Gesellschaft, die zu Beginn der Ackerbaukultur geschaffen wurde und die die Arbeitsteilung sowie die Aufteilung von Macht und Besitz definitiv festsetzte. Diese Gesellschaft basiert auf dem Prinzip der Arbeit, somit der Anstrengung, ja sogar des Leidens.[1] Diese Anstrengung, dieses Leiden sind die nötigen Opfer, die erbracht werden müssen, um eine *Leistung* zu erreichen, die Überfluß an materiellen Gütern und Nahrung verschafft. Um das Ziel möglichst hoch anzusetzen, d.h. um eine möglichst hohe Leistung zu erreichen, muß jedoch notgedrungen das naheliegende Interesse an einem sofortigen Konsum zugunsten eines langfristigen Interesses an einer noch größeren und variationsreicheren Produktion (d.h. zugunsten des Interesses an einer größeren Konsummöglichkeit) hintangestellt werden. Daher herrscht ein gestörtes Gleichgewicht zwischen dem unmittelbaren, naheliegenden Interesse, welches *instinktiv* bzw. *triebhaft* ist, auf der einen Seite und dem mittelbaren, langfristigen Interesse, welches *vernunftgesteuert* ist, auf der anderen Seite, – und damit stoßen wir auf den ewigen Konflikt zwischen *Instinkt* bzw. *Trieb* und *Vernunft*. Entgegen den Ansichten der klassischen Philosophen sieht es ganz so aus, als seien Vernunft und Trieb keineswegs unvereinbare Gegensätze: aus dem Trieb wird dank der überlegenen Kräfte des Geistes Vernunft. Die Opposition Trieb versus Vernunft entstellt das wahre Problem, und doch trägt sie ständig zur Vergiftung unserer Gesellschaft bei, da wir die Beziehung zwischen diesen beiden Bereichen aus den Augen verloren haben und da wir stets nur der Vernunft Recht geben, weil wir vergessen, daß gerade der Trieb zu seiner eigenen Befriedigung die Vernunft erfunden hat: daher ist ständig zu beobachten, daß die Industriegesellschaft, die direkte Nachfolgerin der paternalistischen Agrargesellschaft, *auf der Unterdrükkung der Triebe* und gleichzeitig auf der *überspannten Begeisterung für die Ver-*

nunft basiert, welche als autonom angesehen wird. Diese Vernunftargumentation muß schließlich in die Leere gehen bei der enormen Beschleunigung, mit der sich die Zivilisation entwickelt, die ihr eigentliches Ziel, nämlich die Befriedigung der Triebe, aus den Augen verloren hat und deshalb das wahnwitzige Wettrennen ihres Wachstums nicht mehr drosseln kann, aus Angst – *so wird geglaubt* – sie würde dann für immer untergehen und die gesamte Menschheit mit sich in den Abgrund reißen.

Und doch ist der Trieb, egal ob wir ihn Sexualtrieb, Eros oder Trieb der Sinnlichkeit nennen – oder ob wir gar von 'niedersten Trieben' sprechen – in Wirklichkeit nur die instinktive Suche nach innerer Zufriedenheit, Ausgeglichenheit und Seligkeit, nach einem Zustand, den manche einfach Glück nennen. Dieses Glück ist das Ziel, das sich die Menschheit gesteckt hat. Auch wenn man es nicht erreicht, führt das Handeln dennoch zu einem Ergebnis, und zwar zur Lust; das ist kein Zweck und kein Mittel, sondern das Resultat eines unvollkommenen Aktes, oder eines Aktes, in dem nicht alle Voraussetzungen, die für seinen Erfolg notwendig wären, erfüllt worden sind. Die Lust ist gewissermaßen die unvollkommene Form des Glücks, oder dessen, was als Glück angesehen wird. (Kann man aber in unserer Welt der Relativität das wahre „Glück" überhaupt finden?) Dabei muß auch noch etwas anderes festgehalten werden: die Lust ist das höchste Ziel, wonach der Mensch sich bei der Befriedigung seiner Triebe noch sehnen kann.

Der Bereich der Triebe, den die 'Kultur' uns vergessen machen will, und den die verschiedenen Erziehungssysteme unter Verachtung der Natur des Menschen bewußt verheimlichen[2], diesen Bereich symbolisiert in den patriarchalischen Gesellschaften eindeutig die Frau. Wenn der Trieb in Opposition zur Leistung gesetzt wird, dann wird automatisch die Frau (die mit Trieb, Sensibilität, Sinnlichkeit und Intuition gleichgesetzt wird) in fataler Weise zum Mann in Opposition gesetzt (mit dem automatisch Vernunft, Logik, Konstruktivität, Produktivität, Organisationswille assoziiert wird). Dann tauchen die alten Irrtümer über das Wesen der Frau auf einmal in schönster Weise wieder auf: Frau bedeutet dann Liebe, und Liebe ist mit Schuld verbunden. Die Liebe kann nur deshalb toleriert werden, weil sie zu Nachkommenschaft führt, – zumindest behauptet man das, um die Sexualität zu rechtfertigen, deren Existenz nun einmal schlecht geleugnet werden kann. So verstanden ist die Liebe jedoch eine rein *praktische, funktionale* Angelegenheit. Sie ist ein Produktionsmittel, das die Gesellschaft mit Arbeitern versorgt, derer sie dringend bedarf, um den Höllenkreis ihrer Entwicklung, ihres Wachstums fortzusetzen[3].

Aber daneben existiert auch noch eine andere Form von Liebe, die vollkommen 'zweckfrei', 'tendenzlos' ist, jene Liebe, die 'einfach' zwei Wesen vereint und nicht unbedingt das Ziel der Fortpflanzung hat. Wenn diese Liebe auch nicht direkt verboten ist, so wird sie doch zumindest diffamiert, weil sie den Fortbestand der Gesellschaft gefährdet. *Freud* sagt dazu sehr zutreffend:

„...daß die sexuelle Liebe ein Verhältnis zwischen zwei Personen ist, bei dem ein dritter nur überflüssig oder störend sein kann, während die Kultur auf Beziehungen unter einer größeren Menschenanzahl ruht. Auf der Höhe eines Liebesverhältnisses bleibt kein Interesse für die Umwelt übrig; das Liebespaar genügt sich selbst, braucht auch nicht ein gemeinsames Kind, um glücklich zu sein."[5]

Wenn es nach landläufiger Meinung heißt, daß das Liebespaar sich allein auf der Welt fühlt, so ist es ganz klar, daß die organisierte und kollektive Welt diesen bewußten Rückzug in ein anderes Universum nicht dulden kann. Daher die Bekämpfung von Phantasie und Sexualität. Herbert *Marcuse* stellt – wie bereits in einem anderen Zusammenhang weiter oben erwähnt – fest:

„...daß die freien libidinösen Beziehungen ihrem Wesen nach Arbeitsleistungen widerstreben, daß den ersteren Energie entzogen werden muß, um die letzteren zu begründen, daß nur das Fehlen von der vollen Befriedigung die gesellschaftsgründende Organisation der Arbeit aufrecht erhält. Selbst unter optimalen Bedingungen einer rationellen Gesellschaftsorganisation müßte die Befriedigung der menschlichen Bedürfnisse Mühe erfordern und schon diese Tatsache allein müßte quantitative und qualitative Triebeinschränkung erzwingen und damit zahlreiche soziale Tabus. Ganz unabhängig von ihrem Reichtum hängt die Kultur von stetiger und methodischer Arbeit ab und damit von lustvoller Verzögerung der Befriedigung. Da die primären Triebe 'von Natur aus' gegen diese Verzögerung sich auflehnen, bleibt ihre repressive Modifizierung eine Notwendigkeit für jede Kultur."[6]

Dieser Beweisführung von *Marcuse* ist nichts hinzuzufügen, außer daß die Mythologie durch die Mechanismen ihrer Symbole und Strukturen zu etwa gleichen Ergebnissen gelangt.

„Durch die Macht ihrer Sexualität", so Otto *Rank*, „wird die Frau der Gemeinschaft gefährlich, deren soziale Struktur auf der Angst gründet, welche früher durch die Mutter eingeflößt wurde und heute ihre Quelle in der Person des Vaters hat."[7]

Wenn die Frau eine Gefahr bedeutet, dann drängt man sie ins Abseits, verbannt sie in die tiefsten Höhlen, unter eine Maske, oder sie wird gelegentlich einfach vermännlicht. Und so ist aus der Muttergöttin Gott-Vater geworden. Wenn der Mann dann immer noch Sehnsucht nach einer Frau hat, so ist dies kaum noch störend. Schließlich hat Gott den Mann nach seinem Bilde erschaffen, weshalb sollte da der Mann nicht seinerseits die Frau nach seinem Bilde erschaffen? Von hier aus wird der Pygmalion-Mythos verständlich: denn die Frau, die er geschaffen hat, entzieht sich ihm, *die Frau probt den Aufstand*; jäh bricht sie wieder in das Bewußtsein ein, während man sie doch vergessen und im Unterbewußtsein hat versinken lassen; nun verwirklicht sie die Tat, die ihr aufgegeben ist. Aktiv zu werden ist ihre Rolle, denn die Frau ist, wie wir gesehen haben, diejenige, durch die die Energie erst wirksam werden kann. Das kann jedoch unvorhersehbare Folgen haben. Aber in der derzeitigen Lage, d.h. seit Bestehen der paternalistischen Gesellschaft, ist der Mann auf der Hut: diesem Kampf begegnen wir in einem der sonderbarsten Mythen, die uns die keltische Tradition überliefert hat, in einer auf den ersten Blick sogar recht banalen Geschichte, die jedoch auf großes Echo stieß, u.a. im vierten walisischen *Mabinogi (Math, Sohn des Mathonwy)*, ja sogar teilweise in dem berühmten *Cad Goddeu*, einem Gedicht, das dem Barden *Taliesin* zugeschrieben wird.

Die Geschichte der Blodeuwedd (Wales):

Arianrod, die Tochter der Dôn, hat zwei Söhne geboren, Dylan und Lleu, die sie jedoch nicht anerkennen will. Dylan flieht zum Meer und stürzt sich in die Fluten. Lleu wird von seinem Onkel Gwyddyon, dem Sohn der Dôn und Bruder der Arianrod (möglicherweise ist er auch ihr Liebhaber) aufgezogen. Arianrod hat über ihren Sohn folgenden Fluch ausgesprochen: er werde keine Frau von der Rasse der Menschen haben. Da versucht Gwyddyon mit Hilfe seines Onkels Math dennoch eine Lösung zu finden und das von Arianrod aufgestellte *Tabu* zu brechen. „Sie vereinigten die Blüten von Eiche, Ginster und Wiesenkönigin und formten mit Hilfe ihrer Magie die schönste und vollkommenste Jungfrau der Welt." Anschließend geben sie sie dem Lleu Llaw Gyffes zur Frau. Die beiden leben in sorgloser Eintracht, bis eines Tages, während Lleu abwesend ist, Blodeuwedd – so heißt die 'Blütengeborene' – eine Gruppe von Jägern, die angeführt wird von Gronw Pebyr, dem Fürsten von Penlynn in Merioneth,[9] in ihrem Haus gastlich aufnimmt. Die Begegnung zwischen Blodeuwedd und Gronw ist wahrhaftig Liebe auf den ersten Blick. „Blodeuwedd blickte ihn an, und von diesem Augenblick an gab es keinen Winkel in ihrem Wesen mehr, der nicht von ihrer Liebe zu ihm durchdrungen gewesen wäre; auch er wandte seinen Blick nach ihr und sofort wurde er von den gleichen Gefühlen übermannt." Sie verbringen die Nacht miteinander, und am nächsten Morgen will Blodeuwedd den Geliebten nicht mehr fortlassen. Ihre Leidenschaft füreinander ist so heftig, daß sie planen, sich bei nächster Gelegenheit des rechtmäßigen Gemahls zu entledigen, der nun ihrem Glück im Wege steht. Gronw rät der jungen Frau, aus Lleu selbst herauszubekommen, wie er umzubringen sei. Nach Lleus Rückkehr fragt sie nun den Gemahl danach und bringt ihn auch wirklich dazu, daß er verrät, unter welchen Bedingungen man ihn töten kann. Diese erweisen sich nicht gerade als leicht: Lleu muß sich am Ufer eines Flusses befinden, muß mit einem Fuß auf dem Rücken eines Bocks und mit dem anderen auf dem Rand eines Zubers stehen, worin man ihm ein Bad bereitet hat. Was die Waffe angeht, die ihn tödlich verwunden kann, so bedarf es zu ihrer Fertigstellung ein ganzes Jahr, wobei an ihr nur sonntags während der Messe gearbeitet werden darf. Sobald Blodeuwedd im Besitz dieses Geheimnisses ist, verrät sie es Gronw, der auf der Stelle die angegebenen Vorbereitungen trifft. Nach Ablauf eines Jahres fragt Blodeuwedd ihren Gemahl wie aus reiner Neugier, ob er ihr nicht einmal zeigen könne, wie er mit einem Fuß auf dem Rücken eines Bocks und mit dem anderen auf dem Rand eines Badezubers stehen könne. Während er nun sein Kunststück vorführt, schleudert Gronw seinen Jagdspeer nach ihm. „Da schwang sich Lleu, in einen Vogel verwandelt, in die Lüfte, stieß einen markerschütternden, gräßlichen Schrei aus und ward nie mehr gesehn." Nun sind Blodeuwedd an Gronws Seite herrliche Tage ungetrübten Glücks beschieden. Aber Gwyddyon durchstreift das ganze Land auf der Suche nach Lleu. Eines Tages, als er eine Sau verfolgt, deren sonderbares Gebaren ihn neugierig macht, gelangt er unter das Dach eines Baumes, auf dem ein Adler thront. Der Adler schüttelt sich und läßt dabei Gewürm und andere Nahrung herabfallen, die von der Sau sofort gefressen wird. Gwyddyon erkennt, daß es sich um Lleu handelt. Durch seine Zaubergesänge verwandelt er seinen Neffen wieder in Menschengestalt zurück und läßt ihn gesund pflegen. Als er wieder genesen ist, macht er sich mit ihm auf, um sich an Gronw und Blodeuwedd zu rächen. Gwyddyon geht voran. Als Blodeuwedd dies erfährt, bekommt sie Angst. „In Begleitung ihrer Dienerinnen überquert sie den Fluß Kynvael und flüchtet sich zu einem auf einer Bergeshöhe gelegenen Hof." Der Schrecken der Dienerinnen war so groß, daß sie sich beim Gehen ständig umdrehen mußten; so fielen sie in ein

Wasserloch und ertranken alle bis auf Blodeuwedd. So konnte Gwyddyon sie einholen und sprach zu ihr: Ich werde dich nicht töten, sondern habe noch Schlimmeres mit dir im Sinn. Ich lasse dich am Leben, werde dich aber in einen Vogel verzaubern. Als Strafe für die Schmach, die du Lleu Llaw Gyffes angetan hast, sollst du es nie mehr wagen, dein Gesicht dem Licht des Tages zu zeigen, denn du hast die Rache aller anderen Vögel zu fürchten. Ihr Instinkt (Trieb) wird ihnen befehlen, dich zu hacken und dir mit Verachtung zu begegnen, wo immer sie dich treffen. Du wirst deinen Namen beibehalten, immer wird man dich Blodeuwedd nennen. Und so heißt auch heute noch die Eule Blodeuwedd. Auf diese Weise geschah es, daß die Eule zum Ziel des Hasses aller Vögel wurde."[10]

Das erste markante Element dieser Sage von Blodeuwedd ist die Verfluchung des Lleu, ein Fluch, den seine Mutter in Form eines Tabus ausspricht, ein richtiger irischer *Geis*, so wie er von den alten Druiden praktiziert wurde: Lleu soll keine Frau erhalten, die der Rasse der Menschen angehört. Was ist der Sinn dieses kuriosen Verbots, besonders aus dem Mund einer Mutter? Dazu muß man sich daran erinnern, daß Arianrod eine Art Muttergöttin ist. Ihr Sohn ist somit das erste menschliche Geschöpf. Er befindet sich in der gleichen Lage wie Adam, der erste, von Gott erschaffene Mensch. Er kann auch keine Menschenfrau haben, da er noch der einzige Vertreter des Menschengeschlechts ist. Außerdem kann die Gottheit, die nur in Opposition zur Nicht-Gottheit, nämlich der Schöpfung, Gottheit sein kann, kein Interesse daran haben, daß ein anderes Geschöpf das Einvernehmen – oder die Opposition, was das Gleiche ist – zwischen ihr und dem ersten (und einzigen) Geschöpf stört. Die Muttergöttin Arianrod behält Lleu, ihren Sohn, der auch ihr Liebhaber wird, eifersüchtig für sich. Hierin gleicht dieser Mythos dem von Ischtar und Tammuz, von Attis und Cybele, oder dem von Aphrodite und Adonis. In idealer Entsprechung wird es später zu der gleichen Situation in dem Paar Jesus-Maria kommen, deren häufigste symbolische Darstellung die Madonna mit dem Kind ist, eine Figurenkonstellation, die es bereits lange vor dem Christentum gab. Das zweite wichtige Element ist die Schöpfung der Blodeuwedd. Blodeuwedd wird mit Hilfe der Magie aus Blüten, d.h. aus dem voll entwickelten Zustand der Natur von Math und Gwyddyon künstlich *hergestellt*. Math ist Meister der Magie, somit der Beweger der Naturkräfte. Da er selbst aber 'am Schenkel verletzt' (= impotent) ist, übernimmt Gwyddyon seine Rolle als *Demiurg* und auch die Rolle des Vaters. Damit reißt er praktisch die Macht seines Onkels an sich und befindet sich damit genau in der gleichen Situation wie Prometheus, der dem Zeus das Feuer des Himmels geraubt und Pandora, die erste Frau, erschaffen hat. Es fällt auf, daß bei der Schöpfung der Pandora wie bei der Schöpfung der Blodeuwedd oder bei der Schöpfung der rätselhaften Lilith, auf die wir noch zu sprechen kommen werden, *die Muttergöttin keine Rolle mehr spielt:* es handelt sich um eine Schöpfung des Mannes, was ein Hinweis darauf ist, daß es sich um einen in einer Männergesellschaft entstandenen Mythos handelt. Tatsächlich will ja damit der Mann der Frau ihre Schöpferkraft rauben, denn die Frau ist aufgrund ihrer Unabhängigkeit und ihrer privilegierten Fähigkeit, Kinder zu gebären, eine mächtige Feindin, die man mit allen Mitteln dem väterlichen Gesetz unterwerfen muß. In der Schöpfung der Blodeuwedd, der Pandora und auch der Lilith ist daher das Symbol der großen Umwälzung zu sehen, die in einer weit zurückliegenden, kaum noch zu ortenden Epoche des Altertums oder gar der Vorzeit stattgefunden hat. Aus einem noch philosophischeren Blickwinkel betrachtet heißt das: *die Kultur der Vernunft,* (welche konstruiert, organisiert, klassifiziert, Gesetze aufstellt und *geometrisiert*) *ist an die Stelle der Kultur der Triebe getreten,* (welche vor allem weiblich ist und durch Sensibilität, Affektivität und Sexualität gekennzeichnet ist). Dadurch, daß Math und Gwyddyon die Blodeuwedd außerhalb des mütterlichen Uterus erschaffen, negieren sie die Sexualität, negieren damit die Urfrau und erschaffen, mit allem, was dazugehört, eine Frau nach dem Bilde ihrer männlichen Vorstellungen. Von diesem Zeitpunkt an hat der Vater über die Mutter gesiegt: er hat sich seine Tochter nach seinen eigenen Wünschen geschaffen. Von nun an wird die Frau ein *Kunstprodukt* sein, welches der Mann für sich herstellen und seinen eigenen Wünschen entsprechend verwenden kann.

Das dritte in unserem Zusammenhang wichtige Element der beschriebenen Geschichte ist die Heirat und Ehe zwischen Lleu und Blodeuwedd. Blodeuwedd war zu einem einzigen Zweck erschaffen worden: dem Lleu als Gefährtin zu dienen, ganz wie auch Lilith und später Eva zu dem alleinigen Zweck, Adam Gesellschaft zu leisten, erschaffen wurden. Sie ist eine Wunschprojektion des Lleu, sein narzistisches Double, so wie Eva das 'entmannte' Bild Adams ist. Gwyddyon, mit anderen Worten: der Vater, der Vertreter der paternalistischen Ordnung, hat sie einfach dem Lleu, seinem Sohn, gegeben. Blodeuwedd selbst wurde dabei nicht gefragt. Daher befinden sich Lleu und Blodeuwedd genau in der gleichen Situation wie Adam und Eva. Gwyddyon und Math geben dem jungen Paar ein Stück Land, eine Art irdisches Paradies fern von allen Sorgen und Nöten. Blodeuwedd und Lleu könnten im Prinzip vollkommen glücklich sein, jedoch nach der patriarchalischen Auffassung des Glücks, d.h. als familiäres Ehepaar: die Familie ist die Basis dieser Gesellschaft, während es in früheren Zeiten der *Clan* war. Die Familie ist definitionsgemäß klein und eingeengt, da sie auf der Monogamie basiert und sich auf zwei Wesen, den Gatten und die Gattin, beschränken muß. Daher ist die Ehe von Lleu und Blodeuwedd wesentlich mehr als eine simple Anekdote, eine einfache 'Panne'. Dieser Mythos, diese Sage enthält nämlich in Wirklichkeit eine ganze Reihe von Überlieferungen über die Entstehung der Gesellschaft des paternalistischen Typs. Bis dahin war die Frau allein da: Arianrod, das Mutter gewordene Mädchen, dessen Kinder von den Onkeln mütterlicherseits aufgezogen werden, ist ein markantes Beispiel. Von nun an gibt es das Ehepaar.

Das vierte wichtige Element der Geschichte ist die Art, wie Blodeuwedd auf diese vorgegebene, aber nicht akzeptierte Lage reagiert. Ihr Verhalten ist der *Aufstand des Blütenmädchens*. Blodeuwedd weigert sich, ihre Entfremdung hinzunehmen und fordert ihr Recht auf freie Entscheidung: sie entscheidet sich für einen Liebhaber, den sie wirklich liebt. Der Konflikt zwischen Trieb und Vernunft spitzt sich zu, und Blodeuwedd entscheidet sich, da sie in Gronw Pebyr verliebt ist, für den Trieb und gegen die Vernunft. Gronw Pebyr – sein Name bedeutet 'der junge starke Mann' – symbolisiert auf wunderbare Weise diesen Aufstand der jungen Frau, die in ihrer Auflehnung gegen die väterliche Autorität (Gwyddyon) und gegen die von diesem eingesetzte Autorität des Gatten (Lleu) bei dem jungen Sohn Unterstützung sucht.

Das fünfte wichtige Element: der Mord an Lleu durch die beiden Liebenden.

Es könnte sich dabei natürlich lediglich um eine banale Skandalgeschichte handeln, wie sie in der Geschichte der Menschheit in solcher Häufigkeit vorkommt, daß man darüber kaum noch ein Wort verlieren kann. Und doch trifft das hier nicht zu. Der Aufstand des Blütenmädchens ist nicht vollständig, solange er nicht bis zum Mord am Gatten geht. Hätten sich Blodeuwedd und Gronw mit ihrer heimlichen Liebe zufrieden gegeben (wie Tristan und Yseult, wie Lancelot und Guenièvre), dann hätten sie damit die paternalistische Gesellschaft, die sie entfremdete, in gewissem Sinne anerkannt, indem sie ihre Struktur wie das Musterbeispiel einer Boulevardkomödie respektiert hätten, in der man gerne über den gehörnten Ehemann lacht, ihn darüber hinaus jedoch nicht weiter als störend empfindet. Blodeuwedd und Gronw Pebyr schaffen Lleu aus der Welt, weil dieser Unglückliche mit seiner Person alle gesellschaftlichen Tabus der paternalistischen Gesellschaft repräsentiert. In Wirklichkeit ist aber nicht Lleu das Ziel ihrer Tat, sondern die durch ihn vertretene und in Gwyddyon verkörperte Macht des Vaters. Wer dabei getötet wird (oder besser gesagt okkultiert wird, denn er stirbt ja nicht wirklich) ist Lleu, wer dadurch aber wirklich getroffen und verspottet wird, ist Gwyddyon. Dies ist der Grund dafür, daß Gwyddyon so verbissen nach Lleu sucht und sich auf die beschriebene Art und Weise rächt.

Ein sechstes wichtiges Element: das Scheitern von Blodeuwedds Befreiungsversuch. Der Aufstand des Blütenmädchens ist nur von kurzer Dauer. Gwyddyon macht zur Wiederherstellung der einen Augenblick lang gefährdeten Ordnung, die er repräsentiert, sowohl von der Kraft der Magie als auch von Recht und Gesetz Gebrauch. Gwyddyon ist Vater und Schamane, Sieger über den Tod, Priester, Demiurg und Herr über das Gesetz. Er bestraft den ungezogenen jungen Mann dafür, daß er sich mit der Frau verbündet hat. Entscheidend dabei ist aber: *er kann Blodeuwedd nicht ganz vernichten, da er sie selbst geschaffen hat, er muß sich also darauf beschränken, sie in eine Eule zu verwandeln.*

Es mag zunächst überraschen, daß die magischen Kräfte des Gwyddyon nicht über eine einfache Verwandlung hinausgehen. Die Erklärung dafür ist jedoch einfach: wenn Blodeuwedd sein eigenes Geschöpf ist, d.h. *wenn sie seiner Vorstellung entsprungen ist*, dann stellt sie eine wesentlich höhere Wirklichkeit dar, als wenn sie aus seinem Körper hervorgegangen wäre. Die Materie läßt sich vernichten, der Geist aber nicht. Denn wenn man diesen negiert, bestätigt man ihn gleichzeitig immer noch. Für Gwyddyon ist es daher unmöglich, Blodeuwedd zu vernichten: sie gehört seinem Geiste an, seiner Vorstellung, seiner Erinnerung, und so wird sie auch unauslöschlich in der Erinnerung der Männer haften bleiben. Daher gibt es nur eine Lösung, und diesen Weg wählt Gwyddyon: indem er sie in einen Eule, also einen Vogel der *Nacht*, verwandelt, verbannt er Blodeuwedd in die Finsternis. In der Sprache der Psychoanalyse heißt das ganz einfach: der Vater verdrängt die Tochter, die den Aufstand probt, in das Dunkel des Unbewußten.

Aber jede Vorstellung entgleitet ihrem Autor, sobald sie einmal formuliert ist. Man erinnere sich an die erstaunlichen Theorien, die *Balzac* in *Louis Lambert* über das Eigenleben darstellt, welches die Gedanken außerhalb unseres Geistes entwickeln. Diese Theorien, die übrigens dem erleuchteten Philosophen Swedenborg entliehen sind, stießen generationenlang bei den Rationalisten unter den Gelehrten lediglich auf Gelächter. Das ist jedoch höchst bedauerlich, denn gerade diese Wissenschaftler hätten erkennen müssen, daß darin – wenn auch in eine Symbolsprache gekleidet – in Wirklichkeit die Idee zum Ausdruck kommt, daß ein Gedanke, sobald er in der Vorstellung eines Wesens einmal formuliert ist, von da an ewig existiert und auch jeden weiteren in demselben Wesen entstehenden Gedanken überlebt, da ja der Gedanke, der Geist nicht vernichtet werden kann. Die Gültigkeit dieser von *Swedenborg* und *Balzac* entwickelten Theorie wurde übrigens von der Psychoanalyse bewiesen. Die frühesten in unserer Kindheit formulierten – und in die Tiefen des Unterbewußten verdrängten – Gedanken können irgendwann plötzlich wieder an der Oberfläche des Bewußtseins auftauchen und erhebliche Turbulenzen verursachen, wenn sie mit anderen Gedanken und Ideen in Konflikt geraten.

Also kann die in das Unbewußte *verdrängte* Blodeuwedd im Bewußtsein des Gwyddyon, der der paternalistische Mensch ist, jederzeit wieder auftauchen. Das bedeutet, daß der Aufstand des Blütenmädchens eine ständige Bedrohung für die Basis der paternalistischen Gesellschaft ist, selbst dann, wenn nicht von ihr gesprochen wird und selbst dann, wenn die Moral sie verdammt. Hier stoßen wir wieder auf eine Ursache jener Furcht, die die Frau dem Mann einflößt, auf eine der Ursachen dafür, daß er die Frau am liebsten bewußt in einem Zustand der Unterlegenheit und des *Unwissens* lassen will. Es ist nicht gut, daß sie erfährt, daß sie sich auflehnen kann, daß sie erfährt, daß der Blodeuwedd-Mythos der Mythos jeder Frau ist, und daß es auch einen Komplex gibt, von dem *Freud* in seiner frauenfeindlichen Einstellung natürlich nie gesprochen hat: nämlich *den Blodeuwedd-Komplex*!

Darüber hinaus erinnert die Blodeuwedd-Geschichte an eine mehr als obskure Überlieferung – sie ist deswegen obskur, weil sie stets bewußt verunklärt wurde – die aus den biblischen Schriften stammen, oder vielmehr aus den 'apokryphen' Texten, die aus der offiziellen Fassung sorgfältig ausgeklammert wurde. Tatsächlich deckt sich der Mythos der Blodeuwedd in vielen Punkten mit dem Mythos der rätselhaften Lilith, *der ersten Frau.*

Die Geschichte der Lilith (Jüdische Überlieferung):

Als Jahwe Adam schuf, schuf er zugleich auch eine Frau, Lilith, die er wie ihn aus Erde formte. Anschließend gab er sie dem Adam zur Gemahlin. Aber Lilith war mit diesem nicht zufrieden, denn sie erwartete mehr von Adam. Sie brach mit ihm, brachte den unaussprechlichen Namen Jahwes über die Lippen, erhob sich in die Lüfte und flog davon. Da forderte Adam von Jahwe sein Weib zurück, und so schickte dieser die drei Engel Senoi, Sansenoi und Samangloph aus, um Lilith zu verfolgen; diese holten sie ein und ergriffen sie am Ufer des Roten Meeres an der Stelle, wo später das Heer der Ägypter nach dem Willen des Moses in den Fluten untergehen sollte. Lilith weigerte sich, wieder ihren Platz an Adams Seite einzunehmen. Da ließen die drei Engel sie auf Jahwes Befehl wissen, daß sie jeden Tag hundert ihrer eigenen Kinder verlieren würde, falls sie nicht zurückkehren werde. Lilith ging dieses Risiko ein. Da wollten die drei Engel sie im Roten Meer ertränken, aber Lilith verteidigte ihren Standpunkt und so wurde ihr das Leben geschenkt, jedoch unter der Bedingung, daß sie dort, wo sie seinen Namen geschrieben findet, niemals einem neugeborenen Kind irgendein Leid zufügen dürfe. Schließlich gab Jahwe sie dem Sammael (Satan), und so wurde sie die erste der vier Frauen des Teufels und zugleich die bedrohliche Verfolgerin der Neugeborenen.[12]

Allem Anschein nach stimmt diese eigenartige Überlieferung in allen Punkten mit der keltischen Überlieferung des Blodeuwedd-Mythos überein. Wie Blodeuwedd ist Lilith ein Geschöpf des Demiurgos. Sie wird Adam als ein weibliches Objekt *gegeben*. Sie lehnt sich auf und verweigert Jahwe und damit dem Vater den Gehorsam. Und ähnlich wie Gwyddyon sein Geschöpf Blodeuwedd nicht mehr aus der Welt schaffen kann, ist Jahwe außerstande, diejenige wieder loszuwerden, die er gleichzeitig mit Adam geschaffen hat: er kann sie lediglich jenseits des Horizonts verbannen.[13]

Was *Lilith* aber besonders deutlich mit dem Blodeuwedd-Mythos verbindet, ist ihr aufschlußreicher Name, den wir nun näher untersuchen müssen.

Überraschenderweise taucht der Name *Lilith* in der Bibel nur an einer einzigen Stelle auf: er fällt im Zusammenhang mit der Strafe über Idomea, einer Gegend des Landes Edom (südwestlich von Palästina), welches zur Wüste verdorren soll, so daß u.a. nur noch „Lîlît dort ihre Bleibe habe und daselbst ihre Ruhe finde." (Jesaia XXXIV, 14) Das Wort *Lîlît*, das mit dem assyrischen Wort *Lîlîtu* (aus Lilaatuv, 'Abend') zusammenhängt, bedeutet wörtlich 'die Nächtliche'. Es scheint einen übel beleumundeten *Nachtvogel*, in der Art des Waldkauzes bzw. des Steinkauzes (lat. Athena *noctua* = 'die nächtliche Athene'!) zu bezeichnen, was uns direkt zu der in eine Eule verwandelte und zu nächtlich umherirrenden Streifzügen verurteilten Blodeuwedd führt. Man könnte auch an die *Lîtu* der assyrischen Mythologie denken, die bösen Geister, die plötzlich aus dem Dunkel auftauchen.

Die Lîlît des hebräischen Textes wird in der griechischen Septuaginta-Übersetzung als ὀνοκενταυρός (= Onokentauros) und in der lateinischen *Vulgata* des *Hieronymos* durch *lamia* wiedergegeben. Der griechische Onokentauros ist ein Fabelwesen, das halb Mensch, halb Esel ist. Ein Wesen dieser Art dürfte kaum in irgendeiner erkennbaren Beziehung mit dem Mythos von Lilith und Blodeuwedd stehen. Die *lamiae* dagegen sind wesentlich interessanter. Sie sind in der Überlieferung der Griechen und Römer wohlbekannt. Sie waren gefräßige nächtliche Ungeheuer, die oft die Gestalt von Vögeln hatten und im Volksglauben als Vogelscheuchen und Schreckgespenster galten.[14] Bei *Aristoteles* ist *lamia* eine Art Hai. In den *Metamorphosen* (I,17), dem Roman vom Goldenen Esel des *Apuleius*, werden nächtliche Hexen einmal mit *lamiae* verglichen. In diesem Roman überrascht Lucius, der Held der Geschichte, seine Gastgeberin Pamphilia, die eine Hexe ist, als sie gerade dabei ist, sich in Gestalt einer Eule in die Lüfte zu schwingen (III, 21). Bei den meisten Autoren sind die *lamiae* in der Regel weibliche Ungeheuer, die Männer und Kinder fressen. Sie entsprechen in etwa den berühmten *strides*, die halb Frauen und halb Vögel sind und von *Ovid* in den *Fasti* (VI, 135 ff) beschrieben werden als „durch die Nacht fliegend auf der Jagd nach kleinen Kindern und Ammen ohne Milch; die Körper der Kinder werden mit den Eingeweiden der Ammen besudelt". Die *lamiae* können auch mit den Harpyien identifiziert werden, jenen alten Zauberweibern, die sich in wilde Tiere verwandeln und die Leichen verstümmeln (*Apuleius, Metamorphosen* II, 23). Schließlich gilt es als sicher, daß die *lamia* oder *Lîlît* auf irgendeine Art mit der *Ghula* der arabischen Überlieferung[15] verwandt ist, aus der dann die *Goule* oder sogar die *Goulue* (= 'die Gefräßige') wurde, womit in französischen Volksmärchen böse Feen bezeichnet werden, die kleine Kinder rauben und in ihre unterirdischen Höhlen verschleppen.[16]

Aber das Spiel der Lilith scheint zu dem Zeitpunkt, wo sie an Satan gerät, noch längst nicht zu Ende zu sein. Im Gegenteil. Nach dem *Zohar* (*Hhadasch*; Abt. Yitro, S. 29) wirkt sie anschließend am Untergang Adams mit, dem Jahwe als zweite Frau Eva gibt, welche aus Adams Rippe geboren, mit anderen Worten nach dem Bilde des Mannes, gewissermaßen als *kastriertes Bild Adams*, geschaffen wurde.

Auch in der *Kabbala* wird diese Überlieferung im Buch *Emelek-Ammeleh*, XI erwähnt, wobei unter Berufung auf *Jesaia* XXVII, 1 hinzugefügt wird, daß Sammael einst bestraft werden wird:

„Zu jener Zeit wird Jahwe mit seinem schrecklichen Schwert heimsuchen Leviathan, die Böses einflüsternde Schlange, welche Sammael ist, und Leviathan, die gewundene Schlange, welche Lilith ist."

Aus diesem Text geht hervor, daß einerseits Lilith in die höchste Strafe, die Sammael trifft, miteinbezogen wird (während die drei anderen Frauen des Satans verschont bleiben), und daß andererseits Lilith *ebenfalls* die Gestalt einer Schlange hat. Die 'Schlange' Melusine, deren zwiespältiger Charakter nicht mehr erst bewiesen werden muß, ist diesem Wesen nicht unähnlich. Aber die Rache, die Jahwe über Sammael und Lilith verhängt, entspricht genau Gwyddyons Rache an Blodeuwedd und Gronw Pebyr. Wenn man den tiefen Sinn des Mythos und seine Auswirkungen im Gedächtnis der paternalistischen Gesellschaft recht verstehen will, muß man wieder auf die Erkenntnisse der Tiefenpsychologie zurückgreifen.

Tatsächlich verschwindet Lilith, wie wir gesehen haben, nicht völlig von der Bildfläche, sie wird nur in das Unbewußte verdrängt, und bei dem geringsten Anlaß taucht sie wieder an die Oberfläche des Bewußtseins. In den 'psychoanalytischen Betrachtungen zur Sexualität' von *Braunschweig* und *Fain* wird dies folgendermaßen kommentiert:

„Wenn Lilith sich von Neuem zeigt und aus dem Dunkel der Verdrängung heraustritt, *dann wird das Gesetz des Vaters außer Kraft gesetzt*. Wenn also Eva versucht, Adam vom rechten Weg abzubringen, dann heißt das, daß Lilith wieder aufgetaucht ist. Lilith ist die Mutter Adams, sie ernährt ihn, und spielt, wenn sie gerührt ist und ein erotisches Verlangen spürt, mit dem Penis des kleinen Adam."[17]

Die Behauptung, daß Lilith Adams Mutter ist, mag als zu hoch gegriffen erscheinen; und doch muß Adam irgendeine Mutter gehabt haben, denn sonst wäre er kein menschliches Wesen. Wenn Adam seine leibliche Mutter nie kennengelernt hat, muß er sich selbst ein Bild von ihr machen. Ist es daher nicht bezeichnend, wenn die Figur der Lilith gänzlich aus dem offiziellen Text der Bibel getilgt wurde? Daß Adam eine Mutter hatte und daß diese zugleich seine Gemahlin war, mußte natürlich als störend empfunden worden sein. Kann aber die Tatsache, daß sich Lilith von Adam zurückgezogen hat, andererseits nicht auch als eine Art Entwöhnung von der Mutterbrust interpretiert werden? Auf alle Fälle herrscht eine Entsprechung zwischen der Mutter und der Gemahlin.

„Die Idee des Verbotenen". so heißt es bei *Braunschweig* und *Fain* weiter, „wurde von diesem Spiel mit den Genitalien auf die Ebene des Saugens an der Mutterbrust (des Naschens am Apfel) verlagert (...) Der wahre Sinn dieser Verlagerung muß lauten: 'von einem Apfel darf man essen, aber ein Sohn darf keine Sexualspiele mit der Mutter treiben' (...) Wer ist also Lilith? Sie ist für Adam das erste Liebesobjekt, an das er sich aber nicht mehr erinnern darf, da er durch sie in seine Sexualität eingeweiht wurde (...)."[18]

Wir sehen also, daß im *Zohar* und der Überlieferung der *Kabbala* Lilith und die Schlange miteinander assimiliert werden und daß wir darin wieder dem Bild der Fee mit dem Schlangenunterleib (oder wie im Falle der Sirenen mit dem Fischleib) begegnen. Aus psychoanalytischer Sicht würde die Lilith mit einem Schlangenschwanz die Urszene symbolisieren, als der Kopf der Schlange in sie eindrang.

„Mit wem vereinigt sich Lilith im Liebesakt? Das kann nur mit Gott geschehen, und damit wäre Lilith vor Adam dagewesen. Vielleicht kann man sogar noch weiter gehen (...): Gott schuf den Mann nach seinem Bilde, das bedeutet, unter anderem mit einem Penis, mit dem auch dieser den Zeugungsakt ausführen würde. Entsteht also das Bild Gottes, das menschliche Bild, nicht aufgrund seiner Trennung von seinem weiblichen Teil, wobei es entsprechend dem platonischen Mythos sein Geschlecht entdeckt?[19] Lilith mit dem Schlangenschwanz, (...) das androgyne Bild des Urgottes, der einst herrschte, zwar allmächtig, aber gerade deshalb inexistent, da er Begehren und Lust nicht kannte."[20]

Das Bild der fisch- oder schlangenschwänzigen Lilith (– Schlange und Fisch können den gleichen Phallussymbol-Charakter haben –) ist demnach das Bild der androgynen Gottheit aus der Zeit vor der Schöpfung, d.h. vor der Geburt der Lust, vor der Teilung des absoluten Urwesens, welches das Nichts war, wie wir seit *Heraklit* und den Vorsokratikern wissen, die bereits vor langer Zeit *Hegels* Thesen formuliert hatten. Dieses Götterbild ist also eine Reminiszenz der archaischen Lilith. Diese wurde jedoch in einen Nachtvogel verwandelt: sie ist fortgeflogen und in der Finsternis verschwunden. Ihre zweite Gestalt, die besser zu einem aller menschlichen Züge beraubten Bild paßt, ist die Gestalt, die sie in der Erinnerung noch hat. Dieser Mythos ist übrigens nicht so sehr ein theologischer, sondern vor allem ein gesellschaftlicher Mythos. In der paternalistischen Gesellschaft wurde Lilith verdrängt und mußte ihre Stelle der Eva überlassen. *Somit stellt Eva die Frau dar, wie sie der Mann gesehen, erzogen und geformt hat*. Eva ist jedoch ein unvollkommenes Wesen, ihr fehlt etwas, nämlich der Lilith-Aspekt, den sie nur gelegentlich annimmt, nämlich dann, wenn sie sich auflehnt. Es ist jener Aspekt, den auch Eva annahm, als sie von dem berühmten Apfel aß, *jener Aspekt, den auch die Jungfrau Maria annehmen wird, wenn sie ihren Sohn gebärt, welcher sich später gegen das Gesetz des Vaters auflehnen und ein neues Gesetz geben wird, das Evangelium* (die frohe Botschaft) *des Sohnes* (und der Mutter). Damit liegt der Übergang vom Judentum (dem Paternalismus) zum Ur-

Christentum (dem Maternalismus) in seiner ganzen Dimension vor uns ausgebreitet, wobei das Christentum aber sofort von den Repräsentanten des Patriarchats vereinnahmt und von seinen wahren Zielsetzungen abgelenkt wurde.

Tatsächlich ist Eva, die Frau im allgemeinen, *entfremdet*. Sie verfügt nicht über ihre ganze Persönlichkeit.

„(Sie) wird nur das Bild der 'entmannten' Form (von Jahwe und Adam) sein und nicht das Bild des weiblichen Teils Gottes. Auf diese Art und Weise wird die Verkörperung einer Form der Lust einer Hälfte der ehemaligen göttlichen Allmacht beraubt und wird so still und unbelebt sein wie die Vagina eines kleinen Mädchens."[21]

Eva ist die *stumme Frau*, der Schatten einer Frau, ja fast ein Gebilde der Phantasie. Die wirkliche Frau dagegen ist Lilith. Und in der keltischen Mythologie ist Blodeuwedd die *Blütengeborene* (denn dies ist die Bedeutung ihres Namens), ebenfalls nur der Schatten einer Frau: sie ist das künstliche Produkt des männlichen Denkens von Gwyddyon, auch sie ist nur das 'entmannte' Abbild des Mannes. Durch ihr Aufbegehren verliert sie jedoch ihren Eva-Aspekt, nimmt sie die Züge der Lilith an und ist nicht mehr entfremdet. Während sie einst aus Blüten geboren und an die Erde gebunden war, wird sie jetzt zum Vogel der Nacht: von nun an kann sie jedem Mann *in der Nacht* erscheinen, d.h. während der Schlaf es dem Unbewußten gestattet, im Traum wieder aufzutauchen.

Jeder Mann, der im Grunde seiner Seele unbefriedigt ist, was er sich aber nicht eingestehen darf, träumt von Lilith-Blodeuwedd, dem einzigen Wesen, welches seine Sehnsucht nach Unendlichkeit erfüllen kann, denn die Eva, die er an seiner Seite hat, ist nur noch eine Karikatur der Weiblichkeit, auch wenn er es selbst so gewollt hat. Zur Veranschaulichung dieses Themas wollen wir zwei Beispiele aus der Literatur der jüngsten Zeit anführen, die von diesem Denkvorgang zu zeugen scheinen, auf alle Fälle aber deutlich diesen Mythos nachvollziehen.

Das erste Beispiel ist die *Geschichte des Auges* von Georges *Bataille*. Es ist zwar ein durch und durch pornographisches Werk, aber von solcher Schönheit, von so poetischer Kraft und solcher Tiefe, daß allein diese Erzählung jene literarische Gattung rehabilitieren könnte, die seit langem durch ziemlich kommerzielle und geschmacklose Machwerke in Verruf geraten ist.

Die Geschichte des Auges (Georges Bataille):

Zwei junge Leute, die eine Figur ist der Erzähler, die andere heißt Simone, treiben Sexspiele miteinander, deren Niveau von den familiär und gesellschaftlich bedingten Obsessionen des Autors zeugen. Als eines Tages die beiden Protagonisten am Strand wieder einmal ihren amourösen Ausgelassenheiten nachgehen, bricht plötzlich ein Unwetter aus und sie werden noch dazu bei ihren Spielen von einem anderen Mädchen namens Marcelle überrascht („die keuscheste und erregendste unserer Freundinnen"). In einer Atmosphäre frenetischer Ekstase lassen sie sie an ihren Liebeleien teilnehmen. Bald darauf laden sie andere Jugendliche zu einer Surprise-Party ein, die in einer Orgie endet. Auch Marcelle ist wieder dabei. („Der Anblick der errötenden Marcelle hatte uns erregt und verwirrt... Wir, Simone und ich, waren uns darüber klargeworden und sicher, daß uns von jetzt an nichts mehr zurückhalten könne.") Als die Orgie im vollen Gang ist, schließt sich Marcelle *in einem Schrank* ein und erlebt dort allein einen Orgasmus ohne Zuschauer. Aber dabei verliert sie den Verstand und wird wahnsinnig. Marcelle wird in eine psychiatrische Anstalt eingeliefert. Nun lebt der Erzähler heimlich im Zimmer von Simone, und die beiden treiben weiterhin ihre *kindlichen* Sexspiele, bei denen es nie zum Koitus kommt, denn sie leiden unter der Abwesenheit von Marcelle. Also stellen sie sich in ihrer Phantasie vor, daß Marcelle anwesend ist und zusieht. („Die Sumpfgebiete ihres Pos – mit denen nur die Zeit der Brunft und des Gewitters oder die Atemnot bereitenden Vulkanausbrüche vergleichbar sind und die, ganz wie Gewitter und Vulkane, nie ohne irgendeine begleitende Katastrophe aktiv werden – diese jede Hoffnung raubenden Regionen, die Simone mich mit einer Selbstvergessenheit und Hingabe, die den Ausbruch von Gewalt ankündete, wie hypnotisiert betrachten ließ, waren von da an für mich nur noch das unterirdische Imperium einer Marcelle, die in ihrem Gefängnis gemartert und zur Beute ihrer Alpträume wurde.") Eines Nachts begeben sie sich zu ersten Nachforschungen in die Anstalt, in der sich Marcelle befindet. Dann kehren sie wieder dorthin zurück, entführen das Mädchen und nehmen es zu sich in ihr Zimmer. Marcelle aber schließt sich wieder in ihrem Schrank ein und erhängt sich. Über dem Körper der toten Marcelle gelangen Simone und der Erzähler dann wirklich zum Geschlechtsakt, aber von da an sind sie durch eine rätselhafte Kraft aneinander gefesselt. Da ihnen Marcelle nun endgültig entrissen ist, irren sie ziellos durch die Welt auf der Suche nach immer verrückteren und sadistischeren Sexkapriolen, ohne daß es ihnen jemals gelingt, ihre Lust damit zu befriedigen.[22]

Wenn man einmal von der abstrusen Welt von *Batailles* neurotischen Zwangsvorstellungen absieht, läßt diese Erzählung doch die schrittweise Entfremdung erkennen, unter deren Eindruck die Liebenden nicht mehr zum Ziel ihrer Wünsche gelangen können, da die Frau nicht im Vollbesitz ihrer Möglichkeiten ist und keine Verfügungsgewalt über ihre ganze Persönlichkeit hat. Marcelle und Simone sind nur zwei Gesichter ein und derselben Frau, die der Mann trotz seiner Imagination und trotz der Palette seiner *Perversionen* (die eine Revolte gegen die Situation der Wirklichkeit sind) nicht wiederherstellen kann. Marcelle wird niemals Simone und Simone niemals Marcelle werden, obwohl alle Anstrengungen des Protagonisten dieses Dramas darauf abzielen, die beiden Frauen zu einer einzigen und ganzen Figur zu vereinen. Simone fühlt vage, daß sie nur eine Eva und nichts als die kastrierte Ausgabe von Adam ist. Sie wird von dem Bild der Lilith verfolgt und wünscht sie sich sehnlichst herbei. Aber in der Welt der ewigen Schuldgefühle, die unsere Gesellschaft ist, ist Lilith verboten: sie muß sich in einem Schrank verstecken, sie wird in eine Anstalt eingeliefert, sie erhängt sich in einem Schrank. Dies alles sind Symbole, die – wenn auch dem Autor unbewußt – die Verdrängung der Lilith in die Dunkelheit kennzeichnen. Trotz des versuchten Aufstandes wird Blodeuwedd immer ein Vogel der Nacht bleiben. Marcelle ist nur noch ein Schatten, der nach ihrem Tod die beiden Liebenden in ihrer Erinnerung verfolgen wird, denen von da an klar wird, daß ihr Kampf aussichtslos ist: sie wissen, wohin er hätte führen können und daher können sie nie mehr irgendeine Befriedigung finden, denn Simone ist die 'entmannte' Eva, der man ihren verbotenen Aspekt genommen hat.

Diese Erzählung von *Bataille* ist bei weitem mehr als lediglich eine haarsträubende Anekdote oder eine einfache Transkription der 'Obsessionen' des Autors:

sie ist in Wirklichkeit eine novellistische Darstellung all jener Phantasmen, die den Menschen auf seiner Suche nach Ausgewogenheit begleiten, nach einem Gleichgewicht, das ihm auf keinen Fall die gegenwärtige Gesellschaft bieten kann, da darin ausschließlich die Männer herrschen. Und solange Blodeuwedd nach dem Willen des Gwyddyon eine Eule ist, wird dies auch so bleiben.

Das zweite Beispiel, welches zur Illustration unseres Themas dienen soll, stammt aus der Feder von Rémy de *Gourmont*, ein Autor, den man vergeblich zu den Naturalisten oder zu den Décadents des ausgehenden XIX. Jahrhunderts zu rechnen versucht hat. Sein in vieler Hinsicht bemerkenswertes Oeuvre ist stark vom Symbolismus und deutlich vom typischen Geist des „fin de siècle" durchdrungen. Rémy de *Gourmont* verfaßte unter anderem ein – völlig unspielbares – Drama mit dem Titel *Lilith*, dessen Thema der hebräischen Überlieferung vom Weib Satans entnommen ist. Dieses Stück, das sei sofort angemerkt, ist der Gipfel der Geschmacklosigkeit, aber es gelangt, so paradox es klingt, gerade dadurch in die Nähe der Genialität. Außerdem gewährt die Erotik, mit der der Dichter seinen Text würzt, einen besonders authentischen Einblick in den Lilith-Mythos, der durch den Rahmen der Männergesellschaft, der auch der Autor angehörte und von der auch er sich nicht frei machen konnte, völlig entstellt wurde. Rémy de *Gourmont* ist zweifellos stark angezogen von der Figur der Lilith, die er wieder an das Tageslicht zu holen versucht. Jedoch wird er dabei gleichzeitig dermaßen schockiert, daß er sie sofort wieder hinter Attributen wie „pervers", „verworfen", „lasterhaft" o.ä. verbirgt, die zur Befriedigung seines Schuldkomplexes dienen.

Lilith (Rémy de Gourmont):

Jahwe erschafft Lilith, die erste Frau. Sofort fordert diese einen Mann von ihm. Da gibt er sie dem Satan zum Weib.
Satan. – Sei gegrüßt, Gefährtin, die Jahwes Ahnungslosigkeit mir in die Hände spielt! Sei gegrüßt, du Schönheit, die der Zufall seinen altgeword'nen Händen noch entriß! Dieses Laster hat mir noch gefehlt. Ha! Wieviel köstlicher noch als Stolz ist diese Speise. Die Hybris ist leer und hohl ...
(Er karressiert mit vollen Händen *Liliths* Brüste, die ihn gewähren läßt und genüßlich die Augen schließt.)
...doch dies ist prall, ist heiß, ist sanft!
(Durch die handgreifliche Begrüßung gerät *Lilith* in Verzückung, sie beugt sich nach hinten, windet sich und legt sich auf den Boden. Die Gegenwart des unbekannten weiblichen Wesens hat dem *Satan* plötzlich die Sinne verwirrt, und er beginnt die Daliegende jäh zu kneten und zu walken, als wäre sie eine zähe Masse Teig; Geifer rinnt ihm aus dem Maul, in seine Augäpfel schießt Blut; er rast wie ein Besessener im Veitstanz; er grunzt, er bellt, er beißt...*Lilith* streichelt ihn an wohlüberlegter Stelle, und sofort ist er wieder zahm: gravitätisch kniet sie nieder und liebkost und küßt ihm das Geschlecht; dann breitet sie sich hin, reißt den gebändigten Dämon zu sich nieder, der mittlerweile begriffen hat, nach welchem Tun und nach welcher Art Befleckung *Lilith* lechzt.)
Satan: – ja, genau so mußten uns're ersten Küsse sein, die zwischen dir und mir! Auf ewig haben wir die Liebe aus dem Lot gebracht! Wir haben sie von den Füßen auf den Kopf gestellt! Weib, ich bet' dich an!
Lilith: – Mann[23], ich bet' dich an.
Satan: – Weib, all mein Erguß bei Nacht sei dein.

Lilith: – Mann, an dich gerichtet sei mein erstes Frühgebet.
Satan. – Wie an einem Fliederstrauß lab' ich mich in vollen Zügen an den Düften deines Geschlechts.
Lilith: – Wie ein kleines Vögelchen will ich schnäbeln an dem deinen.
Satan: – In seinem Schatten liegt mein Universum.
Lilith: – Deine Ekstasen füllen meine ganze Hand.
Satan. – Wir haben kommuniziert in beiderlei Gestalt...Begreifst du nicht? In vier oder fünftausend Jahren erhält dieser Scherz eine schmucke Prise Salz. Du wirst es sehn, diese Blasphemie ist außerordentlich.[24]
Lilith: – O du mein täglich Brot!
Satan: – O du mein Kelch jungen Weins!
Lilith: – Mich gelüstet nach deinem Fleisch, O du mein Bock!
Satan: – Mich dürstet nach deinem Blut. O du meine Wölfin!
(Sie fallen übereinander her und verrenken sich in wilden Konvulsionen; dann sinken sie kraftlos und offenen Mundes zu Boden, die Finger wie Raffzähne und Fleischerhaken gekrümmt.)
Lilith (findet als erste wieder Worte und spricht in wollüstig trägem Timbre; nach jedem Ausruf erstirbt sie unter einer Umarmung *Satans*): *Iod*, O Mann, Gott und Phallus, du Achse der Welt und Achse des Geistes, ich vergötter' dich, *Iod*, O Mann!
Satan: – *He*, O Weib, Mutterschoß und Schönheit, durchgeistigte Indolenz, Laszivität, ich vergötter' dich, *He*, O Weib!
Lilith: – O Kopulation, Weib und Mann, Wolkenbruch und Kelch, Dunkel der Zukunft, ich vergötter' dich, *Va*, O Kopulation!
Satan: – *He*, O Weib!
Lilith: – Nenn mich nicht *He*, nenn mich Sterilität. Bin ich denn nicht die Unfruchtbare?
Satan: – Mitnichten, dein Sohn soll Sodom sein, Gomorrha deine Tochter.
Lilith: – Sie sei'n gesegnet, doch sie sei'n die einzigen – ich werd' die glücklichste von allen Müttern sein. Amen. O Vater künftiger Laster, reich mir die Freude deiner Lippen.[25]

Aus den Zeilen dieser Litaneien von Satan und Lilith spricht die tiefgreifende und ständige Ambiguität der Sehnsüchte des Mannes, der von der Frau zugleich verlockt und verschreckt wird, sowie die drastische Art, in der die Träume des männlichen Unbewußten diese *nicht-entfremdete* und durch die Strukturen der Männergesellschaft nicht retuschierte Frau porträtieren. Was Rémy de *Gourmont* in seinem Stück anprangert, ist die *Tabuisierung* der Liebe und der totalen besitzergreifenden Besessenheit zwischen zwei Wesen, denen jede biologische Zielorientiertheit fehlt. Während dieses *Tabu* angeprangert wird, wird es jedoch gleichzeitig wieder offiziell anerkannt und legitimiert: eine solche Liebe, die der Frau ihre vollständige Macht gibt, ist so beunruhigend, daß sie unbedingt erneut und noch stärker kulpabilisiert werden muß. Der in diesem Stück aufgezeigte innere Widerspruch ist der im Laufe der Jahrhunderte gewachsene Widerspruch in der Psyche des Mannes. Lilith kann wie Blodeuwedd nur eine *fluchbeladene* Liebe bieten. Das Gleiche gilt auch für Pandora, der nach der griechischen Mythologie ersten Frau, die Prometheus gebar und über die Erde Unglück, Krankheit und Laster ausschüttete, was zuvor in ihrer berühmten Büchse sicher verwahrt war.

Ebenfalls der Geist der Lilith ist es, der die Töchter des Loth beseelt, wovon die *Genesis* (I. Mose, 30-32) spricht, als sie beschließen, ihren Vater unter Alkohol zu setzen, damit die Linie ihrer Abstammung, die sonst unterbrochen würde, erhalten bleibt. Dieses Verhalten zeugt von einem Überlebenstrieb, der offensichtlich im Widerspruch steht zum Thema der „unfruchtbaren" Lilith. Aber der Umstand, daß Loths Töchter das väterliche Gesetz brechen, um den Fortbestand ihrer Familie zu sichern, ist nicht weniger ein Symbol der Macht der Frau, die als einzige fähig ist, die Zukunft zu sichern. Die jüdische Tradition hat diese Seite des Problems durchaus beachtet. Manche Texte akzentuieren die Vormachtstellung der Frau und ihre Fähigkeit, selbst die Wünsche des Mannes freizulegen. Zuerst übernimmt Lilith, und nach ihr Eva die sexuelle Erziehung Adams. Der *Zohar* (Abt. *Bereshit*) geht sogar so weit zu sagen: „Und siehe, Jahwe wird eine Sache schöpfen, die auf Erden unerhört sein wird: eine Frau wird einen Mann umgarnen." Und die modernen Rabbiner interpretieren diesen Satz folgendermaßen: Zur Zeit der Ankunft des Messias werde die Frau den Mann suchen im Gegensatz zu der jetzigen Gewohnheit, daß der Mann die Frau sucht. Das will zeigen, daß die Frau eines Tages wieder voll über ihre Person verfügen wird, daß sie in gleichem Maße wie der Mann die Auswahl trifft, nimmt und entscheidet. Worin das Problem liegt, ist damit klar: solange die Frau nicht *vollständig* über ihre eigene Person verfügt, solange sie entfremdet ist, bleiben wir Zeuge des permanenten Kampfes zwischen den Töchtern der Eva und den Töchtern der Lilith, eines Kampfes, der sich viel mehr in den Köpfen der Männer als auf irgendeinem Schlachtfeld abspielt. Was dabei aber auf dem Spiel steht, ist entscheidend, nämlich das Gleichgewicht innerhalb der Gesellschaft, die unfähig ist, ihre eigenen Widersprüche zu lösen.

Aus dem jüdisch-christlichen Bereich wäre auch noch die erregende Geschichte der Salome zu erwähnen, die so viele Dichter, Maler und Komponisten inspirierte, die als einzige erkannten, daß sie die tiefsitzenden Keime der Revolte der Blodeuwedd-Lilith enthält. Aber auch dort hat die Zensur ihre Spuren hinterlassen, und so erscheint Salome als ein Musterbeispiel der pervertierten Frau. Allein dem homosexuellen Dichter Oscar *Wilde*[26] ist es gelungen, den fundamental revolutionären Charakter der Erotik der Salome eindrucksvoll und richtig zur Geltung zu bringen: die Herodias-Tochter bricht in der Tat sämtliche Tabus, um ihre Lust, mit anderen Worten, ihre Triebe zu befriedigen: sie will Jochanaan, den Propheten Gottes und damit Verkünder des göttlichen Wortes, besitzen; da dieser sich ihr entzieht, macht sie sich die besinnungslose Leidenschaft des alternden Herodes, d.h. des Vaters, zunutze und fordert den Kopf des Jochanaan. Herodes ist gezwungen, ihren Wunsch zu erfüllen, und durch den Befehl, den Propheten köpfen zu lassen, verzichtet er auf seine eigene Macht und läßt sie sich von Salome entreißen. Dies ist der Sieg von Salome über Herodias, der Sieg der Frau über den Mann. Aber Salome geht den Weg ihrer Wünsche und Lust konsequent zu Ende: sie küßt die Lippen des toten Jochanaan, und dies ist ein noch bedeutenderer Sieg für sie, da er die vollständige Wiederherstellung ihrer Persönlichkeit bedeutet, die bis dahin eingeschränkt, *kastriert* war aufgrund des väterlichen Gesetzes, welches sowohl durch Jochanaan, als er noch lebte, als auch durch den schwachsinnigen Herodes repräsentiert wurde. Am Ende erkennt Herodes, daß er betrogen worden ist, und so läßt er in einer letzten Aufwallung von Energie Salome unter den Schilden der Wachen erdrücken. Der Aufstand derLilith ist auch hier wieder nur von kurzer Dauer und ihr vermeintlicher Sieg ist in Wirklichkeit nur ein Todesschrei. Aber dieser Todesschrei wird in der Tiefe der Seele von Herodes und den Vätern ganz allgemein noch lange weiterklingen.

Die Pseudo-Geschichte der Römer über ihre Ursprünge, d.h. die Sammlung der verschiedenen Ursagen aus dem Latium enthält einen anderen Fall des Aufstandes einer Frau, der ebenfalls durch die Schilde der Soldaten erstickt wird. (Diese Geste hat starke Symbolkraft, denn sie zeigt, daß die paternalistische Ordnung durch die Armee aufrecht erhalten wird.) Es ist die Geschichte der Tarpeia, die manchen Quellen zufolge aus Liebe zu dem Sabinerkönig Tatius Rom den Sabinern auslieferte; hier führt Tatius selbst den Tod der jungen Frau herbei, die nach *Florus* (I, 1) „weniger aus Verrat, sondern eher aus einer Laune der Eitelkeit ihres Alters heraus" handelt. Dieser überraschende Kommentar läßt vermuten, daß Tarpeia wesentlich wichtigere Gründe für diese Tat hatte, und die Tatsache, daß der Sieger, d.h. derjenige, der von dem „Verrat" profitiert, ihre Hinrichtung befiehlt, berechtigt zu der Vermutung, daß damit in Wirklichkeit eine echte Revolte gegen die etablierte paternalistische Ordnung bestraft werden sollte. Übrigens scheint *Tatius*, der Name des Sabiners, das alte indoeuropäische Wort *tat* oder *tad* zu enthalten, welches 'Vater' bedeutet. Es sei noch darauf hingewiesen, daß Tarpeia nach *Plutarch* (*Romulus,* 21) Rom nicht an die Sabiner, sondern an die Gallier auslieferte.

Der angebliche Verrat stellt sich als ein Akt des Aufbegehrens heraus. Unzählige keltische Sagen und Legenden handeln von einer Frau, die die Tore einer Burg öffnet oder sich über die Autorität eines Königs als Herr der etablierten Ordnung lustig macht.

Blathnait und Cûroi (Irland):

Während des Überfalls auf eine rätselhafte Burg haben die Gälen Conchobar und Cûchulainn, sowie Cûroi mac Daeré vom Stamm der *Tuatha Dé Danann* reiche Beute gemacht: einen magischen Kessel, Zauberkühe und Zaubervögel, sowie ein junges Mädchen namens Blathnait. Da Conchobar und Cûchulainn es unterlassen haben, mit Cûroi die Teilung der Beute zu vereinbaren, nimmt dieser den gesamten Raub an sich und stößt gegen Cûchulainn schwere Beleidigungen aus. Eines Tages kommt dieser auf die Burg des Cûroi und begegnet Blathnait, die inzwischen Cûrois Gemahlin geworden ist: „Er liebte sie bereits, bevor sie noch von den Ländern des Meeres gekommen war (...) Er vereinbart mit ihr ein Stelldichein um die Zeit der *Samain*-Nacht." Cûchulainn erscheint zum festgesetzten Termin mit einem Heer der Ulates. Da rät Blathnait dem Cûroi, seine Soldaten auszuschicken und in Eile eine neue Burg errichten zu lassen. Auf diese Weise bleibt Cûroi allein auf der Burg. Blathnait badet ihn in einer Wanne, bindet ihn anschließend an den Haaren am Bettgestell fest, nimmt ihm das Schwert aus der Scheide und öffnet die Tore der Burg. Nun können die Ulates sie betreten. Cûroi gelingt es zwar, sich zu befreien – aber zu spät: die Burg steht bereits in Flammen. Und so stürzt er sich ins Meer. Als die Ulates gerade die Schätze des Cûroi an sich reißen und Cûchulainn gerade Blathnait fortführen will, „da stürzte sich Cûrois Barde auf Blathnait und preßte sie mit solcher Kraft an sich, daß ihr die Rippen im Rücken krachten. Dann schleppte er sie zur Klippe, die vor ihnen aufragte, stürzte sich mit ihr in die Leere, und beide wurden auf einem Felsen zerschmettert..."[27]

Das Märchen von 'Leib ohne Seele' (Bretagne):

Eines Tages wird ein junger Mann von einer Wäscherin eingeladen, mit zu ihr zu kommen. Die Wäscherin ist die Frau von 'Leib ohne Seele', einer Art Waldgeist, der rund um die Uhr schläft. Der junge Mann möchte wissen, weshalb sie ihren Gemahl 'Leib ohne Seele' nennt. Da antwortet sie ihm: „Weil er einen gräßlichen Löwen hat, in dessen Leib ein Wolf sitzt; dieser Wolf hat in seinem Magen wiederum einen Hasen, in dem ein Rebhuhn steckt. Das Rebhuhn hat ein Gelege von dreizehn Eiern in sich, und in dem letzten, dreizehnten Ei, wohnt die Seele meines Gemahls. Ich wünsche mir sehnlichst, einmal einem Mann zu begegnen, der soviel Mut hat, die Eier aus dem Leib des Rebhuhns zu holen; denn der böse Riese hat mich gewaltsam zu sich entführt, aber ich liebe ihn nicht." Der junge Mann nimmt die Prüfung auf sich und mit Hilfe der Wäscherin gelingt es ihm, den Löwen, den Wolf, den Hasen und das Rebhuhn zu töten. Da schlägt die Frau das Ei auf, welches die Seele von 'Leib ohne Seele' enthält, dieser stirbt sofort, und so kann sie nun unbesorgt den jungen Mann heiraten.[28]

Die Geschichte von 'Leib ohne Seele' beschreibt deutlich die Lage einer Frau, die von einem Mann – und von was für einem Mann! – *entführt* wurde. Dieser ist eine brutale Bestie, der seiner Seele beraubt ist, ein Ungeheuer, das keine Gewalt über sich selbst hat: welch treffendes Bild des Mannes, der ebenfalls durch die Gesellschaft und ihre Strukturen entfremdet ist! In Wirklichkeit ist der Unterschied zwischen diesem Volksmärchen und der Sage von Cûroi nicht einmal besonders groß, obwohl letztere das Zeugnis einer uralten und höchst komplexen Mythologie ist. Die Rolle des Cûroi ist nämlich ziemlich undurchsichtig. Er gehört den *Tuatha Dė Danann* an, er ist also ein Wesen der Autre Monde, während Cûchulainn ein Menschenwesen ist. Aber Cûroi, dessen Name, wie bereits weiter oben angedeutet, das Wort für 'Hund' enthält, was ihn in verwandtschaftliche Nähe zum Kerberos-Mythos rückt, unterscheidet sich fundamental von Cûchulainn (= 'Hund des Cûlann'); Cûlann ist der Name des Schmiedes – auch dieser ist ein Wesen der Autre Monde – dem der Held versprochen hatte, ihm als Wachhund zur Seite zu stehen. Blathnait[29] wurde während des Raubzugs von König Conchobar, Cûchulainn und Cûroi von der 'Burg der Schatten' geraubt, auf der sich außer ihr noch ein rätselhaft-magischer Kessel befand, der stark an den Gral erinnert. Wie die Frau des Riesen 'Leib ohne Seele' empört sich die junge Blathnait gegen die durch Cûroi personifizierte Autorität, um sich ihre freie Entscheidung für Cûchulainn, den sie wirklich liebt, zu sichern. Sie ist eine andere Blodeuwedd, aber wie diese endet sie schließlich als das Opfer der Gesetze der Männer: der Hofdichter des Cûroi maßt sich die Rolle des Richters an, verurteilt sie und tötet sie. Dem Gesetz muß seine Kraft und Gültigkeit bewahrt werden, was auch in einer anderen, im *Roman de Merlin* enthaltenen Legende über Caesars Gemahlin gut zum Ausdruck kommt.

Grisandolus und der Wilde Mann (Artus-Epik):

Der Imperator Julius Caesar hatte eine Gemahlin „von höchstem Geblüt und bezaubernder Schönheit, doch war sie wollüstiger als jede andere Frau im Römischen Reich." Was dem Skandal noch die Krone aufsetzte, war, „daß sie zwölf Jünglinge in ihren Gemächern hielt, die sie als Dämchen herausputzte, damit niemand Verdacht schöpfen konnte, was sie mit ihnen trieb." Caesars Seneschall wiederum war ein junges Mädchen, welches unter dem Namen *Grisandolus* sich als Mann tarnte. Als eines Tages ein „Wilder Mann" diesem Treiben auf die Schliche kommt, muß er über die falsche Grisandolus und die angeblichen Dämchen herzlich lachen. Als er aufgefordert wird, den Grund seiner Heiterkeit zu nennen, verrät er dem Imperator die Wahrheit. Daraufhin läßt dieser zuerst die Gemahlin verbrennen, dann die falschen Dämchen aufhängen und heiratet schließlich den falschen Seneschall.[30]

Diese Erzählung, die eines *Boccaccio* nicht unwürdig wäre, ist wieder ein typisches Beispiel für die sexuelle Revolte einer Frau und für die Unterdrückung, die ihr auf dem Fuße folgt. Mit Sicherheit liegt der Legende die Erinnerung an das legendäre Lotterleben der Messalina zugrunde, und die Figur des Caesar wird hier für eine recht kuriose Geschichte entliehen;[31] was uns aber besonders interessiert, ist, daß der *Wilde Mann* – hinter ihm verbirgt sich natürlich Merlin – uns zu einer uralten Überlieferung aus Schottland führt, nämlich zur *Sage von Lailoken*. Die Heldin dieser Sage schüttelt ebenfalls eines Tages das Joch der Ehe durch Ehebruch ab und wird danach ebenfalls von einem 'Irren vom Walde'[32] denunziert. Der Ehebruch ist zwar ein Mittel, zu dem Frauen häufig greifen, wenn sie sich vom Gesetz des Gatten befreien wollen, aber im Rahmen des generellen Aufstandes gegen die Männergesellschaft ist er nicht unbedingt erforderlich. In anderen Sagen und Legenden ist von einem 'Verrat' der Tochter oder Schwester die Rede, wobei dieser Verrat je nach Blickwinkel entweder als Wohltat oder als Verbrechen dargestellt wird. Dies trifft etwa auf die Tochter von Baudemagu zu, die Schwester von Méléagant, die ihren Bruder verrät, um Lancelot du Lac zu befreien, wie *Chrétien de Troyes* in seinem *Chevalier à la Charrette* erzählt. An dieser Tochter (die zugleich auch die 'Hideuse Demoiselle à la Mule', das monströse 'Maultier-Fräulein' des *Perceval*, die 'Kundrîe la Surziere' aus dem *Parzival*, sowie die Kaiserin aus dem *Peredur* ist) weist alles auf ihre Abstammung aus einer übernatürlichen Welt hin. Sie ist eine wilde bis sanguinische Art 'Jungfrau' (im Sinne von *virgo*), ja fast so etwas wie eine Walküre. Sie fällt wie die Lilith der jüdischen Überlieferung über ihre Opfer her; ihr Reich ist die Nacht; sie ist zu zahllosen Verwandlungen fähig; ihre Gestalt ist zugleich angsteinflößend und anziehend. Ihr Hauptkennzeichen ist jedoch die offene Revolte gegen die Autorität des Bruders, wobei Méléagant das Symbol der unerbittlichen Notwendigkeit, nämlich des Todes ist, jedoch eines Todes, der gewissermaßen duch die Gesetze legitimiert wird. Wenn sie von Lancelot den Kopf des Chevalier du Gué, des 'Ritters der Furt' (– die Furt bildet die Grenze zwischen den beiden Welten) fordert, dann bezweckt sie damit sicher, daß er die Hindernisse aus dem Weg räumt, die den freien Übergang zwischen Leben und Tod, also zwischen jenen beiden Reichen blockieren, die benachbart, aber gelegentlich von der jeweils anderen Seite nicht zugänglich sind. Zumindest darf man das vermuten, denn in *Chrétiens* Dichtung wird mit keinem Wort diese so außergewöhnliche Forderung der jungen Frau näher erklärt. Daher ist es nicht auszuschließen, daß *Chrétien* eine Quelle verwendete, die er nicht verstand, oder die ihn als Episode zur Rechtfertigung der künftigen Befreiung Lancelots nicht interessierte. Und doch spielt Lancelot hier die Rolle des heldenhaften Kämpfers für die Sache der Frau, eine Rolle, die er in den Artusromanen keineswegs immer spielt. Trotz seiner Erziehung durch Viviane ist Lancelot nämlich immer noch das Muster des 'Kulturheroen', des Verteidigers der patriarchalischen Gesellschaft, deren Repräsentant König Artus ist, selbst wenn er dem König einen Teil seiner Souveränität raubt, nämlich denjenigen, welchen Guenièvre symbolisiert. In der Welt des Artushofes kommt der Aufstand aber nicht von der Seite des Lancelot, sondern von Guenièvre selbst.

Das uns überlieferte Bild von der Königin Guenièvre ist nämlich stark entstellt. Die französischen Autoren – außer *Chrétien*, falls man ihn richtig zu lesen versteht – haben es bis zur Langweiligkeit entschärft, und so wurde aus der Königin das Musterbild einer nachgerade *romantisch* leidenschaftlichen Liebenden. Nichts ist jedoch weiter von dem ursprünglichen Charakter der Guenièvre entfernt, wie er noch in den ältesten walisischen Texten und, wie gesagt, im Lancelot-Roman des *Chrétien de Troyes* in Erscheinung tritt.

Der Name Guenièvre (*Guennuera* oder *Guanhumara* bei *Geoffrey of Monmouth* bzw. den verschiedenen Handschriften seiner Dichtung) stammt von einem Wort ab, welches – wenn auch nicht selbst walisischen Ursprungs – zur Bildung der walisischen Form *Gwenhwyfar*[33] mit der Bedeutung 'Weißes Phantom' oder 'Weiße Fee' führte. Dieses Wort ist die exakte Entsprechung zum irischen *Finnabair*, dem Namen der Tochter von Ailill und Mebdh aus den gälischen Epen. *Geoffrey* macht aus ihr eine am Hofe des Grafen von Cornwall erzogene Römerin, jedoch bezeichnet der Begriff 'Römer' häufig nur die Adelszugehörigkeit einer Person. In der walisischen Überlieferung wird daraus die Tochter eines gewissen Gogvran Gawr, dessen Name typisch walisisch ist. Ein auffälliges Gedicht aus der *Myrvyrian Archeology of Wales*, ein Gespräch zwischen Gwenhwyfar und Artus, den sie nicht erkennt, enthält einen unerwarteten Aspekt der Figur, die einst die Geliebte Lancelots werden sollte. Ihre Sprache ist barsch, ja geradezu brutal. Außerdem ergeht sie sich in Lobeshymnen über Kai, den Seneschall und Halbbruder von Artus, woraus möglicherweise auf eine nicht ganz neutrale Beziehung zwischen ihr und Kai zu schließen ist.[34] Der Lancelot-Roman von *Chrétien* enthält wiederum eine Fülle von Anspielungen auf eine mögliche sinnliche Beziehung zwischen Gauvain und ihr. Daß Gauvain in seine Tante verliebt ist, steht außer Zweifel, und gerade aus diesem Grunde bricht er auch zur Suche nach dem Königreich auf. Sehr wahrscheinlich waren die französischen Autoren von der Möglichkeit einer Liebschaft zwischen Gauvain und Guenièvre äußerst schokkiert, (– obwohl es auch die Geschichte von Tristan und Yseult gab, aber in ihr gab es zum Glück den Liebestrank, der alles entschuldigte! –) so daß sie die Rolle des Gauvain möglichst herunterspielten zugunsten von Lancelot, der eine literarische Schöpfung jüngerer Zeit ist, auch wenn sie von alten keltischen Quellen ausgeht.

Diese These stützt sich auf plastische Darstellungen im Dom von Modena (Italien) sowie auf mehrere Texte aus der Tradition der Artusromane. Aus diesen Texten und Plastiken geht hervor, daß Guenièvre 'sündige' Beziehungen nicht nur zu Gauvain und Kai, sondern auch zu Yder (in der Bretagne Edern), dem Sohn von Nudd, ferner zu einem gewissen Mardoc, der möglicherweise mit dem Méléagant identisch ist, und vielleicht auch mit Galvarium hatte, sofern dieser nicht nur eine Doublette von Gauvain ist.

Wenn man bedenkt, daß in *La Mort li Rois Arthur* die Beziehungen zwischen

Guenièvre und Mordret/Medrawt, dem Neffen und Sohn von Artus, dem Usurpator der Macht und Verräter an den Bretonen, alles andere als durchsichtig sind, dann hat man allen Grund, den romantischen oder eher romanesken Charakter der Königin Guenièvre in Zweifel zu ziehen. Aber betrachten wir diese Zeugnisse einmal näher. Da nämlich Kai, Gauvain und Yder nach der walisischen Überlieferung die ältesten Gefährten von Artus sind, also aus einer Zeit stammen, die wesentlich vor der Verbreitung des Artus-Zyklus auf dem Kontinent liegt, müssen diese Zeugnisse möglicherweise Reste der archaisch-ursprünglichen Überlieferung der Artus-Figur sein, also muß dort auch das ursprüngliche Gesicht der Guenièvre zu finden sein.

Zunächst zu den bildlichen Darstellungen von Modena: Die Archivolte des Nordportals des Doms von Modena ist mit einer Reihe von Skulpturen verziert, die von unschätzbarem Wert sind, da unter den betreffenden dargestellten Figuren jeweils ihr Name in den Stein gemeißelt ist.[35] Die Entstehung dieser Bildplastiken läßt sich etwa auf die erste Hälfte des XII. Jahrhunderts datieren. Da sie eine Szene darstellen, die nicht bei *Geoffrey of Monmouth* erwähnt wird, muß es sich um eine andere, davon unabhängige Überlieferung handeln, die mit Sicherheit von den Bretonen weitergegeben wurde, da die Namen eine Form haben, die sich an das Mittelbretonische anschließt. Diese Namen sind: *Artus de Bretania, Isdernus, Che, Galvagnus, Galvariun, Burmaltus, Mardoc* und *Winlogée*; also Artus von Britannien, Edern (oder Ydern), Kai (oder Keu), Gauvain (oder Gwalchmai), Galvariun (oder Gauvarien), Burmald, Mardoc und Guenièvre (sofern *Winlogée* nicht ein eigenständiger anderer Name der Königin ist). Aus der Abbildung geht hervor, daß die Königin entführt worden ist und in einer Burg gefangen gehalten wird. Diese Burg wird von dem Ritter Mardoc verteidigt. Aus der Bretesche der Burg sieht man im Galopp den Ritter Carados hervorstürmen und gegen Gauvain, Kai und Galvariun kämpfen. Bei Artus befindet sich ein Bediensteter, der einen Hornstab in der Hand hält; es ist Edern. Mit Sicherheit handelt es sich hier um eine andere Episode als die der Entführung der Königin durch Méléagent (Maheloas oder Maelwas), wie sie in *Chrétiens* Karrenritter-Roman beschrieben wird.[36] Die in Modena dargestellten Figuren treten jedoch auch in einem französischen höfischen Roman des XIII. Jahrhunderts auf.

Le Roman de Durmart (Höfische Epik):

Die Königin ist von dem Riesenritter Carados (wahrscheinlich 'Caradoc Brief-Bras' = 'der Kurzarmige') entführt und gewaltsam in die 'Burg der Schmerzen' ('La Tour Douloureuse') verschleppt worden, deren Herr Mardoc ist. Dieser Mardoc ist seit langer Zeit in die Königin verliebt. Jedoch machen sich Artus, Kai, Yder, Gauvain und Galvariun auf, um die Königin zu befreien. 'La Tour Douloureuse' wird von dem Riesen Burmald verteidigt, es gelingt aber einer Frau, die von Carados einige Zeit davor selbst entführt worden war, Gauvain ein magisches Schwert zuzustecken, welches die einzige Waffe ist, mit der der Riese getötet werden kann. Gauvain tötet den Riesen und befreit die Königin, die den Anschein erweckt, als sei sie in gleicher Weise in Mardoc wie in Gauvain verliebt.[37]

Die am Dom von Modena dargestellte Szene steht also nicht isoliert da, sondern gehört zu einer eigenständigen Überlieferung, die durch die Bretonen vermittelt wurde, und schon ziemlich alt sein muß. Ja, man könnte sogar behaupten, daß es sich um ein Stadium der Sage handelt, das aus einer Zeit noch vor dem Beginn der Abspaltung der bretonischen und walisischen Sprache stammt, d.h. noch vor dem X. Jahrhundert entstanden sein muß.

Dieser Caradoc Brief-Bras, der auch der Caradawc Brychvras ist, ('Caradawc mit dem starken Arm', was fehlerhaft als 'mit dem kurzen Arm', 'Brief-Bras' übersetzt wurde), ist in den walisischen Erzählungen wohlbekannt, aber dabei eng an die Bretagne und insbesondere an die Gegend von Vannes gebunden. Der Name der Königin, der auf den Bildplastiken Winlogée lautet, tritt auch in einem anderen Artusroman des XIV. Jahrhunderts auf. Dort ist er mit noch älteren Elementen aus einem archaischen Fundus verbunden und steht in einer Reihe mit Yder, Kai, Gauvain, Yvain und Béduier, die in den ältesten Texten die einzigen Gefährten Artus sind.

Le Roman d'Yder (Höfische Epik):

Yder, der Sohn des Nut, macht sich auf die Suche nach seinem Vater, den er nicht kennt. Er gelangt an den Hof der Königin Guenloie (Winlogée) und erweckt ihre Liebe. Yder liebt sie ebenfalls, aber dennoch setzt er seine Suche weiter fort und besteht verschiedene Abenteuer. Als er gegen Gauvain kämpft, trifft ihn ein hinterhältiger Schlag des Kai. Artus und Gauvain sind untröstlich und glauben, Yder sei tot. Aber Yder wird von Guenloie gesundgepflegt. In Begleitung von Guenièvre und Gauvain kommt Artus eines Tages den Yder besuchen. Da steht plötzlich ein Bär in seinem Gemach. Yder springt beherzt auf, kämpft gegen den Bären und tötet ihn. Danach begegnet er seinem Vater Nut. Während eines beschaulichen Gesprächs mit Guenièvre fragt Artus eines Tages die Königin, was sie tun würde, wenn er sterben würde. Sie antwortet: 'Ich werde so tieftraurig sein, daß mich nichts trösten könnte, außer wenn Yder mich besäße: denn dieser mißfällt mir am wenigsten.' Der König hat einen Eifersuchtsanfall. Er schlägt Yvain, Gauvain, Kai und Yder vor, ihn zum Kampf gegen einige Riesen zu begleiten und richtet es so ein, daß Yder allein die Höhle der Monster betritt. Aber Yder gelingt es, die Riesen zu töten. Als Yder in der folgenden Nacht Durst verspürt, gibt ihm Kai vergiftetes Wasser zu trinken. Wieder glaubt man Yder tot, aber er kann durch Kräuter, die ihm einige Iren bringen, gerettet werden. Er klagt Kai beim König an. Kai wird zum Tode verurteilt. Jedoch bittet Yder den König um Gnade für ihn. Schließlich wird die Königin Yders Frau.[38]

Offensichtlich liegt hier eine Deplazierung oder vielmehr eine Verdoppelung der Figur vor. Der Autor des *Roman d'Yder* dürfte eine Überlieferung von einem amourösen Abenteuer zwischen Guenièvre – die vielleicht ursprünglich Guenloie hieß – und Yder vor sich gehabt haben. Da er die Königin wohl nicht belasten wollte, zog er es vor, die Figur der Königin zu verdoppeln. Dabei ließ er nur noch in einer kleinen Anspielung die Liebe von Guenièvre für Yder anklingen und gab der Guenloie die Rolle der offiziellen und – über jeden Verdacht erhabenen – Geliebten Yders. Jedoch wird nun im Roman nicht mehr recht verständlich, weshalb Artus so leidenschaftlich den Tod des Yder herbeiwünscht: ein solches Verhalten ist eines höfischen Königs nicht würdig. Ebenso wenig verträgt sich der zweimalige Verrat seitens Kai mit der Ehre der Artusritterschaft. Das Thema scheint in Wirklichkeit einer uralten Überlieferung entnommen, die aus der Zeit stammt, als Artus nur ein von skrupellosen Abenteurern umgebener Stammesfürst war, der noch in nichts jener höfisch stilisierten Figur glich, die über einen der okzitanischen Mode des ausgehenden XII. Jahrhunderts entsprechenden, zivilisierten Hof herrschte. Der *Roman d'Yder* gibt wie die walisische Erzählung *Kulhwch und Olwen* die echte, ursprüngliche Überlieferung des Artus wieder. Die Königin Guenièvre vertritt hier die Souveränität, und als deren Repräsentantin kann sie nicht das ausschließliche Eigentum von Artus sein, denn das würde dem keltischen Geist widersprechen: daher wird zwischen den Kampfgefährten des Königs um ihren Besitz gerungen. Daher hat sie auch bereits Gauvain, Kai und Yder und viele andere, z.B. Mardoc-Méléagant oder Caradoc als Liebhaber gehabt. Die keltische Königin ist nämlich nicht die Sklavin des Königs: sie gibt ihre Macht dem Mann ihrer persönlichen Wahl, sie verkörpert hier sogar voll und ganz im Rahmen der Legalität den Aufstand des Blütenmädchens, das vom Mann für den Mann geschaffen wurde und in einer von den Männern getragenen Gesellschaft den Versuch macht, seine Unabhängigkeit wiederzuerlangen.

Eine bemerkenswerte Passage in *Chrétiens Perceval*, die bisher von den Mythologen kaum beachtet worden ist, gibt in knapper Form ein ergreifendes Porträt der wahren Guenièvre. Durch diese Passage wird der Aspekt der absoluten Herrin, der sie im *Chevalier à la Charette* gegenüber Lancelot kennzeichnet, sowie die Anforderungen, die sie stellt, auf einmal verständlich, die man sonst für Kapriolen halten müßte, zu denen Frauen, die wenig zu tun haben, bei Hofe traditionsgemäß neigen. Die Passage steht im *Perceval* an der Stelle, wo Gauvain gerade einen Fluß überquert hat und sich nun im 'Château de la Merveille' befindet, wo er der verzauberten Mutter des König Artus begegnet. Diese bittet ihn, ihr Nachrichten von der Königin Guenièvre zu erzählen. Gauvain antwortet:

„Seit der ersten Frau, die aus der Rippe Adams geformt wurde, gab es nie eine Frau, die so berühmt gewesen wäre wie sie. Diesen Ruf hat sie wohl verdient, *denn wie der gebildete Lehrer die kleinen Kinder unterrichtet, so unterrichtet und unterweist meine Herrin alle Lebenden. Von ihr kommt alles Heil der Welt, sie ist seine Quelle und sein Ursprung*. Niemand, der sie verläßt, geht ohne Trost. Sie weiß, was jeder sich wünscht (muß heißen „wert ist"; Anm. d. Übers.) und kennt die Mittel, einem jeden ganz nach seinem Wunsch zu gefallen. Kein rechtschaffener Mann kann zu Ehre gelangen, es sei denn, er hätte es von meiner Herrin gelernt. Keiner kann unglücklicher sein, als zur Stunde, wo er von ihr geht und nimmt seinen Schmerz mit.[39]

Ein solcher Text macht einen Kommentar fast überflüssig. Zunächst fällt hier bei Guenievre der Aspekt der *Initiatrice* auf, wobei bei den Kelten die Initiation stets auch eine sexuelle Beziehung beinhaltet: im übernächsten, der Yseult gewidmeten Kapitel werden wir auf dieses Thema noch einmal zurückkommen.[40] Unbedingt wichtig ist in der zitierten *Perceval*-Passage ferner der Aspekt der *Déesse-Mère*, der Mutter-Göttin, der der Guenièvre von Gauvain verliehen wird. Dem ist hinzuzufügen, daß Gauvain, betonen wir es noch einmal, bei der einen oder anderen Gelegenheit selbst auch der Liebhaber der Königin war. Von der Königin komme alles Heil der Welt, sagt er, die Königin ist die Herrin über Freude und Leid, sie ist *Ursprung* und *Quelle*. Man bemerkt immer wieder, daß die von *Chrétien de Troyes* verwendete Vorlage eine Erzählung war, die noch zahlreiche archaische Elemente enthielt. Dies ist ein weiterer Beweis dafür, daß man im Gralkult und besonders im Ritual der Gralsuche (Quête) die Reminiszenz des Kults der alten Göttin zu sehen hat. Und die Königin Guenièvre ist das Bild dieser archaischen Göttin: als Frau ist sie Herrin über das Leben, sie verfügt über die lebenswichtige Nahrung und über die Macht der Schöpfung. Mit anderen Worten: in ihren Händen liegt die oberste autonome Herrschaft über alle Dinge, eine Souveränität, die vom König, ihrem Gemahl – oder aber von den Rittern, die mit ihr in Kontakt kommen, d.h. von ihren Liebhabern – verwaltet wird. Nach dieser Feststellung kann der 'amour courtois', die höfische hohe Minne, mit ihren Doktrinen und Gesetzen kaum noch als eine simple Form der Unterhaltung einer aristokratischen Gesellschaft betrachtet werden. Der 'amour courtois' ist nur das poetische Gewand, in das im XII. und XIII. Jahrhundert der Kult der *magna mater omnipotens* gekleidet wurde.

Sofort drängt sich ein Vergleich auf: nämlich die verblüffende Ähnlichkeit zwischen Guenièvre (Gwenhwyfar, Winlogée oder Guenloie) und einer wohlbekannten irischen Epenheldin, der Königin Mebdh von Connaught. Freilich wirken die einzelnen Typen und Charaktere im heidnischen Kontext der gälischen Ependichtung wesentlich brutaler und urwüchsiger als in den französischen Adaptationen der brit(ton)ischen Sagen und Legenden. Die Königin Mebdh hat zwar wenig sympathische Züge, aber dies ist ganz im Sinne der Autoren, die ihren Charakter der *virago* betonen. Sie ist nach der ursprünglichen Bedeutung des keltischen Wortes tatsächlich eine *virago*. Mebdh beugt vor den Männern nicht das Knie und schon gar nicht vor ihrem Gemahl, dem König Ailill, der in dieser Sage eine eher unschmeichelhafte Rolle spielt. Mebdh ist „die kriegerische, die kämpferische Frau". Sie ist die Tochter des obersten Königs von Irland. Während ihres Streites mit Ailill über die Frage, wer den größeren Besitz habe, brüstet sie sich damit, mehr als Ailill zu besitzen: nach keltischem Recht hat sie somit zu bestimmen, was getan wird. Als sie aber bemerkt, daß ihr noch ein Stier fehlt, ist ihr jedes Mittel recht, um eines ganz außergewöhnlichen Tieres habhaft zu werden, mit dessen Besitz das Zünglein an der Waage nach ihrer Seite ausschlagen würde. So fordert sie den Daré, Fiachnas Sohn, auf, ihr seinen Stier zu überlassen, den berühmten Brun von Cuanlgé. Als Gegenleistung will sie ihm Grundbesitz und einen Wagen geben, vor allem aber gewährt sie ihm die Gunst, mit ihr ins Bett zu gehen.

Dieser Vorschlag ist wesentlich mehr als nur ein pikantes Detail. Als Tochter des höchsten Königs von Irland und Königin von Connaught ist Mebdh die Inhaberin der Souveränität, oder vielmehr *ist* sie selbst die Souveränität, die höchste Macht. Ähnlich wie einzelne Sterbliche nach der griechischen Mythologie zu göttlichen Fähigkeiten gelangten, als sie die Geliebten einer Göttin wurden, so gelangt auch der Mann, der mit Mebdh schläft, automatisch zu einem Teil der Macht, über die sie verfügt, oder die sie selbst verkörpert. Außerdem drückt Ailill jedesmal ein Auge zu, wenn seine Gemahlin einen anderen Mann mit der „Freundschaft ihrer Lenden" verwöhnt, wie die Ependichter diesen Sachverhalt delikat und euphemistisch umschreiben. Wenn Mebdh einen Teil ihrer Souveränität an einen Mann abtritt, so geschieht dies mit der Absicht, daß dieser dadurch den Interessen der Königin und damit des Königreichs nützt. In der Erzählung *Tain Bô Cualngé* kommt dies deutlich zum Ausdruck: nachdem ihre Verhandlungen mit Daré gescheitert waren, beschließt Mebdh, gewaltsam den Stier in ihren Besitz zu bringen, indem sie einen Krieg gegen Ulster vom Zaun bricht. Dazu braucht sie natürlich Krieger und besonders den gefürchteten Fergus, der aus Ulster verbannt ist. Daher läßt sie diesem Fergus ganz besonders ihre außergewöhnliche Fürsorge angedeihen. Als sie eines Tages von einem Bediensteten des Königs überrascht wird und dieser seine Entdeckung dem König meldet, beschränkt sich dieser auf den Kommentar, sie habe so handeln müssen, um den Erfolg des Unternehmens zu garantieren. Dessen ungeachtet reagiert Ailill in vielen Situationen höchst eifersüchtig: so überrascht er eines Tages Mebdh dabei, wie sie gerade auf reichlich indezente Art und Weise mit Fergus badet, und gibt daraufhin einem seiner Männer den Befehl, einen Jagdspeer auf Fergus zu schleudern, was das unrühmliche Ende dieses Helden bedeutet.[41]

Im *Fest des Bricriu* ist Mebdh besonders deutlich als Inhaberin der höchsten Macht gekennzeichnet. Als es darum geht, den „Heldenanteil" zu vergeben, und man nicht weiß, wer von den drei sich gleichzeitig bewerbenden Ulates-Helden Cûchulainn, Conall und Loegairé der größte ist, läßt man Mebdh das entscheidende Urteil fällen. Diese erklärt Cûchulainn für den besten aller Ritter, was sie jedoch nicht daran hindert, mit viel Zeit und Geduld auf dessen Untergang hinzuarbeiten. Als nämlich Mebdh von Cûchulainn im Kampf um den Stier Brun von Cualngé besiegt wird, erzieht d.h. initiiert sie die Kinder von Caltin zu den zukünftigen Mördern des Ulates-Helden. Mebdh kann keine Niederlage ungesühnt hinnehmen. Der *Rausch der Ulates* beschreibt, auf welch sonderbare Art sie die verirrten und von dem berauschenden Getränk stark mitgenommenen Ulates-Krieger empfängt. Sie ist dabei nicht nur in Begleitung von Ailill, sondern auch Cûroi mac Daeré, der zu dieser Zeit gerade einer ihrer Liebhaber zu sein scheint, ist bei ihr. Und wie sehr auch Ailill versucht, die Ulates im Namen der geheiligten Gesetze der Gastfreundschaft und der Ehre zu schützen, zieht die Königin es dennoch vor, auf den Rat des Cûroi zu hören und die Ulates zu vernichten. Nur mit Cûchulainns Hilfe gelingt es diesen, sich aus ihrer ausweglosen Lage zu retten; auf ihrer Flucht nehmen sie sogar noch den König Ailill mit, der dem Schattendasein neben seiner schrecklichen Gemahlin das Exil entschieden vorzieht. Natürlich ist das Porträt, das die irischen Erzähler von ihr geben, stark übertrieben, ja fast bis zur Karrikatur verzerrt, aber man darf nicht vergessen, daß es in einem eindeutig patriarchalischen Kontext steht. Man bemitleidet den Mangel an Autorität bei Ailill und empört sich über den Charakter der Mebdh. Was von ihrer alten Rolle als Königin und Repräsentantin der Souveränität und Macht noch geblieben ist, ist kaum mehr als ihr Aspekt einer Prostituierten und Hexe.

Und doch führt der Vergleich zwischen Guenièvre/Gwenhwyfar auf der einen Seite und Mebdh (deren Tochter übrigens den Namen *Finnabair* hat, welcher, wie schon angedeutet, die exakte gälische Entsprechung zu dem walisischen *Gwenhwyfar* ist) auf der anderen Seite zu einem besseren Verständnis der ursprünglichen Guenièvre, deren Rolle die Grundlage der späteren höfischen Romane von der Tafelrunde bildet. Diese weibliche Souveränität riß ein Mann (König Artus) an sich, und damit wurde sie verfälscht und entfremdet, obwohl sie im Grunde als unentstellbar gilt.[42]

Wenn die Königin sich den ein oder anderen Liebhaber nimmt, dann tut sie dies nicht mit der Absicht, die Macht mit ihm zu teilen, besser gesagt, nicht um ihre Souveränität *einzuschränken*, sondern um ihre Macht auf den Mann *auszudehnen* und ihm die Möglichkeit und Kraft zu geben, sich ausschließlich für das Wohl der Souveränität einzusetzen. Denn wie wäre es sonst zu erklären, daß Lancelot du Lac all den Mut, dessen er zum Bestehen seiner waghalsigen Aventiuren bedarf, aus seinen Gedanken an Guenièvre schöpft, was so weit geht, daß ihr ihn ständig verfolgendes Bild schließlich zum alleinigen Motor all seiner Taten wird? Durch ihr Verhalten übertritt die Königin aber die von der paternalistischen Gesellschaft definierten Tabus und verläßt absichtlich und freiwillig den Bereich der Legalität. Daher das Mysterium, das ihre Liaisons umgibt, daher jenes komplizenhafte Halbdunkel, daher die geheimen Rendezvous und all das Verlockende, das ein so köstliches Mahl für die Dichter bedeutet, die dem Zuhörer oder Leser das Wasser im Munde zusammenlaufen lassen wollen, indem sie zeigen, daß das Verbotene zuweilen einen besonders großen Reiz besitzt und daß der Ehebruch, besonders auf königlicher Ebene, eine Attraktivität besitzt, der nichts Gleichwertiges an die Seite zu stellen ist.

Guenièvre lehnt sich wie Mebdh und Blodeuwedd gegen die etablierte gesellschaftliche Ordnung auf, die in ihrer Routine und ihren zahllosen Widersprüchen erstarrt ist. Ihr Aufstand ist dabei nicht einmal ungefährlich. Dem Scheiterhaufen entgeht sie nur knapp. Blathnait hatte dagegen weniger Glück: sie konnte Cûrois Rächer nicht entkommen. Ebensowenig entrann Blodeuwedd dem Fluch des Gwyddyon, Lilith dem Fluch Jahwes. Auch in der antiken Überlieferung des Mittelmeerraums gibt es ähnliche Figuren, die wie sie das Schandmal auf der Stirn tragen. Man redet von ihnen, jedoch stets um sie zu verurteilen, selbst wenn man sie unbewußt bemitleidet.

Nehmen wir den Fall der Phaedra, denn er ist besonders bezeichnend. Nach einer Definition von *Chateaubriand* (– der an dem Tage, als er sie niederschrieb, statt dessen besser eine Wanderung durch seine geliebte Heide hätte tun sollen –) ist sie „une chrétienne, à qui la grâce a manqué" ('eine Christin, die nicht in den Genuß der Gnade kam'). Diese Definition, die einem Exzeß an jansenistischem Furor entsprungen ist, verkennt den Gehalt des Mythos völlig. *Racine*, der Dichter der Tragödie *Phèdre*, war zwar selbst überzeugter Jansenist, aber zugleich auch ein großer Hellenist, der tief durchdrungen war vom Geist des antiken griechischen Theaters und der griechischen Mythologie. Wenn man *Racines* Text richtig zu lesen versteht, sieht man darin den Mythos in blendender Reinheit hervortreten. Zunächst wird Phaedra keineswegs als eine alternde Frau dargestellt, die sich in einen 'Welpen' vergafft, wie uns zahlreiche dramatisierte Darstellungen glauben machen wollen (falls diese nicht nur dazu dienen, alternden Schauspielerinnen, die sich ihr Alter noch nicht eingestehen wollen, Arbeitsplätze zu schaffen). Phaedra ist eine junge Frau, die dem Gesetz des Vaters geopfert wird, der sie zur Gemahlin des Helden Theseus machte, eines Helden, der nicht mehr der Jüngste war und fast nie zu Hause ist. Phaedra, die kaum älter als ihr Schwiegersohn Hippolyt ist, langweilt sich zutiefst. Da wirft sie ein Auge auf Hippolyt, *der noch dazu seinem Vater sehr ähnlich sieht*, jedoch nicht dessen Fehler hat.

Daran ist an sich noch nichts Ungewöhnliches, zumindest nichts, was den Inzest rechtfertigen würde, *außer natürlich in einem gesellschaftlich exogamen Rahmen* (der bei den Griechen wie bei den Kelten gegeben war). Phaedra wird jedoch im Namen der Gesetze der patriarchalischen Gesellschaft verurteilt, da sie

Ehen zwischen Mitgliedern ein und desselben Clans ausschließen. Durch ihre Heirat mit Theseus wird Phaedra rechtlich ein vollwertiges Mitglied des Clans von Theseus. Daher liegt ein Fall von 'Clan-Inzest' vor, wenn sie sich in den Sohn des Theseus verliebt. Die biederen Bürger, die sie deshalb verurteilen, täten besser, sich daran zu erinnern, daß etwa in der jüdischen Gesellschaft, die endogam ist, gewöhnlich der Schwager die Witwe seines verstorbenen Bruders heiratet: nie ist dabei von Inzest die Rede, außerdem ist dieser Brauch dort, wo er möglich ist, sogar obligatorisch. Der Inzest, den Phaedra begeht, ist also nicht religiöser, nicht einmal moralischer Natur, sondern ein Inzest *gesellschaftlicher* Natur.

Dieser Inzest würde nämlich, sobald sein Sachverhalt effektiv vorliegt, sämtliche Strukturen der Gesellschaft, der Phaedra angehört, wohl oder übel in Frage stellen. Indem sie sich gegen die Autorität des Gatten auflehnt, die zugleich die Autorität des Vaters ist, der das Fundament der Gesellschaft bildet, lehnt Phaedra sich somit gegen diese Gesellschaft insgesamt auf. Also muß sie wie Blodeuwedd und Gueniëvre bestraft werden. Und wenn sie in der griechischen Sage Hippolyt plötzlich anklagt, er habe versucht, sie zu vergewaltigen, dann tut sie dies nur, um sich zu rächen: obwohl Hippolyt durchaus ihr Komplize hätte werden können, obwohl er ihr durchaus bei der 'Umwertung der Werte' hätte beistehen können, hat er sich doch geweigert, es zu tun, wahrscheinlich deshalb, weil er begriffen hatte, worauf Phaedra damit hinauswollte. So wurde er zu ihrem Feind, und damit gleichzeitig zu einem störenden, gefährlichen Zeugen. Es sei darauf hingewiesen, daß der Hippolyt des *Euripides* intelligent ist, während er bei *Racine* vor allem durch seine Unfähigkeit und Naivität glänzt; *Racine* machte ihn nämlich zum Symbol des schwachen und zur Ausübung seiner Verantwortung unfähigen Menschen (was sich mit der jansenistischen Auffassung deckt).

Ein anderes, diesmal aus der Welt der Römer stammendes Beispiel kann in der heroischen Tragödie *Horace* von *Corneille* erblickt werden. Bekanntlich gehört die in dem Drama dargestellte Episode der Horatier und Curiatier eher der Sage als der belegbaren Historie an, und ihre einzig fundierte Grundlage ist die einstige Rivalität zwischen Rom und Alba Longa, den beiden alten Städten Latiums im Ringen um die Vorherrschaft. *Corneille* hat jedoch ihren Geist wunderbar erfaßt und in seiner Tragödie mit beachtlichem Zynismus verarbeitet. Dieses Werk, das generationenlang den Schülern vorgesetzt wurde – und auch heute noch auf dem Stoffplan steht – ist vielleicht das niederträchtigste und unmoralischste Werk, das man sich vorstellen kann, oder das jemals verfaßt wurde. Daß bereits der Name *Corneille* die *Lehrer* uneingeschränkt vor seligster Bewunderung erzittern läßt, zeugt von ihrer Gewissenlosigkeit und Verblendung. Das Stück strotzt geradezu vom Geist der Selbstaufopferung und des Patriotismus bzw. Nationalismus, was in entsprechend hohle Phrasen gekleidet wird, hinter deren Maske sich der Wille zur schonungslosen Mißachtung und Vernichtung der Natur des Menschen verbirgt, obwohl dieser doch ein vernunftbegabtes und sensibles Wesen ist; all dies macht das Stück zu einem Triumph der Brutalität, ohne die freilich keine patriarchalische Gesellschaft überleben kann.

Worum geht es in dieser Tragödie? Vornehmlich um zwei Frauen, die unterschiedlich auf eine vorgefundene Lage reagieren, die allerdings derart ausweglostragisch ist, daß man eine solche Form geradezu sprichwörtlich als '*Corneille*sche Tragödie' bzw. '*Corneille*sche Tragik' bezeichnet. Die beiden Protagonistinnen

Sabine und Camille haben zunächst die gleiche Haltung: beide versuchen leidenschaftlich, ihre Brüder, Verlobten und Gatten umzustimmen, die sich zur größeren Ehre des Vaterlandes gegenseitig umbringen wollen (nur handelt es sich unglücklicherweise nicht um ein und dasselbe Vaterland, so daß jedes dieser Vaterländer davon überzeugt ist, daß das Recht auf seiner Seite liege, was ein typisches Zeichen für die Hirnlosigkeit jenes Tieres ist, das bisweilen *Mensch* genannt wird). Die Frauen stoßen mit ihrem Flehen auf taube Ohren, obwohl sie sämtliche Register der Dialektik und Sensibilität ziehen. Der junge Horatier (Horace) ist sich dessen voll bewußt, daß die beiden Frauen durch ihre Komplizenschaft mit seinen Feinden – die zwar seine Schwäger sind – für die Ordnung der Gesellschaft, die er verteidigt, eine Gefahr darstellen. Der Kampf ist eben reine Männersache. Als Horace aufbricht, sagt er zu seinem Vater:

„Mein Vater, halte sie zurück! Sie rasen!
Ich bitt' dich, hind're sie, hinauszugehn:
Denn ihre lästge Liebe würde lärmend
Durch Weinen und Geschrei im Kampf nur stören."[43]

(*Horace* II, 8)

Man erinnere sich aber daran, daß Coriolan sich auf seinem Marsch gegen Rom durch das Weinen und Flehen seiner Mutter und seiner Gemahlin dagegen sehr wohl von seinem Vorhaben abbringen ließ. (Wahrscheinlich wurde er deshalb auch anschließend von seinen eigenen Soldaten umgebracht, sodaß *Corneille* es nicht für angebracht hielt, aus ihm einen Helden zu machen.)

Von diesem Zeitpunkt an reagieren Camille und Sabine verschieden: Sabine resigniert. Sie hört zwar nicht auf, zu denken, aber sie *akzeptiert*, d.h. sie fügt sich definitiv in das System ein. Man wird ihr zu Ehren eine Statue errichten und sie mit folgenden Worten trösten:

„O gib, Sabina, weniger dem Schmerz,
Der dich bedrückt, Gehör! Verscheuche drum
Aus diesem großen Herzen jede Schwäche:
Ja! Trockne deine Thränen, dann zeigst du
Als wahre Schwester der Beweinten dich!"[44]

(*Horace* V, 3)

Sie wird also eines Tages als 'Heilige' Sabine, ein Vorbild der heroischen Aufopferung aller Frauen künftiger Zeiten, zu Bewunderung und Nachahmung angeboten. Klar und deutlich ausgedrückt heißt das: bringt eure Gefühle zum Schweigen, gehorcht unseren Befehlen, verhaltet euch so, wie man es von euch erwartet, nämlich als Spiegelbild, als zu unserem Vergnügen geschaffenes *Blüten-Mädchen*. Oder um ein geflügeltes Wort der französischen Umgangssprache zu benutzen: 'sois belle et tais-toi', sei schön und schweig. Was man aus Sabine gemacht hat, ist eine resignierte Eva, eine bewundernswerte Gemahlin, aber vor allem eine entfremdete Frau.

Anders reagiert Camille. Alle Kommentare zu *Corneilles* Werk finden sie übereinstimmend schrecklich abstoßend, ja sie gehen fast so weit, den jungen Horace darum zu bedauern, daß er eine solche Schwester hat. Es stimmt allerdings, daß Camille die Inkarnation der Revolte gegen die paternalistische Gesellschaft ist, in der sie zu ersticken droht, die ihr sämtliche affektiven Bindungen zerstört, und die ihre ganze Gefühlswelt vernichtet. Aus ihrem Aufbegehren weht nicht nur der Geist einer egoistischen Leidenschaft, sondern ihre vielzitierten Stoßseufzer sind auch die Schreie von Millionen und Abermillionen von Frauen aus allen Zeiten und Ländern. Camille findet zur Qualifizierung der Gesellschaft, in der sie leben muß, die richtigen Worte. Aus ihnen spricht der Aufstand gegen den Vater:

„Ja! Klar und deutlich will ich es ihm zeigen,
Die wahre Liebe trotzt der Hand der Parzen;
Sie achtet das Gesetz nicht von Tyrannen,
Die uns ein böser Stern zu Eltern gibt."[45]

Und nachdem sie die einzelnen Stationen ihres Leidensweges beschrieben hat, entdeckt sie den Höhepunkt der Widerwärtigkeit:

„Wie, freuen soll ich mich am Todestag?
Des Siegers Taten soll ich heut bejauchzen?"[46]

Damit ist deutlich ausgesprochen, daß die Gesellschaft von ihr nicht nur passives Stillhalten verlangt, sondern sie soll sich auch noch nach dem Bilde der Männer verhalten, sie soll allen ihren Wünschen entsprechen. Jedes andere Verhalten wird als Verbrechen ausgelegt:

„Heißt Tränen Schande, Seufzen ein Verbrechen?
So soll ich mich, Tyrann, wohl glücklich preisen,
Soll grausam sein, um edel nur zu heißen?"[47]

Camille hat ihre Situation klar erkannt und beschließt daher, den entscheidenden Schritt zu tun. Wie sich herausstellt, handelt es sich keineswegs um ein plötzliches Überfluten der Leidenschaft. Camille ist zu ihrer Entscheidung erst nach einer langen Entwicklung gelangt, ihr geht eine jener ausgiebigen 'Erörterungen' (débats) voraus, die für *Corneilles* Werk so typisch sind. Ihre endgültige Haltung wird von ihrer *Vernunft* diktiert. Wenn etwas ausufert oder überläuft, dann deshalb, weil das Maß voll ist und weil Camille nun nichts mehr zu verlieren hat:

„Mein Herz, entarte lieber solchem Vater!
Sei lieber unwerth eines solchen Bruders!
Ruhmvoll ist es, feige zu erscheinen,
Wenn Barbarei die höchste Tugend ist."[48]

(*Horace* IV, 4-5, passim)

Das ist eine durch die Vernunft geleitete unwiderrufliche Verurteilung und zugleich der Beweis dafür, daß ganze Welten die Mentalität des Bruders von der der Schwester trennen. Hier liegt nicht mehr nur ein Konflikt zwischen Bruder und Schwester vor, sondern ein Konflikt zwischen zwei Weltanschauungen, zwischen zwei Kulturen. Diejenige von Horace ist eine Kultur der Gewalt, des Terrors, der Unterdrückung und der *reinen Vernunft*. Diejenige von Camille ist eine Kultur der Liebe, der *Affektivität*.

Aber Camille steht mit ihrem Standpunkt allein da. Vor der gefühllosen und barbarischen Haltung ihres Bruders explodiert sie im wahrsten Sinn des Wortes und spricht über Rom ihren Fluch aus, denn für sie ist Rom das krasse Symbol dieser Kultur, die sie so sehr aus tiefster Seele ablehnt, daß sie der hochmütigen Stadt den endgültigen Untergang wünscht. Horace tötet sie, und um sich vor den Augen eines Soldaten, der Zeuge dieser Tat wird, zu rechtfertigen, spricht er die folgenden Worte, aus denen hervorgeht, daß er begriffen hat, worin die Ursache allen Übels besteht.

„...denn ihr frevelhafter Wunsch,
wenn auch noch machtlos, ist ein wuchernd Unkraut,
das man im Keime schon ersticken muß."[49]

(*Horace* IV, 6)

An dieser Stelle erreicht *Corneilles* Tragödie die Höhe eines objektiven und aussagereichen Werkes – vorausgesetzt natürlich, daß man es wirklich aufmerksam liest und nicht nur dem Klappern der Alexandriner-Verse und einigen schaurig-schönen Redewendungen lauschen will. Was hat man aber von dem V. Akt zu halten? Was soll man von dem Gerechtigkeitsgefühl eines Königs halten, der uns dort als das Muster eines Herrschers präsentiert wird? (Man beachte nebenbei den zwischen den Zeilen durchschimmernden Kniefall vor Richelieu, dem eigentlichen Gründer der absolutistischen Monarchie in Frankreich.) Der König genießt sämtliche Rechte und Freiheiten, da er über den Gesetzen steht, die er einsetzen und abschaffen kann (und zwar 'im Namen Gottes'; schließlich ist Gott in manchen Situationen eine höchst praktische Sache, besonders wenn es um die Lenkung des Staates geht). Daher erteilt der König *Horace* die Absolution:

„Lebe, Horatius, lebe, Krieger mit dem allzu großen Herzen;
Deine Tugend setzt den Ruhm noch über dein Verbrechen."[50]

(*Horace* V, 3)

Wenn unser Moralgefühl sich über diesen Freispruch empört, um so schlimmer für uns: denn schließlich gibt es die Staatsraison, die Tugend und den Ruhm, drei Werte, denen man alles zu opfern hat (immer nach der schönen Devise: „Es geschieht nach Gottes Willen"). Obwohl Horace zum Mörder seiner drei Schwäger und seiner Schwester wird, ist er ein Held, auch wenn Blaise *Pascal*, jener Häretiker, der hartnäckig darauf besteht, Macht und Recht sauber voneinander zu trennen, der gegenteiligen Ansicht ist.[51]

Gerechterweise müssen wir uns aber auch in die Lage des Königs versetzen: der König kann gar nicht anders handeln, als Horace freizusprechen. Anderenfalls würde er nämlich das Verhalten der Camille implizit gutheißen, damit würde er aber der Gesellschaft, die er repräsentiert, einen gefährlichen Schlag versetzen. Arme Camille! Sie ist also dazu verurteilt, sich zu den Manen der Phaedra, der

Guenièvre, der Blathnait und der Blodeuwedd zu gesellen. Der Aufstand des Blütenmädchens ist damit ein weiteres Mal gescheitert.

Eine ungewöhnliche Geschichte aus der irischen Literatur erzählt jedoch von einem Versuch dieser Revolte, der wesentlich weiter geht und sogar zum Teil gelingt. Die Motivationen der Geschichte sind ziemlich unverständlich, denn es geht darin in erster Linie um die tragische Konfrontation zwischen dem Druidentum (in einer auf das Niveau des Hexenzaubers herabgesunkenen Form) und dem siegreichen Christentum. Da aber das Druidentum in der bereits christianisierten gälischen Gesellschaft offiziell nicht mehr anerkannt ist und wie in den anderen ehemals keltischen Ländern auf dem Kontinent seitdem nur noch von den Frauen in der Form des 'Hexenwesens' heimlich weiter praktiziert wird, dürfte es interessant sein, diesen Konflikt einmal näher zu betrachten:

Der Tod des Muirchertach (Irland):

Muirchertach, der 'Ardri', der höchste König von Irland, begegnet eines Tages auf der Jagd einem jungen Mädchen, in das er sich sofort unsterblich verliebt. Auf sein inständiges Bitten, mit ihm zu kommen, ist die junge Frau unter der Bedingung bereit, ihm nach Cletech in seinen königlichen Palast zu folgen, daß der König sich ihr vollständig unterwerfe und daß niemals eines Priesters Fuß sein Haus betrete, solange sie dort weile. Als der Ardri sie nach ihrem Namen fragt, antwortet sie, sie heiße *Sin*; das bedeutet soviel wie „Seufzen, Brüllen, Sturm, rauher Wind, Winternacht, Schrei, Weinen, Klagen". Sobald sie sich in Cletech eingerichtet hat, jagt sie als erstes die Königin und ihre Kinder aus dem Haus. Die Königin geht sich bei dem Bischof Cairnech beschweren, worauf dieser dem Miurchertach ein Ultimatum stellt und auffordert, Sin aus seinem Haus zu entfernen. Der König weigert sich, woraufhin Cairnech ihn mit einem Bannfluch belegt, dessen Zeremonie dem Druidentum wesentlich näher steht als dem Christentum. Die Männer Irlands stehen jedoch auf der Seite des Ardri und damit auf der Seite der Sin, sie sind gegen den Bischof. Eines Tages fragt der König Sin, woher sie ihre Macht habe. Sie antwortet, sie sei eine Hexe, und gibt ihm einige Beispiele ihrer Zauberkünste. Mit der Zeit fühlt Muirchertach, daß ihn allmählich ein immer stärkeres Gefühl der Schwäche überkommt. Dies erscheint ihm verdächtig. Er geht beim Bischof zur Beichte und verspricht ihm, sich von Sin zu trennen. Nach seiner Rückkehr unterliegt er jedoch von neuem dem Einfluß des Mädchens, das ihn mit phantastischen Visionen behext. Muirchertach wird von einer Vorahnung seines baldigen Todes ergriffen, aber da ist es bereits zu spät, um diesen noch abwenden zu können, denn zu stark ist der Zauber der Sin. Eines Tages schreckt er mitten in der Nacht jäh aus dem Schlaf hoch und sieht, daß sein Palast in Flammen steht. Er versucht, ein Faß Wein zu erreichen, fällt hinein und ertrinkt. Anschließend geht die Kunde durch das Land, daß Sin die Tochter eines Mannes sei, den der Ardri einst habe ermorden lassen, und daß sie all diese schrecklichen Taten nur begangen habe, um ihren Vater zu rächen. Da sie sich aber selbst im Grunde ihres Herzens in den König Muirchertach verliebt hatte, starb auch sie kurz darauf, da sie den Schmerz nicht überleben konnte.[52]

Diese Geschichte hat beinahe corneillehafte Züge: hin- und hergerissen zwischen Liebe und Rache, erfüllt sie dennoch ihre Pflicht und erwirkt den Tod des Schuldigen. Aber der dieser Sage zugrundeliegende Mythos geht noch weiter: denn wenn man einmal von dem Element der Rache absieht, das eine nachträgliche, rationalisierende Begründung zu sein scheint, die die Aufmerksamkeit von dem eigentlichen Ziel der 'Hexe' ablenken sollte, so erkennt man, daß hier im Grunde eine echte Revolte gegen den König stattfindet. Und diese Revolte entwickelt sich aufgrund der angewandten Methode besonders subtil. Man könnte ähnliche Beispiele aus der Bibel anführen, etwa das der Dalila, die dem Samson seine Kraft raubt, oder der Judith, die Holophernes tötet, aber diese Beispiele lassen sich immer dadurch rechtfertigen, daß es sich um Kämpfe zwischen rivalisierenden, feindlichen Ländern und Völkern handelt. Hier geht es auch nicht um den klassischen Aufstand des Sohnes gegen den Vater (der im privaten wie im öffentlich-gesellschaftlichen Leben zweifellos eine wichtige Rolle spielt), denn dabei handelt es sich stets um eine Rivalität unter Männern. Sich gegen den Vater zu empören bedeutet, eine alternde Autorität durch eine neue, junge Autorität ersetzen zu wollen – und dies ist reine Männersache. Diese Revolte des Sohnes – gelegentlich mit Unterstützung der Mutter – wurde bereits in aller Breite und Tiefe untersucht, wobei man auf der Suche nach Argumenten zur Klärung des Phänomens sogar bis zur Urhorde zurückging, in der das Oberhaupt *theoretisch* nur das stärkste Männchen gewesen sein konnte. Wer hat aber jemals über die Revolte der *Tochter* gegen den Vater gesprochen?

Diese Frage wurde ganz einfach deshalb nie ernsthaft diskutiert, da der Aufstand des Sohnes gegen den Vater keine Gefahr für das patriarchalische Gesellschaftsgebäude bedeutet. Ganz im Gegenteil ist es sogar notwendig, daß eine innere Gefahr die eingeschlafenen Energien immer wieder weckt und zu einer Lösung der inneren Konflikte beiträgt. Dies hat keine systemverändernde, sondern eine systemerhaltende Wirkung. Die Individuen wechseln, die Institution bleibt die gleiche, das ist ein unumstößliches Naturgesetz. Der Aufstand des Sohnes gegen den Vater läßt zwar das in der gegenwärtigen Gesellschaft herrschende Unbehagen sichtbar werden (Protestbewegung, Forderungen der Jugendlichen nach Mitbestimmung und mehr Rechten, bestimmte 'Bewegungen' und 'Initiativen' einzelner Gruppen), aber im Grunde ist er nur die Sichtbarmachung der Angst, auf der die Gesellschaft aufbaut. Die Angst zeigt sich durch die Tatsache, daß die Frau 'verboten' ist, d.h. tabuisiert wird, obwohl sie gleichzeitig begehrt wird. Gesellschaftlich ans Ziel zu gelangen bedeutet also, die Tabus zu seinem eigenen Vorteil zu übertreten, um dann, sobald man arriviert ist, d.h. sobald man von der Position des Sohnes in die Position des Vaters übergegangen ist, die gleichen Tabus in voller Härte wieder zu errichten. Damit bleibt alles beim alten, nichts wurde verändert. Der neue Vater genießt nach wie vor die gleichen Privilegien und wird die Früchte seines Sieges zu sichern wissen. Daher die geheiligten Gesetze, die – nach Ansicht ihrer Gründer – für Wachstum und Blüte der menschlichen Gesellschaft stets die besten und wirksamsten sind.

Dies alles ist jedoch ein gewaltiger Schwindel, für den die Söhne *und die Töchter* zu bezahlen haben. Die althergebrachte Erziehung und ihre bekannten repressiven Maximen, die die Töchter nicht nur in einen Zustand der Angst, sondern geradezu des Horrors versetzen, hatte eine so durchschlagende Wirkung, daß die Töchter schließlich in einen Zustand der totalen Abhängigkeit und psychischen Entfremdung gerieten. Sobald die Töchter aber die Augen öffnen und erkennen, was das Gesetz des Vaters – mit der Unterstützung der Mutter – aus ihnen gemacht hat, dann besteht die Gefahr eines Aufstandes.

Selbst wenn die geistig-moralische Empörung durchaus vorhanden sein mag, fällt es aber immer noch schwer, sich vorzustellen, mit welchen Mitteln dieser Aufstand in die Tat umgesetzt werden könnte, da sämtliche Maßnahmen zu seiner Verhinderung getroffen sind. Der Aufstand der Sin gegen die Autorität des Königs läßt sich also nur mit Hilfe einer List verwirklichen. Daher spricht aus allen Überlieferungen ein so starkes Mißtrauen gegenüber der Verstellung und Verschlagenheit der Frau, die sich unlauterer Mittel bedient, um an das Ziel ihrer Wünsche zu gelangen. Und doch muß dieses Mißtrauen überraschen: denn gerade die Regeln der paternalistischen Gesellschaft sind es doch, die die Frau zum Rückgriff auf solche Mittel zwingen. Daher bleibt der Gesellschaft nichts anderes übrig, als die aufrührerische Tochter als ein „ungeheuer undankbares Ding" oder gleich ganz als Ungeheuer einzustufen, welches über dämonische Kräfte verfügt: und damit gelangt man wieder zur Hexe und Zauberin, was höchst praktisch ist, denn diese endet gewöhnlich ohne lange Diskussionen auf dem Scheiterhaufen.

So wie Sin ihn in die Tat umsetzt, ist der Aufstand perfekt: sie vereint in sich List (Hexerei), Charme, d.h. Zauber (im sanften Sinn des Wortes) und Intelligenz, 'Esprit'. Sin sichert sich nicht nur den Sieg, sondern bewirkt auch noch den Untergang des Königs/Vaters: sie degradiert die Autorität zur Karikatur, sie zeigt jedem, der Augen dafür hat, das wahre Gesicht des *'Kulturheroen'*, wie die Gesellschaft ihn sich geformt hat: über die Masse herausragend und doch schwach wie ein Kind, aufgeblasen und maßlos eingebildet.[53]

Gelegentlich machen sich aber einzelne 'Kulturheroen' auch zu Komplizen des weiblichen Aufstandes, der weiblichen Emanzipation. Das älteste Zeugnis dieser Art dürfte die in der *Rig-Veda* enthaltene Legende sein, wonach Indra die Kühe befreit, welche von den *Panis* in einer Höhle eingeschlossen worden waren. Der sich dahinter verbergende Mythos ist nicht schwer zu entschlüsseln: der Indra geht es darum, die Aversion gegen das Weibliche zu besiegen, wodurch die Kühe (= die Frauen) in das dunkle Abseits der Höhle abgedrängt worden waren, ihr geht es darum, die Höhle (= die Vagina) zu erforschen und die Frauen wieder zum hellen Tageslicht zurückzuführen ('vaginal zu befreien'), damit sie ihre Sexualität wieder mit befriedigendem Leben erfüllen können und ihren Zustand der Entfremdung verlieren. Ein ähnliches Abenteuer erlebt in der iranischen *Avesta* die Thraetana, die zwei atemberaubend schöne Mädchen aus einer Höhle befreit. Auch bei *Titus Livius* wirkt der Indra-Mythos noch in der Sage von Hercules nach, die bekanntlich noch Teile des ursprünglichen Charakters der Indra in den griechisch-römischen Bereich hinübergerettet hat: als Hercules einmal schlief, raubte der Schäfer Cacos ihm seine Herde und schloß sie in eine Höhle ein. Als der Held erwacht, weiß er nicht mehr, was aus seinen Kühen geworden ist, denn Cacos hatte darauf geachtet, daß die Kühe rückwärts in die Höhle gingen. Diese List ist weit mehr als ein hübscher Witz: es handelt sich um eine regelrechte Inversion, eine vollkommene Umkehr der Polaritäten, wodurch Cacos die weibliche Persönlichkeit entfremdet. Schließlich verrät aber das aus der Höhle dringende Brüllen einer Kuh das Versteck. Hercules bringt Cacos um und kann die Kühe befreien. (*Titus Livius* I, 7)

Im keltischen Bereich erinnert an diese Sage von Indra bzw. Hercules am deutlichsten das Abenteuer, das dem Helden Cûchulainn am Schluß der Geschichte von der *Erziehung des Cûchulainn* widerfährt. Diese Geschichte ist der Form nach relativ jung, ihr Inhalt läßt jedoch darauf schließen, daß ihre Entstehung auf archaische Zeiten zurückgeht. Bei seiner Rückkehr aus Schottland, wo er sich im Waffenhandwerk hat ausbilden lassen, entdeckt Cûchulainn einmal am Ufer ein junges Mädchen ohne Begleitung. Die junge Frau erklärt ihm, daß sie durch den König, ihren Vater, als Tribut den Fomoré ausgeliefert werden soll, jenem mythischen Meeresvolk, das der Feind der Gälen und Tuatha Dé Danann ist. Cûchulainn tötet den riesenhaften Fomoré, der sie holen will, und gibt damit dem Mädchen seine Freiheit zurück. Man beachte die Verwandtschaft zwischen dieser Geschichte und der Sage von Theseus und Minotauros, sowie der Sage von Tristan, der jenen Morholt besiegt, welcher für den irischen König vom Volk von Cornwall jährlich Tribut fordert. In allen drei Beispielen befreit der Held ein oder mehrere junge Mädchen aus der Gewalt des väterlichen Gesetzes, durch das sie gezwungen werden, sich opfern zu lassen. Ein ähnlicher Sachverhalt liegt in der walisischen Erzählung *Owein und die Brunnendame* und in *Chrétiens* Yvain-Roman *Chevalier au Lion* vor, wo Owein/ Yvain die von Luiton (einer Art Teufel, der den Vater repräsentiert) auf dem Schloß der 'Pesme-Aventiure' gefangen gehaltenen Jungfrauen befreit. Diese Szene ist auch in der christianisierten *Queste du Saint-Graal* enthalten: Galaad, der durchaus noch an Indra oder Hercules erinnert, wird zum Befreier von jungen Mädchen, die im 'Château des Pucelles' ('Schloß der Jungfrauen') gefangengehalten werden, welches den Charakter einer Unterwelt hat. Überhaupt verwirklichen in allen Artusromanen die Ritter, die junge Mädchen aus den Klauen eines Riesen oder Ungeheuers befreien, ebenfalls diesen Akt der Befreiung der durch den Vater oder durch einen anderen Repräsentanten der patriarchalischen Gesellschaft entfremdeten Persönlichkeit der Frau. Dies führt uns geradewegs zu Don Quichotte, dem berühmten Ritter von der traurigen Gestalt, welcher versucht, eine Dulcinea zu befreien, die lediglich in seiner Vorstellung existiert, und auch zu all den Märchen, in denen der Held – im allgemeinen ein 'charmanter Prinz' – eine verzauberte Prinzessin durch einen Kuß aus ihrem Dornröschenschlaf befreit.

Und doch ist ein solches Verhalten bei einem 'Kulturhelden', der per definitionem ein Produkt der paternalistischen Gesellschaft ist, eher selten oder reiner Zufall. Nach einem kurzen Exkurs in ein abweichendes Verhalten der beschriebenen Art pflegen diese Helden jedoch wieder zu ihrer wahren Natur zurückzukehren. Denn entweder heiratet die befreite Frau ihren Befreier, womit sie gelegentlich in noch schlimmere Fesseln gerät, oder sie ist gezwungen, ihren Weg bis zum definitiven Abschütteln des männlichen Jochs ohne fremde Hilfe allein weiter zu gehen. In den meisten Sagen, Legenden oder Volksmärchen lassen sich die einzelnen Stationen dieses Kampfes in filigranen Konturen ablesen.

Nehmen wir als typisches Beispiel den Mythos von Apoll. Der Sonnengott der Griechen stammt ursprünglich aus dem Norden und akklimatisierte sich mit der Ankunft der Indoeuropäer auch in Griechenland. Untersucht man die einzelnen an Delphi geknüpften Sagen und Legenden, so kann man einen allmählichen Wandel des Kultes feststellen, der dem Wandel der 'Mentalität' und auch der Gesellschaft folgt. In Delphi gab es ursprünglich eine große Schlange, die Python hieß. Diese ist eindeutig ein Symbol der Erde. Als Apoll erscheint, greift er die Schlange an und tötet sie: das bedeutet aber nichts anderes, als daß der weibliche Kult der Erde durch einen männlichen Kult des Himmels ersetzt wurde, oder anders ausgedrückt, daß die androkratischen Strukturen die alten Strukturen im Bereich der griechischen Urgesellschaft ersetzt hatten, die entweder gynäkokratisch oder zumindest stärker weiblich geprägt waren. Aber der Sieg des Gottes Apoll – man erinnere sich noch einmal daran, daß die Sonne in den ältesten Überlieferungen weiblichen Geschlechts ist – war dennoch nicht vollkommen: denn seitdem er der Sieger über die Schlange ist, trägt er *ihren Namen als Beinamen, vor allem aber haben seit dieser Zeit die F r a u e n – sie heißen stets Pythia – das Amt, den Willen der Götter in Worte zu fassen*, was sie seit dieser Zeit im berühmten Orakel von Delphi tun.

Daran läßt sich ermessen, wie wichtig diese Rolle der *Pythien, Sybillen, Feen* und *Hexen* in einer Welt ist, die offiziell ihre Rolle ignoriert oder sie bestraft, sobald sie über die Grenzen der vagen, unverbindlichen Wahrsagerei hinaus aktiv werden. Die Hexensabbate sind noch die letzten Spuren eines Aufstandes des Blüten-Mädchens. Genau deshalb hat die paternalistische Gesellschaft sie auch mit so viel Härte und Grausamkeit verfolgt: die Hexen sind Geschöpfe des Teufels, zudem weiß man, daß der Teufel ursprünglich eine weibliche Gestalt war, wie aus den verschiedenen Sagen von „des Teufels Großmutter" hervorgeht, die die Personifizierung der antiken Muttergöttin ist. Die Hexensabbate waren in Wirklichkeit nichts anderes als die Bacchanale der Antike oder die sakralen Orgien zu Ehren von Demeter und Isis. All jene mysteriösen Sekten, die in den verschiedenen Jahrhunderten aufkamen und bald wieder verschwanden oder noch heute existieren, entsprangen – unbewußt oder bewußt – ein und derselben Absicht, nämlich die Frau mit ihren alten Vorrechten wieder in die erneuerte menschliche Gesellschaft zu integrieren. Aufgrund der von der paternalistischen Gesellschaft eingesetzten Tabus und Verbote können derartige Revolten natürlich nur im Dunkel des Untergrundes stattfinden. So war auch das Christentum zunächst eine Geheimgesellschaft, denn es hatte damals noch keinen Platz in der Hierarchie des patriarchalischen römischen Staates. Das Christentum, das auf dem Paar Mutter-Sohn aufbaute (d.h. die Wiedereinführung der Liebe und des Gleichgewichts der Rechte von Mann und Frau zum Ziel hatte), richtete sich anfangs in der Hauptsache gegen die patriarchalische römische Gesellschaft. Das erste Gebot Christi lautete nämlich: „Liebe deinen Nächsten wie dich selbst." Das war ein Prinzip, das der Idee des Krieges und der aggressiven Spannung widersprach, denn beides bildete die wichtigsten Stützen der paternalistischen Gesellschaft. Die Römer waren sich darüber sehr wohl im klaren[54] : daher nämlich jene grausamen Exzesse bei der Verfolgung der Christen, *denen vor allem zur Last gelegt wurde, daß sie nicht den Göttern des römischen Staates opferten*, d.h. nicht dem Patriotismus huldigten (und in dem Wort Patriotismus steckt wieder das Wort *pater*, 'Vater'.) Das Christentum konnte erst dann 'offiziell' werden und sich erst dann in aller Öffentlichkeit zeigen, als es von der Macht vereinnahmt und an die römischen Gesetze angepaßt worden war. Diese Umformung brachte dem Christentum den Vorteil der Macht, aber gleichzeitig wurde damit der ideologische Charakter einer revolutionären Bewegung getilgt. Seit dieser Zeit ist das Christentum, indem es Gehorsam gegenüber der etablierten Ordnung predigt und die Frau kulpabilisiert, die solideste Stütze der paternalistischen Gesellschaft.

Und doch tauchten im Schoß des Christentums außer der Tendenz, die antike Muttergöttin in Gestalt der Jungfrau Maria wieder einzusetzen, immer wieder bestimmte Häresien auf, die den Versuch machten, die Emanzipation der Frau konkret werden zu lassen. Da wäre etwa die gnostische Sekte der Phibioniten zu erwähnen, die im III. Jahrhundert aufkam. Bei ihnen beinhaltete die Zeremonie des *Abendmahls* nicht nur die Einnahme von männlichem Sperma, sondern auch von weiblichen Sekreten, vornehmlich des Menstruationsblutes. Die Phibioniten lehnten die Fortpflanzung ab und befreiten dadurch die Sexualität von allen materiellen Zielen, was der Frau tatsächlich die volle Verfügung über ihren Körper ermöglichte. Dieses Denken beruhte übrigens auf einem Syllogismus der Antitacten und Nicolaiten, welcher wiederum eine Reminiszenz des Manichäismus ist, der auch die Grundlage der Katharer-Mystik des XII. Jahrhunderts bilden sollte. Dieser Syllogismus ging davon aus, daß „alles, was von Gott geschaffen ist, gut ist, daß aber anschließend ein Gott niederer Kategorie (der Teufel) allem das Böse eingegeben hat; folglich muß man zur Bekämpfung des Bösen die Schöpfung zerstören; daher die Propagierung von Empfängnisverhütung und Abtreibung"[55]. Zu den *Schwarzen Messen* ist zu sagen, daß sie sich im allgemeinen erheblich von den Ritualen unterscheiden, die ihr von der Sensationspresse angedichtet werden. So hahnebüchen die Motivationen derer bisweilen auch sein mögen, die an solchen Zeremonien teilnehmen, und wie makaber-immoralisch diese Messen auch gelegentlich sein mögen, so läßt sich bei einer eingehenden Analyse ihrer Strukturen dennoch erkennen, daß ihnen die bewußte Absicht zugrundeliegt, dem normalen Mechanismus der maskulinen und paternalistischen Gesellschaft, die als repressiv verdammt wird, eine – wie auch immer geartete – gynäkokratische archaische Ordnung entgegenzusetzen oder sogar wieder einzuführen. Die Tatsache, daß bei diesen Messen der Körper der Frau als Altar dient, und daß dabei die Anbetung der Frau im Mittelpunkt steht, ist ein hinreichender Beweis dafür. Ähnliches gilt für die sogenannte '*Messe à rebours*', 'Messe wider den Strich' oder 'Anti-Messe': darin werden die sakralen Texte der Messe rückwärts gelesen, was, verbunden mit einer bewußt blasphemischen Absicht, den Versuch der Rückkehr zu den Ursprüngen darstellt, nämlich zu jenen Zeiten vor der Errichtung der Herrschaft des großen männlichen Gottes der Juden über die europäisch-mediterrane Welt. Gewiß sind dies unbestritten Teufelskulte, wobei jedoch darauf hingewiesen werden muß, daß der Teufel (*διάβολος/ diabolos*) der ursprünglichen Bedeutung seines Namens gemäß derjenige ist, 'der sich querstellt' oder 'der durcheinanderwirft' und somit die Dinge an ihrer normalen Entwicklung hindert. Daher wäre es ein Irrtum, die 'Schwarzen Messen' und sogenannten Teufelskulte für reine Anbetungen des Bösen zu halten: sie sind lediglich die Negation der etablierten Ordnung und symbolisch die Negation desjenigen, von dem diese Ordnung ihre Legitimation ableitet, nämlich des jüdisch-christlichen Gottes, (man vergleiche dazu den Begriff '*Anti*christ' für den Teufel). Man kann daher von dem Phänomen der Blasphemie sprechen. Denn begeht nicht jeder, der den Wert dessen abstreitet, was als allgemein anerkannt gelehrt wird, eine Blasphemie?

Die keltische Überlieferung kennt im Bereich der Blasphemie ein Meditationsobjekt und -thema, welches für die Christen des Mittelalters, freilich ohne daß sie seinen Sinn noch richtig verstanden, eine wichtige Rolle spielte: der Mythos des Fischer-Königs, wie er im *Perceval* des *Chrétien de Troyes*, in der *Queste du Saint-Graal*, sowie im *Parzival* des *Wolfram von Eschenbach* enthalten ist (während er im walisischen *Peredur* fehlt). In diesen Texten wird der 'Roi Pêcheur', der 'Roi Mehaigné' der 'Fischerkönig' und Gralhüter als hinkend, weil am 'Schenkel' verletzt, dargestellt. Wir haben bereits darauf hingewiesen, daß dies als die euphemistische Umschreibung einer Verletzung der Genitalien zu lesen ist, deren Folge die 'Impotenz' in jedem Sinne des Wortes, also die generelle Machtlosigkeit des Königs ist, so daß er zur Ausübung seiner Königsherrschaft unfähig ist. Wie kam es aber zu dieser Verletzung? Nach der *Queste* soll der König, als er dem Gral zu nahe gekommen war – obwohl er 'unwürdig' war, ihn zu schauen – von einer rätselhaften Waffe getroffen worden sein. Diese Erklärung hält einer eingehenden Prüfung nicht stand, denn man fühlt deutlich die Absicht, damit das rätselhafte Auftreten der Lanze während der Gralsprozession zu erklären, einer Lanze, die blutet und deren Funktion erst dann verständlich wird, wenn man dabei auf die gälische Mythologie Irlands zurückgreift. Andererseits ist die Absicht der christlichen Morallektion zu deutlich zu erkennen: der König hat eine Todsünde begangen, daher ist er unwürdig, das Blut Christi zu berühren. Im christlichen Kontext wäre man beinahe geneigt, in dem Ausdruck 'Roi Pêcheur' ein Wortspiel zwischen *pécheur* (〈 *peccator*, 'Sünder') und *pêcheur* (〈 *piscator*, 'Fischer') zu erkennen. *Wolframs* Dichtung, die trotz einer Flut von esoterischem Blendwerk nach dem Geschmack des deutschen Mittelalters zu Beginn des XIII. Jahrhunderts noch eine Menge archaischer Elemente enthält, liefert dazu den Schlüssel. Liest man den Text nämlich genau, so stellt sich heraus, daß Amfortas deswegen verwundet wurde, weil er sein Keuschheitsgelübde nicht eingehalten, also 'verletzt' hatte,[56] und weil seine Komplizin dabei jene rätselhafte Kundrîe la Surziere (〈 *la sorcière*, 'die Hexe' bzw. 'Zauberin') war, die im Gral-Mythos eine entscheidende Rolle spielt, eine Zauberin, die sich im *Parzival* bald als monsterhaft-abstoßendes 'Maultierfräulein', bald als Gralsbotin von strahlender Schönheit zeigt und im *Peredur* in Gestalt der 'Kaiserin' mit den tausend Gesichtern auftritt. Amfortas und Kundrîe bildeten, wie *Wolfram* andeutet, ein götterähnliches Paar, das mit den Götterpaaren der antiken Bilddarstellungen verglichen werden kann. Ähnlich wie sich der Wandel des Kultes der Göttin zum Kult des Gottes über die Zwischenphase eines göttlichen Paares erklären läßt (wobei der Gott zunächst zu einem Gegenpol der Göttin wird und sie schließlich ganz eliminiert), läßt sich auch die Genese des Gralkönigtums rekonstruieren: am Anfang war die Göttin die Hüterin des Grals, mit dem sie ursprünglich sogar identisch gewesen sein dürfte; anschließend übernahm diese Funktion ein göttliches Paar, ein König und eine Königin (– dabei entspricht Pellès-Kundry bzw. Amfortas-Kundrîe dem walisischen Paar Pwyll-Rhiannon –), bis schließlich nur noch ein König allein herrschte, nämlich Pellès oder Amfortas. *Was ihm aber blieb, war der alte Zustand einer Verletzung*, und diese Verletzung wurde kulpabilisiert, um die Erinnerung an diesen einstigen Zustand der Gynäkokratie oder zumindest der ausgewogen gleichberechtigten Paarbeziehung auszulöschen. Aber diese Feststellung führt uns in ein so umfangreiches Gebiet, das eigens im folgenden Kapitel behandelt werden muß, wo wir die tiefe Natur und Wirklichkeit des Grals, sowie die Funktion der *Quête* eingehender untersuchen werden. Hier möge der Hinweis genügen, daß die sexuelle Vereinigung zwischen dem 'Fischerkönig' und Kundry/ Kundrîe eine *Blasphemie* darstellt, die verdrängt werden muß, weil sie an eine gefährliche Situation erinnert, die unter keinen Umständen noch einmal eintreten darf. Bei dieser Gelegenheit sei darauf hingewiesen, daß das moderne Wort *Blasphemie* über das lateinische *blasphemum* eine theologische Rekonstruktion des ursprünglichen Ausdrucks ist, welcher in der normalen volkstümlich-laienhaften Entwicklung zu dem französischen Wort *blâme* (engl. *blame*) mit der Bedeutung 'Tadel' bzw. 'Schande' führte, woraus das Wort *Blamage* auch ins Deutsche entlehnt wurde. Der Begriff *Blasphemie* stammt vom griechischen *βλασφημία* (*blasphemia*) ab, was im *theologisch-sakralen* Sprachgebrauch soviel wie „Wort, das während einer Meß-Zeremonie nicht ausgesprochen werden darf" bedeutete; im *profanen* Bereich bedeutete es dann 'Verleumdung, Lästerung, böse Nach-Rede' und stand im Gegensatz zu *ευφημία* (*euphemia*) 'gutes Wort', 'Euphemismus.

Der Mythos vom Aufstand des Blütenmädchens hat uns zur Analyse bestimmter Sagen und Legenden geführt, in denen die Frau sich gegen die etablierte und *blasphemische* Ordnung auflehnt. Dieses vom Mann geschaffene, d.h. *erzogene und konditionierte* Blütenmädchen, diese Tochter aus der Blüte, macht, wie wir gesehen haben, den Versuch, dem Machtbereich ihres Schöpfers zu entkommen, und bedient sich dazu verschiedener Mittel, worunter der Ehebruch wenn nicht das häufigste, so doch das am konsequentesten gegen den Mann gerichtete zu sein scheint. Aber die Funktion des Ehebruchs als Reaktion gegen die Auffassung von der Frau als Objekt läßt diesen zu einer Revolte gegen den Vater werden, wobei es keine Rolle spielt, ob sie sich dabei gegen den Gatten oder gegen den Herrscher richtet. Von diesem Aufstand gegen den Vater, der natürlich ein Aufstand der Tochter ist, handelt ein bemerkenswertes Chanson de Geste aus dem XIII. Jahrhundert. Wir wissen heute, daß die Chansons de Geste eine Mischung aus germanischen, romanischen und keltischen Elementen sind. Mit den berühmten 'Sarasins'/ 'Sarazenen', die darin stets vorkommen, waren häufig die 'Heiden' im weitesten Sinn gemeint; zu diesen wurden nicht nur die Mohammedaner und Anhänger von Cäsarenkulten der dekadenten Spätzeit Roms, sondern auch die in den Provinzen des Imperiums noch lebenden druidischen Sekten gerechnet. Auch in dem *Chanson de Fierabras* geht es genau um die Auflehnung der Tochter gegen ihren Vater, den König, wobei dieser Aufstand geschickt im Sinne der christlichen Ideologie rekuperiert wurde. Wenn die Protagonistin der Geschichte auch noch den Namen *Floripar* hat, was die exakte lateinische Entsprechung zu *Blodeuwedd* ist, dann hat man allen Grund, dieses Heldenepos mit besonderer Aufmerksamkeit zu untersuchen.

Chanson de Fierabras (Chanson de Geste):

Kaiser Karl (der Große) befindet sich im Kampf gegen die 'Heiden', um einige christliche Reliquien zurückzuerobern. Der Heidenheld Fierabras (– er gleicht der in den irischen Texten so häufig dargestellten keltischen Version des Hercules –) wird von Oliver besiegt und getauft. Fierabras' Vater, der berühmte König Balan (der Held des *Chanson d'Apremont*) führt jedoch den Kampf weiter, nimmt Oliver, Gui de Bourgogne (= Wilhelm von Burgund) und andere Franken gefangen und wirft sie in ein gräßliches Verlies. Nun hat aber Balan eine Tochter namens *Floripar* und diese verliebt sich in Gui de Bourgogne. Sie verrät ihren Vater, befreit die fränkischen Ritter und verschafft ihnen ein sicheres Asyl. Unterdessen rücken Roland, Naymes und andere Franken mit ihren Mannen gegen das

Land des Balan vor. Unterwegs treffen sie auf eine Gruppe von Heiden, töten vierzehn von ihnen und nehmen ihre Köpfe als Trophäen mit. Nachdem sie einen Gebirgszug überquert haben, gelangen sie zu einer Brücke, die aus zwanzig Marmorbögen besteht und so breit ist, daß hundert Ritter sie nebeneinander reitend gleichzeitig passieren können. Zehn Eisenketten sind quer über sie hinweggespannt, und über jedem Brückenpfeiler ragt ein Turm auf, der mit je hundert Rittern bewehrt ist. Der Brückenkopf wird von einem Riesen bewacht, der mit einer gewaltigen Keule aus Kupfer bewaffnet ist (ein typisch keltisches Requisit!). Niemand kann die Brücke überqueren, ohne vorher eine Maut von sagenhaften Ausmaßen zu entrichten: 400 Hirsche, 100 Jungfrauen, 100 Falken nach der Mauserung, 100 Zelte und ebenso viele Streitrösser, 100 goldbeladene Saumtiere und ebenso viele silberbeladene. Mit Hilfe einer List gelingt es den Franken aber, die Gebühren zu umgehen und die Brücke dennoch zu passieren, und so gelangen sie schließlich an König Balans Hof. Sofort erkennt Balan die vierzehn abgeschlagenen Köpfe wieder. Maßlos erzürnt läßt er die Franken in den Kerker werfen. Aber Floripar befreit auch diese und händigt ihnen obendrein noch die begehrten Reliquien aus. Bald danach werden die Franken und Floripar, die bei ihnen ist, von den Heiden belagert. Floripar besitzt jedoch einen magischen Gürtel, der vor Hunger schützt. Da schickt Balan den Zauberer Maupin aus, damit dieser sich des Gürtels bemächtige. Eines Nachts gelingt es ihm auch, den Gürtel an sich zu reißen, aber gleichzeitig kann er der Verlockung, Floripar zu vergewaltigen, nicht widerstehen. Diese ruft sofort laut um Hilfe, Gui de Bourgogne eilt herbei und schlägt den Zauberer mit einem Schwerthieb in zwei Teile. Leider wird dabei auch der Gürtel zerschnitten, wodurch er seine Zauberkraft verliert. Aber schließlich kann durch die Gnade des Himmels Balan doch noch besiegt werden, und er muß sich unterwerfen.

Zunächst sei auf eine Übereinstimmung hingewiesen, die zu schön ist, als daß man sie für einen Zufall halten könnte. Auch wenn sich die Linguisten nun empören werden, kann man zwischen den Namen *Floripar* (= 'die aus den Blüten – oder aus einer Blüte – Geborene'), *Balan* (das ist das bretonische Wort für *Ginster*) und *Gui de Borgogne* (auch wenn *Gui* von der lateinischen Form des germanischen Namens *Willehalm* abgeleitet ist) einen Zusammenhang[57] sehen. Ferner besteht eine Beziehung zwischen dem Namen *Balan* und dem von *Belenos*, dem Sonnengott der Gallier, wozu die Beschreibung von Balans Wunderreich (d.h. der Autre Monde) ein interessantes Argument liefert.

Wie man sieht, berichtet die Geschichte von *Floripar* ebenfalls von einem Aufstand der Tochter gegen ihren Vater, der der König ist und damit jene Autorität verkörpert, die den Gefühlen des Mädchens hinderlich ist. Sie liebt Gui de Borgogne, d.h. einen seiner Feinde, wie Camille Curiace/ Curiatius, den Helden von Alba Longa liebt und wie Blathnait Cûchulainn, den Feind ihres Gatten Cûroi liebt. Nach den Gesetzen der paternalistischen Gesellschaft ist dies Landesverrat bzw. Hochverrat. Bei eingehender Betrachtung erkennt man jedoch, daß dieses patriarchalische Recht zum großen Teil auf dem Prinzip der Angst gründet. Diese Angst, diese Furcht ist aus dem Bruch hervorgegangen, den die gesellschaftlichen Strukturen zwischen der Vernunft und den Trieben aufgerissen haben. Wenn es einen Bruch zwischen Vernunft und Trieb gibt, dann muß es zu Konflikten, Gegensätzen, Krieg und Gewalt kommen. Eine Gesellschaft, die auf der Ausbeutung der Angst beruht, kann nur durch Gewalt zusammengehalten werden, denn nur die Gewalt kann die Angst besiegen nach dem Motto: wenn du nicht umgebracht werden willst, dann bringe du selbst diejenigen um, die dich umbringen könnten! Die paternalistische Gesellschaft kann gar nicht anders als aggressiv sein, selbst dann nicht, wenn sie sich 'nur' verteidigt, oder besser gesagt, wenn sie glaubt, angegriffen zu werden, denn die Ursache der Angst ist der Glaube, daß man in Gefahr ist. So sieht die Struktur der Gesellschaft aus, die durch Balan regiert und repräsentiert wird. Balans Tochter will ihre natürliche Spontaneität wiederfinden: ihre Gefühlswelt drängt sie zu ihrer Liebe zu Gui de Bourgogne. In diesem Augenblick spielt es keine Rolle, daß er der Feind der Nation, des Volkes oder des Vaters ist, denn das Liebespaar fühlt sich stets allein auf der Welt. Daher bedeuten die Liebenden für die Gesellschaft aber eine Gefahr, denn sie entziehen sich und sind sich selbst genug. Aus diesem Grunde ignoriert Floripar die Existenz der repressiven und durch ihren Vater verkörperten Gesellschaft und handelt so, wie ihre Triebe, ihre Gefühle es ihr raten: sie zieht sich aus dem Krieg zurück und kümmert sich wenig darum, welche der Parteien als Sieger den Krieg beendet, da ihr Ziel der Frieden um jeden Preis ist, eine Qualität, die zu Anbeginn der Welt geherrscht hat und Grundmerkmal jeder Gesellschaft des weiblichen Typs ist, da die Frau nicht von Natur aus destruktiv ist wie der Mann, sondern im Gegenteil neues Leben gebärt und schützt, und weil sie die Lebewesen liebt, denn sie sind im Grunde alle ihre Kinder.[58]

Der Aufstand des Blütenmädchens ist nicht nur eine egoistische Revolte und Trotzhandlung, nicht nur die Laune einer Tochter, die entgegen den Wünschen des Vaters heiraten will, oder der banale Ehebruch einer Frau, die in der Ehe nicht genügend Befriedigung findet. Diese Handlung geht entschieden weiter, nämlich bis zur radikalen Forderung der Frau, wieder vollständig im Besitz ihrer Persönlichkeit zu sein, d.h. sowohl über ihren Geist (Vernunft) als auch über ihre Gefühlswelt (die Triebe) frei verfügen zu können. Daher muß sie die abgetragenen Kleider abwerfen, mit denen der Mann sie kostümiert hat und die (wie das Ritual der dem Mandschou-Kaiser abzuliefernden Zöpfe der Chinesen) trotz des schönen Scheins eines hübschen Schmuckes dennoch das Zeichen der schlimmsten Unterdrückung sind. Man solle nie eine Frau schlagen, heißt es gewöhnlich, nicht einmal mit einer Blume oder Blüte. Aber die Frau wird ja auch nie wirklich geschlagen. Denn um jemanden schlagen zu können, muß dieser Jemand existieren. Aber die Frau existiert nicht mehr als eine auf dem Wasser dahintreibende Blüte. In der Gesellschaft des paternalistischen Typs ist sie nur die chimärenhafte Kopfgeburt eines angeblichen Vernunftwesens, das sich für einen Schöpfer hält. Gwyddyon, der Sohn der Dôn, gleicht ein wenig uns allen. Blodeuwedd verkörpert alle Frauen.

ANMERKUNGEN ZU KAPITEL IV

1 Das lateinische Wort *labor* bedeutet 'Arbeit' und 'Leiden'. Bezeichnenderweise haben die Gallier, ein Volk von Ackerbauern, dieses Wort als terminus technicus für die Feldbebauung, *labourage,* übernommen.

2 Besitzen wir überhaupt noch ein instinktives Leben, ein Triebleben? Eine ernsthafte Frage, denn sie berührt das gesamte Problem des Verhältnisses zwischen Mensch und Natur, des psychischen Gleichgewichts des Menschen und der Beziehung zu seiner Umwelt, ja sogar der Funktionsweise seiner Organe und Sinne. Können wir überhaupt noch mit unseren Augen sehen, mit unseren Ohren hören, mit unserer Nase riechen, mit unserem Gaumen schmecken oder mit unseren Fingern fühlen?

3 Dies war stets die Position der Besitzenden und derjenigen, die sie unterstützten, besonders des Klerus: der größte Besitz der Armen sei ihre kinderreiche Familie. Diese lieferte die nötigen Arbeitskräfte zur Errichtung der Gesellschaft, die von den Besitzenden erdacht und regiert wurde, welche in ihren Reihen die Geburtenkontrolle anwendeten.

4 *Freud* hat dabei nicht an das gedacht, was man die 'Kollektiv-Liebe' nennen könnte; ob man darunter Partnertausch oder Gruppensex versteht, spielt dabei keine Rolle, das Problem bleibt das gleiche, denn auch diese Art der Liebe betrifft jeweils nur eine begrenzte Gruppe, die völlig außerhalb der offiziellen Gesellschaft steht.

5 Sigmund *Freud: Das Unbehagen in der Kultur.* Wien 1930, S. 74f.

6 Herbert *Marcuse: Eros und Kultur.* Stuttgart 1957, S. 152.

7 Otto *Rank: Le traumatisme de la naissance.* Paris 1969, S. 120.

8 Man vergleiche dazu das berühmte, dem Barden *Taliesin* zugeschriebene Gedicht „Kampf der Sträucher" (*Cad Goddeu*), das aus verschiedenen Originaltexten montiert ist:
„Als ich das Licht der Welt erblickte,
formte mein Schöpfer mich
aus der Frucht der Früchte,
aus der Frucht des Gottes, der zu Anfang war,
aus den Primeln und Blumen vom Hang,
aus den Blüten der Bäume und Sträucher,
aus dem Humus und Wandel der Erde;
ich wurde geformt aus den Blüten der Distel,
aus den Wassern der neunten Flut.
Ich ward geprägt von Math, der das unsterbliche Werden besitzt,
ich ward geprägt von Gwyddyon, dem gewaltigen Läuterer der Brittonen,
von Eurwys und von Euron, von Euron und von Modron,
von fünf mal fünf Meistern des Wissens,
von den wissenden Kindern des Math (...)"
(J.M.: *Les Celtes.* S. 366 - 367). Man beachte die Erwähnung der Modron in der Reihe der Figuren, die auf die Geburt der jungen Frau des Gedichts einwirken.

9 *Gronw Pebyr* läßt sich in etwa mit 'junger starker Mann' übersetzen. Die *Cad Goddeu*-Dichtung enthält auch folgende Verse:
„Sie sind noch nicht in den Abgrund geboren,
die mich besucht haben,
außer Goronwy von den Wiesen von Edrywy."
Hinter Goronwy verbirgt sich sicher Gronw, aber der eigentliche Gehalt dieser Verse, die mit der Geschichte der Blodeuwedd im Zusammenhang zu stehen scheinen und sich aus einer anderen Geschichte hierher verirrt haben dürften, ist völlig unklar.

10 Eine Anspielung an diese Sage enthält auch ein Lied von Dafydd ab *Gwilym,* eines walisischen Dichters des XIV. Jahrhunderts. Sein Titel ist *Achau y Dylluan* ('Abstammung der Eule'): der Dichter fragt die Eule nach ihrem Namen und der Vogel antwortet, daß man ihn Blodeuwedd nenne und daß er die Tochter eines Herren von Môn (der Insel Anglesey) sei, womit Gwyddyon gemeint ist. Daraufhin fragt der Dichter, wer sie in diese Tiergestalt verwandelt hat. Der Nachtvogel antwortet: „Gwyddyon war's, der Sohn der

Dôn, aus der Gegend von Conwy; er hat mich mit seinem Zauberstab – dergleichen ist heute nicht mehr zu finden – von meiner einstigen Schönheit in den tristen Zustand versetzt, in dem du mich jetzt siehst, und klagt mich an, Goronwy, – welch strahlende Sonne einer strahlenden Rasse! – den jungen starken Mann, den Herrn von Penllyn, den schönen, den großen, geliebt zu haben." (J. *Loth: Mabinogion.* Bd. I, S. 208).

11 Es versteht sich von selbst, daß dies die Erziehung der Frau nach dem Willen des Mannes symbolisiert mit allem, was dies an Unterwerfung – ,,die Frau muß im Schatten des Mannes stehen, muß ihm gehorchen und zurückhaltend sein...") und Verboten (– ,,sie soll keinen Zugang zu Männerberufen bekommen, sie soll von ihrer Sexualität nur im Rahmen der Fortpflanzung Gebrauch machen etc." –) mit einschließt.

12 In David P.L.B. *Drach: De l'Harmonie de l'Eglise et de la Synagogue.* Bd. II, S. 319.

13 Es fällt auf, daß selbst Jahwe Satan, den unzähmbaren 'Widerspenstigen', nicht mehr vernichten kann, sondern sich darauf beschränken muß, ihn in die Finsternis zu verbannen, und daß nach der jüdisch-christlichen Religion die Verdammten ewig in der Hölle leben müssen: Gott hat keinerlei Möglichkeit, sie völlig zu vernichten, was durchaus verständlich ist, da sie aus seinem Geist, seinem Denken hervorgegangene Formen sind.

14 Vgl. *Aristophanes: Frieden (Eiraenae); Plutarch: Kyrios; Diodor v. Sizilien* (XX, 41): *Strabon* (I, 19); *Horaz: Epoden* (V, 20), u. *Ars poetica* (340); *Ovid: Fasti* (VI, 131).

15 In einer der Geschichten von Tausendundeiner Nacht läßt sich ein junger Prinz von einer *Ghula* entführen, die ihm in Gestalt eines wunderschönen Mädchens erschienen ist. Unbemerkt betritt der Prinz das Haus des Mädchens: ,,Da entdeckte er sie plötzlich in Gestalt einer Ghula. Sie sagte zu ihren Kleinen: „Ich hab' euch einen Jüngling mitgebracht, wunderschön und gut im Fleisch." – „O bitte bring' ihn her, Mutter", bettelten die Kleinen, ,,damit wir uns sattessen an seinem Bauch." (in Réne *Khawam: Les Coeurs Inhumains.* Paris 1966, S. 65).

16 Man müßte einmal die wirkliche Herkunft des Namens der *Fées des houles* (= 'Feen der Wogen') untersuchen, die auch einfach *Houles* genannt werden und als Meeresnixen der Küste des Cotentin und der Nordbretagne bekannt sind.

17 Denise *Braunschweig,* Michel *Fain: Eros et Antéros.* S. 107.

18 *Ibid.* S. 107 - 108.

19 Man vergleiche dazu folgende indische Überlieferung: ,,Am Anfang war *Parusa* allein. Er hatte die Größe eines Menschenpaares in Umarmung. Er teilte sich in zwei Teile, und von da an gab es Gemahl und Gemahlin." (*Bradârauyka-Upanishade* I, 4)

20 D. *Braunschweig, M. Fain: Eros et Antéros.* S. 109.

21 *Ibid.* Bekanntlich wird von der Psychoanalyse die Tatsache besonders hervorgehoben, daß der Penis des kleinen Jungen von den Eltern und besonders von der Mutter feierlich und offiziell zur Kenntnis genommen wird, während die Vagina des Mädchens systematisch ignoriert wird.

22 Auf deutsch ersch. in: Georges *Bataille: Das obszöne Werk.* (rororo dnb. Nr. 93) Reinbeck/Hamburg 1981.

23 Im Orig. reden die beiden sich in biologiebuchhafter 'Nüchternheit' schlicht als "Mâle" und "Femelle" an, d.h. als 'Männchen' bzw. 'Weibchen'. Die Verkleinerungsform in dieser Terminologie muß ob ihres allzu komischen Effekts in der deutschen Übersetzung vermieden werden! (Anm. d. Übers.)

24 Dieser reichlich haarsträubende Scherz zeigt, zu welch vulgärem Niveau ein als 'seriös' und 'distinguiert' geltender Autor gelangen kann, wenn die Erotik der doppelten Zensur durch die Gesellschaft und durch ihn als Individuum unterworfen ist, das zur Beschränkung auf vage Anspielungen gezwungen wird.

25 Remy de *Gourmont: Oeuvres Complètes.* 1891 - 1892. Bd. VI, S. 31.

26 Ohne daß man dabei bis zu den geistigen Konstruktionen von C.G. *Jung* über *animus* und *anima* zu gehen braucht, muß man dennoch anerkennen, daß die Homosexuellen aufgrund der stärker ausgeprägten weiblichen Komponente ihres Wesens sich in die Welt der Frau und ihre Probleme *wesentlich besser hineindenken* und sie gleichzeitig dennoch mit männlichen Mitteln ausdrücken können. Als Beispiel ließe sich auch Jean *Cocteau* anführen, der einer der Wenigen ist, die die wahre Rolle der Yseult auf faszinierende Art richtig *gefühlt* haben.

27 J.M.: *L'Epopée celtique d'Irlande.* S. 130 - 131.

28 Paul *Sébillot: Contes populaires de la Haute-Bretagne.* Paris 1906, Bd. II, S. 126 - 131. Diese Geschichte wurde ihm 1879 von einem Zimmermann aus Colliné (Côtes-du-Nord) erzählt.

29 Im Namen *Blathnait* ist das gälische Wort *Blat* (= 'Blume') enthalten. Es ist nicht ausgeschlossen, daß *Blathnait* die gleiche Bedeutung hat wie *Blodeuwedd* (= 'die aus den Blumen/Blüten Geborene' oder auch 'die aus einer Blume/Blüte Geborene').

30 Jean *Boulenger: Romans de la Table Ronde.* Paris 1941, S. 27 - 31.

31 In dem Chanson de Geste von *Huon de Bordeaux* sind die Eltern des Zwerges Oberon sogar Caesar und die Fee Morgane!

32 Vgl. J.M.: *L'Epopée celtique en Bretagne.* S. 111 - 117.

33 Im Neuenglischen wurde daraus *Jennifer.*

34 Ein bemerkenswertes walisisches Gedicht, das allem Anschein nach das Fragment eines alten magisch sakral-ritterlichen Rituals ist (Siehe: *Bulletin of the Board of Celtic Studies,* VIII, S. 203 - 208), enthält einen interessanten Dialog zwischen Guenièvre (Gwenhwyfar) und Méléagant (Maelwas). Dieser stellt sich vor als „Maelwas von der 'Ile de Verre'" (der 'Gläsernen Insel'). Er bittet die Königin: „Gwenhwyfar mit dem Blick der Hindin, verstoß' mich nicht, auch wenn ich noch jung bin." Das ist als eine Liebeserklärung zu verstehen, an die sich eine Einladung anschließt, ihm in das 'Land des Sommers' zu folgen. Aber die Königin scheint sich hinter Kai zu verschanzen, denn sie führt ständig nur dessen Namen im Munde und nicht den von König Artus (sie redet wohlgemerkt auch nicht von Lancelot!). Entrüstet sagt Maelwas ihr ins Gesicht: „Ich hasse das Lächeln eines Mannes mit grauem Haar, dessen Schwert nur noch wie eine Ordensspange auf der Brust wirkt und der zwar noch begehren, aber nicht mehr vollbringen kann." Daraus geht klar hervor, daß Kai, der ehemalige Liebhaber, bereits zu alt ist und nichts mehr taugt im Vergleich zu Maelwas, der sich daher als Ersatz und Nachfolger für ihn vorschlägt. Aber die Königin erwidert: „Noch hassenswerter ist für mich ein Heißsporn, der sich als tapf'rer Recke gibt, in Wirklichkeit jedoch – außer in Worten – ein Hasenfuß ist, der zwar ständig redet, aber nie sein Schwert zieht." Das läßt sofort an die Geschichte von Mider und Etaine denken. (Siehe J.M.: *L'Epopée celtique d'Irlande.* S. 51 - 52). Etaine erwachte als Gattin des Königs Eochaid wieder zu neuem Leben. Ihr ehemaliger Gemahl, der Gott Mider, mit dem man die Figur Maelwas/Méléagant gleichsetzen kann, versucht, sie in sein Feenreich zu entführen, indem er ihr in einem Lied die Vorzüge und Meriten dieses Landes der Jugend und der Schönheit preist. Etaine ist jedoch nur unter der Bedingung bereit, mit ihm zu gehen, wenn dieses Land ihr von König Eochaid auf die eine oder andere Art als Besitz übertragen wird. Etaine symbolisiert wie Gwenhwyfar die höchste Macht, um die sich zwei Männer, ein alter und ein junger, streiten.

35 Roger *Loomis: Arthurian Legend in Mediaeval Arts.* New York, 1938, S. 32-32 und Abb. 4 u. 6.

36 In manchen Fassungen der Sage heißt die entführte Königin auch *Florée,* was sie in die Nähe von Blathnait und Blodeuwedd rückt. (Vgl. Roger *Loomis: Arthurian Tradition and Chretien de Troyes.* New York 1949, S. 82-96.

37 Gaston *Paris: Les Romans de la Table Ronde.* Paris o.J., S. 100 ff.

38 *Ibid.* S. 200 ff.

39 *Chrêtien de Troyes* (*Perceval le Gaulois,* nfrz. v. L.*Foulet*), Paris 1947. S. 191 (= V. 8180 - 8196 des altfrz. Originals nach Ausg. William *Roach* Genf/Paris 1959; Anm. d. Hrsg.).

40 Siehe Kap. VI „Yseult oder die Dame des Gartens". Dazu auch in J.M.: *L'Epopée celtique d'Irlande* den Kommentar zu *Erziehung des Cûchulainn*, S. 88-95.

41 Siehe *Der Tod des Fergus* in J.M.: *L'Epopée celtique d'Irlande*. S. 73f.

42 Erstaunlicherweise kann man gerade durch das Studium der Mythen zu der Entdekkung eines der strengen Prinzipien gelangen, nach denen der *Contrat social* aufgebaut ist. Freilich muß *Rousseau* zugute gehalten werden, daß er als *Poet* bestimmte Wahrheiten fühlte, welche andere niemals zuzugeben wagten. Denkt man über das Problem der Souveränität eingehender nach, so gelangt man zu dem Schluß, daß sie nach *Rousseau* in den Händen der gesamten Gesellschaft, ja der gesamten Nation liegt, d.h. in den Händen einer moralischen Instanz, *die ihrer Natur nach weiblich* ist. Der lat. Terminus *patria* ist wie der davon abgeleitete französische *la patrie* ein Paradox, denn er ist grammatikalisch ein Femininum, obwohl er von dem Wort *pater*, 'Vater', abstammt; daran läßt sich erkennen, daß dieser Begriff nie richtig verstanden worden ist, denn sonst müßte er *matria*, 'Mutterland', heißen. Als *Mutter des Volkes* bzw. 'Landesmutter', wie es im Deutschen heißt, symbolisiert die Königin genau diese kollektive Souveränität (die Souveränität aller ihrer Kinder), die folglich unzerstörbar und unveräußerbar ist, da sie rechtlich in den Händen aller Kinder der Mutter liegt.

43 "(...) Retenez les Femmes qui s'emportent,
Et de grâce empêchez surtout qu'elles ne sortent.
Leur amour importun viendrait avec éclat
par des cris et des pleurs troubler notre combat."

44 "Sabine, écoutez moins la douleur qui vous presse;
Chassez de ce grand coeur ces marques de faiblesse;
C'est en séchant vos pleurs que vous vous montrerez
La véritable soeur de ceux que vous pleurez."

45 "Oui, je lui ferai voir par d'infaillibles marques,
Qu'un véritable amour brave la main des Parques,
Et ne prend point de lois de ces cruels tyrans
Qu'un astre injurieux nous donne pour parents."

46 "On demande ma joie en un jour si funeste;
Il me faut applaudir aux exploits du vainqueur."

47 "Se plaindre est une honte, et soupirer, un crime:
Leur brutale vertu veut qu'on s'estime heureux,
Et si l'on n'est barbare, on n'est point généreux."

48 "Dégénérons, mon coeur, d'un si vertueux père;
Soyons indigne soeur d'un si généreux frère,
C'est gloire de passer pour un coeur abattu,
Quand la brutalité fait la haute vertu."

49 "Et ce souhait impie, encore qu'impuissant,
est un monstre qu'il faut étouffer en naissant."

50 "Vis donc, Horace, bis, guerrier trop magnanime;
Ta vertu met ta gloire au-dessus de ton crime."

51 „Weshalb tötet ihr mich? – Wie?! Lebt ihr nicht auf dem jenseitigen Ufer des Wassers? Mein Freund, wenn ihr diesseits leben würdet, so wär' ich ein Mörder, und es wär' gegen das Recht, euch einfach zu töten: da ihr aber auf der anderen Seite lebt, bin ich ein tapf'rer Kerl und ganz im Recht." (Blaise *Pascal: Pensées* Nr. 239).

52 Von W. *Stokes* (Hrsg. u. engl. Übers.) in *Revue Celtique* XXIII, S. 396ff.

53 Einer der wenigen modernen Autoren, die das wahre Gesicht dieses Helden in systematischer Offenheit gezeigt haben, ist *Racine*. Freilich will er damit vor allem die Thesen der Jansenisten bebildern, wonach der Mann zu schwach und unfähig ist, im Massakerspiel des Lebens zu bestehen. Wer könnte noch an die Idee des 'Heroen' der paternalistischen Kultur' glauben, nachdem er Gestalten gesehen hat, wie Thesée, der unermüdlich die Kü-

sten von Ungeheuern und Seeräubern 'reinigt', der aber unfähig ist, in seinem eigenen Palast die Wahrheit an den Tag zu bringen; wie Orest zum Mörder wird; wie Pyrrhus, der gewaltige Sieger von Troja, vor seinem eigenen Sklaven im Staube kriecht und alle Viertelstunden meineidig wird; wie Mithridate Ränke spinnt und Fallen stellt, die seines Ruhmes mehr als unwürdig sind; oder Agamemnon, dem jeder Wille und jede Tatkraft fehlen?

54 Die berühmte Opposition ROMA vs. AMOR darf nicht vorschnell als bedeutungslos abgetan werden. Ursprünglich handelte es sich natürlich um einen reinen Zufall, die Geschichte hat aber in der Folge der symbolträchtigen Umkehrung dieses Namens durchaus Recht gegeben.

55 Zu dem Thema der Phibioniten und dem manichäischen Syllogismus siehe *Fendt: Die gnostischen Mysterien.* München 1922.

56 Parz. IX: 479, 3-12: „eins tages der künec al eine reit/ (daz was gar den sînen leit) ûz durch âventiure,/ durch freude an minnen stiure:/ dez twanc in der minnen ger./ mit einem gelupten sper/ wart er ze tjostieren wunt, (...) durh die heidruose sîn./"
('Eines Tages zog der König (= Amfortas) auf eigene Faust, d.h. ohne offizielles Gefolge der Gralritter, auf Aventiure aus, deren Ziel (Wol-) Lust und Minne sein sollte: dazu zwang ihn der (An-)Sporn der Minne. Dabei wurde er bei einem Zweikampf (– übrigens mit einem Heiden! –) an der 'Hegedrüse' verwundet.)

57 Ich sage bewußt *Zusammenhang,* ich will damit aber keineswegs behaupten, der eine oder andere Name stamme etymologisch von diesem oder jenem Wort ab. Das rhetorische Mittel des Symbols ist uralt, daher besteht kein Grund zur Annahme, daß die Dichter der alten keltischen (oder anderen) Epen sich nicht zu dieser oder jener Anspielung, Assonanz, verräterischen Übereinstimmung oder Analogie hätten verleiten lassen. Die Arbeit des Mythologen darf sich, auch wenn sie sich im allgemeinen auf die strengen Regeln der Linguistik zu stützen hat, nicht immer *nur* auf sie beschränken, sondern muß auch dort Beziehungen herstellen bzw. sehen, wo sie durch die Regeln der Phonetik nicht belegbar sind, wobei solche Kühnheiten freilich stets Hypothese bleiben müssen.

58 All die tugendhaften und tüchtigen Frauen, die nach allen Regeln des Patriotismus erzogen sind und sich besonders über männlichen Nachwuchs freuen, sollten einmal bedenken, daß in Wirklichkeit sie nämlich am Ende die Geprellten sind, denn man verlangt von ihnen, Männer zu *produzieren,* die das Vaterland – mit anderen Worten, die paternalistische Gesellschaft – einst aussenden wird, andere Menschen umzubringen und sich selbst umbringen zu lassen unter dem Deckmantel des Heldentums, des Opfertodes und der Aussicht auf militärische Auszeichnungen. Ist das nicht eine gewaltige Verkennung, ja Leugnung der Rolle der Mutter? Und wieviel Heuchelei spricht erst aus der Haltung besonders der kirchlichen Moralisten und Behörden, die diese Verirrung des Geistes verwalten...

V.
Der Gral oder die Suche nach der Frau

Von allen keltischen oder in einen keltischen Kontext eingegangenen Mythen erwies sich der Gralmythos gewiß als der fruchtbarste, wenn man bedenkt, wie viele *'Continuations'* (= Fortsetzungen), Varianten und Deutungen er im Laufe der Zeit erfuhr. Man berief sich immer wieder auf den Gral und machte ihn zum schier unerschöpflichen Symbol für alles Mögliche, so daß es fast nichts gibt, was er *nicht* bedeutet. Das gilt für das Mittelalter ebenso wie für die Moderne. Nachdem die Zisterzienser-Mystik des beginnenden XIII. Jahrhunderts dieses eindeutig heidnische Motiv als Gefäß deutete, das das Blut Christi, Symbol des göttlichen Geistes und Symbol der den rechtgläubigen Christen verheißenen Schätze des Paradieses, enthalten habe, bemächtigte sich auch die Esoterik dieses sakralen Gefäßes. Es bedarf eines umfangreichen separaten Studiums,[1] um die unüberschaubare Zahl all der Theorien zu würdigen, die bisher über das Problem des Grals aufgestellt wurden, und würde bei weitem den Rahmen sprengen, dessen Thema die Rolle der Frau im gesellschaftlichen, soziologischen und mythologischen Bereich der keltischen Kultur ist, wobei der mythologische Bereich sichtbar macht, wie das Idealbild der Frau in den verschiedenen Denkströmungen und Peripetien der Geschichte gesehen wurde.

Wie ich bereits an anderer Stelle ausgeführt habe, sind die Sagen und Legenden um den Gral ursprünglich aus einem keltischen Motiv der *Blutrache* entstanden.[2] Diese These ist kein einfach in den Raum gestelltes Postulat, sondern eine Feststellung, zu der man durch die Analyse eines dieser Sagentexte gelangt, nämlich der walisischen Geschichte von *Peredur*. Obwohl sie keineswegs die älteste Ausformung des Stoffes ist, enthält sie die meisten archaischen Elemente des Mythos. Diese Behauptung wurde auch schon von Joseph *Loth* in einer Anmerkung zu seiner französischen Übersetzung der *Mabinogion*-Dichtungen, sowie von Mary *Williams* in ihrem *Essai sur la Composition du roman gallois Peredur*[3] bewiesen. Im folgenden werden wir sehen, daß in anderen, wesentlich später entstandenen Graldichtungen zunächst unverständlich erscheinende Elemente, die in den Texten überlebten, ohne daß die Autoren noch recht verstanden, was sie bedeuteten, nur mit Hilfe dieser grundsätzlichen Feststellung verständlich werden. Jedoch wäre andererseits die Behauptung, die Gralsuche sei daher *ausschließlich* die Geschichte einer Rache, allzu vorschnell aufgestellt. Die grundsätzliche Frage muß lauten: was war der Anlaß zu dieser Rache – mit anderen Worten: was versteckt sich wirklich hinter dieser verrätselten und dem Geschmack der christlichen Gesellschaft des XII. und XIII. Jahrhunderts angepaßten Geschichte?

Zahlreiche Gelehrte rückten das Motiv der *Prüfung,* die die Gralsuche zweifellos auch ist, stark in den Vordergrund. Parallelen zu diesem Aspekt weisen in der Tat alle walisischen oder irischen Sagen von rätselhaften Meerfahrten oder Ausflügen in die Autre Monde auf. Daher könnte man einen Vergleich mit den Praktiken des Schamanismus aufstellen, wovon sich übrigens in der Mythologie der Druiden, oder in dem, was davon noch überliefert ist, zahlreiche Spuren nachweisen lassen. Andere Forscher setzten den Akzent auf das *Ziel* der Suche und entdeckten darin eine Art Initiation in die Kunst der Königsherrschaft. Wieder andere haben in der Regeneration, in der Gesundung der Gralwelt durch den erwählten Ritter eine Art Fruchtbarkeitssymbol gesehen, das den prähistorischen Bräuchen entspricht, deren Echo noch in den Religionen des Mittelmeerraums und der skandinavischen Länder festzustellen ist. Jessie *Watson* hat in einer Reihe von teilweise anfechtbaren, aber dennoch faszinierenden Werken[4] die These aufgestellt, daß alle Elemente der Gralprozession eine symbolische und rituelle Bedeutung haben und vor allem daß der Gral, d.h. der Kelch, das *weibliche Prinzip* symbolisieren muß, wenn man davon ausgeht, daß die blutende Lanze das *männliche Prinzip* symbolisiert. Daher sei die Vereinigung dieser beiden Prinzipien das auslösende Moment, das dem verödeten und unfruchtbaren Gralreich seine einstige Blüte und Fruchtbarkeit wiedergibt.

Auf jeden Fall ist die Sexualsymbolik des als *graal* bezeichneten Gegenstandes nicht zu verkennen: er ist ein Kelch und als solcher das Bild der nährenden Brust. Aber die Analogie geht noch weiter: er ist ein *Behälter,* und sein *Inhalt* ist in der christianisierten Fassung das Blut Christi. Daraus ist unschwer zu schließen, daß der Gral die Jungfrau Maria, die Mutter des Erlösers darstellt. Weit mehr als das Bild der Brust symbolisiert der Gral-Kelch den Uterus der Muttergöttin, die – vorausgesetzt, daß sie geschwängert wird – den Geschöpfen auf Erden das Leben schenkt. Bekanntlich ist das Gralreich unfruchtbar und verwüstet und wartet auf den erwählten Ritter, der ihm seine verlorene Fruchtbarkeit wiedergibt. Und was ist erst von der Verletzung des Fischerkönigs an seinem 'edelsten' Körperteil zu halten? Allein durch diese Analogie zwischen dem Gral-Kelch und dem Mutterschoß dürfte die Weiblichkeit des Grals hinreichend bewiesen sein.

Das ist aber noch nicht alles. Wenn die *Suche (Quête)* einen Abstieg in die Unterwelt, einen Vorstoß in die Autre Monde darstellt, dann ist dies im Grunde wieder ein *regressus ad uterum*, ein Versuch, den paradiesischen Zustand vor der Geburt wieder herzustellen. Dies ist ein zweites Argument, das für das weibliche Geschlecht des Grals spricht. Auch dürfte niemand abstreiten, daß es sich bei der Prüfung, die die Suche nach dem höchsten Herrschertum, nach der höchsten Souveränität bedeutet, um den Versuch handelt, die Nähe der Weiblichkeit in ihrer reinsten und vollkommensten Form zu erreichen, da die Souveränität in den keltischen Mythen stets in den Händen der Frau liegt.

Diese Überlegungen führen zu einer Feststellung, die bereits wesentlich mehr als eine reine Arbeitshypothese ist: der Gral ist – unter welcher Form er auch immer in den verschiedenen Texten erscheinen mag – etwas Weibliches. Damit ist die *Gralsuche (Quête du Graal)* des Ritters eine Suche nach der Weiblichkeit *(Quête de la Femme),* nach dem 'ewig Weiblichen'. Die Analyse der verschiedenen Ausformungen der Sage führt zu einem Fundus an Fakten, die diese Auffassung stützen werden und zu Rückschlüssen über die wahre Funktion des Mythos in der europäischen Gesellschaft des Hochmittelalters führen können.

Der zentrale Basistext der Gral-Sage ist der *Perceval* von *Chrétien de Troyes.* Chronologisch gesehen ist er der älteste, in dem die vielzitierte „Gralsprozession" auftritt, und wenn dieser höfische Roman auch nicht die erste dichterische Ausgestaltung war, so bildete er doch zumindest die ausschlaggebende Grundlage zur weiteren Entwicklung der Sage. Entscheidend ist einerseits, daß in *Chrétiens* Roman das Wort *graal* ein *'nom commun'* zur Bezeichnung eines Gebrauchsgegenstandes ist, und andererseits, daß der Text keinerlei Hinweise auf den Schluß der Geschichte von Perceval enthält, da der Autor sein Werk nicht vollendete. Über das Thema der Fortsetzung, bzw. des Schlusses haben die Fortsetzer, die Autoren der verschiedenen *'Continuations',* ihrer Phantasie freies Spiel gelassen, wobei sie sich jedoch auf Fragmente keltischer Dichtungen stützten, zu denen sie auf verschiedenen Wegen gelangten. In *Chrétiens* Text haben wir daher sozusagen das 'Rohmaterial' des Gral-Mythos vorliegen:

Perceval (Chrétien de Troyes):

„Fackeln ließen den Saal in solcher Helligkeit erstrahlen, daß man auf der ganzen Welt kein prächtiger erleuchtetes Haus hätte finden können. Während die Anwesenden sich noch zwanglos unterhalten, tritt ein Diener aus einem angrenzenden Gemach, der eine leuchtendweiße Lanze an der Mitte ihres Schaftes hereinträgt (...). Ein Tropfen Blutes perlte von der eisernen Lanze herab und rann bis auf die Hand des Dieners, der sie trug (...). Da erscheinen zwei weitere Diener, zwei Männer von herrlich-schöner Gestalt, ein jeder mit einem Lüster aus nielliertem Gold; in jedem davon brannten zehn Kerzen oder mehr. Dann erschien *ein graal.* Er wurde mit beiden Händen getragen von einem wunderschönen, wohlgeborenen und in edelste Gewänder gekleideten Fräulein, das den Dienern folgte. Als es mit dem *graal* eintrat, wurde der Saal von einer so gewaltigen Helligkeit erfüllt, daß die Fackeln und Kerzen verblaßten wie die Sterne oder der Mond, wenn die Sonne aufgeht. Nach diesem Fräulein erschien eine weitere Jungfrau, die eine Tranchierplatte von kostbarem Silber trug. Der vor ihr hergetragene *graal* war aus reinstem Gold und mit den kostbarsten und buntesten Edelsteinen besetzt, die es auf Erden zu Wasser und zu Lande gibt; keine noch so kostbare Gemme läßt sich mit der des *graal* vergleichen.[5]

Die präzise Beschreibung dieser „Gralsprozession" enthält drei Elemente von entscheidender Wichtigkeit: einen Gral *("un graal"),* eine *Lanze* und eine *Tranchierplatte (tailloir).* Ferner wird der 'Gral' sowie die Prunkplatte von einer Frau getragen. Diese Tranchierplatte ist aus Silber, der Gral dagegen aus Gold; zumindest heißt es, daß er wie Gold glänzt und *wie die Sonne strahlt.*

In der Lanze, von der Blut herabtropft, ist noch mühelos eines der vielen Wunderobjekte der keltischen Quête zu erkennen, obwohl die spätere christliche

Deutung aus dieser Lanze die berühmte Waffe des Centurio Longinus, den 'Longinus-Speer' machte. In Wirklichkeit handelt es sich aber um die Lanze, die bereits die Tuatha Dé Danann von den „Inseln am Nordrande der Welt mitgebracht hatten", um „die Lanze, die Lug besaß und jeden – ob Mann oder Frau –, der sie in der Hand hatte, unbesiegbar machte".[6] „Ihre Kraft war so zerstörerisch, daß man ihre Spitze stets in einen Kessel tauchen mußte, damit die Stadt, in der sie sich gerade befand, nicht Feuer fing."[7] „Das ist 'Assals Lanze'! (...) Des Todes ist jeder, dessen Blut sie zum Fließen bringt: ihr Wert besteht darin, daß sie ihr Ziel niemals verfehlt, wenn man zu ihr *„ibar"* sagt. Sagt man zu ihr dagegen *„athibar"*, dann fliegt sie zurück in die Hand dessen, der sie geworfen hat."[8]

Ferner ist sie die Lanze des irischen Helden Celtchar, Sohn des Uthechar, einer ziemlich seltsamen Gestalt, die in einigen weniger bedeutenden Epen des Ulster-Zyklus auftritt. Als in einem Epos mit dem Titel *Das Schwein des Mac Dathô* einmal alle Krieger versammelt sind und sich um den 'Heldenanteil' streiten, fordert diese Ehre Celtchar für sich, aber er wird von Cet, Magas Sohn, mit folgenden Worten zurückgewiesen:

„Ich bin an das Tor deines Hauses gekommen. Alle lärmten auf mich ein. Alles Volk strömte zusammen. Auch du eiltest herbei. Du gingst in einer Marschkolonne und trafst mit mir zusammen. Du warfst einen Jagdspieß nach mir. Ich warf einen anderen nach dir und traf dich am Oberschenkel in der Höhe des Geschlechts. Seit dieser Zeit hast du ein Drüsenleiden und hast seither nie mehr einen Sohn oder eine Tochter gezeugt."[9]

Daraus geht hervor, daß Celtchar das gleiche Leiden hat wie der Fischer-König. Folglich kann er den 'Heldenanteil', d.h. die Rangstelle des Königs nicht für sich beanspruchen, denn die Königswürde ist, wie wir schon häufig feststellen konnten, unvereinbar mit sexueller Impotenz. Noch überraschender ist, daß Celtchar eine Lanze besitzt, die so gefürchtet ist wie die von Assal, aber trotzdem seinen eigenen Tod verursacht. In dem Epos *Der gewaltsame Tod von Celtchar, Sohn des Uthechar* hat Celtchars Frau, Brig Brethach, ihren Mann mit Blai Briuga betrogen, woraufhin Celtchar den Liebhaber seiner Frau tötet, als dieser gerade im Hause des Königs einer Schachpartie zwischen Conchobar und Cûchulainn zusieht. Er rammt seine Lanze durch den Körper des Feindes, „so daß von der Spitze der Lanze ein Blutstropfen auf das Schachbrett fiel". Dieser Blutstropfen ist ein wichtiges Indiz, denn aus der Stelle, wohin das Blut spritzte, läßt sich erkennen, ob Conchobar oder Cûchulainn näher an dem Opfer saß, mit anderen Worten: wer von beiden an Celtchar Rache zu nehmen hat, da dieser das Recht des Asyls und der Gastfreundschaft im Haus des Königs verletzt hat. Schließlich wird Celtchar als Sühne auferlegt, Ulster von drei Plagen zu befreien. Die erste Plage ist Conganches Mac Dedad, der Bruder von Cûroi, der das Land in Schrekken hält und gegen den jeder Speer und jedes Schwert machtlos ist. Celtchar bringt diesen Conganches dazu, seine Tochter zu heiraten, die auffälligerweise *Niam* heißt, was 'Himmel' bedeutet (im religiösen Sinn; bretonisch: *Neñv*). Niam kann in Erfahrung bringen, wie ihr Gemahl tödlich verwundbar ist. Auf ihre Frage antwortet er: „Dazu muß man mir rote Pfeile in Fußsohlen und Schienbeine stechen."[10] Man beachte die Ähnlichkeit zwischen dieser Episode und der Geschichte von Blodeuwedd, die ebenfalls ihren Gemahl Lleu Llaw Gyffes selbst fragt, wie er getötet werden kann. Niam erzählt Conganches Worte an ihren Vater weiter und Conganches wird getötet. Anschließend nimmt sich Celtchar die zweite Plage vor: sie ist eine Art Höllenhund, und mit Hilfe einer List gelingt es Celtchar, auch diesen zu töten. Die dritte Plage, bei der es sich ebenfalls um einen Schrecken erregenden Hund handelt, endet dagegen für Celtchar tödlich: Er tötete zwar auch diese Bestie, aber als er die Lanze aus dem Kadaver des Hundes zog und in die Höhe streckte, „rann ein Tropfen vom Blut des Hundes am Schaft der Lanze herab und drang durch ihn hindurch bis auf die Erde; daran starb der Held."

Das Motiv des Blutstropfens an der Lanzenspitze tritt hier jeweils zu deutlich und nachdrücklich auf, als daß man dabei von reinem Zufall sprechen könnte. Daher ist die Frage berechtigt, ob die „Gralprozession" nicht eine Reminiszenz dieser rätselhaften Geschichte von Celtchar oder einer anderen Geschichte dieser Art ist. Die Frage muß unbedingt bejaht werden. Nicht nur das Motiv des Höllenhundes, eine Art unglückbringender Zerberus, der das Land der Sterblichen verwüstet, läßt an den desolaten Zustand denken, in dem sich das Gralreich befindet, sondern auch die Figur des Celtchar, der an seinen Geschlechtsteilen verletzt ist und durch einen Blutstropfen seiner Lanze getötet wird, gemahnt an den ähnlich verletzten Fischerkönig, der in der Gralprozession die vielzitierte Lanze vorführen läßt, von deren Spitze ebenfalls Blut herabrinnt. Und schließlich liegt dem Unglück des Celtchar wirklich ein Rachefall zugrunde, und zwar eine *Blut*rache wie im ursprünglichen Stoff der Gralsage. Was *Niam,* den Namen der Tochter von Celtchar betrifft, so deutet dieser darauf hin, daß Celtchar wie der Fischer-König mit der Autre Monde in Verbindung steht; daher ist es nicht ausgeschlossen, daß die Tochter des Königs, die Gralträgerin, aus der später in der von der Zisterzienser-Ideologie geprägten *Queste del Saint-Graal* die Mutter des Erlösers Galaad wird, die gleiche mythische Gestalt ist wie diese Niam.

Mit einiger Berechtigung läßt sich die Celtchar-Sage auch mit der Geschichte von Yspaddaden Penkawr in dem walisischen *Mabinogi* von *Kulhwch und Olwen* vergleichen. Der junge Kulhwch hält nämlich bei Yspaddaden um die Hand seiner Tochter an. Da schleudert dieser dreimal hintereinander auf Kulhwch eine lanzenähnliche Steinzeitwaffe[11], die jedoch dank der Geistesgegenwart von Kulhwch und seiner Gefährtin auf den Schützen zurückfliegt und ihn grausam verwundet. Es muß darauf hingewiesen werden, daß die Figur des Yspaddaden, genannt 'Großkopf', mehr als eine Eigenschaft mit dem Fischerkönig gemeinsam hat: er ist der Vater eines Mädchens, dem ein außergewöhnliches Schicksal bevorsteht; er lebt auf einer rätselhaften Burg der Autre Monde, und schließlich erinnert sein Kopf, der zum Schluß abgehackt wird, an gewisse Eigenschaften des Gral-Kopfes, wie wir anhand des *Peredur* und anderer späterer Dichtungen noch sehen werden. Auf alle Fälle braucht die männliche Sexualsymbolik dieser Lanze, wie auch der anderen scharfen Streitwaffen, nicht erst bewiesen werden. Nach *Chrétiens* Meinung ist die Lanze sicher die Waffe, mit der der Fischer-König verwundet wurde. Daher ist es nichts Außergewöhnliches, wenn sie in einer Prozession vorgeführt wird, in der gewissermaßen alle Requisiten jenes Leidensweges vorgeführt werden, den der König und damit das durch ihn verkörperte Königtum (das ein zugrundegehendes Königtum ist), durchlebt.

Noch interessanter ist die silberne Prunkplatte, obwohl ihre Funktion hier eher schwer zu deuten ist. Aber wie wir sehen werden, wird sie in den anderen Ausformungen des Stoffes wieder ihrer ursprünglichen Rolle entsprechend eingesetzt. Zuvor aber müssen wir uns sinnvollerweise dem *graal/Gral* selbst zuwenden, da er letztendlich d a s zentrale Element des Mythos ist, oder zumindest als solches von den Lesern des *Perceval*-Romans empfunden wurde, nämlich von den Autoren der Fortsetzungen von *Chrétiens* Werk, sowie von allen Gelehrten, die sich seitdem unaufhörlich fragen, was der Sinn dieses geheimnisumwitterten Objektes sei.

Der Name *graal* bietet keinerlei Schwierigkeiten. Es handelt sich eindeutig um einen Gattungsbegriff, der okzitanischer Herkunft ist (< *gradalis* oder *gradale*) und auf lateinisch *cratalis* zurückgeht. Er taucht z.B. in einem Dokument aus dem Jahre 1010 auf, – also etwa 170 Jahre vor der wahrscheinlichen Entstehungszeit von *Chrétiens* Dichtung –, nämlich in dem Testament eines gewissen Ermengaud d'Urgel, der dem Kloster Sainte-Foy de Conques *„gradales duas de argento"*, d.h. 'zwei Silberteller' vermachte. Auch in dem *Roman d'Alexandre*, der etwa aus dem Jahre 1150 stammt, hat das dort auftretende Wort *gradal* die Bedeutung 'Teller'. Zu Beginn des XII. Jahrhunderts assimiliert der Mönch Helinand de Froidmont das Wort *gradalis* (= 'Gral') mit dem lateinischen Wort *scutella* (= 'Trinkschale', 'Mischkrug', 'Schöpfkelch', 'Schüssel'). Wir wissen heute, daß die wahrscheinlich auf *Robert de Boron* zurückgehende und in der *Estoire du Saint-Graal* gestaltete Zisterzienser-Fassung der Sage aus dem Gral jene Schüssel (bzw. den Teller) machte, aus der Christus das Osterlamm aß: diese Schüssel soll Pontius Pilatus dem Joseph von Arimathia gegeben haben, und dieser soll dann vor der Grablegung Christi darin dessen Blut aufgefangen haben.

Der von *Chrétien de Troyes* genannte *graal* ist also eine Art Schüssel oder Schale, mit anderen Worten ein *Gefäß*. Dem wäre noch hinzuzufügen, daß nach *Giraldus Cambrensis* (Giraud de Cambrie), einem Autor, der im allgemeinen über das Wales des XIII. Jahrhunderts gut informiert ist, die Waliser gewöhnlich Eßschalen von besonders auffälliger Größe und Tiefe benutzten. Wenn *Chrétien* eine walisische oder aus dem Walisischen übersetzte Vorlage vor sich hatte, was durchaus wahrscheinlich ist, mußte er für dieses Gefäß einen völlig gebräuchlichen und gängigen Begriff vorgefunden haben. Angesichts der knappen und genauen Darstellung der Gralprozession drängt sich die Frage auf, ob dieser *graal nicht einfach ein gewöhnliches Gefäß ist, das jedoch etwas enthält, was der Autor an der betreffenden Stelle noch nicht bei seinem Namen nennen wollte, sondern als Geheimnis hütete und erst am Schluß seiner Dichtung enthüllen wollte. Chrétien* hat nämlich *an keiner einzigen Stelle* seines Textfragmentes auch nur die geringste nähere Beschreibung oder Erklärung zum Thema des Grals abgegeben. Daß der *graal* etwa das Blut Christi enthalte, ist bei *Chrétien* ebenfalls nirgends zu lesen. Nirgends wird angedeutet, was sich in dieser Schüssel befindet. Mit keiner Silbe hat er davon gesprochen, daß die Gralprozession eine religiöse Zeremonie sei, wie sie es in der zisterziensichen *Quête* dann ist. Als Romancier, der sein Handwerk versteht und aus besten Quellen schöpft, hat er damit eine wahrhaftige Spannung aufgebaut, um das Interesse des Lesers zu fesseln – was ihm nicht vorzuwerfen ist, denn dies zeugt von seinen unbestritten hervorragenden Qualitäten als Dichter, selbst wenn das Resultat dadurch für den Mythologen enttäuschend ausfällt.

Vor seiner rein mystischen und christlichen Adaptation – oder besser gesagt Rekuperation – durchlief das Gral-Motiv jedoch noch andere Zwischenstufen. Die beiden wichtigsten davon sind zwei Dichtungen, die zwar erst zu Beginn des XIII. Jahrhunderts entstanden, die sich aber bei eingehender Untersuchung als besonders eng an einen Archetyp angelehnt erweisen, der in ihnen ständig durchscheint, ohne jedoch eindeutig faßbar zu werden: das eine dieser Werke ist der Parzival von *Wolfram von Eschenbach,* das andere der *Peredur,* verfaßt von einem walisischen Autor, dessen Namen wir nicht kennen. Im *Peredur* erfahren wir, *was das als Gral bezeichnete Gefäß enthält.*

Peredur (Wales):

„Er sah, wie zwei Männer mit einer gewaltigen Lanze in den Saal kamen und das anschließende Gemach betraten: drei Ströme von Blut rannen vom Hals der Lanze herab auf den Boden. Bei diesem Anblick brachen alle Anwesenden in Seufzen und Wehklagen aus (...) Nach einigen Augenblicken sprachloser Stille traten zwei Jungfrauen ein, die zwischen sich einen großen Teller trugen, auf dem das Haupt eines Mannes in seinem Blute schwamm. Da brachen die Anwesenden in ein schmerzliches Geschrei aus, das so heftig war, daß es beschwerlich wurde, mit ihnen länger in ein und demselben Raum zu verweilen."[12] „Du hast den lendenlahmen König aufgesucht, du hast den jungen Mann mit der roten Lanze gesehen, an deren Spitze ein Blutstropfen hing, der zu einem Rinnsal geworden bis zur Faust des jungen Mannes rann; auch noch anderer Wunder wurdest du Zeuge – und doch hast du nicht nach Sinn, noch nach Ursache von alledem gefragt! Hättest du es getan, dann wäre der König wieder zu Gesundheit für sich und zu Frieden für sein Land gekommen, während er nun weiterhin nichts als Kampf und Krieg, getötete Ritter, verwitwete Frauen und eine Herrin ohne Auskommen sehen wird; und daran trägst du die Schuld."[13]

Wie man sieht, ist diese seltsame Prozession, in der man einen großen Teller (den Graal) mit einem abgeschlagenen Haupt darauf, sowie die berüchtigte, Entsetzen verbreitende und magische Lanze vorüberträgt, unendlich weit entfernt von der „Gralsprozession" mit ihrer gottesfürchtig-frommen und weihevollen Atmosphäre. Es sieht so aus, als gehe es hier viel eher um die Geschichte einer Rache für einen Mord, der noch nicht geahndet ist und ein für die Ohren der Anwesenden fast unerträgliches Schreien auslöst, sobald daran erinnert wird. Vielfach wurde behauptet, daß der *Peredur* die damals aktuellen volkstümlichen Auffassungen vom Gral wiederspiegelt, während die in Frankreich und Deutschland entstandenen Dichtungen eher intellektuelle, aristokratische und religiöse Versionen des Stoffes sind. Damit gibt man aber gerade zu, daß die Fassung des *Peredur* mit größerer Wahrscheinlichkeit die authentische oder zumindest die traditionelle ist, da sie nicht durch literarische Zusätze und theologische oder philosophische Zielsetzungen entstellt ist. Übrigens enthält *Wolframs* mittelhochdeutscher Text, obwohl er ein ziemlich haarsträubendes Amalgam aus zahlreichen heterogenen Denkströmungen ist, nicht wenige ungewöhnliche Elemente, die mit der Theologie der Zisterzienser nur schwer vereinbar sind. In *Wolframs* höchst raffinierter und komplexer Fassung gibt es nämlich ebenso viele aufschlußreiche und wahrscheinlich uralte Elemente wie in der volkstümlichen Fassung des *Peredur.*

Parzival (Wolfram von Eschenbach):

„Ein Knappe sprang zur Tür herein, der trug eine Lanze (...) an ihrer Scheide entquoll Blut und lief am Schaft hernieder bis auf die Hand, so daß es im Ärmel versickerte. Da ward geweint und geschrien im weiten Saal (...) Er trug die Lanze in seinen Händen rings an den Wänden herum bis zurück zur Tür. Der Knappe lief wieder hinaus (...) Am Ende des Saales wurde eine stählerne Tür aufgeschlossen. Daraus hervor traten zwei edle Kinder (...) Es waren klare Jungfrauen. (...) Jede trug in der Hand einen goldenen Leuchter (...) Danach kam eine Herzogin mit einer Begleiterin. Sie trugen zwei Bänklein von Elfenbein. (...) Seht, inzwischen waren vier weitere Frauenpaare hereingetreten. Die waren dazu bestimmt, daß vier von ihnen große Kerzen trugen, die anderen vier aber trugen achtsam einen kostbaren Stein, durch den am Tage das Sonnenlicht durchscheinen konnte. Danach war sein Name geheißen (...) Man sah jetzt die beiden Fürstinnen in Kleidern einherkommen, die sehr herrlich waren. Zwei Messer, scharf wie spitze Gräten, ein Wunder zu schauen, brachten sie (...) Das war schweres weißes Silber (...) Nach ihnen kam die Königin. Von ihrem Antlitz ging ein Schein aus, daß alle meinten, es beginne zu tagen (...) Auf grüner Achmardiseide trug sie des Paradieses Vollkommenheit (= 'was man sich als Paradies wünscht'), Wurzel war es zugleich und Krone des Geästs. Das war ein Ding, das hieß der Gral, allen Erdensegens Überschwung (= 'der alles irdische Wünschen übertraf'). Die aber, von welcher der Gral sich tragen ließ, war *Repanse de Schoye.* Es war des Grales Art, daß er von reiner Hand (= von einer Jungfrau) verwahrt werden mußte; die ihn in rechte Obhut nahm, die mußte ohne Falsch sein."[14]

Es fällt auf, daß diese schier endlos anmutende Beschreibung der „Gralprozession" nur recht oberflächlich christlich eingefärbt ist. Außerdem befinden sich in dieser Prozession viel zu viele Frauen, als daß man dabei noch von einem orthodoxen Ritual sprechen könnte (*Wolfram:* „Wenn ich recht gezählt habe, so müssen nun achtzehn Frauen hier beisammenstehn."[15]). Im Mittelalter waren nämlich – außer in Irland und auf der britischen Insel – nie Frauen zur Teilnahme am christlichen Gottesdienst zugelassen. Offensichtlich spielen bei *Wolfram* in dieser Gralzeremonie die Frauen – und sogar noch mehr als bei *Chrétien* (obwohl er dieser Quelle ansonsten folgt) und dem unbekannten walisischen Autor – eine besonders wichtige Rolle. Diese Tatsache ist umso erstaunlicher, als *Wolfram* abgesehen davon in seinem Werk eine deutlich christliche und mystische Geisteshaltung zeigt. Wie ist dies zu beurteilen? Auf jeden Fall wird bei *Chrétien* und *Wolfram* der *Gral* und im *Peredur* jener makabre *Kopf* von einer Frau getragen. Daraus geht hervor, daß in dieser ziemlich rätselhaften Zeremonie die ausführende Rolle einer Frau vorbehalten ist. Das ist eine unbestreitbare Tatsache und wir werden noch darauf zu sprechen kommen.

Von all den wunderlichen Requisiten der Prozession kommt die Lanze nur in den drei genannten Texten vor. Bei *Wolfram* heißt es nur, daß sie blutet. Bei *Chrétien* handelt es sich um *einen einzigen Blutstropfen.* Im *Peredur* sind die Angaben widersprüchlich: zunächst ist von drei Blutbächen die Rede, und bald darauf von nur einem einzigen Blutstropfen, der zu einem Rinnsal wird. Aber abgesehen von diesen Abweichungen im Detail ist die Geschichte jeweils die gleiche. Die Silberplatte taucht nur bei *Chrétien* auf. Bei *Wolfram* übernehmen die 'Bänklein' diese Funktion, im *Peredur* dagegen tritt er überhaupt nicht auf. Der französische Dichter aus der Champagne hebt wie *Wolfram* das erstaunlich helle Licht hervor, das sowohl das 'Ding', als auch diejenige, die es trägt, verströmt, während wie der walisische Dichter nur *Wolfram* die Schreie des Schmerzes und der Trauer erwähnt, die noch weniger zu einer christlichen religiösen Handlung passen. Auch hier ist das Motiv der Rache nicht zu übersehen. Am Schluß des *Peredur* findet man so etwas wie eine Erklärung dafür, oder zumindest den Ansatz dazu; dort heißt es:

„Es war das Haupt meines Vetters ersten Grades. Er wurde von den Hexen von Kaerloyw umgebracht; sie sind es, die deinen Onkel so grausam zugerichtet haben (...) Du bist ausersehen, dich dafür an ihnen zu rächen."[16]

Und diese Rache taucht überraschend wieder in der hoch-komplizierten und raffiniert durchkomponierten Fassung von *Wolfram* auf, während sie bei *Chrétien* mit keinem Wort erwähnt wird. Daher stellt sich die Frage, ob *Wolfram* nicht irgendeinen direkten Kontakt zu brit(ton)ischen oder walisischen Quellen bzw. Dichtern hatte, und sei es auch nur über die Vermittlung eines Übersetzers, der *Wolframs* berühmter angeblicher Gewährsmann „Kyôt der Provenzâl" sein könnte, hinter dem er sich ständig verbirgt. Als nämlich Parzival beschließt, seine Mutter zu verlassen, beschränkt sich diese nicht wie in *Chrétiens* Werk nur darauf, ihm einige dümmliche Ratschläge zu geben, sondern macht ihm eine bedeutende Enthüllung:

„Du sollst auch wissen, mon fils, der stolze, kühne Lähelin (J.M.: 'Le Hellin'!) kämpfte Deinen Fürsten zwei Länder ab, die Deiner Hand dienen müßten: Waleis und Norgals[17] (J.M. interpretiert diese Ländernamen als *Wales,* frz. *Galles,* und Nord-Wales, frz. *Norgalles;* Anm. d. Übers.). Einer Deiner Fürsten, Turkentals (J.M.: 'Dorgental'), empfing von seiner Hand den Tod. Dein Volk erschlug er oder führte es gefangen." Parzival antwortet: „Dies räch' ich, Mutter, will es Gott! Mein Gabilôt (< frz. *Javelot* = 'Jagdspieß'; Anm. d. Übers.), das trifft ihn schon."[18]

Gewiß vergißt Parzival diesen Vorsatz der Rache bald wieder, und doch fragt man sich, wer denn dieser stolze, kühne Lähelin/Le Hellin ist. Sein Name hat nichts Keltisches an sich: er evoziert eher das englische bzw. mittelhochdeutsche Wort *hell/helle,* das aus einer gemeinsamen germanischen Wurzel hervorgegangen ist, die 'Hölle' bzw. 'Autre Monde' bedeutet. So wird die noch im nordfranzösischen Volksbrauchtum lebendige "Chasse diabolique" (= 'Teufelsjagd') häufig auch *Mesnie Hennequin* oder *Mesnie Hellequin* genannt. Davon spricht auch im XIII. Jahrhundert der Trouvère *Huon de Mery* in seinem *Tournoiement Antéchrist;* im *Jeu de la Feuillée* des *Adam de la Halle* stellt sich ein gewisser Croquesot der Fee Morgue (= Morgane) als Bote des Feenkönigs Hellekin vor. Obwohl ein Vorkommen des Wortes *hell(e)* in der Keltika nicht belegt ist, muß man möglicherweise in *Yeun Elles,* dem Sumpfgebiet in der Nähe von Brasparts (Finistère), das als Eingang in die Unterwelt gilt, oder im Wald Brocéliande (*Bréchéliant*) die Reminiszenz eines alten indoeuropäischen Wortes sehen, das heute aus dem Bretonischen verschwunden ist.

Was es auch immer mit dieser blutrünstigen Rache auf sich haben mag, fest steht jedenfalls, daß sie sich gegen ein Wesen der Autre Monde richtet: Parzival soll gegen einen *Le Hellin* kämpfen, welcher allem Anschein nach ein Dämon im mittelalterlichen Sinn ist, und Peredur muß gegen die Hexen von Kaerloyw kämpfen. Dabei fällt auf, daß Parzival seine Mission vergißt, und daß Peredur die Hexen nicht selbst töten kann, da er einst ihr Schüler war: daher läßt er dies durch Artus und seine Ritter erledigen. In diesem Zusammenhang müssen wir auf die Gestalt der Kundrîe la Surziere, der Hexe Kundry zu sprechen kommen, einer zweigesichtigen Figur, die sich bei näherer Betrachtung als die wahre Herrin des Grals herausstellt. Auch hier scheint sich *Wolfram* enger an den Archetyp zu halten.

Und doch hat auch *Wolfram* sich in seiner nicht endenwollenden Beschreibung der Gralprozession, obwohl dort seine Vorstellungsgabe geradezu schwindelerregend sicher funktioniert, sehr wohl davor gehütet, zu verraten, was der Gral nun eigentlich ist. Wir erfahren lediglich, daß der Gral auf einem Kissen aus grünem „Achmardi"-Stoff ruht (dessen Material er mit einem aus der altfranzösischen Form *esmeralde* entstellten Form benannte, aus der im Neufranzösischen *emeraude* und im Deutschen *Smaragd* wurde; Anm. d. Hrsg.); mit anderen Worten: der Gral ruhte auf einer harten Unterlage aus Smaragd und damit auf einer Art Platte aus Smaragd. Den Gral selbst bezeichnet er mit einer metaphorischen Periphrase als „wunsch von paradîs/ beide Wurzel unde rîs", d.h. 'Wurzel und Krone dessen, was man sich als (vom) Paradies wünscht'. Man muß gestehen, dies kann so ziemlich alles bedeuten. Erst als Parzival dem Einsiedler Trevrizent begegnet, erfährt Parzival – und wir mit ihm – was wirklich auf dieser Smaragdplatte lag.

Parzival (Wolfram von Eschenbach):

„Ich will euch sagen, wovon sie leben: sie (= die Gemeinschaft der Gralhüter) leben von einem Steine, der von ganz eigener Art ist. Falls ihr ihn nicht kennen solltet, sei er Euch hier genannt. Er heißt *Lapsît exillis.* Durch dieses Steines Kraft verbrennt der Phönix zu Asche. Die Asche macht ihn aber flugs wieder lebendig. Diese Erneuerung aus der Asche ist beim Phönix dasselbe, was bei anderen Vögeln die Mauserung ist. Danach beginnt er hell zu strahlen und wird wieder schön wie zuvor. Dieselbe Kraft wie beim Vogel Phönix bewährt der Gral bei den Menschen. Es mag einem Menschen noch so schlecht ergehn, wenn er eines Tages den Stein sieht, so wird er in der Woche, die auf diesen Tag folgt, nicht sterben. Auch bleibt sein Aussehen dasselbe, das er hatte, als er den Stein erblickte, und zwar so, wie er in seiner besten Zeit aussah, – Frau wie Mann – und wenn sie den Stein zweihundert Jahre lang sähen; solche Kraft gibt der Stein dem Menschen, daß Fleisch und Bein flugs Jugend empfängt. Der Stein wird auch genannt der Gral. (...) (Jeden) Karfreitag, da erwartet man auf Munsalwäsche eine Taube, die sich vom Himmel herabschwingt. Sie bringt auf den Steine eine kleine, weiße Oblate herab, und davon empfängt der Stein seine besondere Kraft: alles zu spenden, was an Trank und Speise gut riecht auf Erden, wie des Paradieses Vollkommenheit, ich meine: alles, was die Erde gebären mag. Der Stein soll ihnen weiter auch alles geben, was an Wild unter dem Himmel lebt, ob es fliegt oder läuft oder schwimmt..."[19]

Diese Beschreibung, die sich nicht weniger endlos hinzieht, als die der Gralprozession, muß zu allererst im Rahmen von *Wolframs* Grundtendenzen und -zielsetzungen gesehen werden. *Chrétiens* mysteriöse Andeutung war für *Wolfram* ein willkommener Anlaß zu einer mystischen Reflexion, die er der damaligen Mode in Deutschland gemäß mit eindeutig esoterischen Elementen eintönte. Die Gralhüter sind bei ihm jene rätselhaften *templeisen*, ein militärisch-religiöser Orden, der nach außen hin dem der Templer durchaus verwandt ist. Daneben gleicht er jedoch aufgrund gewisser Merkmale seiner Ordensregeln den Geheimgesellschaften, hermetischen und ähnlichen 'Bruderschaften'. Zur damaligen Zeit war nämlich die Alchimie bereits stark in Mode: daher könnte die Beschreibung dieses 'Steines' durchaus auf die Beschreibung des *Steins der Weisen* passen, nach dem die Alchimisten suchten, die sich selbst als *Philosophen* und den 'Stein der Weisen' als *lapis philosophorum* bezeichneten; der Stein der Weisen ist gleichzeitig Summe aller Weisheit und Wissenschaft, Mittel zur künstlichen Herstellung des Goldes und schließlich ein universales Lebenselixir, das sämtliche Krankheiten heilt und ewige Jugend garantiert.

Es würde zu weit führen, an dieser Stelle die mögliche Bedeutung des Grals als Stein der Weisen zu diskutieren. Dies würde das Problem des Grals zwar unter einem neuen Aspekt erscheinen lassen, aber zu weit von unserem eigentlichen Thema ablenken, nämlich der Weiblichkeit des Grals, oder zumindest des weiblichen Prinzips, das sich hinter dem Gral, der Gralprozession, seines Rituals und allem, was dazugehört, verbirgt. Zunächst fällt wieder auf, daß *Wolfram* trotz allem in Wirklichkeit wenig Konkretes über den Gral selbst verrät: man erfährt lediglich, daß es sich um einen gewaltigen (Edel-)*Stein* handelt, und daß von diesem 'reinen Stein' eine Kraft ausgeht, die jedes Jahr am Karfreitag durch eine – übrigens „durchscheinend weiße" – Taube und der von ihr aus dem Himmel mitgebrachten weißen Oblate mit neuer Energie angereichert wird, worin ein Symbol dafür zu sehen ist, daß dieser Stein eine spirituelle Kraft hat. Wieder ist wie bei *Chrétien* der Gral ein Gefäß – hier ein 'Kissen' (?) bzw. eine Platte aus Smaragd. Somit ist der Gral der *Behälter*, das *Beinhaltende*. Dagegen wird von dem bairisch/fränkischen Autor ebensowenig wie von dem Autor aus der Champagne[20] beschrieben, was der *Inhalt* ist. Nur der walisische Dichter führt näher aus, daß es sich um den Kopf eines Enthaupteten handelt. Und doch läßt sich sagen, daß auch nach *Wolframs* Auffassung der Gral-Stein die zentrale Rolle spielt: die Karfreitags-Taube überträgt nämlich *dem Stein* ihre himmlische Oblate, d.h. Botschaft und Kraft. Wenn man einmal von *Chrétien* absieht, der zu dieser Frage schweigt, gelangt man zu der Feststellung, daß die aktive Energie des Grals, mit anderen Worten: sein *Inhalt* vor der Zisterzienser-Fassung (die als Lösung des Rätsels das Blut Christi vorschlägt) entweder ein *Kopf* oder ein *Stein* war. Was aber ist der Grund dafür, daß die beiden Fassungen sich in diesem Punkt zu widersprechen scheinen?

Das Motiv des abgeschlagenen Kopfes geht in Mythologie und Geschichte der Kelten bis weit in älteste Zeiten zurück. Eindeutige Beweise davon sind in den Werken der römischen und griechischen Autoren der Antike – besonders bei *Titus Livius* – zu finden, sowie in den Museen Südfrankreichs, in denen kuriose Gehänge aus Schädeln zu sehen sind. Bei den Galliern war es nämlich Brauch, die besiegten Feinde zu enthaupten und deren Köpfe nicht nur als Siegestrophäen, sondern auch als sakrale Kultobjekte zu konservieren – und es besteht kein Anlaß, daran zu zweifeln, daß dies auch bei den übrigen Kelten üblich war.[21] Und mit diesem Brauch könnte der von zwei Mädchen auf einer Prunkplatte präsentierte Kopf eines Enthaupteten in der *Peredur*-Dichtung durchaus in Zusammenhang stehen. Das bekannteste historische Beispiel dieser Gepflogenheit ist der Fall des römischen Konsuls Postumius, der, wie *Titus Livius* berichtet (XXIII, 24), von dem Gallierstamm der Bojer besiegt und hingerichtet worden war und dessen Schädel anschließend in Gold gefaßt als Kultgefäß diente. Auch dieser in Gold gefaßte Schädel, der als Gefäß dient, dürfte mit dem Gral gewisse Gemeinsamkeiten haben.

1. Der episch-strukturale Archetyp des Grals

Mit Hilfe der vergleichenden Analyse der wichtigsten Texte, in denen der Gral als Gral-Kopf und als Gral-Stein eine Rolle spielt, dürfte sich die ursprüngliche *epische* Ausgangsstruktur der Gralzeremonie sowie der Suche, deren Ziel er ist, wieder rekonstruieren lassen. Da diese Version aber durch den epischen Charakter geprägt ist, der die kriegerische und patriarchalische Kultur kennzeichnet, muß man anschließend nach Abzug all dessen, was die christlichen Autoren des XIII. Jahrhunderts aus der ursprünglichen Quête machten, zu noch älteren Zeiten zurückgehen und versuchen, dort der heidnisch-mystischen Urform der Suche, d.h. dem religiösen Archetyp auf die Spur zu kommen, der das Keimen, die Blüte und die weitere Entwicklung der Sage auslöste. Das Ergebnis dieser Untersuchung wird mehr als überraschend ausfallen.

Eines der ältesten walisischen Epen, die noch die archaisch brit(ton)ischen Tradition aus der Zeit vor der Spaltung des Volkes in Briten und Bretonen repräsentiert, nämlich die zweite Branche der *Mabinogion*-Dichtungen, ist die bekannte *Geschichte vom Abgeschlagenen Kopf,* von der bereits die Rede war und der wir uns nun eingehender zuwenden müssen: es ist die Sage von Brân dem Gebenedeiten, einer stark sagenumwobenen Gestalt, in der jedoch einige Forscher den König Ban de Bénoic, Lancelots Vater wiederzuerkennen glaubten, einer Figur, die auf jeden Fall eine der verschiedenen Verkörperungen des Fischerkönigs ist.

Das Haupt des Brân (Wales):

Das nach Irland gerichtete Unternehmen, womit Brân und seine Brit(ton)en (Inselbretonen) hofften, die seiner Schwester Branwen zugefügte Schmach zu rächen und einen magischen Kultkessel, der die Toten wieder auferweckt, erobern zu können, endet als Desaster. Brân, *der von einer vergifteten Lanze am Bein verletzt wurde,* fordert die sieben überlebenden Brit(ton)en auf, ihn zu enthaupten und seinen Kopf mit sich fortzuführen. Die Gefährten erfüllen ihm seinen Willen. Die sieben Überlebenden landen in Begleitung von Branwen, Brâns Schwester, in Harddlech und lassen sich dort nieder. „Sie versahen sich mit reichlichen Vorräten an Speisen und Getränken und begannen dann endlos zu speisen und zu zechen. Da erschienen drei Vögel und stimmten einen Gesang an, der selbst das Schönste, das sie je vernommen hatten, im Vergleich dazu reizlos erscheinen ließ. Dieses Festmahl währte sieben Jahre lang; gegen Ende des siebenten Jahres brachen sie nach Gwales in Penvro auf." Dort richteten sie sich in einem großen Saal ein und stellten Brâns Haupt in ihrer Mitte auf. „Welch schrecklichem Leiden sie auch immer begegnet waren, was immer sie durchlitten hatten, an nichts davon konnten sie sich von da an noch erinnern und ebenso wenig an irgendeinen anderen Kummer dieser Welt. So verbrachten sie vierundzwanzig Jahre, ohne sich erinnern zu können, irgendwann in ihrem bisherigen Leben eine herrlichere und köstlichere Zeit erlebt zu haben. Niemand verspürte Anzeichen von Erschöpfung; keiner von ihnen konnte feststellen, daß irgendeiner unter ihnen in der Zeit seit ihrer Ankunft älter geworden war. Die Gesellschaft des Hauptes war ihnen nicht weniger angenehm als in jenen Tagen, da Brân Bendigeit noch unter den Lebenden weilte." Als diese vierundzwanzig Jahre vergangen sind, öffnen sie einmal eine Tür: – und schon bemächtigt sich ihrer wieder die Erinnerung all ihrer Leiden, dazu ihre Erschöpfung, und sie machen sich daran, auch den allerletzten Willen von Brân zu erfüllen, nämlich sein Haupt auf dem White Hill in London zu beerdigen.[22]

In der Tat eine höchst sonderbare Geschichte, diese „Gastfreundschaft des Heiligen (sakralen) Hauptes"! Sie weist jedoch eine ganze Reihe von Analogien zu Prozession und Fest des Grals auf. Da ist zunächst einmal der Kessel, der die Toten auferweckt. Da es nicht gelingt, ihn zurückzuerobern, und Brân somit in dieser Hinsicht versagt hat, vermacht er seinen Kampfgefährten gewissermaßen als Ersatz für den Kessel seinen eigenen Kopf. Außerdem ist Brân durch eine vergiftete Lanze am Fuß verletzt worden: daher ist er, ganz wie der Fischer-König, der 'Verwundete König', nicht mehr fähig, sein Reich zu regieren. Auch das Rachemotiv tritt klar hervor: der Raubzug nach Irland wird unternommen, um die Schmach, deren Opfer Branwen wurde, zu rächen. Als die Überlebenden des gescheiterten Unternehmens anschließend das abgeschlagene Haupt von Brân an dem Ort, wo sie sich niederlassen, in ihrer Mitte aufstellen, verlieren sie jedes Gefühl für die Zeit und altern nicht. Der Kopf spielt hier genau die gleiche Rolle, wie der Gral im *Parzival* des *Wolfram von Eschenbach:* er verschafft ihnen einen Überfluß an Speise und Trank und hält sie jung. Somit sind sie in eine Art Paradies versetzt, das jenem in der irischen Literatur so häufig anzutreffenden Feenland gleicht, in dem es weder Tod, noch Leiden oder Krankheit gibt. Der Kopf verschafft ihnen somit im Grunde wieder jene paradiesische Lage, die sie durch ihre Geburt verloren haben. Dieser Umstand verleiht dem Kopf eindeutig einen mütterlichen, weiblichen Charakter, der außerdem noch verstärkt wird durch die Gegenwart der Vögel der Muttergöttin Rhiannon, sowie durch die Anwesenheit der Branwen, deren Name – unter anderem – 'Weiße Brust' bedeutet, und die durchaus die Trägerin des Kopfes, also die Gralträgerin sein könnte. Aufgrund dieser Elemente könnte die beschriebene Passage aus der Geschichte *Branwen, Tochter des Llîr* ein Aspekt des ursprünglichen Archetyps des Grals sein – und dies ist nicht nur eine gewagte Hypothese: den mittelalterlichen Dichtern ist diese Sage vom abgeschlagenen Haupt des Brân sicher bekannt gewesen, denn man begegnet ihr immer wieder in den höfischen Romanen von der Tafelrunde und der Gralsuche.

Dritte Perceval-'Continuation' (Manessier):

Im Verlauf der verschiedenen Mißgeschicke auf seiner Gralsuche muß Perceval einmal gegen einen gewissen 'Partinal de la Tour Rouge' kämpfen. Er sticht seinen Gegner zu Boden und schlägt ihm das Haupt ab. Anschließend hängt er es an seinen Sattel (nach der Gewohnheit der Gallier, die von *Diodor v. Sizilien* beschrieben wurde) und kehrt zur Gralburg zurück. Sobald der verwundete und hinkende Fischer-König den Kopf er*blickt, kann er sich wieder auf die Beine stellen und ist vollkommen geheilt.* Perceval macht ihm das Haupt zum Geschenk. Der König dankt ihm, *daß er für ihn an seinem Feind Rache genommen hat,* und läßt die Trophäe auf der Zinne des höchsten Turmes seiner Burg anbringen.[23]

In dieser Episode spielt das Motiv der Rache eine besonders entscheidende Rolle, da durch sie der König wieder geheilt wird, und zwar bereits allein durch den Anblick des Kopfes, der sie symbolisiert. Es gäbe zwar viel zu der blühenden Phantasie der Fortsetzer von *Chrétiens* unvollendetem Werk zu sagen, vor allem könnte man ihnen vorwerfen, den ursprünglichen Charakter des Grals verfälscht zu haben, aber dennoch bleibt festzuhalten, daß sie dazu schriftlich fixierte oder mündlich überlieferte Sagen keltischen Ursprungs verwendet haben. Wie wäre nämlich sonst das hartnäckige Überleben jenes rätselhaften Rachethemas zu erklären, das an die Verwundung des Königs, an den abgeschlagenen Kopf, sowie an das Fest auf der Gralburg geknüpft ist? Alle diese Elemente sind auch noch in einem Werk aus dem XIV. Jahrhundert enthalten, das von Pierre *Bercheur* lateinisch verfaßt wurde und von einer Aventiure des Ritters Gauvain handelt, der zahlreichen Angaben zufolge nicht nur einer der ältesten Kampfgefährten von Artus, sondern auch der ursprüngliche Held der Gralsuche gewesen sein muß.

Reductorium Morale (Pierre Bercheur):

Galvagnus (Gauvain/Gawan) konnte einmal seine Verfolger abschütteln, indem er in einen See tauchte. Dort entdeckt er einen Unterwasserpalast und betritt ihn. In einem der Säle „stand ein Tisch gedeckt, der sich unter herrlichen Speisen bog, und davor harrte ein Stuhl des Essers. Indeß fand er keinen Weg mehr, wie dieser wunderliche Ort zu verlassen sei. Als er gerade nach den Speisen greifen wollte, da er Hunger verspürte, gewahrte er plötzlich das Haupt eines Toten auf einem Tablett, sowie einen Riesen, der unweit des Kaminfeuers auf einer Bahre ruhte. Mit einem Satz fuhr der Riese so jählings hoch, daß er mit dem Schädel gegen die Decke des Raumes stieß, und schrie Galvagnus an, er dürfe die Speisen auf keinen Fall berühren. In der Tat gelang es ihm nicht, irgendeine der Köstlichkeiten anzurühren, und erst nach verschiedenen wunderlichen Erlebnissen konnte er diesem Ort entrinnen; nie jedoch fand er heraus, wie ihm das gelungen war."[24]

Man ist geneigt, in diesem Riesen die gleiche Figur wie Brân Bendigeit, den 'Gebenedeiten', zu sehen, denn auch dieser ist von gewaltiger Statur und kann bei Bedarf sogar seinen Kriegern als Brücke über einen Fluß dienen. Auf jeden Fall aber haben wir es hier wieder mit einem auf einer Platte liegenden Kopf und mit einem Fest(-mahl) zu tun. Aber Galvagnus/Gauvain darf die Speisen des Festmahls nicht berühren. Er ist wie später in der Zisterzienser-Fassung der Quête seiner nicht würdig. Der für den künftigen Erwählten bereitstehende Sitz ähnelt in verblüffender Weise jenem 'Siège Perilleux', dem 'Gefährlichen Sitz' (auch genannt 'Sorglicher Sitz'), an der berühmten Rundtafel der Tafelrunde, der für Galaad bestimmt ist, der alle Aventiuren bestehen und die Suche zu Ende führen wird. Aber das hier zitierte Gauvain/Gawan-Abenteuer ist kein Einzelfall: es kommt daneben auch in leicht abgewandelter Form in einer der Fortsetzungen von *Chrétiens* Perceval-Roman vor.

Erste Perceval-'Continuation' (Pseudo-Wauchier I):

Gauvain betritt das Schloß des Bran de Lis, das am Ufer eines Flusses steht. Er gelangt in einen großen Saal und findet eine gerade zu einem Festmahl gedeckte Tafel. Als er jedoch den Speisen zusprechen will, entdeckt er mehr als hundert Wildschweinköpfe auf einer gewaltigen Platte. Höchst erschrocken bekreuzigt er sich, da bemerkt er auf einmal nahe am Feuer einen auf einem Bett ausgestreckten Ritter. Der Ritter erwacht – es ist Bran de Lis – und greift Gauvain an.[25]

Bran de Lis (auch Bran de la Cour, 'Bran vom Hofe') ist eindeutig Brân, der Gebenedeite. Zugleich ist er auch der Fischer-König: ein Text, der im allgemeinen als Vorwort zu *Chrétiens* Gral-Dichtung gilt (aber später verfaßt worden ist) und unter dem Titel *Elucidation* bekannt ist, betont nämlich, daß der Fischer-König ein Mann sei, "qui moult savait de nigromance/ qu'il muast cent fois sa semblance" ('der die Kunst der Necromatik/Magie so trefflich beherrschte, daß er hundertmal seine Gestalt verwandeln konnte')". Daraus spricht auch seine Zugehörigkeit zu den Wesen der Autre Monde. Ferner folgt aus seiner Wandelbarkeit, daß seine Tochter (die Graljungfrau), oder seine Schwester (Branwen) oder gar seine Herrin (Kundry) den Helden der Quête in entsprechend vielen Gestalten erscheinen können. In einer anderen Fortsetzung des *Perceval* wird die Gauvain-Aventiure plötzlich zur Aventiure seines Bruders Gahériet und erfährt dabei überraschende Änderungen.

Zweite Perceval-'Continuation' (Pseudo-Wauchier II):

Gahériet gelangt zu einem prächtigen Schloß am Ufer eines Flusses. Die Gassen sind reich geschmückt, aber menschenleer. Der Held dringt zu einem Saal vor, in dem ebenfalls keine Menschenseele zu erblicken ist. Dann tritt er in einen Garten hinaus und sieht einen *Zwerg* mit einem silbernen Humpen in der Hand in einem Zelt verschwinden. Gahériet stürzt hinter ihm her in das Zelt und entdeckt dort einen riesenhaften Ritter, der verwundet auf einem Bett liegt. Als Gahériet eintritt, beginnen die Wunden des Ritters zu bluten. Da erscheint ein „kleiner Ritter" und fordert Gahériet zum Kampf heraus, schlägt ihn zu Boden und zwingt ihn, unter dem Spott der Menge, die plötzlich das ganze Schloß überschwemmt, zur Flucht.[26]

Offensichtlich sind der verwundete Ritter, der Zwerg und der „kleine Ritter" drei verschiedene Gestalten ein und derselben Figur, nämlich dieses Fischer-Königs, der mit dem Helden ein proteushaftes Verwandlungsspiel treibt. Hier kommt das Motiv der Verwundung dem der blutenden Lanze recht nahe. In diesem Zusammenhang dürfte der Hinweis von Interesse sein, daß nach einem in zahlreichen Texten belegten keltischen Glauben die Wunden eines verletzten oder sogar toten Menschen wieder zu bluten beginnen, sobald der Mörder in seine Nähe kommt. Daher drängt sich die Frage auf, ob möglicherweise Gahériet selbst für die Verwundung des Fischer-Königs verantwortlich ist.

Aber nun zurück zum Motiv des Kopfes. In dem französischen Roman *Perlesvaus,* der in der Tradition von *Robert de Boron* steht und etwa um 1200 entstanden ist, begegnet Lancelot in einer verlassenen Burg einem schwer bewaffneten Ritter. Dieser fordert Lancelot auf, ihm mit einem Beil den Kopf abzuschlagen. Falls Lancelot sich weigert, würde er selbst enthauptet werden, d.h. Lancelot müsse nach einem Jahr wieder kommen und sich von dem gleichen Ritter den Kopf abhacken lassen. Daher gibt Lancelot dem Wunsch des Ritters nach, köpft ihn und verläßt die Burg. Da entdeckt er, daß Kopf und Rumpf des Enthaupteten auf einmal verschwunden sind.[27]

Obwohl er die Geschichte auf eine gefällig-liebenswürdige Art erzählt, hat der Dichter des *Perlesvaus* recht wenig von diesem „Enthauptungsspiel" verstanden. Einen vollständigen Archetyp, wenn nicht gar den Schlüssel zu dieser Geschichte, liefert das irische Erzählepos vom *Fest des Bricriu:*

Das Enthauptungsspiel (Irland):

Die drei größten Ulates-Helden Cûchulainn, Loégairé und Conall ringen um den „Heldenanteil", der dem Tüchtigsten von ihnen gegeben werden soll. Nachdem sie mehreren Urteilen unterworfen worden waren, die alle zu Gunsten von Cûchulainn ausfielen, aber von den beiden anderen Helden nicht anerkannt wurden, steht den drei Helden nun das Urteil des Uath Mac Immonainn (des 'Schrecklichen Sohns der Großen Furcht') bevor, der ein wilder und gefürchteter Riese ist. Dieser sagt ihnen: „Ich habe hier eine Axt. Einer von Euch nehme sie heute zur Hand und schlage mir damit das Haupt ab, morgen will ich ihm dann sein Haupt von den Schultern hacken." Conall und Loégaré schlagen diesen Handel aus. Cûchulainn dagegen erklärt sich einverstanden. „Nachdem Uath eine Beschwörungsformel über die Schneide seiner Axt ausgesprochen hat, legt er seinen Kopf vor Cûchulainn auf den Hackstein; Cûchulainn ergreift die Axt des Riesen, schlägt zu und trennt ihm das Haupt vom Rumpf. Uath steht wieder auf, nimmt in die eine Hand seine Axt, in die andere seinen Kopf, hält ihn vor die Brust, begibt sich solcherart hinab zum See und taucht unter." Als am folgenden Tag Cûchulainn am vereinbarten Ort erscheint und nun sein Haupt auf den Stein legt, begnügt sich Uath, der sichtlich ebenso gesund und munter ist wie tags zuvor, damit, seine Axt dreimal über Hals und Rücken des Helden zu schwingen, und erkennt ihm als dem Würdigsten die geforderte Ehre zu.[28]

Jede allzu definitive Interpretation dieser Episode wäre riskant. Nur zwei Dinge gehen eindeutig aus ihr hervor: zum einen handelt es sich um eine Art gegenseitige Hinrichtung bzw. Opferung, die mit einem *simulacrum* (Scheinopfer) endet (d.h. mit einer Substitution des wirklichen Opfers durch ein anderes oder durch eine symbolisch-rituelle Geste), wobei diese Hinrichtung einer regelrechten Blutrache, einem echten *Talions-Verfahren* entspricht; zum anderen ist der Riese, nachdem ihm der Kopf abgeschlagen wurde, nicht wirklich tot, sondern erinnert verblüffend an jene sogenannten Kephalophoren unter den Heiligen, die in großer Zahl in den christlichen Heiligenlegenden vorkommen: wird ein solcher Heiliger enthauptet, dann nimmt er einfach seinen Kopf unter den Arm und zelebriert seelenruhig die Messe auf diese Weise weiter, oder vollendet die Beschäftigung, bei der er durch die Enthauptung unterbrochen wurde. Der Riese (Brân, der Fischer-König, der Herr der Autre Monde oder Unterwelt) ist im Grunde eine unsterbliche Figur, die den definitiven Tod nicht kennt, weil er in gewisser Hinsicht der Gott des Todes und des Lebens ist. Und genau dies hat der Autor des *Perlesvaus* nicht verstanden: als nämlich Lancelot ein Jahr, nachdem er den Riesen geköpft hatte, wieder an die vereinbarte Stelle zurückkommt, will auf einmal der Bruder des Geköpften den Enthauptungsakt vornehmen und der Held kann nur durch zwei Jungfrauen gerettet werden, die zu seinen Gunsten intervenieren.[29] An dieser Stelle sei noch angemerkt, daß in dem alt-englischen Roman *Syr Gawayne and the Green Knyght* aus dem XIV. Jahrhundert eine ganz ähnliche Aventiure vorkommt, deren Held diesmal Gawain ist.

Dieser abgeschlagene Kopf, der uns so viel Kopfzerbrechen bereitet, muß jedoch irgendeine außergewöhnlich wichtige Funktion haben. In einer Passage des *Lancelot* von *Chrétien de Troyes* tritt die *'Demoiselle à la Mule'*, das Maultierfräulein auf. In *Chrétiens* Versroman ist sie die Schwester des Méléagant. Sie fordert von Lancelot das Haupt des Ritters, den er soeben besiegt hat, und reitet damit fort. Sie hat aber dem Helden versprochen, daß sie ihm zu gegebener Zeit zur Belohnung für seine Gabe mit ihrer Hilfe beistehen werde. *Chrétien* gibt keinerlei Erklärung über die Bedeutung dieser Geste, und auch hierin ist wieder zu erkennen, wie raffiniert der Autor die Technik des *suspense* einsetzt. Und doch paßt uns das überhaupt nicht. Wahrscheinlich hat er diese Episode in seiner Vorlage vorgefunden und sie in einer vollkommen ehrbaren literarischen Absicht verwendet, die uns jedoch auf unserem Durst sitzen läßt. Tatsächlich hat man den Eindruck, als bliebe der blutige Kopf, den Peredur in jenem Schloß der Wunder auf einem Teller entdeckt, als ein lediglich melodramatisches Motiv oder ein Bild poetischer Imagination völlig unerklärbar im Raum stehen.

Es stellt sich aber heraus, daß die dem sogenannten *Pseudo-Wauchier I* zugeschriebene *Erste 'Continuation des Perceval* die gleiche Geschichte enthält, nur daß diesmal der Held Caradoc heißt, der, wie wir gesehen haben, ebenfalls zu den ältesten Artus-Rittern zählt und vermutlich eine bretonische Gestalt ist.[30]

Ein unbekannter Ritter erscheint am Hofe des Königs und provoziert alle Anwesenden, indem er verlangt, daß einer von ihnen ihn enthaupten soll, um sich nach Ablauf eines Jahres dann seinerseits köpfen zu lassen. Caradoc, der Sohn des Königs von Vannes, stellt sich dieser Prüfung, und nach einem Jahr wird er das Scheinopfer *(simulacrum)* der Hinrichtung durch diesen Unbekannten, der sich als der Zauberer Eliavres herausstellt und der wirkliche Vater von Caradoc ist. Daraufhin will sich seine Mutter aus rätselhaften Beweggründen an ihrem Sohn rächen, und so windet sich eine Schlange um Caradocs Arm und saugt ihm die Lebenskraft aus. Nur durch den Opfertod einer Jungfrau kann er gerettet werden.[31]

Es ist durchaus wahrscheinlich, daß zwischen der wirklichen oder scheinbaren Enthauptung und der weiblichen Rache ein bestimmter Zusammenhang besteht. Aber trotzdem ist diese Rache der Mutter an ihrem Sohn schwer zu erklären, sofern man ihn nicht mit dem von Arianrod über ihren Sohn Lleu Law Gyffes ausgesprochenen Fluch in Verbindung setzt. Jedenfalls erscheint das Motiv der Rache deutlich als eine Art Kompensation der Anerkennung des Sohnes durch den Vater: Eliavres erkennt Caradoc offiziell als seinen Sohn an, folglich wird die Mutter verlassen und tritt in den Hintergrund, daher ihr Racheplan, durch den sie ihrem Sohn das Leben, das sie ihm einst gegeben hat, wieder nimmt. *Hier stehen wir also dem Übergang von einer mütterlich-gynäkokratischen zu einer väterlich-androkratischen Familiensituation gegenüber.*

Dieser Machtwechsel wird durch das „Enthauptungsspiel", d.h. durch ein Blutritual vollzogen. Man könnte dabei an das Ritual der Beschneidung und an die verschiedenen anderen Initiationsrituale zum Eintritt der Jugendlichen in die

Welt des Erwachsenseins denken, die in den sogenannten primitiven Kulturen üblich sind. Da das „Enthauptungsspiel" ein Übergangsritual ist, kann man annehmen, daß auch der abgeschlagene Kopf auf dem Teller die Erinnerung an ein Ritual dieser Art ist. Übrigens braucht man dazu nur die antiken Autoren zu konsultieren, die über die Kelten berichten. Eine Bemerkung von *Pomponius Mela* (III, 2) liefert einen wertvollen Hinweis; dort heißt es nämlich:

„In Gallien leben tapfer-stolze und abergläubige Stämme, die die Barbarei einst bis zu Menschenopfern trieben;[32] diese Art des Opfers hielten sie für besonders wirksam und besonders beliebt bei den Göttern. Diese gräßliche Sitte ist bei ihnen zwar abgeschafft, jedoch sind davon heute noch Spuren zu finden: *den Menschen, die sie ihren Gottheiten weihen, nehmen sie heute nicht mehr das Leben, führen sie aber immer noch zu ihren Altären und bringen ihnen dort leichte Verletzungen bei."*

Hierdurch wird deutlich, daß der auf der Platte vorgeführte Kopf des Enthaupteten sich einerseits auf das „Enthauptungsspiel" bezieht und andererseits die letzte Reminiszenz einer Rache ist, die jedoch *nur noch rein rituellen Charakter* hat, und hinter der das Gesicht der Großen Mutter, d.h. der Ur-Göttin, sichtbar wird. Weshalb wird aber dann der Gral, der eine jüngere Form dieses Rituals ist, so stark in die Nähe eines Steines gerückt (und von *Wolfram* mit einem Stein gleichgesetzt; Anm. d. Hrsg.), während doch ursprünglich, wie wir gesehen haben, auf dem Teller ein Kopf lag? Mit anderen Worten, es stellt sich die Frage, welcher Zusammenhang zwischen dem Kopf und dem Stein besteht.

Zunächst ist festzustellen, daß in dem *Mabinogi* von *Branwen* die berühmten Sieben Überlebenden schließlich Brâns Kopf im White Hill von London beisetzen. Damit kehrt der Kopf als wesentliches Element des Körpers und somit der ganzen Person in den Mutterschoß, nämlich in die Erde zurück. Diese Rückkehr findet aber nicht an irgendeinem x-beliebigen Ort statt, sondern der Kopf muß wieder an einer Stelle 'be-erdigt' werden, wo etwas Bestimmtes vollzogen werden kann, an einem Ort also, der das Haupt (lat. *caput)* eines Landes, eine 'Hauptstadt' (lat. *caput imperii/regni*) ist, mit anderen Worten: an einem Ort, der Leben und Geist des Landes ausstrahlt, somit den Charakter eines *ὀμφαλός* (omphalos), eines Nabels und Knotenpunktes der Welt hat. Bekanntlich wird in einer römischen Stadtsage die Wahl des Mons Capitolinus als Zentrum damit begründet, daß auf diesem Hügel ein eingegrabener Kopf gefunden worden sei.[33]

Die Beantwortung dieser Frage muß im keltischen Bereich in Irland gesucht werden, und zwar in den Sagen des Ulster-Zyklus über den König Conchobar und seinen berühmten „Clan"[34] des 'Roten Astes'. Vorweg sei darauf hingewiesen, daß der 'Rote Ast' einer der Orte ist, wo der König von Ulster seine Krieger zu versammeln pflegt:

„Conchobar besaß drei Häuser, den 'Roten Ast', das 'Bunte Haus' und den 'Blutigen Ast'. Im Hause 'Roter Ast' jedoch residierten die Könige, denn es hatte die rote Farbe der Könige. Das 'Bunte Haus' war das Arsenal der Lanzen, Schilde und Schwerter..."[35]

Mit diesen drei Häusern hat es eine eigenartige Bewandtnis, denn in dem dritten wurden die Beutestücke und insbesondere die erbeuteten Köpfe aufbewahrt, was an die „Schädelgehänge" denken läßt, die in den Heiligtümern der keltisch-ligurischen Salyer in Südfrankreich entdeckt wurden. Aber abgesehen davon erinnert dieses Ritual der 'Bruderschaft', die einen Saal für die Versammlungen, einen anderen für die Aufbewahrung der Köpfe und einen dritten als Waffenarsenal hat, durchaus an die Verhältnisse in der Gralburg, wo vor den Augen der Bewohner (der in den 'Clan' Eingeweihten) und des Gralsuchers (der hier vor einer Art Initiationsprüfung steht) eine Waffe (die Lanze), ein Teil des für die Versammelten bestimmten Festgedeckes (die Tranchierplatte), sowie der Teller (mit dem Kopf) vorgeführt werden. Man könnte hier immer noch von zufälligen Übereinstimmungen oder von gewagten Interpretationen sprechen, die nicht mit den üblichen sogenannt wissenschaftlichen Methoden vereinbar sind;[36] dann erhebt sich aber die Frage, wie das Phänomen zu erklären ist, daß die Gralzeremonie, die im allgemeinen übereinstimmend als keltisch angesehen wird, so ganz aus dem Nichts entstanden sein kann. Es gibt aber zwei Geschichten von diesem 'Roten Haus', nämlich den *Sitz des Dun Etair* (oder *Howth*) und den *Tod des Conchobar,* die ein erstaunliches Licht in das Dunkel dieses Rätsels bringen.

Das Haupt des Mesgegra (Irland):

Wegen des Druiden und Poeten Athirne, genannt der 'Lästige', mußten die Ulates einmal gegen Mesgegra, den König von Leinster kämpfen. Conall Cernach hatte bei diesen Kämpfen zwei seiner Brüder verloren und verfolgt nun den König von Leinster, um seine Brüder zu rächen. Schließlich trifft er Mesgegra, als dieser gerade mit einem seiner Diener allein ist, der ihm während eines Streites die Faust abgeschlagen hat. Conall fordert Mesgegra zum Zweikampf heraus und schlägt ihm das Haupt ab. Anschließend legt er den Kopf auf einen Stein nahe einer Furt über einen Fluß. „Ein Blutstropfen rann aus dem Hals, fiel auf den Stein und fraß sich durch ihn hindurch bis auf den Boden. Da legte er Mesgegras Haupt auf einen anderen Stein, doch dort bohrte sich der ganze Kopf durch den Stein."[37] Daraufhin nimmt Conall den Kopf und setzt ihn sich auf seinen eigenen. Da rollt ihm der Kopf auf die Schulter „und Conalls Augen begannen zu schielen."[38] Inzwischen erscheint Mesgegras Gemahlin, und Conall will sie dazu bewegen, mit ihm zu gehen, indem er behauptet, Mesgegras Kopf hätte es so befohlen. Mesgegras Weib (– sie heißt *Buan,* d.h. 'die Ewige' –) lehnt ab, stößt einen durchdringenden Schrei aus und fällt tot um. Conall will den Kopf des Enthaupteten wieder an sich nehmen und befiehlt seinem Diener, ihn aufzuheben. Es ist jedoch unmöglich, den Kopf vom Boden zu lösen. Da befiehlt Conall: „Löse ihm mit deinem Schwert das Hirn heraus, nimm es und verknete es mit Erde zu einer Schleuderkugel."[39] Dieses Geschoß wird anschließend im Saal des 'Blutigen Astes' aufgestellt. Als eines Tages die Ulates einmal stark berauscht sind und streiten, will es Conchobar nicht gelingen, den Frieden unter ihnen wieder herzustellen. Da läßt Conall „Mesgegras Hirn" bringen und fordert die anderen Krieger zum Zweikampf mit der Steinschleuder heraus. Doch so gewaltig ist der Schrecken, den „Mesgegras Hirn" auslöst, daß niemand die Herausforderung annehmen will. Das „Hirn" wird an seinen angestammten Ort zurückgebracht, und damit kehrt unter den Versammelten wieder Harmonie und Brüderlichkeit ein. Aber Cet, Magas Sohn, ein Held aus Leinster, der stets auf der Suche nach einem üblen Schlag ist (nämlich nach einem abzuschlagenden

Kopf eines der Ulates), weiß, „daß Mesgegra prophezeit hatte, sein Schicksal werde einst durch seinen eigenen Kopf gerächt"; also bemächtigt er sich des zum Geschoß geformten Hirns von König Mesgegra und es gelingt ihm, dieses in Conchobars Schädel zu schießen. Dessen Leibarzt weigert sich, ihm die Schleuderkugel aus dem Kopf zu entfernen und beschränkt sich darauf, die Schädelteile des Verwundeten mit einem Goldfaden zusammenzubinden. So bleibt Conchobar ungeheilt und schwach und kann nichts anderes tun, als dazusitzen und zuzusehen. Nach sieben Jahren gerät Conchobar in so großen Zorn, „daß Mesgegras Hirn aus seinem Schädel spritzt und er daran auf der Stelle stirbt. Einst wird ihn Conall Cernach rächen, der den Cet, Magas Sohn, töten und enthaupten wird."[40]

Dieses Epos vom Haupt des Mesgegra ist allerdings mehr als ungewöhnlich. Mit den Siegestrophäen des 'Blutigen Astes' werden irische Epenhelden erster Ordnung in Beziehung gesetzt. Außerdem dreht sich die Handlung gleich um eine ganze Serie von Rachefällen: Mesgegra hatte den magischen Befehlen des Druiden und Poeten Athirne zuwidergehandelt, daher rächte sich dieser an den Ulates; die Krieger von Leinster töten daraufhin zwei Brüder von Conall; Conall nimmt für seine Brüder Rache an Mesgegra; Cet rächt sich für Mesgegra an Conchobar; Conall rächt sich für Conchobar an Cet. Auffälligerweise kommt diese Lawine von Katastrophen dadurch ins Rollen, daß König Mesgegra sich weigert, dem Athirne seine Gemahlin zur Frau zu geben. Und diese Königin hat auch noch den aufschlußreichen Namen 'die Ewige'. Der Blutstropfen, der aus Mesgegras Halsstumpf rinnt und den Stein durchfrißt, erinnert deutlich an den Blutstropfen, der während der Gralprozession aus der vorgeführten Lanze rinnt. Dieser Blutstropfen ist gefährlich, er besitzt eine korrodierende Kraft und löst Krankheiten aus (Conall beginnt zu schielen!); ja sogar der ganze Kopf ist gefährlich: er zerfrißt den Stein, und um seine Kraft zu neutralisieren, muß er mit Erde vermengt werden. Doch auch dann bleibt er immer noch ein Instrument der Rache. Diese bizarre Geschichte, die mit großer Wahrscheinlichkeit der ursprüngliche *epische* Archetyp der Gralsuche sein dürfte, bestätigt wenn auch nicht die Identität, so doch zumindest die Analogie zwischen dem Kopf und dem Stein, eine Analogie, die uns bereits aufgefallen ist, als der Kopf von Brân feierlich auf dem Weißen Hügel von London beigesetzt werden mußte.

Vor dem Hintergrund der bisher erörterten Quellen wird man nun weniger überrascht sein, wenn man in der deutschen Dichtung des Gralmythos von *Wolfram von Eschenbach* als Entsprechung zum Gral-Kopf des walisischen *Peredur* einen Gral-Stein findet. Über die gleichzeitig heilsame und destruktive magische Kraft, die von diesem Stein ausgeht, gibt auch der *Peredur* einige aufschlußreiche Hinweise:

„In diesem *cairn* befindet sich ein Lindwurm und in dem Schwanz des Lindwurmes ein Stein. Dieser Stein hat die 'Tugend', daß jeder, der ihn in eine Hand nimmt, in die andere Hand soviel Gold erhält, wie er sich nur wünschen kann."[41]

Natürlich wird Peredur diese Schlange töten. Zuvor aber muß er den *addanc* besiegen, der ebenfalls eine Art 'Lindwurm' ist. Dies kann ihm aber nur mit Hilfe eines unsichtbar machenden Steines gelingen, den er von einer geheimnisvollen Frau erhält.[42]

In der irischen Literatur kommt daneben noch ein anderer berühmter Stein vor, nämlich der 'Stein von Fâl', der ein Herrschafts-Stein bzw. Macht-Stein ist:

„Von Falias stammte der Stein von Fâl, der sich in Tara befand; er schrie unter jedem König, der über Irland herrschte."[43] „Der Stein von Fâl, der Penis-Stein...: Wenn jemand die Herrschaft über Tara antreten sollte, dann schrie der Stein (...) in einer Art, daß jeder es deutlich hören konnte."[44] „Da entdeckte Conn einen Stein zu seinen Füßen. Er trat auf ihn und sofort begann der Stein so laut zu schreien, daß man es in ganz Tara hören konnte. Da fragte Conn die *fili* um Rat, weshalb der Stein geschrieen und was es mit ihm auf sich habe. Die *fili* baten sich fünfzig und drei Tage Bedenkzeit aus, bevor sie antworten könnten. Schließlich antworteten sie, der Name des Steines wäre Fâl; [45] er sei von der Insel Fâl nach Tara, in das Land von Fâl gekommen. Bis dahin habe er sich in Tailtiu befunden, an jenem Ort, wo die berühmten Spiele stattfinden. Ein Fürst, der ihn am letzten Tage der Feste von Tailtiu gefunden habe, sei noch im selben Jahre verstorben. Die Zahl der Schreie, die der Stein habe hören lassen, als Conn auf ihn trat, bedeuteten die Zahl der Könige aus seinem Stamm, die noch über Irland herrschen würden."[46]

Dieser 'Stein von Fâl' läßt sich nicht nur mit jenem als Gral bezeichneten Objekt vergleichen, sondern er spielt auch in der Gralsuche selbst eine Rolle. Als König Artus die Institution der Tafelrunde gründet (die letztendlich von ähnlicher Art ist, wie die irische Bruderschaft der *Fiana* oder wie die des 'Roten Astes'), gibt Merlin, der Zauberer, ihm folgenden Rat:

„Zur Rechten von seiner Majestät des Königs soll stets ein Sitz frei bleiben in seligem Gedenken an unseren Herrn Jesus Christus; niemand werde sich auf diesen Platz setzen können, ohne das nämliche Schicksal wie Moses zu riskieren, welcher in der Erde versank, außer dem vollkommensten Ritter auf Erden, der den Gral erringen und den tiefen Sinn der Wahrheit erfahren wird."[47]

Gemeint ist der 'Siège Perilleux', der 'Gefährliche Sitz', auf den sich nur der Erwählte setzen darf. Im *Didot-Perceval,* der den Beginn der Christianisierung des Mythos darstellt, setzt sich *Perceval* auf ihn:

„Sofort spaltete sich der Stein unter ihm entzwei und schrie in solch erschütterndem Ton, daß alle glaubten, die Welt würde in den Abgrund gerissen. Und nachdem die Erde diesen Schrei getan hatte, trat eine so nachtschwarze Dämmerung ein, daß sie aus mehr als einer l i e u e Entfernung einander nicht mehr sehen konnten."[48]

Der Text läßt keinen Zweifel zu: wie der *Lia Fail,* der unter dem erwählten König schreit (durch den Mund der Götter oder durch die Mutter Erde), schreit der 'Siège Perilleux', um anzudeuten, daß Perceval der Gralkönig ist. Aber der Dichter des *Didot-Perceval* fügt in seiner Absicht, den Mythos zu christianisieren, noch hinzu, daß plötzlich eine Stimme zu vernehmen ist, die Artus den Vorwurf macht, daß er dieses Sakrileg zugelassen habe, denn Perceval sei unwürdig, auf dem 'Siège Perilleux' Platz zu nehmen. Indem er sich darauf niedergelassen hat, habe er die Krankheit des Fischer-Königs ausgelöst. Und der Fischer-König werde erst durch denjenigen wieder geheilt, der die Abenteuer der Gralsuche besteht: dann werde der geborstene Stein wieder zusammenschmelzen. Percevals Charakter war zu heidnisch, als daß man ihm zum Gralhelden hätte machen können: auf diese Weise mußte der Auftritt des reinen Galaad erzählstrategisch vorbereitet werden, der Auftritt dessen, der (dem Anschein nach) von jedem Verdacht frei war, ein Erbe keltischer Überlieferung zu sein. Daher läßt der Autor der *Queste del Saint-Graal,* der bereits vollkommen christianisierten Ausgestaltung des Mythos, Galaad sich auf den 'Siège Perilleux' setzen, ohne daß irgend etwas passiert. Der *Lia Fail* war damit restlos von seinen heidnischen Elementen befreit, die einen leidenschaftlichen Christen des XIII. Jahrhunderts in der Tat hätten beunruhigen können, denn wenn, wie Georges *Dumézil*[49] anmerkt, der 'Stein der Herrschaft' schreit, dann schreit in Wirklichkeit die Erde in Gestalt einer Gottheit, nämlich einer *Déesse-mère,* einer Mutter-Göttin, die ihre Entscheidung äußert. Diese Bemerkung ist von großer Tragweite: wir haben also mit der Gralsage, selbst wenn diese Sage deformiert und vom Christentum vereinnahmt wurde, einen sehr alten, an den Kult der Ur-Göttin geknüpften Mythos vor uns.

Wir hatten uns zur Aufgabe gestellt, zuerst den *epischen* Archetyp der Gralsuche zu rekonstruieren. In der Geschichte von Mesgegra und von dem Stein der Herrschaft haben wir ihn gefunden: *die Gralsuche ist ein blutiger Kampf zwischen den Mitgliedern einer Gemeinschaft um die höchste Macht und Souveränität* und diese wird durch die Frau verkörpert, die als Königin oder Göttin das Symbol der allmächtigen Mutter ist, deren Söhne und Töchter wir sind. Wenn Mesgegra sein Leben (seinen Kopf) verliert, so deshalb, weil er sich geweigert hatte, seine Gemahlin Buan, d.h. *die Ewigkeit herzugeben.* Die Racheserie, die dadurch ausgelöst wird und zu einer Reihe von abgeschlagenen Köpfen führt, ist der Kampf zwischen den Nachfolgern. Und in diesem Augenblick stellt der Kopf auch Macht und Herrschaft dar, da Mesgegra und Buan beide tot sind. Alles was von der alten Souveränität noch übrig ist, ist dieser Kopf. Er ist gefährlich und heilbringend zugleich, er blutet und tötet. Er wird in ein Steinschleudergeschoß umgeformt und dient auch so noch weiter zum Kampf gegen die Anderen. Durch die Verlagerung wird die Souveränität, die nun nicht mehr im Besitz der Frau ist, sondern in den Händen der Männer liegt, aggressiv und untermauert die Strukturen der neuen männlichen Gesellschaft. Und ebenso wie die Königin Guenièvre Liebhaber hatte, die nacheinander an ihrer Macht Anteil hatten, gehört der Kopf von nun an so lange dem Stärksten, bis sich die Gerechtigkeit, d.h. die Stimme von Fâl, des 'Steines der Herrschaft' hören läßt. Auf diese Weise stellt sich ein neues provisorisches Gleichgewicht ein. Alles sieht so aus, als würden die momentanen Besitzer der Souveränität sich gegenseitig umbringen und dem jeweiligen Sieger den Genuß der Macht allein überlassen. Diesen Eindruck erweckt zumindest die Geschichte von Yvain in *Chrétiens* Roman vom Löwenritter: nachdem Yvain den Schwarzen Ritter getötet hat, heiratet er bald schon dessen Witwe, die übrigens als Herrin über den Zauberbrunnen, der Jammer und gleichzeitig Fruchtbarkeit erzeugt, eine doppelte Natur hat.

Nun bleibt noch der tiefe Sinn dieser Suche zu ermitteln, die die Männer zum Kampf um den Besitz der Frau treibt, sowie die Frage zu beantworten, was diese Macht, diese 'Souveränität' genau bedeutet. Die epische Quête, in der die symbolischen Requisiten, wie die blutende Lanze, der Teller, der Kopf oder Stein nur

Chiffren sind, kann nur dann wirklich gedeutet werden, wenn ihr Zweck und Ziel erkennbar wird. Die Suche läßt sich als ein religiöses und mystisches Ritual interpretieren und so wurde sie von den christlichen Dichtern des XII. und XIII. Jahrhunderts auch aufgefaßt; wenn sie dabei keinerlei Schwierigkeiten hatten, so beweist das nur, daß das Schema vorgezeichnet und bereits ein mystisches Schema war. Aber es handelte sich um eine heidnische Mystik, deren Entstehen bis in das Dunkel der Vorzeit zurückgeht.

2. Der mystische Archetyp des Grals

In allen Graldichtungen zeigen sich die Personen, die die Gralburg bewohnen oder mit ihr in irgendeiner Verbindung stehen, in ständig wechselnder Gestalt. Wie aus der *Elucidation* hervorgeht, beherrschte der Fischer-König die Kunst der Magie so perfekt, daß er je nach Belieben seine „semblance", sein Aussehen wechseln konnte. Darin war er jedoch nicht der Einzige. Der Roi Méhaigné, der 'verwundete König', und der Fischer-König sind nur zwei Aspekte ein und derselben Figur. Kundrîe la Surziere dagegen ist zugleich die 'Hideuse Demoiselle à la Mule' (das häßliche Maultierfräulein) und die Königin und Gralträgerin. Dies ist ein Kennzeichen aller keltischen, gälischen oder walisischen Epen, in denen ein Held oft in verschiedener Gestalt und unter verschiedenen Namen auftritt. Wenn wir bei *Chrétien* einen Teller oder einen Kopf, bei *Wolfram* einen Stein finden, so sind dies noch längst nicht alle Gestalten des Grals, sondern das eigentliche 'Ding' kann auch wie in der *Queste del Saint-Graal* eine Vase oder wie bei *Thomas Malory* in *La Morte d'Arthur* ein Kelch sein. Auch darf in diesem Zusammenhang nicht vergessen werden, daß ein wohlbekannter Archetyp des Grals auch der berühmte Kessel ist, der allenthalben in den keltischen Sagen der britischen Inseln eine Rolle spielt. Die Bedeutung dieses magischen Kultkessels wollen wir nun einmal näher untersuchen.

Aus den Funden der protohistorischen und keltischen Archäologie geht hervor, daß der Kessel in Gallien wie auf den britischen Inseln in Gebrauch war. Er stellte vor allem zu Beginn einen beachtlichen Fortschritt der Kochkunst dar und zeugt von einer bereits hoch entwickelten Kultur. Obwohl die Menschen bereits in der Prähistorie allmählich dazu übergingen, das Wild nicht mehr roh zu essen, sondern vorher zu braten, so dauerte es dennoch bis zur Jungsteinzeit, bis die ersten Behälter auftauchten, die auf das Feuer gesetzt werden konnten. Der keltische Kessel bestand aus den verschiedensten Materialien und wurde in den verschiedensten Formen und Größen hergestellt: man fand Kessel aus Bronze, Kupfer und Silber. Manche waren, wie der berühmte Kultkessel von Gundestrup, von dem gleich noch die Rede sein wird, mit schmuckvollen Gravuren verziert. Wahrscheinlich stellten die Kelten, wenn sie keine Metalle zur Verfügung hatten, diese Gefäße auch aus Ton her.[50] Der Kessel war also bei ihnen ein gängiger Gebrauchsgegenstand. Daneben gab es aber auch, wie wir durch einen Hinweis von *Strabo* (VII, 2) wissen, sakrale Kessel, die als Kultobjekte verwendet wurden. Aufgrund dieses religiösen und symbolischen Verwendungszweckes wurde der Kessel natürlich mit der Zeit auch zu einem Requisit der Mythen.

Ohne an dieser Stelle weiter ins Detail zu gehen,[51] ist es dennoch angebracht, wenigstens die wichtigsten Aspekte dieses Kessels in der irischen und walisischen Literatur zu erwähnen. So erwähnt z.B. ein Gedicht von *Taliesin* einen „Kessel, der nicht die Speise eines Feiglings kocht".[52] Das walisische Gedicht zitiert eine Tradition, die in einem irischen Gedicht über den Helden Cûchulainn festgehalten ist: dieser ist eines Tages mit Cûroi in eine geheimnisvolle Burg eingedrungen, um „einen von Gold und Silber perlenden Kessel"[53] zu rauben. Der walisische Kessel von Tyrnog kochte ebenfalls nicht die Speise eines Feiglings, während das sogenannte *Becken* (ebenfalls eine Art 'Kessel') des Gälen Diwrnach Speisen in Überfluß zu spenden scheint.[54] Unter den Dreizehn Kleinodien von Britannien befindet sich der 'Magische Korb von Gwyddno': „Wenn man Speise für eine Person hineinlegte, den Deckel schloß und ihn dann wieder öffnete, so enthielt er Speise für hundert."[55] „Als Keridwen, die Mutter-Göttin ihrem Sohn Avanc-Du Intelligenz einhauchen will, braut sie ihm einen Kessel voll Inspiration. Drei Tropfen dieses Getränkes fallen zufällig dem Gwyon Bach auf den Finger, und sofort besitzt er das Wissen über Vergangenes, Gegenwärtiges und Künftiges und verwandelt sich dadurch in den Barden Taliesin.[56]

Die aufgrund ihrer Funktion und des Zusammenhangs, in dem sie stehen, interessantesten dieser Kessel dürften die von Dagda in Irland, sowie von Brân und Peredur in Wales sein. Bei diesen handelt es sich um wahrhaftige Archetypen des 'Gral' genannten Objektes, in denen mit hoher Wahrscheinlichkeit die direkte Quelle der Bedeutung zu suchen ist, die der Gral im christlichen Kontext bekommen hat.

Der Kessel des Dagda (Irland):

„Von Murias stammte der Kessel des Dagda; nie zog eine Gruppe fort, ohne ihm dafür zu danken."[57]
Als Dagda in das Lager der Fomoré, seiner Feinde, eindringt, zwingen diese ihn zum Spott, den Inhalt eines gewaltigen Kessels zu verspeisen, den sie in ein in die nackte Erde gegrabenes Loch geschüttet hatten. Dagda verspeist dieses erstaunliche Mahl bis zum letzten Happen.[58]

Der Kessel des Brân (Wales):

„Ich vollende die Wiedergutmachung, indem ich dir einen Kessel schenke, der folgende Eigenschaft hat: wenn man dir heute einen deiner Männer erschlägt, dann wirf ihn getrost in diesen Kessel, und morgen wird er wieder so schön sein wie je zuvor, nur daß er nicht mehr sprechen kann."[59]
„Die Gälen machten Feuer unter dem Kessel der Auferstehung. Man füllte ihn bis zum Rand mit Leichen. Am folgenden Morgen standen diese wieder auf und waren wieder ebenso gefürchtete Krieger wie je zuvor, außer daß sie nicht mehr sprechen konnten."[60]

Der Kessel des Peredur (Wales):

„Er kam an den Hof des Königs der Leiden. Als er ihn betrat, erblickte er nur Frauen. Bei seinem Erscheinen erhoben sie sich und bereiteten ihm artigen Empfang. Er kam mit ihnen gerade ins plaudernde Gespräch, als er plötzlich ein Pferd hereintraben sah, das eine Leiche im Sattel trug. Eine der Frauen erhob sich, nahm den Leichnam aus dem Sattel, badete ihn in einem Zuber heißen Wassers, der wenig niedriger war als die Tür, und bestrich den Körper mit einer kostbaren Salbe. Der Mann erwachte zu neuem Leben, entbot den Umstehenden seinen

Gruß und machte ein heiteres Gesicht. Bald kamen zwei weitere Leichen an. Beide rief die Frau auf die nämliche Weise wie den ersten ins Leben zurück."[61]

Wie wir sehen, hat der Kessel der Kelten zwei Eigenschaften: er verschafft nach Art des Füllhorns Überfluß und ruft die Toten ins Leben zurück. Auch der christianisierte Gral spendet Überfluß, da ja für die Teilnehmer an dem Gral-Festmahl die Lieblingsspeisen in ihren Tellern nicht zur Neige gehen. Daneben verschafft auch der Gral Unsterblichkeit, da auch er die Toten auferweckt und mit ewigem Leben beschenkt. Dabei handelt es sich jedoch nicht um das Leben der Vergangenheit, wie bei dem Kessel des Brân, sondern um ein zukünftiges Leben in einer anderen Dimension: die Wiederauferstandenen *haben keine Sprache*, sie gehören also der Autre Monde an.

Dieses Phänomen erinnert an eine der Abbildungen auf den gravierten und getriebenen Schmuckplatten des Kessels von Gundestrup: Auf ihr ist eine riesenhafte Figur dargestellt, die gerade einen Krieger mit dem Kopf zuerst in eine Art Kessel taucht. Auf dem unteren Teil der Darstellung bewegen sich kleinere Figuren, ebenfalls Krieger, von rechts nach links auf den Kessel zu. Auf dem oberen Bildteil, der vom unteren durch einen liegenden Baum abgetrennt ist, dessen Wurzeln in die Seitenwände des Kessels zu greifen scheinen, bewegen sich andere Krieger nach rechts von dem Kessel weg; diese Krieger reiten auf Pferden und werden von einer widderköpfigen Schlange angeführt. Das Ganze erscheint auf den ersten Blick ziemlich rätselhaft.[62] Wenn man aber die Größe der zentralen Figur betrachtet, die die Krieger in den Kessel tauchen, so kann man aufgrund des Kessels, des Baumes (der möglicherweise ein Lebensbaum ist), sowie aufgrund der Kriegerkolonne, die sich unten nach links, also nach der katastrophalen Seite bewegt, der anderen Kriegerkolonne, die sich oben nach rechts bewegt (und von einer Widder-Schlange geführt wird, was ein Lebenssymbol ist) zu dem Schluß gelangen, daß es sich hier um eine rituelle Wiederbelebungszeremonie handelt, wie sie in der Geschichte von *Branwen* und in der von *Peredur* beschrieben wird. Man könnte sogar noch einen Schritt weiter gehen: aus den Scolien in *Pharsalos* von *Lucian* kennen wir nämlich einige Einzelheiten über den Kult des gallischen Gottes Teutates: „Mercur Teutates wird bei den Galliern wie folgt verehrt: man taucht den Kopf eines Menschen in ein großes Becken, bis er ertrinkt."[63] Es ist sehr wahrscheinlich, daß zwischen diesem Opferritual und dem auf dem Kessel von Gundestrup dargestellten und in der Geschichte von *Branwen* und *Peredur* beschriebenen Ritual ein Zusammenhang besteht. Aus diesem Grunde muß der Fischer-König (oder Gralkönig) als die gleiche Figur wie Teutates betrachtet werden, der nach *Caesar* der römische *Dis Pater* ist, d.h. der Gott der Leben und Tod gibt und in gewissem Sinn dem Primordialgott entspricht.

Pindar berichtet in den *Olympien* (I, 40), daß die Göttin Clotho, nachdem Pelops in Stücke geschnitten und in einem Kessel gekocht worden war, alle Stücke seines Körpers wieder in den Kessel warf und Pelops dadurch von den Toten auferweckte. Wenn man *Freuds* in *Totem und Tabu* entwickelte Argumentation wörtlich nehmen würde, dann hätte man eine Reminiszenz des archaischen Totem-Mahles vor sich, bei dem die Söhne unter sich den Körper des Vaters aufteilen, den sie getötet haben, womit der Archetyp jenes Abendmahls geboren wurde, bei dem Jesus seinen Leib und sein Blut in Gestalt von Brot und Wein unter seinen Jüngern austeilte. Ganz so einfach scheint die Sache jedoch nicht zu sein, vor allem deshalb nicht, weil es in den ältesten Gesellschaften, die sicher Matriarchate und keine Patriarchate waren,[64] keinerlei Beweise dafür gibt, ob der Urmord am Vater überhaupt stattgefunden haben muß. Natürlich ließen sich in der keltischen Epik durchaus Spuren von Totemismus finden. Eine davon hat sogar direkt mit unserem Thema zu tun. In dem irischen Epos vom *Schwein des Mac Dathô* hat Mac Dathôs Wohnsitz „sieben Herdfeuer und sieben Kessel. Jeder, der des Weges kam, tauchte seine Gabel in den Kessel, und was er dabei mit dem ersten Stich erhaschte, war so reichlich, daß er nicht noch einmal nachfassen mußte."[65] Dieser Kessel ist eindeutig ein Kessel des Überflusses, gewissermaßen ein 'Kessel-füll-dich'. In dieser Geschichte hat das Schwein wieder eine symbolische Valenz: in dem Kessel gekocht erhält es den Gehalt einer Speise, die unsterblich macht, und dies umso mehr, als die Figur des Mac Dathô, der übrigens einen zerberusähnlichen Hund hat, ein Wesen der Autre Monde ist. Die Schweine von Manannan sind in der gesamten irischen Mythologie bekannt: es sind diejenigen, die Manannann den Tuatha Dé Danann gegeben hat, damit sie nicht verhungern mußten, nachdem sie von den Gälen aus Irland vertrieben worden waren. Daneben kommt das Schwein auch als Wunderspeise in der walisischen Tradition vor: in der vierten *Mabinogion*-Branche raubt der Gott und Magier Gwyddyon die „Schweine des Südens", die Pwyll, der „Herr des Abgrundes" und Vater von Pryderi einst als Geschenk erhalten hatte. Die Schweine gehörten bei den Kelten zu den ältesten Nahrungsgrundlagen, zugleich stellten sie aber offensichtlich auch eine spirituelle Nahrung dar. Es ist daher naheliegend, in diesen archaischen Sagen die Reminiszenz eines Totemismus zu sehen.

Diesem ungewöhnlichen, makabren Festmahl begegnen wir jedoch auch in den Graldichtungen. So erlebt im *Perlesvaus,* dem Versroman aus dem XII. Jahrhundert, der noch zahlreiche Archaismen aufweist, die meist auf den Einfluß des Klosters von Glastonbury zurückgehen, (das unter der Herrschaft des Hauses Plantagenêt eine Hochburg des Keltentums war) Gauvain eine sonderbare Aventiure. Um die Burg des Fischer-Königs finden zu können, muß er sich in den Besitz eines Schwertes bringen, mit dem – wie der Dichter präzisiert[66] – Johannes der Täufer enthauptet wurde. Er erhält dieses Schwert, nachdem er einen Riesen getötet hatte, der gerade den Sohn des Königs Gurgalan entführt hat. Trotz seines Sieges über den Riesen hat Gauvain nicht verhindern können, daß der Riese den Königssohn umbrachte. Der König konvertiert zum Christentum und läd Gauvain zu einem Festmahl ein. Dazu hatte man aber ausgerechnet den Leichnam des unglücklichen Jungen Mannes in einem Kessel gekocht und alle Gäste teilen sich nun dieses entschieden ungewöhnliche Gericht.[67] Diese Szene ist nicht nur eine Reminiszenz des totemistischen Ur-Essens, sondern steht daneben auch mit der griechischen Sage von Pelops auf der einen Seite und mit der Sage von Peredurs und Brâns Kessel auf der anderen Seite in Zusammenhang.

Im *Perlesvaus* kommt es jedoch noch besser, und dies führt uns direkt zu *Wolframs Parzival* und zum walisischen *Peredur:* In beiden Dichtungen taucht nämlich, diesmal in Verbindung mit dem Kessel, wieder das Rachemotiv auf. Man darf nicht vergessen, daß bei *Wolfram* der Held seiner Mutter gelobt hatte, den stolzen Lähelin/Le Hellin zu töten, der seine Erblande geraubt und seine Dienstmannen versklavt oder getötet hat.

Percevals Rache (Perlesvaus; anglo-normannisch):

Soeben hat Lancelot dem Perceval die Nachricht hinterbracht, daß der Fischer-König gestorben und der Gral verschwunden sei. Da fällt Perceval wieder sein ursprünglicher Auftrag ein und so rächt er sich für seine Mutter an seinen Feinden, die ihm seine Erblande geraubt hatten. Perceval läßt zwölf Ritter enthaupten, und sammelt ihr Blut in einem Kessel. Anschließend gibt er den Befehl, seinen Hauptfeind über dem Kessel an den Füßen aufhängen zu lassen, so daß er mit dem Kopf in das Blut taucht, keine Luft mehr bekommt und ertrinkt.[68]

Hier besteht kein Zweifel mehr: das von Perceval ausgeführte Racheritual entspricht exakt demjenigen, das die Gallier im Rahmen des Teutates-Kultes anzuwenden pflegten. Und dies wirft ein ganz neues Licht nicht nur auf den im Blut schwimmenden Kopf, der auf einem Teller dem Peredur vorgeführt wird, sondern darüber hinaus auf alle abgeschlagenen Köpfe, die in den irischen und walisischen Epen vorkommen. In Wirklichkeit kann erst durch die Blutrache die Wiedergeburt des Lebens möglich werden, so daß im Grunde das christliche Meß-*Opfer* nichts anderes ist als die rituelle Wiederholung der Opferung Christi, der sein Blut hingibt, um den Menschen ein neues Leben zu geben. Nun dürfte verständlich werden, weshalb der Gral so rasch und mühelos christianisiert werden konnte: eben weil seine Funktion in keinerlei Widerspruch zur christlichen Lehre stand.

Verlieren wir dabei aber nicht den ursprünglichen weiblichen Aspekt des Grals aus dem Blickfeld. Eine kurze irische Geschichte enthält eine Verbindung zwischen dem barbarischen Ritual der Erhängung über dem Blutbecken und der Göttin, die in jener Autre Monde der Gralburg ständig im Hintergrund präsent ist.

Die Abenteuer des Nera (Irland):

Ailill und Mebdh fordern die Gäste eines Festes, das sie in ihrer Residenz in Cruacham geben, auf, zu Füßen eines Gefangenen, der sich in der Folterkammer befindet, Weidengeflecht niederzulegen.[69] Anschließend erfährt man, daß der Gefangene an den Füßen aufgehängt ist. Diejenigen, die versuchen, der Aufforderung nachzukommen, um die dafür versprochene Belohnung zu erhalten, kommen aber rasch wieder zurück, denn sie haben Angst. Furchtlos geht nun auch Nera in die Folterkammer. Da spricht ihn der Gefangene an: „Nimm mich auf deinen Rücken, und laß mich mit dir etwas trinken gehen. Seitdem ich aufgehängt bin, habe ich nämlich großen Durst." Nera ist einverstanden und trägt den Gefangenen in ein Haus, „wo es Wannen gab, in denen man baden und sich waschen konnte, und jede enthielt einen Trank... Da tat der Gefangene aus jedem einen Schluck und blies jeweils den letzten Tropfen aus dem Gehege seiner Lippen auf das Volk, das sich in diesem Hause befand. Alle, die von dem Tropfen getroffen wurden, fielen sofort tot um." Dann führt Nera den Gefangenen wieder in die Folterkammer zurück. Aber als er anschließend den Weg nach Cruachan einschlug, „da bot sich ihm ein schauerlicher Anblick: der ganze Hügel war ein Raub der Flammen geworden, und er entdeckte einen Berg abgeschlagener Köpfe. Es waren die Köpfe seiner Gefährten. Dann gewahrte er eine Schar Krieger auf dem Hügel. Er folgte der Truppe und stieg mit ihr in Cruachan in die Tiefe". Auf dem Grunde des *sidh* fällt seine Gegenwart auf, der König spricht ihn an: „Geh in dieses Haus. Dort wirst du eine Frau finden, die allein ist. Sie wird dich empfangen." So kommt es, daß Nera „verheiratet" wird. Lange bleibt er in dem *sidh* wohnen, bis eines Tages seine Frau zu ihm sagt, er sei Opfer einer Illusion gewesen, wenn er die Burg von Cruachan in Trümmern gesehen habe: „Du bist nur einem Heer von Schatten begegnet, aber wenn du nicht die Deinigen verständigst, wird die Vision Wirklichkeit werden." Nera möchte wissen, wie er sie denn benachrichtigen kann. Sie antwortet: „Erhebe dich und gehe zu ihnen, sie sitzen immer noch um den gleichen Kessel herum und was er enthält, ist noch nicht zur Neige geleert." Nera ist erstaunt: „Es war ihm, als wäre er drei Tage und drei Nächte[70] in dem *sidh* gewesen." Die Frau rät ihm, seine Leuchte am *Samain*-Tag bereit zu halten und dann den *sidh* zu zerstören, denn anderenfalls würden die Bewohner des *sidh* die Burg Cruachan zerstören. Sie gesteht ihm noch, daß sie von ihm schwanger ist und bittet ihn, bevor seine Mannen den *sidh* zerstören, zurückzukommen und sie mit ihrer beider Sohn, der dann geboren sein würde, und ihrem Vieh noch rechtzeitig zu holen. So geschieht es. Als seine Gefährten ihn fragen, woher er komme, antwortet Nera: „Ich war in einem wunderschönen Land mit herrlichen Schätzen, kostbaren Dingen, reichem Zierrat, köstlichen Speisen..." An dem Tage, den Ailill festgesetzt hatte, kehrt er in den *sidh* zurück und holt sein Eheweib, seinen Sohn und seine Rinderherde heraus. Da „zogen die Männer von Connaught und das Schwarze Heer des Verbannten (= Fergus Mac Roig) gegen den *sidh*. Sie machten den *sidh* dem Erdboden gleich und plünderten alles, was ihnen in die Hände fiel." Unter der Beute befindet sich auch eine Wunderkrone. Nera aber kehrt in den *sidh* zurück, um von nun an für immer dort zu bleiben.[71]

Obwohl diese Geschichte von Nera, die eine Umarbeitung verschiedener Stoffe ist, sich als reichlich konfus herausstellt, ist sie dennoch in unserem Zusammenhang nicht uninteressant. Was zunächst auffällt, ist eine Prüfung, und diese Prüfung ist mit der Gralprobe deswegen vergleichbar, weil es um eine Rache an einem rätselhaften Gefangenen geht; dieser Gefangene ist an den Füßen aufgehängt, er befindet sich also in der Stellung der dem Teutates geweihten Opfer. Die Geste, Weidengeflecht, also dürres Holz, unter den Aufgehängten zu legen, beweist, daß er dazu verurteilt ist, verbrannt zu werden. Bevor es zu dieser Hinrichtung kommt, eilt Nera dem Häftling zu Hilfe, der nahe daran ist, zu verdursten. Dieser Gefangene – wahrscheinlich ein Wesen der Autre Monde – trinkt aus allen Waschbottichen, von deren Inhalt jeweils der letzte Tropfen einen unheilvollen Zauber hat: er tötet die Leute, die er trifft. Das erinnert natürlich wieder an die drei Tropfen aus dem Kessel der Keridwen, die Taliesin das vollkommene Wissen geben, während der Rest des Kesselinhaltes den Fluß vergiftet. Das erinnert ferner an den Tropfen, der von Celtchars Lanze rinnt und ihn vergiftet – und erinnert ebenfalls an die Verwundung des Fischer-Königs sowie an den Fluch, der die Bewohner der Gralburg getroffen hat.

Nera aber hat die Prüfung bestanden. Am Schluß der Geschichte ist er *woanders,* aber es fällt auf, daß dieses *Anderswo* nicht räumlich, sondern *zeitlich* ist; genauer gesagt befindet sich Nera plötzlich *außerhalb der Zeitdimension,* das bedeutet, er ist in die Autre Monde eingegangen.

Die Autre Monde der Kelten hat nämlich das besondere Kennzeichen – was sie wesentlich von den übrigen mediterranen oder skandinavischen Jenseitsauffassungen unterscheidet – daß sie sich unmittelbar neben der vertrauten Welt der Menschen befindet. Es genügt bereits, einen Fluß oder einen Meeresarm, einen Hügel oder einen Wald hinter sich zu lassen, und schon befindet man sich in der

Autre Monde, vorausgesetzt, man versteht es, sie zu erkennen. Man kann nämlich diese Autre Monde, die sich zwar in unserer unmittelbaren Nachbarschaft befindet, die aber den Nicht-Eingeweihten unsichtbar bleibt, nur daran erkennen, wenn man eine Prüfung besteht. Nur derjenige, der das Losungswort kennt, kann sie betreten. Eine Ausnahme gibt es jedoch: den *Samain*-Tag, bzw. die *Samain*-Nacht (in der das Fest des Gottes *Samain,* wie die Iren ihn nannten, bzw. *Samonios,* wie er in Gallien genannt wurde, begangen wird); in dieser Zeit sind die Wohnungen der Tuatha Dé Danann,[72] die Zufluchtstätten der alten Götter und toten Helden, somit jene Orte, die man die *sidh* nennt, den Lebenden zugänglich. In dieser Nacht ist die Kommunikation zwischen den beiden Welten möglich, und diese Kommunikation, dieser Austausch findet nach beiden Seiten statt: die Bewohner der *sidh* können in die Welt der Menschen eindringen und die Menschen können in die Autre Monde eindringen. In der *Samain*-Nacht ist das nicht nur das Privileg derer, die die Prüfung dazu bestanden haben, diese Nacht ist das keltische Fest der Einheit der beiden Welten: in Wirklichkeit sind diese Welten nämlich nur dem Schein nach getrennt, sie *existieren gleichzeitig nebeneinander.* Wenn man bedenkt, daß das Allerheiligen-Fest am 1. November die christianisierte Form dieses Festes zu Ehren von Samain/Samonios ist, dann kann man in der Tat nur staunen, wie haltbar und langlebig Traditionen sein können. Denn wodurch könnte die tiefe Einheit und Verbundenheit zwischen den beiden Welten der Lebenden und der Toten besser dokumentiert werden als durch dieses christliche Fest, das dem Andenken an die von uns Gegangenen, d.h. ihrer Anwesenheit in den Gedanken der Lebenden gewidmet ist?

Nera findet sich plötzlich – außerhalb der Zeit – in der Autre Monde wieder. Er glaubt, die Burg von Cruachan in Trümmern zu sehen. Wie Taliesin, nachdem er die drei Tropfen des Zaubertranks aus Keridwens Kessel getrunken hat, kennt nun auch Nera die Zukunft, nur weiß er es nicht. Alles um Cruachan herum ist verbrannt. Ist das nicht genau das Drama des 'Waste Land', der 'Gaste Terre', des Ödlands um die Gralburg?

„Stund um Stunde wird das Land um Perceval herum immer trostloser; er begegnet weder Gehöften noch bebauten Feldern; nur Brachland und verdorrtes Gras, so weit das Auge reicht; in den verlassenen Obstgärten nicht ein Baum, der auch nur eine einzige Frucht trüge ..."

Wie Perceval, den die Verzweiflung übermannt, folgt Nera dem Heer der Schatten und steigt in den *sidh* hinab. Der König heißt ihn willkommen und nimmt ihn auf: weil er die Prüfung bestanden hat, und wahrscheinlich auch deshalb, weil er dem Gefangenen seine Hilfe nicht verweigert hat, ist der König nicht im geringsten gegen ihn eingenommen. So wird Nera in das Universum des *sidh* aufgenommen. Der König gibt ihm sogar eine Frau. Und dies erinnert an Lancelot du Lac, der im Schloß Corbenic empfangen und vom König Pellèes aufgenommen wird; *dieser gibt ihm anschließend seine Tochter* Helen, die Gralträgerin, von der Lancelot einen Sohn bekommen wird. Hat es hier immer noch Sinn, von Zufall zu sprechen?

Die Frau gibt Nera alles: Liebe, Reichtum und sogar Ruhm. Sie ist es, die alles leitet in diesem Universum des *sidh,* denn sie ist es, die Nera auffordert, seinen

Leuten zu eröffnen, daß sie den *sidh* zerstören sollen. Diese Frau scheint mehr Autorität zu besitzen als der König, da sie eigenständig den Untergang ihres eigenen Stammes beschließt, oder genauer ausgedrückt, die Vernichtung all derer, die durch die Berührung mit Nera nicht zu neuem Leben erweckt worden sind. Im Grunde handelt sie nur in ihrem eigenen Interesse und für ihren zukünftigen Sohn: sie repräsentiert die Souveränität und die Macht, den Reichtum und die Fruchtbarkeit (die Kuhherde), während Nera nur ihr 'ausführendes Organ' ist. Daher kann Nera nach der Zerstörung des *sidh* sein neues Reich wiederherstellen und beziehen, ohne daß es ihm jemand streitig machen wird. Er wird wie Perceval der neue Gralkönig sein. Die Königin aber wird *immer* präsent sein.

Dies sind wahrscheinlich die Elemente der mystischen Ur(Gral-)suche. Ihr Ziel ist es, einen Zustand der Dauer zu erreichen, der eine Lösung des Dilemmas Leben versus Tod und die Abschaffung der Zeit bedeutet, denn der Begriff der Zeit impliziert einen Anfang und ein Ende. Nachdem Nera seine epische *Quête* (in dieser Geschichte ist sie immer noch von Heldentum und kriegerischem Kampfgeist geprägt) vollendet hat, befindet er sich nicht mehr in der einen o d e r der anderen Welt, sondern gleichzeitig in beiden. Wenn er sich nach der Zerstörung der *sidh* durch Ailill und Mebdh dennoch wieder in der Innenwelt des *sidh* niederläßt, dann deshalb, weil sich für ihn praktisch nichts geändert hat: die Zukunft ist schließlich nur die ins Unendliche ausgedehnte Vergangenheit, mit anderen Worten: da die Dimension der Zeit nun fehlt, gibt es jetzt weder Vergangenheit noch Zukunft, sondern einen in Worten nicht mehr faßbaren Zustand, der eine Herausforderung an die traditionelle Logik ist. Wie eine Gottheit, die *sowohl* Leben *als auch* Tod oder *weder* das Eine *noch das* Andere ist, befindet sich Nera in einer Lage des Seins u n d des Nicht-Seins. Seine Lage entspricht der unbewußten Sehnsucht der gesamten Menschheit, einer Sehnsucht, die die Kelten vielleicht am heftigsten bewegte. Ist es nicht bezeichnend, wenn selbst in jüngster Zeit noch die Dichter des Landes der Bretonen ihre Erzählung etwa mit folgender Wendung beginnen, die weniger bizarr als tiefsinnig ist:

„Es war einmal und einmal war es nicht und zu dieser Zeit begab es sich dennoch, daß ..."[73]

Daraus spricht eine ganze 'Mentalität', ein komplettes Weltbild, eine Denkstruktur, die sich in dieser ihrer allseits aneckenden Art ähnlich ausdrückt wie die Vorliebe der Intellektuellen unter den Barockautoren für den Stil der ‚verkehrten Welt', wie das von den Surrealisten so sehr geschätzte 'Spiel der Gegenteile', wie das gesamte Oeuvre von Lewis *Caroll*, oder wie jene geradezu *manische* Sucht der bretonischen Erzähler, in einer Erzählung oder einem Gedicht die Tempora der Verben systematisch zu vertauschen und gleichzeitig auch noch ganze Satzteile 'falsch' zu plazieren:

„Morgen bin ich ins Schwein gegangen, um mein Dorf zu verkaufen. Dort werde ich den nicht sehen, den ich dort treffe, aber er hat mir einen Tresen am Klaren des Gastwirts ausgegeben; außerdem habe ich mir den Bach naß gemacht, als ich mein Hemd überquerte ..."

Nera hat also schließlich die zeitlose Königsherrschaft erlangt, die auch dem Parzival des *Wolfram von Eschenbach* am Ziel seiner Gralsuche winkt. Aber dieses Endstadium hat er nur durch die Führung der Frau erreichen können, wie Parzival durch Kundrîe, das Double der Condwiramurs, wie Peredur, der ständig beschattet wird durch die Kaiserin mit der vielfältig wandelbaren Gestalt. Peredur-Parzival hat eine lange Initiationsfahrt zurückgelegt (d.h. einen inneren Weg, der zum Verstehen führte): sie begann in jenem abgelegenen Schloß der Mutter, wo er von der 'Welt' fern gehalten wurde (im Mutterleib) und endete mit der mystisch-sexuellen Vereinigung, durch die er Gralkönig wird (in den Mutterleib zurückkehrt). Wie René *Nelli* nachgewiesen hat[74], gibt es eine Ebene der 'Gralerotik', die garnicht einmal so sehr verschieden ist von der Erotik der okzitanischen Troubadoure, die jedoch *zusätzlich* von den verschiedenen keltischen Einflüssen auf die so ungewöhnliche Bewertung der Frau als Einweihende (femme initiatrice) profitiert. Robert *Lafont* weist in einer bemerkenswerten Studie über die Troubadoure[75] darauf hin, daß

„bei ihnen der Tod möglicherweise etwas ganz anderes (ist), als ein Abbruch der Lebenszeit, eine Grenzüberschreitung, ein Mysterium, das der Klärung noch harrt. Der Tod scheint bei ihnen eine tagtäglich gelebte Wirklichkeit zu sein."

Diese poetische Transkription der Todeserfahrung ist untrennbar mit dem Bereich der Liebe verbunden, wie aus allen Troubadourdichtungen hervorgeht. Ebenso verhält es sich in der keltischen Tradition, worin die Tristansage in dieser Hinsicht besonders aufschlußreich ist; ebenso verhält es sich auch in der Version der Gralsage, wie sie uns von *Chrétien de Troyes* und *Wolfram von Eschenbach* präsentiert wird, in der sich die Themen der okzitanischen Troubadoure harmonisch mit den Themen der keltischen Barden vereinen.

Psychoanalytisch ist die Gralsuche als Rückkehr des Sohnes zur Mutter zu deuten. Als Peredur-Perceval-Parzival sein Zuhause und seine Mutter verläßt, *wird er geboren,* und diese Geburt kostet seiner Mutter das Leben: sie fällt tot um, sobald er die Zugbrücke passiert hat. Aber Perceval bemerkt es nicht, er kann es gar nicht bemerken, denn er befindet sich noch in einem Stadium der Egozentrik bzw. Ego-Fixiertheit, er befindet sich im Rausch der Freiheit, im Rausch des Existierens. Dieser Akt hat jedoch Folgen, denn wenn der Held bei seinem ersten Aufenthalt in der Gralburg den Fischer-König nicht heilen und dem Gralreich seine Fruchtbarkeit nicht wiedergeben kann, so deshalb nicht, weil er noch mit der Sünde, den Tod seiner Mutter verursacht zu haben, belastet ist.[76] Nahezu alle Stationen der Gralsuche des Peredur-Perceval-Parzival sind von Gegenwart und Wirkung einer Frau geprägt. Da er für den Tod seiner Mutter, das heißt für seine eigene Geburt büßen muß, muß er selbständig wieder den Weg finden, der ihn zur Gralburg führt, die – *da von Wasser umgeben und die meiste Zeit über unsichtbar* – eindeutig das Symbol der Neuen Mutter ist, derjenigen Mutter, der man sich nur als *Sohn* oder als *Liebhaber* nähern kann – was jedoch ein und dasselbe ist, denn jeder Liebende ist wie gesagt ein Sohn, ohne es zu wissen, so wie jede Herrin, jede 'Mätresse' eine Mutter ist.

Um sich von der Richtigkeit dieser Tatsache zu überzeugen, braucht man nur die Dichtungen über Perceval[77] zu untersuchen, der seine Suche schließlich doch noch erfolgreich zu Ende führt, obwohl seine Initiation bei der ersten Ankunft in der Gralburg mehr oder weniger mißglückt war. Die 'Frauen', denen Perceval auf seiner Suche begegnet, gleichen nicht nur allgemein in erstaunlich hohem Maß den 'Feen' und Gottheiten, die die keltischen Helden auf ihren Kriegszügen antreffen, sondern jede einzelne von ihnen scheint daneben eine Rolle zu spielen, die den Figuren eines Schachspiels nicht unähnlich ist. Und als *Suche nach der Frau* betrachtet ist die Gralsuche geradezu ein richtiges Schachspiel, *in dem der König 'schachmatt' gesetzt werden muß, bevor man seine Stelle einnehmen kann.* Andererseits kann man den König nur mit Hilfe der Königin schlagen, *denn sie ist die einzige Figur, die sich auf dem Schachbrett nach allen Richtungen bewegen und den Sieg herbeiführen kann.* Diese privilegierte, vielseitige Bewegungsfreiheit der Königin, mit anderen Worten, der Frau als Souveränin, äußert sich in den keltischen Epen wie in der Gralsuche in den vielfältigsten Formen: Tatsächlich ist es so, wie es in einem Vers von Gérard de *Nerval* in ganz anderem Zusammenhang heißt:

„La treizième revient et c'est toujours la même..."
('Die Dreizehnte kommt zurück und doch ist's immer die nämliche...')

Betrachten wir nun einmal diese Schachpartie, die sich in immer neuen Variationen mit der Königin als Hauptfigur vor unseren Augen in den Graldichtungen abspielt:

Perceval (Chrétien de Troyes):

Nach dem er die (Gral)-Burg verlassen hat, begegnet der Held einer jungen Frau, die den Tod ihres *ami* beweint. Es handelt sich um Percevals Cousine, und sie enthüllt ihm einige Einzelheiten über den Gral, über die Fragen, die er hätte stellen sollen und über das Zauberschwert, das zerbrechen wird. Anschließend söhnt Perceval den *ami* mit jenem Mädchen wieder aus, dem er zu Beginn seiner Suche gewaltsam einen Kuß geraubt hatte. Träumerisch denkt er an Blancheflor, die er liebt, und die ihn in seinen Gedanken verfolgt. Nach seiner Rückkehr an den Artushof erscheint die 'Hideuse Demoiselle à la Mule', das häßliche Maultierfräulein, und er muß sich von ihr die gröbsten Beschimpfungen gefallen lassen. Die Demoiselle ruft gleichzeitig zur Suche nach dem Zauberschwert auf, jedoch nur Gauvain versteht diese Andeutung. Er bricht sofort auf und nach Bestehen zahlreicher Mutproben gelingt es ihm, die Mutter des Königs Artus ausfindig zu machen.

Erste Perceval-'Continuation' (Pseudo-Wauchier I):

Gauvain setzt seine Suche fort, aber er scheitert dabei.

Zweite Perceval-'Continuation' (Pseudo-Wauchier II):

Perceval dringt nach Überquerung eines Flusses in ein Schloß ein, wo er zu einer Schachpartie aufgefordert wird, in der er von einem unsichtbaren Gegner (oder einer unsichtbaren Gegnerin) geschlagen wird. Aus Liebe zu einer Demoiselle (einer Fee) macht er sich auf die Jagd nach dem Weißen Hirsch. Nach verschiedenen Aventiuren findet er Blanchefleur wieder, verläßt sie aber bald, um auf die Burg seiner Mutter zurückzukehren. Dort enthüllt er seiner Schwester seinen Namen, den er vor der Prüfung in der Gralburg noch nicht kannte. Anschließend gelangt er in das 'Schloß der Jungfrauen' (das natürlich das 'Feenland' ist, jene in den irischen Texten so häufig beschriebene rätselhafte Insel, auf der nur Frauen leben). Dort wird er wie ein Held empfangen. Eine Jungfrau führt ihn in einem finstern Wald zu einem seltsamen gleißenden Licht, über dessen Natur er jedoch keine weiteren Einzelheiten in Erfahrung bringen kann. Die Jungfrau gibt ihm ihr Maultier (also handelt es sich wieder um das 'Häßliche Maultierfräulein'), damit er die 'Gläserne Brücke' überqueren kann, die ihn in eine Autre Monde führt (deren Gestalt an den in der *Meerfahrt des Maeldiun* ausgestalteten keltischen Mythos erinnert). Er begegnet der Dame des Schachschlosses wieder und schenkt ihr den Kopf des Weißen Hirschen. Nach weiteren Minne-Aventiuren mit dieser Dame führt sie ihn zu einem Nachen, mit dessen Hilfe er das jenseitige Ufer des Flusses erreichen kann. Dort trifft er auf ein junges Mädchen, das ihm weitere Einzelheiten über den Gral und die Lanze erläutert, und so kann er ein zweites Mal in die Gralburg zurückkehren.

Dritte Perceval-'Continuation' (Manessier):

Perceval erhält verschiedene Aufschlüsse über die beiden Jungfrauen, die den Heiligen Gral und den Silberteller hüten. Dabei geht es um eine Königin, die von ihrem eigenen Sohn umgebracht worden ist. Perceval muß durch eine heldenhafte Mutprobe in der Kapelle, in der das Opfer aufbewahrt ist, den Zauberbann, der es gefangen hält, lösen.[78] Anschließend versucht der Teufel, ihn zu ertränken, ihm gelingt es aber, dieser Gefahr zu entkommen: der Teufel hat zu diesem Zweck die Gestalt eines bezaubernd schönen Mädchens angenommen (das ist die christianisierte Form der Fee). Aber Perceval wird von einer Jungfrau geführt, die ihm den Weg zu Trébuchet zeigt, dem Einzigen, der sein zerbrochenes Schwert wieder zusammenschweißen kann. Perceval sieht Blanchefleur wieder und begibt sich ein drittes Mal auf die Gralburg. Diesmal besteht er die Gralprobe. Nachdem er wieder an den Artushof zurückgekehrt ist, eröffnet ihm eine Botin (das Maultierfräulein, bzw. die Gralbotin Kundrîe), daß der Fischer-König, *sein Onkel mütterlicherseits,* soeben gestorben und daß er selbst zum Gralkönig erwählt sei.

Vierte Perceval-'Continuation' (Gerbert de Monttreuil):

Perceval befindet sich beim Fischer-König. Dieser erklärt dem Helden, daß er noch nicht reif sei, die Geheimnisse des Grals zu erfahren. Perceval kehrt wieder zum Wohnsitz seiner Mutter zurück. Sein Weg führt ihn an einem allseits umschlossenen Garten vorüber, aus dem eine himmlische Musik erklingt (das ist das Bild des Paradieses, somit die Rückkehr in den Mutterschoß). Es gelingt ihm nicht, den Garten zu betreten, und als er versucht, gewaltsam das Tor zu öffnen, zerbricht sogar sein Schwert. Danach gelangt er zu einer Burg. Dort wird er von der schönen Escolasse empfangen, die der Dichter uns als ganz besonders aufreizend darstellt; so habe sie z.B. „einladend-weite Lenden, um den Spielen im Bette noch trefflicher zu dienen." Sie bietet Perceval ihre Liebesdienste an. Perceval lehnt ab. Dennoch zeigt sie ihm anschließend den Weg zur Höhle des Schmiedes Trébuchet; Perceval tritt ein, nachdem er vorher zwei 'Schlangen' getötet hat, die den Eingang bewachten.[79] Schließlich findet er Blanchefleur wieder und heiratet sie.

La Queste du Saint-Graal (Prosa-Lancelot):

Perceval gelangt zu einem verödeten Schloß, und spielt dort mit einem unsichtbaren Gegner eine Schachpartie. Anschließend wirft er das Schachspiel zum Fenster hinaus, woraufhin er von einer Jungfrau heftigste Vorwürfe zu hören bekommt. Da übermannt ihn die Lust auf dieses Mädchen, er bittet es, ihm seine Liebe zu gewähren, aber die junge Frau schickt ihn statt dessen auf die Jagd auf den Weißen Hirschen, zu welchem Zweck sie ihm ihren kleinen Hund mitgibt. Während dieser Jagd raubt ihm eine alte Frau (offensichtlich das junge Mädchen in einer anderen Gestalt) das Hündchen und zwingt ihn zum Kampf gegen einen Schwarzen Mann. Am Ende hat Perceval alles verloren, was er zurückbringen sollte, nämlich das Hündchen und den Kopf des Weißen Hirschen, und findet auch nicht mehr den Weg zurück zum Schloß. Später muß er gegen einen Ritter kämpfen (es handelt sich um den Uryen Reghed der walisischen Epentradition), der von einem Schwarm von Vögeln verteidigt wird; wie sich bald herausstellt, sind die Vögel in Wirklichkeit verzauberte Frauen, die Dienerinnen der *amie* des Ritters sind; sie ist die Prinzessin unter diesen Feen und in Wirklichkeit die Modron/Morgane. Nach einem enttäuschend endenden Aufenthalt auf der Gralburg begegnet er der jungen Frau, die den Tod ihres *ami* beweint (es handelt sich wieder um Percevals Cousine); danach verliert er sein Pferd. Eine Frau von betörender Schönheit erscheint ihm und gibt ihm ein anderes. Kaum hat er sich in den Sattel geschwungen, hätte nicht viel gefehlt, und Perceval wäre mit dem Pferd ins Meer gestürzt. Da wird ihm klar, daß die bezaubernde Schönheit in Wirklichkeit der Teufel war. Am folgenden Tag naht ein Schiff. Eine wunderschöne junge Frau fordert den Helden auf, zu ihr auf das Schiff zu kommen und mit ihr zu ziehen. Berauscht und widerstandslos geworden durch einen guten Tropfen Wein gibt Perceval der Versuchung nach. Er schlägt aber noch rechtzeitig ein Kreuzzeichen, woraufhin das ganze Trugbild in schwarzen Qualm verschwindet, aus dem er noch die junge Frau rufen hört: „Perceval, du bist ein Verräter!" Daraufhin bringt sich Perceval – möglicherweise als Kasteiung – mit seinem Schwert eine klaffende Wunde am linken Oberschenkel bei.[80]

Parzival (Wolfram von Eschenbach):

Nach seinem Versagen bei der Frageprobe auf der Gralburg des Fischer-Königs begegnet Parzival seiner Cousine Sigune, die ihn über den Sinn der Gralprozession aufklärt. Anschließend führt er die Versöhnung zwischen der Schönen Dame de la Lande und ihrem *ami*, dem Ritter Orilus herbei. Parzival überkommt die Erinnerung an Condwiramurs (der deutschen Entsprechung von Blancheflor), die er heftig liebt und wiedersehen will. Nach seiner Rückkehr an den Artushof muß er die Schelte von Kundrîe la Surziere über sich ergehen lassen, die in gräßlichster Monstergestalt erscheint. Während Gawan zu waghalsigen weltlichen Ritteraventiuren aufbricht, macht sich Parzival erneut auf die Suche nach der Gralburg. Dabei begegnet er ein zweites Mal der Sigune, die nun Klausnerin geworden ist. Nach verschiedenen Aventiuren stößt Parzival auf seinen Halbbruder Feirefiz. Kundrîe erscheint nun vollkommen verwandelt in Gestalt einer wunderschönen jungen Frau und führt Parzival und Feirefiz zur Gralburg. Auf dem Weg dahin trifft Parzival wieder mit Condwiramurs zusammen. Auf der Gralburg angekommen wird er Gralkönig, während Feirefiz die Gralträgerin Repanse de Schoye heiratet.

Diese verschiedenen Ausformungen der Gralsuche rücken die Rolle der Frau im Zusammenhang mit der lang dauernden Suche nach dem sakralen Objekt deutlich in den Vordergrund. Man könnte das damit erklären, daß die Dichter dieser Werke der zeitgenössischen Mode gehorchten, die dem weiblichen Geschlecht damals wieder eine Bedeutung gab, die in den vergangenen Jahrhunderten unbekannt war. In diesen Texten gibt es jedoch zu viele unverständlich erscheinende Elemente, die aus der entrücktesten Vergangenheit mythischer Vorzeit zu stammen scheinen, als daß man sich mit dieser Deutung zufrieden geben könnte. In allen diesen Texten ist die Frau *einzig* und *vielgestaltig* zugleich, stabil fixiert und wandelbar. Ferner spielt in den Interessen der Helden die Sexualität eine zentrale Rolle, obwohl ihre Aventiuren sozusagen zensiert sind, und zwar erheblich zensiert, so daß man höchst erstaunt ist, in dieser mystischen Suche nach einem Gefäß mit dem Blut Christi eine so unverblümte und präzise dargestellte Ebene der *Erotik* vorzufinden. Natürlich wird aus diesem Bereich alles transponiert und christlich interpretiert, jedoch geschieht dies gelegentlich auf so ungeschickte Art, daß in diesem Amalgam aus heterogenen Aventiuren der ursprüngliche Charakter wieder zum Vorschein kommt. Im walisischen *Peredur* ist die entscheidende Rolle der Frau vielleicht am schärfsten akzentuiert, weil dieser Text eine volkstümlichere, mündliche Überlieferung darstellt und daher *bodenständiger* ist als die entsprechenden höfischen Dichtungen aus Frankreich und Deutschland.[81]

Peredur (Wales):

Nachdem er seine Mutter verlassen hat, dringt Peredur in das Zelt eines edlen Fräuleins ein. Die junge Frau schenkt ihm einen Ring.[82] Anschließend erscheint Peredur am Artushof, als dort gerade ein Ritter den Kelch geraubt hat, der der Gwenhwyfar[83] gehörte. Peredur tötet den Ritter und bringt den Kelch zurück. Anschließend gelangt er an den Hof seines ersten Onkels mütterlicherseits. Dieser weist ihm den Weg nach dem Zauberschloß, wo er von seinem zweiten Onkel empfangen wird.[84] Dort wird er Zeuge der rätselhaften Prozession, während der zwei Jungrauen den großen Teller mit dem blutigen Haupt des Geköpften vorführen. Nach seinem Abschied von dem Schloß begegnet er einer brünetten Frau, die über den Tod ihres Gatten trauert. Diese eröffnet ihm, daß er durch seinen Weggang den Tod seiner Mutter verursacht hat. Nach langem Umherirren gelangt er zu einer unbekannten Burg, wo ihn ein wunderschönes, ebenfalls brünettes junges Mädchen empfängt. Nachts sucht sie ihn in seinem Schlafgemach auf und fleht ihn um seinen Schutz an.[85] Peredur willigt ein, befreit sie von ihren Feinden und bleibt anschließend noch drei Wochen lang bei ihr. Als er dann von ihr Abschied nimmt, verspricht er, ihr Hilfe und Beistand zu leisten, wann immer sie in Gefahr sei. Anschließend gelingt es ihm, die junge Frau, die ihm den Ring geschenkt hatte, wieder mit ihrem Geliebten auszusöhnen. Eines Tages findet er sich im Schloß einer wunderschönen, majestätischen Gräfin wieder, die ihm jedoch dringend abrät, in ihrem Hause die Nacht zu verbringen, da die Hexen von Kaerloyw nächtens das Schloß heimsuchen. Er bleibt dennoch dort, gerät an eine der Hexen, besiegt sie und schenkt ihr nur unter der Bedingung das Leben, daß sie und Ihresgleichen fortan nicht mehr die Güter der Gräfin behelligen und ihn persönlich in ihre magischen Kampfkünste einweihen.[86] Mit Erlaubnis der Gräfin verbringt er daraufhin drei Wochen (– die Dreizahl hat hier eindeutig symbolischen Charakter –) bei den Hexen von Kaerloyw. Als er danach einen Raben sieht, der auf weißem Schnee das Blut einer Ente trinkt, verfällt Peredur in eine ekstatische Trance: dieser Anblick erinnert ihn nämlich an das Gesicht derer, die er mehr als alles auf der Welt liebt.[87] Das hindert ihn jedoch nicht daran, sich bald nach seiner Rückkehr an den Artushof unsterblich in Ygharat Goldhand zu verlieben. Diese zeigt ihm aber die kalte Schulter, woraufhin Peredur schwört, in Zukunft solange kein einziges Wort mit einem Christen zu wechseln, bis sie ihm gesteht, ihn mehr als jeden anderen Menschen auf der Welt zu lieben. Dann zieht er wieder auf Aventiure aus. Dabei nächtigt er einmal in einem mehr oder weniger magischen Schloß und läßt sich durch die Tochter seines Gastgebers die Nacht versüßen. Nach einigen Aventiuren kehrt er anschließend wieder an den Artushof zurück. Ygharat erkennt ihn nicht wieder und macht ihm sofort ein Liebesgeständnis.[88] Auf einer Jagd verirrt er sich einmal und gelangt zu einer Burg, in der er die Bediensteten bei einer Schachpartie findet. Eine der drei Jungfrauen, in deren Gesellschaft er Platz genommen hat, verrät ihm, daß ihm von der Seite ihres Vaters, eines Schwarzen Mannes, höchste Gefahr drohe. Peredur kann jedoch den Schwarzen Mann besiegen. Obwohl die drei Jungfrauen ihm anbieten, bei ihnen zu bleiben und sich diejenige von ihnen auszusuchen, die ihm am meisten gefällt, nimmt Peredur Abschied und macht sich auf die Suche nach einem Lindwurm, dessen Schwanzspitze ein magischer Stein krönt. Unterwegs gelangt er an den Hof des Königs der Leiden und trifft dort nur Frauen an.[89] Eine dieser Frauen ruft gerade einen jungen Mann ins Leben zurück, indem sie ihn in einen Kessel taucht. Peredur bietet sich an, gegen den *addanc* zu kämpfen, bei dem es sich um ein Monster handelt, das junge Männer tötet. Als er aber die Höhle[90] des Ungeheuers betritt, entdeckt er „oben auf einem Hügel sitzend die schönste junge Frau, die ihm je unter die Augen gekommen ist".[91] Diese (die später als die *Kaiserin* bezeichnet wird) fordert von ihm das Versprechen, sie stets mehr als jede andere Frau auf der Welt zu lieben. Unter dieser Bedingung gibt sie ihm einen Stein, mit dessen Hilfe er den *addanc* töten kann. Nach einem Aufenthalt bei der 'Gräfin der Heldentaten' besiegt und tötet er den Lindwurm mit dem magischen Stein am Schwanz. Anschließend gelangt er an den Hof der Kaiserin, *er erkennt sie jedoch nicht wieder und verliebt sich in sie.* Die Kaiserin enthüllt ihm, daß sie mit der jungen Frau identisch ist, der er ewige Treue geschworen hat und die ihm den Stein geschenkt hatte, mit dessen Hilfe er den *addanc* töten konnte. Vierzehn Jahre lang bleibt Peredur mit der Kaiserin zusammen.[92] Danach begegnen wir Peredur wieder am Artushof. Da erscheint eine *schwarzhaarige* und abstoßend häßliche junge Frau auf einem Maultier[93] und beschimpft Peredur. Sie macht ihm den Vorwurf, daß er keine Fragen gestellt hat, als er Zeuge der Prozession des abgeschlagenen Kopfes wurde. Anschließend verkündet sie, daß es irgendwo ein Schloß gebe, in dem eine junge Frau gefangen ist und der Befreiung harrt. Gwalchmai reitet sofort diesem Abenteuer entgegen, während Peredur sich hartnäckig weiter auf die Suche nach dem Schloß macht, in dem er versagt hatte, und nicht den von der monströsen Reiterin gegebenen Hinweis aufgreift.[94] Während Gwalchmai/Gawan sofort die galante *Quête de la femme* beginnt und dabei fast direkt auf das gesuchte Zauberschloß stößt, irrt Peredur ziellos umher und erkundigt sich überall nach dem Verbleib der „Jungen schwarzen Frau". Er gelangt an den Hof eines Königs, wo er mit dessen Tochter die Nacht verbringt.[95] Er besteht verschiedene Aventiuren und fragt nach dem Weg zu jenem Zauberschloß. Dabei trifft er auf ein erstes Schloß, spielt dort eine Schachpartie gegen einen unsichtbaren Partner und wirft anschließend das Schachspiel in einen See. In diesem Augenblick erscheint eine *junge schwarze Frau* und wirft ihm vor, das Schachspiel der Kaiserin verloren zu haben.[96] Die junge Schwarze Frau weist ihm den Weg nach dem Schloß der Kaiserin. Dort angekommen findet er nur wieder die junge Schwarze Frau vor, die ihm befiehlt, den Weißen Hirschen zu jagen, der die Besitzungen verwüstet. Er erlegt das Tier und schneidet ihm den Kopf ab. Anschließend läßt er sich nicht nur diesen, sondern auch den Hund stehlen, den ihm danach eine rätselhafte Reiterin gegeben hatte.[97] Diese hatte ihn angeklagt, ihr Liebstes (den Hirschen) getötet zu haben, aber sie zeigte ihm trotzdem, welche Richtung er nun einzuschlagen hatte.[98] Nach einem letzten Kampf gegen einen Schwarzen Mann, der plötzlich unter einem Menhir auftaucht, gelangt Peredur zu dem Zauberschloß, das Gwalchmai bereits vor ihm erreicht hatte. Dort erfährt er, daß der rätselhafte Kopf, den er gesehen hatte, der Kopf seines Cousins ist, den die Hexen von Kaerlyw getötet hatten, und daß es nun seine Pflicht sei, ihn zu rächen.[99] Da er selbst aber der Schüler dieser Hexen ist, kann er sie nun nicht töten und muß die Ritter des Königs Artus zum Kampf gegen sie bemühen und die Rache durch sie ausführen lassen.

Peredur bewegt sich in einem Wald, der von so vielen Frauen bevölkert ist, daß man kaum noch von Zufall reden kann. Wenn dem wirklich so ist, daß all diese Figuren nur verschiedene Gestalten ein und derselben Frau, nämlich der Kaiserin sind, dann bedeuteten die Begegnungen mit ihnen einzelne Etappen einer Initiation. „Des Mannes Weg zu Gott führt über die Frau" heißt es in einem Lied des Troubadours *Uc de Saint-Circ,* und tatsächlich weisen viele Anzeichen darauf hin, daß es sich bei der Quête des Peredur-Perceval um den mühevollen Weg zur Gottheit, und zwar zu einer deutlich weiblichen Gottheit handelt, die Macht und Souveränität verkörpert. Es wurde bereits darauf hingewiesen, daß das auslösende Ereignis des Geschehens der Raub des Kelchs der Guenièvre/Gwenhwyfar war. Mythologisch gesehen ist die Gralsuche der Versuch, der Souveränität wieder zu ihrem ursprünglichen Recht zu verhelfen, denn sie war in der Vergangenheit aus ihrer angestammten Rolle verdrängt, von den Männern (die hier durch den kleptomanen Ritter symbolisiert sind) gewaltsam *usurpiert* worden. Und seitdem die Souveränität in den Händen der neuen Machthaber liegt, siecht das Königreich dahin und verkümmert; der König, das Oberhaupt der Familie ist nicht mehr in der Lage, die Macht auszuüben oder die einzelnen Kräfte im Gleichgewicht zu halten: er ist psychisch und physisch macht- und kraftlos. Nur einem jungen, robusten Mann, der seine kämpferische und maskuline Potenz (was das Gleiche ist) unter Beweis gestellt hat, kann es gelingen, den ursprünglichen Zustand wiederherzustellen. Und dieser junge Mann ist der Neffe des verwundeten Königs, er ist der designierte Nachfolger. Dieses wahrscheinlich uralte Thema liegt auch gut getarnt den Liebesbeziehungen zwischen Lancelot und Guenièvre (ursprünglich zwischen Gauvain und Guenièvre) sowie der Liebe zwischen Tristan und Yseult/Isolt, der Ehefrau seines Onkels mütterlicherseits zugrunde. Auch Peredur/Perceval/Parzival wird die Kaiserin heiraten. Denn wer soll diese rätselhafte Kaiserin sein, wenn nicht die Frau – oder die Tochter – des Fischer-Königs? Man darf nämlich nicht vergessen, daß in *Wolframs* Gral-Roman die Kundrîe, die das andere Gesicht jener Kaiserin und die Souveränität mit der häßlichen Gestalt ist, die sich in eine Schönheit verwandelt, sobald sie den Erwählten nach Munsalwaesche führt, daß diese Kundrîe höchst zweideutige Beziehungen mit Amfortas, dem verletzten Fischer-König gehabt hatte.

Leider besitzen wir letztenendes aber dennoch nicht den Schlüssel, der uns das entscheidende Tor zur Gralburg restlos öffnet. Wir befinden uns in einer ähnlichen Lage wie Lancelot, der zur Gralzeremonie nicht zugelassen wird: durch die einen Spalt weit geöffnete Tür sieht er zwar ein grelles Licht, als er aber näher herantreten will, verwehrt ihm eine Stimme jeden weiteren Schritt in diese Richtung, denn der Gral ist das Licht, wie die Frau das Licht ist, nämlich das Licht der Sonne. Ebenso wie der Sonnencharakter des Grals eindeutig aus der Beschreibung von *Chrétien de Troyes* hervorgeht, wird der Sonnencharakter der Frau in den meisten anderen Mythen nicht weniger deutlich hervorgehoben. Yseult ist goldblond wie die Sonne. Grainné führt einen Namen, der auf das Wort *grein* zurückgeht, das 'Sonne' bedeutet. In der Gralprozession wird der Gral mit der Gralträgerin nahezu gleichgesetzt und verbreitet eine strahlende Aura, die die Sterne verblassen läßt. Hier haben wir das von den Dichtern der Pléiade und den 'Précieux' später so hoch geschätzte Motiv der "Belle Matineuse", zu deutsch etwa der 'Schönen Morgendlichen' vorgegeben:

"Alors voyant cette nouvelle aurore,
le jour honteux d'un double teint colore
et l'Angevin et l'Indique Orient."
(Du Bellay)

('Als er diese neue Morgenröte sieht,/ färbt errötend der Tag mit zweifacher Tönung,/ den Angeviner (Mann aus Anjou) wie den indischen Orient.')

"Quand la nymphe divine, à mon repos fatale,
apparut, et brilla de tant d'attraits divers,
il semblait qu'elle seule éclairait l'univers,
et remplissait de feux la rive orientale."
(Voiture)

('Als, meiner Ruhe fatal, die göttliche Nymphe/ erschien und in so vielfältigen Reizen strahlte,/ schien es, sie allein erleuchte das All der Welt/ und fülle mit Feuer das östliche Ufer.')

"Sacré flambeau du jour, n'en soyez pas jaloux:
vous parûtes alors aussi peu devant elle
que les feux de la nuit avaient fait devant vous."
(Maleville)

('Heilige Fackel des Tages, seid auf sie nicht eifersüchtig:/ ihr erschient ebenso gering vor ihr/ wie die Feuer der Nacht vor euch.')

Dieses Bild der Frau als Sonne nimmt in manchen Texten, in denen der Gral – wie z.B. in der *Queste del Saint-Graal* und in späteren Werken – wirklich ein Kelch ist, sogar noch schärfere Konturen an. Obwohl der Kelch mit der Zeit immer eindeutiger als Abendmahlskelch christlich gedeutet wird, bleibt er weiterhin unbestritten ein Motiv höchst heidnischer, keltischer Herkunft. Das Motiv des Kelches tritt nämlich bereits früh in verschiedenen irischen Sagen über das Thema der Souveränität auf, darunter besonders in einem Epos über den König Conn der Hundert Schlachten.

Die prophetische Extase des Phantoms (Irland):

Conn, der Ardri (= höchster König) Irlands, ergeht sich einmal auf den Festungsanlagen von Tara, als er plötzlich auf einen Stein tritt und dieser zu schreien anfängt. Man fragt die Druiden um Rat, wie dieser Vorfall zu deuten sei. Die Antwort lautet, daß es sich um den Stein von Fâl handelt und daß die Zahl der Schreie, die er ausgestoßen hat, der Zahl der Könige aus Conns Geschlecht entspreche, die noch über Irland herrschen würden. Bald darauf verirrt sich Conn in einen geheimnisvollen, magischen Nebel. Da trifft er auf einen Ritter, der ihn einlädt, ihm in sein Haus zu folgen. Bald gelangen sie zu einer Ebene, in der ein goldener Baum steht, und anschließend zu einem Haus, in dem Conn ein Mädchen entdeckt, das „auf einem Sitz aus Kristall sitzt und eine goldene Krone trägt". Ihr gegenüber steht ein Faß aus Silber und daneben ein goldener Kelch. Nun gibt sich der unbekannte Ritter als der Gott Lug zu erkennen und erklärt, er habe Conn zu sich kommen lassen, um ihm das Schicksal seiner Nachfahren zu enthüllen. „Und die sonderbare Frau war die Souveränität Irlands und sie bewirtete Conn mit Speis' und Trank". Anschließend reicht sie ihm mehrere Male einen Kelch rotes Bier[100] und fragt ihn dabei jedesmal, wem der Kelch gegeben werden solle. Lug nennt als Antwort nacheinander alle Fürsten, die nach Conn in Irland regieren sollten. Anschließend sind Lug, das Mädchen und das geheimnisvolle Haus mit einem Mal verschwunden. Alles, was von dem Zauber übrig bleibt, ist das Faß und der Kelch.[101]

Das Mädchen, das den Kelch reicht, ist hier eindeutig das Sinnbild der Souveränität, und das Getränk, das sie Conn reicht, ist der Zaubertrank, der Kraft spendet. Dies erinnert an die germanische Sage von Kvasir: nachdem die Asen und Vanen in eine Vase gespuckt haben, wird daraus ein Mann, Kvasir, geboren; anschließend wird er von zwei Zwergen getötet, sein Blut wird mit Honig zu einem Zaubertrank gemischt, der Inspiration und Weisheit verleiht. Nicht nur dieser Trank hat wie der, den Keridwen in ihrem Kessel braut, magische Kräfte, sondern auch der Behälter. Er ist das sakrale Objekt par excellence. In einem kuriosen irischen Text stößt Cormac Mac Airt ein Abenteuer zu, das in vieler Hinsicht mit dem oben beschriebenen seines Großvaters zu vergleichen ist. Auch er verirrt sich nämlich eines Tages in einem Nebel und gelangt auf diese Weise in das *Land der Verheißung,* wo er einen Zauberkelch geschenkt bekommt, der die Eigenschaft hat, in drei Stücke zu zerspringen, sobald man drei Lügen über ihm ausspricht. In dem gleichen Text ist auch von einem *Brunnen der Erkenntnis* die Rede, aus dem die Bewohner der Autre Monde trinken.[102] Eindeutig handelt es sich dabei um eine Art Jungbrunnen, der gelegentlich auch als 'Brunnen der Gesundheit' in Erscheinung treten kann: z.B. in der *Schlacht von Mag-Tured* heißt es, daß die im Kampf verletzten Tuatha Dé Danann in diesem Brunnen, der heilend wirkt und sogar die Toten wieder auferweckt, neue Kraft schöpfen.[103]

Dieser Kelch hat wie jedes magische und damit sakrale Objekt aber auch einen schädlichen Aspekt. Man darf nicht vergessen, daß in dem Kessel der Keridwen nur drei Tropfen heilbringend sind und zu vollkommenem Wissen verhelfen, während der restliche Inhalt einen ganzen Fluß vergiftet.[104] So wird in der Erzählung von den *Abenteuern von Art, Sohn des Conn,* die ebenfalls eine Version der Gralsuche zu sein scheint, das Motiv des gefährlichen Kelches mit dem Motiv von Prüfungen verknüpft, die bestanden werden müssen, bevor die erwählte Frau, das Ziel der Suche, gefunden werden kann. Und diese erwählte Frau, die ebenfalls die Souveränität verkörpert, benötigt Art zur Abwehr eines *geis,* der das Königreich Irland geschlagen hat. Die Analogie zu dem *Gaste Pays* ('waste land'), das von einem Fluch getroffen ist, läßt sich unschwer erkennen; ferner ist diese Fassung der Geschichte frei von christlichen Einflüssen, sodaß der eigentliche Gehalt dieser Episoden sich wesentlich besser erkennen läßt.

Die Abenteuer von Art, Sohn des Conn (Irland):

Seitdem der König Conn, der 'Held der Hundert Schlachten', sich Bécuna Cneisgel, eine Frau der Tuatha Dé Danann, die infolge eines rätselhaften Vergehens aus dem Land der Verheißung ausgestoßen worden war, zur Konkubine genommen hat, ist Irland mit dem Fluch der Unfruchtbarkeit belegt.[105] Durch die Scheinopferung eines Kindes, das im letzten Moment durch eine Opferkuh ersetzt wird,[106] versucht man den Fluch zu lösen. Da aber der König sich von seiner Konkubine nicht lösen kann, denn er ist durch einen *geis* an sie gebunden, fällt in Irland die Ernte stets um ein Drittel ärmer aus als gewöhnlich. Eines Tages spielt nun Bécuna Cneisgel mit Art, dem Sohn des Conn, eine Partie Schach, gewinnt gegen ihn und zwingt ihn durch einen weiteren *geis,* eine rätselhafte Frau namens Celbchaen, die Tochter der Morgane, von einer entlegenen Insel zu holen und als Braut heimzuführen. Art bricht auf und hat viele phantastische Aventiuren zu bestehen, bis er schließlich zu dem Schloß gelangt, in welchem Delbchaen wohnt. Ihre Mutter empfängt ihn und läßt ihm zwei Kelche reichen. Er muß einen davon auswählen und dessen Inhalt bis zur Neige leeren. Die beiden Trinkpokale werden ihm von zwei Frauen gereicht, der eine enthält Gift, der andere Wein. Da Art von einer Feenkönigin ein Zeichen erhält, wählt er den richtigen Kelch aus. Nun braucht er nur noch der Mutter seiner Dulcinea den Kopf abzuschlagen, alle Schätze des Schlosses zusammenzuraffen, und schon kann er mit Delbchaen die Heimfahrt nach Irland antreten. Da gibt Bécuna Cneisgel ihr Spiel auf und verläßt die Insel der Iren, die daraufhin sofort wieder zu ihrer alten Pracht und Blüte gelangt.[107]

Es fällt auf, daß der Schlüssel zur Lösung des Problems hier direkt die Frau ist. Die Prüfungen, die Art bestehen muß, werden ihm von einer Frau auferlegt, und ihr Inhalt ist die Suche nach einer Frau. Ferner erhält Art die dazu nötige Hilfe von einer geheimnisvollen Königin, die mit der 'Kaiserin' des *Peredur* verglichen werden kann und die möglicherweise nur die gesuchte Delbchaen in anderer Gestalt ist. Außerdem ist eine Frau, und zwar eine *'böse'* Frau die Ursache dafür, daß Irland mit der Geißel der Sterilität geschlagen wird, und schließlich findet der Held seinen Sieg in einem Kelch, den ihm wieder *eine Frau* reicht. Aus diesem Kelch trinkt er den Wein, jenes symbolische Getränk, das ihm das erfolgreiche Bestehen der letzten Phase seiner Suche ermöglicht, denn erst der Wein gibt ihm den nötigen Mut und die nötige Kraft, um endgültig in den Besitz der Souveränität zu gelangen. Eine Reminiszenz dieses Themas ist auch noch in dem französischen Roman von *Huon de Bordeaux*[108] zu erkennen; darin gibt der Zwerg Oberon, der Huon zu Kraft verhelfen will, ihm seinen Humpen, der die Eigenschaft hat, sich sooft man will mit Wein zu füllen. Jedoch „niemand kann daraus trinken, es sei denn, er wäre rein und ohne Makel... Sobald ein Schlechter nach ihm greift, zerstört er des Humpens Kraft."[108] Vielleicht ist hierin die Erklärung dafür zu sehen, daß der Gral seine Kraft (bei *Wolfram* heißt sie *'Tugend'*; Anm. d. Hrsg.) verliert, sobald er sich in den Händen von Unwürdigen befindet, ähnlich wie der 'Kessel des Abgrundes', von dem der Barde *Taliesin* singt, nicht die Speise eines Feiglings kochen kann. Der magische Trank ist also nur denen vorbehalten, die seiner würdig sind, d.h. die zuvor gewisse außergewöhnliche Schwierigkeiten gemeistert und die ihnen gestellten Prüfungen bestanden haben.

Darauf wird in der *Elucidation* zum *Perceval* in aller Deutlichkeit hingewiesen. Früher, so heißt es dort, war die Gralburg für jeden sichtbar und zugänglich. Die Reisenden wurden von Jungfrauen empfangen und erhielten von ihnen einen stärkenden Trank aus goldenen Kelchen. Eines Tages aber vergewaltigte der König Amangon eine der Jungfrauen und raubte ihr den Kelch. Seit dieser hirnlosen Tat ist das Königreich wüst und leer, die Bäume haben alle Blätter verlore, die Wiesen sind verdorrt, die Wasserläufe ausgetrocknet. Die Gralburg selbst ist mitsamt ihren Jungfrauen verschwunden, und niemand kennt mehr den Weg, der zu ihr führt. Nur ein Einziger kann die frühere Lage wiederherstellen, nämlich derjenige, dem es gelingt, den richtigen Weg zu finden und den Fischer-König unter all seinen vielfältigen Gestalten wiederzuerkennen, denn dieser König ist ein Zauberer, der hundertmal seine Gestalt verändern kann. Die Jungfrauen erinnern natürlich stark an all jene Feen der keltischen Sagen und Legenden, die den verirrten Reisenden Labsal spenden. Häufig sitzen sie auf den berühmten Hügeln, gelegentlich aber auch in einer unheimlichen Festung, deren Mauern nur unter größten Schwierigkeiten zu überwinden sind. Damit dürfte erwiesen sein, daß dieses Motiv auch noch in der Gralträgerin fortlebt, der Tochter des Fischer-Königs, die mit dem heiligen Getränk über die Allmacht der Souveränität verfügt und nur den privilegierten Auserwählten davon zu trinken gibt.

Von welcher Seite man den Gralmythos und seine dichterischen Ausformungen betrachten mag, immer gelangt man dabei zu der Feststellung, daß darin ständig folgende Grundthemen wiederkehren:

1. Die *Blutrache* nach einem Ereignis, welches das Gleichgewicht der Welt aus dem Lot gebracht und zur Unfruchtbarkeit, zum 'Siechtum' des Reiches und der Herrschaft geführt hat;
2. *Die psychische und physische Impotenz des Königs,* die ihm die Fähigkeit zur Herrschaft raubt;
3. *Das rituelle Opfer* eines Menschen oder eines Tieres, entweder als wirkliches Opfer oder in Form einer Substitution (Scheinopfer, *simulacrum*);
4. *Verschiedene Prüfungen,* die den Gralsuchern auferlegt werden;
5. *Weibliche Gestalten,* die der Feenwelt angehören und den Suchenden den Weg weisen;
6. Eine *Königin, Prinzessin oder 'Kaiserin',* die einen Zaubertrank besitzt, welcher Macht und Souveränität spendet und nur demjenigen gegeben wird, der alle Prüfungen bestanden und alle Hindernisse überwunden hat.[109]
7. Die Gralsuche *(Quête du Graal)* ist gleichzeitig die Suche nach der Frau *(Quête de la Femme)*: derjenige, der den Weg zur Frau gefunden hat, findet auch zum Gral;
8. Die Frau, die bisher verzweifelt, einsam und in jeder Hinsicht 'steril' in ihrem Schloß gefangen dahinlebte, während ihr Land von einem Fluch getroffen war,

bildet nach Ankunft des Erwählten und Erwarteten mit diesem *das ideale und vollkommene Paar.*

9. Auf den macht- und kraftlos dahinsiechenden Fischer-König folgt der neue Gralkönig, ein junger Herrscher, der die Fähigkeit besitzt, dem Land in seiner Umgebung wie auch auf symbolische Art und Weise der Frau, die den Kelch, den Teller, die Prunkplatte oder den Stein trägt (– sie ist die Priesterin eines archaischen Kultes, dessen wahre Bedeutung wir nie mehr herausfinden können –), die einstige Fruchtbarkeit und Blüte zurückzugeben.[109]

Eines ist dabei jedoch sicher: wir stehen hier ein weiteres Mal vor der Reminiszenz des Kultes einer antiken Göttin, die durch männliche Götter ihres Thrones beraubt worden ist. So ist nämlich die Vergewaltigung einer der Jungfrauen (Feen oder göttlichen Wesen) der Gralburg durch den König Amangon zu interpretieren. Amangon hat mit seiner Tat das Schicksal vergewaltigt, d.h. die Macht der Frau seiner blinden und brutalen männlichen Gewalt unterworfen und ihr die durch den Kelch symbolisierte Souveränität geraubt. Im Grunde symbolisieren diese Vorgänge die Errichtung der ausschließlichen Autorität des Vaters. Und seit dieser Zeit ist die Gesellschaft auf der ständigen Suche nach dem Gleichgewicht, das sie erst dann wiederfinden kann, wenn der *junge Sohn der Mutter* den Vater entweder tötet oder entmannt (oder auf andere Art und Weise 'schachmatt' setzt) und damit die einstige Souveränität der Mutter wieder herstellt. Auf diese Weise bedeutet die Gralsuche als Ideal, als Mythos und bereits lange vor dem Aufkommen des Christentums die *Glorifizierung der Erwählten,* der ewigen, göttlichen Frau mit den tausend Gesichtern, die ewig in den unterirdischen Reichen der Welt herrscht und darauf wartet, daß *ihr jüngster Sohn* (Mabon) sie findet, damit sie – mit seiner Hilfe – wieder an das Tageslicht kommen und freie Luft atmen kann, wieder ihren Titel der Großen Königin (Rhiannon, Matrona, Modron) annehmen und ein neues Gleichgewicht in der Gesellschaft ihrer zerstrittenen Söhne herstellen kann, die sich dann in der Liebe der Mutter ihnen gegenüber und in ihrer Liebe der Mutter gegenüber wieder aussöhnen werden.

ANMERKUNGEN ZU KAPITEL V

1 Dem Thema des Grals, sowie seiner verschiedenen Ausgestaltungen und Deutungen widmete *Markale* jüngst ein eigenes Werk. J.M.: *Le Graal.* Retz, Paris 1982. (Anm. d. Hrsg.)

2 J.M.: *L'epopée celtique en Bretagne.* S. 208 - 209.

3 Basel 1909. Im Anschluß an das Erscheinen dieser Studie mußten sich zahlreiche Keltologen und Arthurologen der darin erwiesenen Wahrheit beugen: die ursprüngliche Gralsuche ist ein *heidnischer* Stoff und handelt von einem bis heute ziemlich rätselhaft gebliebenen Ritual, in dem zumindest eindeutig die Blutrache eine bestimmte Rolle spielt.

4 *The Legend of Sir Gawain.* London 1897. *The Legend of Sir Lancelot du Lac.* London 1901. *The Legend of Sir Perceval.* London 1906. *From Ritual to Romance.* London 1915.

5 Nach der nfrz. Übers. von Lucien *Foulet* (Nizet, Paris, 1970) S. 75f.

6 *Die Schlacht von Mag-Tured.* Frz. Übers. v. G. *Dottin* in: (ders.): *L'Epopée Irlandaise.* Paris 1980. S. 37.

7 *Der Tod der Kinder des Tuirenn* in: *Ogam* XVI, S. 244.

8 R.A.S. *Macalister (Hrsg.): The Book of Conquests.* Gedicht 66.

9 G. *Dottin: L'Epopée irlandaise.* S. 72 - 73.

10 *Ogam* X, S. 371 - 380.

11 J. *Loth: Mabinogion.* Bd. I, S. 297 - 299. Siehe auch J.M.: *L'Epopée celtique en Bretagne.* S. 144.

12 J. *Loth: Mabinogion.* Bd. II, S. 64 - 65.

13 *Ibid.:* Bd. II, S. 104 - 105.

14 Übers. Wilhelm *Stapel.* Langen-Müller, München/Wien 1980, S. 120 - 122.

15 *Ibid.* S. 121. Dazu kommen sogar noch fünf weitere, so daß die gesamte Gralprozession aus insgesamt 25 Frauen und nur einem Mann (dem Knappen, der die Lanze trägt) besteht (Anm. d. Hrsg.).

16 J. *Loth: Mabinogion.* Bd. II, S. 119.

17 Die drei Erblehen von Parzival sind somit Nord-Wales, Süd-Wales und die französische Grafschaft Anjou. Wenn man dabei bedenkt, daß die Plantagenêt, die Könige von England, gleichzeitig auch Grafen von Anjou waren, dann liest sich dies als deutlicher Hinweis darauf, daß einerseits *Wolframs* Gönner und Herren dem anglo-angevinischen Herrscherhaus angehörten, denen er dadurch schmeicheln wollte, daß er das Haus Anjou in die Geschichtsebene der Gralsage integrierte, und daß andererseits die Geschichte von Parzivals Aventiuren auf anglo-angevinische und damit auf insulare und dem keltischen Archetyp nahestehende Quellen zurückgehen muß. Wenn *Wolfram* ferner jenen mysteriösen 'Kyôt den Provenzâl' als angeblichen Gewährsmann der Quelle zitiert, dann spricht er von einem *okzitanisch* schreibenden Dichter, und das Gebiet von Okzitanien erstreckte sich damals bis zum Limousin, das als Grafschaft lange zusammen mit Aquitanien zum Besitz der Plantagenêt gehörte. Die Frage nach *Wolframs* Quellen wird immer noch stark diskutiert. Siehe dazu Maurice *Wilmotte: Le poème du Gral et ses auteurs.* (Paris 1930), und (ders.): *Le 'Parzival' de Wolfram von Eschenbach et ses sources françaises.* Paris 1930. (Eine knappe und aufschlußreiche Übersicht über *Wolframs* Dichtung bietet auch Joachim *Bumke: Wolfram von Eschenbach.* Stuttgart 1976 (= Slg. Metzler Bd. 36); Anm. d. Hrsg.).

18 Übers. W. *Stapel.* S. 68.

19 *Ibid*. S. 241 - 243.

20 Chrêtien macht lediglich die vage Andeutung, daß der *graal* eine Hostie aufnehmen kann.

21 Zu den einzelnen Überlieferungen des Motivs des abgeschlagenen Kopfes siehe das Kapitel "Delphes et l'aventure Celtique" in J.M.: *Les Celtes.* S. 91 - 119. Hier kann nur auf die im Zusammenhang mit dem Gral wichtigen Elemente eingegangen werden.

22 J. *Loth: Mabinogion.* Bd. I, S. 142 - 149.

23 Ausg. *Potvin.* (Mons 1866 - 1871) V. 48340ff.

24 Ausg. von 1521; Buch XIV, Blatt 319.

25 Hrsg. William *Roach.* University of Pennsylvania Press. Philadelphia 1949 - 1950.

26 Hrsg. W. *Roach* (a.a.O.)

27 *Perlesvaus.* (EdititION *Nitze*) V. 6600ff.

28 *D'Arbois de Jubainville: L'Epopée celtique en Irlande.* S. 133 - 135.

29 Edition *Nitze;* V. 6685ff.

30 In einem Dokument aus dem XV. Jh. (Bibliothèque Nationale de Paris, Fonds Latin Nr. 9093) ist davon die Rede, daß der Hl. Patern mit dem König Kardoc, „genannt Brech-Bras" in Kontakt gestanden haben soll.

31 Dieses Thema tritt auch in der *Queste del Saint-Graal* auf, wo Percevals Schwester eine Leprakranke heilt, indem sie ihr Blut und Leben für sie opfert. (In *Hartmann von Aues* höfischer Legende *Der Arme Heinrich* wird der Held ebenfalls von einer Art Lepra ('miselsuht'; V. 119) befallen. Dort will sich die keine 10 Jahre alte Tochter der biederen Bauersleute, die den 'Aussätzigen' aufnehmen, teils aus jungfräulicher Liebe, teils in einem Anfall von hysterischer Märtyrer-Gier für den Kranken opfern, da damals der Aberglaube behauptete, derlei Krankheiten könnten durch Jungfrauen-Herzblut ('der megede herzebluot' V. 233) geheilt werden. Anm. d. Hrsg.).

32 Die Römer und Griechen verschwiegen gerne die Tatsache, daß auch bei ihnen ähnliche Arten des Opfers in der Frühzeit ihrer Geschichte gebräuchlich waren, wie die Iphigenie-Sage beweist.

33 „Als man auf diesem Hügel grub, um den Raum für die Fundamente des Gebäudes auszuheben, fand man einen Menschenkopf"; (*Plinius: Hist. Nat.* XXVIII,2). „Wer wüßte nicht, daß sich auf dem Capitolin zu Rom das Grab des Tolus Vulcenatus befindet? Wer wüßte nicht, so frage ich weiter, daß man beim Ausheben der Fundamente den Kopf eines Menschen freilegte, der dort vor nicht langer Zeit eingegraben worden war und bei dem es sich entweder um ein nur aus Kopf bestehendes Wesen (?) oder um einen von den übrigen Gliedern abgetrenntes Haupt handelte." (*Arnobius: Contra gentes,* VI). „Tarquinius Superbus ließ im Jahre 509 auf dem Mons Capitolinus einen Tempel zu Ehren des Jupiter errichten (...) Dabei wurde unter der Erde der Kopf eines Menschen gefunden, der anscheinend erst kurz zuvor getötet worden war, denn das herabtropfende Blut war noch warm und hellrot." Dionysios v. *Halikarnass: Antiquitates Romanae* IV, 13). Dieser Fund führte zu dem Namen *Caput Tolis* dieses Hügels, auf dem später die Hauptstadt der römischen Großmacht entstehen sollte.

34 Das Wort *Clan* dürfte hier unzutreffend sein, aber ich finde kein passenderes. Im Grunde handelt es sich hier um eine militärische, mystisch-religiöse und politische Gesellschaft, deren Mitglieder alle mehr oder weniger durch das Band der Blutsbruderschaft aneinander gebunden waren.

35 *Die Geburt des Conchobar* in: *Ogam* XI, S. 61. Siehe dazu auch eine Stelle (über den „Blutige(n) Ast des Königs von Ulster" in: *Ogam* X, 139ff.

36 An dieser Stelle sei noch angemerkt, daß die Wissenschaft ihren Fortschritt stets dem Scharfsinn einzelner Außenseiter zu verdanken hat, die als harmlose Träumer belächelt

werden, denen es aber als Verdienst anzurechnen ist, daß sie eines Tages die ausgetretenen Pfade des traditionellen Denkens verließen und den Mut zu eigenständigem Denken hatten, was in gewissen als wissenschaftlich geltenden Kreisen nicht unbedingt die Regel ist.

37 In dem Epos *Der Tod des Cûchulainn* aus dem 'Buch von Leinster' (siehe *Ogam* XVIII, S. 352) hat Conall, nachdem er Cûchulainn durch den Tod seines Mörders Lugaid gerächt hatte, dessen Haupt auf einen Stein gelegt und dort vergessen. Als er wieder zurückkommt, um ihn zu holen, macht er eine überraschende Entdeckung: „Der Kopf hatte den Stein zerfressen und war durch ihn hindurchgesunken." In der Edinburgh-Version der gleichen Geschichte steckt Conall die Köpfe, die er abgeschlagen hat, – darunter auch den von Lugaid – auf einen Ast, denn diese Geste, so heißt es, schützte ihn vor Unannehmlichkeiten.

38 Daher stammt Conalls Beiname 'Der Schielende'. Auch die Frauen, die Conalls Konkubinen wurden, begannen zu schielen; in ähnlicher Weise erblindeten die Frauen, die Cûchulainns Geliebte waren, auf einem Auge, und die Geliebten des Cuscraid begannen wie dieser zu stottern. Die Ursprünge der 'Leiden' von Conall und Cûchulainn dürften in uralten Mythen zu suchen sein, deren Echo gelegentlich noch in der griechischen, keltischen, germanischen und sogar römischen Mythologie anklingt. So hinkt z.B. Hephaistos wie der Fischer-König, Nuada hat eine verkrüppelte Hand wie Tŷr und Wotan ist einäugig wie Cûchulainn und Horatius Cocles.

39 *Der Sitz von Howth.* Frz. Übers. v. W. *Stokes* in: *Revue Celtique.* VIII, S. 48ff. Dieser Brauch ist durch die Literatur ebenso belegt wie durch archaeologische Funde. In Irland und besonders in Schottland wurden Steinschleudergeschosse gefunden, die entweder geschliffene Steine oder aus gebranntem Ton hergestellt waren.

40 *Der Tod des Conchobar* in: *D'Arbois de Jubainville: L'Epopée celtique en Irlande.* S. 368ff.

41 J. *Loth: Mabinogion.* Bd. II, S. 92. Mit diesem Stein ließe sich folgende von *Solinus* (*Polyhistor* XXXI) überlieferte Tradition aus Äthiopien vergleichen: „Aus dem Hirn von Drachen (Echsen) kann man einen *dracontias* genannten Stein gewinnen; man findet ihn jedoch nur dann in fester Form vor, wenn man ihn aus einem noch lebenden Drachen herausschält. Denn wenn dieser fühlt, daß er im Sterben liegt, dann verliert in dem Augenblick, wo das Tier stirbt, der Stein seine Festigkeit und alle typischen Eigenschaften (...) Nur besonders mutige Männer jagen diese Drachen in den Höhlen und Löchern, wo sie auf Beute lauern. Die Jäger nähern sich dem Schlupfwinkel, in dem ein solches Reptil sitzt, auf einem schnellen Wagen, werfen einschläfernde Mittel hinein, schneiden dann dem betäubten Drachen den Kopf auf und erhalten so als Preis ihrer waghalsigen Aktion diesen Stein."

42 J. *Loth: Mabinogion.* Bd. II, S. 94 - 95.

43 *Die Schlacht von Mag-Tured* in: G. *Dottin: L'Epopée Irlandaise.* S. 37.

44 *Der Stamm von Conairé dem Großen* in *Eriu* VI, S. 133.

45 In einer Anmerkung dazu heißt es: „*Fo-ail* bedeutet 'Unter-Fels' oder anders ausgedrückt 'Fels unter einem König'." Es wurde versucht, zwischen dem Namen *Fâl* und dem Wort *Phallus* eine Analogie zu sehen, da dieser Stein in manchen Texten *Fâl ferb cluiche* genannt wird, was so viel wie 'Fâl, der steinerne Phallus' bedeutet. Jedoch ist nirgends ein phallischer Charakter dieses Steines zu erkennen, sondern er hat aufgrund seiner Rolle im Zusammenhang mit der Souveränität eher eine weibliche Konnotation.

46 *Die prophetische Ekstase des Phantoms.* In: Myles *Dillon: The Circle of the Kings.* Dublin 1955, S. 12.

47 *Estoire de Merlin* in: J. *Boulenger: Les Romans de la Table Ronde.* S. 100.

48 *Didot-Perceval* (Ed. *Roach*) S. 192.

49 Georges *Dumezil: Jupiter, Mars, Quirinus.* S. 228 - 230.

50 Siehe *Athenaios* (IV, 9) nach *Poseidonios:* „Diejenigen, die die Getränke servieren, brin-

gen Kelche aus Ton oder wie Kessel aus Silber getrieben. Die Teller und Schüsseln, die für das Fleisch bestimmt sind, bestehen aus dem gleichen Material, es gibt jedoch auch solche aus Kupfer – gelegentlich werden statt der Schüsseln auch Körbe aus Weidengeflecht verwendet."

51 Zu näheren Einzelheiten über den Kessel der Erkenntnis und der Auferstehung siehe auch J.M.: *Les Celtes.* S. 350 - 357.

52 Vgl. J.M : *Les Grands Bardes Gallois.* Paris 1956, S. 84.

53 Cf. *Cahiers du Sud* Nr. 335, S. 16 - 17.

54 J. *Loth: Mabinogion.* Bd. I, S. 307.

55 *Ibid.* Bd. I, S. 305.

56 J.M.: *L'Epopée celtique en Bretagne.* S. 95 - 97.

57 *Die Schlacht von Mag-Tured* in: G. *Dottin: L'Epopée Irlandaise.* S. 37.

58 *Die Schlacht von Mag-Tured* in: *D'Arbois de Jubainville: L'Epopée celtique en Irlande.* S. 426 - 427.

59 *Branwen, Tochter des Llŷr* in: J. *Loth: Mabinogion.* Bd. I, S. 129.

60 *Ibid.:* Bd. I, S. 143.

61 *Peredur. J. Loth: Mabinogion.* Bd. II, S. 94.

62 Siehe dazu den Artikel von J. *Gricourt* in: *Latomus* XIII, S. 376 - 383.

63 Johannes *Zwicker: Fontes Religionis Celticae.* Berlin 1934 - 35. Bd. I, S. 18 u. S. 51.

64 Da die paternalistische Gesellschaft die Rolle des Vaters in den Vordergrund rückte und auf seinem repressiven Aspekt (der Zensur) insistierte, schuf sie eine ödipale Situation, die durch die Angst zum Ausdruck kommt.

65 G. *Dottin: L'Epopée Irlandaise.* S. 67.

66 Der Dichter dieser Geschichte hat den Sinn seiner Stoffquelle nicht verstanden. Dabei geht es nämlich um das Schwert, das Peredur erhält und das er wieder zusammenschweißen muß. Zweimal löst er die gestellte Aufgabe, während er bei der dritten Prüfung versagt (J. *Loth: Mabinogion.* Bd. II, S. 63). Sicher steht dies in irgendeinem Zusammenhang mit dem abgeschlagenen Kopf, der Peredur anschließend präsentiert wird, aber da der Autor diese Beziehung nicht gesehen hat, oder da er befürchtet, daß der Stoff zu stark heidnisch geprägt war, hat er zur Deutung das Haupt von Johannes dem Täufer herangezogen. Diese Verwechslung, oder wenn man so will, Transposition ist jedoch nicht weniger aufschlußreich.

67 Edition *Nitze,* Bd. I, V. 2300ff. Es könnte sich hier um eine Art kannibalistische Kommunion handeln. Der Autor sieht darin nämlich eine Anspielung auf das Hl. Abendmahl.

68 *Perlesvaus.* Edition *Nitze.* Bd. I, V. 5330ff.

69 „Andere Stämme haben Puppengebilde von ungeheueren Ausmaßen aus *Weidengeflecht,* in die lebendige Menschen hineingelegt werden; anschließend steckt man sie in Brand und die Menschen werden ein Raub der Flammen." (*Caesar: De bello gallico.* VI, 16).

70 Zahlenangaben dieser Art sind nicht wörtlich, sondern symbolisch zu verstehen. Diese in den irischen Texten häufig anzutreffende Formel bezeichnet einen ziemlich großen Zeitraum, meist von mehreren Monaten.

71 Nach *Egerton* 1782, in: *Cahiers d'Histoire et de Folklore* VI, 66 - 72; wiederveröff. in: L. *Lengyel: Das geheime Wissen der Kelten.* Freiburg 1976. S. 268 - 270.

72 Die megalithischen Bauwerke galten als Wohnsitze der Tuatha Dé Danann.

73 Per-Jakez *Helias: Le Pays de Bigouden*. Brest 1971, S. 42.

74 *Le Graal dans l'ethnographie* in René *Nelli* (Hrsg.): *Lumière du Graal*. Paris 1951, S. 13 - 36 (= Sondernr. der *Cahiers du Sud*).

75 *Pour lire les Tourbadours* in: *Cahiers du Sud* Nr. 372. S. 163 - 194.

76 „Deine Sünde ist schuld daran, denn du hast deine Mutter vor Schmerz in's Grab gebracht." (*Perceval*. Nfrz. Übers. L. *Foulet*. Nizet; Paris 1970, S. 84). „Mein Leiden dagegen hast du verursacht... denn du bist schuld an dem Tod deiner Mutter. Als du gegen ihren Willen von ihr gingst, durchbohrte das Schwert des Schmerzes ihr Herz und daran starb sie." (*Peredur*. J. *Loth: Mabinogion*. Bd. II, S. 65 - 66).

77 Uns scheint Perceval der charakteristischste Held der Gralsuche zu sein; zum einen spricht dafür, daß er aus einem der frühesten Texte stammt (von *Chrétien*) und zum anderen ist sein Name aufschlußreich: *Perceval* kann gelesen werden als Zusammensetzung aus *perce(r)* (= 'durch'-, 'vordringen') und *val* (= 'Tal'), so daß er möglicherweise derjenige ist, der das Mysterium des Tales durchdringt, in dem sich die Gralsburg befindet. Auf jeden Fall hängt der Name auch mit dem Namen *Peredur* (in dem das walisische Wort *peir*, 'Kessel' enthalten ist) zusammen, und es könnte im Volksmund zu einer Verbindung der beiden Wörter oder zu einer Neuschöpfung gekommen sein (– die wir nicht kennen–), aus der dann die beiden Namen hervorgegangen sein könnten. Das soll jedoch nicht heißen, daß Perceval der älteste Held der Gralsuche ist, denn angesichts des erheblichen Gewichts der Aventiuren von Gauvain scheint trotz aller Kritik an einer solchen Hypothese die Möglichkeit zu bestehen, daß dieser der erste Gralsucher war (wie es im *Peredur* tatsächlich der Fall ist). Ohne jeden Zweifel ist Gauvain nämlich der Gwalchmai der walisischen Texte, der bereits in *Kulhwch und Olwen*, dem ältesten Artusroman, als der Neffe und älteste Kampfgefährte von Artus auftritt. Sein verwandtschaftliches Verhältnis als Neffe von Artus und Sohn von dessen Schwester ist ein wesentlicher Faktor, denn diese Situation entspricht der bestens belegten archaischen Rechtsgewohnheit, der matrilinearen Erb- und Rechtsnachfolge, worin der Onkel mütterlicherseits sowie der Sohn der Schwester in der Erbfrage vorrangig behandelt werden, wie wir eingangs bereits aufgezeigt haben. Roger S. *Loomis* glaubte, in der walisischen Figur des Gwri Gwallt Euriyn (so lautete Pryderis erster Name!) den Ursprung des französischen Namens *Gauwain* zu sehen, wofür es jedoch keine Beweise gibt. *Gwalchmai* bedeutet, so wird im allgemeinen behauptet, 'Mai-Falke'. In dem ersten Segment des Wortes finden wir jedoch eine keltische Wurzel **wolh-o* (= 'Vielzahl'; vgl. lat. *vulgus/olgus*, dt. *Volk*, irisch *folc*, walis. *gwala*, 'Übersättigung', bret. *gwalc'ha*, 'sättigen'), was zu der Funktion der Gralsuche passen könnte, deren Ziel es ja ist, dem von Unfruchtbarkeit und Elend getroffenen Königreich wieder zu Wohlstand und Überfluß zu verhelfen. Was den Namen Galaad betrifft, so ist dieser möglicherweise nicht eindeutig hebräischer Herkunft oder könnte zumindest das Resultat einer Wortkreuzung und einer Homophonie sein. Man kann nämlich in diesem Wort auch die keltische Wurzel **gal-* (= 'Macht'; gallisch >*Galli* und >*Galates*, die 'Mächtigen'; irisch *gal*, 'Wachsamkeit', walisisch: *gallu*, 'Macht', bretonisch: *galloud*, 'Macht') sehen; diese Wurzel ist übrigens nicht mit dem bretonischen *gall* verwandt, was 'französisch' bedeutet (irisch *gall*, 'englisch', und walisisch *gall*, 'Feind', was von einem keltischen **gallo* stammt, welches 'Fremder' bzw. 'Feind' bedeutet), und auch nicht mit den Bezeichnungen *gallois, walisisch, Wales* und *Welsh*, denn diese Namen sind angelsächsischer Herkunft. Wenn man bedenkt, daß die Suche nach dem Gral eine Suche nach der höchsten Souveränität ist, dann dürfte diese hier angedeutete, mögliche Bedeutung des Namens Galaad allerdings in Erstaunen versetzen.

78 Das ist eine wenig versteckte Anspielung auf sein eigenes Verhältnis zu seiner Mutter: er ist verantwortlich für ihren Tod und kann die letzten zum Erreichen des Grals nötigen Prüfungen erst dann bestehen, wenn dieser (unbewußte) Mord gesühnt ist. Das erinnert deutlich an den in Irland gebräuchlichen *geis*.

79 Diese vierte Fortsetzung enthält eine Fülle von Details, die nur mit Hilfe einer *Freud*schen Analyse verständlich werden. Nachdem Perceval seinen Namen (d.h. seine Existenz) erfahren hat, möchte er das Bild des verlorenen Paradieses (den Mutterleib) wiederfinden, in dessen Richtung ihn süße Melodien locken (nämlich seine auf einen ödipalen Wunsch fixierte Sinnlichkeit). Dabei bricht er jedoch sein Schwert entzwei. Angesichts des phallischen Charakters des Schwertes bedeutet das, daß er nicht mehr in

den Mutterleib eindringen kann, da er einen psychischen Schock erlitten hat (ihm wird bewußt, daß es sich um seine Mutter handelt), ja sogar physisch impotent geworden ist, denn er lehnt die verführerischen Angebote der schönen Escolasse ab (ihr Name ist übrigens bezeichnend, denn er bedeutet soviel wie 'Schullehrerin', also die 'Einweihende'). Diese könnte ihn zwar heilen, aber seine Phantasmen sind stärker als er (die beiden Schlangen vor der Höhle, die als imaginäre Visionen vor dem Bild des Uterus und als Kastrationsangst zu deuten sind. Die schöne Escolasse fordert ihn auf, die Ungeheuer zu bekämpfen. Anschließend kann Perceval die Höhle betreten, in der Trébuchet ihm sein Schwert repariert, d.h. er erhält *ipso facto* seine Männlichkeit zurück. Daher kann er nun Blanchefleur heiraten, die im übrigen nur wie die schöne Escolasse und jede andere Jungfrau die Fee der Souveränität in anderer Gestalt ist. Daß eine solche Deutung naheliegt, soll jedoch nicht heißen, der Dichter *Gerbert de Montreuil* wäre ein 'Psychoanalytiker' gewesen, nur entspricht die Suche des Perceval einer im Unbewußten stattfindenden Initiation in das Leben mit Hilfe der vernunftgesteuerten Nutzung der durch den ursprünglich ödipalen Trieb entfesselten sexuellen Energie.

80 Dieses Detail ist ein Beweis dafür, daß die Aventiuren des Perceval der *Queste*, deren wirklicher Held Galaad ist, von sehr alten heidnischen Überlieferungen abstammen, die den christlichen Dichter in hohem Maß störten. Die Verwundung des Schenkels bedeutet, daß Perceval sich kastriert (ob moralisch oder physisch, spielt dabei keine Rolle); dabei denkt man natürlich sofort an den Mythos von Attis und Cybele: ähnlich wie Attis verliert Perceval den Verstand, was durch den Furor der Göttin (hier der Jungfrau auf dem Schiff) verursacht wird, und daher kastriert er sich, um sich ganz der Veehrung derjenigen zu widmen, die er verachtet hat. Der Dichter ist zu sehr darum bemüht, die weiblichen Erscheinungen möglichst diabolisch darzustellen, als daß darin die Erinnerung an irgendeinen Kult sexueller Natur zu übersehen wäre. Ähnliches gilt für die Aventiure auf dem Schachschloß und die Jagd auf den weißen Hirschen, dies sind zwei besonders wichtige Episoden aus der zweiten Perceval-'Continuation' bzw. dem walisischen *Peredur*. Man beachte, daß in der *Queste* wie im *Peredur* die Herrin des Schachschlosses zuerst in Gestalt einer magischen jungen Frau und dann in Gestalt einer alten Frau erscheint. Dies hängt mit der irischen Überlieferung bezüglich der Souveränität zusammen, wo die alte Frau wieder jung wird, sobald man ihr einen Kuß gibt, was das ursprüngliche Thema des 'Häßlichen Maultierfräuleins' alias Kundrie la Surziere ist.

81 Trotz des Mißtrauens, mit dem fast alle Keltologen dem *Peredur* deshalb begegnen, weil der Text in der überlieferten Form erst aus dem XIII. Jh. stammt. Rein philologisch gesehen ist der *Peredur* tatsächlich eine Dichtung des XIII. Jhs. und enthält an vielen Stellen Anlehnungen an *Chretien de Troyes*. Was man aber nicht weiß, ist etwas, was man auch nicht wissen kann: nämlich ob der Dichter des *Peredur* direkt den Text von *Chretien* verwendet hat, oder einen Archetyp, der beiden Texten zugrundeliegt. Aufgrund der Tatsache, daß verschiedene Elemente des *Peredur* auch in der *Zweiten 'Continuation'* in der *'Queste du Saint-Graal'*, sowie im *Perlesvaux* vorkommen, wäre es nur vernünftig, von einem gemeinsamen Archetyp auszugehen. Es gibt aber auch verschiedene Elemente, die nur im *Peredur* zu finden sind und darauf hinweisen, daß der Autor mit Sicherheit *auch* eine keltische Quelle benutzte. Die Motive des abgeschlagenen Hauptes, des Kessels der Wiederbelebung, sowie das Rachemotiv kommen in *Chretiens* Dichtung nicht vor, außerdem wirken sie derart archaisch, daß kaum daran gezweifelt werden dürfte, daß es sich um Reminiszenzen bereits sehr alter Traditionen handelt.

82 Bei *Chretien* entwendet Perceval den Ring gewaltsam. Das von dem walisischen Autor beigesteuerte Detail ist deswegen interessant, weil es sich hier dagegen um ein *Geschenk* seitens einer Frau handelt.

83 Das Motiv des Kelches steht mit dem des Grals in Verbindung. Noch entscheidender ist jedoch, daß der Kelch für Guenièvre-Gwenhwyfar bestimmt war. Wenn man sich nämlich an *Wolframs* Darstellung der entsprechenden Passage anschließt, dann war der Ritter, der den Kelch raubte (ein Pendant zu Méléagant), der Cousin des Königs Artus, der durch diese Geste seiner Forderung nach Herausgabe des Erbes Nachdruck verleihen wollte. Da aber bekanntlich Guenièvre die Souveränität repräsentiert, und da der Kelch das Symbol der Königin ist, wird durch den Ritter somit die Souveränität geraubt und durch *Peredur* der Königin wieder zurückerstattet.

84 Es spielt dabei keine Rolle, daß es sich um zwei Jungfrauen bzw. um die Verdoppelung einer Figur handelt (die in der *Queste* auch in der Spaltung zwischen dem Fischer-König und dem Roi Méhaigné vorliegt): das Entscheidende dabei ist, daß Peredur wie Perceval/

Parzival in allen Ausformungen des Stoffes zu seinem Onkel *mütterlicherseits* geht. Dies ist eine deutliche Erinnerung an jene Epoche, als die keltische Gesellschaft noch gynäkokratisch geprägt war, denn hier liegt ein Fall von matrilinearer Erbfolge vor, in der nicht der Ehemann, sondern der Bruder der Ehefrau den Vorrang hat. In den irischen Epen gibt es eine Unmenge weiterer Beispiele für diese Rechtsgewohnheit.

85 Das ist die Blancheflor von *Chretien* und die Condwiramurs von *Wolfram*. Man wird bemerkt haben, daß sie brünett ist, während die damalige Mode blondgefärbte Haartracht vorschrieb. Hier scheint die Reminiszenz einer braunhaarigen Göttin vorzuliegen, mit anderen Worten einer Gottheit der Finsternis oder der Nacht.

85 Der Kampf mit der Hexe von Kaerloyw erinnert an die feindliche Haltung der Kundrîe gegenüber Parzival. Und doch ist Kundrîe diejenige, die Parzival *initiiert*, indem sie ihm den Weg zur Gralsburg weist. Andererseits ist hier das keltische Element von besonderem Gewicht, da es sich um eine magisch-kriegerische – und zweifellos auch sexuelle – Initiation des Peredur durch rätselhafte weibliche Wesen handelt. Vgl. dazu *Die Erziehung des Cûchulainn* (J.M.: *L'Epopée celtique d'Irlande*. S. 88 - 95), wo der irische Held in ähnlicher Weise durch die Hexen Scatach, Uatach und Aifé initiiert wird, sowie die *Kindheit des Finn (Ibid.* S. 141 - 149), wo der Anführer der *Fiana* bei den 'kriegerischen Frauen' und später bei einem Schmied, dessen Tochter er – eine begrenzte Zeit lang – heiratet, eine recht sonderbare Erziehung erhält. Auf jeden Fall ist, wie sich am Ende der Geschichte herausstellt, in den Hexen von Kaerloyw der Schlüssel zu der rätselhaften Quête des Peredur zu suchen.

87 Ein poetisches Bild, das auch in der irischen Sage der *Verbannung des Sohns von Usnech* vorkommt. Man beachte wieder die auffällige Rolle des dunklen Haares (das Federkleid des Raben) im Zusammenhang mit der Göttin Morgane/Modron, der Herrin des Rabenschwarms, und mit der Göttin Bobdh/Morrigane, die oft die Gestalt einer Krähe annimmt.

88 Die Szene mit Ygharat beweist, daß Peredur sich auf der Suche nach der Idealfrau befindet, nach derjenigen, die tausend Gesichter hat und gleichzeitig ein und dieselbe, nämlich die braunhaarige Göttin ist.

89 Eine deutliche Anspielung an das 'Feenland' der irischen Epen, das nur von Frauen mit magischen Kräften bewohnt ist.

90 Die Höhle ist natürlich ein Vaginasymbol. Es geht Peredur nicht darum, den Vater, der die Vagina bewacht, zu töten (ein Thema, das *Freud* so hoch schätzt!) sondern es geht ihm, da in dem keltischen Urmythos der Vater keine große Bedeutung hatte, eher darum, den Abscheu zu besiegen, mit dem die männliche Phantasie die Tiefen des weiblichen Sexualorgans bevölkert hat.

91 Diese Szene hat zweifellos einen erotisch-sexuellen, ja geradezu 'schlüpfrigen' Charakter. Die Höhle, d.h. die Vagina, befindet sich in der Autre Monde, denn Peredur gelangt erst nach Überqueren eines Flusses dort hin. Anschließend begegnet er der *Mutter*, der *Frau*. Er kann jedoch erst dann in die Frau eindringen, nachdem er vorher verschiedene *externe* Akte erledigt hat: die *auf dem Gipfel* eines Hügels sitzende 'Kaiserin' stellt – honni soit qui mal y pense! – die Clitoris dar. Nachdem er in die Höhle/Frau eingedrungen ist, ist Peredurs sexuelle Penetration (und folglich Initiation) abgeschlossen.

92 Bei *Wolfram* heiratet Parzival die Condwiramurs. Nach der walisischen Version erscheint die 'Kaiserin' ganz besonders deutlich als *vielgestaltig* und wandelbar, denn Peredur erkennt sie nicht wieder. Daraus läßt sich folgern, daß sie anschließend in weiteren Verwandlungen auftreten wird und somit auch mit dem Mädchen, mit welchem Peredur drei Wochen gemeinsam verbringt, sowie mit der Ygharat Goldhand identisch ist. Daran sieht man, wie groß der Unterschied zwischen dem walisischen Epos und den Versromanen des *Chretien de Troyes* und seinen Nachfolgern ist, die nur noch die Figur der Blancheflor/Conwiramurs allein in den Vordergrund rücken, obwohl auch sie die Gralsuche mit mehr oder weniger feenhaften, wenn nicht gar diabolischen weiblichen Wesen bevölkern.

93 Das ist natürlich Kundrîe la Surziere. Wie diese hat sie schwarzes Haar. Daher ist sie eine andere Gestalt der 'Kaiserin', die dem Peredur einen neuen Auftrieb gegeben hat, als er seine eigentliche Aufgabe vergessen zu haben scheint.

94 Das junge 'Maultierfräulein' weist den Weg und liefert gleichzeitig die Antwort auf die Frage nach dem Sinn der Quête: es geht darum, ein gefangenes Mädchen zu befreien. Und dieses Mädchen ist nichts anderes als die *Souveränität.* Jedoch versteht nur Gauvain den Sinn dieser Botschaft, und so erreicht er als Erster das 'Château des Merveilles'; daher wird in dieser Fassung der Sage er der wirkliche *König des Grals.* Peredur dagegen kann in seiner Sturheit und Blindheit nur den endgültigen Akt der Rache erfolgreich ausführen. Diese Passage ist auch deshalb aufschlußreich, da sie Gauvains Rolle beleuchtet, die bei *Chretien* und seinen Nachfolgern auf den – wenn auch immer noch bedeutenden – zweiten Rang zurückfiel, während sie im keltischen Archetyp der Sage entschieden wichtiger war.

95 Dies ist ein weiterer Aspekt der 'Kaiserin', die auf diese Weise die Erziehung des Peredur vervollständigt, da sie ihn zu neuen Taten zwingt.

96 Die junge Schwarze Frau ist natürlich die 'Kaiserin' persönlich.

97 Auch das ist wieder die 'Kaiserin', wobei sie hier jedoch eher der Rhiannon/Epona ähnelt.

98 Das bedeutet, daß der Tod des Hirsches ein notwendiges rituelles Opfer war.

99 Überraschenderweise ist es ein junger blonder Mann, Peredurs Cousin, der ihm das alles erzählt und dabei behauptet, er sei schon einmal in Gestalt der 'jungen Schwarzen Frau' erschienen. Dies zeigt auf jeden Fall das Ausmaß der magischen – und göttlichen – Macht der 'Kaiserin': Sie kann also nicht nur ihre Gestalt, sondern auch ihr Geschlecht verändern. Da aber der rätselhafte junge Mann Peredurs Cousin und bei *Chretien* die Gralträgerin Percevals Cousine ist, kann man sagen, daß dies alles eine Familienangelegenheit ist, und zwar eine Familienangelegenheit der Mutter, nämlich eine Angelegenheit der matrilinearen Erb- und Herrschaftsnachfolge. Da Peredur von den Hexen erzogen wurde, ist er von nun an im Besitz all ihres Wissens und ihrer Macht. Auch wenn die Hexen selbst verschwinden, so bleibt er auf jeden Fall der Erbe seines Onkels mütterlicherseits sowie der Hexen von Kerloyw.

100 Der irische Text enthält an dieser Stelle ein Wortspiel zwischen *flaith* (= 'Souveränität') und *laith* (= 'Trank').

101 Myles *Dillon: The Cycle of the Kings.* S. 12.

102 *Die Abenteuer des Cormac im Lande der Verheißung* in: T.P. *Cross*/C.H. *Slover* (Hrsg.): *Ancient Irish Tales.* New York 1969. S. 503ff.

103 „Der Brunnen hat einen anderen Namen, nämlich *Teich der Kräuter,* denn Dian Cecht (der Arztgott) hatte dort einen Halm von jedem in Irland vorkommenden Heilkraut hineingeworfen." (G. *Dottin: L'Epopée Irlandaise.* S. 45). Dieser Brunnen erinnert an den Kessel des Brân, sowie an den Kessel, aus dem Peredur einen jungen Toten wieder auferstehen sieht. Der Heiltrank ist in Irland wohlbekannt. Im *Agallamh na Senorach* ('Rat der Alten') wendet sich z.B. Cailté, Oisins Sohn, als er am Bein verwundet ist, mit folgender Bitte an den Hl. Patrick: „Führe mich an den Ort, wo Aed Minbrecc von Assaroe wohnt: Seine Frau Bedind, die Tochter des Elcmar, besitzt den Trunk der Heilung und das Heilmittel der Tuatha Dé Danann, sie besitzt nämlich das, was von Goibnius Fest noch übrig blieb." (*Agallamh na Senorach,* V. 6789). In einem Test des *Book of Lismore* (fol. 23b A) fragt der Hl. Patrick eine Feenfrau: „Wie ist es euch gelungen, euch so sicher euer Aussehen und eure Form zu bewahren? – „Alle, die von dem Festtrank des Goibniu getrunken haben, wurden niemals von irgendeinem Schmerz geschweige denn von irgendeiner Krankheit heimgesucht." Dieses Fest des Goibniu ist ein *Unsterblichkeitsfest,* während dessen auch ein rätselhafter Trank genossen wird, der Gesundheit und Unsterblichkeit sichert. Es sei daran erinnert, daß Mananann mac Llîr die Tuatha Dé Danann in den unterirdischen Reichen ansiedelt und mit Hilfe dieses Festes des Goibniu ernährt. Somit ist es den Bewohnern der Autre Monde vorbehalten. Goibniu ist der irische Schmied, der dem Govannon ab Dôn der walisischen Mythologie entspricht. Hier ist wieder der Mythos des unter der Erde lebenden Schmiedes mit dem Mythos von der Götterspeise und dem Mythos vom Gral verbunden, der zwar die Quelle des ewigen Lebens, aber vor den Augen der Menschen verborgen ist.

104 J.M.: *L'Epopée celtique en Bretagne.* S. 96.

105 Da der König für das Gleichgewicht zwischen den göttlichen und kosmischen Kräften verantwortlich ist, gefährdet seine Liaison mit einem fluchbeladenen Mädchen das Gleichgewicht der Natur. Hier liegt also eine ähnliche Lage wie die des Fischer-Königs vor, der nach einem verbotenen Liebesabenteuer mit dem Fluch der Impotenz bestraft wird, und dessen Königreich ebenfalls unfruchtbar wird und verödet.

106 Dies ist der Mythos von der Wiederbelebung durch das Blut, der dem Brauch der Opferung von Kindern, vor allem von Erstgeborenen zugrundeliegt. Diese Art des Opfers war in der Frühgeschichte weit verbreitet, wie etwa die biblische Episode von Isaacs Opferung bezeugt, oder auch die Geschichte von Hannibal, der als Kind geopfert werden sollte, aber dann gegen das Kind eines Sklaven ausgetauscht worden sein soll. Daneben läßt sich diese Geschichte auch mit der Episode vom Turm von Vortigern in der *Vita Merlini* in Beziehung setzen. (Vgl. J.M.: *L'Epopée celtique en Bretagne.* S. 110).

107 Da Delbchaen die Souveränität verkörpert, und zwar die 'richtige' Souveränität, personifiziert Bécuna im Gegenteil die falsche, unlegitimierte Macht. Sie ist lediglich eine Usurpatorin und hat sich vor der wahren Macht der Delbchaen zu beugen, d.h. vor der legitimen Autorität, die Art von seiner Initiationsfahrt mitgebracht hatte.

108 *Huon de Bordeaux.* Neufrz. v. J. *Audiau,* Paris 1941, S. 58.

109 Man erinnere sich, daß der Name Galaad von Keltisch **gal-* abstammten kann, was 'Macht' bzw. 'Potenz' bedeutet.

[illegible]

[illegible]

[illegible]

[illegible]

[illegible]

[illegible]

VI.
Yseult oder die Herrin des Gartens

In seinem Roman *Le Rivage des Syrtes* führt Julien *Gracq* seinen Helden in einen jener leicht verwilderten, verwunschenen und heute aus der Mode gekommenen parkartigen Gärten, wie man sie an den verschiedensten Punkten der Stadt verstreut etwa in Orsenna findet. Während der Protagonist nun erwartet, dort keiner Menschenseele zu begegnen und ungestört seinen Meditationen nachgehen zu können, entdeckt er stattdessen genau an jener Stelle, wo sonst nur er, die Arme aufstützend, für gewöhnlich lehnte, ein junges Mädchen. Diese überraschende Begegnung ruft eine tiefgehende Erschütterung und weitreichende Veränderung in der Seele des jungen Mannes hervor:

„Die Schönheit dieses halb abgewandten Gesichts berührte mich weit weniger als das exaltierte Gefühl, aus meinem Besitz vertrieben zu werden, ein Gefühl, das in mir fühlbar von Sekunde zu Sekunde wuchs. Durch den eigenartigen Einklang zwischen ihrer dominierenden Gestalt und diesem ungewöhnlichen Ort, durch jenes rätselhafte Gefühl einer ganz besonders herbeigebannten Gegenwärtigkeit, die sich hier offenbarte, verstärkte sich in mir mehr und mehr die Überzeugung, ich sähe hier die *Königin des Gartens* vor mir, die gerade von dieser ihrer abgeschiedenen Domäne Besitz ergriffen hatte...Erst viel später sollte mir zu Bewußtsein kommen, daß sie die außergewöhnliche Fähigkeit besaß, sich auf der Stelle, von einer Landschaft, einem Ort oder irgendeinem Gegenstand untrennbar zu machen...Für Vanessa waren die Gegenstände durchlässig. Bereits durch eine minimale Geste oder Veränderung der Stimme, die wunderbar ungezwungen wirkt und doch ganz unvorhersehbar ist wie das Wort aus Mund und Feder des Dichters, das unfehlbar sicher nach der ihr gemäßen Form greift, bemächtigt sie sich der Gegenstände mit der gleichen verliebten und insgeheim akzeptierten Grausamkeit, derer sich ein Häuptling oder Führer bedient, dessen ausgestreckte Hand die Menge magnetisiert."[1]

Hier bereits haben wir, übersetzt in zwar poetische aber doch signifikante Ausdrucksformen, das Thema der initiierenden und transformierenden Frau vor uns, ein Thema, das – wie es den Anschein hat – die Kelten mit meisterhaftem Geist und großer Originalität variiert haben. Bereits durch ihr Erscheinen inmitten einer Landschaft unterwirft sie die Gestalt dieses Ortes und damit auch seinen Betrachter einer Metamorphose, da dieser im Grunde ebenfalls jenem Universum mitangehört, in dessen Zentrum das weibliche Wesen steht. Daher wird der Betrachter, nachdem er seine gewohnte Landschaft dergestalt transformiert vorgefunden hat, *nie mehr derselbe sein, der er zuvor war*, und wird nie mehr zur Gänze Herr über sich selbst sein, sobald die Frau ihre Herrschaft über die Landschaft gefestigt haben wird, der auch er angehört. Hierin liegt einer der Gründe, weshalb die Frau früher – und manchen Männern geht es noch heute so – wie ein furchterregendes Wesen vorgekommen ist, so wenig scheint ihre Fähigkeit, Besitz zu ergreifen, trennbar zu sein von der individuellen Ansicht, die man davon haben mag. Der Mann fürchtet sich zwar vor dieser Macht der Inbesitznahme, strebt aber selbst auch danach, zu solcher Macht zu gelangen. Die Frau verhilft ihm also zu etwas, *was ihm gefehlt hatte*, bevor er mit der Natur der Frau Bekanntschaft machte. Hier stößt man bereits direkt auf die Grundstruktur der Sage von Tristan und Yseult, vorausgesetzt, man ist bereit, von den gelegentlich stark romantisch gefärbten Aspekten dieser Liebesgeschichte abzusehen und sich einmal nur auf die rein mythologischen Elemente darin zu konzentrieren.

Bekanntlich ist *Tristan und Yseult*, die berühmteste keltische Sage, vom XII. Jahrhundert an nur in fragmentarischen Texten auf uns gekommen, die sich jedoch in großen Zügen ineinanderfügen und somit ein ursprüngliches Handlungsschema erkennen lassen, auch wenn dieses selbst nicht erhalten ist. Bestimmte Einzelmerkmale kennzeichnen sie als eine pan-keltische Sage, da man in ihr auf armorikanisch-bretonische, walisische, kornische (= aus dem Cornwall stammende), piktische (daher stammt vor allem der Name *Tristan*) und irische Elemente stößt. Alle diese Einzelelemente wurden mit der Zeit zu einem umfangreichen epischen Fresko zusammengeschmolzen, dessen poetische Schönheit über jeden Zweifel erhaben ist. In der Tristan-Sage besitzen wir eines der herausragendsten Meisterwerke der gesamten Weltliteratur.

Die ältesten Texte der Legende stammen aus dem französischen, genauer gesagt aus dem *anglo-normannischen* Sprachraum. Man kann daher von einem armorikanisch-bretonischen oder brit(ton)ischen Herkunftsland ausgehen, da die Normannen, die damaligen Herren über England, im XII. Jahrhundert rege Mittler zwischen den Bretonen beiderseits des Kanals und den Franzosen waren. Zusätzlich zu diesen Texten existieren (ebenfalls nur als Fragmente) einige deutsche Ausgestaltungen des Stoffes sowie eine verkürzte skandinavische Fassung.[2] Erstaunlicherweise fehlen aber (abgesehen von einigen spät entstandenen Episoden[3]) von der eigentlichen Tristan-Sage Textzeugnisse gerade aus dem keltischen Sprachraum. Aus dem Fundus aller erhaltenen Texte läßt sich jedoch eine Geschichte rekonstruieren, die die Ur-Sage gewesen sein *könnte.*[4] Diese Geschichte wollen wir hier noch einmal nacherzählen; dabei werden wir unser besonderes Augenmerk auf die wirklich mythologischen Episoden lenken und alle romanesken Ornamente beiseite lassen, die zur Erhöhung des literarischen Reizes der Dichtung hinzugefügt worden waren.

Tristan und Yseult

Tristans Eltern – sein Vater Rivalen von Loonois (in Wales) und seine Mutter, die Schwester des Königs Mark von Cornwall (Kernyw) – sind beide tot, der junge Tristan ist also Vollwaise. Er wird von Rohald Le Foitenant ('Treuhalt') aufgezogen und dem Schutz des Truchseß Gornewal unterstellt. Er erlernt die Kunst der Jagd, des Kampfes, der Musik und der Poesie. Schon bald zeichnet er sich aus im Spiel der Harfe sowie im Singen und Verfassen von „Lais". Im Alter von 15 Jahren wird er nach Tintagel zu König Mark geschickt, der ihn an seinem Hof aufnimmt ohne zu ahnen, wen er vor sich hat. Drei Jahre später wird die Einlösung der Tributpflicht von König Mark an den König von Irland fällig, die in der Auslieferung von 300 Knaben und 300 Jungfrauen besteht und alle fünf Jahre von Morholt, einem furchterregenden Krieger und Bruder der Königin von Irland[5] eingefordert wird, es sei denn, es stelle sich ihm ein Krieger von Cornwall zum Zweikampf. Niemand ist jedoch bereit, gegen Morholt sein Leben aufs Spiel zu setzen, – außer Tristan: er entschließt sich, die Herausforderung anzunehmen und aus diesem Anlaß seinem Onkel das Geheimnis seiner wahren Identität zu enthüllen. Der Kampf findet auf der Insel St. Samson statt. Tristan wird durch das vergiftete Schwert Morholts verwundet, es gelingt ihm aber, diesen tödlich zu verwunden, wobei aus der Schneide seines Schwertes ein Splitter herausbricht, der im Schädel seines Gegners steckenbleibt. Tristan wird als Held gefeiert. Der Zustand seiner Verwundung verschlimmert sich, aber alle Heilkünste der Ärzte bleiben fruchtlos[6]. Da bittet Tristan, man möge ihn fortziehen lassen, ihm dazu eine Barke, mit Segel und Proviant ausgerüstet, bereitstellen und ihm seine Harfe mitgeben. Er wolle auf gut Glück lossegeln und es der Gnade Gottes anheimstellen, ob er sterben werde oder geheilt würde[7]. So geschieht es. Am fünften Tag seiner ungewissen Fahrt landet Tristan an der Küste Irlands. Dort wird er von der Königin und ihrer Tochter Yseult gesundgepflegt. Er hat nicht verraten, wer er in Wirklichkeit ist und behauptet vor ihnen, er heiße Tantris. Als Dank für seine Rettung gibt er der jungen Yseult Unterricht in Gesang und Harfenspiel. Anschließend kehrt er nach Cornwall zurück. König Mark ist unverheiratet und will daher Tristan als Thronerben einsetzen[8]. Eifersüchtig auf eine solche Bevorzugung Tristans drängen die Barone König Mark dazu, selbst zu heiraten. Um sich dieser Pflicht zu entledigen, schwört König Mark, er werde nur jenes Mädchen zur Frau nehmen, der das Goldhaar gehört, wovon eine Schwalbe gerade eine Strähne hat niederfallen lassen. Tristan erkennt, daß das Haar Yseult gehört und bietet daher seinem Onkel an, für ihn die Brautwerbung zu übernehmen[9]. Als Händler verkleidet gelangt er nach Irland. Das Land leidet unter dem Terror eines Drachen, eines riesigen „kammbewehrten Lindwurms" („serpent crêté"). Der König hat seine Tochter demjenigen versprochen, der Irland von dieser Plage befreit. Natürlich macht Tristan sich auf die Suche nach dem Ungeheuer und nach erbittertem Kampf gelingt es ihm auch, es zu töten[10]. Dabei ist er jedoch vom Giftatem des Lindwurms verseucht worden und so gelingt es einem Betrüger, sich an Tristans Statt als Sieger auszugeben. Aber in der Königin und Yseult keimt der Verdacht eines Betruges auf, daher wollen sie der Wahrheit auf den Grund gehen und so finden sie tatsächlich auch bald den bewußtlosen Tristan. Sie behandeln ihn und es gelingt, ihn wieder gesund zu machen. Dabei entdecken sie aber, daß an der Schwertschneide des vermeintlichen Tantris ein Splitter fehlt und daß in diese Kerbe genau jenes Metallstück paßt, das sie in Morholts Schädel gefunden hatten. Yseult ergreift Tristans Schwert und will ihren Onkel rächen, indem sie den jungen Mann tötet. Aber durch Tristans besänftigende Worte läßt sie sich von ihrem Vorhaben abbringen und verzeiht ihm seine Tat[11]. Schließlich wirbt Tristan für König Mark um Yseults Hand und der König von Irland willigt ein: auf diese Weise kann auch der Frieden zwischen beiden Ländern wiederhergestellt werden. Der Tag der Abreise wird festgesetzt. Die Königin gibt Brangwain, Yseults Dienerin, einen *Liebestrank* mit, den diese den Neuvermählten in der Hochzeitsnacht verabreichen soll, damit sie in den Genuß der Kraft zu ewiger Liebe zueinander gelangen. Während das Schiff die Küste von Cornwall ansteuert, klagt Yseult darüber, daß sie einem König zur Braut versprochen ist, den sie nicht einmal kennt, und äußert Tristan gegenüber ihre Empörung darüber[12].

Eines Abends, als es sehr heiß ist, verlangt Tristan nach einem Getränk. Brangwain verwechselt die Flaschen und gießt versehentlich den Liebestrank in einen Krug. Kaum haben beide davon getrunken, werden Tristan und Yseult von einem heftigen Gefühl unwiderstehlicher Liebe zueinander ergriffen[13] und verbringen zur großen Bestürzung und Verzweiflung der Brangwain auch noch die Nacht miteinander. Nach ihrer Ankunft in Cornwall wird trotzdem die Hochzeit zwischen Yseult und König Mark gefeiert, wobei jedoch Brangwain im Schutze der Dunkelheit die Rolle der Braut im Bett des Königs übernimmt, damit dieser den faux pas nicht bemerkt[14]. Damit ist eine zweideutige Situation geschaffen, die selbst der plumpesten Vaudeville-Posse in nichts nachsteht: Tristan und Yseult treffen sich, wann immer es ihnen gelingt und sogar direkt unter den Augen des Königs. Der Ort, den sie für ihre Rendez-vous besonders lieben, ist ein (Obst-)Garten[15]. Jedesmal, wenn Tristan Yseult sehen will, streut er Holzspäne oder Rindenstückchen in einen Bach, der im Inneren des Gartens entspringt und nahe am königlichen Schloß vorbeiführt. Auf diese Weise können die Liebenden sich verständigen[16].

Aber weder den Baronen noch dem Hofzwerg des Königs sind die Machenschaften der beiden verborgen geblieben. Sie setzen den König davon in Kenntnis[17], woraufhin dieser beschließt, sich auf einer Fichte in der Mitte des Gartens auf die Lauer zu legen und von dieser hohen Warte aus die Liebenden zu überraschen. Tristan und Yseult aber bemerken den Schatten des Königs[18] auf dem Quellwasser noch rechtzeitig und können mit Hilfe einer List eine gefährliche Situation verhindern. Eines Tages werden sie aber dennoch in flagranti ertappt und durch den König zum Tode verurteilt, der vor Zorn tobt über das Ausmaß des Verrates, den sein Neffe begangen hat, welchen er doch fast wie seinen eigenen Sohn behandelte ... Tristan aber gelingt es schließlich doch, zu entkommen und kann auch Yseult retten, als sie bei Leprakranken ausgesetzt werden sollte. Die beiden Liebenden flüchten sich in den Wald von Morois und halten sich dort mehrere Monate lang versteckt[19].

Eines Tages spürt sie Mark aber dort, friedlich schlafend und durch das zwischen ihnen liegende Schwert Tristans getrennt, auf. Er verzichtet darauf, sie zu töten, tauscht sein Schwert gegen das Tristans aus und entfernt sich wieder[20]. Tief gerührt über die Milde Marks und einsehend, daß ihr Tun so nicht weitergehen könne, beschließen die beiden Liebenden, sich mit dem König wieder auszusöhnen. Tristan führt die Königin seinem Onkel feierlich wieder zu und begibt sich ins Exil[21]. Er gelangt in die armorikanische Bretagne, zeichnet sich dort durch brillante Heldentaten ruhmreich aus und nimmt die Tochter des Herzogs Hoel zur Frau, und zwar *weil sie ebenfalls Yseult heißt*. Die Ehe zwischen Tristan und dieser *Yseult aux Blanches Mains* ('Weißhand')[22] wird aber realiter nie vollzogen[23], da Tristan diejenige, an die er auf unauflösliche Art und Weise gebunden ist, nicht vergessen kann[24]. Mehrmals kommt er in den unterschiedlichsten Verkleidungen nach Cornwall zurück, um Yseult 'Blondhaar' wiederzusehen. Bei jeder dieser Begegnungen kommt es erneut zum Ausbruch ihrer Leidenschaft. Eines Tages erscheint der Liebende als Hofnarr verkleidet am Hof König Marks. Er hält vor dem König scheinbar völlig zusammenhanglos-wirre Reden, die aber voller Hintersinn stecken und beschließt seine Ansprache mit folgendem Vorschlag: „Mein König, ich habe eine sehr schöne Schwester. Die will ich Euch überlassen im Tausch gegen Yseult, die ich von ganzem Herzen liebe." Mark amüsiert sich 'königlich' über diesen Vorschlag und will nun von diesem Narren wissen, wie er denn die Königin zu behandeln gedenkt. Darauf antwortet Tristan mit einer Parabel: „Hoch oben in den Lüften besitze ich einen großen Saal, in dem ich wohne. Er ist ganz aus Glas, herrlich schön und von gewaltigen Ausmaßen! Genau in seiner Mitte treffen sich die Strahlenpfeile der Sonne. Er ist in den Wolken aufgehängt. Ganz gleich, aus welcher Richtung der Wind weht, nie bringt er ihn ins Schwanken oder Wanken. Neben dem Saal befindet sich ein reich getäfeltes Gemach ganz aus Kristall. Wenn die Sonne morgen aufgeht, so wird sie dort einen großen Glanz verbreiten"[25]. Nach diesen doppeldeutigen Präliminarien gibt Tristan sich Yseult heimlich zu erkennen und es gelingt ihm, sich mit ihr zu treffen. Nach seiner Rückkehr in die Bretagne läßt er so naturgetreu wie möglich ein Abbild von Yseult la Blonde anfertigen und bewahrt es in einem Schloß auf, zu dem nur er die geheimen Zugänge kennt[26]. Oft und oft begibt er sich an diesen Ort, um sich die Erinnerungen an das vergangene Glück zu vergegenwärtigen.

Auf einer Fahrt nach Cornwall nimmt er einmal seinen Schwager Kaherdin mit. Dieser verliebt sich dort in Brangwain. Bei der Rückkehr von einer dieser Fahrten[27] muß Tristan einmal einem gewissen 'Tristan le Nain' ('der Zwerg') zu Hilfe eilen, da dessen *amie* von Estout L'Orgueilleux de Castel-Fier[28] entführt worden ist. Diese Unternehmung endet aber in einer Katastrophe: Tristan le Nain wird getötet und Tristan selbst „wurde von einer vergifteten Lanze getroffen, die ihm die Lenden durchbohrte. Er konnte jedoch seinen Zorn darob lindern, indem er den tötete, der ihn verwundet hatte"[29]. Gerade noch mit knapper Not wieder nach Hause gelangt, muß er erkennen, daß die Ärzte ihm wieder keine Hilfe bringen können: seine Wunde infiziert sich unaufhaltsam weiter. Da bittet er Kaherdin, nach Cornwall aufzubrechen und die Königin Yseult mit zurückzubringen. Gelingt ihm diese Mission, so solle er bei seiner Rückkehr auf seinem Schiff ein weißes Segel setzen, falls nicht, ein schwarzes[30]: dadurch könne Tristan schon von weitem erkennen, ob die Königin zu seiner Rettung nahe oder nicht. Kaherdin bricht auf und kann seinen Auftrag erfüllen. Die Rückfahrt wird aber zum großen Kummer von Yseult durch einen Sturm und danach durch eine anhaltende Flaute erheblich verzögert[31]. Endlich steuert das Schiff dann doch noch den ersehnten Hafen an. Yseult aux Blanches Mains aber, die die Unterredung zwischen Kaherdin und Tristan belauscht hatte und seitdem von Eifersucht zerfressen ist, verkündet ihrem Gatten, daß das gesetzte Segel ein schwarzes ist. Tristan hat nun weder Mut noch Kraft, sich länger am Leben zu halten. Er stirbt, und als Yseult den Palast erreicht hat, gibt es auch für sie keinen anderen Ausweg mehr, als ihrerseits zu sterben. Auf diese Weise sind nun die beiden Liebenden im Tode vereint und als man sie Seite an Seite in zwei Gräbern bestattet, sprießen ein Weinstock und ein Rosenbusch aus beiden Gräbern hervor, die sich zu enger Umarmung verranken.

Der Versuch, eine so komplexe Sage von poetisch wie philosophisch derart großer Tragweite zu interpretieren, muß unweigerlich zu einem risikoreichen Unterfangen werden. Zunächst handelt es sich bei der hier wiedergegebenen Version um eine *Rekonstruktion* auf der Basis der verschiedenen Texte und diese Rekonstruktion ist natürlich nicht unbeeinflußt durch unsere moderne Sehweise des XX. Jahrhunderts, was die Gefahr in sich birgt, ihre wahre Struktur zu verfälschen. Hinzu kommt, daß die zu dieser Rekonstruktion herangezogenen Texte nicht die ältesten sind, da ihre Entstehungszeit erst im XII. Jahrhundert anzusetzen ist, während es als sicher gilt, daß die Ur-Sage bereits lange davor existiert hat. Die erhaltenen Text-Teile sind ihrerseits bereits eine auf den Publikumsgeschmack des XII. und XIII. Jahrhunderts zugeschnittene Interpretation, und was dieses Publikum am meisten bewegte und interessierte, deckt sich sicher nicht mehr mit den Interessenschwerpunkten des keltischen, walisischen, bretonischen und irischen Publikums des V. oder VI. Jahrhunderts, d.h. jener Epoche, in der die Entstehungszeit der Geschichte anzusetzen ist. Auch sind die Erzähltendenzen eines *Béroul* ganz anderer Natur als die eines *Thomas*, andererseits bezeugen diejenigen von *Gottfried von Strassburg* wie die seines Zeitgenossen und Landmanns *Wolfram von Eschenbach* einen gewissen Hang zu einer elegant-manierierten Höchstkompliziertheit. Bei dem Versuch einer Rekonstruktion der Tristan-Sage kommt man also sicher ständig in engste Berührung mit der wahren Ur-Fassung, ohne jedoch behaupten zu können, jemals wirklich auf sie gestoßen zu sein[33].

Außerdem sind auch noch die verschiedensten späteren Rekuperationen und literarischen Wiederaufbereitungen der Legende zu berücksichtigen. Lassen wir einmal jene faden Fabulierelaborate aus der Feder eines gewissen *Comte de Tressan* aus dem Jahre 1782 beiseite – denn diese Epoche hatte noch wenig Sinn und Verständnis für den Mythos –, sondern kommen wir vielmehr auf Richard *Wagner* zu sprechen, der ja sehr wohl Sinn für Mythisches hatte und auch bewies, daß er durchaus fähig war, dergleichen künstlerisch umzusetzen. Wenn auch die in der Ring-Tetralogie enthaltenen germanischen Mythen auf meisterhafte Art sowohl in seinem Text als auch in seiner Musik Ausdruck gefunden haben, und selbst wenn der keltische Mythos vom Gral in seiner durch *Wolfram* revidierten und korrigierten Version von diesem großen Komponisten wirklich verstanden wurde, so muß andererseits jedoch eingestanden werden, daß er den Tristan-Mythos weit verfehlt hat.

Denn wem wollte es gelingen, aus einem so verworren schopenhauerisch und pseudo-buddhistisch verbrämten Geschwätz wie dem Libretto von *Tristan und Isolde* noch die Struktur des Mythos von *Tristan und Yseult* herauszulesen? In *Wagners* Musik-Drama ist ständig von nichts anderem die Rede als von „Erhöhung" (kein Mensch versteht, wovon!), von „Verklärung" (kein Mensch versteht, von was!) und von Vernichtung oder Auflösung: die beiden Liebenden gerinnen hier zum diffusen globalen Symbol der Menschheit ganz allgemein, die unter ihrer Zerrissenheit leidet und schließlich d i e Erlösung findet in tatenlos verharrender und friedlich-niedlicher Vereintheit und Einheit des *Nirvana*, nachdem es ihr gelungen ist, die Idee vom „Leben-Wollen" restlos abzuschaffen. Diese germanisch-buddhistische 'Philosophie' hat, mit Hilfe der unbestrittenen Schönheit der Musik und der recht esoterischen *Aura* der deutschen Romantik, uns alle in die Irre geleitet, sie hat uns mit ihrem Zauberbann belegt und eingelullt, obwohl wir doch mehr oder weniger alle geneigt sind, die Geschichte von Tristan und Yseult nicht nur als die schönste und ergreifendste, sondern auch als die signifikanteste Liebesgeschichte des Abendlandes zu betrachten.

Und signifikant, d.h. aufschlußreich, ist die Tristan-Sage auf jeden Fall, das steht außer Zweifel. Ist sie aber auch wirklich das dichterische Abbild unserer okzidentalen, mediterran zentrierten und – vergessen wir das nicht – *christlichen* Welt, welches lediglich durch einige Reminiszenzen aus der keltischen und germanischen Tradition angereichert wurde? Es sieht ganz so aus, als hätte man aus Tristan und Yseult eine *Rechtfertigung des Ehebruchs* machen wollen (da dieser in einer auf der monogamen Ehe basierenden Gesellschaft eine Notwendigkeit darstellt), wenn nicht gar eine *Rechtfertigung des Masochismus* (vgl. den Begriff 'Liebestod'), der übrigens tief verwurzelt ist in der „Schwermütigkeit", jener germanischen Art der *Melancholie*. Der Dramatiker und Diplomat (und sogar Aktionär!) Paul *Claudel* dürfte den absoluten Höhepunkt solch geistiger Verirrung erreicht haben. Hat doch dieser Konfiseur süßer Achgottigkeiten tatsächlich allen Ernstes in einem Brief an Jacques *Rivière* geschrieben: „O wie ridikül erscheinen mir diese romantischen Nebelschwaden der rein fleischlichen Liebe und das Iah-Geschrei jenes großen Esels Tristan! Die menschliche Liebe gelangt doch nur dann zu Schönheit, wenn sie nicht mit Erfüllung/ Befriedigung verbunden ist."[34]

Und in eben diese Falle sind die meisten der Bearbeiter und Kommentatoren des Tristan-Stoffes geraten, allen voran selbst Denis de *Rougemont*, der sich ansonsten mit seinem herrlichen Buch „L'Amour et l'Occident"[35] als ein Denker von großem Einfühlungsvermögen und außerordentlichem Scharfsinn erweist.

In diesem Buch nämlich macht Denis de *Rougemont* eine höchst bedeutungsvolle Feststellung über die Psychologie des Abendlandes:

„Der außerordentliche Erfolg des *Tristan-Romans*", so schreibt er, „fördert in unserem Innern, ob wir es nun wahrhaben wollen oder nicht, eine heimliche Vorliebe für das Unglück zutage".

Das ist deutlich genug gesagt und, geben wir es zu, völlig zutreffend. Ist dabei aber auch der *Tristan-Roman* an sich wirklich richtig verstanden worden? Oder haben wir hier lediglich unsere eigenen Interessen und Vorlieben in ihn hineinprojiziert, die – weil von der römisch-jüdisch-christlich geprägten Gesellschaft des Abendlandes geprägt – doch denjenigen diametral entgegengesetzt sind, die bei der Analyse des Werkes zum Vorschein kommen?

„Man kann sich kaum vorstellen", schreibt Denis de *Rougemont* weiter, „daß Tristan mit Yseult jemals eine E h e eingehen könnte. Sie gehört nämlich auf keinen Fall zu der Art von Frauen, die man heiratet, denn in diesem Augenblick würde man aufhören, sie zu lieben. Man stelle sich nur einmal Yseult als Madame Tristan vor! Das wäre geradezu die Negation der Leidenschaft (passion)!"

Diese Überlegung enthält einen Fehler: Yseult *ist* ja tatsächlich verheiratet, nämlich mit König Mark, *und dieser hört bis zuletzt nicht auf, sie zu lieben*. In Wirklichkeit besteht das Problem darin, daß Yseult König Mark nicht liebt, und zwar aus verschiedenen Gründen: der wichtigste davon ist, daß sie ohne ihr Einverständnis und unter Mißachtung ihrer persönlichen Freiheitsrechte *ver*heiratet *wurde*. Durch ihr Verhalten lehnt sie sich also gegen eine paternalistische Gesellschaft auf, die sie zum Gehorsam gegen Gesetze zwingt, denen sie sich nicht verpflichtet fühlt. Sie entspricht damit der Figur der Blodeuwedd, sie ist die Lilith-Frau, und daher kann man recht gut verstehen, daß sie, indem sie sich einen Liebhaber nimmt, dies als Herausforderung gegen die Gesellschaft tut.

Diesen Liebhaber erwählt sie sich aber bereits, *bevor sie verheiratet wird*. Die Frage, ob sie nun verheiratet ist oder nicht, ist also nicht entscheidend. Wir haben es hier vielmehr mit einem Problem zu tun, das bereits von allen Troubadours untersucht wurde, und worauf auch alle Preziösen des VII. Jahrhunderts mit Vorliebe zurückgegriffen haben: auf das Problem, daß die Liebe nicht mit der Ehe kompatibel ist, da die Liebe ein *Gefühl* ist, das unkontrollierbar ist und dem Bereich der Affekte angehört, während die Ehe eine gesellschaftliche, 'legale' und gesetzlich geregelte *Institution* ist. Man kann jemanden zwar zwingen, zu heiraten oder verheiratet zu bleiben, man kann ihn aber nicht dazu zwingen zu lieben, *zumindest nicht aus der Perspektive unserer heutigen Logik*, die von der mediterranen Kultur des klassischen Altertums abstammt. Wie wir nämlich sehen werden, stellt sich dieses Problem in einem anderen logischen Denksystem als dem unseren – d.h. in dem der Kelten – in ganz anderer Form dar. Fest steht jedenfalls, daß das Abendland einen Irrtum begangen hat, indem es das Phänomen der Liebe mit dem der Ehe überlagerte, einem Irrtum, den es mit dem hohen Preis einer Reihe von sogenannten „Liebes"-Tragödien bezahlen mußte, was dazu geführt hat, daß in der europäischen Literatur *jede* sich offen manifestierende Liebe kulpabilisiert, d.h. ständig mit Schuldgefühlen belastet wurde, selbst wenn darin immer mehr der Sonderfall des Ehebruchs den Knotenpunkt der Intrige bildete.

„Die Ehe", so Denis de *Rougemont*, „hatte in der Antike eine rein utilitaristische und stark eingeschränkte Bedeutung. Nach dem damaligen Gewohnheitsrecht war das Konkubinat erlaubt. Die christliche Ehe dagegen verpflichtete, indem sie zum Sakrament erhoben wurde, zu einem der Natur des Menschen unerträglichen Maß an 'Treue'."

Tatsächlich hat die Ehe, die die Basis der gegenwärtig paternalistischen Gesellschaft ist, da sie die gesetzlich geregelte Familie definiert, im Grunde nur eine rein gesellschaftliche Funktion. Ihre Funktion ist es, Kinder zu 'machen', um den Fortbestand dieser Gesellschaft zu sichern, und diese Kinder zu schützen, damit sie eines Tages unter den bestmöglichen Bedingungen die jeweils gegenwärtigen Träger der Gesellschaft abzulösen fähig werden.

Wo bleibt bei alledem aber die Liebe? Vergleicht man diese moderne abendländische Familie mit der griechischen der Antike, so macht man eine überraschende Feststellung: der Familienvater des antiken Griechenlands heiratete, um Kinder zu bekommen und um das Fortleben seiner *gens* zu sichern; Liebe suchte und fand er bei den Hetären, Sex bei den Prostituierten niederster Kategorie, und er vervollständigte sein Triebleben sogar noch mit der Praxis der Päderastie im ursprünglichen Sinn des Wortes, die übrigens danach tendierte, regelrecht zu einer gesellschaftlichen Institution zu avancieren. Vergleicht man ferner die modern-abendländische und antik-griechische Familie auf der einen Seite mit der keltischen auf der anderen Seite, die noch auf der ursprünglichen Art des Verkehrs zwischen dem Ehe-Mann und der Ehe-Frau aufbaute und das Konkubinat ebenso uneingeschränkt zuließ wie die zeitlich begrenzte Ehe, so kommt man zu dem Schluß, daß ein tiefer Graben das 'heidnische' Zeitalter von christlichen trennt. Dabei darf man nicht außer acht lassen, daß die Kirche die Ehe zunächst lediglich *tolerierte*, zugleich aber Keuschheit predigte, da sie ja dem Fortbestand der Menschheit ebensowenig entgegenarbeiten konnte wie der Sexualität. So hat sie ganz einfach die Sexualität verdrängt, indem sie diesen Bereich in die Funktion der Fortpflanzung integrierte und diese wiederum durch die Kodifizierung der Ehe streng überwachte. Die Verantwortung für diese Form der Ehe wollte sie dabei nicht einmal selbst übernehmen, sondern übertrug die Kontrolle und Einhaltung des Ehe-Sakraments den Ehepartnern und nicht dem Klerus.

Indem die Kirche die Sexualität verleugnete, verleugnete und unterdrückte sie natürlich das ganze psychische und gefühlsbestimmte System des Menschen. Darin liegt auch der Grund für den mystischen Liebeswahn, der das Christentum jahrhundertelang bestimmte, denn die derart verdrängte Energie mußte ja irgendwie genutzt werden: wenn die menschliche Liebe sich nicht frei (d.h. außerhalb der Fortpflanzungsfunktion) entfalten konnte, so mußte sie in den spirituellen Rahmen mit eingebunden werden, sie mußte der Wirklichkeit entfremdet werden und in eine manchmal recht komplizierte Metaphysik integriert werden, was die Schriften der großen Mystiker auf sehr authentische und verblüffende Weise bezeugen.

Der sogenannte ‘Amour Courtois’, die ‘höfische’ Liebe, oder auch der ‘fine amor’ der Tourbadours und der höfischen Schriftsteller des XII. Jahrhunderts fügte sich bestens in die skizzierten Interessen und Vorstellungen ein. Mystizismus und Sinnlichkeit vertragen sich in diesen Werken gut, wie auch das Christentum stark vom Heidentum angehaucht ist. Die Sage von Tristan und Yseult ist – so wie sie uns überliefert ist – Ausdruck dieser Zusammenhänge. Will man sie aber wirklich verstehen, muß man sie aus diesem Kontext wieder befreien, sie ihres höfischen Kleides entledigen. Tut man dies nämlich nicht, wird man die Liebe selbst leugnen, was die höfischen Schriftsteller versucht haben, wie Denis de *Rougemont* feststellt, der sich dabei der beißenden Ironie seiner Gedanken nicht einmal bewußt wird:

„Tristan und Yseult lieben sich nicht...*Sie lieben die Liebe, die Tatsache, zu lieben*. Sie handeln, als hätten sie begriffen, daß alles, was sich ihrer Liebe entgegenstellt, sie gleichzeitig schützt und in ihrem Herzen festigt, um sie im Augenblick des absoluten Hindernisses, des Todes, bis ins Unendliche zu steigern.”

Was bedeutet das genau: da die Liebe etwas rein Abstraktes ist, läßt sie Tristan und Yseult einer Chimäre aufsitzen, die sie ständig suchen, ohne sie jemals erreichen zu können. Daher auch die Rolle des Todes, der in diesem Augenblick nicht mehr „die Vereinigung im Tode” bedeutet, nicht mehr den „Triumph der Liebe über das Leben”, sondern ganz im Gegenteil die Tatsache eines absoluten Scheiterns. Man vergißt vielleicht, daß die Liebe dagegen durchaus Realität ist, und zwar in dem Maße, wie jeder der beiden Partner *handelt*. Und das Handeln eines jeden von ihnen zeigt sich in den *Auswirkungen*. Da der Begriff der Liebe von dem der Harmonie, der Übereinstimmung untrennbar ist, können die berühmten Auswirkungen nur komplementär sein, *nicht identisch*: ein einfacher Vergleich mit elektrischen Phänomenen macht jeden Kommentar überflüssig. Der Blitz (vgl. franz. ‘coup de foudre’ = ‘Liebe auf den ersten Blick’) kann sich nur mit Hilfe zweier antagonistischer und komplementärer Kräfte entzünden. In erster Linie findet in der Liebe also ein *Austausch* statt. Dies ist das Gesetz des Altruismus. Tristan kann Yseult etwas geben, Yseult kann Tristan etwas geben: was auf rein sexueller Ebene offensichtlich ist, ist es nicht weniger auf intellektueller, psychologischer und geistiger Ebene.

Denis de *Rougemont* hat diese Lösung geahnt. „Wenn die Dame (der höfischen Liebe) nicht der Tempel der Liebe der Katharer ist, und nicht die Maria-Sophia der Gnostiker (das weibliche Prinzip der Göttlichkeit), ist sie dann nicht die *Anima*, oder genauer der *geistige* Teil des Mannes, derjenige, den seine in den Körper eingesperrte Seele mit nostalgischer Liebe begehrt, welche durch den Tod Erfüllung finden könnte?"

Unglücklicherweise entspringen solche Gedanken geradewegs den esoterischen Elaboraten *Jungs* und widersprechen allen Grundsätzen der Psychoanalyse. Was haben zudem die Gnostiker in der Interpretation eines keltischen Werkes zu suchen? Und was den möglichen Zusammenhang zwischen den keltischen Sagen und dem Katharertum betrifft (auch dieser wird von Denis de *Rougemont* ins Auge gefaßt), so muß dieser von Grund auf verneint werden: was man über das keltische Denken weiß, befindet sich im absoluten Gegensatz zum manichäischen Dualismus, zu der formalen Unterscheidung zwischen Gut und Böse, zur Aufteilung des Universums in zwei entgegengesetzte Kräfte und zur Existenz zweier getrennter Welten. Der Dualismus ist bei den Kelten aufgelöst. Ihre Autre Monde ist weder *unten*, noch *oben*: sie ist nebenan, und man hat Zutritt, wann man möchte, vorausgesetzt, man kann dieses Reich mit den Augen des instinktiven Verstehens erkennen.

Der Vorteil einer solchen Überlegung ist jedoch – und darin nähert sie sich der Realität der Tristan-Sage –, daß dadurch die bestimmende Rolle der Frau in der höfischen Liebe und demzufolge auch in den Texten, mit denen wir uns beschäftigen, deutlicher erkennbar wird. Wir sind zu sehr eingenommen von der Figur Tristans, dieses 'Kultur'-Helden und Ritters „ohne Furcht und Tadel", (von seinem Verrat an Mark spricht man dagegen kaum und entschuldigt ihn noch: er selbst könne nichts dafür, sondern der Zaubertrank sei an allem schuld!). Wir haben es schließlich mit einer paternalistischen Kultur zu tun, deren Hauptrollen von Männern besetzt sind. So ist die Figur Tristans letztendlich das Muster eines „pauvre type", eines armen Kerls. Tatsächlich ist es von Anfang an Yseult, die die Fäden in der Hand hält. Dies läßt sich anhand einer irischen Sage erkennen, die älter als die Tristan-Sage ist und im allgemeinen als einer der Archetypen des Romans von Tristan und Yseult betrachtet wird.[36]

Die Verfolgung von Diarmaid und Grainné (Irland):

Finn mac Cumail, der alte König der *Fiana*, hält um die Hand der jungen Grainné, Tochter des obersten Königs von Irland, Cormac mac Airt, an. Um ihn einzuschüchtern, verlangt sie je ein Paar von allen wilden Tieren, die in Irland leben, als Geschenk von ihm. Cailté jedoch, der Neffe Finns, beschafft die geforderten Tiere, und Grainné kann sich nicht mehr weigern, Finn zu heiraten[37]. Allerdings hegt sie einen unsäglichen Haß gegen ihren Gatten[38]. Nun veranstaltet Cormac ein großes Fest, zu dem er alle *Fiana* einlädt. Grainné läßt sich alle *Fiana* nennen, dann ruft sie ihre Dienerin und läßt sich einen Goldkelch mit wertvollen Steinen bringen, den sie mit einem magischen Getränk füllt[39]. Den Kelch läßt sie Finn und den Oberhäuptern der Fiana reichen und fordert sie auf, daraus zu trinken. Alle außer Oisin und Diarmaid[40] schlafen ein, nachdem sie getrunken haben. Nun schlägt Grainné Oisin vor, mit ihr zu fliehen, Oisin jedoch weist dies zurück, indem er sich darauf beruft, daß ein *geis* (= Verbot) ihn daran hindert, eine Frau zu nehmen, die seinem Vater gehört oder ihm versprochen ist. Grainné insistiert nicht weiter und wendet sich mit demselben Angebot an Diarmaid O'Duibhné[41]. Auch Diarmaid weigert sich. Nun spricht Grainné diese folgenschweren Worte: „Ich unterwerfe dich einem *geis* der Gefahr und der Zerstörung, oh Diarmaid, wenn du mich nicht noch diese Nacht mit dir aus diesem Hause nimmst, bevor Finn und die Häupter Irlands von ihrem Schlaf erwachen[42]!" Da kann Diarmaid nicht mehr ausweichen. Er fragt Oisin und andere *Fiana* um Rat. Alle antworten ihm, daß er keine Wahl habe. So entflieht Diarmaid in Begleitung Grainnés, die ihm gesteht, daß sie ihn seit langer Zeit liebt[43]. Als Finn erwacht, wird er von einer rasenden Wut erfaßt und macht sich sogleich an die Verfolgung der Flüchtigen, gefolgt – wider Willen – von Oisin, Cailté und den *Fiana*, die Diarmaid wohlgesonnen sind, da sie ihn als Opfer des *geis* und nicht als Verräter des Königs betrachten. Diarmaid und Grainné flüchten in eine Grotte[44]. Dort werden sie von einer alten Frau verraten, die ihrerseits von Finn getäuscht wird. Also gelingt es ihnen, zu entkommen. Jetzt beschützt Oengus, der Pflegevater Diarmaids, die beiden Flüchtlinge[45]: Grainné nimmt er in den Falten seines Zaubermantels mit sich, und Diarmaid verleiht er die Gabe der Unsichtbarkeit, die es ihm gestattet, mitten durch die *Fiana* zu gehen. Schließlich sind Diarmaid und Grainné wieder vereint. Oengus rät ihnen eindringlich, niemals am selben Platz zu verweilen, wenn sie der Rache Finns entfliehen wollen. Diarmaid überläßt sich seiner Verzweiflung, in ein von ihm ungewolltes Abenteuer verstrickt zu sein[46], und so erfährt der Leser, daß Grainné und er noch keine sexuellen Kontakte hatten. Eines Tages, als sie beide durch morastiges Gelände gehen, springt ein Spritzer zwischen Grainnés Beinen hoch und sie schreit, daß dieser Spritzer kühner sei als Diarmaid[47]. Diarmaid bittet sie, sich näher zu erklären. Grainné antwortet mit einem neuen *geis*, der ihn der Impotenz anklagt. Diarmaid kann nun nicht anders, als Grainné zu gehorchen. Nun sind sie wirklich Liebende, und Diarmaid geht es übrigens dabei nicht schlechter als zuvor, denn er entdeckt die wahre Liebe, die Grainné ihm entgegenbringt. Finn hat indessen nicht auf seine Rache verzichtet. Sieben Jahre lang verfolgt er die beiden Liebenden, er versöhnt sich selbst mit seinen Todfeinden, falls sie ihm helfen wollen. Allein die *Fiana*, besonders Oisin, Cailté und Oscar, Sohn des Oisin, halten sich in diesem Rachefeldzug zurück. Alles hat jedoch einmal ein Ende: Diarmaid und Grainné haben sich in einer Grotte verborgen, wo sie sich sicher glauben. Aber der Bach, der die Grotte durchfließt und sie mit Wasser versorgt, nimmt auch die Abfälle mit sich, und diese Abfälle weisen Finn den Weg zur Grotte. Finn fädelt nun auf subtile Art und Weise Diarmaids Untergang ein. Er umgibt ihn mit einem Netz von *geis*, denen dieser nicht entkommen kann: so kann Finn nicht angeklagt werden, Diarmaid selbst getötet zu haben.[49] Unter den Diarmaid auferlegten Pflichten ist zum Beispiel folgende: er kann das Bellen eines jagenden Hundes nicht hören, ohne sich der Jagd anzuschließen. Damit dies geschieht,[50] läßt Finn seinen Hund bei der Grotte bellen und Diarmaid kommt heraus. Finn gibt vor, sich mit ihm versöhnen zu wollen und bittet ihn, mit ihm den Eber von Ben Culbainn zu jagen. Nun hat Diarmaid einerseits die Verpflichtung, niemals etwas zu verweigern, um was er von seinen Gefährten gebeten wird (und Finn ist durch die Versöhnung wieder sein Gefährte geworden), und andererseits ist der Eber von Ben Culbainn niemand anderes, als der in ein Tier verwandelte Milchbruder Diarmaids, dessen Schicksal an sein eigenes gebunden ist. Die Jagd auf den Eber beginnt. Diarmaid, der nicht anders handeln kann, tötet das Tier, und indem er das tut, übertritt er ein anderes seiner *Tabus*, nämlich niemals einen Eber zu töten. Finn, der wütend darüber ist, ihn wohlauf und gesund zu sehen, bittet ihn, das Tier zu messen. Diarmaid gehorcht, aber die vergifteten Borsten des Tieres verletzen ihn am Fuß und fügen ihm folglich eine *tödliche, weil vergiftete Wunde* zu.[51] Finn kann nun jedem Menschen die Gesundheit zurückgeben, wenn er ihm selbst Wasser zu trinken bringt. Sein Sohn, sein Neffe und sein Enkel drängen ihn, so schnell wie möglich Wasser zu holen. Er kann sich nicht entziehen, aber er trödelt, bringt das Wasser in seinen Händen und richtet es so ein, daß es zwischen seinen Fingern fortrinnt. Schließlich bedroht ihn sein Enkel Oscar mit einem eigenartigen Kampf, falls er noch länger ausweichen sollte. So kehrt Finn mit Wasser zurück, doch es ist zu spät. Diarmaid ist gerade gestorben.[52]

Das Ende der Geschichte variiert in den verschiedenen Versionen. In einer beweint Oengus den Tod seines Adoptivsohnes und Grainné benachrichtigt die Söhne Diarmaids, die daraufhin einen gnadenlosen Kampf gegen Finn aufnehmen. Und Finn, von allen *Fiana* verlassen, muß für den Tod Diarmaids ein öffentliches Schuldbekenntnis ablegen. Es gelingt ihm jedoch, Grainné dazu zu bringen, mit ihm zu leben. In einer anderen Version stirbt Grainné vor Schmerz, als sie vom Tod Diarmaids hört, und sie wird im selben Grab wie ihr Geliebter bestattet.[53]

In dieser weitläufigen, epischen Schilderung, deren Einzelheiten oft mit der Tristan-Sage übereinstimmen, zeichnen sich drei wesentliche Elemente ab, auf denen die Struktur des Epos beruht und die uns helfen, den tiefen Sinn der Tristan-Sage zu entdecken.

Zunächst ist es das, was die Iren *geis* nennen, ein nicht übersetzbares Wort, welches man mehr schlecht als recht mit „Verbot", „Tabu" oder „magisch-religiöse Verpflichtung" wiedergeben kann. Das zweite wesentliche Element ist die außergewöhnliche Rolle der Frau in dieser Geschichte. Grainné, die in Wirklichkeit die Fäden des Geschehens in der Hand hält, die fähig ist, den Mann wirkungsvoll zu beeinflussen und in ihm eine vollständige, psychische und geistige Verwandlung zu bewirken: Grainné ist eine Frau, die die Macht hat, einzuweihen und zu verwandeln. Dies ist der Sonnen-Charakter Grainnés, diese unentbehrliche Eigenschaft, die gleichermaßen gesucht und gefürchtet ist: Grainné ist eine Art tyrannische Göttin, Königin und Geliebte des Gartens, zu dem der Mann sich Zutritt verschafft hat.

Diese drei Elemente, die sich gegenseitig ergänzen und nur gemeinsam einen Sinn ergeben, bilden den Schlüssel zu der Geschichte und letztendlich zur Deutung des gesamten *Mythos der Frau bei den Kelten*. Daher ist es wichtig, diese Elemente eingehend zu untersuchen.

1. Der Geis

Nach allem, was wir dank der irischen Epik und aus den verschiedenen Gesetzestexten über die Macht der Druiden wissen, ist der *geis* zunächst und vor allem ein Handlungsmittel, das dem Druiden zur Verfügung steht, um seiner persönlichen

Autorität und seinen Anweisungen Bedeutung zu verleihen. In einer theologisch definierten Gesellschaft – und die keltische Gesellschaft ist eine solche – stammt die Macht gewisser privilegierter Menschen von den Göttern, und jeder Verstoß dieser Menschen gegen die Regeln wird von den Göttern sanktioniert. Natürlich wird man an den Gebrauch des Verbots und der Exkommunikation im christlichen Mittelalter erinnert, wenn dieser Vergleich auch nicht ganz stichhaltig ist. Auch wird man an das Beispiel der römischen Religion denken, einer formalen Stadtreligion, deren Ziel es außerhalb aller metaphysischen Gesichtspunkte war, den Menschen, den Bürger in den politischen Rahmen einzufügen: es war also eine Religion mit rein materiellen Zielen, die aber, um geachtet zu werden, einer übernatürlichen Rechtfertigung bedurfte. So wurde erzählt, daß der erste Gesetzgeber Roms, der König Numa Pompilius, seine Gesetze dank der Ratschläge der Göttin Egeria verfaßte, mit der er häufige Unterredungen hatte. Es versteht sich von selbst, daß das Königtum 'aus Gottes Gnaden' auf ganz ähnlichen Vorstellungen und Absichten beruhte: die Macht eines Menschen über andere Menschen durchzusetzen, indem sie unter den sowohl beruhigenden als auch furchterregenden Schutz einer himmlischen Macht gestellt wird, an die man im übrigen glauben mag oder auch nicht.

Da die keltische Gesellschaft im Unterschied zur römischen Gesellschaft keine sicheren rechtlichen Grundlagen hatte, war das Akzeptieren der Macht seit Bestehen dieser Gesellschaft ein besonders großes Problem: zu viele verschiedene Elemente spielten eine Rolle, als daß die keltische Gesellschaft jemals eine monolithische Einheit hätte sein können, und diese über den Kontinent und die britischen Insel verstreuten Völker verband nur die Religion, das Druidentum. Alle Verträge und Vereinbarungen, die in Wirklichkeit immer von den einen oder anderen nicht hingenommen werden, wurden aus diesem Grund dem direkten göttlichen Schutz unterstellt, und es war Aufgabe der Druiden, ihre Einhaltung zu überwachen. Daher gab es eine Fülle von Schwüren, die die Verträge heiligen, und eine Fülle von göttlichen „Verfluchungen", die gegen diejenigen ausgesprochen wurden, die ihre Gelöbnisse nicht achten, und damit gegen die Verträge verstoßen. Vor diesem Hintergrund wollen wir nun die theoretisch ungeheure Macht der Druiden und die Handlungsmittel, die ihnen übertragen waren, näher untersuchen.

Auf die Macht des Weissagens braucht hier nicht weiter eingegangen zu werden, dies ist natürlich eine ausgezeichnete Art, die anderen gemäß dem, was man vorhersagt und somit entschieden hat, handeln zu lassen. Dies ist aber überall so praktiziert worden und ist somit nichts Besonderes: die Druiden haben sich dieser Macht bedient, wie alle anderen Priester jeglicher Religion. Auch die „magischen Kräfte" der Druiden, die es ihnen ermöglichten, die Natur zu beherrschen, sollen hier nicht berücksichtigt werden: noch jeder Schamane, jeder Zauberer vermag dies dank seiner Suggestivkraft oder seiner parapsychologischen Fähigkeiten ebenso. Es sind vor allem zwei Mittel, die die Druiden von ihren Kollegen anderer Religionen unterscheiden: der *glam dicin* und der *geis*. Beide ähneln sich übrigens, und es ist schwierig, eine Trennungslinie zwischen ihnen zu ziehen.

Der *glam dicin* ist eine Art lächerlichmachende Beschwörung, die gegen jemand gerichtet ist und zwingende Kraft hat. In Wirklichkeit ist es eine Verfluchung. Diese kann einen wohlbegründeten Anlaß haben, wie etwa den Verstoß gegen göttliche oder menschliche Gesetze, Verrat, Vertragsbruch oder Totschlag, aber sie kann auch aus einfacher persönlicher Rachsucht oder Feindseligkeit ausgesprochen werden. Hierfür ist das Beispiel des Dichters Athirne ein Beweis, den seine Landsleute, die Ulates, nur deshalb dulden, weil sie nichts gegen ihn ausrichten können und weil sie seine ungerechten und haßerfüllten *glam dicin* fürchten. Denn nicht nur die Druiden können den *glam dicin* anwenden, sondern ebenso die Dichter (*fili*), die in der vorchristlichen Zeit bereits versuchten, sich die Rechte der Druiden anzueignen und ihren Platz in der Gesellschaft einzunehmen. Der *glam dicin* ist auf jeden Fall zu fürchten, denn er versetzt die betreffende Person in den Zustand der Schande, der Krankheit oder des Todes. Das der *Lächerlichkeit* zum Opfer gefallene Individuum wird von der Gesellschaft verstoßen, und selbst, wenn man es bedauert, kann man ihm nicht helfen.

Komplexer ist der *geis*. Er kann nicht auf jede x-beliebige Art und gegen jedes x-beliebige Objekt ausgesprochen werden. Nur ein sehr wesentlicher Grund rechtfertigt ihn, denn er berührt das Schicksal des Menschen (manchmal auch des Tieres) selbst. Er ist eine Art Verbot, das infolge gewisser Umstände gegen ein Individuum ausgesprochen wird, und welches dieses Individuum für immer zeichnet. Den *geis* zu überschreiten, hieße, sich großen Schwierigkeiten und sogar einem nicht nur schmerzhaften, sondern *abscheulichen* und *schmachvollen* Tod auszusetzen, denn auch hier bewirkt die moralische und soziale Bedeutung des Verbots, daß jeder zuwider Handelnde sich auf fatale Weise der Schande aussetzt und von der etablierten gesellschaftlichen Ordnung verstoßen wird. Wir haben zahlreiche Beispiele für *geisa*. Schon bei seiner Geburt ist der Mensch Opfer dieser *geisa*. So ist der König Conairé der Große einer ganzen Reihe von mehr oder minder komplizierten Verboten unterworfen, und sein Niedergang setzt in dem Augenblick ein, wo ein einziger übertretener *geis* als Kettenreaktion die Überschreitung aller anderen *geisa* nach sich zieht.[54]

Mit seinem 'Haupt'-*geis* wird Cûchulainn in dem Augenblick getroffen, wo er den Namen „Chien de Culann" (Hund des Culann) erhält, was für ihn bedeutet, niemals Hundefleisch essen zu dürfen. Nun muß er – umzingelt und belauert von seinen Feinden – trotzdem Hundefleisch zu sich nehmen, denn seine Feinde umschließen ihn mit einem Netz von *geisa*: er kann nicht alle einhalten, und ein überschrittener *geis* zieht auf fatale Art und Weise die Überschreitung auch der anderen nach sich. Cûchulainn wird also durch das magische Spiel der Druiden und 'Verspötter' unweigerlich in den Tod getrieben.

Aber der *geis* hat nicht nur den negativen Aspekt des Verbots. Er kann jemanden zwingen, etwas unter Strafandrohung zu vollbringen. Hier erreicht er seine wahre Macht und wird in den Händen desjenigen, der über ihn verfügt, ein gefürchtetes Mittel, gegen das es keine Abwehr gibt. Wenn Grainné Diarmaid unter den „*geis* von Mord und Zerstörung" stellt, will sie sagen: „Komm mit mir, wenn Du nicht kommst, bist du nicht nur ein toter Mann, sondern ein entehrter Mann." Den Beweis hierfür findet man – als Diarmaid um Rat fragt – in der Antwort Oisins und der *Fiana*, die ja alle dazu verpflichtet sind, die bestehende Ordnung durchzusetzen, und die Finn, ihrem allmächtigen Oberhaupt, Gehorsam schulden: ihre Antwort lautet, daß Diarmaid nichts anderes tun kann, als mit Grainné fortzugehen, und das unter Mißachtung aller menschlichen und göttlichen Gesetze. Es scheint, daß die Macht des *geis* höher steht als die göttliche und menschliche Rechtsprechung. Der *geis* hebt alles auf, was zuvor geregelt war, und ersetzt eine alte Situation, die er zerstört, durch eine neue, und zwar durch den Willen desjenigen oder derjenigen, der/die über ihn verfügt.

Denn, wenn das Verfügen über den *geis* ursprünglich der priesterlichen Kaste der Druiden oder *fili* (oder auch noch den den Schamanen Asiens und Osteuropas ähnlichen Magiern) reserviert war, so scheint es, daß sich auch noch andere Personen seiner bemächtigen konnten. Die spätesten Texte erzählen nämlich von *geisa*, die von einfachen Privatpersonen ausgesprochen wurden. In der Geschichte Diarmaids und Grainnés ist es jedoch eine Frau, die die magische Beschwörung ausspricht, und es ist durchaus möglich, daß dies ein Relikt aus früheren Epochen ist, in der die Frauen als Priesterinnen, Gesetzgeberinnen oder sogar Zauberinnen die Möglichkeit hatten, ihren Willen durch rituelle, religiöse und magische Mittel durchzusetzen. Betrachtet man die Spuren des gynäkokratischen Systems, das man in der keltischen Gesellschaft noch erkennt, so hat diese Vermutung nichts Unwahrscheinliches.

Die historischen Berichte über die Gründung der Stadt Marseille erzählen übrigens von einem Brauch der Salyer (eines Volkes, das als „keltisch-ligurisch" eingestuft wird), der an unser Thema erinnert. Während eines Festes wählt die Tochter des Königs der Salyer unter den Freiern ihren Gatten selbst aus. Dieses Detail kann mit der indischen Zeremonie des *svayamvara* verglichen werden, in der das Mädchen ebenfalls seinen Gatten unter den versammelten Freiern auswählt. Auch die Odyssee hat die Erinnerung an diese gynäkokratischen Institutionen bewahrt: denn wie wäre sonst die Haltung Penelopes, die jeden Tag ihre Freier im Palast empfängt, zu erklären? Sicher, sie zögert, so lange sie kann, verschiebt regelmäßig ihre Wahl, nimmt das berühmte Weben als Vorwand, aber sie ist tatsächlich da, um zu *wählen*, und keiner der Freier wäre so wahnwitzig, sich ihrer mit Gewalt zu bemächtigen. Dies wäre nicht legal.

Der von Grainné gegenüber Diarmaid ausgesprochene *geis* ist also in einem sozialen Kontext zu sehen, der auf eine alte Kultur mit gynäkokratischen Tendenzen zurückgeht. Für einen solchen *geis* gibt es aber durchaus noch andere Beispiele: der berühmteste ist derjenige, den die Heldin Deirdré unter ähnlichen Umständen gegenüber Noisé, dem Sohn Usnechs, ausspricht, ein *geis*, der der Ausgangspunkt einer der finstersten Geschichten der großen keltischen Sagenwelt ist.

Der Mord an Usnechs Söhnen (Irland):

Bei der Geburt Deirdrés prophezeit der Druide Cathbad, daß dieses Mädchen viele Morde unter den Ulates verursachen werde. Nach dieser Vorwarnung[55] wollen die Ulates das Kind töten. König Conchobar widersetzt sich aber ihrem Plan: er stellt das Mädchen unter seinen Schutz, erklärt, daß er sich um seine Erziehung kümmern wolle und sie als seine zukünftige Ehefrau betrachte.[56] So wächst Deirdré zu einem schönen jungen Mädchen heran und Conchobar sorgt dafür, daß kein Mann sie sehen kann. Nun erblickt Deirdré eines Tages im Schnee einen Raben, der das Blut eines verletzten Tieres trinkt. Sie ruft: „Der einzige Mann, den ich jemals lieben werde, wird derjenige sein, der diese drei Farben trägt: die Haare wie der Rabe, die Wangen wie Blut und der Körper wie Schnee."[57] Ein wenig später trifft Deirdré zufällig Noisé, ein Sohn Usnechs, der genau dem Bild entspricht, das sich das Mädchen von seinem idealen Liebhaber gemacht hat.[58] Sie bietet sich Noisé offen an. Dieser aber hat – wie Diarmaid – Prinzipien: er stößt sie zurück, weil er sein Auge nicht auf ein Mädchen werfen kann, das König Conchobar versprochen ist. Da stürzt sich Deidré auf ihn „und packt ihn bei den Ohren und sagt: 'Dies sind zwei Ohren der Schande und des Spotts, wenn du mich nicht zu dir nimmst!'[59] Noisé macht einen letzten Versuch, den *geis* abzuwehren: 'Entferne dich von mir, oh Frau.' – 'Ich werde dir gehören', antwortet sie. Da schrie er auf.[60] Als die Ulates die Stimme hörten, stürzten sie sich aufeinander." Die Brüder Noisés kommen, um zu hören, was passiert ist. Noisé erzählt es ihnen. Darauf sagen sie: „Das wird ein böses Ende nehmen. Wie dem auch sei, *du wirst nicht der Schande ausgeliefert sein*, solange wir leben. Wir werden mit ihr in ein anderes Land ziehen." Tatsächlich wandern Noisé und seine Brüder mit Deirdré aus. Nach zahlreichen Abenteuern in Schottland lädt Conchobar sie ein, unter der Bürgschaft und dem Schutz des Helden Fergus mac Roig zurückzukehren. Dies war jedoch eine Falle, und Conchobar läßt die Söhne Usnechs massakrieren, wodurch er die Wut und das Exil Fergus' hervorruft. Deirdré wird die Konkubine Conchobars, doch sie beklagt ununterbrochen das unglückliche Schicksal der Söhne Usnechs. Um sich noch mehr zu rächen, gibt Conchobar sie anschließend dem Mörder Noisés als Konkubine. Dies ist mehr, als Deirdré ertragen kann. Sie stürzt sich von einem Wagen und zerschmettert ihren Kopf an einem Felsen.[61]

Man ist einigermaßen erstaunt, mit welcher *Gewalt* die verliebte Frau die – so könnte man sagen – „sakramentalen Worte" ausspricht, die sie endgültig an den Mann ihrer Liebe binden. Gegen diesen *geis* gibt es keinen Einspruch: der Mann, der ihn empfängt, wird wider seinen Willen in ein Abenteuer hineingezogen, das für ihn tödlich endet, was er jedoch im Grunde nicht bedauert, denn er entdeckt dadurch die Liebe, die er bis dahin nicht kannte. Aus diesem unerbittlichen *geis* ist der Liebestrank geworden, der „gewürzte Wein", das „Liebesgebräu", das Tristan und Yseult auf dem Schiff zu sich nehmen, das sie nach Tintagel bringt und darüberhinaus ihrem Schicksal zuführt. Im Frankreich des XII. Jahrhunderts wäre der *geis* als solcher nie verstanden worden. Zuerst mußte er materialisiert werden: was lag da näher, als auf einen Zaubertrank oder ein Aphrodisiakum zurückzugreifen, das man läutert, um daraus die Grundlage des ganzen Dramas zu machen und die Verantwortungslosigkeit der Liebenden zu zeigen. Der Liebestrank hatte gleichzeitig den Vorteil, die Aufmerksamkeit von der Liebe Yseults gegenüber Tristan abzulenken: der christlichen Moral paßte es nämlich nicht, daß die zukünftige Gattin König Marks sich ihres Zustandes bewußt ist, und daß sie selbst die fatale Geste ausführt. Man hat diese Rolle also ihrer Dienerin übertragen, der rätselhaften Brangwain, einer wahrhaften Liebesgöttin. In Wirklichkeit sind die Göttinnen und Götter jedoch nichts anderes als die formale und äußerliche Abbildung dessen, was sich im Inneren des Menschen abspielt.

Durch diese Umformung wird das Thema natürlich fade und verliert an Bedeutung. In seinem Film *L'Eternel Retour* hat *Jean Cocteau*, dem es gelungen ist, die Sage umzusetzen und doch das Wesentliche des Mythos beizubehalten, den Liebestrank als einfaches Objekt dargestellt, an dessen Wert niemand recht glaubt, am wenigsten noch der Zuschauer: dieses Objekt, ein Flakon mit dem Etikett „Gift", ist aber der Katalysator der geheimen Energien Tristans und

Yseults, und er ist zudem der materialisierte Ausdruck dessen, *was Yseult-Nathalie weiß*, nämlich, daß sie Tristan-Patrice liebt, und was sie sich – wie die Princesse de Clèves gegenüber dem Duc de Nemours – aus Angst zu unterliegen, nicht eingestehen will.

Der Liebestrank entschuldigt viel, insbesondere den Ehebruch und sogar den Inzest. Schließlich ist Yseult die Tante Tristans. Das christliche Publikum des XII. Jahrhunderts dazu zu bringen, eine Liebe zwischen Tante und Neffen zu akzeptieren (und nicht nur zu akzeptieren, sondern auch noch sympathisch zu finden!), das soll erst einmal jemand nachmachen! Seien wir aber nicht allzu schokkiert: aus mythischer Sicht ist dieser Inzest sogar normal. Mark ist der Ersatz des Vaters, und Yseult der Ersatz für die Mutter Tristans, der im übrigen seine richtigen Eltern niemals kennengelernt hat. In der Beziehung zwischen Tristan und Yseult herrscht die gleiche Zweideutigkeit wie in der Beziehung Jean-Jacques *Rousseaus* zu Madame de *Warens*, die er – gemäß den lokalen Sitten, aber welch ein Zufall! – „Maman" nannte.

Der Beigeschmack des Inzests zieht sich durch alle keltischen Mythen. Erinnern wir uns an Guenièvre, die in durchaus archaischer Tradition nach zahlreichen Vorgängern ihren Neffen Gauvain als Liebhaber hat, der schamhaft von Lancelot du Lac versteckt wird. Aber der Autor von *La Mort le Roi Artu* hatte große Schwierigkeiten, als es darum ging, den Zusammenbruch der Artusgesellschaft daran zu zeigen, daß Guenièvre den Reizen ihres *bösen Neffen* Mordret erlag, der sich zudem auch noch als der inzestuöse Sohn Arthurs erweist (eine schöne Familie!): er hat sich dadurch aus der Affäre gezogen, daß er die Königin als Gefangene Mordrets zeigt, eine Situation, die sowohl dem ursprünglichen Mythos, als auch dem mythologischen und psychologischen Charakter Guenièvres widerspricht.

Hier sind die Griechen weiter gegangen, ohne jedoch den entscheidenden Schritt zu tun. Hippolyt reagiert nicht auf die Annäherungen seiner Stiefmutter Phaedra, obgleich es Phaedra nicht an Mitteln mangelt: sie versucht alles, von der Überredung, der Verfluchung bis zur Drohung. Doch Hippolyt ist unerschütterlich in seiner Abweisung. In Wirklichkeit versteht er auch nichts von dem, was Phaedra ihm anbietet, wie wir später sehen werden. All diese Geschichten über Neffen und Tanten, Stiefsöhne und Stiefmütter, Brüder und Schwestern (Bilder, die das Paar Mutter-Sohn ersetzen), beziehen sich auf eine grundlegende Erscheinung der Realität, nämlich die Überschreitung des Inzesttabus bei den Indoeuropäern, welches der christlichen ja sogar der jüdischen Gemeinschaft dagegen vollkommen fremd ist.

Tatsächlich sind die Semiten endogam (bei den Juden des Alten Testaments ist es üblich, daß eine Witwe ihren Schwiegersohn heiratet, ein Onkel seine Nichte – ohne von den Töchtern Loths zu sprechen!), während die Indoeuropäer exogam sind: sie dürfen mit Mitgliedern derselben Familie oder desselben Clans keine sexuellen Beziehungen haben. Dieses Verbot gilt bei den Kelten wie bei den Griechen und Römern generell und für die ganze Bevölkerung. Die *Helden* jedoch, die Persönlichkeiten außerhalb der Gemeinschaft, die sich in dem Maße, wie sie sich von den anderen unterscheiden, mit den Göttern identifizieren, können dieses Verbot übertreten: denn sie sind die Hauptfiguren des jährlich stattfindenden Clanfestes, bei dem jegliche Exzesse nicht nur erlaubt, sondern erwünscht sind. Die Sagenhelden spiegeln die Erinnerung an diese Akteure der archaischen rituellen Feste wider, in denen die Tabus bewußt übertreten wurden. Später sind sie aus dem Zusammenhang des Festes herausgelöst worden und nur ihr außergewöhnliches Wesen ist ihnen erhalten geblieben. Ein Grundmerkmal dieses Wesens ist aber die (Tabu-)Überschreitung.[62]

Deshalb wurde es notwendig, den *geis* durch den *Liebestrank* zu ersetzen. Das wirkte beruhigend und ließ den „Rest" (der Sage) annehmbar erscheinen. Weder Tristan noch Yseult sind also schuldig. Betrachtet man im Vergleich dazu die klar denkenden Figuren Grainné und Deirdré, so kann man nicht umhin, festzustellen, daß der ursprüngliche Geist des Mythos verfälscht wurde. Die ursprüngliche Yseult war sich nämlich dessen, was sie tat, vollkommen bewußt und sie war es auch, die Tristan dazu brachte, sie zu lieben.

Ist sie daher nicht eine Fee oder Zauberin? Ist sie daher nicht auch ein göttliches Wesen? Sie ist blond wie die Sonnengöttin. Sie ist Magierin und verwandelt sich in einen Vogel, um bei Tristan sein zu können. Zweimal heilt sie Tristans unheilbare Wunden. Sie ist die Herrin des Gartens, das heißt, des Paradieses. Sie ist Herrscherin und verfügt über die Macht der Muttergöttin: sie kann insbesondere dem ihr dienenden Ritter anordnen, was ihr gefällt, und dieser muß gehorchen. Hier sind natürlich die Verbindungen zu der Definition der „Dame" der höfischen Liebe zu sehen, die über das Verhalten ihres Liebhabers die absolute Herrschaft hat. Im *Lancelot*-Roman von *Chrétien* kann Gueniėvre beispielsweise Lancelot anordnen, sich bei einem Turnier auf sehr lächerliche Weise zu verhalten, bevor sie ihn dazu ermächtigt, zu siegen. Lancelot zuckt nicht mit der Wimper: die Schande, die er empfindet, als er den Spott der anderen Ritter ertragen muß, wiegt nicht die Schande auf, die er empfinden würde, wenn er Gueniėvres Befehlen nicht oder nur zögernd gehorchte. Dieser absolute Wille Gueniėvres ist dem irischen *geis* gleichbedeutend.

Die Erzählung vom *Tod des Cûchulainn* bietet ein weiteres Beispiel dieser Art. Der Ulates-Held liegt mit den Söhnen und Töchtern des Calatin in Fehde, die geschworen haben, ihn zu töten und ihn mit einem Netz von *geisa* umschließen, während die Ulates bereits Opfer ihrer magischen Krankheit sind. König Conchobar vertraut den Frauen – die einzigen, die nicht von dieser Krankheit betroffen sind – Cûchulainn an. Sie sollen ihn beschützen, und daran hindern, sich auf die Kämpfenden zu stürzen, die von den magischen Beschwörungen seiner Feinde aufgestachelt sind. Vor allem Niam, die Tochter Celtchars und „Favoritin" Cûchulainns ist mit dieser Aufgabe betreut. Sie nimmt den Helden also mit in ihre Burg und gibt ihm zu trinken. Aber eine der Töchter Calatins, eine Zauberin, die ihr Aussehen verwandeln kann und Morrigane sehr stark ähnelt, nimmt die Gestalt Niams an und spricht so zu Cûchulainn:

„Oh, meine Seele, oh Krieger, oh herrlicher Hund (...) die Truppen sind bis zu Emain vorgedrungen und die Adligen der Provinz haben mir den Vorwurf gemacht, *dich hier zurückzuhalten und dir nicht zu gestatten, die Provinz zu rächen und die Truppen zurückzudrängen*. Außerdem weiß ich, daß Conall mich töten wird, wenn ich dir nicht die Erlaubnis gebe, die Provinz zu beschützen und dich den Männern Irlands zu nähern".[63]

Den Helden Cûchulainn, der fähig war, vier verbündeten Armeen alleine zu widerstehen, nun ganz von dem Willen einer Frau abhängig zu sehen, muß nachdenklich stimmen. Aber er steht wie Lancelot du Lac einer Macht gegenüber, die stärker ist als seine eigene Kraft, einer insofern unstrittigen Macht, als sie von der geliebten Frau ausgeht, der „Herrin" (Maîtresse) und „Favoritin". Dies ist eine Form des *geis*; es gibt aber noch zahlreiche andere.

In dem *Book of Conquests*[64] findet sich die eigenartige Geschichte von Elgnat, der Frau des Partholon, eines der ersten Eroberers Irlands. Elgnat lädt einen ihrer Diener ein, mit ihr ins Bett zu gehen. Aus Angst vor Partholon weigert sich der Diener jedoch. Nun „beschämt" ihn die Frau, worauf der Diener gehorcht.[65] Als Partholon davon erfährt, reagiert er übrigens durchaus philosophisch. „Der Paarungslust zu widerstehen ist nicht einfach!"

In der Erzählung *Die Erziehung des Cûchulainn*[66] weilt der Held bei der „Zauberin" Scatach, um die Kampfspiele zu erlernen. Die Tochter Scatachs, genannt Uatach (= 'Sehr Schrecklich') verliebt sich in ihn und schleicht in sein Bett. Cûchulainn stößt sie zurück und bricht ihr dabei sogar den Finger. Das Mädchen bedroht den Helden nun mit einem *geis* der Zerstörung, wenn er nicht gewillt sei, sie bei sich zu behalten. Cûchulainn muß nachgeben, entreißt aber Uatach das Versprechen, ihn dafür zu belohnen. Derselbe Cûchulainn wird in *Das Leiden des Cûchulainn* von einer rätselhaften Krankeit erfaßt, und zwar an dem Tag, als er bei der Jagd auf zwei Vögel – in Wirklichkeit zwei Feen[67] – versagt hat. Er kann nur unter der Bedingung wieder geheilt werden, daß er dem Ruf einer der beiden Feen, der in ihn verliebten Fand, gehorcht und in die Welt der Feen folgt. Auch dies ist ein Aspekt des von einer Frau dem von ihr geliebten Mann gegenüber ausgesprochenen *geis*. Man kann den *geis* einerseits wiedererkennen in dem Gesang der Sirenen, die den von ihnen auserwählten Schiffer mit sich auf den Meeresgrund hinabziehen, und andererseits noch deutlicher in der keltischen Mythologie, nämlich in der irischen Geschichte von Connlé dem Roten: eine Fee hat ihm einen Apfel gegeben und seitdem kann er dem Ruf der Autre Monde nicht mehr widerstehen. Die Frau kann also, ohne wirklich einen *geis* auszusprechen, auch etwas ihm Entsprechendes tun. Die junge Derbforgaille, die sich aufgrund seiner Heldentaten in Cûchulainn verliebt hat, ohne ihn jemals gesehen zu haben, erscheint ihm als Vogel. Cûchulainn verletzt sie, und als sie daraufhin ihre menschliche Gestalt annimmt, saugt er ihr das Blut aus der Wunde, um die Kugel zu entfernen. Infolge der Blutsbande, die sie nun vereinen, kann Derbforgaille nicht mehr Cûchulainn angehören. Er *gibt sie* deshalb einem seiner Freunde, den er persönlich ausgewählt hat.[68] Der *geis* hat aber nichtsdestotrotz ein unauflösliches Band zwischen beiden geschaffen, und als Derbforgaille getötet wurde, setzte Cûchulainn alles daran, sie zu rächen.

Der *geis* ist in der irischen Tradition klar und deutlich zu erkennen, aber man findet ihn darüber hinaus auch in der brit(ton)ischen Tradition und in abgeschwächter Form in der Artus-Tradition wieder. Bei dem Kampf gegen den *addanc*, das grauenhafte Ungeheuer auf dem Grund einer Höhle (hier fällt eine Analogie zur Tristan-Sage auf, wo der Held den Drachen tötet und dadurch die Hand Yseults erhält), trifft Peredur eine Frau, die berühmte und rätselhafte „Kaiserin". Diese warnt ihn, daß der *addanc* unbesiegbar sei, da er alle, die seine Höhle betreten, vor ihnen sieht. „Wenn du mir jedoch dein Wort gibst, mich mehr als jede andere Frau der Welt zu lieben", fügt sie hinzu, „werde ich dir einen Stein als Geschenk geben, der es dir ermöglicht, ihn bei Betreten der Höhle zu sehen, ohne von ihm gesehen zu werden."[69] Der verpflichtende Charakter des Geschenkes, das die „Kaiserin" Peredur im Austausch gegen seine Liebe[70] vermacht, rückt dieses natürlich in die Nähe des *geis*: die „Kaiserin" nützt die Situation aus, sie weiß sehr wohl, daß Peredur ihr Angebot nicht ablehnen kann, und so bindet sie ihn durch den Stein symbolisch an sich, der in demselben Sinne eine Materialisation der magischen Kraft ihrer Worte ist, wie der Liebestrank, den Tristan und Yseult trinken. Die „Kaiserin" taucht übrigens im Laufe der Erzählung in mehreren verschiedenen Gestalten auf und jedes Mal *zwingt* sie Peredur zu irgendeiner Handlung. Als „Häßliches Maultierfräulein" (die Kundrîe von *Wolfram von Eschenbach*) belegt sie Peredur-Parzival mit einer Art Bann. Sie wirft ihm vor, seine Aufgabe nicht erfüllt zu haben und zwingt ihn, seine Suche wieder aufzunehmen.[71] Als „Herrin des Schachschlosses" und dann als „Junge Schwarze Frau"[72] verpflichtet sie ihn, zum „Schloß der Wunder" ('Chastel Marveile') zu gehen und ermöglicht so das Ende der Suche.

Auch in der walisischen Erzählung *Owein*, sowie im *Chevalier au Lion* von *Chrétien* wird der Held der Aventiure mit der „Zofe" Luned und mit ihrer Herrin, der 'Dame de la Fontaine', auch durch eine Art *geis* verbunden. Die walisische Erzählung zeigt Owein wirklich in großer Bedrängnis. Er hat gerade seinen Gegner erschlagen, der ihn allerdings in seine Festung verschleppt hatte. Jetzt sitzt Owein gefangen, während er von seinen Reisigen gesucht wird. Er wird jedoch von einem jungen Mädchen 'mit blond gelockten Haaren' befreit, „ihr Kopf ist von einem goldenen Band geschmückt, sie ist in kostbare gelbe Seide gekleidet und ihre Füße stecken in Schnürschuhen mit prächtig bunten Bändern". Das Mädchen spricht ihn folgendermaßen an: „Es wäre die Pflicht einer Frau, dir zu dienen. Ich habe gewiß nie einen jungen Mann gesehen, der für eine Frau geeigneter wäre. Hättest du eine Freundin, wärest du sicher der bestmögliche Freund für sie; hättest du eine Geliebte, gäbe es keinen besseren Liebhaber als dich; ich werde alles tun, was in meiner Gewalt ist, um dich aus der Not zu befreien. Nimm diesen Ring und steck' ihn an deinen Finger. Dreh' den Stein nach innen und schließe deine Hand. Solange du ihn versteckst, wird auch er dich verstecken."[73] Dann führt Luned Owein in ein geheimes Zimmer, wo er der Witwe seines Opfers begegnet und sich unsterblich in sie verliebt. Luned richtet es nun so ein, daß er die Dame de la Fontaine schließlich heiratet.

Offenkundig erinnert der Tarnring an den Ring des Gyges, er wird jedoch zu den dreizehn Wundern der britischen Insel gezählt. Ebenso offenkundig ist es, daß Luned eine Fee, eine Frau mit magischen Kräften ist. Zudem spielt sie gewissermaßen die Rolle der Kupplerin oder auch einer richtigen Liebesgöttin, vergleichbar mit der Brangwain. Von hier an wird die Geschichte eigenartig: zwischen Brangwain und Yseult, Luned und Laudine (der Dame de la Fontaine) entwickelt sich ein verwirrendes und unerklärliches Spiel – genauso übrigens wie im *Prosa-Lancelot* zwischen der Jungfrau Saraide und Viviane, der Dame du Lac. Man kann fast von zwei Gesichtern ein und derselben Frau sprechen: alle beide sind austauschbar (Brangwain, die Yseults Platz im Bett Marks einnimmt, ist der Beweis dafür). Zunächst hat man den Eindruck, daß die Fee Luned gegenüber Owein die berühmte Beschwörungsformel des *geis* ausspricht, daß sie Owein an sich bindet, da sie in ihn verliebt ist, aber sie gibt sich ihm nur in der Gestalt ihrer Herrin Laudine hin. *Chretien de Troyes*, der dieselbe Geschichte dichtet, gibt sich jedoch Mühe, sie zu rationalisieren: er rechtfertigt die Haltung Luneds damit, daß sie dem Ritter Yvain Dank schuldet, da er ihr früher am Artushof geholfen hat. Diese Rechtfertigung erklärt jedoch nicht all die zwanghaften Kontakte zwischen Luned und Owein-Yvain. Am Ende des Romans, als Luned gewissermaßen zum Scheiterhaufen verurteilt ist, eilt Owein-Yvain ihr zu Hilfe, und dies tut er unter Mißachtung aller anderen Verpflichtungen. Zwischen der Zofe-Fee und dem Helden besteht tatsächlich eine zwingende Bindung, und durch sie gelangt Owein-Yvain zu Laudine, der Personifikation der Macht und Souveränität. Man erkennt hier wieder das in allen keltischen Überlieferungen bekannte Thema der Fee, die dem Mann die Allmacht anbietet. Wenn er sie nicht annimmt, ist er des Lebens nicht würdig. Das ist aber nichts anderes als ein *geis*.

Genauso verhält es sich in der Geschichte von Viviane und Merlin. An dem Tag, an dem Merlin die junge Viviane kennenlernt, steht er bereits unter dem *geis*, denn obwohl er genau weiß, daß sie die Herrin über sein Leben sein wird, kann er nicht umhin, zu ihr zurückzukehren und sie seine Magie zu lehren, durch die sie übrigens erst die Macht erhält, ihn für immer an sich zu binden. Indem Viviane neunmal den Baum umschreitet, an dessen Fuß Merlin eingeschlafen ist, vollzieht sie das Ritual: Merlin wird verwandelt und in ein Luft- oder Glasschloß versetzt, das er nicht mehr verlassen kann. Ist dies nicht die Materialisation des psychischen und *sozialen* Zustandes, in den der Mann versetzt wird, der einem *geis* unterstellt ist?

Spuren hiervon findet man im Bereich der Folklore ebenso wie in den Märchen, die nichts anderes als die Umsetzung alter Mythen sind, wie auch im Volksaberglauben und in den Praktiken der Hexerei. Wir haben bereits den Hl. Guengalc'h erwähnt, der in den Augen seiner Gefährten von einer „Meeresfrau" betört worden war und trotz Beichte und beispielhaftem Leben ein Jahr später als Opfer eines magischen Aktes starb, den die „Meeresfrau" an ihm vollzogen hatte, um ihn für immer zu binden.[74] Wie sind aber erst die seltsamen Hochzeitsbräuche zu deuten?

Der Volkskundler Paul *Sébillot* macht auf einen weitverbreiteten Brauch aufmerksam, wonach sich die Mädchen, die um jeden Preis heiraten wollen, an die Statue eines Heiligen wenden und sich dort so verhalten, als wäre die Statue aus Fleisch und Blut, ein richtiger Ersatz dessen, den sie lieben. So zogen im Minervois um 1850 die Mädchen zu der Statue des Saint Sicre, erhoben eine Gabel über seinem Haupt und drohten ihm in gereimten Formeln, ihn damit zu stechen, falls sie in einem Jahr nicht einen Liebhaber oder Ehemann gefunden hätten.[75] Diese Geste ist aufschlußreich: sie stellt eine Drohung dar, und damit muß der von den Mädchen erwartete und durch das Bildnis des Heiligen repräsentierte Mann (den sie bereits kennen, oder auch nicht) gehorchen und den Ruf beantworten. Wenn er nicht gehorcht, wird er geschlagen, ermordet, *verdammt* werden. Genauso verhielt es sich in der Gegend von Ain, wo die Mädchen dem St. Blaise drohten, ihn in die Rhône zu werfen, in Sorbey (Meuse), wo sie St. Vildbrock steinigten, oder auch in Portugal, wo sie auf dem Mont Lucie die Statue Saint Elisées mit Steinen bewarfen.[75]

Die rituelle Geste wird vom ersten Wort an wirksam. So durchbohren die

Mädchen in Perros-Guirec (Côtes-du-Nord) die Nase des unglücklichen Saint Guirec mit Nadeln und bitten ihn, einen Mann für sie zu finden. Im Frankreich des XVI. Jahrhunderts verbrannte das Mädchen einen Lorbeerzweig (– der Lorbeer ist Apoll gewidmet –) und wünschte sich dabei, daß das Herz des Geliebten ähnlich entflamme und sich vor Liebe verzehre. Im Süden Englands warf das Mädchen drei Freitage hintereinander nachts Salz ins Feuer und sprach dabei folgende Worte: „Nicht dieses Salz soll brennen, sondern das Herz dessen, den ich liebe...Möge er weder Ruhe noch Glück finden, bevor er gekommen ist, mit mir zu sprechen!"[76] In Cornwall und Sussex wäscht das Mädchen in der Johannisnacht um Mitternacht eines seiner Kleidungsstücke, legt es heimlich auf einen Stuhl zum Trocknen vor das Küchenfenster und läßt die Tür offenstehen. Der Mann, der das Kleidungsstück umdrehen wird, wird der Erwählte sein. Derselbe Vorgang findet in der Grafschaft Donegal (Irland) statt: am Abend vor Allerheiligen, d.h. an dem alten keltischen Samonios-(Samain)-Fest dient das Hemd des Mädchens ebenfalls dieser Probe, nachdem es zuvor in fließendem Wasser gewaschen wurde.[77] Dies ist nicht weit entfernt vom Hexenzauber, vor allem vom Kleidungsfetischismus, der bei manchen Frauen und auch bei Männern zu beobachten ist.

In der Grafschaft Donegal umkreist das Mädchen, das heiraten will oder sich zumindest mit einem Mann verbinden will, zu Allerheiligen auch einen Heuschober, in dessen Wand es dann ein Messer mit schwarzem Griff hineinstößt und dabei den Namen des Teufels ausspricht. Derjenige, der das Messer herauszieht, wird der Erwählte sein.[78] Es fällt auf, daß sich auch hier wieder der Teufel in einen magischen Zauber einschleicht, weil er *das Verbotene* symbolisiert. Die Geste, das Messer in die Holzwand einer Scheune zu stoßen, kennzeichnet dieses Ritual als ein erotisches, wobei der Heuschober die Frau und das Messer den Mann symbolisiert: neben dieser einfachen erotischen Bedeutung klingen dabei auch alle religiösen Vorstellungen an, die sich um die Nacht von Allerheiligen und um das berühmte Samain-Fest ranken. Hier öffnet sich die Welt der Toten (in den Seelenhügeln, den *sidh*, die hier durch den Heuschober dargestellt werden) den Lebenden (der Held, der die Probe besteht, um anschließend in sie einzutreten und wieder zurückzukommen, ist hier durch das Messer dargestellt).

Der erotische Aspekt des *geis* ist natürlich nicht überraschend und auch nicht nur bei den keltischen Völkern zu beobachten. Calypso mußte Ulysses einige unangenehme und beleidigende Bemerkungen über seine Männlichkeit machen, um seinen Widerstand zu brechen, und Ruth hat Booz sicherlich in gleicher Weise provoziert. Wozu diente also der berühmte Schwur *in testiculis*, und woher sollte er stammen? Sicher ist er eine der Formen des *geis*, wie sie über die ganze Erde verbreitet sind. Erinnern wir uns daran, daß Deirdré nicht ohne Grund Noisé an den Ohren packt, als sie den *geis* gegen ihn ausspricht: wie diskret war doch der Autor, indem er die Hoden durch die Ohren ersetzte! Es stimmt allerdings, daß auch die Ohren ihre eigene Symbolik hatten, und daß die Macht des *geis* und vor allem seine moralische Tragweite dadurch nicht gemindert wird. Im volkstümlichen Aberglauben existiert der erotische Aspekt nach wie vor, und wird manchmal sogar recht ungeschminkt zum Ausdruck gebracht. In Fougères (Ille-et-Vilaine) setzten sich die Mädchen, die einen Mann begehrten, auf einen hohlen Stein, genannt „Chaire du Diable" ('Teufelsstuhl').[79] In Carnac (Morbihan) hoben sie ihre Röcke und setzten sich so auf den Tisch eines Dolmen, der den Namen „La Pierre Chaude" ('der heiße Stein') hatte. In dieser Weise setzten sich die Mädchen in Dinan auf den Menhir 'Saint-Samson'.[80] In Bonduen (Bouches-du-Rhône) befand sich hinter der Kirche ein Felsen, der eine schräge Ebene bildete: dieser Felsen war im Laufe der Zeit glatt poliert worden, da er als „Scheuerstein" ('écorchade') diente; das bedeutet, daß sich die Mädchen jahrhundertelang nackt an ihm rieben, um damit den Wunsch nach einem Mann zum Ausdruck zu bringen.[80] Dieselbe Art des Reibens oder Gleitens wurde auch auf dem Grand Menhir von Locmariaquer (Morbihan) praktiziert, wobei der Kontakt des nackten Fleisches mit dem Stein dort sogar obligatorisch war.[81] In der Umgebung von Grenoble beteten die Mädchen und Witwen, die heiraten wollten, vor der Kapelle von Brandes und hielten dabei zwischen den Knien eine Art Herme (einen Begrenzungspfahl), genannt „Pierre de Saint Nicolas".[81] Die Reihe weiterer Beispiele für diese weiblichen Praktiken im Kontakt mit Felsen, Bäumen, Statuen oder Menhiren ließe sich noch unendlich weit fortsetzen.

Ein anderes, nicht weniger interessantes Ritual wird an verschiedenen Orten bezeugt, so in Aunis, Saintogne, Gironde, in den Deux-Sèvres, in der Vendée, in der Umgebung von Rennes und Dinan, besonders auch in Plessala (Côtes-du-Nord): *die Frau spuckt in den Mund dessen, den sie liebt* und kann damit sicher sein, daß er von nun an ihr gehört.[82] Es wird deutlich, daß es sich um eine verkehrte und vorweggenommene Form des Liebesaktes handelt: die Frau spuckt ihren Speichel in den Mund des Mannes, weil sie umgekehrt möchte, daß er seinen Samen in sie ergießt. Es handelt sich hier um eine authentische magische Geste, die zudem physiologische Reaktionen des Mannes auslösen kann. Die Geste ist eine *Provokation*. Ist der *geis* denn etwas anderes? Der Kuß auf den Mund, das Eindringen der Zunge und die Vermischung des Speichels gehören übrigens zu der gleichen Art von Handlungen, die in psychologischer wie in physiologischer Hinsicht in gleicher Weise bedeutsam sind. Das reicht vom Bereich des täglichen Lebens, in dem die Frau versucht, sich so zu kleiden – selbst unbewußt –, daß sie die Blicke der Männer auf sich zieht (und somit auch ihr Begehren), wo sie versucht, ihn im wahrsten Sinne des Wortes durch den Gebrauch von Parfum zu berauschen, bis zum Bereich des religiösen Lebens, vor allem der Antike, wo die Göttin oft nicht nackt dargestellt wurde, sondern mit geschürztem Gewand, so daß ihr Geschlecht provokativ sichtbar war. Selbst in dieser alten Form ist das nichts anderes als das, was in einer aktuellen, leicht abweichenden Form als Perversion angesehen wird und des *Exhibitionismus* bezichtigt wird. Weshalb sollte man also nicht auch hierin eine abgeschwächte und veränderte Form des *geis* erkennen können? die bildende Kunst und die Literatur sind voll von Beispielen dieser Art.[83]

Dem Mann bleibt nichts anderes übrig, als dieses Spiel mitzuspielen. Die magische Kraft des Speichels knüpft an die magische Kraft des Liebestrankes an, den Tristan und Yseult zu sich nehmen.[84] Im Grunde ist dieser berühmte Liebestrank, den sie auf dem Schiff zu sich nehmen, nichts anderes, als ihr vermischter Speichel. Und sie trinken diese Mischung mit Wonne. Wie ekelhaft, wird man sagen. Nun, dann sollte man einen Augenblick über die brutale Realität nachdenken: im Liebesakt wird etwas vollzogen, was ohne Liebe zu dem Partner abstoßend wäre, d.h., wenn man nicht Lust hätte, *sich mit dem Partner zu vermischen.*

In diesem Augenblick existiert nichts anderes, auf keinen Fall aber eine negative, abstoßende Empfindung wie Scham oder Ekel. Vor allem kann der Mann von den Emanationen der Weiblichkeit verzaubert werden – dies ist eine logische Folge des *geis* –: es entsteht ein wahrhafter Fetischismus, und in dem Wort Fetischismus schwingt ein durchaus religiöser Zusammenhang obligatorischer Anbetung mit. Man lese hierzu einmal, was Jean-Jacques *Rousseau* über Madame de Warens sagt:

„Wie oft habe ich mein Bett geküßt und habe daran gedacht, daß sie darin geschlafen hat, meine Vorhänge, alle Möbel meines Zimmers habe ich geküßt, immer daran denkend, daß sie ihr gehören, daß ihre schöne Hand sie berührt hat; selbst den Fußboden, auf den ich mich niederwarf und daran dachte, daß ihr Fuß ihn berührt hat (...) Eines Tages, bei Tisch, schreie ich in dem Moment, wo sie sich ein Stück in den Mund steckt, daß ich ein Haar sehe: sie spuckt das Stück wieder auf ihren Teller aus, und ich ergreife es begierig und verschlinge es."[85]

Und wenn man *Rousseau* als krankhaft betrachtet, so lese man *Michelet*, einen Historiker und Moralisten:

„Die Frau ernährt den Mann gemäß seinem Bedürfnis, seiner Müdigkeit, seinem ihr bekannten Temperament; sie bereitet die Nahrung zu, macht sie durch Feuer, Salz und *Seele* menschenwürdig. Sie vermengt sich mit ihr, fügt das Aroma der geliebten Hand hinzu...Bei allem, was mit der Hand berührt werden muß (und, sagen wir es offen, notwendig mit den Ausdünstungen der betreffenden Person durchmischt ist), ist es wünschenswert und 'charmant', daß sie es ist, die es vollführt. Diese Pastete und jener Kuchen, diese Creme können nur von derjenigen hergestellt werden, die man liebt und begehrt."[86]

Also ist der Zauber, den die Frau auf den Mann ausübt, keine rein geistige Einbildung. Ganz im Gegenteil, er stützt sich auf einen grundlegenden Trieb des Mannes, einen biologischen Trieb: im Extremfall wäre er das Bedürfnis, den Geschmack der Muttermilch wiederzufinden, den Geschmack der Haut der Mutter, einschließlich allen damit verbundenen halluzinatorischen Bildern. Es genügt bereits, daß die Frau gegenüber dem Mann ihrer Wahl die Sinnlichkeit – nun sichtbar, hörbar, spürbar und durch den Geruch wahrnehmbar – voll entfaltet, damit der unbewußte Prozeß der Reaktualisierung des glücklichen Urzustandes einsetzt. Der Mann ist für immer durch seine Erinnerungen gebunden. Die Frau ist sich dessen bewußt und dies ist es, was ihre Macht begründet. Deshalb ist sie fähig, den *geis* zu benutzen: Liebestrank, Beschwörungsformeln, ein Ring oder irgendwelche andere Liebesgaben – all diese Requisiten sind nichts anderes als materielle Hilfsmittel einer psychologisch-physiologischen Handlung, die sich gegen alle Zwänge, alle Tabus, alle moralischen, göttlichen und menschlichen Gesetze richtet: damit befinden wir uns nicht mehr im Reich der Vernunft, sondern in dem früher viel mächtigeren Reich der triumphierenden und wiedergefundenen Triebe.

Man lese *Chateaubriand*, den unbestreitbar keltischsten Schriftsteller der französischen Literatur. Unterstellt die Druidin Velléda Eudore nicht einem *geis*, um diesen zu zwingen, sie trotz seiner und ihrer Gesetze zu lieben? Es spielt dabei keine Rolle, daß Velléda in Wirklichkeit der Name einer germanischen Priesterin ist, und daß das angeblich gallisch-bretonische Dekor nichts als billige Staffage ist. *Chateaubriand* rekonstruiert auf jeden Fall das Wesentliche des Mythos:

„Ich wußte wohl, daß ich dich hierher locken würde. Nichts kann der Kraft meiner Stimme widerstehen." So Velléda, als Eudore erscheint. Sie fährt fort: „Hilflos irre ich um dein Schloß herum und bin untröstlich, daß ich es nicht betreten kann. Ich habe aber den ein oder anderen Zauber vorbereitet; ich werde Sélago suchen: zuerst werde ich Wein und Brot als Opfergabe spenden; ich werde weiß gekleidet sein, meine Füße werden nackt sein, meine rechte, unter der Tunika verborgene Hand wird die Pflanze pflücken, und meine linke wird sie der rechten entreißen. So kann mir nichts mehr widerstehn. Ich werde auf den Strahlen des Mondes zu dir herabgleiten, mich in eine Ringeltaube verwandeln und auf den Turm hinauffliegen, wo du wohnst."[87]

Hier geht es um eine magische Beschwörung, die dem *geis* ähnelt. Als Velléda sich in die Fluten stürzen will, hält Eudore sie mit seinem Segelschiff zurück und ruft die von der Druidin erwarteten Worte: „Du wirst geliebt sein". *Chateaubriand* fügt natürlich hinzu: „Die Hölle gab das Fanal für diese unheilvolle Vermählung." Jeder magische Akt geschieht notwendigerweise im Zeichen des Teufels. Tatsache ist aber: auch Eudore und Velléda bilden das ursprüngliche Paar wie Tristan-Yseult, Diarmaid-Granné und Noisé-Deirdré.

Die Figur der Velléda gibt übrigens ein plastisches Bild von den Phantasmen *Chateaubriands*, und somit von den Phantasmen des westlichen Menschen auf der Suche nach der Idealfrau.

Für den Menschen des Okzidents, und vor allem für den Kelten, bedeutet die Liebe eine *Tabu*überschreitung, denn das stärkste Tabu ist die Liebe selbst. Velléda überschreitet das Tabu ihrer geheiligten Jungfräulichkeit. Man beachte, daß sie dabei weiter geht als Atala, die in der Vorstellung des Autors jedoch dieselbe Figur ist. Atala hätte sich eher getötet, als dieses *Tabu* zu verletzen. Im übrigen war auch *Chateaubriand* Zeit seines Lebens selbst mit einem Tabu konfrontiert, welches zu überschreiten er jedoch nicht wagte: das Inzesttabu. So konnte er nur in der dichterischen Imagination die verbotene Situation verwirklichen, sei es, daß er seine Maîtressen-Figuren mit dem *Zauber* seiner Schwester Lucile ausstattete, sei es, daß er diese als furchterregende Fee, Druidin oder Gottheit beschrieb, deren Schleier man nicht lüften darf, die aber dennoch dazu verführt, daß man sich unsterblich in sie verliebt.

„Lucile war groß und von auffallender, aber ernsthafter Schönheit. Ihr blasses Gesicht war von dunklen Locken umrahmt; oftmals entsandte sie Blicke voller Traurigkeit oder Glut gen Himmel oder in die Runde. Ihr Gang, ihre Stimme, ihr Lächeln, ihre ganze Physiognomie hatten etwas Träumerisches und Leidendes... Durch ihre Haltung, ihre Melancholie, ihren Liebreiz ähnelte sie einem trauernden Genius (...) In den Nebeln Kaledoniens wäre Lucile eine himmlische Frau Walter Scotts gewesen, begabt mit dem zweiten Blick; in den Nebeln der Bretagne jedoch war sie nur eine von Schönheit, Genie und Unglück bevorzugte Einzelgängerin."[88]

Ist dieses *feenhafte* Wesen, diese *Sylphe*, diese im ureigensten Sinne des Wortes *„bezaubernde" Dämonin* nicht eine neue Verkörperung der Grainné? Betrachten wir dazu die Beschreibung der Atala:

„Tränen rannen aus ihren Augen (...) Sie war von ebenmäßiger Schönheit; ihr Gesicht hatte etwas unsagbar Tugendhaftes und doch Leidenschaftliches, was unwiderstehlich anzog. Dazu gesellten sich zärtlichste Formen der Anmut; ihr Blick strahlte eine außergewöhnliche Sensibilität, gepaart mit tiefster Melancholie aus, ihr Lächeln war himmlisch."[89]

Man könnte sie mit Mila, der Indianerin, vergleichen, die René zwar nicht heiratet, ihn jedoch heftiger liebt als Céluta:

„Von einem Schleier verhüllt, zeigte sie außerhalb des Wassers nur ihre halbnackten Schultern und ihr nasses Haupt; einige sorgsam drapierte Windhaferähren schmückten ihre Stirn...Man hätte die kleine Indianerin für eine Wassernymphe halten können, die der Ceres die Krone entwendet hat."[90]

Es sei noch auf die erste Erscheinung Cymodocées hingewiesen: „Sind Sie nicht ein Engel?"[91] Und hier noch einmal das Bildnis der Pauline de Beaumont: „Ihre mandelförmigen Augen hätten vielleicht zu stark gestrahlt, wenn nicht eine außergewöhnliche Lieblichkeit ihren Blick gedämpft und ihm ein sehnsüchtiges Leuchten verliehen hätte, so wie sich ein Lichtstrahl mildert, wenn er durch kristallklares Wasser scheint...Als eine erhabene Seele voll von großem Mut war sie geboren für die Welt, aus der sich ihr Geist teils aus eigenem Entschluß, teils aus Unglück zurückzog."[92] „Diese Zauberin", so gestand *Chateaubriand* ein, „verfolgte mich unsichtbar überallhin . . . Pygmalion dürfte seine Statue weniger geliebt haben, meine Not entstand daraus, daß ich der meinen gefiel . . . ich falle der Herrin der Landschaft von Enna zu Füßen; die Seidenwogen ihres gelösten Haares liebkosen meine Stirn, wenn sie ihr sechzehnjähriges Gesicht über meines beugt und wenn ihre Hände meine vor Respekt und Begierde wogende Brust berühren."[93] Immer hat sie diese melancholische Aura, die aus ihr ein Wesen der beiden Welten, der der Lebenden und der der Toten, macht:

‚In den kleinen Gassen der Cité, in dem dunklen Tor von Héloise sah ich die mich Verzaubernde wieder; sie hatte aber unter den gotischen Bögen und Grabstätten etwas Todesähnliches angenommen; sie war bleich und sah mich mit traurigen Augen an; dies waren nur noch der Schatten oder die Manen eines Traumes, den ich geliebt hatte."[94]

Chateaubriand mußte die Klarheit des Alters erwarten, um das ewig junge Bild der Sylphe ganz wiederzufinden:

„Oh, Cyntie, erbleichend im Widerschein der Reinheit Dianas bist du tausendmal schöner als diese Palme (...) Deine Blicke begegnen denen der Sterne und vermählen sich mit ihren Strahlen (...) Hasmin, die Hebe aus Alabaster, ist eine römische Magierin, vor sechzehn Maimonaten und einem halb verstrichenen Frühling zum Tor der Lyra, bei Morgenröte in einem Rosenfeld Paestums geboren."[95]

Die bezaubernde Frau herrscht – unter verschiedenen Namen – in der Domäne des Traums, in ihrem fast unzugänglichen Garten. Sie herrscht kraft ihrer Souveränität mit Hilfe von magischen Beschwörungen, die sie ausspricht, *Worte*, die die Gestalt der Dinge verändern, die Essenz der Wesen verwandeln. So etwa ist die Macht des *geis* zu erklären.

2. Die zweite Geburt

Daß der Mann den *geis* akzeptiert, hat in der literarischen Fiktion immer furchterregende Folgen und führt immer zu einem tragischen Ende. Man könnte daher den Eindruck gewinnen, daß es keine „glückliche Liebe" gibt, daß die Vorstellung des Glücks gestört werden konnte durch einen Akt, der von seiner Natur her eine *Zerstörung des Gleichgewichts* ist. Der Liebesakt kann zum Glück führen, aber im selben Augenblick gerinnt er bereits zur Erinnerung. Was die großen Liebessagen uns lehren wollen, ist nicht die Suche nach dem Glück (Was ist das übrigens?), sondern was die Liebe einem Menschen und insbesondere einem Mann geben kann. Denn es scheint, daß die Frau seit dem Ursprung der Menschheit das furchterregende Geheimnis, das den Mann anzieht und fliehen läßt, für sich behält.

„Im Rahmen der Schöpfung wird ständig der Vorrang des Mannes hervorgehoben. Die nachträglich aufgestellte Theorie, wonach die Frau durch den Mann in die Sexualität eingeweiht worden sei, ist eine logische Folge der ersteren. Die Schlange hingegen, die ursprünglich kein kriechendes Reptil war, erscheint zuerst der Eva. Sie erzählt ihr, daß die göttliche Macht angezweifelt werden kann und daß es 'teuflisch' interessante Dinge gibt. Eva, die nun gewarnt ist, verführt Adam dazu, die Ursünde zu begehen. Wenn wir uns die Sexualsymbolik der Schlange vor Augen halten, so können wir davon ausgehen, daß *Eva die erste war, die die Sexualität kannte, und daß sie Adam dazu brachte, sie ihr scheinbar zu enthüllen*. So ist das unbewußte Element, das in dem Schöpfungsbericht zwischen den Zeilen sichtbar wird, die Tatsache, daß die Frau dem Mann die Sexualität enthüllt."[96]

Nimmt man den Text der Genesis beim Wort, so ist auf jeden Fall die Frau für die Veränderung der menschlichen Verhältnisse verantwortlich. Zahlreiche zunächst mythologische und später historisierende Überlieferungen stellen uns diese Veränderung der Verhältnisse als einen Rückschritt, einen *Fall* dar: dies ist z.B. in der biblischen Tradition der Fall. Dieser semitischen Konzeption entspricht aber auch die indoeuropäische, die in der Figur der Pandora zum Ausdruck kommt, der von Prometheus erschaffenen Frau, die aus ihrer Büchse alles Unglück, an dem die Menschheit leidet, entweichen läßt. Die christliche Konzeption macht aus der Frau ebenfalls ein diabolisches Wesen, das dazu erschaffen ist, den Mann „in Versuchung zu führen" und zu erniedrigen. Dieser weit verbreiteten und so tief in den Seelen verwurzelten Meinung, die nur schwer zu widerlegen ist, stellt sich jedoch eine gewaltige Denkströmung entgegen, die jedoch so stark esoterisch geprägt ist, daß sie fast wieder erstickt wird: „Der Weg zu Gott führt über die Frau", erklärt der Troubadour *Uc de Saint-Circ*; die Sünder des

Mittelalters baten die Jungfrau Maria, daß Gott sich erweichen lassen möge; *Goethe* ruft in seinem *Faust* aus: „Das ewig Weibliche zieht uns hinan." Wer hat da unrecht, wer hat recht?

Hält man sich an die augenscheinlichen Folgen der Liebesgeschichten, die uns hier beschäftigen, so kann die Bilanz negativ erscheinen. Die Liebe von Tristan und Yseult führt zu Ehebruch, Felonie (dem Treuebruch gegenüber dem Lehensherren), Lüge und Mord. Die Liebe Diarmaids und Grainnés führt ebenfalls zur Felonie, zu Verrat und Verbrechen. Die Liebe Noisés und Deirdrés mündet in Meineid und Verbrechen. Auf jeden Fall brechen die Katastrophen nicht nur über die beiden Liebenden herein, sondern auch über all jene, die mehr oder weniger mit der Geschichte verbunden sind. Nein, „es gibt keine glückliche Liebe", das steht fest. Und wenn man einem jungen Ehepaar, das gerade geheiratet hat, seine besten Wünsche ausspricht, so ist es nicht das Glück ihrer Liebe, das man erhofft, sondern das Glück eines ausgeglichenen Lebens im Rahmen einer sozial und legal etablierten Ehe, der Basiszelle, die das Gebäude unserer Gesellschaft aufrechterhält. Hier handelt es sich wiederum um eine (– von den Sittenrichtern unserer Gesellschaft bewußt vollzogenen –) Verwechslung zwischen der *gefühls*bestimmten Liebe und der *rechtlich* definierten Ehe. Im Rahmen einer paternalistischen Gesellschaft kann es jedoch nicht anders sein, und, wie *Marcuse* zu Recht bemerkt, wirkt die Liebe jenseits dieser legitimen Ausdrucksformen destruktiv und führt nicht zu Produktivität und konstruktiver Arbeit. Daher die Einbettung der Liebe in die Ehe und die unmißverständliche Verdammung all dessen, was die Liebe von diesem einschläfernden und beruhigenden Weg abzubringen droht. Die Mythen von Tristan und Yseult, Diarmaid und Grainné, Noisé und Deirdré sind also ein Versuch, die Liebe zu befreien, ein Versuch, die Liebe von ihren legalen und im sozialen Sinne verpflichtenden Ketten zu befreien, um ihr die volle Kraft, ihr ganzes Wesen zurückzugeben. Wohin führt jedoch diese aus ihrem sozialen Kontext herausgelöste Liebe? Die Antwort ist einfach: sie gestattet es, *teuflisch interessante Dinge* zu entdecken.

Rekonstruiert man die logische Struktur der Tristan und Yseult-Sage, so erkennt man schnell, daß sich Yseult sofort in Tristan verliebt hat. In der paternalistischen Gesellschaft, in der sie lebt, kann sie sich nicht dem Gesetz des Vaters entziehen. Sie muß warten, daß Tristan bei ihm um ihre Hand anhält, oder daß er sie wenigstens um ihre Liebe bittet. Nun tut Tristan dies nicht, oder wenn er es tut, dann im Namen eines Anderen (der nur der allmächtige Vater sein kann, hier durch den Onkel/ König dargestellt). Man kann sich fragen, aus welchen Gründen Tristan nicht in Yseult verliebt ist. Er müßte es eigentlich schon sein, aber entweder ist er sich dessen nicht bewußt, oder er wagt es nicht, das väterliche Gesetz zu brechen. Auf jeden Fall ist er nicht frei, denn frei sein heißt wissen. Er aber weiß nicht, was sich in ihm oder in der Seele Yseults abspielt. An dieser Stelle der Geschichte ist das Verbot, das auf ihm lastet, (die Angst vor dem Vater, die Achtung vor dem Schwur, die Furcht vor dem Inzest) ein ausgezeichnetes Alibi, aufgrund dessen er ein gutes 'Ge-Wissen' haben kann, wie es so schön heißt. In Wirklichkeit hat er jedoch überhaupt kein Wissen, d.h. kein Bewußtsein. Tristan ist ein von der Logik geprägter Mann, oder er ist zumindest in der Logik der Dinge, die man tut und die man nicht tut, erzogen worden.

Yseult aber ist eine *Frau*. Der vorherrschende Charakter des 'Weibchens' (dieser Begriff wird hier in seiner normalen Bedeutung verstanden) ist die Intuition. Yseult weiß intuitiv, was in ihr und in der Seele Tristans vorgeht. Sie ist frei, da sie weiß. Dem freien Wesen steht es zu, zu handeln, und sie wird so handeln, daß sie Tristans Bewußtsein erweckt, daß sie ihn von seiner Betäubung erweckt. Daher das Thema des Liebestrankes, der – wie wir gezeigt haben – den ursprünglichen *geis* ersetzt. Jetzt entdeckt Tristan, daß am Grunde des silbernen Kelchs *teuflisch interessante Dinge* auf ihn warten. Jetzt kann er das Verbot überschreiten, etablierte Werte ablehnen, um unterdrückte Werte wieder einzusetzen und eine *diabolische*, weil sich der normalen Ordnung widersetzende Haltung annehmen.

Und Tristan ist, nachdem er eine Nacht mit Yseult, der offiziellen Verlobten seines Onkels und Königs, verbracht hat, nicht mehr der alte, ungeschickte, unwissende und befangene Tristan: er ist ein neuer Tristan geworden, geschickt, wissend und frei. Der Liebesakt hat ihn verwandelt. Der Kontakt mit der Frau hat ihn wiedergeboren, denn die Frau ist dazu bestimmt, zur Welt zu bringen, sei es ein Kind aus ihrem eigenen Fleisch, sei es einen Mann, gesättigt von ihrem Fleisch und in ihr aufgehend wie das Urwesen in der 'Urflut'. Yseult hat Tristan zu einer *zweiten Geburt* verholfen, diese Geburt, die ihm seine Mutter weder biologisch noch psychologisch zu Teil werden lassen konnte. So erklärt sich der Hintergrund von *Tristan und Yseult*: um den Preis einer ungeheuren Anstrengung der Frau (die der der Geburt vergleichbar wäre) kann der Mann die entscheidende Stufe, die aus ihm erst einen richtigen Mann macht, erklimmen. Dafür müssen aber die Brücken zur Vergangenheit abgebrochen werden. Das ursprüngliche Verbot muß überschritten werden.

Die Struktur der Sage von Diarmaid und Grainné ist, bis auf einige feine Unterschiede, dieselbe. Die Verantwortlichkeit der Frau erscheint größer (und letztendlich dem ursprünglichen Mythos der Genesis näher), denn Grainnés Liebe zu Diarmaid entspricht einer wirklichen Revolte gegen die paternalistische Ordnung, und im Grunde zieht sie Diarmaid in diesen Kampf mit hinein. Andererseits zögert Diarmaid, wiedergeboren zu werden, denn er gehorcht nur äußerlich dem *geis*, der Flucht und somit der Revolte gegen Finn.[97]

Er beschränkt sich also auf ein Zusammenleben mit Grainné, wobei er sorgfältig jeden sexuellen Kontakt mit ihr meidet, als ob es ihm davor grauen würde, in sich etwas *Diabolisches* zu erwecken. Eine Sagenversion wird hier sogar noch deutlicher und gibt an, daß er für gewöhnlich jeden Abend vor dem Eingang der Höhle oder der Hütte, die er mit Grainné bewohnt, einen Pflock in den Boden rammt, und auf diesen Pflock das Viertel eines Tieres spießt, um Finn zu zeigen, daß er seine Frau respektiert. Finn schreitet nicht ein, und tut dies erst an dem Tag, an dem Diarmaid keinen Pflock mehr gesetzt und damit bewiesen hat, daß er die Vereinigung mit ihr vollzogen hat.[98] Grainné muß also die Entscheidung treffen. Sie unterstellt Diarmaid einem neuen *geis*, der ihn zwingt, sie zu lieben.[99] Hier findet die wahre Verwandlung Diarmaids statt, und der alte König Finn ist sich dessen voll bewußt: er schreitet ein, um Diarmaid zu töten, dem Grainné zu dem Wissen verholfen hat, zu dem nur Finn allein berechtigt ist. Weil Diarmaid jetzt im Besitz von *teuflisch interessanten Geheimnissen* ist, bedeutet er eine Gefahr für Finn, der ihn daher vernichten muß, selbst auf die Gefahr hin, deswegen andere Verbote zu überschreiten. Was Diarmaid betrifft, so kann man sagen, daß für ihn das Verletzen des paternalistischen Tabus schmerzhaft ist, und daß dies nur durch die Macht der Frau möglich wurde.

Diese neue Geburt des Mannes im Liebesakt, die er der Frau verdankt, ist untrennbar von der neuen Geburt der Frau, die sie um ihrer selbst willen vollzieht und dem Manne ihrer Wahl verdankt. Tatsächlich hat der Mann das unbewußte Bedürfnis, das – verlorene oder imaginäre – Paradies durch das Eindringen in die Frau, d.h. in das mütterliche Universum, zu verwirklichen. Da aber der Penis nur Substitut des ganzen männlichen Wesens ist, kann der Mann dieses Paradies nur verwirklichen, wenn er sich damit abfindet, den *Gehalt* eines Ganzen darzustellen, eines Ganzen, das über ihn hinausgeht und notwendigerweise mächtiger ist als er: dies ist der Grund für jenen Zustand der Minderwertigkeit, jenen „Komplex" – denn es ist einer – des Mannes, und auch der Grund für all die Erfindungen, die er für sein Täuschungsmanöver (den Herren zu spielen) benötigt. Aber auch die Frau verwirklicht die Paradies-Situation, indem sie dem Kind (wenn sie Mutter wird) und dem Mann (im Liebesakt) Asyl gewährt. Für sie ist es *in beiden Fällen* eine neue Geburt. Denn das Minderwertigkeitsbewußtsein der Frau – die Psychoanalyse hat dies deutlich herausgestellt – entsteht nur aus der seitens der Eltern fehlenden Anerkennung der Vagina, wohingegen die Anerkennung des Penis durch die Eltern es dem Jungen erlaubt, einen realen Platz in der Gesellschaft einzunehmen. Von dem Augenblick an, wo der Penis des Mannes in ihrer Vagina ist, und wenn sich dann das Kind in ihrem Bauch befindet, (dies ist derselbe Vorgang) verspürt die Frau die Anerkennung ihrer Vagina als einen Triumph, als ihren wahren Eintritt in die soziale Welt. Daher erfreut sich die verheiratete Frau übrigens einer Achtung, die ihr als Mädchen nicht entgegengebracht worden ist und daher kann sich eine Witwe oder eine geschiedene Frau auch das freie Leben erlauben, das dem Mädchen versagt ist. Die Tatsache, entjungfert zu sein – und dann Mutter zu werden – stellt für die Frau eine neue Geburt dar. So finden die einen Frauen ihre Verwirklichung im Liebesleben und die anderen im Muttersein. Die Bewußtwerdung ist in beiden Fällen jedoch dieselbe. Die neue Geburt betrifft also sowohl die Frau als auch den Mann.

Nach den keltischen Sagen und auch nach den alten Traditionen der anderen indoeuropäischen Völker scheint die Frau die wesentliche Rolle zu spielen, und der Mann durch die Prüfung in viel stärkerem Maße verwandelt zu werden als sie. Dies ist z.B. dem alten Circe-Mythos zu entnehmen, der schon in der Odyssee zugunsten einer paternalistischen Gesellschaft verwertet wurde. Dort werden dem Mythos Argumente gegen die Frauen entnommen, die deren furchterregende Macht aufzeigen, eine Macht, die in dieser falschen Sehweise nur negativ erscheinen kann. Bekanntlich verwandelt Circe ihre Liebhaber in Tiere und bewahrt sie in einer Art Museum auf. Dies ist immerhin noch besser, als Antinéas Art, ihre Liebhaber zu mumifizieren oder das Verhalten der Dahud-Ahès, die sie in eine Höhle werfen ließ, oder gar die Tatsache, daß Marguerite de Bourgogne ihre Liebhaber in die Seine werfen ließ, – und das zu einer Zeit, wo die Seine schon ziemlich verdreckt war. Der listenreiche Odysseus, die perfekte Verkörperung der paternalistischen Gesellschaft (der doch seinen Vater in Ithaka wiederfinden will, seinen Vater, der das Symbol der fortdauernden Macht ist, welche von Penelope repräsentiert wird), dieser Odysseus unterliegt dem Charme der Circe nicht: im Gegenteil, er bekämpft sie und es gelingt ihm, alle zu befreien, die in ihre Falle gegangen waren. Er dreht das Rad der Entwicklung zurück. Er spricht der Frau, symbolisiert durch Circe, der Göttin und Magierin, die Gabe der Schöpfung, d.h. die Gabe, das menschliche Wesen zu verwandeln, vollkommen ab. Diese *reaktionäre* Idee hat seitdem Schule gemacht. Man kann das in all den Geschichten über „böse Feen", „Hexen" und andere Teufelskreaturen verfolgen. Hier eine bretonische Version:[100]

Die Groac'h von der Ile du Lok (Bretagne):

Léonard Houarn Pogamm hat sich entschieden, vor seiner Heirat mit Bellah Postik sein Glück zu suchen. Er verläßt seine Verlobte, die ihm zwei Reliquien (magische Objekte) übergibt, das Glöckchen von Saint-Koledok, das im Moment der Gefahr von allen Freunden seines Besitzers, wie groß die Entfernung auch immer sein mag, gehört werden kann, und das Messer von Saint-Korentin, das jeden Zauber bricht. Für sich selbst behält Bellah die dritte Reliquie, den Stab von Saint-Vouga, der seinen Besitzer überall dorthin führen kann, wohin dieser will. Houarn zieht fort zu der Insel Lok, wo die Hexe Groac'h wohnt, die im Besitz sagenhafter Schätze ist. Sie wohnt in einem See im Inneren der Insel, und zu ihrem Zauberpalast kann man mit einem Schiff gelangen, das die Form eines Schwanes hat. Houarn trifft die Groac'h, sie empfängt ihn sehr liebenswürdig, gibt ihm zu trinken und möchte ihn heiraten. Houarn will schon zusagen, als er plötzlich die Fische, die die Groac'h zum Braten in die Pfanne gelegt hatte, unverständliches Zeug murmeln hört. Als er sie mit seinem Messer berührt, verwandeln sie sich in Männer, die ihm erzählen, daß sie von der Hexe verzaubert wurden, nachdem sie sie geheiratet hatten. In diesem Moment kommt die Groac'h zurück und wirft ihr stählernes Netz über Houarn, woraufhin dieser in einen Frosch verwandelt wird. Das Glöckchen von Saint-Koledok dringt jedoch bis zu den Ohren Bellahs, die als Junge verkleidet durch die Kraft des Stabes von Saint-Vouga schnell herbeieilen kann. Die Groac'h, die diese Verkleidung nicht erkennt, äußert den Wunsch, Bellah zu heiraten. Bevor Bellah antwortet, bittet sie jedoch darum, mit dem Netz, das die Groac'h an ihrem Gürtel befestigt hat, einen der Fische fangen zu dürfen, die sich in dem Fischteich tummeln. Bellah wirft das Netz über die Groac'h, die sich sofort in eine abscheuliche 'Pilzkönigin' verwandelt, welche Bellah nun in einen Brunnen wirft. Danach gibt sie mit Hilfe des Messers von Korentin Houarn und allen unglücklichen Ehemännern der Groac'h ihre Menschengestalt und Freiheit wieder. Houarn und Bellah bemächtigen sich schließlich der Schätze, die in dem Zauberpalast der Groac'h gehortet wurden.[100]

Die ausschmückenden Elemente dieser Sage sind voll und ganz der Mythologie entnommen. Die *Groac'h* (ethymologisch 'alte Frau', also 'Hexe') ist eine Wasserfee, die in einem Palast in einem See unter der Insel lebt. Die geographische Lage ist bezeichnend: die Frau inmitten des Wassers stellt die Mutter dar, die Mutter-Göttin, die ihre Kinder wieder zu sich nimmt, sie verwandelt und ihnen so ein neues Leben gibt. Aber wenn die Groac'h auch die Große Mutter repräsentiert, so steht sie daneben auch für die alte mütterliche Macht, mit anderen Worten, für die gynäkokratische Tradition. Wenn Houarn im Bewußtsein der Gefahren, die ihm drohen, die Hexe in ihrem Zauberpalast aufsuchen möchte, so bedeutet dies entweder, daß er in die Welt des Traumes, d.h. die Welt seiner Kindheit oder sogar in den Zustand vor seiner Geburt zurückkehrt, oder daß er im Grunde seiner selbst weiß, daß er nicht im Besitz aller Macht ist, und daß es genügt, diese dort zu suchen, wo sie sich befindet, nämlich im Universum der Mutter, in einer noch gynokratischen Gesellschaft. Die Schätze der Groac'h sind ganz offensichtlich die Schätze der Autre Monde, aber diese Autre Monde ist nicht das zukünftige Paradies: es ist eine Autre Monde, mit der man ständig in Berührung kommt, und in die man eintauchen muß, um wiederzufinden, was noch nicht in Gebrauch war und von der Gesellschaft bisher verachtet worden ist. Hier handelt es sich tatsächlich um eine Rückkehr zu den Quellen.

Houarn ist jedoch nicht frei. Er ist an Bellah gebunden, die die Frau der paternalistischen Gesellschaft repräsentiert, eine Frau, gedacht als legitime und von den Gesetzen der Männer geachtete Gattin. Würde sie Houarn ziehen lassen, dann würde die Bindung abbrechen: daher die Verwendung eines Talismans, des Glöckchens und des Messers, die es Bellah gestatten, einzuschreiten und Houarn aus einer kompromittierenden Situation zu „retten", in die er durch einen Augenblick des Haltverlusts geraten war. Houarn war dem Zauber der Groac'h erlegen, mit anderen Worten: er wollte die Erfahrung des Matriarchats machen. Es ist offenkundig, daß die Hingabe Houarns an diesem Punkt der Geschichte mit einer Flut von ausschmückendem Beiwerk maskiert wird: es sei nicht seine Schuld, der Wein habe ihn erhitzt, seiner Widerstandskraft beraubt. Dies ist ein oft zu hörender Refrain, damit soll die Rolle der Versucherin, der Schlangen-Frau, der Monster-Frau, der *Menschenfresserin* betont werden. Wenn die Groac'h ihr Netz über Houarn wirft, so ist dies eine deutliche Allegorie: sie läßt ihren Sohn in ihren Bauch zurückkehren und läßt ihn sich zur Gestalt eines Frosches (oder Fisches) zurückentwickeln. Diese Rückkehr in den Urzustand wird in der Geschichte als Verfluchung betrachtet. Schnellstens muß also die aktuelle Situation wieder hergestellt werden: daher die Figur Bellahs. Hier geht es also um einen Kampf zwischen der Mutter und der (wohlgemerkt legitimen) Ehefrau, oder auch zwischen der Mutter und der Tochter. Die Tochter siegt, weil sie dem paternalistischen Gesetz unterstellt ist.

Diese von Houarn und den anderen Ehemännern der Groac'h erfahrene Verwandlung ist somit eine Rückkehr zu der gynäkokratischen Gesellschaft, in der der Mensch in den andersartigen Gefühlsbeziehungen, die auf der Mutter-Sohn-Bindung basieren, ein neues Gleichgewicht findet. Diese berühmte Partnerschaft zwischen Mutter und Sohn versuchte das Christentum zumindest ursprünglich in dem Paar Maria-Jesus wieder aufzubauen. In der hier behandelten Legende könnte es sich um die Gegenüberstellung zweier Arten des Christentums handeln, des alten, dargestellt durch Groac'h, und des neuen, repräsentiert durch Bellah. Eine solche Behauptung könnte gewiß skandalös klingen, und doch verbirgt sich häufig unter der grauenhaften Maske des Teufels die wahre christliche Religion in ihrer reinen und ideologischen Form, so gut organisiert waren die repressiven paternalistischen Machenschaften, die aus unserer sogenannten hochentwickelten Gesellschaft eine vollkommene Farce gemacht haben.

Durch diese in die Tiefen des Unbewußten verdrängte Symbolik der Groac'h finden wir nämlich nicht nur das authentische Christentum (das des Paares Maria-Jesus, das heute nur noch für verdummende Predigten herhalten muß), sondern auch die Form der alten Mann-Frau-Beziehung. Diese alte Form der Beziehung ist durch die Liebe zwischen Tristan und Yseult, Diarmaid und Grainné,

Noisé und Deirdré wieder aktualisiert worden, durch eine Liebe, die sich formal der Legitimität des Königs, sei es Mark, Finn oder Conchobar, widersetzt. Hier gibt die Groac'h dem Houarn diese alte Art der Beziehung wieder, *die für die gegenwärtige*, paternalistische und die Triebe unterdrückende *Gesellschaft*, die auf dem Leistungsprinzip durch Nicht-Befriedigung basiert, *nicht mehr zu ertragen ist*. Hier kommt Bellah, die *Objekt-Frau*, ein Geschöpf dieser Gesellschaft, zu Hilfe, denn sie war so klug, Houarn nicht gehen zu lassen, ohne ihm vorher den *Ariadne-Faden* zu geben.

Wir leben nämlich in der Tat seit Anbeginn der Psychoanalyse mit einem Nonsens, einem völlig falschen Verständnis des Ariadne-Mythos, und davon ausgehend, mit einem völlig falschen Verständnis des Phaedra-Mythos, der in den Sagen, die wir hier untersuchen, ständig vorkommt. *In Wirklichkeit ist der Ariadnefaden nicht die Nabelschnur, die Theseus (also den Menschen) an Ariadne (seine Mutter) bindet, sondern das unzerstörbare Band, das den Mann an die paternalistische Gesellschaft bindet.* [102]

Ariadne hat Theseus nicht den Faden zum Abwickeln gegeben, um ihm zu helfen, das Monster zu töten oder um ihm den Weg in das *Innere* zu weisen, sondern im Gegenteil, um ihm den *Ausgang* zu zeigen, d.h., um ihn zu ihr zurückzuführen. Diese Feststellung ist von größter Wichtigkeit, und zwar nicht, weil sie die Bedeutung eines Mythos in Frage stellt, sondern darüber hinaus, weil sie aufzeigt, wie leicht man den von einer hierarchischen und repressiven Gesellschaft vorgefertigten Bildern aufsitzt. Das Labyrinth ist eindeutig das Symbol der Mutter, und die Tatsache, daß der Minotauros, das Bastard-Monster, das die widernatürliche Verbindung der männlichen Kraft mit der weiblichen Fruchtbarkeit (zwischen dem Stier und der Pasiphae) darstellt, getötet werden soll, stellt einen Versuch dar, zurück zu den Ursprüngen zu gehen, um über das Sein im Mutter-Leib zu einem Punkt zurückzukehren, wo die Beziehungen zwischen den beiden Geschlechtern neu überdacht werden können. So zieht Ariadne, die Objekt-Frau die Fäden des Dramas, dessen Held Theseus ist: sie gibt dem Mann scheinbar die Freiheit, hält ihn aber in Wirklichkeit fest. Er wird zurückkommen müssen und sich dem Willen, den sie verkörpert, unterwerfen müssen.

Theseus hat sich gegen diese Skalverei gewehrt, er hat Ariadne verlassen. Diese, die man normalerweise beklagt, hat ihr Schicksal hingegen verdient: als Objekt-Frau zählt sie nur so lange, wie eben ein Objekt zählt. Wenn man ein Objekt nicht mehr benötigt, wirft man es weg. Und die Frau, die Theseus heiratet, ist Phaedra.

Auch hier – vorausgesetzt, man bleibt objektiv und läßt sich nicht von vorgefaßten Meinungen einschüchtern – wird sich der Mythos in einem ganz neuen Licht darstellen. Denn der komplexen Persönlichkeit der Phaedra mangelt es nicht an Größe. Als Theseus sie heiratet, heiratet er diejenige, die die Freiheit, die verwirklichte Initiation verkörpert. Phaedra hat ihm sicher ein Gefäß mit einem Zaubertrank gezeigt, und auf dem Grund dieses Gefäßes gab es zweifelsohne *teuflisch interessante Dinge* zu sehen, sonst hätte Theseus Ariadne nicht für Phaedra verlassen. Aber in dem Rahmen seiner Gesellschaft kann der *König* Theseus als Nachfolger seines Vaters nur die ihm zugeteilte Rolle spielen, nämlich die des Verteidigers der Gesellschaft, die ihn zum König gemacht hat. Er betrügt Phaedra und läßt sich auf viele Liebesabenteuer ein, die in der Geschichte Symbole der Treulosigkeit sind gegenüber dem, was Phaedra repräsentiert. Also ist Theseus auf der Jagd nach der Objekt-Frau, die er früher verabscheute. Da Phaedra von diesem Helden, der sich dem allgemeinen Gesetz beugt, ungeheuer enttäuscht ist, kann sie gar nicht anders, als sich nach einem anderen Mann umzusehen. Und wohin soll ihr Blick fallen, wenn nicht auf Hippolyt, den jungen Hippolyt, den Helden, der sich zwar als Mann gewiß noch nicht bewährt hat, in den man aber doch alle Hoffnungen setzen kann. Hippolyt stellt, wie es *Racine* so genial ausgedrückt hat, den neuen Theseus dar:

„Ja, Herr, ich schmachte, brenne für den Theseus,
Ich liebe Theseus, aber jenen nicht,
Wie ihn der schwarze Acheron gesehn,
Den flatterhaften Buhler aller Weiber,
Den Frauenräuber, der hinunterstieg,
Des Schattenkönigs Bette zu entehren.
Ich seh ihn treu, ich seh ihn stolz, ja selbst
Ein wenig scheu – Ich seh ihn jung und schön
Und reizend alle Herzen sich gewinnen."[103]

In der Psychoanalyse würde man dies als ein Phänomen der „Übertragung" bezeichnen. Und dieser Fall liegt tatsächlich vor. Liest man in der racineschen Tragödie die Folge der Erklärung Phaedras an Hippolyt, so entdeckt man noch tiefere Zusammenhänge. *Racine* ist in seiner Intuition für die wahre Bedeutung des Mythos nie so weit vorgedrungen wie hier: mit prägnanten Strichen skizziert er die wirkliche Situation. Alle verborgenen Mechanismen werden sichtbar und bilden die moralische und metaphysische Rechtfertigung für Phèdres Haltung:

„O daß du, damals noch zu zarten Alters,
Nicht in dem Schiff mit warst, das ihn gebracht!
Den Minotaurus hättest *du* getötet,
Trotz allen Krümmen seines Labyrinths.
Dir hätte meine Schwester jenen Faden
Gereicht, um aus dem Irrgang dich zu führen.
O nein, nein, *ich* kam ihr darin zuvor!
Mir hätt's zuerst die Liebe eingegeben,
Ich, Herr, und keine andre zeigte dir
Den Pfad des Labyrinths. Wie hätt' ich nicht
Für dieses liebe Haupt gewacht! Ein Faden
War der besorgten Liebe nicht genug;
Gefahr und Not hätt' ich mit dir geteilt,
Ich selbst, ich wäre vor dir hergezogen,
Ins Labyrinth stieg ich hinab mit dir,
Mit dir war ich gerettet oder verloren."[104]

Welch erstaunliche Denkschöpfung zeigt hier *Racine*, der klassischste unter den 'Classiques', mitten im Jahrhundert der kartesianischen Logik und der triumphierenden Vernunft! Welch Paradox, ausgerechnet in seinen Werken die Rechtfertigung für eine These über das Wesen der Frau zu finden! Es stimmt, daß die keltische Frau die universelle Frau ist – vor der *Verschleierung* – und daß *Racine*, der vor allem das universell Gültige suchte, eines Tages unausweichlich auf diesen grundlegenden Mythos stoßen mußte. Es genügte aber nicht, den Mythos einfach zu entdecken, er mußte auch erklärt oder zumindest erspürt werden. Und dies ist *Racine* auf geniale Art gelungen.

Er hat wirklich alles angesprochen. Wenn Hippolyt dagewesen wäre – oder ein Theseus, der würdig gewesen wäre, in die Tiefe des Labyrinths geführt zu werden,[105] dann hätte Ariadne, die Objekt-Frau, das Geschöpf der paternalistischen Gesellschaft, ihm nicht zu helfen brauchen. Es wäre Phaedra gewesen, und ihr liegt alles daran, zu verdeutlichen, daß sie dank ihrer Liebe (hier nähern wir uns dem Tristan-Mythos) Hippolyt *vorangegangen wäre*, und daß sie keine Komplizin der Gesellschaft gewesen wäre, die am Handgelenk des Helden einen Faden befestigt hätte. Phaedra hätte das Schicksal mit Theseus/Hippolyt geteilt, sie wäre ihm vorangegangen und wäre seine Führerin gewesen. Dies ergibt ein völlig anderes Bild und dürfte die ziemlich geistlose und (seit *Chateaubriand*!) weit verbreitete Meinung erschüttern, derzufolge *Racines* Phaedra eine Christin wäre, der die Gnade nicht zuteil geworden ist. Phaedra hat im selben Maße wie Yseult, Grainné und Deirdré die Macht der Initiation und der Verwandlung. Phaedra, die von der Sonne abstammt (man denke an Grainné, deren Name von dem irischen Wort für „Sonne" stammt, oder an Yseult la Blonde, eine in hohem Maße der Sonne zugehörige Figur), Phaedra, die Sonnenhafte, die den Helden auf der Suche nach der Wahrheit, die in der Gebärmutter liegt, durch die dunklen Gänge des Labyrinths (des Mutterleibs) führt, das ist eine Gestalt, die in hohem Maße zu denken gibt. Denn an Stelle der verfluchten, lasterhaften Verführerin von Minderjährigen zeichnet sich nun das Gesicht einer Fee ab, die dem Mann anbietet, ihn in die dunklen Regionen zu geleiten, in die nur sie Licht bringen kann, wohin nur sie den Weg kennt. *Und dies ist nicht ein Rückschritt, sondern ein Fortschritt!*

Hippolyt versteht die Botschaft jedoch nicht besser als Theseus. Mit Schrekken zieht er sich von Phèdre zurück. Er zeigt hier dasselbe Verhalten wie Tristan, der vor Yseult flieht, wie Diarmaid, der sich weigert, Grainné zu folgen, wie Noisé, der Deirdré ausweicht, weil sie Conchobar versprochen ist. Die Frau, die authentische Frau, die den vollen Besitz ihrer Macht wiedererlangt hat, macht diesen Mangelprodukten der paternalistischen Gesellschaft natürlich Angst. Dies ist der Grund, weshalb Hippolyt zugrunde gehen wird, denn er ist blind und er erkennt nicht die Möglichkeit, die sich ihm bietet.[106]

Phaedra ist indessen sehr weit gegangen. Immer noch nach der Tragödie *Racines*, die eine Rekonstruktion des ursprünglichen Mythos darstellt, *unterstellt Phaedra Hippolyt einem echten geis*, als sie ihn provoziert:

„Auf, räche dich und strafe diese Flamme…
Hier treffe deine Hand, hier ist mein Herz!"[107]

Aber Hippolyte versteht die Tragweite des *geis* nicht. Phèdre insistiert:

„Entehrte deine Hand so schmählich' Blut,
Leih mir dein Schwert, wenn du den Arm nicht willst.
Gib!"[108]

Und Phaedra entreißt Hippolyt das Schwert. Dieses Objekt, das sie in ihrem Besitz behält, und das als Beweisstück dienen wird, wenn es darum geht, Hippolyt der versuchten Vergewaltigung anzuklagen, ist also ein Instrument des Schicksals: tatsächlich ist es, wie der Liebestrank Tristans, eine Materialisierung des *geis*. Aber wenn Tristan, Diarmaid und Noisé die Möglichkeit hatten, ihre Liebe zu verwirklichen und zur Wahrheit zu gelangen, so ist Hippolyt, da er sich geweigert hat, der Verpflichtung des *geis* zu genügen, sogleich verloren, ohne auch nur die Andeutung irgendeines Wissens zu erlangen.

Die in der griechischen Sage geschaffene Situation war im übrigen so unerträglich, daß sie nur duch den Tod der Antagonisten gelöst werden konnte. Phaedra mußte untergehen, da sie ein Monstrum darstellte: sie teilte das Schicksal der Verräter, die eine Gesellschaft zwangsläufig vernichtet. Hippolyt mußte sterben, einerseits, weil er durch die Rache Phaedras in den Tod mit hineingezogen wurde, und andererseits, weil trotz allem die Gefahr bestand, daß er von der gefährlichen Krankheit, die die Phaedra darstellte, angesteckt war. Poseidon, der Schutzgott des Theseus, übernimmt als Beschützer der patriarchalischen Institutionen den Vollzug der Rache.

In einer der keltischen Fassungen der Sage verläuft die Entwicklung ganz anders, und zwar so, als ob dabei dem Inzest-Tabu keine größere Wichtigkeit beigemessen würde:

Die Überschwemmung des Lough Neagh (Irland):

Ein König von Munster hatte zwei Söhne, Rib und Ecca. „Ecca war ruhelos und unnachgiebig, sein Verhalten mißfiel dem König außerordentlich. Er sagte zu seinem Bruder Rib, daß er sich entschlossen habe, das väterliche Haus zu verlassen und sich in irgendeinem fernen Teil des Landes eigenen Besitz erobern wolle. Rib versuchte mit aller Macht, ihn davon abzubringen, aber wenn es ihm auch gelang, ihn einige Zeit zurückzuhalten, so konnte er sich seinem Aufbruch doch nicht entgegenstellen. Schließlich fügte Ecca, *geleitet von seiner Stiefmutter Ebliu*, seinem Vater eine schwere Beleidigung zu und flieht mit all seinen Leuten aus Munster. Sein Bruder Rib und seine Stiefmutter Ebliu gingen mit ihm." Die Druiden erklären, daß die Brüder sich trennen müssen. Rib läßt sich in einer Ebene nieder, und dort „springt plötzlich das Wasser eines Brunnens aus der Erde hervor" und ertränkt ihn und seine Leute. Ecca läßt sich in einem anderen Tal nieder und baut eine Burg und eine Stadt. Bald darauf überschwemmt das Wasser eines Brunnens auch dieses Tal und ertränkt alle außer den Schwiegersohn Eccas und Libane, eine Tochter, die er mit Ebliu hatte.[109]

Diese Geschichte ist wieder eine der Ausformungen des Mythos der Stadt Ys. Bemerkenswert ist die Komplizenschaft Eccas und seiner Stiefmutter Ebliu: sie widersetzen sich beide der väterlichen Macht. Sie verwirklichen tatsächlich, was Phaedra und Hippolyt nicht gelungen war, sie ersetzen die Autorität des Königs von Munster, eine maskuline, ausschließliche Autorität, durch ein neues, viel feminineres System, das auf dem Gleichgewicht zwischen Mann und Frau, zwischen Sohn und Mutter beruht, da Ebliu, wie Phaedra, der richtigen Mutter entspricht. Dies ist auch der Sinn des christlichen Bildes von Jesus und Maria. Die keltische Sage ist zunächst von einem Erfolg geprägt, aber dieser Erfolg ist nur vorübergehend. Er kann nicht andauern, da die rein maskuline Autorität der paternalistischen Gesellschaft verhöhnt wurde. Die Kelten waren, wie alle anderen auch, den paternalistischen Strukturen verhaftet.[110]

Durch Figuren wie Phaedra, Ebliu, Yseult, Grainné und Deirdré berühren wir immer wieder das Thema der Revolte des 'Blütenmädchens'. Sie verkörpern nur einen anderen Aspekt Blodeuwedds, der Lilith-Frau, die in der Gestalt Evas wieder erscheint. Das Band, das sie mit ihrem Liebhaber knüpfen, ist etwas Furchterregendes, Magisches und Definitives. Die wichtige Lehre, die man daraus ziehen kann, ist folgende: bei den Sagen scheint alles darauf ausgerichtet zu sein, die *absolute und verheerende* Macht der Liebe hervorzuheben. Für eine organisierte Gesellschaft wirkt die große Liebe zerstörend, da sie zwei Wesen, die sich selbst genügen und sich gegen den existierenden rechtlichen Rahmen stellen, isoliert.

Phaedra hingegen ist gescheitert. Es gibt weitere Beispiele dieser Art des Scheiterns.[111] Sie rächt sich, indem sie Hippolyt mit in den Tod zieht, sie klagt ihn einer Sache an, die er nicht getan hat.[112] Die *Höllenmaschine* ist in Gang gesetzt und nichts kann sie mehr stoppen: denn ein nicht beachteter *geis* führt zum unaufhaltbaren und schnellen Untergang dessen, der den entscheidenden Schritt nicht getan hat. Und – dies sollte man nicht vergessen – dieser Schritt ist keinesfalls leicht zu tun, denn hier wird mit einer einzigen Geste, einem einzigen Wort die ganze Errungenschaft der paternalistischen Gesellschaft vom Tisch gewischt. Es handelt sich um eine Art Blasphemie, um die Überschreitung eines jahrhundertealten Verbots, das des *Inzests*, und die Rückkehr zu einer früheren Situation. Das ist es, was die *Racine*sche Phaedra Hippolyt angeboten hat.[113] Das ist es, was im Grunde Yseult Tristan mit dem Liebestrank anbot, und was Grainné Diarmaid anbot, als sie ihm mit der Zerstörung drohte, wenn er nicht gehorchen würde; Deirdré schließlich bot es Noisé an, indem sie ihn an den Ohren zog. Denn *danach* gab es für ihn *teuflisch interessante Dinge* zu entdecken.

Diese *teuflisch interessanten Dinge* warteten auch auf dem Grund eines berühmten Kessels der walisischen Mythologie, und zwar gehörte dieser Kessel der Göttin und Hexe Keridwen. Und wie wir sehen werden, hat diese Keridwen, die in vielem der Groac'h der Insel Lok ähnelt, auch vieles mit Yseult, Grainné und Deirdré gemeinsam.

Die Geschichte des Taliesin (Wales):

Keridwen haust inmitten des Sees Tegid. Da sie einen Sohn von abstoßender Häßlichkeit hat, beschließt sie, ihm das vollkommene Wissen zu vermitteln. Dazu erhitzt sie einen „Kessel der Inspiration und des Wissens". Diese Prozedur dauert ein Jahr. Keridwen beauftragt einen gewissen Gwyon Bach, den Kessel zu überwachen. Nun flossen eines Tages „drei Tropfen der magischen Flüssigkeit aus dem Kessel und fielen auf den Finger Gwyon Bachs. Weil sie so heiß waren, steckte er den Finger in den Mund, und in dem Augenblick, in dem die Wundertropfen ihn berührten, konnte er in die Zukunft blicken." Keridwen ist wütend darüber, ihre Arbeit vernichtet zu sehen und verfolgt Gwyon. Dieser, der nun im Besitz des vollkommenen Wissens ist, verwandelt sich in verschiedene Tiere, um dem Zorn Keridwens zu entkommen. Keridwen verwandelt sich ihrerseits in verschiedene Tiere und verschlingt schließlich in Gestalt eines Huhnes Gwyon Bach, als dieser sich in ein Weizenkorn verwandelt hatte. „Sie ward davon schwanger, – so sagt die Geschichte. Als die Zeit ihrer Niederkunft kam, hatte sie nicht den Mut, das Kind zu töten, denn es war wunderschön. Sie steckte es in einen Ledersack und warf diesen ins Meer..." Aus diesem Kind wird einst der starke Barde Taliesin, berühmt für sein Wissen über die Welt, eine wahrhafte Inkarnation des Druidentums.[114]

Offensichtlich ist der Kessel der Keridwen eine der Darstellungen des ursprünglichen Grals, ein Spender geistigen Reichtums. Nicht weniger deutlich steht der Kessel mit dem Liebestrank in Zusammenhang, den Tristan und Yseult trinken. Der Genuß der Flüssigkeit ist denen, für die sie nicht bestimmt ist, untersagt. Gwyon Bach trinkt sie – wie Tristan – *aus Versehen*: das bedeutet, daß der eine wie der andere ein Verbot übertreten haben. Indem er den Liebestrank zu sich nimmt, bindet sich Tristan endgültig und unausweichlich an Yseult. Yseult verwandelt den ehemaligen Tristan vollständig und macht aus ihm einen neuen Mann, der zugleich ihr Sohn und ihr Liebhaber ist. Indem er drei Tropfen des von Keridwen zubereiteten Trankes zu sich nimmt, bindet sich Gwyon Bach endgültig und unausweichlich an Keridwen. Er versucht zu entkommen, aber es gelingt ihm nicht, denn die drei Tropfen entsprechen einem *geis*. Keridwen *verschlingt* ihn. Das Bild ist deutlich: es handelt sich ganz einfach um den Sexual-Akt, um das Verschlingen des Liebhabers durch die Geliebte als eine Realisierung in der Phantasie, die sich von der Absorbierung des Penis durch die Vagina herleitet. Gwyon Bach kehrt in den Schoß seiner Mutter zurück, um erneut heranzureifen, und als er wieder geboren wird, so nicht mehr in der alten Gestalt des Gwyon Bach, sondern in der neuen Gestalt Taliesins. Keridwen hat dem, den sie verschlungen hat und der zugleich ihr Sohn und Liebhaber ist, ein neues Leben gegeben. Dies ist die deutlichste Veranschaulichung der Verwandlung, die die Frau den Mann, den sie erwählt hat und den sie liebt, vollziehen läßt. Der Liebesakt mündet in eine neue Geburt. Gwyon Bach, Tristan, Diarmaid und Noisé ist gelungen, was Hippolyt nicht gewagt hat: durch die Liebe zu derjenigen, die das Abbild ihrer Mutter ist, haben sie – gegen alle Gesetze und vorhergehenden Verpflichtungen – einen wesentlichen Schritt getan. In diesem Augenblick wird durch die Macht der Liebe wie durch die Macht der Poesie, welche selbst eine Verwandlung ist, – nach dem berühmten Satz von *Rimbaud*: „Je est un autre." – aus dem Ich *ein Anderer*. Man denke hier an die Legende des Hl. Johannes Chrysostomos, der ein sehr schlechter Schüler war: eines Tages betete er vor seiner Statue zu der Heiligen Jungfrau. Da sprach die Statue zu ihm und bat ihn, ihre Lippen zu berühren. Er drückte seine Lippen auf die der Heiligen Jungfrau, und durch diesen einzigen Kuß wurde er von einer unermeßlichen Weisheit und einem wunderbaren Wissen in den Artes liberales durchdrungen: seitdem hieß er fortan der Heilige Johannes 'Goldmund'.

Diese Episode gibt uns Gelegenheit, den Aspekt des Verstoßes zu unterstreichen, den diese Liebesgeste darstellt. Für den Hl. Johannes war es nahezu eine Blasphemie, die Lippen der Heiligen Jungfrau zu küssen. Für Tristan war es nicht weniger blasphemisch, seinem Onkel die Frau (oder zukünftige Frau) zu 'nehmen'. Dies ist eine Störung des Gleichgewichts, ein Akt der Revolte, eine Herausforderung an die Gesellschaft. Nur um diesen Preis kann sich die Verwandlung des Mannes vollziehen, und mit ihr die Zerstörung der bestehenden und Errichtung einer anderen Gesellschaft. Aber die Helden des Abenteuers sind noch Einzelgänger, Desperados, Outcasts und bizarre Wesen. In allen Mythologien ist der

Liebhaber der Göttin ein außergewöhnliches Wesen, dem meistens ein tragisches Schicksal bestimmt ist. In den Volksmärchen, die nicht nur Ausdruck der unbewußten Ängste, sondern auch der Hoffnungen der Menschheit sind, ist der Liebhaber der Göttin zu dem Abenteurer geworden, der eine Prüfung besteht: als Belohnung erhält er die Tochter des Königs, er wird der Schwiegersohn des Königs, und da es keinen Zufall gibt, hat der König selbst keinen Sohn. Somit wird der Abenteurer, derjenige, der es gewagt hat, das *Tabu* der Klassenunterschiede zu überschreiten, der Thronfolger. Und warum? Weil die Prinzessin die Souveränität *ist* und weil sie den Mann ihrer Liebe verwandelt hat: sie hat aus einem armen Vagabunden einen König gemacht. Und hier schließt sich der Kreis, denn der neue König wird zwangsläufig zum Gefangenen seiner Rolle. Er wird die Ordnung, die er bekämpft hat, verteidigen. Dies ist ein weiteres Eingeständnis des Versagens. Natürlich weichen andere Märchen diesem Ende aus. In ihnen geht es nur um die von der Frau weitergegebene Macht. So unterschlägt eine Überlieferung aus der Gegend Tréguier die Liebesbeziehungen des Helden mit der Fee und betont dennoch die Rolle, die die Mutter bei der Verwandlung und der neuen Geburt des Kindes spielt:

Die Geschichte von Rannou dem Starken (Bretagne):
Eine Frau rettet eine Sirene, die gestrandet war, und bringt sie zurück ins Meer. Als Belohnung gibt die Sirene ihr einen Trank, der ihren Sohn stärker und tapferer machen soll, als alle anderen Männer. Sie schärft ihr ein, daß nicht ein Tropfen dieses Getränkes verschüttet werden darf, da es gefährlich sein kann. Die Frau probiert den Trank erst an ihrer Katze aus, bevor sie ihn ihrem Sohn zu trinken gibt. Da er der Katze nicht schadet, gibt sie nun das Getränk auch ihrem Sohn. „Der kleine Rannou und die Katze verspürten bald die Kraft des magischen Tranks. Die Katze wurde so groß und stark, daß sie mit Eisenketten an einem Felsen festgebunden werden mußte. Und Rannou zerbrach bereits im Alter von neun Jahren sieben Hufeisen auf einmal." Dann wuchs er so rasch heran und verfügte über derartige Kräfte, daß er ein Riese wurde.[115]

Die Parallelen zu der Geschichte von Keridwen sind nicht zu bezweifeln. Das Getränk, das die Fee als Geschenk gibt, ist dem Getränk aus dem Kessel vergleichbar. Dieser Zaubertrank verleiht hier physische Kräfte, während er in der walisischen Geschichte das vollkommene Wissen verleiht. Eine weitere Erinnerung an Keridwen findet sich in der Heiligenlegende des Hl. Conérin, der, von Übeltätern getötet und verbrannt, sich in einen Apfel verwandelt. Diesen Apfel ißt eine junge Frau, sie wird davon schwanger und schenkt ihm das Leben wieder, ein neues, heiliges Leben, in dem ihm das Wissen über alle Dinge mitgegeben wird.[116]

Wiederum in der Bretagne finden wir eine bezeichnende Erzählung, deren Ursprung sich auf denselben Mythos bezieht. In dem mehr oder weniger christianisierten Kontext der Volksmärchen wird die Liebe der Fee und des Helden zugunsten einer magische Kräfte spendenden Freundschaft okkultiert. Das Thema ist jedoch nach wie vor gegenwärtig: der Mann bezieht seine Macht von einer rätselhaften Frau, die das Abbild der vielgestaltigen Göttin ist.

Koadalan (Bretagne):

Der junge Koadalan hat von einer rätselhaften Stute, die sich in eine Frau verwandelt hat, Reichtum und drei Bücher über Magie erhalten.[117] Eines Tages nimmt er, um drei Teufeln, die ihn ergreifen wollen, zu entkommen, die Gestalt eines Rindes und dann eines Hundes an.[118] Die drei Teufel, die das Aussehen von Händlern hatten, jagen als Wölfe hinter ihm her. Aber Koadalan gelingt es, in Gestalt des Hundes nach Hause zu gelangen. Ein anderes Mal wird er in Gestalt eines Pferdes von den drei Teufeln gefangen genommen. Aber „das Pferd springt in den Fluß und verwandelt sich sogleich in einen Aal. Die drei Händler springen hinterher und verwandeln sich in drei große Fische, um den Aal zu verfolgen. Dieser fliegt aber in Gestalt einer Taube davon und erhebt sich über die Stadt hoch in die Lüfte. Die drei großen Fische verfolgen auch diese, und zwar in Gestalt dreier Sperber." Daraufhin verwandelt sich die Taube in einen Goldring, der in einen Zuber fällt, den eine Dienerin gerade auffüllt. Die Dienerin steckt sich den Ring an ihren Finger. Die drei Sperber verwandeln sich nun in drei Musikanten, die unter den Fenstern des Schlosses spielen und als Belohnung den Goldring der Dienerin erbeten.[119] Koadalan aber nimmt für einen Augenblick wieder seine menschliche Gestalt an, um der Dienerin zu sagen, daß sie den Ring nicht hergeben solle, es sei denn, sie werfe ihn in ein großes Feuer, aus dem die Musikanten ihn holen würden. So geschieht es. Aber der Goldring verwandelt sich in ein Korn,[120] das sich nun in einem Speicher befindet. Die Musikanten werden zu drei Hähnen, die sich daran machen, das Korn zu suchen. Nun verwandelt sich das Korn in einen Fuchs, der die drei Hähne auffrißt. Damit ist Koadalan von den Teufeln befreit.

Als er alt wird, trifft Koadalan, der nicht sterben will und das Geheimnis der Wiedergeburt kennt, seine diesbezüglichen Vorkehrungen. Er läßt eine Frau kommen, die ihr Erstgeborenes stillt. Er schlägt ihr vor, sechs Monate im Schloß zu bleiben, wofür sie monatlich einhundert Taler erhielte. Sie solle während dieser Zeit niemanden sehen, nicht einmal ihren eigenen Mann. Und Koadalan sagt zu ihr: „Ich werde getötet und zu Hackfleich gemacht werden; dann wird mein zerstückelter Körper in eine große Terrine gegeben werden. Diese Terrine wird in einem heißen Misthaufen versteckt werden, und Ihr müßt sechs Monate lang zweimal am Tag, mittags und um drei Uhr nachmittags kommen, jedes Mal eine halbe Stunde bleiben und auf dem Misthaufen, an der Stelle, wo sich die Terrine befinden wird, Eure Milch aus den Brüsten verteilen. Aber achtet darauf, daß Ihr dabei nicht einschlaft. Wenn Ihr genau tut, was ich Euch sage, werde ich mich nach sechs Monaten gesund und lebendig, stärker und schöner, als ich jemals gewesen bin, in ganzer Größe aus der Terrine erheben und nie mehr sterben." Alles geschieht, wie Koadalan es wollte. Monatelang erfüllt die Frau ihre Pflicht, aber drei Tage vor Ablauf der Frist schläft sie auf dem Misthaufen ein. „Als man die Terrine entdeckte, fand man den Körper Koadalans vollständig hergestellt dem Gefäß entstiegen und kurz davor, sich zu erheben. Noch drei Tage und es wäre ihm gelungen!"[122]

Diese seltsame Geschichte von Koadalan, dem „bretonischen Taliesin", läßt an ein antikes Wiedergeburtsritual denken. Man denke an den zerstückelten und im Kessel der Clotho gekochten Pelops, oder an Osiris – von Typhon zerstückelt und von Isis wieder zusammengesetzt. Denn die Frau ist anwesend. Es ist die Stuten-Göttin, die Beschützerin Koadalans, die es ihm ermöglichte, durch seine Verwandlungen den drei Teufeln zu entkommen. Auch das Rezept für seine Wiedergeburt in einem unsterblichen Körper stammt von ihr. Dafür ist es jedoch notwendig, zumindest vorläufig zu sterben. Faust hatte dieses „Kochen" nicht nötig, um sich zu verjüngen, aber er mußte seine Seele an Mephisto verkaufen. Koadalan verkauft seine Seele nicht. Aber er hat aufgrund einer Unachtsamkeit seitens der Frau keinen Erfolg. Und wer ist diese Frau? Die Stellvertreterin der Göttin, die Nahrung-Spendende, die Versorgende, die die Inder Anna Pourna, die romanischen Völker Anna Perenna und die Bretonen Sainte Anne nennen. Mit ihrer Milch nährt sie den zu Hackfleisch zerstückelten Koadalan. Und wo befindet er sich? In einer Terrine, d.h. in einem Gefäß, dem Abbild der Gebärmutter. Dieses Behältnis ist von Mist bedeckt. Man fühlt sich hier an die Aussage *Augustins* erinnert: „nascimur inter faeces et urinam". Aber der Misthaufen ist heiß, und dies ist bekanntlich ein sowohl real als auch symbolisch absolut günstiger Ort für die Heranreifung eines Wesens. Man muß tief in die von ekelhaften Ausdünstungen erfüllte Höhle eindringen, in das unreine und dunkle Labyrinth, in das brackige Wasser der Teiche, wenn man den Zauber-Palast der Göttin entdekken will und sich dieser fremdartigen und paradiesischen Welt, über die sie regiert, öffnen will.

Der Liebesakt ist mit dem Tod verbunden, das ist bekannt. Bei einigen Tieren, wie z.B. der Gottesanbeterin, schließt sich an die Begattung ein Hochzeitsmahl an, allerdings hat das Männchen dabei die Kosten zu tragen. Der männliche Orgasmus – und hierin stimmen alle medizinischen Erkenntnisse mit den Beobachtungen der Psychoanalyse überein – versetzt das Individuum in einen todesähnlichen Zustand. Dies ist der große Riß, durch den sich der Mann für den Bruchteil einer Sekunde „von der Realität zurückzieht". Danach hat er, biologisch gesehen, keine Existenzberechtigung mehr, da er seinen Samen vergeben hat und aus diesem ein neues Lebewesen entstehen kann. „Das Ausstoßen sexueller Produkte im Genitalakt", so *Freud*, „entspricht in etwa der Trennung der Körperzellen[123] von den *Keimzellen;*[124] deswegen ähnelt die totale sexuelle Befriedigung dem Tod."

Dieser *kleine Tod* ist für den Menschen dennoch kein wirklicher Tod.[125] Und dies, weil der Orgasmus, so vollkommen er auch sein mag, nicht zur *totalen* Befriedigung führt. Es muß, wie man etwas derb zu sagen pflegt, immer noch etwas für den nächsten Tag übrig bleiben. Es ist das ureigene Wesen des Wunsches, „niemals ganz und gar befriedigt zu werden, *was die Bedingung für die Wiedergeburt ist.*"[126] Für das Leben, das aus einem ständigen Streben nach irgendetwas besteht, ist der Wunsch der grundlegende Antrieb. Dies meint *Schopenhauer*, wenn er behauptet, daß der Mensch Ruhe und Glück in einer Art *nirvâna* findet, sobald er den *Lebenswillen* überwunden hat, das heißt, jeden Wunsch zu leben, und folglich jedes reine Verlangen, welches zu einer fortwährenden Wiedergeburt führt.

Da wir den wahren Mechanismus des Mythos von Tristan und Yseult (Diarmaid und Grainné, Noisé und Deirdré) untersuchen wollen, brauchen wir nur noch diese Feststellung anzuwenden. Damit müßten wir ein weiteres Mal *Denis de Rougemont* Unrecht geben, wenn er sagt: „Die Liebesleidenschaft...ist ein Feuer, das den Glanz seines Ausbruchs nicht überleben kann. Aber das *Brennen* bleibt unvergeßlich, und dieses Brennen wollen die Liebenden verlängern und bis in das Unendliche hinein erneuern." Dies ist wohl eine Vorstellung voll oberflächlicher Romantik und suspektem Wagnertum. Dieses berühmte Brennen ist nichts anderes als die Begierde selbst, die niemals befriedigt worden ist. Und die Liebe zwischen Tristan und Yseult, das Vorbild der vollkommenen Liebe, wird mit einer *niemals ganz befriedigten Begierde* verwechselt, *die die Liebenden zwingt, ständig von vorn anzufangen*. Sie haben sich dem Tod genähert, den *kleinen Tod* erlebt, aber sie sind niemals wirklich tot. Sie sind aus der Erstarrung, die dem Orgasmus folgt, entschlossener denn je hervorgegangen, wieder von neuem zu beginnen: dies ist die Beständigkeit und fortdauernde Kraft der großen Liebe, die Möglichkeit, denselben Akt unbegrenzt zu wiederholen. Denn wenn sie beim ersten Mal die vollständige Erfüllung ihres Begehrens erreicht hätten, hätten sie nie wieder Lust gehabt, noch einmal zu beginnen. Der tragische Tod, der die Abenteuer von Tristan und Yseult, Diarmaid und Grainné, Noisé und Deirdré und vieler anderer beendet, ist nicht die Krönung ihrer Liebe aufgrund der vollkommenen Befriedigung ihres Begehrens, sondern die Rache der Gesellschaft, die es nicht mit ansehen kann, daß sie nur mit sich selbst beschäftigt sind. Ist es nicht bezeichnend, einen Weinstock und eine Rose aus den Gräbern Tristans und Yseults emporwachsen und sich umschlingen zu sehen, was zeigt, daß alles nach dem Tode fortbesteht, und daß die beiden Liebenden sich auch dann noch bis in alle Ewigkeit suchen. Dies ist übrigens eine viel schönere und poetischere Feststellung, als der morbide *Liebestod*, an den man uns allzu sehr gewöhnt hat.

Noch einmal sei es gesagt – und es kann nie oft genug wiederholt werden –: auf dem Grund des Liebestrankes warten *teuflisch interessante Dinge*. Diese Dinge suchen die Liebenden in ihren Umarmungen. Durch die Macht des *geis* erlangten sie das Wissen über alle Möglichkeiten, *die ihnen offenstanden*. Von diesem Augenblick an existiert nichts anderes mehr, es gibt kein Universum mehr, keine Gesellschaft, keine Gesetze, keine Familienbande. Dies ist die äußerste Überschreitung aller überlieferten Tabus, aller Voreingenommenheiten, aller vorherigen Bindungen. Durch den *geis* ist eine neue Situation geschaffen, die sich ständig an den bestehenden Normen reibt, aber auch ständig in ihrer Entwicklung fortschreitet. Diese Situation ermöglicht es den Liebenden, einer idealen, paradiesischen Situation entgegen zu sehen, wo sich endlich all ihre Kindheitsträume verwirklichen werden, denn letztendlich ist es die Welt der Kindheit oder des Lebens im Mutterleib, das die Liebenden wieder erwecken wollen. Deshalb werden Tristan und Yseult nach jedem Orgasmus *wiedergeboren*, und deshalb beginnen sie wieder von vorn. Aber was würde Tristan ohne Yseult tun? Oder vielmehr, was hätte er getan, wenn Yseult ihm nicht die *teuflisch interessanten Dinge* am Grunde des Liebestrankes gezeigt hätte?

Denn alles Leben geht aus dem Tode hervor und umgekehrt. Wenn das Korn nicht stirbt, kann es nicht wiedergeboren werden. In der Frau findet diese sowohl biologische als auch psychologische Wiedergeburt statt. Die verschiedenen Auffassungen, die wir hinsichtlich der abstoßenden, grauenhaften Frau, oder vielmehr der als solche dargestellten Frau kennengelernt haben, sind nur Symbole dieser Realität: wir gehen aus dem Misthaufen hervor, egal ob diese Geburt nun real oder nur in der Vorstellung stattfindet. Aber angesichts dessen, was ihm ständig gesagt wurde, zögert der Held des Abenteuers, sich weiter vorzuwagen. So will Tristan zunächst nicht der Liebhaber Yseults werden, Diarmaid will Grainné nicht folgen, und Noisé versucht Deirdré auszuweichen. Sie haben Angst, sie haben genau die Angst, die die Gesellschaft ihnen der Frau gegenüber eingehämmert hat. Angst gegenüber der Frau, die ein fremdes und rätselhaftes Wesen ist, eine Lebens- und Todesspenderin, ein *lebender Misthaufen*, der von seinem Blut und seiner Milch das Kind, das sie in sich trägt, nährt und der nichts anderes ist als eine Projektion des Mannes selbst. Hier hat das Bild der Keridwen, der Hexe, die ihren Liebhaber verspeist, um ein Kind zu gebären, seinen Ursprung. Aber Taliesin ist nur der wiedergeborene Gwyon Bach. Und Keridwen erscheint als furchterregend und tyrannisch: sie ist die dominierende Herrin. Daher ist es ganz normal, daß man Angst hat und vor ihr flieht. Nun haben wir uns zu fragen, warum sie eigentlich die Herrin ist.

3. Die Herrin des Gartens

Als Peredur kurz nach dem Verlassen des mütterlichen Universums eine Brükke überquert hat, die die typische Grenze zwischen dem, was war und dem, was sein wird, darstellt, ist die erste Person, die ihm begegnet, eine *Jungfrau* in einem Zelt inmitten eines Gartens. Er raubt ihr einen Kuß, einen Kuchen und einen Ring. Der Diebstahl, den er begeht, bindet ihn jedoch endgültig an die Jungfrau und damit an alle Frauen, die ihn im Laufe seiner seltsamen Suche führen werden. Der Kuß stellt den empfindsamen, gefühlsmäßigen, psychologischen Aspekt seiner Fahrt dar: er verspricht allen Frauen, denen er begegnet, seine Liebe und all diese Frauen sind nur vorübergehende Erscheinungen ein und derselben Göttin, der rätselhaften 'Kaiserin'. Der Kuchen, den er gierig verschlingt, symbolisiert die Nahrung, die die Frau ihm gibt, und die sie ihm immer noch gibt, denn selbst in abgestilltem Zustand, d.h. der Muttermilch beraubt, erhält der Mann seine Nahrung noch von der Frau. Das ist der natürliche, materielle und animalische Aspekt seiner Fahrt. Der Ring ist die Vorwegnahme des Ringes, den ihm die 'Kaiserin' gibt, es ist der *geis*, der von nun an sein Schicksal bestimmt. Das ist der magische, übernatürliche und metaphysische Aspekt der Quête. Und die Herrin des Gartens ist der auslösende Ur-Grund dafür.

In dem Moment, in dem Owein in den Garten eindringt, um sich der Prüfung zu unterziehen, die man „Die Freude des Hofes" ('Joie de la Cour') nennt, ist das erste, was er sieht, eine Jungfrau. Sie ist der Grund des Zauberbanns, der auf dem Land lastet. Die Herrin des Gartens breitet ihre Herrschaft auf das ganze Universum aus, denn der Garten ist ein Universum im Kleinen, ein Mikrokosmos. Die Herrin des Gartens ist das poetische Bild der Déesse-mère, der Herrin über Leben und Tod. Sie hält sich in der Nähe eines Baumes (eines Apfelbaumes) auf, der die Weltachse ist, um die herum sich das Leben dreht. Dabei denkt man unwillkürlich an den Garten der Hesperiden oder an das Paradies der Genesis.

Als Jaufré in das Schloß von Monbrun gelangt, schläft er in einem Zaubergarten ein, wo in den Zweigen der Bäume versteckt Vögel singen. Als er erwacht, sieht er über sich geneigt das Gesicht der Brunissen, der dunkelhaarigen Göttin, die sich sofort in ihn verliebt und ihn durch eine Art *geis* bindet. Denn Brunissen, die unter einer rätselhaften Trauer leidet, beklagt sich, verlassen zu sein; sie erwartet ihren Sohn und Liebhaber, den sie durch ihre Liebe verwandeln wird und mit dem sie über ein schließlich wieder versöhntes Universum herrschen wird, wo das Gute und das Böse nicht mehr existieren, wo die Situation vor dem Sündenfall wieder hergestellt sein wird.

Als eine Frau des Feenlandes Bran, Fébals Sohn, aufsucht und ihm von den Herrlichkeiten ihres Landes vorschwärmt, um ihn dazu zu bewegen, dorthin zu kommen, so hebt sie hervor, daß es dort „einen alten Baum mit Blüten" gibt, „auf dem die Vögel durch ihren Gesang die Stunden angeben". Um Bran zu ermutigen, seine Reise fortzusetzen, fügt Mananann Mac Llîr hinzu, daß es dort „einen Wald mit Blüten und Früchten gebe, dessen Blätter goldfarben seien". Und dieser Wald befinde sich auf der Insel Emain, dem Feenland.

Als Cûchulainn von der Fee Fand eingeladen wird, ihr in das Land der Verheißung zu folgen, schickt er zunächst seinen Kutscher Loeg als Kundschafter aus, und dieser erzählt ihm, was er gesehen hat:

„Am Osttor stehen drei Bäume in leuchtendem Purpur, auf denen endlos und süß die Vögel singen...Am Schloßtor steht ein Baum aus Silber, in dem die Sonne glänzt; seine strahlende Pracht ist der des Goldes ähnlich...Es gibt dort sechzig Bäume, deren Wipfel sich berühren und doch nicht berühren. Dreihundert Menschen ernähren sich von jedem Baum, von seiner reichlichen und einfachen Frucht...In dem Herrschaftssitz lebt ein Mädchen, das sich vor allen Frauen Irlands auszeichnet; sie ist schön, ist geschickt und trägt wallendes Haar...Durch ihre Liebe und Zuneigung verwundet sie das Herz eines jeden Mannes." [127]

Als Conn der Hundert Schlachten auf einem kleinen Nachen Irland verläßt und sich dem Strom der Wellen überläßt, landet er auf einer wunderschönen Insel. „Auf der Insel gab es schöne Apfelbäume, zahlreiche, herrliche Brunnen, aus denen Wein sprudelte, einen Wald voll schimmernder Trauben, um die Brunnen herum Nußbäume mit herrlichen goldgelben Nüssen, all dies war umschwirrt von kleinen Bienen, die harmonisch über den von aromatischem Saft tropfenden Früchten summten." [128] Dort wird Conn von einer Königin empfangen, die ein „Kristallgemach" besitzt, wo die Sonne eine sanfte, klare Atmosphäre mit übermächtigem Glanz verbreitet.

Als Viviane Merlin bittet, ihr zu zeigen, wie man einen Mann in Schlaf versetzt, befinden sich beide auf einmal in einem wunderschönen Garten, der „Repaire de Liesse" (Zuflucht des Jubels) genannt wird. Dort enthüllt Merlin ihr das Geheimnis, das ihn wenig später zu ihrem Gefangenen macht, und dort verrät er ihr auch drei Zauberworte, die es einer Frau ermöglichen, einen Mann daran zu hindern, sie körperlich zu besitzen, wenn sie es nicht möchte.

Als Tristan Yseult heimlich treffen will, wirft er Hobelspäne in einen Bach, die der Königin die Nachricht übermitteln. Nun verläßt sie das Gemach ihres Ehemannes, des Königs Mark, und begibt sich in einen verschlossenen Garten, wo ihr Liebhaber sie erwartet, – außerhalb der Welt, in einem Universum, wo Yseult die einzige, allmächtige Königin ist mit ihrem Haar, so leuchtend wie Sonnenstrahlen.

Man könnte noch viele Beispiele dieser Art aufführen. Man hat ständig den Eindruck, als ob an einem Ort außerhalb der Erde eine Frau regieren würde, deren Kennzeichen *Schönheit, Licht* und *Macht* sind. Sie ist die gern tyrannische Mätresse, der man immer gehorcht, die man niemals verstößt. Der Liebhaber liegt zu ihren Füßen und „labt sich an den Strahlen ihres Blickes."

Wichtig ist, daß immer wieder der Sonnencharakter der Herrin des Gartens festzustellen ist. Natürlich leben wir nicht mehr in einer Zeit, in der es – aufgrund der Schule *Max Müllers* – zum guten Ton gehörte, überall Sonnenhelden zu entdecken und die Mythologie als ein Versteckspiel der Sonne und der Planeten zu betrachten, was auf jeden Fall nichts erklärte. Und doch ist der Aspekt der Sonne von der Herrin des Gartens nicht zu trennen.

Zunächst wird uns Yseult mit einer blonden, goldähnlichen, also auch sonnenähnlichen, Haarpracht dargestellt. Grainnés Name stammt von irisch *grein*, was 'Sonne' bedeutet. Die Königin der Feeninsel wohnt in einem Kristallpalast, oder besitzt ein Kristall- oder Glasgemach, wo alle Sonnenstrahlen zusammentreffen. Sobald man die Insel betritt, ist man geblendet von dem Licht, das der Landschaft zu entströmen scheint. Jetzt versteht man, daß der Garten auf der Insel der Apfelbäume (Insula Pomorum) eine Art Sonnentempel ist, der direkte Sitz der Sonne.

Und schließlich ist die Sonne in den keltischen und germanischen Sprachen *feminin,* was ein Indiz ist für das Fortleben einer weiblichen Sonnengottheit, die älter ist als das Bild, das wir uns von dem Sonnengott Apoll machen. Diese Tatsache ist übrigens nicht nur für die keltische oder germanische Tradition typisch, denn auch in der japanischen Mythologie gibt es eine Sonnengöttin, und auch die antike Gottheit der Skythen war weiblich und der Sonne zugeordnet, nämlich die berühmte „skythische Diana", die die Artemis der Griechen wurde, und wenn Autoren der Antike über sie berichten, heben sie die grausamen und blutigen Rituale hervor, die ihren Kult begleiteten.

Alles fügt sich in den Rahmen der Auflehnung des Mannes gegen die Frau, eine Auflehnung, die einerseits geprägt ist von der Machtergreifung einer paternalistischen Gesellschaft gegenüber einer maternalistischen, und andererseits von einer totalen Umwertung der religiösen Werte: die ursprünglich weiblichen Gottheiten wurden durch männliche Gottheiten ersetzt, die den neuen gesellschaftlichen Strukturen entsprachen.

Ein typisches Beispiel für diese Verkehrung ist die Sage von Apoll. Auf der historischen Ebene, die sich durch den Mythos abzeichnet, bekämpft Apoll, der Sonnengott, die Schlange Python, die bis dahin über Delphi herrschte, tötet sie und setzt sich an ihre Stelle. Früher wurde in Delphi eine weibliche Erdgöttin, dargestellt durch die Schlange, angebetet. Dieser ursprüngliche *weibliche* Kult der Déesse-mère wurde also durch den Kult des *männlichen* Helden ersetzt. Aber der männliche Gott Apoll, und dies ist das Auffallende daran, braucht, um sich bei den Menschen Gehör zu verschaffen, weiterhin die Frau: seine Deuterin ist die *Pythia*, mit anderen Worten, die Priesterin der alten Religion, die in ihrem Amt geblieben ist und noch den Namen der alten Muttergöttin trägt und deren Bedeutung trotz allem im Laufe der Jahrhunderte sogar noch zunimmt.

Dies gibt Anlaß, die Figur des Apoll selbst einmal näher zu betrachten. Wer ist er eigentlich? Nach der griechischen Sagenliteratur, die, wie uns die Religionshistoriker in Erinnerung rufen, das Ergebnis einer Erstarrung verschiedener Glaubensrichtungen ist, die wir zum großen Teil nicht kennen, ist er der Sohn von Leto und Zeus. Man gibt ihm jedoch eine Schwester bei, nämlich Artemis, die spätere Diana der Römer. Apoll ist also die Sonne und Artemis der Mond. In Wirklichkeit waren die Rollen jedoch umgekehrt: man hat Appoll Artemis beigefügt, die ursprünglich die Sonnengöttin war. Artemis und Leto sind Doubletten. Artemis ist zugleich die Schwester (so die neuere Version) und die Mutter (nach der alten Version) Apolls. Diese Argumentation stützt sich nicht nur auf allgemeine Erkenntnisse über die Entwicklung der Religionen, sondern auch auf den keltischen Mythos von Modron und Mabon.[129]

Dieser Mythos von Modron und Mabon[130] enthält tatsächlich archaische Elemente, die sein Entstehen in der Vorgeschichte, zumindest in dem Bronzezeitalter vermuten lassen.[131] Mabon bedeutet ethymologisch *'Sohn'*. Er entspricht in der gallischen Form dem *Maponos*, der in Inschriften als Beinamen Apolls bezeugt ist. Damit ist jeder Zweifel an seinem Sonnen-Wesen ausgeschlossen. In dem Mythos, der der walisischen Erzählung *Kulhwch et Olwen* zugrunde liegt, kann der Held Kulhwch Olwen nicht heiraten, d.h. er kann sein Schicksal nicht verwirklichen, bevor Mabon, der an einem unbekannten Ort gefangen ist, nicht befreit wird. Nach zahlreichen Abenteuern entdeckt man, daß Mabon in einem Kerker sitzt, der nur über den Wasserweg erreichbar ist und unter der Stadt Loyw (Gloucester) liegt, deren Namen ausgerechnet „Zitadelle des Lichtes" bedeutet.

In gewisser Weise heißt das, „nichts geht mehr" im Universum, denn die Sonne wird jenseits des Wassers, d.h. in der Nacht, gefangengehalten. Die Alten glaubten nämlich, daß die Sonne nachts über den Fluß 'Oceanos' reist, um am nächsten Morgen jünger und stärker als je zuvor wieder zu erscheinen. Bildlich dargestellt findet sich dieser Glaube in den berühmten Sonnenwagen der Bronzezeit, die Kultgegenstände waren und in den nordischen Ländern um die Ostsee herum besonders häufig gefunden wurden. Diese Sonnenwagen stellen, ebenso wie die Sonnenschiffe der alten Ägypter, die Sonne als Gold- oder Kupferscheibe dar,[135] d.h. nicht in menschlicher Gestalt und nicht geschlechtlich bestimmt.[136]

Die Mutter Mabons ist Modron, die gallische *Matrona,* das heißt, die „Mutter". Wenn Mabon die junge Sonne ist, die auf ihre Befreiung wartet (und man wird unschwer Parallelen zu dem Mythos der Leto ziehen können, die Hera daran hindert, Apoll und Artemis zur Welt zu bringen), so ist seine Mutter notwendigerweise die Sonnengöttin. Von Modron wird nun gesagt, daß sie die Tochter des Avallach ist, das heißt der Insel Avalon, und wir sehen, daß diese Figur eng verbunden ist mit dem Thema des Gartens, der Feeninsel, des Apfels, dem Symbol der Sonne, und auch an die prähistorische Verehrung des Bernsteins, eines anderen Symbols der Sonne, erinnert.[137]

Es besteht also die große Wahrscheinlichkeit, daß die Kelten, wie die anderen indoeuropäischen Völker, eine Sonnengöttin gekannt haben, die in der Bildplastik und in den Inschriften übrigens als Göttin *Sul* dargestellt und auf der britischen Insel in Bath verehrt wurde. Genauso, wie Apoll den Platz seiner Mutter und Schwester eingenommen hat, nimmt Mabon den Platz seiner Mutter Modron ein und schmückt sich mit verschiedenen Beinamen, wie *Belenos*, 'der Leuchtende'. Dennoch bleibt die Erinnerung an die Mutter erhalten, die *Belisama* (= 'die hell Leuchtende'), und auch die deutlich erkennbaren Spuren in den verschiedenen Mythen bezeugen, daß die Frauen einst die Hauptrolle spielten. Dies trifft auf die Geschichte von Tristan und Yseult wie auch auf all ihre Archetypen oder Entsprechungen zu. Yseult wäre also wie Grainné oder Deirdré die neue und letzte Gestalt der alten Sonnengöttin, deren Bild im Inneren einer extrem vermännlichten Gesellschaft weiter besteht.

So wird die Struktur der Geschichte von Tristan und Yseult sehr klar und einfach, sofern man bereit ist, sie als Überrest eines weiblichen Sonnenkultes zu betrachten. Yseult (oder Essylt, – der ursprüngliche Name und seine Bedeutung lassen sich nicht mehr rekonstruieren) ist die Sonnen-Frau. Mark (oder March, was soviel wie 'Pferd' bedeutet) ist derjenige, der die Sonne in die Nacht verschleppt, und ihre Wiedergeburt verzögert:[138] er ist der Lenker des Sonnenwagens, das ist für den Pferdegott, der er ursprünglich war, eine ganz normale Rolle.[139]

So verlief etwa die literarische Entwicklung des Sonnenwagens, des Kultobjektes aus der Bronzezeit. Tristan schließlich, dessen Name piktischen (und brit(ton)ischen) Ursprungs *Drustanos* ist, was „Kraft des Feuers" bedeuten kann, ist der Anhänger dieser Sonnenreligion, derjenige, der seine Kraft aus dem Feuer der Sonne schöpft: *er ist der Anbeter der Yseult*, der Sonnengöttin, und er möchte sie deshalb Mark entführen, der sie zu lange in der Nacht gefangen hält.[140]

Dieser Charakter einer Sonnengottheit ist es, der Yseult und allen anderen keltischen Heldinnen jenen tyrannischen Aspekt verleiht, unter dem sie so oft erscheinen und der die Ursache dafür ist, daß der *geis*, über den sie verfügen, absolut und zwingend ist. Folglich ist es ganz normal, daß der Liebhaber der Yseult (und aller anderen Heldinnen), der ihr Anbeter und Anhänger ist, vor dem göttlichen Antlitz in Ekstase gerät: es ist die Quelle, nach der er sich sehnt, es sendet die Strahlen aus, an denen er sich wärmt, von denen er sich nährt und die seinen Durst löschen; und an den Strahlen der Königin, der göttlichen Herrin über Leben und Tod, leidet und stirbt er auch. Denn genauso wie Apoll Glück, Reichtum und Heilung, aber auch Krankheit und Tod zuteil werden läßt, vereint auch Yseult in sich die beiden grundlegenden Aspekte derselben Realität: sie ist der Scheideweg, an dem sich die Gegensätze begegnen.

Sie ist tyrannisch. Alle *Damen* (vom lateinischen *Domina*, 'Herrin') der höfischen Liebe sind tyrannisch. In *Chrétiens* Dichtung macht Lancelot diese Erfahrung mit Gueniėvre. Grainné ist vielleicht das perfekteste Modell dafür, zu welch großer Leistung eine Frau einen Mann beflügeln kann. Aber im Unterschied zur griechischen Heldin (Phaedra), die sich keinen Gehorsam verschaffen kann, ist die keltische Heldin sicher, daß der Liebhaber ihr folgt und eine körperliche Beziehung zu ihr eingehen wird, die beide von der gesellschaftlichen Welt ausschließt, in der sie sich bisher bewegten. Im Gegensatz zu den griechischen Heldinnen, die wir von *Racine* kennen, wie etwa Hermione, vor der Orest unter Nichtachtung seiner Würde und seiner Ehre buchstäblich kriecht, duldet eine keltische Heldin niemals – und hierfür bildet Grainné den Beweis – eine erniedrigende und unwürdige Haltung. Wonach Grainné sich sehnt, ist ein verantwortungsbewußter Mann, der ihrer Achtung und ihrer Liebe würdig ist, und zwar deshalb, weil sie im alten Sinne des Wortes *tyrannisch* ist.

Es wäre tatsächlich sinnvoll, hier an die Muttergöttin der Etrusker zu denken, sie wurde *Turan* genannt, und ihr Name stammt von einer indoeuropäischen Wurzel* *tur* ab, was soviel wie 'geben' bedeutet. Diese Wurzel ist noch in dem griechischen *δῶρον* (doron = 'Geschenk') zu erkennen. Während mit dem Begriff 'Tyrann' in geschichtlichen Zeiten ein wirklicher, grausamer und blutrünstiger Despot assoziiert wird, so dürfte dies in vorgeschichtlichen Zeiten möglicherweise nicht der Fall gewesen sein, vor allem, wenn die *'Tyrannei'* nicht von Männern, sondern von Frauen ausgeübt wurde.[141] Ebenso, wie der keltische König ursprünglich ein König in moralischer Hinsicht war, der die Aufgabe hatte, die Mitglieder des *Clans* zu vereinigen und ihnen Nahrung und Wohlstand zu *geben*, so muß auch die *'Tyrannen'-Königin* der gynäkokratisch geprägten Gesellschaften das *Geben* als ihre Aufgabe betrachtet haben: Leben zu geben, Nahrung zu geben, zu trinken zu geben, Wohlstand zu geben, Glück zu geben und – wohlgemerkt – auch den Tod zu geben, denn genau in dem Moment, in dem man geboren wird, beginnt man zwangsläufig auch zu sterben. Ist es nicht bezeichnend, daß man in den Steinzeithöhlen, wie etwa in denen von Petit-Morin oder in den Dolmen und den Megalithgräbern, wie in Locmariamer, Darstellungen der Göttin findet, die sie zugleich als Beschützerin der Ernte, der Jagd, des Fischfangs und auch als Schutzgöttin der Toten zeigen?

In der Nacht, in der sich Yseult Tristan hingibt, gibt sie ihm alles. Sie verhilft ihm zu dieser zweiten Geburt, die er benötigt, um wirklich er selbst zu werden. Aber wenn er von Yseult eine Gabe (und was für eine Gabe!) erhalten hat, so *muß er* aufgrund des *biologischen* (und später moralischen) Gesetzes des Austausches *auch alles geben*. Jetzt erklärt sich die Unerbittlichkeit des *geis*: wenn die Frau alles gibt (und das tut sie, indem sie sich dem, den sie liebt, anbietet) muß der Mann ebenfalls alles geben (weshalb der Liebhaber sich ihr nicht verweigern kann). Das ist ein subtiles psychologisches Spiel, das auf einer durchaus biologischen Tatsache beruht (nämlich auf den ständigen Austauschprozessen des Organismus mit der Außenwelt), und dessen Entstehung bis in die graue Vorzeit zurückreicht. Das ist *auch* die Liebe, denn die Liebe ist der totale Austausch zweier Wesen.

Da jeder Frau ein mütterlicher Wesenszug eigen ist, kann es übrigens auch nicht anders sein. Die Mutter gibt dem Kind alles, da sie es zur Welt bringt und nährt, da sie es lehrt zu leben und selbständig zu werden und da sie es – bewußt oder unbewußt – die Welt der Sexualität und der Gefühle entdecken läßt. Das Kind hat zunächst nur den Horizont des mütterlichen Körpers, und wenn es sich schrittweise von ihm entfernt, dann bewahrt es eine unauslöschliche Erinnerung an ihn. Von diesem Augenblick an identifiziert sich das Mädchen mit der Mutter, und der Junge würde gerne wieder in seine Mutter zurückkehren. Die Beziehungen zweier Liebender haben daher notwendigerweise eine inzestuöse Komponente, da die Situation des Mannes gegenüber der Frau eine Situation der Abhängigkeit von der Mutter ist. Der Mann kann wohl versuchen, dies zu vergessen, er kann versuchen, diese Unterlegenheit zu kompensieren durch Gesetze, die die Frau herabsetzen, oder die sie zwingen, einen niedrigeren Rang einzunehmen. Aufgrund seiner mehr als triebhaften Reaktionen wird er diesen Sachverhalt nie aus der Welt schaffen können. Die Herrschaft der Muttergöttin ist nicht zu Ende, da sie quasi jeden Tag unter den Zügen der tyrannischen Herrin lebendig wird.

So wird die Rolle der Frau nicht so sehr in der Geschichte der Kelten, sondern eher in ihrem mythischen Denken sichtbar. Dies ist übrigens viel wichtiger, da es um die ideale Frau geht, um die Frau, wie sie den Völkern entsprechen konnte, in deren Partikularismus sich noch Vorstellungen erhalten konnten, die man längst verloren glaubte.

Zuerst hat man die Kelten zu sehr unter einem klassisch kartesianischen und danach unter einem im negativen Sinne des Wortes zu romantischen Blickwinkel gesehen. Unter der süßlichen Sentimentalität des bürgerlichen und puritanischen XIX. Jahrhunderts hat das Bild der Yseult erheblich gelitten. Man ist von der ehebrecherischen Liebe zwischen Tristan und Yseult schockiert, denn so etwas tut man nicht, zumindest nicht am hellichten Tage. Dagegen bedauert man sehr-wohl die unglücklich Liebenden, die der Macht der Fatalität zum Opfer fallen. Die Fatalität ist jedoch eine bequeme Erfindung, um das Versagen unserer Verantwortung zu maskieren. Nie sind Tristan und Yseult sich ihrer Verantwortung bewußter gewesen als in dem Moment, wo sie den Inhalt des Kruges getrunken haben. Nie haben Diarmaid und Grainné ihre Verantwortung leidenschaftlicher bekannt als durch ihre Flucht. Das Gleiche gilt für Noisé und Deirdré, für Blodeuwedd und Gronw Pebyr und viele andere.

Aber sollte man vergessen haben, daß die Hingabe nur freiwillig geschehen kann? Sollte man vergessen haben, daß es nur dort Verantwortung geben kann, wo es auch Freiheit gibt?

Nun, wir sind nicht frei. Wir sind Opfer von Vorurteilen, wir sind Gefangene der Gewohnheiten, die uns binden, wir stecken voller vorgefaßter Ideen. Und aus Mangel an gedanklicher Klarheit verkennen wir die wahren Probleme, die sich dem Menschen stellen, total.

Wir sind nicht frei. Besonders die Frau ist die Sklavin unserer Gesellschaft geworden, die eine Gesellschaft von Sklaven ist, die sich nicht einmal ihres Zustandes der knechtischen Unfreiheit bewußt sind, weil sie sich durch Worte berauschen lassen. Es genügt nicht, das Wort Freiheit ständig auszusprechen, es in allen Tonlagen zu singen, um wirklich frei zu sein, sondern man muß die Freiheit durch Taten verwirklichen.

Die moderne westliche Frau ist nicht frei, Yseult, Grainné und Deirdré waren dagegen freie Frauen. Die keltische Frau war frei, weil sie handelte, und dies im vollen Bewußtsein ihrer Verantwortlichkeit. Und da sie frei war, konnte sie lieben, denn da die Liebe ein Gefühl ist, das sich allen Zwängen und Gesetzen der Vernunft entzieht, können nur freie Wesen lieben. Dies ist vielleicht die wichtigste Lektion, die uns die wunderbare Geschichte von Tristan und Yseult erteilen kann.

ANMERKUNGEN ZU KAPITEL VI

1 Julien *Gracq: Le Rivage des Syrtes*. Editions Corti. Paris 1951, S. 55 - 56.

2 Die wichtigsten Texte sind: die sog. "version commune", ein Text-Fragment des frz. Autors *Béroul* (Mittelteil der Sage), datiert auf 1165 (Hrsg. E. *Muret* 1913); die mhdt. Adaption von *Eilhart v. Oberg* (enthält den Anfang der Legende); die sog. höfische Fassung: ein Text-Fragment von *Thomas v. Britanje* (Schlußteil der Legende), datiert auf 1170 (Hrsg. *Bédier* 1902 - 1905); die 'version courtoise', die große mhdt. Dichtung von *Gottfried v. Strassburg* (die Beginn und Mittelteil der Sage enthält und etwa dort abbricht, wo das Fragment von *Thomas* einsetzt); eine dänische Kurzfassung, die *"Tristan Saga"*, etwa um 1226 verfaßt von *Robert v. Reims;* eine engl. Adaption: *"Sir Tristrem"* – sowie eine italienische: *"La Tavola Ritonda"*. Ferner einige aus dem XII. Jh. stammende Dichtungen von Einzel-Episoden der Legende: *Folie de Tristan* und der *Lai du Chèvrefeuille,* zwei Dichtungen von *Marie de France*. Weitere Bearbeitungen aus späterer Zeit: *Prosa-Tristan* (XIII. Jh.) und *Le Morte d'Artur* von *Thomas Malory* (XV. Jh.).

3 Besonders erwähnt sei eine knappe walisische Erzählung über die – erzwungene – Wiederaussöhnung zwischen Tristan und Mark, die *Ystoria Trystan* (cf. J. *Loth, Revue Celtique* XXXIV, S. 358). Vgl. J. *Markale: L'Epopée celtique en Bretagne,* S. 215 - 223.

4 Der erste und berühmteste Versuch dieser Art stammt von Joseph *Bédier* (Ed. Piazza, Paris 1922). (Dt. ersch. im Insel-Verl. 1979 (Übers. v. R.G. *Binding*); Anm. d. Hrsg.). Ohne die Schönheit dieser Rekonstruktion in Abrede stellen zu wollen, sei dennoch angemerkt, daß sie sich zu stark an die sog. „höfische Fassung" (version courtoise) hält und die anderen Fragmente, deren Berücksichtigung zu einem repräsentativeren Gesamtüberblick über diesen Sagenstoff unerläßlich ist, stark vernachlässigt. Außerdem deutet alles darauf hin, daß die Ur-Sage von Tristan völlig frei war von jener Liebeskasuistik des hoch-höfischen Mittelalters. Daher geben wir den Vorzug der Adaption von André *Mary, Tristan* (Gallimard. Paris 1941). Diese Rekonstruktionsfassung hat zahlreiche Teilelemente aus den verschiedensten Versionen der Sage miteinbezogen und bewahrt. Aus der Fülle der Bühnen- und Leinwandadaptionen sei *"L'Eternel Retour"* („Die ewige Wiederkehr") von Jean *Cocteau* und Jean *Delannoy* besonders erwähnt, die zwar eine *Transposition* der Sage ist, sich aber peinlich genau an ihre mythische Struktur hält.

5 Es wird immer wieder behauptet, daß hierin ein griechischer Einfluß zu sehen ist, da diese Episode der Sage von Minotauros auffallend ähnlich ist, welcher ebenfalls einen Tribut an Knaben und Mädchen fordert. Es hieße aber den Blick für die Sachlage erheblich verengen, wenn man aufgrund dessen auf eine Transposition der griechischen Sage schließt, denn dieses Motiv existiert auch bereits in der epischen Literatur Irlands, z.B. in der *„Brautwerbung des Emer"*, in der Cûchulainn eine Königstochter befreit, die einem Fomoré als Tribut versprochen ist (cf. J.M.: *L'Epopée celtique d'Irlande*. S. 95). Wir wissen heute, daß es sich bei den Fomoré um ein mythisches Seefahrervolk handelt, welches – nachdem es Irland mit einer Invasion heimgesucht hatte – durch die Tuatha Dé Danann (die als erste Megalithen errichteten und in Irland das Druidentum einführten) von dort wieder vertrieben wurde. Es steht außer Zweifel, daß es sich bei Morholt, der ja von der Seeseite her die Küste von Cornwall erreicht und gegen Tristan auf einer *Insel* kämpft, um einen solchen Fomoré handeln *muß*, d.h. um eine Art maritime Gottheit von gleichem Rang wie Minotauros, der im Innern eines Labyrinths (das bedeutet: auf dem Grunde des Meeres!) auf Kreta eingeschlossen haust. Morholt und Minotaurus entstammen beide der archaischen indo-europäischen Mythologie, sie sind verschiedene Aspekte ein und desselben Motivs, wahrscheinlich beide eine Reminiszenz eines uralten, vorzeitlichen Kampfes zwischen einem See- und einem Landvolk – wobei letzteres von ersterem unterworfen wurde –, m.a.W. die Spur einer Rivalität zwischen einer Seefahrer- und einer Festland-Kultur. Möglicherweise muß man sogar, über den Bereich des rein Symbolischen im engeren Sinne hinausgehend, in Morholt, dem Bruder einer Feenkönigin mit magischen Kräften, und in Minotauros, dem Sohn der fluchbeladenen Göttin Pasiphae, die Verteidiger einer in gewissem Sinn gynäkokratischen Ordnung gegen die Repräsentanten der paternalistische Ordnung sehen, die willens sind (Tristan wie Theseus), sich von dem Joch des Weiblichen zu befreien. Dies ist jedoch eine reine Hypothese!

6 Man beachte, daß Tristan an den „Hüften" verletzt wird. Dabei handelt es sich natürlich um eine ebenso symbolschwere Verletzung wie bei der des Fischerkönigs am „Oberschenkel"!

7 Dieses Motiv ist in der keltischen Mythologie häufig zu finden: der Held läßt sich von Wind und Wellen in einem Boot steuerlos dahintreiben. In den *Abenteuern des Art, Sohn des Conn* (cf. J.M.: *L'Epopée celtique d'Irlande* S. 186 - 187) vertrauen der irische König Conn, der 'König der hundert Schlachten', und nach ihm sein Sohn beide ihr Schicksal einem Boot an, das auf gut Glück über das Meer treibt, dessen Strömung sie zu einer Insel führt, auf der eine gute Fee wohnt. Bei der berühmten Fahrt mit dem „Schiff Salomonis" der *Quête du Graal* handelt es sich ebenfalls um eine Einschiffung ohne Steuerung, die den Helden dem Gral zutreibt. Hier liegt zweifelsohne die gleiche Motiv-Tradition vor, die auch dem *bello gothico* des *Procop* zugrundeliegt: dort geht es um eine mysteriöse Seefahrt der Seelen auf ebenfalls nicht gesteuerten Booten, die zu den Inseln der Bretonen führt. Der Tristan-Sage am engsten verwandt zu sein scheinen die Guigemar-Sage (die wahrscheinlich bretonischen Ursprungs ist), sowie die "Lais" der *Marie de France.* Tatsächlich kann auch Guigemar, verletzt durch einen Pfeilschuß am „Oberschenkel", ausschließlich durch eine Frau geheilt werden, die er lieben und die um ihn leiden wird, und auch dort gelangt er mit einem ungesteuerten Schiff zu jener Stadt, in der die ihm auserwählte Dame residiert.

8 Ein typisches Merkmal matrilinearer Erbfolge: Mark ist der Onkel mütterlicherseits von Tristan und somit nicht nur sein Adoptiv-Vater, sondern auch der Depositär des mütterlichen Besitzes. Diese Beziehung läßt sich vergleichen mit der zwischen Gwyddyon und Math, seinem Onkel mütterlicherseits, den er – besonders hinsichtlich seiner magischen Kräfte – beerbt.

9 Alles deutet darauf hin, *daß diese Schwalbe Yseult selbst ist,* welche – in Tristan verliebt – gekommen ist, diesen zu umkreisen. Das ist wiederum ein in der keltischen Mythologie häufig auftretendes Motiv: das Motiv der Vogel-Frau. Dabei darf nicht übersehen werden, daß die Königin von Irland eine Zauberin (Magierin) ist, und daß ihre Tochter Yseult ebenfalls in ihre Kunst der Magie eingeweiht ist. Da die Sage, – zumindest in der uns bekannten Form –, historisiert ist, ist es sehr wahrscheinlich, daß die nun irische Königin eine Transposition der alten Königin der Feen-Insel ist, etwa der Morgane, die sich ebenfalls in einen Vogel verwandeln kann. Daß Tristan das Haar als das von Yseult wiedererkennt, deutet auf ein gewisses – ihm in diesem Stadium noch unbewußtes – Interesse für die junge Prinzessin hin.

10 Ein Thema, das wir bereits untersucht haben: es handelt sich um das Motiv der verbotenen, tabuisierten Höhle, die durch eine Schlange bzw. durch einen 'Lindwurm' bewacht wird, anders ausgedrückt um die *Frau,* die vom *Vater* als Besitz beherrscht wird! Erst durch Tötung des Ungeheuers – d.h. des Vaters – gelangt Tristan in den Besitz der Tochter.

11 Der Beweis dafür, daß Yseult bereits hier Tristan liebt.

12 Ein weiterer Beweis dafür, daß Yseult Tristan liebt und daß sie schrecklich enttäuscht ist von Tristans Verhalten, da er *für einen Anderen* um ihre Hand anhält. In seinem Film „L'Eternel Retour" hat *Cocteau* diese Episode, die für das Verständnis der Mechanik dieses Mythos entscheidend ist, besonders gut in den Vordergrund gerückt.

13 Die Tatsache, daß ein Liebestrank eingenommen wurde, ist als eine Exkulpierung der ehebrecherischen Liebe zwischen Tristan und Yseult vor dem christlichen Publikum aufzufassen. Wie wir noch feststellen werden, ist der Liebestrank selbst, – obwohl er den rein äußerlichen Aspekt einer vage magischen Funktion angenommen hat –, das eigentliche, archaische Kernmotiv des gesamten Tristan-Mythos, der keltischen Ursprungs ist.

14 Dies ist die Rückerinnerung an uralt-archaisches Brauchtum, das hier unter der moralisierenden Didaktik getarnt ist, nach der die Braut noch Jungfrau zu sein hat. In der Tat geht es hier um ein Ritual, das der König vollzieht, indem er eine Jungfrau defloriert, um einen Akt, der als besonders gefährlich galt und daher dem König oder Priester vorbehalten war, denn diese allein hatten die Kraft, – so glaubte man –, den durch das vergossene jungfräuliche Blut verursachten verhexenden und unglückbringenden Schock auszuhalten. Daher das berühmte "droit de cuissage" (im deutschen Rechts- und Sprachgebrauch "ius primae noctis", Anm. d. Übers.), das keineswegs ein Privileg war, sondern gerade zu

P f l i c h t e n des Herrschers gegenüber seinen Untertanen gehörte. Wenn es an den entsprechenden Stellen in den Texten heißt, daß die Person der Brangwain die Rolle der Yseult im Bett des Königs übernimmt, so geschieht dies, um deren Vergehen wiedergutzumachen, was eine Rationalisierung des Mythos bedeutet. Obwohl die Figur der Brangwain bisher noch nicht ausreichend auf ihre mythologische Funktion hin untersucht wurde, ist es durchaus wahrscheinlich, daß es sich – wie Joseph *Loth* bereits annahm – bei Yseults Dienerin um die gleiche Figur handelt wie bei der walisischen Sagengestalt Branwen, der Schwester von Bran, „dem Gebenedeiten". Demnach wäre sie eine Art Liebesgöttin und hätte also eine Funktion, die sie in der Konfiguration der Tristansage voll erfüllt, da sie dort die Hüterin des Liebestrankes ist. Man könnte sie auch mit einer anderen Dienerin-Figur vergleichen, nämlich mit der Laudine, der Herrin des Brunnens, denn die Heirat zwischen Laudine und Yvain/Owein wird erst von der Dienerin Lunete a n g e s t i f t e t im wahrsten Sinne des Wortes.

15 Ein weit verbreitetes und von den Troubadours bis zum Exzeß ausführlich ausgeschlachtetes Motiv. Der (Baum-)Garten gilt als d e r ideale Ort für das Stelldichein zwischen den Liebenden, denn er ist ein allseits umschlossener Raum. Außerdem muß die symbolische Bedeutung dieses Gartens nicht erst noch bewiesen werden: er i s t das *Paradies* (dieses ursprünglich persische Wort bedeutet nämlich ('Baum-)Garten'/'Park'). Im Garten miteinander vereint erreichen die Liebenden wieder den Ur-Zustand paradiesischen Seins. Die Frau ist also generell die 'Königin des Gartens', wie sich anhand zahlreicher Erzählungen keltischen – und nicht nur keltischen – Ursprungs nachweisen läßt: im Garten von *Monbrun* verliebt sich Jauffré in die Königin Brunissen. In einem Garten erlebt Peredur-Perceval sein erstes amouröses Abenteuer. Ein Märchen von *Andersen*, der *Paradiesgarten*, erzählt die Geschichte eines jungen Prinzen, dem es gelingt, in einen Wundergarten einzudringen, in dem ein Mädchen von unbeschreiblicher Schönheit herrscht; er wird jedoch auf eine Probe gestellt: jeden Abend wird ihn das Mädchen rufen, aber er darf dem Ruf nicht folgen und nicht zu ihr gehen. Natürlich unterliegt er bereits am ersten Abend der Versuchung, woraufhin sich der Paradiesgarten in Nichts auflöst. Diese moralisierende Geschichte ist das Resultat einer Kulpabilisierung des ursprünglichen Mythos. Zu dem genannten Bereich gehört auch noch die Insel *Avalon* (auf der die Fee Morgane herrscht), die ihrerseits ein Apfelbaum-Garten (auf einer Insel) ist, oder auch der Garten der Hesperiden.

16 Das Motiv der Holzspäne taucht ebenfalls auf in der irischen Legende von *Diarmaid und Grainné*, dem Archetyp des Tristan-Stoffes, aber dort verraten die Späne umgekehrt dem König Finn den Zufluchtsort, an dem sich die beiden Liebenden verbergen. In der Erzählung vom *Tod des Cûroi* gibt Blathnait, Cûrois Frau, ihrem Liebhaber Cûchulainn das Signal zu einem Rendezvous, indem sie Milch in einen Bach schüttet.

17 Ihnen entsprechen die *gelos* und *losengiers* der Troubadour-Dichtung: ununterbrochen belauern, beneiden und denunzieren sie die Liebenden. In zahlreichen okzitanischen Dichtungen des Mittelalters werden die Liebenden, die die Nacht im Garten verbringen, ihrerseits von einem Späher beschützt, der die Umgebung überwacht, um ihnen notfalls die Anwesenheit etwaiger Feinde zu melden.

18 Aus psychoanalytischer Sicht betrachtet liegt hier ein Fall von Angstübertragung vor, da König Mark der Adoptiv-Vater (und schützende Onkel mütterlicherseits) Tristans und somit Ab-Bild seines Vaters (= seine 'Vaterfigur') ist, während Yseult, die Gattin des Vaters/Onkels einen Mutter-Ersatz darstellt. Tristan und Yseult werden durch das Bild des Vaters *auf dem Wasser* gestört, da es sich zwischen sie geschoben hat und wenigstens für den betreffenden Augenblick den Vollzug des ehebrecherischen – und sogar inzestuösen – Aktes verhindert. Dies ist ein typisches Beispiel von temporärer Inhibition.

19 Der Wald ist ein Äquivalent des Gartens. Zudem stellt er ein weibliches Symbol, genauer: ein Mutter-Symbol dar. In der deutschen Ausformung des Stoffes durch *Gottfried v. Strassburg* ist der Zufluchtsort der Liebenden nicht der Wald von Morois, sondern eine *Grotte*, deren Gewölbe reich mit Edelsteinen besetzt ist und in deren Mitte sich ein Bett aus Kristall befindet. Es handelt sich dabei um die „Minne-Grotte" und somit symbolisch um die *Tiefe* des weiblichen Geschlechtsorgans, der Vagina. Indem Tristan und Isolt an diesen Ort fliehen, stellen sie die ursprüngliche Situation des Paradieses wieder her. (In psychoanalytische Terminologie übersetzt hieße das eine Reaktualisierung des intrauterinen Vor-Lebens). Und diese Grotte steht im Kontext eines erotisch-sakralen Rituals. Wie Denis de *Rougemont* bemerkt (*"L'Amour et l'Occident*, S. 150), wird diese „Minne-Grotte" „uns beschrieben als eine Art Kirche... Aber auf dem den Altar ersetzenden

Bett, einem Bett, das der Göttin Minne geweiht ist, wird das höfische Sakrament vollzogen: die Liebenden erleben die Kommunion der Leidenschaft (passion)". *Rougemonts* Interpretation muß jedoch an einem Punkt korrigiert werden: es handelt sich nämlich keineswegs um ein *höfisches* Sakrament, sondern ganz einfach um die Umsetzung der intensivsten und instinktivsten aller sexuellen Sehnsüchte, d.h. um die Sehnsucht nach Rückkehr in die pränatal-interuterine Geborgenheit, wobei der Uterus durch die Grotte symbolisiert wird. In dem irischen Archetyp des Tristan-Stoffes flüchten sich Diarmaid und Grainné ebenfalls in eine Grotte, und dieser irische Text ist mit Sicherheit noch frei von jeder Spur höfischen Einflusses. All dies steht im Zusammenhang mit der Episode des riesigen Lindwurms, der 'kammbewehrten Schlange', die den Zugang zur Höhle, d.h. zu Yseult selbst verteidigt.

20 Die Vertauschung des Schwertes ist in den französischen Texten ein Zeichen von Marks rührendem Empfinden für die beiden Liebenden, und dies allen seinen Zornesausbrüchen zum Trotz. In einem epischen Text-Fragment walisischer Herkunft (*Revue celtique* XXXIV, S. 358ff), das der Legende einen recht eigenwilligen Schluß gibt, erfahren wir den wahren Grund für diese Verzeihung bzw. für diese vermeintliche Verzeihung seitens des Königs Mark, und dieser Grund ist wesentlich richtiger, archaischer und typisch keltisch: in Wirklichkeit *kann Mark Tristan nämlich garnicht töten*, da ein besonderes Kennzeichen des Tristan dieses Textes darin besteht, daß „jeder, der sein Blut vergoß, sterben mußte und daß jeder, dessen Blut er vergoß, ebenfalls sterben mußte." Folglich wäre Mark, hätte er Tristan erschlagen – auch während dieser schlief und somit für den Täter ohne großes Risiko – ebenfalls zum Sterben verurteilt gewesen. Der Austausch des Schwertes stellt einerseits das Eingeständnis seiner Machtlosigkeit und andererseits eine *Einladung zum Austausch der Königin* dar: denn da die Waffen *persönlicher* Besitz des Helden sind, wird Tristan wieder in den Besitz seines persönlichen Schwertes kommen wollen. Und um dies zu erreichen, wird er es gegen Yseult austauschen müssen. Liest man die Legende aufmerksam und unter Beachtung aller ihrer Einzelheiten Zeile für Zeile, so wird man zu der Einsicht gelangen, daß wir von ihr eine durch ein Übermaß an Romantisierung stark verfälschte Auffassung haben. Die archaische Struktur der Legende ist nämlich ziemlich ungeschliffen und ziemlich brutal und steht ursprünglich ganz und gar außerhalb jeder höfischen Kultur, und genau darin liegt ja das Originelle und Interessante an ihr.

21 Von hier an weichen die einzelnen Versionen voneinander ab. Für *Béroul* und die Nachfolge-Tradition der "version commune" ist die Wirkung des Liebestranks zeitlich begrenzt. Auf den Tag genau 3 Jahre nachdem sie diese Mixtur genossen hatten, werden Tristan und Yseult wieder „nüchtern" und hören auf, einander zu lieben; daher ist es nur normal, rationell gedacht und moralisch zufriedenstellend, wenn die Königin dann dem König wieder zurückgegeben wird. In der sog. 'höfischen' Fassung wirkt dagegen der Liebestrank zeitlich unbegrenzt, was sich enger an den irischen Archetyp anzuschließen scheint, wo der *geis,* jenes magische Ritual – das später durch den Liebestrank ersetzt wurde – den Aspekt des unabänderlich Zwingenden und zeitlich Unbegrenzten hat. In der bereits erwähnten walisischen Episode bittet Mark, da er selbst ja über keinerlei Mittel verfügt, persönlich gegen Tristan vorzugehen, König Artus um einen Schiedsspruch. Dieser fällt das Urteil, daß Mark und Tristan sich Yseult zu teilen haben, wobei sie jedem jeweils für eine Hälfte des Jahres zugestanden werden solle. Da Tristan die Zeit des Jahres wählt, in der die Bäume Blätter tragen, erklärt Yseult jubelnd, daß sie nun für immer Tristan gehöre, da ja drei Baumarten – Stechpalme, Efeu und Eibe – das ganze Jahr über belaubt bleiben (cf. J.M.: *L'Epopée celtique en Bretagne,* S. 215 - 223). Denis de *Rougemont* vertritt in seinem zitierten Werk (S. 28) die Ansicht, daß die Urfassung die von *Béroul* sein müsse, da dort die Wirkung des Liebestrankes von begrenzter Dauer ist. „*Thomas* dagegen", so argumentiert er, „reduziert – mit feinem Gespür für Psychologie und voller Mißtrauen gegenüber allem irrational Wunderbaren – die Bedeutung des Liebestrankes so weit wie möglich und stellt die Liebe zwischen Tristan und Yseult als eine Art spontanen Ausbruch von Zuneigung dar, zu dem es bereits während der Badeszene gekommen war (in dem Augenblick, als Yseult in Tristan Morholts Mörder wiedererkennt und sie zunächst versucht ist, ihn zu töten)". Denis de *Rougemont* betrachtet hier das Problem zu sehr aus der Perspektive von Tristans maskuliner Psychologie und mißdeutet so den Sinn des Ur-Mythos: „In den keltischen Legenden bestimmt das epische Element den Fortgang der Handlung sowie ihr 'Dénouement', während dies in den höfischen Romanen von der inneren Tragik geleistet wird." (S. 145). *Rougemonts* Irrtum besteht darin, daß er das Motiv des Liebes-Zaubertranks nicht als eine rationalisierende Degenerationsform eines ursprünglich magisch-religiösen Elements erkennt, welches die Menschen tief in ihrem Inneren berührt und eine *psychologisch zwingende* Wirkung auf

sie ausübt. Nähe zur Ur-Sage dürfte vielmehr in der Version des *Thomas* zu suchen sein, selbst wenn diese dem Mythos Elemente höfischer Denkungsart beimengt.

22 Bereits in den walisischen *Mabinogion* kommen *zwei* Figuren mit dem Namen *Essyllt* vor (so der walisische Name der Yseult: die französische Graphie *Yseult* scheint übrigens aus der walisischen abgeleitet zu sein, denn das walisische *y* wurde als /E/ oder /EU/ (= /Ü/) gesprochen, wobei sich heute nicht exakt entscheiden läßt, ob das walisische *Essyllt* auch wirklich der ursprüngliche Name der Heldin war). Die eine trägt als Beinamen das qualificativum Essyllt *Fyngwen* (eine Mutation aus *Myngwen*), was 'mit dem weißen (bzw. blonden) Haar' bedeutet. Da diese die Geliebte eines *Drystan* wird (so der walisische Name für Tristan, der sich aus dem piktischen Vorbild des *Drustanos* entwikkelte), entspricht sie der Yseult 'Blondhaar'. Mit dieser konkurriert eine zweite, Essyllt *Vinwen* (aus *Minwen* mutiert), d.h. die 'mit den weißen Lippen'. Es ist nicht unwahrscheinlich, daß infolge einer ungenauen Übersetzung (ein Fall, der immer wieder zu beobachten ist: so ist z.B. der Name Caradoc *Brief-Bras,* 'der Kurzarmige', aus *Brechvras,* der 'Großarmige' entstanden!) aus der Essyllt Vinwen die Yseult 'Weißhand' geworden ist, da *Min* wie *Main* ausgesprochen und *wen* in der Regel als 'weiß' übersetzt wurde. Derartige Beobachtungen zur Namensentwicklung könnten einen Beweis wenn nicht direkt für Wales als Ursprungsland der Sage so doch zumindest für eine walisische Zwischenstufe ihrer Entwicklung liefern.

23 Ein Detail der *Thomas*schen Ausarbeitung bezieht sich direkt auf den irischen Archetyp, d.h. auf die Geschichte von *Diarmaid und Grainné*. Als Diarmaid mit Grainné flieht, so gehorcht er lediglich dem Zwang des magischen Zaubers, mit dem diese ihn belegt hat. Zum Vollzug sexueller Vereinigung mit ihr ist es jedoch dabei nicht gekommen. Eines Tages wandert Grainné neben Diarmaid über ein schlammiges Gelände dahin, wobei durch einen ihrer Schritte ausgelöst plötzlich ein Wasserstrahl zwischen ihren Schenkeln emporspritzt. Da ruft sie aus: „O hell-leuchtender Spritzer, du bist noch weit kühner als Diarmaid!" (cf. *Revue Celtique* XXXIII, S. 46; siehe auch J.M.: *L'Epopée celtique d'Irlande,* S. 160). Im Roman des *Thomas* spaziert Yseult 'Weißhand' einmal an der Seite ihres Bruders Kaherdin dahin, und dabei schießt auch zwischen ihren Schenkeln plötzlch ein Moraststrahl empor. Da muß Yseult herzlich lachen und erklärt ihrem Bruder: „Das Wasser, das mir gerade die Beine bespritzt hat, stieg viel höher hinauf als jemals eines Mannes Hand, und auch Tristan ging nie so weit in seinem Verlangen." (Tristan de *Thomas,* Übers. von *Herbomez u. Beaurieux,* S. 71). Auf diese Weise erfährt Kaherdin, daß die Ehe seiner Schwester nie vollzogen wurde. Über die Gründe dieses Nichtvollzugs ergeht sich *Thomas* in genüßlicher Weitläufigkeit und unter Heranziehung einer gewaltig komplizierten Psychologie. Einige seiner Reflexionen sind dabei dennoch recht aufschlußreich: „Tristans Leidenschaft für die Königin bringt sein heftiges Brennen für das junge Mädchen zum Erlöschen, lähmt seinen Willen und raubt seiner Natur die Kraft ... Nicht etwa, daß Tristan nicht vollstens disponiert gewesen wäre, seine junge Frau entsprechend zu karessieren, sondern eine andere Art der Liebe hält ihn davon ab." (*ibid.* S. 62). Demnach liegt hier ein Fall von psychisch bedingter Impotenz, ein Fall von *Inhibition* vor.

24 Tristans wiederholte *Rückkehr*-Aventüren zu Yseult 'Blondhaar' werden mehr und mehr zur Lebensnotwendigkeit für diesen, und um dabei ans Ziel zu gelangen ist er bereit, die ganze Welt herauszufordern. In diesem Zusammenhang wird nicht so sehr der Charakter der *Fatalität* betont, wie allzu häufig behauptet wird, sondern vielmehr der Charakter magisch bedingten *Zwangshandlung* bzw. *Verpflichtung.* Da Yseult die Sonne symbolisiert, – und der Sinn dieser Symbolik läßt sich anhand des Namens ihres Archetyps Grainné nachweisen, denn *Grainné* stammt ab von irisch *grein* = 'Sonne' –, ist Tristan auf wiederholten Kontakt mit Yseult angewiesen, da er nur dadurch wieder zu Kräften kommen kann. Es geht für ihn um Leben oder Tod. Dabei mag einem das Gedicht *Délie* von Maurice *Scève,* einem Dichter des XVI. Jhs. einfallen, in dem es heißt:

"Comme des rais du soleil gracieux
se paissent fleurs durant la primevère
je me recrée de ses yeux"

('Wie an den Strahlen der lieblichen Sonne/ sich weiden die Blumen im Frühling/ so erquick' ich mich neu an ihren Augen').

Oder an Agrippa d'*Aubiné*s Verse:

"A l'éclair violent de ta face divine,
n'étant qu'homme mortel, ta celeste beauté
me fit goûter la mort, la mort et la ruine

pour de nouveau venir à l'immortalité...
J'ai vécu de nectar, j'ai sucé l'ambroisie,
savourant le plus doux de la divinité"
('Im blendenden Licht deines göttlichen Antlitzes/ hat mich nur sterblichen Mann deine himmlische Schönheit/ vom Tode kosten lassen, von Tod und Ruin,/ um dann von neuem wieder zu Unsterblichkeit zu gelangen.../ ich hab mich von Nektar genährt, an Ambrosia gelabt/ und so die sanfteste der Gottheiten genossen.').

25 Diese Episode von so auffallender poetischer Schönheit findet sich weder in der "version commune" noch in der höfischen Fassung, sondern lediglich in dem Episoden-Gedicht *Folie de Tristan* (Oxford-Hs.). Dort taucht ebenfalls die Sonnen-Symbolik der Yseult auf. Das Motiv des 'Kristall-Gemachs' ist jedoch keltischer Herkunft. Es handelt sich um den Ort der unio mystica der Seelen unter der wiederbelebenden, kraftspendenden Einwirkung der *Sonnenstrahlen*. So wird in der *Brautwerbung um Etaine* (cf. *J.M.: L'Epopée Celtique d'Irlande*, S. 47) die durch eine Zauberin in ein Insekt verwandelte Heldin von dem Gott Oengus aufgenommen, der sie in seine 'Kammer der Sonne' führt, damit sie wieder zu neuen Kräften und zu neuem Leben erstarkt. In der Erzählung von den *Abenteuern des Art, Sohn des Conn* (*ibid.* S. 189) findet der Held auf der Ile Mystérieuse (der 'Geheimnisvollen Insel') Aufnahme bei der Feen-Königin und zwar „in ihrer 'Kristall-Kammer': „herrlich war der Anblick dieses Gemachs mit seinen Türen aus Kristall und seinen Wannen, die unerschöpflich waren, denn, obwohl niemals nachgefüllt, leerten sie sich nie, sondern blieben immer gefüllt." Auch Grainné, die die archetypische Ahnin der Yseult ist (da ihr Name ja 'Sonne' bedeutet) erzählt einmal, wie es dazu kam, daß sie sich in Diarmaid verliebte: „In meinem Gemach mit seinem herrlichen Ausblick habe ich durch meine Fenster aus blauem Glas dich wahrgenommen und bewundert. *An diesem Tage richtete ich das Licht meiner Augen auf dich* und von da an habe ich niemals mehr einem Anderen als dir meine Liebe geschenkt und werde es auch nie mehr tun." (*ibid.* S. 159). In der *Meerfahrt des Maelduin* (*ibid.* S. 199) gelangen die Helden über eine „gläserne Brücke" zu einer Festung, wo eine Fee ihnen Speisung sowie ein wunderwirkendes Getränk reicht. Erinnern wir uns ferner daran, daß die Fee Viviane Merlin in einem Schloß gefangenhält, welches aus Luft und *Glas* besteht, oder daß in der gesamten Literaturtradition der britischen Inseln die 'Autre Monde' häufig *Kaer Wydr* (= castrum *vitrium*) genannt wird. *Chrêtien de Troyes* bezeichnet das Land des Méléagant, jenes Todesgottes, der Guenièvre verführt und entehrt, als *Royaume de Gorre* bzw. *de Voirre* (= *verre*, = 'Glas') und in seinem Roman von *Erec und Enide* nennt er den Maheloas (= Maelwas-Méléagant) „einen hoch-edlen Baron" und zusätzlich ausdrücklich "Sire de l'Ile de Verre" (= 'Herr der Gläsernen Insel') und fügt hinzu: „Auf dieser Insel wird es niemals winter-kalt, noch allzu heiß; nie vernimmt man dort den Donner, man sieht dort weder Blitz noch Wetter und dort gibt es weder Krüppel noch Lindwurmgezücht." Die kristallene Kammer, in die Tristan und Yseult führen will, ist eindeutig ein Bild des Paradieses, da ja die Liebe zwischen Tristan und Yseult vor allem darauf abzielt, den Urzustand des Paradieses zu reaktualisieren.

26 Nach dem Tristan-Roman des *Thomas*. In den anderen Versionen handelt es sich um eine Grotte bzw. Höhle, welche von dem Riesen Beliagog bewacht wird, den Tristan im Zweikampf besiegt und der ihm den Treueeid geschworen hat. Im Gegensatz zu der 'Kristall-Kammer', dem Bild eines *himmlischen Sonnen*-Paradieses ist in dem 'Saal (oder der Grotte/Höhle) der Bilder' eine Art Zwischen- oder Übergangs-Paradies zu sehen, worin Tristan ganz allein auf sich gestellt versucht, den Urzustand des Seins wieder zu erreichen; bei diesem Raum handelt es sich jedoch nicht um einen *himmlischen*, sondern um einen *irdischen*, in der Materie gefangenen. Dennoch steht dieses Motiv in der Tradition jener Grotte, wohin *Gottfried v. Strassburg* die beiden Liebenden sich flüchten läßt. In der Geschichte von *Lancelot du Lac* kommt ebenfalls ein Saal mit Bildern vor: während seiner Gefangenschaft bei der Fee Morgane malt der Held hier die Erinnerungen an seine Liebesabenteuer mit Guenièvre an die Wände seines Gemachs. *(La Mort le Roi Artu)*.

27 An dieser Stelle fügt *Thomas* eine Reflexion ein, die im Zusammenhang mit der Quellenfrage der Legende von Interesse ist: er macht nämlich bestimmten Autoren den Vorwurf, sie hätten den Schluß der Geschichte frei erfunden, „sie weichen hier von *Bréri* ab, welcher die 'res gestae' und Berichte von allen Königen und allen Grafen auf(ge-)zeichnet (hat), die in der Bretagne je gelebt haben." Auch hier stoßen wir wieder auf eine grundsätzliche Schwierigkeit: handelt es sich dabei um die Insel *Britannien* oder um die armorikanische *Bretagne*? Dagegen ist es so gut wie gesichert, daß dieser *Bréri* eine authentische, historische Person ist, denn verschiedene Texte überliefern zahlreiche Hinweise auf seine Existenz, und zwar in den Schreibweisen *Breri, Bleri, Bledri, Bledhri* und

Bledhericus. Giraud de Cambrie (lat. auch *Giraldus Cambrensis*), ein walisischer Autor aus der Zeit des beginnenden XIII. Jahrhunderts beruft sich z.B. auf ihn und nennt ihn – in *Descriptio Cambriae,* Kap. XVII – „Bledhericus ille famosus fabulator". Joseph *Loth* hat nachgewiesen, daß „jener *Bledhericus* von *Giraldus Cambrensis* mit Sicherheit auch *Bréri* ist, denn dieser Name steht für den typisch walisischen Namen *Bled-ri,* in dem das *d* als Spirans ausgesprochen wurde. Somit gibt die von *Giraldus* verwendete Graphie, unter Vernachlässigung des üblichen Suffix *-(i)cus,* deutlich die walisische Sprechweise wieder." (in *Mabinogion* I, S. 73). Daneben taucht diese Person auch in der 'Seconde continuation de Perceval' (Londoner Hs.) auf, wo es heißt: „...wie *Bleheris* berichtet, der in Wales geboren und erzogen wurde und von dem ich diese Erzählung (über- bzw. vernommen) habe und welcher sie auch dem Grafen von Poitiers mitgeteilt hat, der diese Geschichte sehr liebte und deutlich im Gedächtnis behalten hat." J. *Loth* kommentiert diese Passage folgendermaßen: „Demnach dürfte der walisische *Bleheri,* der offensichtlich der *Breri* des *Thomas* und der *Bledhericus* des *Giraldus Cambrensis* ist, seine Erzählung einem gewissen Grafen von Poitiers auf direktem Wege vermittelt haben. Die Grafen von Poitiers standen lange Zeit in enger Beziehung zu der Familie des angelsächsischen Königshauses. Jessie *Weston* vermutet, daß es sich bei diesem Grafen konkret um Guillaume III. handelt, der 1137 starb. Den Zeugnissen anderer Handschriften zufolge dürfte es sich eher um eine schriftliche als um mündliche Vermittlung der Quelle gehandelt haben... Das würde aber bedeuten, daß hier zur Verwendung für eine bedeutende Dichtung ein Fall von direkter Vermittlung der *matière de Bretagne* durch einen 'Waliser' an einen französischen Autor in *schriftlicher* Form vorliegt und daß (...) folglich schon vor *Thomas* und *Chrêtien* walisische Artus-Romane existiert haben müssen" (*ibid.* S. 75) (cf. auch Jessie *Weston* in *Romania* XXXIII, S. 333; R.S. *Loomis* in *Romania* LIII, S. 82 und *Arthurian Traditions* (1949) S. 18).

28 Obwohl Tristan zunächst überhaupt nicht die Absicht hat, diesem seinem Namensvetter zu Hilfe zu kommen. Dieser bedient sich – um Tristans Entschluß zu beschleunigen – einer typisch keltischen Methode, wovon die irische Epenliteratur zahlreiche Beispiele liefert: er spielt auf einen Beinamen an, den er unseren Helden gibt, und behauptet dann, daß dieser, wenn er schon Tristan 'der Liebende' heißt, sich in den Dienst aller Liebenden zu stellen habe; anderenfalls mache er seinem Namen Unehre und würde dafür verdammt werden. Diese List ist eine wahrhaft *druidische Satire* und erst durch sie wird Tristan verpflichtet, zu gehorchen. Ähnliche Elemente durchziehen die ganze Erzählung vom *Tod des Cûchulainn* (cf. *J.M.: L'Epopée celtique d'Irlande, S. 131* - 137): hin- und hergerissen zwischen dem Wissen darüber, was ihn erwartet und der Unmöglichkeit des Ungehorsams gegenüber dem Zauberspruch seiner Gegner muß der Held, um seine Ehre nicht zu verlieren, sein Leben und Schicksal bis zum äußersten aufs Spiel setzen. Dies tut er jedoch mit vollstem Bewußtsein. Er ist somit alles andere als blindes Spielzeug eines allmächtigen Fatums, wie sie etwa in der Welt der griechischen Mythologie herrscht.

29 Das ist die dritte Verwundung, die Tristan im Verlauf der Geschichte seines Lebens widerfährt. Die Zahl drei hat dabei zweifellos symbolischen Wert. Man wird bemerkt haben, daß keine dieser Verwundungen im Widerspruch steht zu der Anmerkung, die in der bereits zitierten walisischen Episode steht: „Jeder, der Tristans Blut vergoß, mußte sterben und jeder, dessen Blut er vergoß, mußte ebenfalls sterben." Ganz übereinstimmend damit tötet Tristan, als er zum ersten Mal verwundet wird, und zwar von Morholt, diesen tatsächlich. Als er zum zweiten Mal durch den Lindwurm verwundet wird, tötet er diesen wie auch den Gegner, der ihm die dritte Verwundung beigebracht hatte. Jedesmal handelt es sich um eine aufgrund eines magischen Zaubers vergiftete Wunde, die ausschliueßlich von einer Fee oder Zauberin, im vorliegenden Fall von Yseult, geheilt werden kann. Die beiden ersten Male gelingt es Yseult rechtzeitig, ihn zu heilen. Beim dritten Mal kommt sie jedoch zu spät.

30 Hier scheint der Einfluß der griechischen Theseussage auf der Hand zu liegen, es handelt sich dabei jedoch nur um eine Ähnlichkeit eines Details. Die vorliegende Grundsituation ist dagegen eine völlig andere.

31 Aufgrund der hier aktivierten Entfesselung der Naturgewalten gegen die beiden Protagonisten könnte man darin eine Art Transposition eines Sonnen-Mythos sehen. Vergessen wir dabei nicht, daß Yseult ja die Sonne *ist*, zumindest in den Augen Tristans. Denn um zu neuen *Kräften* und zu neuem *Leben* zu gelangen, ist er auf die *Strahlen ihrer Blicke* angewiesen. Nun verzögert sich aber die Fahrt der 'Sonne' über das Meer, sodaß die Morgendämmerung für ihn zu spät kommt. Möglicherweise muß man dieses Detail im Zusammenhang betrachten mit dem schwarzen Segel, einem Symbol der Nacht, die (mit-

hilfe der Lüge von Yseult 'Weißhand') die Sonne (Yseult 'Blondhaar') gefangen zurückhält, ein Motiv, das in primitiven Mythen häufig zu finden ist und bis auf den Sonnenkult der Bronze-Zeit zurückzugehen scheint.

32 Dieses Detail tritt nur in einem der Prosa-Tristan-Texte auf, kommt aber bereits in einem alten irischen Text vor, in der *Geschichte des Baile mit der sanften Zunge:* dort folgen die beiden Liebenden einander ebenfalls in den Tod nach und werden in zwei Gräbern beigesetzt. Aus einem sprießt eine Eibe, aus dem anderen ein Apfelbaum hervor. Später werden die Eibe und der Apfelbaum gefällt und zu Brettern zersägt; sobald ein Brett des einen mit einem Brett des anderen Baums in Berührung kommt, „vereinigten beide sich so fest miteinander wie die Jelängerjelieber-Pflanze mit dem Ast, den sie umrankt und es war nicht mehr möglich, sie wieder voneinander zu trennen". (cf. *Dottin, L'Epopée Irlandaise,* S. 186).

33 Dabei muß auch die zweite Yseult berücksichtigt werden, die Yseult 'Weißhand'. Sie ist nicht lediglich eine Doublette der ersten Yseult, sondern spielt am Schluß der Legende sowie im Augenblick des Todes der Liebenden eine nicht wegzudenkende wichtige Rolle. Das Verdienst von Pierre-Jakez *Helias* ist es, einmal auch diese Figur in den Vordergrund des Interesses gerückt zu haben, und zwar in seinem Bühnenstück *An Isid a-heul* (Yseult - die Zweite), das zweisprachig (bretonisch und französisch) herausgegeben wurde (Emelgo 1969). Diese Yseult ist in ihrer tief bewegenden, aufrichtigen Liebe zu Tristan in gewisser Hinsicht ein Symbol der Verwirklichung und Vervollkommnung der Liebenden im Tode. Vielleicht repräsentiert sie sogar einen anderen Aspekt der *ersten* Yseult, aber einen rationaleren, mehr menschlichen im Gegensatz zu jener „irischen Hexe".

34 "Combien les fumées romantiques de l'amour purement charnel et les brasements de ce grand âne de Tristan me paraissent ridicules! L'amour humain n'a de beauté que quand il n'est pas accompagné par la satisfaction."

35 Plon, Paris 1939.

36 Die Sage von der *Verfolgung von Diarmaid et Grainné* ist uns nur in mündlichen Fassungen des XVIII. Jhs. vollständig überliefert. Das hohe Alter der Sage ist aber durch Fragmente bezeugt, die bereits in den ältesten Handschriften enthalten sind. Vgl. G. *Dottin, L'Epopée Irlandaise,* S. 160; *Revue Celtique,* XXXIII, S. 52 und XXX, S. 168. Eine vollständige mündliche Fassung findet sich in *Cross u. Slover: Ancient Irish Tales,* S. 370. Ich habe hier versucht, eine zusammenfassende Rekonstruktion der Sage nach den in *L'Epopée celtique d'Irlande,* S. 153 - 164 dargestellten Texten zu geben. *Die Verfolgung von Diarmaid et Grainné* ist ein Epos aus dem Leinster-Zyklus: dieser Zyklus war zutiefst von der gälischen Mythologie geprägt und ist schnell in Schottland heimisch geworden, wo die Folklore noch in zahlreichen Elementen an ihn erinnert. Aus diesen Erinnerungsbruchstücken hat *MacPherson* seine ossianischen Gedichte geschaffen. Aber neben dem mythologischen Element enthält dieser Zyklus auch historische Spuren: er bezieht sich auf die Existenz einer kriegerischen Kaste, der *Fiana* aus dem II. und III. Jh. unserer Zeitrechnung. Es ist zu vermuten, daß die Epen dieses Zyklus' in ihrer ältesten Struktur bis in diese Epoche zurückreichen, selbst wenn sie später in andere Überlieferungen integriert wurden. Auf jeden Fall kann man davon ausgehen, daß diese Sage älter ist als die Tristan-Sage, und daß die Autoren der ursprünglichen Tristansage (warum nicht *Breri*?) sie gut gekannt haben müssen.

37 Es fällt auf, daß es der Neffe Finns ist, der sich der Prüfung unterzieht, genauso wie Tristan, der Neffe Marks, es ist, der nach Irland kommt, um Yseult zu holen und die Prüfung mit dem Drachen besteht.

38 Hier unterscheiden sich die verschiedenen Fassungen. Die mündliche Fassung des XVIII. Jhs. läßt das Drama bereits beim Hochzeitsmahl beginnen, also bevor die Hochzeit zwischen Finn und Grainné vollzogen ist, was Grainné eine Art moralische Entschuldigung liefert. Die älteste Fassung aber, die im *Yellow Book of Lecan* enthalten ist, setzt das Fest lange Zeit nach der Hochzeit an, als Grainné schon der Verzweiflung und dem Haß verfallen ist.

39 Man sieht, wo die Autoren des *Tristan* das Motiv des Trankes gefunden haben. Aber dieser Zaubertrank dient hier nur dazu, die Gäste in Schlaf zu versetzen. Die Dienerin und den Krug kann man in Brangwain und in dem Silberhumpen wiedererkennen.

40 Der Zaubertrank beschränkt sich nicht nur darauf, in Schlaf zu versetzen, sondern *er wählt auch aus.* Nur Oisin und Diarmaid gehen als Sieger aus dieser Prüfung hervor, folglich sind sie die einzigen, die Grainné ohne Scham lieben kann.

41 Diarmaid ist ein entfernter Cousin von Finn und sein Pflegevater ist der berühmte Oengus Mac Oc, einer der Tuatha Dé Danann. In Folge eines Unfalls ist der Milchbruder Diarmaids gestorben und in einen magischen Eber verwandelt worden; auf Diarmaid lastet seit diesem Ereignis ein *geis,* denn er wird solange leben wie der Eber, und der Eber wird der Grund seines Todes sein, daher das ausdrückliche Verbot für Diarmaid, irgendeinen Eber zu töten, aus Angst, er könne seinen verwandelten Milchbruder, das symbolische Bild seines Schicksals, töten. Aus anderen Erzählungen geht hervor, daß Diarmaid ein Schönheitskorn besitzt, das ihn für Frauen unwiderstehlich macht. Dies ist eine Gabe, die er von einer Fee erhalten hat.

42 Dieser *geis* ist zu dem Liebestrank geworden, indem er im christlichen Rahmen des XII. Jhs. rationalisiert wurde, wobei der magische Aspekt in Form eines mit einem Aphrodisiakum vergleichbaren Getränkes konkretisiert wurde. Offensichtlich konnten die französischen Autoren der höfischen Epoche die tiefgreifende Bedeutung des *geis* nicht verstehen, die sich ausschließlich auf eine andere Kultur bezieht, in der das Christentum das Druidentum oder zumindest die druidischen Praktiken noch nicht ausgelöscht hatte.

43 Genauso ist Yseult in Tristan seit seinem ersten Aufenthalt in Irland verliebt, als er unter dem Namen Tantris von ihr geheilt wurde, und er sie in Gesang und Harfenspiel unterrichtete.

44 Das Motiv wird in der deutschen Version des *Gottfried von Strassburg* wieder aufgenommen, der Tristan und Isolt in einer Höhle Zuflucht finden läßt, während die französischen Autoren sie in den Wald von Morois ziehen lassen. Hier scheint es jedoch noch nicht zur sexuellen Vereinigung zwischen Diarmaid und Grainné gekommen zu sein. In einer anderen Höhle werden sie tatsächlich von Finn überrascht, als sie bereits wirklich Liebende sind.

45 In dem *Roman de Tristan* des Normannen *Béroul* beschützt Gott ständig die Liebenden, als wären sie nicht schuldig. Hier schützt sie die Verpflichtung des Pflegevaters seinem Adoptivsohn gegenüber.

46 Im *Tristan* des *Béroul* werden Tristan und Yseult nach Ablauf der Frist von drei Jahren (der Wirkungsdauer des Liebestrankes) von Melancholie und Verzweiflung ergriffen. Der Text *Bérouls* läßt Tristan etwa in der gleichen Weise wie Diarmaid sprechen (vgl. *Revue Celtique,* XXXIII, S. 54). Daher ist es denkbar, daß das irische Gedicht „Der Vorwurf des Diarmaid" und die Erzählung des französischen Autors auf eine gemeinsame Quelle zurückgehen.

47 Eine Episode, die man als solche auch in dem Tristan des Thomas wiederfindet, mit dem einzigen Unterschied, daß dort Kaherdin, der Bruder der Yseult aux Blanches Mains ('Weißhand') neben ihr geht und so erfährt, daß die Hochzeit seiner Schwester mit Tristan noch nicht vollzogen ist. Diese Übereinstimmung der beiden Episoden ist sicher kein Zufall.

48 Nach einer anderen Fassung hat Diarmaid Oisin gefangen genommen und in die Höhle verschleppt. Daraufhin hat Oisin Hobelspäne in den Bach geworfen um auf diese Weise Finn den Ort zu verraten, an dem er gefangen ist. Auf jeden Fall ist das Motiv der Hobelspäne oder Abfälle, die in den Bach geworfen werden, ein weiteres gemeinsames Motiv der Sagen über Diarmaid und über Tristan, denn letzterer bedient sich der in den Bach geworfenen Hobelspäne, um mit Yseult ein Rendezvous auszumachen. Auch hier fällt es schwer, von einem Zufall zu sprechen.

49 Kein irischer Text spricht von einem Verbot, wonach Finn Diarmaid nicht töten kann. Schließlich hat Diarmaid den Treueschwur gegenüber seinem König gebrochen. Aber in allen Texten liegt Finn daran, mit dem Tod Diarmaids nichts zu tun zu haben. Nach dem Tod Diarmaids geht er sogar soweit, zu behaupten, daß dieser Tod von keinem der Fiana verschuldet sei, obwohl Oengus sie dessen anklagen kann. Es scheint, daß nur die walisische *Tristan*-Episode eine Erklärung für diese Haltung Finns bietet. Er weiß, daß er Diarmaid nicht töten kann, ohne sein eigenes Leben aufs Spiel zu setzen. Daher die unwahrscheinlich anmutende Kasuistik seiner Gedanken und Handlungen.

50 Dies entspricht der Episode über Husdent im Wald von Morois, nach dem *Tristan* des *Béroul:* als Tristan und Yseult sich im Wald versteckt halten, entdeckt Husdent, Tristans Jagdhund, die Spur seines Herren wieder und läßt den Wald von seinem Jaulen erklingen. Tristan erwägt, den Hund zu töten, da er sie zu verraten droht. Auf Yseults Rat dressiert er Husdent zu jagen, ohne zu bellen. Selbst wenn die Umstände verschieden sind, so ist dies doch wieder ein und dasselbe Motiv und ebenfalls kein Zufall.

51 Es besteht eine Identität zwischen dem Tod Tristans, Opfer einer vergifteten Wunde, die er sich im Laufe eines Kampfes zugezogen hat, den er nicht gewollt hat, aber in den er in Folge eines wahren *geis* hineingezogen wurde (die Bedrohung der Ehre, ausgelöst von Tristan le Nain), auf der einen Seite und dem Tod Diarmaids auf der anderen Seite, der gegen seinen Willen zu dieser Jagd gebracht worden ist, unter dem Zwang der *geisa* handelte und ebenfalls das Opfer einer vergifteten Wunde ist.

52 Eine weitere Übereinstimmung zwischen Diarmaid und Tristan: die Heilung kommt zu spät. Und doch hatte Finn wie Yseult die Macht zu heilen. Der böse Wille Finns entspricht dem Sturm und der Flaute, die Yseult daran hindert, rechtzeitig zu erscheinen.

53 Dies ist offensichtlich die Fassung, die dem *Tristan* am nächsten steht und am ehesten mit der Logik der Geschichte übereinstimmt. Denn weshalb sollte Grainné sich mit Finn versöhnen und mit ihm leben können, nachdem sie ihren Haß gegenüber Finn und ihre Liebe zu Diarmaid so sehr gezeigt hat, daß sie sogar bereit war, auf alles zu verzichten, auf Macht, Reichtum und Ruhe!

54 Vgl. die eindrucksvolle Liste der *geisa* des Conairé, in J.M., *L'Epopée celtique d'Irlande*, S. 177. Vgl. auch *ibid.*, S. 131 - 137, die Erzählung *Der Tod des Cûchulainn.*

55 Diese Vorwarnungen stellen übrigens einen wirklichen *geis* dar, der das Schicksal Deirdrés bestimmt. Man vergleiche damit eine in verschiedenen Volksmärchen ähnlich auftretende Episode: eine Fee oder ein Zauberer spricht bei der Geburt eines Kindes eine günstige Verheißung oder einen Fluch aus, der sich auf das ganze Leben des Kindes auswirkt.

56 Diese Haltung Conchobars ist nicht ohne Absicht, aber auch nicht von dem Wunsch nach Besitz beseelt. Es handelt sich um einen Glauben, der in die fernste Vorgeschichte zurückreicht: Deirdré ist vom Unglück verfolgt. Wenn die Ulates sie töten würden, würde das Unglück oder der Fluch auf sie selbst zurückfallen. Nur der König ist dank seiner Macht fähig, die Last dieses Fluches zu tragen. Dies ist der Grund, warum er nicht nur anordnet, Deirdré am Leben zu lassen, sondern sie auch von dem Kontakt mit anderen Menschen fernhält und sie für sich „reserviert" hält.

57 Dieses poetische Bild findet sich nahezu unverändert im walisischen *Peredur* und im *Perceval* des *Chrêtien de Troyes* wieder, wo es sich jedoch auf die geliebte Frau von Peredur-Perceval bezieht.

58 Es ist erstaunlich, wie richtig diese Szene auf psychologischer Ebene ist. In vielen Fällen ist nämlich das, was man die „Liebe auf den ersten Blick" nennt, nur das Wiedererkennen eines erträumten Bildes oder vielmehr seine Projektion auf den wirklichen Anblick. Daher stammt das unbestimmte Gefühl des „déja vu", analog zu dem so häufigen Phänomen der Paramnese (oder Hypermnese), des Wiedererkennens einer unbekannten Landschaft als einer angeblich schon gesehenen oder bekannten.

59 Hier haben wir ein *geis*-Ritual vor uns, das zeigt, daß das Wesentliche der Formel die Bedrohung der Ehre ist. Man denke nur an die „Eselsohren". Es ist wahrscheinlich kein Zufall, daß Deirdré Noisé bei den Ohren packt, denn die Ohren können vor Schande erröten. Die Sagen von Midas mit den Eselsohren oder von König Mark mit den Pferdeohren sind also keineswegs einfache Geschichten zur Erheiterung der Kinder.

60 Ohne Zweifel ist dies ein Klageschrei. Aber dieser Schrei, der die erste Folge des von Deirdré verhängten *geis* ist, ist auch der Beweis dafür, daß der *geis,* der auf Deirdré lastete (sie durfte von den Männern Ulsters nicht gesehen werden, da diese sich sonst gegenseitig töten würden), überschritten worden ist: so beginnen die Ulates zu kämpfen.

61 Die französische Übersetzung ist zu finden in G. *Dottin, L'Epopée Irlandaise,* S. 76 - 85.

62 Daher stammen die anstößigen mythologischen Episoden über die Götter in allen Mythologien. Der moralischen Ordnung sind die Menschen unterworfen, nicht aber die Götter. Die Götter sind selbst fähig, den unheilvollen Auswirkungen ihrer Taten auszuweichen. Die Helden-Darsteller der rituellen Feste sind dadurch, daß sie sich mit den Göttern identifizieren und daß sie dieselben Masken tragen wie diese, außergewöhnliche Wesen. Häufig ist jedoch in den entstellten Formen, in denen uns die Sagen überliefert sind, dieser ursprünglich sakrale Charakter nicht mehr deutlich zu erkennen, sondern er hat seine magische und rituelle Tragweite verloren, da er von den Verfassern der nachfolgenden Transkriptionen, die sicher schockiert waren, nicht verstanden worden ist.

63 *Celticum*, VII, S. 517.

64 Hrsg. und übers. von R.A.S. *Macalister*, Bd. III, S. 41 - 42.

65 Dieser Aspekt des *geis* besteht für die Frau darin, die Männlichkeit des Mannes in Zweifel zu ziehen. Dieser kann, da er in seiner Würde, in seinen „edelsten Teilen" getroffen ist, dem Gegenbeweis natürlich nicht ausweichen.

66 J.M., *L'Epopée celtique d'Irlande*, S. 92.

67 *Ibid.*, S. 122 - 128.

68 *Ibid.*, S. 106 - 108.

69 J. *Loth, Mabinogion.* Bd. II, S. 94 - 95.

70 Gemeint ist aber nicht die Ausschließlichkeit: es handelt sich um die erwählte Frau, die „Favoritin", um diejenige, die er allen anderen vorzieht.

71 *Ibid.*, Bd. II, S. 104 - 105.

72 *Ibid.*, Bd. II, S. 114 - 117.

73 J. *Loth, Mabinogion.* Bd. II, S. 19 - 20.

74 Bulletin de la Société Archéologique du Finistère, IX, S. 66.

75 P. *Sébillot, Le Paganisme contemporain chez les peuples celto-latins*, S. 103.

76 *Ibid.*

77 *Ibid.*, S. 95.

78 *Ibid.*, S. 96.

79 *Ibid.*, S. 97.

80 *Ibid.*, S. 98.

81 *Ibid.*, S. 99.

82 *Ibid.*, S. 108 - 109.

83 Dasselbe trifft auf den Striptease zu, der in seiner gegenwärtigen Form eine kommerzielle und männliche Verwertung eines grundlegenden weiblichen Triebes ist: die Frau enthüllt niemals alles zur selben Zeit (vgl. "la Carte du Tendre"/Darstellung der Liebesgeographie der 'Précieuses', die eine moralische Kodifizierung derselben Haltung ist). In dem, was man – fälschlicherweise übrigens – die "parade amoureuse" nennen könnte, ist es die Frau, die das Spiel dirigiert, selbst wenn der Mann glaubt, stärker zu sein, wenn die Frau aufgrund ihrer Erziehung sich der Rolle, die sie spielt, nicht bewußt ist. Die „sinnlichen" orientalischen Tänze sind ebenfalls ein in den Rang der Kunst und der männlichen Erotik transponiertes Zeugnis dieses Triebes.

84 Diese Macht äußert sich unter ihrem aggressiven und bösartigen Aspekt in dem Haßritual, jemandem ins Gesicht zu spucken, sowie in dem französischen Ausdruck "cracher son mépris à la figure de quelqu'un" ('jemandem seine Verachtung ins Gesicht spucken!).

85 J.-J. *Rousseau, Confessions,* I,3. Selbstverständlich ist *Rousseaus* Verhalten nicht außergewöhnlich und bewegt sich in den normalen Grenzen. Aber bekanntlich gibt es auch sehr abwegige Formen dieses Fetischismus, die bis zur Aufbewahrung von getragener Wäsche, bis zur Aufnahme von Erbrochenem, von Körpersekreten und Exkrementen geht. Dies sind möglicherweise pathologische Fälle, die medizinisch oder psychologisch heilbar sind; aber sie beweisen immerhin, daß der *geis* sich zwangsläufig in einem grundlegenden Trieb des Menschen festsetzt, den er dadurch bis zu seinen extremen Grenzen erwecken kann.

86 *Michelet: L'Amour,* II, 6.

87 *Les Martyrs,* livre X.

88 *Mémoires d'Outre-Tombe,* III, 6.

89 *Atala* (Les chasseurs).

90 *Les Natchez.*

91 *Les Martyrs,* livre I.

92 *Mémoires d'Outre-Tombe,* XIII, 7.

93 *Ibid.*, III, 10.

94 *Ibid.*, IV, 13.

95 *Ibid.*, V, 5.

96 D. *Braunschweig*/S. *Fain: Eros et Antéros.* S. 103 - 104.

97 In einer von *Campbell* in den Highlands gehörten mündlich überlieferten Sage weigert sich Diarmaid, Grainné zu folgen: „Ich werde nicht mit dir gehen; nicht im Guten und nicht im Bösen kannst du mich zu der Entscheidung bringen, dich zu nehmen. Ich werde dich nicht in mein Haus mitnehmen, noch mit dir in die Ferne ziehen; ich werde dich weder zu Fuß noch zu Pferde mitnehmen." Und Diarmaid zieht sich würdig nach Hause zurück. Nun kommt Grainné eines Morgens an seine Tür und bittet ihn, zu ihr zu kommen. Diarmaid antwortet: „Ich werde dich weder zu Fuß, noch zu Pferde, weder drinnen noch draußen nehmen." Jetzt bemerkt er aber, daß Grainné sich zwischen den beiden Seiten der Tür befindet, also weder draußen noch drinnen, und daß sie auf eine Bank gestiegen ist, sich also weder zu Fuß noch zu Pferde befindet. Nun kann Diarmaid sich nicht länger weigern! (Loys *Brueyre: Contes populaires de la Grande-Bretagne,* S. 168 - 169).

98 Man vergleiche dieses Detail mit dem Schwert, das zwischen Tristan und Yseult in der Erde steckt, als sie von König Mark schlafend überrascht werden.

99 In derselben mündlichen Fassung *Campbells* wirft die von Diarmaid verstoßene Grainné ihr Auge auf einen Greis und beschließt mit ihm, Diarmaid zu töten. Grainné sticht selbst ein Messer in Diarmaids Schenkel, woraufhin dieser entflieht. Er kommt an einem anderen Tag zurück, tötet den Alten und läßt sich von Grainné das Messer aus dem Bein ziehen, denn Diarmaid wollte es nicht selbst herausziehen (L. *Brueyre, op. cit.,* S. 170 - 171). Diese Episode scheint eine entstellte mythologische Reminiszenz zu sein, an dem sexuellen Charakter des Messers, der Wunde im Schenkel und der Geste Grainnés, die das Messer hineinsticht und herauszieht, ist jedoch nicht zu zweifeln. Dies ist wahrscheinlich eine konkrete Darstellung des *geis.*

100 Die Tatsache, daß diese Sage aus der Sammlung von Emile *Souvestre* stammt, läßt sie suspekt erscheinen, denn *Souvestre* hatte eine stark ausgeprägte Phantasie und unterlag noch den Nachwirkungen der Romantik. Selbst wenn er die Sage umgestaltet hat, so ist sie dennoch für eine gewisse Geistesrichtung kennzeichnend und kann also in dieser Diskussion als Argument verwendet werden, jedoch mit der Einschränkung, daß sie nicht genau datiert werden kann.

101 E. *Souvestre: Le Foyer Breton;* neu abgedruckt in *Sweng 'hlan le Scouëzec: Histoires et Légendes de la Bretagne Mystérieuse,* S. 131 - 143).

102 So wird sich *Lederer* (*Gynophobie,* S. 138) der Tragweite seiner Aussage nicht bewußt, wenn er sagt: „Jahrhundertelang hat die Frau gegenüber dem Mann die Rolle der Ariadne gespielt, die den 'roten Faden' in den Händen hielt, an dessen Ende er das seltsame Labyrinth des Lebens erforscht; sie ist es, die ihm letztendlich den sicheren Rückweg ermöglicht." Tatsächlich handelt es sich durchaus um einen Faden, der es gestattet, den Rückweg zu finden, der aber logischerweise jedoch *den Mann daran hindert, sich zu befreien.* Durch ihre Festlegung auf die Bedeutung „Nabelschnur" wurden die seriösesten Autoren selbst Gefangene desselben Ariadnefadens, der – und dies sei betont – ein höchst wirkungsvolles Mittel ist.

103 *Jean Racine: Phädra,* nach der Übersetzung von *Friedrich Schiller,* Stuttgart 1977. S. 25.

104 *Ibid.*

105 Hier spielt der Begriff der wirksamen Gnade ("grâce efficace") mit hinein, die nach der jansenistischen Doktrin von Gott nur dann gewährt werden kann, wenn der betreffende Mensch, nachdem er sich der ihm auserkorenen Prüfung unterzogen hat, es wirklich wert ist, gerettet zu werden. *Fortuna audaces juvat!* Schließlich ist der Jansenismus trotz aller Streitigkeiten von dem Pelagianismus nicht so weit entfernt, der predigt, daß der Mensch sich retten kann, wenn er sich wirklich kraft seines Willens entscheidet, sich zu retten. Und man weiß, daß sich hinter dem Pelagianismus alle Erinnerungen an das Druidentum abzeichnen.

106 Ein weiterer jansenistischer Zug: er geht nicht bis zum Ziel, sondern bleibt auf halbem Weg stehen, er verdient also nicht die Gnade, selbst wenn er integer ist und kein Unrecht begangen hat. Hippolyte hat jedoch einen negativen Aspekt: er ist das Abbild der negativen Moral, die darin besteht, nicht zu handeln. Dagegen ist die jansenistische Moral positiv und besteht auf dem Bemühen. Gott verabscheut die Halbherzigen, und Hippolyte ist ein Halbherziger. Gott kann nicht anders, als seine Gnade zu verweigern, selbst wenn das den Gerechtigkeitssinn verletzen muß.

107 *Op. cit.,* S. 27.

108 *Ibid.*

109 J.M.: *L'Epopée celtique d'Irlande,* S. 39 - 43.

110 Der Untergang der Stadt Eccas kann aber durchaus eine andere Bedeutung haben, als die der Bestrafung. Wie in dem Kapitel *Die Prinzessin auf dem Meeresgrund* gezeigt wurde, ist dieses Ertrinken, das dem Betreffenden erlaubt zu seinen Ursprüngen zurückzukehren, als eine Art Sieg anzusehen. Die versunkene Stadt hat etwas mit dem Labyrinth gemeinsam, zunächst, weil man sie nur unter besimmten Umständen und als Eingeweihter betreten kann, wenn man im Besitz des *Losungswortes* ist, und ferner deshalb, weil beide die Tiefe des menschlichen Unbewußten symbolisieren. So kann das Ertrinken Eccas und seines Volkes aus streng soziologischer Sicht als Strafe angesehen werden, aus religiöser und mythologischer Sicht jedoch kann es als absoluter Erfolg betrachtet werden.

111 Hier muß an die biblische Geschichte über Joseph und Potiphars Weib erinnert werden. Sie ist eine semitische – oder hamitische – Version desselben Mythos. Man findet dort in etwa dieselben Gegebenheiten: Potiphar spielt die Rolle des Adoptivvaters und Joseph, der das Angebot zurückgewiesen hat, gibt seine Kleider in die Hände der Frau. Bei *Euripides* verfaßt Phaedra eine Anklageschrift gegen Hippolyt, bevor sie sich tötet.

112 *Racine* erläutert in seinem Vorwort zu *Phèdre,* daß er die Denunziation als einer Fürstin unwürdig empfindet. Unbewußt hat er verstanden, daß Phèdre bei dem Untergang Hippolytes keine Rolle spielt, da sein Untergang auf eine Nicht-Beachtung des *geis* zurückzuführen ist.

113 Es fällt auf, daß alle Helden *Racines* Trottel sind, die zu keiner Entscheidung fähig und doch stets von ihrem Recht überzeugt sind. Es sieht so aus, als hätte *Racine* vorgehabt, das ganze Heldenkonzept zu zerstören. Hier folgte er den jansenistischen Vorstellungen, wonach der Mensch, so mächtig er auch sein mag, ohne die Hilfe Gottes ein schwaches, unfähiges Wesen ist. Die Frauengestalten hingegen sind sehr interessant gestaltet, selbst diejenigen, die scheitern. Zunächst sind die grauenerregenden, leiden-

schaftlichen Frauen vom Typ der Hermione, Roxane und Phèdre zu nennen. Aber es gibt auch die sogenannten schüchternen, sanften, die wesentlich mehr zu fürchten sind, da sie scharfsinnig, intelligent und listig und in ihren bewußt gefaßten Entscheidungen unerbittlich sind: Andromaque, die die Königin von Epirus wird, oder Aricie, die von ihrem „Kerkermeister" Thesée zur Thronerbin gemacht wird. Der „sanfte" *Racine*, die „süße" Andromaque sind Klischees, die mitsamt den abgegriffenen Auffassungen über andere klassische oder romantische Autoren, die unglücklicherweise noch viel zu viel in unseren Schulbüchern herumschwirren, längst in den Papierkorb geworfen werden sollten.

114 J.M.: *L'Epopée celtique en Bretagne*, S. 94 - 97. Vgl. J.M. *Lex Celtes*, das Kapitel über „Taliesin und das Druidentum", S. 341 - 382.

115 Gesammelt von *Kerambrun* und nacherzählt von R.F. *Le Men* in *Revue Celtique*, I, S. 416.

116 *Annales de Bretagne*, XI, S. 174 - 177. Vgl. das Kapitel *Die Große Königin.*

117 Den Anfang dieser Erzählung haben wir bereits in dem Kapitel über die *'Notre-Dame de la Nuit'* untersucht. Dort wird ein anderes Thema, das der Stuten-Göttin, entwickelt (Epona-Rhiannon).

118 Da die Erzählung von *Koadalan* eine Art Potpourri aus verschiedenen Traditionen ist, ist die Verbindung der einzelnen Teile nicht immer deutlich zu erkennen. An dieser Stelle ist schwer zu verstehen, was eigentlich passiert, denn Koadalan zwingt seinen Vater, ihn auf dem Markt in Gestalt eines Rindes und dann in Gestalt eines Pferdes zu verkaufen, – ohne daß dieser die Wahrheit kennt. Die Teufel kommen nur an dieser Stelle der Geschichte vor und sollen wohl die Feinde Koadalans symbolisieren, die sich seiner Geheimnisse (seiner Bücher über die Magie) bemächtigen wollen.

119 Es ist erstaunlich, daß auch in dieser bretonischen, von *Luzel* – (und *Luzel* ist der sorgfältigste und seriöseste aller Volkskundler) – 1869 vernommenen Erzählung diese Reihe von Verwandlungen wiederzufinden sind, die die Grundstruktur der walisischen *Geschichte von Taliesin* bilden. Dies beweist einerseits das hohe Alter der Erzählung über *Koadalan* (unter Vorbehalt dessen, was hinzugefügt ist, fehlt, oder entstellt worden ist), und andererseits, daß dieses Motiv, wenn man es verfolgt, den Walisern und den Bretonen gemeinsam ist, d.h. aus der Zeit vor der Trennung der beiden bretonischen Völker stammt. Vgl. *Die Geschichte von Taliesin:* Keridwen „eilte Gwyon Bach hinterher. Er bemerkte sie und verwandelte sich in einen Hasen, bevor er verschwand, aber sie verwandelte sich in einen Windhund und folgte ihm. Nun eilte er zum Fluß und wurde ein Fisch. Aber Keridwen jagte ihn in Gestalt eines Fischotters so gut unter Wasser, daß er sich in einen Vogel verwandeln mußte. Nun folgte sie ihm als Falke". In: J.M.: *L'Epopée celtique en Bretagne*, S. 96 - 97.

120 Ein weiteres, nicht eingebundenes Detail. Das Korn wird im Feuer geschwärzt und findet sich urplötzlich in einem Speicher wieder. Aber die Ähnlichkeit zur *Geschichte von Taliesin* ist erstaunlich: „Und gerade, als sie im Begriff war, sich auf ihn zu stürzen und er Angst hatte, zu sterben, sah er einen Haufen Körner, die man gerade auf der Tenne einer Scheune drosch. Er stürzte sich dorthin und verwandelte sich in ein Korn. Aber Keridwen nahm die Gestalt eines schwarzen Huhnes mit einem hohen Kamm an, und indem sie mit ihren Krallen scharrte, entdeckte sie das Korn und verschlang es." *Ibid.*, S. 97.

121 Im Text heißt es *ha kazi deut e-meaz ar boudez*, „und fast aus dem Gefäß herausgekommen". Das Wort *boudez* ist eine regionale Form, aus der Gegend von Tréguier, die wahrscheinlich aus *poteo* hervorgegangen ist, worauf wiederum das französische *pot d'eau* zurückzuführen ist. Es handelt sich also um ein Gefäß für Speisen oder Getränke: dies erinnert an den Kessel von Bran oder an das Becken Peredurs, die die Toten wieder auferwecken.

122 Erzählt von Jean-Marie Guézennec, einem Zimmermann aus Polouaret, und gesammelt von *Luzel*, 1869; *Revue Celtique*, II, S. 106 - 131.

123 Die Körperzelle *(soma)* bildet die lebende Materie und nimmt an der Reproduktion nicht teil, sondern stirbt mit dem Individuum.

124 Die Keimzellen *(germen)* sind ein Teil der lebenden Materie, der an der Reproduktion teil hat und somit den Tod des Individuums innerhalb der Gattung überlebt.

125 Dies gilt nicht für die niederen Tiere.

126 D. *Braunschweig*/M. *Fain: Eros et Antéros,* S. 244.

127 „Die Krankheit des Cûchulainn"; G. *Dottin: L'Epopée Irlandaise,* S. 133.

128 J.M., *L'Epopée celtique d'Irlande,* S. 186.

129 Die gleichen Strukturen finden sich auch bei vielen anderen Völkern, z.B. bei den Inkas wieder. „Ihr König, genannt 'Sohn der Sonne', vollzog mit eigenen Händen die heiligsten Rituale. Er durfte nur seine ältere Schwester heiraten. Da er eine göttliche Gestalt war, war er die Sonne selbst in einer menschlichen Gestalt, und nur Menschen gleichen Blutes durften seinen Namen aussprechen." In: *Vincent Bounoure: La peinture Americaine,* S. 189. Bei den Azteken ist es der hundeköpfige Gott Xolotl, der Gott des Blitzes, der eine Sonne unbestimmten Geschlechtes auf ihrer Bahn begleitet. In: *Ibid.,* S. 201.

130 Vgl. das Kapitel über die *Notre-Dame de la Nuit.*

131 Insbesondere die Rolle des Lachses und des Ebers Twrch Trwyth. Vgl. J.M.: *L'Epopée celtique en Bretagne,* S. 146 - 152. Es sei hier noch hingewiesen auf die Analogien zwischen der Suche Mabons und dem Suchen nach dem Fruchtbarkeitsgott Télépinou, Sohn des Sonnengottes, der ebenfalls aus der hethitischen Mythologie verschwunden war.

134 Seine irische Entsprechung ist Oengus *Mac Oc* (= Junger Sohn), der ein „Sonnenzimmer" besitzt. Man denke an Horus, die junge Sonne, der Sohn des Osiris, der alten Sonne. Vgl. das Kapitel über die *Notre-Dame de la Nuit.*

135 Man beachte, daß diese Sonnenscheibe aus Kupfer eigenartigerweise wieder in dem *Chevalier au Lion Chrêtien de Troyes* erscheint: „in einem Hof, in dessen Mitte eine Kupferscheibe hing ... Der Vasall nahm einen Schlegel, der an einem Pfosten hing und schlug auf diese Scheibe." Auf dieses Signal hin scheinen die Leute des Schlosses zu erwachen, und der Held wird von einer schönen und zuvorkommenden Jungfrau von großem und schlankem Wuchs empfangen, deren Zauber ihn während des ganzen Mahls gefangen hält. In: A. *Mary: Le chevalier au Lion,* S. 130. – *Chrêtien de Troyes* hat diese Episode wohl einer sehr archaischen Quelle entnommen, denn man findet diese Elemente nicht in der entsprechenden walisischen Geschichte. Hingegen ergänzen sich die Details und zeigen deutlich, daß man sich in einem Sonnentempel befindet, denn der Ort heißt „Château étincelant' ('funkelndes Schloß') und ist „von den Fluten umspielt"; der Hausherr und seine beiden Söhne haben „blondlockiges Haar", und es gibt auch „vierzundzwanzig Jungfrauen, die nahe des Fensters seidene Stoffe nähen" und natürlich die vierundzwanzig Stunden des Tages symbolisieren. In: J. *Loth: Mabinogion* II, S. 5 - 7.

136 Wie der ägyptische Gott Râ, der vor seiner Anthropomorphisierung einfach die Sonnenscheibe war. Zu erwähnen ist auch die walisische Göttin Arianrod, deren Name „Silberrad" bedeutet.

137 Vgl. J.M. *Les Celtes,* S. 52 - 54. Es sei darauf hingewiesen, daß in der Antike die Bernsteinperlen „Tränen des Apoll" und „Tränen der Heliaden" genannt wurden. *Diodor von Sizilien* macht daraus sogar die „Tränen der Schwestern Phaetons". Die Insel Abalum (Ösel) in der Ostsee war eines der Hauptzentren der Bernsteinfischerei und war eine *insula pomorum.* Übrigens ist der Name *Abalum* derselbe wie *Avalon* oder *Avallach,* und die Iren nannten das Land der Feen *Emain Ablach.*

138 Diese Hypothese wird durch die walisische Episode der Sage bestätigt, von der wir weiter oben gesprochen haben, und in der Mark, der vor das Problem gestellt ist, Yseult mit Tristan zu teilen, die Jahreszeit wählt, in der die Nächte länger sind.

139 In der bretonischen Volkssage über König Marc'h „der Pferdeohren hatte", bleibt die Erinnerung hieran erhalten. Auf jeden Fall ist das Pferd in zahlreichen Traditionen die Funktion eines Psychopompos.

140 Dies widerspricht nicht der oedipalen Situation, da Mark den Vater darstellt, und Yseult die Mutter.

141 Eine deutliche Erinnerung an diese Zeiten lebt in den keltischen Epen fort: es ist die magisch-kriegerische Erziehung durch die Frauen. Die irischen Erzählungen über die *Erziehung des Cûchulainn* und die *Brautwerbung um Emer* weisen archaische Einzelheiten hierzu auf. Cûchulainn, der sich im Waffenhandwerk bereits früh begabt zeigt, wird nach Schottland geschickt, um sich bei Frauen, die halb Zauberinnen, halb Kriegerinnen sind und die alle wie zum Fürchten aussehen, darin zu perfektionieren. Zunächst ist da eine gewisse Dordmair, deren Beschreibung in etwa an die der 'Hideuse Demoiselle à la Mule' aus dem französischen *Perceval* und aus dem walisischen *Peredur* erinnert, mit anderen Worten, Kundrie die Hexe und Gralhüterin bei *Wolfram von Eschenbach*. Ihr folgt Scatach, deren Name 'die Furchterregende' bedeutet, und ihre Tochter Uatach, deren Name wiederum soviel wie „die sehr Schreckliche" bedeutet. Dordmair verliebt sich in Cûchulainn, dieser stößt sie jedoch zurück. Scatach verschafft Cûchulainn „die Freundschaft ihrer Schenkel", und der Held nimmt Uatach als Konkubine. Letztendlich heiratet Cûchulainn Aifé für die Dauer eines Jahres, und sie schenkt ihm einen Sohn. Die magisch-kriegerische Initiation durch die Frauen ist offensichtlich und nur über sexuelle Kontakte zwischen der „maitresse" (hier sind beide Bedeutungen des französischen Wortes gemeint: „Herrin" und „Geliebte") und dem Schüler zu verwirklichen (vgl. J.M., *L'Epopée celtique d'Irlande*, S. 88 - 95). Eine andere irische Erzählung, *Die Kindheit des Finn* (*Ibid.*, S. 141 - 143), beschreibt, wie Finn Mac Cumail, der König der Fiana, von zwei Krieger-Frauen erzogen wird, die ihn in die Kunst der Jagd und des Krieges einführen. Bei einem Schmied, dessen Tochter er für ein Jahr heiratet, vollendet er seine Ausbildung und erhält seine Waffen. In der walisischen Überlieferung erscheint dieses Motiv in der Erzählung *Peredur:* der Held wird schließlich von den neun Hexen von Kaerloyw erzogen, die ihn sowohl die Kriegskunst als auch die Kunst der Magie lehren (J. *Loth: Mabinogion* II, 75 - 76). Weiterhin sind Spuren dieses Brauches in der Erziehung Lancelots bei der Dame du Lac, d.h. bei der Fee Viviane zu finden, und auch in jener Art Schutzherrschaft, die ihm die Königin Guenièvre zuteil werden läßt. So erkennen wir den wahren, alten Charakter Guenièvre-Gwenhwyfars wieder, die ihre Liebhaber zu Tapferkeit und Waffenkünsten ausbildet. Die *Frouwe* der Höfischen Minne, die das Verhalten ihres Liebhabers während der Turniere aufmerksam beobachtet, die eigenhändig ihren Diener und Ritter bewaffnet, die in ihm den Sinn für Heldentum entwickelt, ist im Grunde die Erbin dieser keltischen Kriegs-Frauen, deren Existenz – angesichts der epischen Zeugnisse, die von ihnen berichten – nicht mehr in Zweifel gezogen werden dürfte.

BIBLIOGRAPHIE

(neu zusammengestellt von W. Grommes)

A. Kritische Literatur

Simone de BEAUVOIR: Le deuxième sexe. Gallimard, Paris 1968 u. L'ivre de Poche, Paris 1967.

André BEGUIN: La Quête du Graal. Lausanne 1944.

Jean BOULENGER: Les Romans de la Table Ronde. (Plon, Paris 1941) Neudruck in: Coll. "10/18"

Vincent BOUNOURE: La peinture américaine. Lausanne 1967.

Denise BRAUNSCHWEIG/Michel FAIN: Eros et Antéros. Réflexions psychanalytiques sur la sexualité. Payot, Paris 1971.

Yann BREKILIEN: La mythologie celtique. Picollec, Paris 1981.

Loys BRUERE: Contes populaires de la Grande-Bretagne. Paris 1892.

Joachim BUMKE: Wolfram von Eschenbach. Stuttgart 1976 (Slg. Metzler Nr. 36).

Janine CHASSEGUET-SMIRGEL: La sexualité féminine. Payot, Paris 1969.

R. CHAUVIRE: Contes Ossianiques. Paris 1935.

Llewis Glyn COTHI: Myrvyrian Archeology of Wales. Revue du XIXe siècle. Bd. I. Cardiff (o.J.)

Tom P. CROSS; C.H. SLOVER: Ancient Irish Tales. Dublin 1935.

Henri d'ARBOIS DE JUBAINVILLE: Cours de Littérature Celtique. 8 Bde. Paris 1883 - 1895.

Henri d'ARBOIS DE JUBAINVILLE: L'Epopée Celtique en Irlande. Paris 1884.

Albert DAUZAT: La toponymie française. Payot, Paris 1945.

Myles DILLON: The Cycles of the Kings. Dublin 1955.

Myles DILLON: Early Irish Society. Dublin 1958.

Myles DILLON: Relationship and the law of inheritance. Studies on early Irish laws. Dublin/London 1936.

Georges DOTTIN: L'Epopée Irlandaise. Presses d'aujourd'hui, Paris 1980.

Georges DOTTIN: La langue gauloise. Paris 1920.

David P.L.B. DRACH: De l'harmonie de l'Eglise et de la Synagogue. Paris 1922.

Roger DRAGONETTI: Le gai savoir dans la rhetorique courtoise. Seuil, Paris 1982.

Georges DUMEZIL: Jupiter, Mars, Quirinus. (3 Bde.) Gallimard, Paris 1941 - 1945.

Georges DUMEZIL: Romans de Scythie et alentours. Payot, Paris 1979.

E. DURTEILLE DE SAINT-SAUVEUR: Histoire de Bretagne des origines à nos jours. Rennes 1953.

P.M. DUVAL: Les dieux de la Gaule. Paris 1976.

François FALC'HUN: Histoire de la langue bretonne d'après la géographie linguistique. PUF, Paris 1963.

Leonhard FENDT: Die gnostischen Mysterien. München 1922.

Sandor FERENCZI: Thalassa; Psychanalyse de la vie sexuelle. Payot, Paris 1977 (1981^{2})

Sigmund FREUD: Das Unbehagen in der Kultur. Wien 1930.

Sigmund FREUD: Totem und Tabu. Wien 1913.

Sigmund FREUD: Drei Abhandlungen zur Sexualtheorie. Leipzig 1915.

Léon FLEURIOT: Les origines de la Bretagne. Payot, Paris 1980.

Theodor Herzl GASTER: The oldest stories in the World. New York 1952.

Claude GAIGNEBET: Le carnaval. Payot, Paris 1974.

Henri GILLARD: La forêt de Brocéliande. Ploermel 1983.

Jean GONDA: Les réligions de l'Inde. Bd. I: Védisme et Hindouisme ancien. Paris 1979^{2}. Bd. II: Hindouisme récent. Paris 1975.

Julien GRACQ: Le rivage des Syrtes. Paris 1951.

Dom Louis GOUGAUD: Les chrétiens celtiques. Paris 1911.

W.J. GRUFFYDD: Rhiannon. Cardiff 1953.

Roger-Henri GUERRAND: La libre maternité. Castermann, Paris 1971.

Esther HARDING: Les mystères de la femme. Payot, Paris 1953.

Michel HUBY: L'adaptation des Romans Courtois en Allemagne au XIIe et XIIIe siècle. Paris 1968.

Per-Jakez HELIAS: Le pays Bigouden. Brest 1971.

Per-Jakez HELIAS: An Isold a-heul. (Yseult Seconde) Emelgo 1969.

DUBOIS DE JANCIGNY: L'Asie. Paris 1884.

René JEUDON: L'Epopée romane. Paris 1932.

William JOYCE: Social history of ancient Ireland. London 1903 (2 Bde.)

René KHAWAM: Les cours inhumains. Paris 1966.

Herbert KOLB: Munsalvaesche. Studien zum Kyôt-Problem. München 1963.

Xavier LANGLAIS: Le roman du roi Arthur. Paris 1967 - 1972.
Morvan LEBESQUE: Comment peut-on être Breton? Seuil, Paris 1970.
Anatole LE BRAZ: Légende de la Mort en Basse-Bretagne. (2 Bde.) Paris 1895.
Anatole LE BRAZ: La légende de la Mort chez les Bretons Armoricains. Marseille 1974. (Neudr. 5. Aufl.).
Wolfgang LEDERER: Gynophobia, ou la peur des Femmes. Payot, Paris 1970.
Jean-Pierre LEFORT-TREGARD: Abéliard. Payot, Paris 1981.
Lancelot LENGYEL: Das geheime Wissen der Kelten. Bauer, Freiburg 1976.
Roger S. LOOMIS: Arthurian legend in Mediaeval Arts. New York 1938.
Roger S. LOOMIS: Arthurian tradition and Chrêtien de Troyes. New York 1949.
Joseph LOTH: Les mots lantins dans les langues brittoniques. Paris 1909.
Florian LE ROY: La Bretagne des Saints. Paris 1947.
LE ROUX, GUYONVARC'H: Les druides. Rennes 1978.
LE ROUX, GUYONVARC'H: La civilisation celtique. Rennes 1980.
Olivier LOYER: Les chrétientés celtiques. PUF, Paris 1965.
F.M. LUZEL: Contes de la Bretagne Armoricaine. (2 Bde.) Paris o.J.
Jean MARCHAND: L'Autre Monde au Moyen Age. Piazza, Paris 1938.
Bronislaw MALINOWSKI: Geschlechtstrieb bei den Primitiven und seine Verdrängung. Hamburg 1962.
Jean MARKALE: Brocéliande. Berger-Levrault, Paris 1984.
Jean MARKALE: Contes populaires de toutes les Bretagne. Ouest-France, Rennes 1977.
Jean MARKALE: Contes populaires de toute la France. Stock, Paris 1980.
Jean MARKALE: Contes occitans. Stock, Paris 1981.
Jean MARKALE: Le Christianisme celtique. Imago, Paris 1983.
Jean MARKALE: La forêt de Brocéliande. Ouest-France, Rennes 1976.
Jean MARKALE: Le Graal. Retz, Paris 1982.
Jean MARKALE: Les Grands Bardes gallois. Picollec, Paris 1981.
Jean MARKALE: L'Irlande. Ouest-France, Rennes 1983.
Jean MARKALE: L'Epopée celtique en Bretagne. Payot, Paris 1975[2].
Jean MARKALE: L'Epopée celtique d'Irlande. Payot, Paris 1971.
Jean MARKALE: Mélusine. Retz, Paris 1983.
Jean MARKALE: Merlin l'enchanteur. Retz, Paris 1981.
Jean MARKALE: L'histoire secrète de la Bretagne. Albin-Michel, Paris 1977.
Jean MARKALE: Le roi Arthur et la société celtique. Payot, Paris 1981[3].
Jean MARKALE: La tradition celtique en Bretagne armoricaine. Payot, Paris 1984[3].
Jean MARKALE: Les Celtes et la civilisation celtique. Payot, Paris 1975[5].
Herbert MARCUSE: Eros und Kultur. Stuttgart 1957.
André MARY: La chambre des dames. Gallimard, Paris 1943.
N. MATSUMOTO: Essai sur la mythologie japonaise. Paris 1936.
C.R.S. MEADE: Thrice Greatest Hermes. (o.O., o.J.).
Charles MELA: La reine et le graal. Seuil, Paris 1984.
Erich NEUMANN: Die Große Mutter. Leipzig 1956.
O'DONOVAN: Ancient Laws of Ireland. Dublin 1865 - 1901 (6 Bde.)
Aneurin OWEN (Hrsg.): Ancient Laws and Institutions of Wales. (o.O.o.J.)
Gaston PARIS: Les Romans de la Table Ronde.
A. PAUPHILET: La quête du Graal. Paris 1947.
G. PICOT: La poésie au Moyen Age. Paris 1938.
M. PLANIOL: Les institutions de la Bretagne. Rennes 1952 - 1956.
J. PRZYLUSKI: La Grande Déesse. Payot, Paris 1929.
Otto RANK: Das Trauma der Geburt und seine Bedeutung für die Psychoanalyse. Leipzig 1924. (Frz. Ausg.: Le Traumatisme de la Naissance. Paris 1969.)
Otto RANK: Der Mythos von der Geburt des Helden. Leipzig/Wien 1922.
Menachem RECANATI: Traditions sur la Genèse. Paris 1905.
Talbot RICE: The Scythians. London 1923.
Denis de ROUGEMONT: L'Amour et l'Occident. Paris 1979 (Coll. 10/18).
Melville RICHARDS: The Laws of Hywell Dda. Liverpool 1954.
L.F. SAUVE: Le Folklore des Hautes-Vosges. Paris 1887 u. Maisonneuve Larose 1968.
Paul SEBILLOT: Contes populaires de la Haute-Bretagne. Paris 1906.
Paul SEBILLOT: Le Folklore de la France. Imago, Paris 1982 - 1984 (6 Bde.)
Paul SEBILLOT: Le paganisme contemporain chez les peuples celto-latins. Paris 1887.
Paul SEBILLOT: Le Folklore de la Bretagne. Paris 1968 (2 Bde.)
Marc SMEDT (Hrsg.): L'Europe paienne. Seghers, Paris 1980.
E. SOUVESTRE: Le Foyer Breton. Paris 1867.
Jan de VRIES: Keltische Religion. Kohlhammer, Stuttgart 1981.
Karl WEINMANN: Geschichte der Kirchenmusik. Kempten 1913.

Jessie WESTON: The Legend of Sir Gauwain. London 1897.
Jessie WESTON: The Legend of Sir Lancelot du Lac. London 1901.
Jessie WESTON: The Legend of Sir Percival. London 1906.
Jessie WESTON: From Ritual to Romance. London 1915.
Maurice WILMOTTE: Le poème du Graal et ses auteurs. Paris 1930.
Maurice WILMOTTE: Le Parzival de Wolfram von Eschenbach et ses sources françaises. Paris 1930.
Heinrich ZIMMER: Mythes et Symboles. Paris 1949.
Johannes ZWICKER: Fontes Religionis Celticae. Berlin 1934 - 1935.

B. Texte

(Anonym): Huon de Bordeaux. (Ed. u. neufrz. Übers. J. AUDIAU) (De Boccard, Paris 1941).
(Anonym): Les Mabinogion. (Hrsg. J. LOTH) Paris 1913 (2 Bde.).
(Anonym): Perlesvaus. (Ed. NITZE). Chicago 1932 - 1937.
(Anonym): Der Sohar. Das heilige Buch der Kabbala. Müller, Wien 1932.
(Anonym): Lancelot en prose. (Ed. Alexandre MICHA). Paris 1983.
Georges BATAILLE: Das obszöne Werk. Reinbek/Hamburg 1981.
Georges BATAILLE: Dirty. Paris 1945.
Joseph BEDIER: Der Roman von Tristan und Isolde. (Übers. R. BINDING) Insel, Frankfurt 1979.
Joseph BEDIER: Le Roman de Tristan par Thomas. Poème du XIIe siècle (2 Bde.) Paris 1902/1905.
Joseph BEDIER: Les deux poèmes de Tristan fou. Paris 1908.
BEROUL: Le Roman de Tristan. (Ed. E. MURET) Paris 1913.
ROBERT DE BORON: Le Roman du Graal. (Neufrz. Fassg.) Paris 1981.
ROBERT DE BORON: L'Estoire dou Graal. (Ed. NITZE) Paris 1971.
ROBERT DE BORON: Didot-Perceval. (Ed. W. ROACH) University of Pennsylvania Press, Philadelphia 1949 - 1950.
François-René de CHATEAUBRIAND: Mémoires d'Outre-tombe. (2 Bde.) Gallimard, Paris 1947 - 1950. (Coll. "Pléiade") u. (Originalausg. 1849; 3 Bde.) Livre de Poche, Paris 1973.
François-René de CHATEAUBRIAND: Oeuvres romanesques et voyages. Bd. I: Atala; René; Les Natchez u.a.; Bd. II: Les Martyrs; Voyage à Jerusalem...; Gallimard, Paris 1969. (Coll. "Pléiade").
CHRETIEN DE TROYES: Le Roman de Perceval ou le Conte du Graal. (Ed. William ROACH) Genf/Paris 1959.
CHRETIEN DE TROYES: Perceval ou le Roman du Graal. (suivi d'un choix de continuations; neufrz. u. hrsg. J.-P. FOUCHER) Gallimard-Folio, Paris 1977.
CHRETIEN DE TROYES: Le chevalier au lion. (Ed. M. ROQUES) Paris 1960.
CHRETIEN DE TROYES: Le chevalier au lion. (neufrz. A. MARY) Paris 1942.
CHRETIEN DE TROYES: Yvain. (dt. v. I. NOLTING-HAUFF) München 1962.
CHRETIEN DE TROYES: Del chevalier à la charette (Lancelot). (Ed. M. ROQUES) Paris 1960.
CHRETIEN DE TROYES: Le chevalier à la charette. (neufrz. v. Jean FRAPPIER) Paris 1967[2].
PSEUDO-WAUCHIER I: Première Continuation du Perceval. (Ed. ROACH) University of Pennsylvania Press, Philadelphia 1949 - 1950.
Pierre CORNEILLE: Théatre complet. (2 Bde.) Paris 1934. (Coll. "Pléiade").
GERBERT DE MONTREUIL: Deuxième Continuation du Perceval (PSEUDO-WAUCHIER II) (Ed. ROACH) University of Pennsylvania Press, Philadelphia 1949 - 1950.
MANESSIER: Troisième continuation du Perceval. (Ed. POTVIN) Mons 1866 - 1871.
EILHART VON OBERG: Tristrant und Isalde. (Ed. Kurt WAGNER) Bonn 1924.
GOTTFRIED VON STRASSBURG: Tristan. (Ed. BECHSTEIN/GANZ) Wiesbaden 1968.
GEOFFREY OF MONMOUTH: Historia Regum Britanniae. (HRB, Ed. A. GRISOLM) London/New York 1929.
Remy de GOURMONT: Oeuvres complètes. Paris 1891 - 1892.
HOMER: Odyssee. (Übers. Anton WEIHER) München 1915.
Martin LUTHER: Biblia: das ist: Die Gantze Heilige Schrifft: Deutsch. München 1974.
André MARY: La merveilleuse histoire de Tristan et Iseult. Gallimard-folio, Paris 1981.
Alexandre MICHA: Lancelot. (2 Bde.) Paris 1983 - 1984. (Coll. "10/18").
R.A.S. MACALISTER (Hrsg.): Leabhar Gabhàla. The Book of Conquests of Ireland. Dublin 1929.
THOMAS MALORY: La Morte d'Arthur. (Caxton 1485; Ed. P. NEEDHAM) London/New York 1976.
MARIE DE FRANCE: Lais. (Ed. P. TRUFFAU) Piazza, Paris 1936.

François RABELAIS: Oeuvres complètes (Hrsg. P. JOURDA; 2 Bde.) Paris 1962. (Coll. "Classiques Garnier").
Jean RACINE: Oeuvres complètes (2 Bde.) Paris 1952. (Coll. "Pléiade").
THOMAS DE BRETAGNE ('de Britanje'): Les fragments du Roman de Tristan. Poème du XIIe siècle. (Ed. M. WIND). Genf 1960.
THOMAS DE BRETAGNE ('de Britanje'): Tristan. (neufrz. u. hrsg. v. HERBONNEZ/ BEAURIEUX). Paris, o.J.
WOLFRAM VON ESCHENBACH: Parzival (Ed. LACHMANN 1926). De Gruyter, Berlin 1965.
WOLFRAM VON ESCHENBACH: Parzival (neuhochdt. Prosaübers. W. STAPEL) Wien/ München 1980.

14001

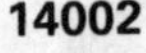

14002

14004

14005

14006

G
GOLDMANN
NEW AGE
MODELLE FÜR MORGEN
RICHARD
GROSSINGER
Wege des
HEILEN
Vom Schamanismus der
Steinzeit zur heutigen
alternativen Medizin

14007

14008

14010

14012

14013

14014

ALAN WATTS

Alan Watts wurde 1915 in England geboren. Er war Professor für Theologie und Rektor an der Amerikanischen Akademie für Asiatische Studien. Ausgedehnte Studienreisen nach Japan ließen Alan Watts als einen der umfassendsten Kenner und Interpreten des Zen-Buddhismus im speziellen und in der indischen und chinesischen Philosophie im allgemeinen bekannt werden. In weiten Kreisen gilt er als einer der schöpferischsten und geistreichsten Denker dieses Jahrhunderts. Die neunbändige Serie enthält die Essenz von Vorträgen, die Watts in seinen letzten Lebensjahren gehalten hat. Bis Januar '85 erscheint monatlich ein Band.

„Das Fazit eines faszinierenden Lebens, das den Autor in der ganzen Welt berühmt gemacht hat. Diese Bücher zeigen, mit welchem Engagement Watts die Probleme seiner Zeit aufgriff und sie, stellvertretend für viele, in seinem eigenen Leben austrug." (Washington Post)

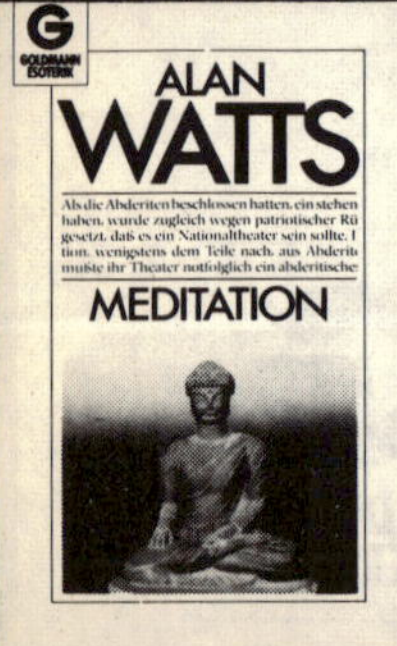

11790 11791 11792

Dr. Joseph Murphy

11767

11757

11751

11755

ESOTERIK
Dr. Joseph
MURPHY
Das Wunder Ihres Geistes
Ein Buch der Entdeckung und Wandlung

11739

11734

11736

Joseph Murphy, Dr. theol., jur., rer. nat., verstorben im Dezember 1981, vermittelte seit mehr als einem Vierteljahrhundert durch persönliche Beratung und öffentliche Vorträge unzähligen Menschen in aller Welt das Vertrauen in die Kraft des menschlichen Geistes. Seine Bücher wurden in mehrere Sprachen übersetzt und erreichten Auflagenziffern von über einer Million. Sein Studium der Weltreligionen hat ihn davon überzeugt, daß allem Leben eine universelle Kraft innewohnt.

ALAN WATTS

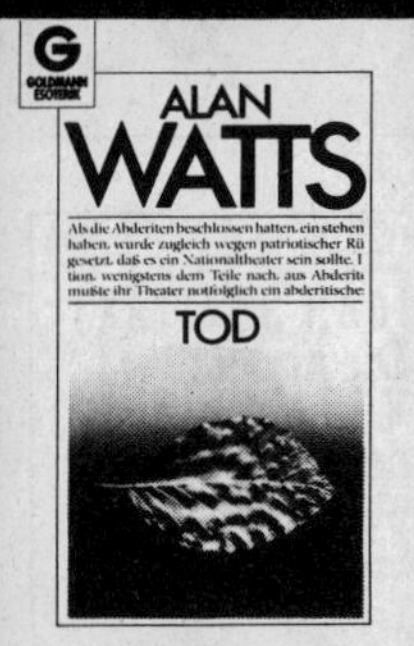

11793

11794

11796

11797

ALAN
WATTS
EGO

11798

ALAN
WATTS
PHILOSOPHISCHE FANTASIEN

11799

Esoterik

11751

11752

11753

11754

11755

11756

11717

11748

11740

Erhard F. Freitag

Kraftzentrale Unterbewußtsein

„Mit diesem Buch bietet der bekannte Münchner Hypnosetherapeut Erhard F. Freitag durch seine klare bildhafte Sprache jedem die Möglichkeit, die fast unbegrenzten Kräfte seines Unterbewußtseins zu nutzen, um seine Lebensqualität zu erhöhen und seine geistige Entwicklung zu erleichtern." (Kurt Tepperwein)

11740

Hilfe aus dem Unbewußten

Jeder Mensch kann, sobald er bereit ist, über seine psychischen Probleme nachzudenken und Spannungen zu lösen, sein Leben grundlegend ändern und zu einem liebevollen Leben in größtmöglicher innerer Harmonie finden.

10957

Thorwald Dethlefsen

Schicksal als Chance
Das Buch gibt Auskunft über alle grundsätzlichen Fragen der Astrologie, der Homöopathie und der Reinkarnation. Durch die Konfrontation mit diesem Urwissen erhält jeder Mensch die Chance, sein Schicksal zu verstehen und es zu nutzen.
11723

Das Leben nach dem Leben
Thorwald Dethlefsen ist es gelungen, Menschen in Hypnose in frühere Leben zurückzuführen Und sie aus diesen Leben erzählen zu lassen.
11748

Das Erlebnis der Wiedergeburt
"Die Lehre der Wiedergeburt ist ein Wendepunkt in der Geschichte der Menschheit." (Nietzsche)
11749

Goldmann Taschenbücher

Informativ · Aktuell
Vielseitig · Unterhaltend

Allgemeine Reihe · Cartoon
Werkausgaben · Großschriftreihe
Reisebegleiter
Klassiker mit Erläuterungen
Ratgeber
Sachbuch · Stern-Bücher
Indianische Astrologie
Grenzwissenschaften/Esoterik · New Age
Computer compact
Science Fiction · Fantasy
Farbige Ratgeber
Rote Krimi
Meisterwerke der Kriminalliteratur
Regionalia · Goldmann Schott
Goldmann Magnum
Goldmann Original

Goldmann Verlag · Neumarkter Str. 18 · 8000 München 80

Bitte
senden Sie
mir das neue
Gesamtverzeichnis

Name ________________

Straße ________________

PLZ/Ort ________________